Kohlhammer

Hans-Walter Schmuhl/Ulrike Winkler

Ausgeschlossen – Eingeschlossen

Die Evangelische Stiftung Alsterdorf
von der Anstalt ins Quartier

Verlag W. Kohlhammer

Umschlagvorderseite: Die Köpfe sind Ausschnitte aus Bildern von folgenden Künstlerinnen und Künstlern der Ateliergemeinschaft „Die Schlumper" in Hamburg:
Reihe 1, von links nach rechts: Miriam Hosner, Horst Wäßle, Malte Kaiser, Miriam Hosner, Hugo Rothenhäusler, Horst Wäßle
Reihe 2: Ulla Diedrichsen, Bernhard Krebs, Werner Voigt, Rabka Mehr, Rohullah Kazimi, Daniela Greve
Reihe 3: Johannes Dechau, Janika Roth, Rabka Mehr, Bernhard Krebs, Dominik Pawlowski (Domenika Dajana Diva Pawlowski), Ulla Diedrichsen
Mit freundlicher Genehmigung des Vereins Freunde der Schlumper e. V. und der alsterarbeit gGmbH

Umschlaginnenseiten:
vorne: Die Auffahrt zu den Alsterdorfer Anstalten in den 1920er Jahren
hinten: Eröffnung des Alsterdorfer Markts 2003

Lektorat und Graphik: Matthias Meyer und Ralf Weißleder

1. Auflage 2023

Alle Rechte vorbehalten
© W. Kohlhammer GmbH, Stuttgart
Gesamtherstellung: W. Kohlhammer GmbH, Stuttgart

Print:
ISBN 978-3-17-039636-4

Für den Inhalt abgedruckter oder verlinkter Websites ist ausschließlich der jeweilige Betreiber verantwortlich. Die W. Kohlhammer GmbH hat keinen Einfluss auf die verknüpften Seiten und übernimmt hierfür keinerlei Haftung.
    Dieses Werk einschließlich aller seiner Teile ist urheberrechtlich geschützt. Jede Verwendung außerhalb der engen Grenzen des Urheberrechts ist ohne Zustimmung des Verlags unzulässig und strafbar. Das gilt insbesondere für Vervielfältigungen, Übersetzungen, Mikroverfilmungen und für die Einspeicherung und Verarbeitung in elektronischen Systemen.

Inhalt

Vorwort VII

Ausgeschlossen – Eingeschlossen 1

   I. Die Gründung der Alsterdorfer Anstalten, 1850 – 1899 1

   II. Ausbau und Bewahrung, 1899 – 1930 79

   III. Vom Ende der Weimarer Republik bis zum
   Zusammenbruch des „Dritten Reiches", 1930 – 1945 163

   IV. Von der „Zusammenbruchgesellschaft" zum
   voll entfalteten Sozialstaat, 1945 – 1979 217

   V. Die jüngste Zeit, 1979 – 2021 275

Anhang 351

   Literatur 351

   Personenregister 360

Dank 369

Vorwort des Vorstandes
Von der Sonderwelt zum inklusiven Quartier

Mit diesem Buch wird erstmals die Gesamtgeschichte der heutigen Evangelischen Stiftung Alsterdorf in Hamburg erzählt. Sie reicht von der Gründung der ehemaligen Alsterdorfer Anstalten im Jahre 1863 bis zu den neuesten Entwicklungen im Vorfeld des 160. Jubiläums im Jahr 2023. Am Beispiel Alsterdorfs zeichnet das Werk insbesondere die Geschichte des Umgangs mit Menschen mit Behinderung vom Leben in der „Sonderwelt" der Anstalten bis hin zur aktuellen Entwicklung rund um inklusive Quartiere nach.

Damit weist die Darstellung auch gesamtgesellschaftlich über die Stiftungsgeschichte hinaus. In der historischen Perspektive zeigen und ordnen sich verschiedene Entwicklungen in den Arbeitsfeldern der Stiftung, wie der Eingliederungshilfe, der Medizin/Gesundheit sowie der Bildung.

Entstanden ist die Gesamtgeschichte vor dem Hintergrund von drei Anlässen:

- Im Jahr 2021 war der 200. Geburtstag des Gründers der Alsterdorfer Anstalten Heinrich Matthias Sengelmann.
- Im Jahr 2022 hat die Evangelische Stiftung Alsterdorf die sanierte Kirche St. Nicolaus wiedereröffnet. In diesem Zusammenhang ist außerhalb der Kirche ein Lern- und Gedenkort entstanden. Mit diesem wird beispielhaft über den menschenverachtenden Umgang in den Alsterdorfer Anstalten in der NS-Zeit informiert. Im Mittelpunkt steht ein aus der Kirche herausgelöstes Altarbild, welches in einer Kreuzigungsszene Menschen mit und ohne Behinderung in Menschen mit und ohne Heiligenschein einteilt. Diese entwürdigende Darstellung von Menschen mit Behinderung dient heute als Mahnmal, an dem mit Namen und Fotos der in der NS-Zeit deportierten und getöteten Menschen gedacht wird und an dem eine Begegnung mit der Aufarbeitung dieser dunklen Phase Alsterdorfs stattfindet.
- Darüber hinaus soll in den nächsten Jahren auf dem Stiftungsgelände schrittweise das Projekt „Wege zur Inklusion" entstehen. Es erweitert das aus Bundes- und Landesmitteln sowie Spenden geförderte Sanierungsprojekt „Straße der Inklusion". Entlang des historischen und zu sanierenden Baubestandes rund um den umgestalteten und öffentlichen Alsterdorfer Markt soll die Entwicklung der „Wege zur Inklusion" während der letzten 160 Jahren sichtbar gemacht werden.

Mit der Geschichte lernen

Die Evangelische Stiftung Alsterdorf setzt sich seit vielen Jahren mit der eigenen Vergangenheit offen und kritisch auseinander. Sie ist bewegend und berührend und zugleich in Teilen bedrückend und beschämend. Unser Anliegen ist es, die Geschichte unserer evangelischen Institution zu erforschen und daraus eine Erinnerungskultur zu entwickeln, die den zukünftigen Weichenstellungen und Visionen für eine zukunftsfähige Evangelische Stiftung Alsterdorf gerecht wird. Keine Phase mit allen Höhen und Tiefen soll außer Acht gelassen werden. Mit der Geschichte zu lernen bedeutet für uns, immer wieder unser Handeln zu reflektieren und weiterzuentwickeln. Denn auch heute können wir trotz guten Willens nicht immer sicher sein, alles richtig zu machen. Der Blick zurück dient uns dabei immer auch als Gradmesser in der aktuellen Diskussion über Inklusion – und lässt uns nach Sinn, Verantwortung und Partizipation fragen.

Dies tun wir als Evangelische Stiftung insbesondere vor dem Hintergrund unserer Haltung, die sich im Stiftungszweck unserer Satzung ausdrückt: „Jedem Menschen ist seine Würde von Gott verliehen. Sie ist darum unantastbar. Sie ist nicht in seinen Leistungen oder Fähigkeiten begründet. Sie wird durch seine Schwächen, sein Alter, Krankheiten oder Behinderungen nicht beeinträchtigt."

Das ganze Bild in den Blick nehmen

Dieses Buch von Prof. Dr. Hans-Walter Schmuhl und Dr. Ulrike Winkler ergänzt eine Reihe vorausgegangener Publikationen zu einzelnen Zeitspannen der Evangelischen Stiftung Alsterdorf, die sich auch in diesem Werk wiederfinden. Der Autor und die Autorin erweitern hier die Perspektive der vorhandenen Betrachtungen, indem auch neuere Erkenntnisse und wissenschaftliche Ergebnisse aus der bundesweiten Diakonie und ihrer Einrichtungen einbezogen werden.

Inhaltlich schlagen sie einen chronologischen Bogen von 1850 bis heute, der jeweils thematisch gefüllt wird. Im ersten Kapitel befassen sie sich mit der Entstehungsgeschichte der Anstalten unter besonderer Berücksichtigung der Gründerpersönlichkeit Sengelmann. Seine Ansätze, sein Leben und Wirken erfahren darin eine differenzierte Einordnung. Ihm ist es zu verdanken, dass Menschen mit Behinderungen für die Kirche und die damalige Diakonie sichtbarer wurden. Dabei setzte er sich von Anfang an für Bildung und Arbeit ein. Mit einem Lehrbuch präsentierte er Grundlegungen der heilpädagogischen Arbeit. Auch wenn seine Sichtweisen vom heutigen Standpunkt aus betrachtet mit den geltenden Vorstellungen oft nicht mehr vereinbar sind, so stellte er mit der Idee der Anstalt einen Raum für Menschen mit Behinderung zur Verfügung, in dem die Besonderheit und Individualität jedes einzelnen zu erkennen und zu fördern sein sollte.

Vorwort

Anlässlich des 200. Geburtstages unseres Gründers erschien 2021 vorab das Buch „Heinrich Matthias Sengelmann (1821–1899) und die Anfänge der Evangelischen Stiftung Alsterdorf" in den Jahren 1863–1899.

Im zweiten Kapitel dieses Buchs betrachten die Autor*innen die Phase nach Sengelmanns Tod im Jahr 1899 als Zeit des Umbruchs. Bis zum Ende der 1920er Jahre entwickelten sich die Alsterdorfer Anstalten zu einer der größten Einrichtungen im Norden Deutschlands, als Ergebnis eines Modernisierungsprozesses und intensiven Bauens, nur unterbrochen durch die Kriegs- und Nachkriegszeit des ersten Weltkriegs.

Das dritte Kapitel beschäftigt sich mit der Zeit „Vom Ende der Weimarer Republik bis zum Zusammenbruch des „Dritten Reiches", 1930–1945". Die ehemaligen Alsterdorfer Anstalten wurden mehr und mehr zu einem nationalsozialistischen Musterbetrieb umfunktioniert. Der damalige Direktor Pastor Friedrich Lensch sowie der Anstaltsarzt Dr. Gerhard Kreyenberg wurden aktiv handelnde Täter einer menschenverachtenden Ideologie. 630 Menschen wurden aus den Alsterdorfer Anstalten in Tötungsanstalten deportiert. Davon wurden 513 Menschen nachweislich getötet, durch Verhungern, Medikamente oder durch Gas. Bis heute tragen wir an dieser Schuld, dass diese Verbrechen nicht verhindert werden konnten.

Zur Geschichte der Alsterdorfer Anstalten im Nationalsozialismus erschien bereits 1987 die erste größere Publikation der Stiftung mit dem Titel „Auf dieser schiefen Ebene gibt es kein Halten mehr. Die Alsterdorfer Anstalten im Nationalsozialismus", die mittlerweile in dritter überarbeiteter Auflage vorliegt.

Im vierten Kapitel geht es um die wechselhafte Phase zwischen 1945 und 1979. Hier zeigen sich in der Folge der NS-Zeit auch weiter verstärkt die Brüche und Kontinuitäten in Alsterdorf. Vor dem Hintergrund des Wandels der „Behindertenpolitik" seit den 1960er Jahren geht es um die Auswirkungen und Veränderungen in Alsterdorf. Verwiesen sei an dieser Stelle auch auf die Monografie „Mitten in Hamburg. Die Alsterdorfer Anstalten 1945–1979", erschienen anlässlich des 150-jährigen Jubiläums der Evangelischen Stiftung Alsterdorf. Die Zeit nach dem Zweiten Weltkrieg ist wie für viele andere diakonische und soziale Institutionen in Deutschland geprägt durch Gewalterfahrungen und Missbrauch in den Heimen der 1950er und 1960er Jahre, die durch diese Schrift um den Bereich der Behindertenhilfe ergänzt wurde.

Im fünften und letzten Kapitel dieses Werks geht es dann um den Schritt hin zu einem modernen diakonischen Dienstleistungsunternehmen, in der die Anstalt aufgelöst ist, die Dezentralisierung mit einhergehender Regionalisierung voranschreitet und schließlich die konzeptionelle Neuausrichtung Fahrt aufnimmt. Dieser Reformprozess lässt sich mit den Begriffen von der „Normalisierung" und „Integration" hin zur „Selbstbestimmung, Teilhabe und Inklusion" beschreiben. Es bedeutete die Umwidmung der Alsterdorfer Anstalten zur Evangelischen Stiftung Alsterdorf.

Dazu lautet der Schlusssatz der Autor*innen: „In historischer Perspektive wird deutlich, dass die Evangelische Stiftung Alsterdorf, indem sie sich auf den Weg aus der Anstalt in das Quartier gemacht hat, die Ideen Heinrich Matthias Sengelmanns konsequent zu Ende denkt." (Siehe Seite 348)

Mit Dank und Anerkennung

Für die Erforschung und Ausarbeitung dieser Gesamtgeschichte haben wir ausgewiesene externe Expert*innen der Diakoniegeschichtsschreibung gewonnen, die unabhängig forschen und ihre Ergebnisse darstellen konnten. Dank ihres Expertenwissens haben sie das Geschehen und Wirken in der Evangelischen Stiftung Alsterdorf kenntnisreich eingeordnet. Wir sind Prof. Dr. Hans-Walter Schmuhl und Dr. Ulrike Winkler für ihre detailreiche und luzide Arbeit zu großem Dank verpflichtet und sprechen dafür unsere besondere Anerkennung aus.

Ein steter unermüdlicher Treiber und Motor dieses Buchprojektes war Dr. Michael Wunder. Er hat die Idee forciert und die Umsetzung intensiv begleitet und koordiniert. Dr. Michael Wunder hat sich mit großem Engagement in den vergangenen vier Jahrzehnten in der Evangelischen Stiftung Alsterdorf für die Erinnerungskultur und gegen das Vergessen eingesetzt. Dafür sind wir ihm über die Erarbeitung dieses Buches hinaus zu großem Dank verpflichtet.

In der Tradition der Aufarbeitung unserer Geschichte hat ein wissenschaftlicher Buchbeirat mit internen und externen Fachleuten die Erarbeitung begleitet. Wir danken neben Prof. Dr. Schmuhl und Frau Dr. Winkler Dr. Johann Hinrich Claussen, Dr. Harald Jenner, Katja Tobias und Dr. Michael Wunder. Seitens des Vorstandes gehörten Hanne Stiefvater, anfänglich Prof. Dr. Hanns-Stephan Haas und später Uwe Mletzko dazu.

Ebenso danken wir Herrn Reinhard Schulz, dem Lektor Herrn Ralf Weißleder sowie Graphiker Matthias Meyer für geleistete Arbeit und dem Verlag Kohlhammer für die Aufnahme dieses Buches in das Verlagsprogramm und die stets umsichtige Betreuung während seiner Entstehung. In guter Tradition früherer Publikationen können wir auch diese Gesamtdarstellung somit einer breiten interessierten Öffentlichkeit zugänglich machen.

Ausgeschlossen, eingeschlossen

„Ausgeschlossen, eingeschlossen", so ist dieses Buch betitelt. Die Ausgeschlossenen wurden von der Gesellschaft ferngehalten und in eine Sonderwelt ausgegrenzt, weil sie in einer eigenen, für viele nicht zugänglichen Welt, lebten. Sie waren ausgeschlossen, indem sie eingeschlossen wurden. Heute streiten wir dafür, dass sie in einem anderen Sinne eingeschlossen sein mögen: Inkludiert in einer Welt, in der jede und jeder frei leben kann, so wie sie oder er es möchte. Dafür stehen heute die Begriffe Inklusion und Diversität.

Wir betrachten heute auch, welche enorme Entwicklung die Evangelische Stiftung Alsterdorf in den vergangenen 35 Jahren genommen hat. Mit der Auflösung der zentralen Anstaltsstrukturen, der Umsetzung des Handlungskonzepts der Sozialraumorientierung, dem Verständnis von Gesundheit als wichtigen Aspekt von Teilhabe und einem beginnenden Aufbruch im Bildungsbereich ist es gelungen, vielfältige Beiträge zu mehr Inklusion zu leisten und dabei konsequent den Willen des Menschen in den Vordergrund zu stellen. Der Alsterdorfer Markt ist heute ein pulsierendes Stadtteilzentrum, das mit Lebensmittel- und weiteren Einzelhandelsgeschäften, Drogerien, Restaurants und Cafés, einem Krankenhaus und Arztpraxen, einer inklusiven Sporthalle, dem Haus für Barrierefreiheit, der Kulturküche, unserer komplett renovierten Kirche sowie Wohn- und Arbeitsmöglichkeiten für Menschen mit und ohne Behinderungen ein lebendiges, inklusives Quartier bildet. Vor dem Hintergrund der eigenen Stiftungsgeschichte wird deutlich, warum wir mit so viel Nachdruck, Ausprobieren und Reflexion versuchen, die Entwicklung hin zur Sozialraumorientierung voranzutreiben. Dabei suchen wir ständig nach neuen Wegen, die UN-Behindertenrechtskonvention (er-)lebbarer zu machen. Diese Gesamtdarstellung erinnert uns an die Verantwortung der Stiftung für ihre eigene Geschichte wie auch an die Verantwortung, uns weiter für eine inklusive Gesellschaft einzusetzen.

Möge dieses Buch viele interessierte Leserinnen und Leser finden und einen weiteren Beitrag dazu leisten, dass nichts vergessen wird.

Hamburg, im Juli 2022
Der Vorstand der Evangelischen Stiftung Alsterdorf

Pastor Uwe Mletzko   Ulrich Scheibel   Hanne Stiefvater   Dr. Thilo von Trott

I. Die Gründung der Alsterdorfer Anstalten, 1850–1899

Bis in das 19. Jahrhundert hinein hatten die meisten Menschen mit körperlichen, geistigen oder seelischen Beeinträchtigungen – in der Sprache der Zeit: „Sieche", „Krüppel", „Kretinen", „Idioten", „Blöde", „Schwachsinnige", „Epileptische" und „Irre"[1] – an den Rändern der Gesellschaft ihr Dasein gefristet, zwar oft mehr schlecht als recht lebend, aber durchaus noch in die Beziehungsgeflechte der Familie, der Nachbarschaft, des Dorfes oder Stadtviertels eingebunden. Im zweiten, vollends im letzten Drittel des 19. Jahrhunderts wurde die Situation all dieser Gruppen im deutschsprachigen Raum – unter den Vorzeichen eines stürmischen Bevölkerungswachstums, einer gewaltigen Wanderungsbewegung vom Land in die Städte und einer rasch fortschreitenden Industrialisierung – jedoch zusehends prekärer. In der vormodernen Ökonomie des „Ganzen Hauses" hatten diese Menschen vielfach mitarbeiten und zum Familieneinkommen beitragen können, auf einem Bauernhof ebenso wie in der Werkstatt eines Handwerkers oder im Haushalt eines heimgewerblichen Arbeiters. Nun wurden sie zu einem reinen Kostenfaktor und zu einem hohen Armutsrisiko für Familien aus den unteren Gesellschaftsschichten, insbesondere der Industriearbeiterschaft, denn aus der industriellen Arbeitswelt blieben sie von vornherein ausgeschlossen. Menschen mit körperlichen, geistigen oder seelischen Beeinträchtigungen wurden nun erst im eigentlichen Sinn gesellschaftlich sichtbar. Im Zuge einer rigorosen sozialen Raumordnung, die in der Frühen Neuzeit eingesetzt und seit dem 18. Jahrhundert an Fahrt gewonnen hatte, wurden sie – zusammen mit Armen, Alten, Siechen, Kranken, Delinquenten und Unvernünftigen – aus der Gesellschaft ausgegrenzt und in geschlossene Einrichtungen abgeschoben. Sie wurden immer häufiger in Siechenhäusern und Spitälern, Gefängnissen und Zuchthäusern, Korrektionsanstalten, Armenhäusern oder „Irrenanstalten" untergebracht.

Wo fanden Menschen mit körperlichen, geistigen oder seelischen Beeinträchtigungen in der Freien und Hansestadt Hamburg bis zur Mitte des 19. Jahrhunderts eine Nische zum Leben? In einem Vortrag am 26. November 1869 ging Pastor *Heinrich Matthias Sengelmann* (1821–1899) auf die Frage ein, wie die Hamburger „Idioten" bis dahin gelebt hatten. Manche seien in das „Werk- und Armenhaus"[2] gesperrt, andere den „Kranken- und Irrenhäusern" übergeben worden – tatsächlich fanden sich einzelne Menschen mit geistigen Beeinträchtigungen in der psychiatrischen Abteilung des

---

1   Zur Begriffsgeschichte vgl. Schmuhl, Hans-Walter: Exklusion und Inklusion durch Sprache. Zur Geschichte des Begriffs Behinderung (IMEW Expertise 11), Berlin 2010, 28–45. Vgl. allg. Fandrey, Walter: Krüppel, Idioten, Irre. Zur Sozialgeschichte behinderter Menschen in Deutschland, Stuttgart 1990; Stiker, Henri-Jacques: A History of Disability, Ann Arbor 1999.

2   Sengelmann, Heinrich Matthias: Vorträge, gehalten zu Hamburg, 1. Vortrag. Den 26. Nov. 1869, in: Monats-Hefte des „Boten aus dem Alsterthal" 11 (1870), Nr. 2, 1–15, 4. Danach auch die folgenden Zitate.

Allgemeinen Krankenhauses St. Georg oder in der 1864 eröffneten „Irrenanstalt" Friedrichsberg. Wieder andere seien, so berichtete Sengelmann, als „Kostkinder" in Bauernfamilien auf dem Land gegeben worden. Sengelmann erinnerte auch an Hamburger Originale wie „Hummel"[3] und „Muschü Regen", denen man vor der Inbetriebnahme der Stadtwasserkunst 1845/48 unter den „Wasserträgern" begegnet sei, und an die „Tölpel und Simpletons [‚Dummköpfe', ‚Einfaltspinsel'], die zur Belustigung der Gassenbuben dienen oder von rohen Gesellen in die Schnapslokale gelockt werden". Viele Kinder mit geistigen Beeinträchtigungen fänden als „enfants arriérés [‚geistig zurückgebliebene Kinder'] kein anderes Unterkommen als in der Volksschule, und das Höchste, wozu man fortschritt, war dies, dass man für Nachhülfe sorgte".

Hier fand Heinrich Matthias Sengelmann seine Lebensaufgabe. 1863 gründete er – in Verbindung mit dem ebenfalls von ihm ins Leben gerufenen St. Nicolai-Stift für von Verwahrlosung bedrohte Kinder – das „Asyl für schwach- und blödsinnige Kinder" in Alsterdorf, die Keimzelle der Evangelischen Stiftung Alsterdorf.

Heinrich Matthias Sengelmann und die „christliche Arbeitsschule zu Moorfleth"

Heinrich Matthias Sengelmann kam am 25. Mai 1821 als erstes und einziges Kind des Viehhändlers und Gastwirts *Joachim Heinrich (Jochen Hinrich) Sengelmann* (1777–1850) und seiner Frau *Margaretha Dorothea Johanna, geb. Freundt* (1795–1863) in Hamburg zur Welt.[4] Zu Ostern 1830 trat der Knabe, noch keine neun Jahre alt, in die Gelehrtenschule des Johanneums ein, das älteste humanistische Gymnasium Hamburgs, wo er, über die klassische Philologie hinaus, auch das Hebräische und sogar die Grundzüge des Arabischen erlernte. Während der Gymnasialzeit lebte der junge Sengelmann gleichsam in zwei Welten. Am Johanneum wurde er zusammen mit den Söhnen aus den Hamburger Oberschicht auf eine akademische Karriere vorbereitet. Seine Hausaufgaben musste er in den ersten Schuljahren auf dem Gymnasium

---

[3] Art. „Hummel", in: Kopitzsch, Franklin / Tilgner, Daniel: Hamburg-Lexikon, Hamburg 2010, 356f.

[4] Zur Biografie: Behrmann, [Georg] (Hg.): Pastor Heinrich Matthias Sengelmann Dr. Eine biographische Skizze, Hamburg 1896 (die hier zum Abdruck gebrachten „Jugenderinnerungen" (1–48) stammen aus Sengelmanns eigener Feder); Sillem, Wilhelm: Sengelmann, Heinrich Matthias, in: Allgemeine Deutsche Biographie, Bd. 54, Leipzig 1908, 329–334; Jensen, Julius: Heinrich Matthias Sengelmann. Ein Bild seines Lebens, Hamburg 1963; Schümann, Bodo: Heinrich Matthias Sengelmann als Stifter und Anstifter der Behindertenarbeit (Hamburger Theologische Studien 22), Hamburg 2001; ders.: Sengelmann, Heinrich Matthias, in: Neue Deutsche Biographie, Bd. 24, Berlin 2010, 257f.; Schmuhl, Hans-Walter / Winkler, Ulrike: Heinrich Matthias Sengelmann (1821–1899) und die Anfänge der Evangelischen Stiftung Alsterdorf, Hamburg 2021.

I. Gründung der Alsterdorfer Anstalten, 1850–1899

indessen in einem Winkel der väterlichen Gastwirtschaft am Schweinemarkt machen. Der junge Gymnasiast war gut im Kopfrechnen und kannte sich im Handel auf dem Viehmarkt ebenso aus wie mit den Abläufen in der Landwirtschaft. Zugleich durchlief er den gesamten Kanon klassischer Bildung, bekam das notwendige Rüstzeug für wissenschaftliches Arbeiten vermittelt, entwickelte eine rege intellektuelle Neugier – alles Voraussetzungen, die auf seinem weiteren Lebensweg noch von Bedeutung sein sollten. Zu Ostern 1840 beendete er als Jahrgangsbester das Gymnasium.

Das religiöse Leben im Elternhaus wurde von der Mutter und der mit im Haushalt lebenden Großmutter geprägt. Sie hielten sich zur Gemeinde des Kirchspiels St. Georg, wo Pastor *Johann Wilhelm Rautenberg* (1791–1865) wirkte, einer der führenden Köpfe der sogenannten „erweckten Altgläubigen". Sie standen für eine Verbindung der lutherischen Orthodoxie mit der jungen Erweckungsbewegung und in scharfer Frontstellung zum theologischen Rationalismus, der damals in Hamburg noch vorherrschte. Rautenberg hatte 1825 gegen den entschiedenen Widerstand der Rationalisten die Sonntagsschule St. Georg gegründet. Dies markierte den Anfang der inneren Mission[5] in Hamburg. In diesem Milieu fand der junge Sengelmann seine geistige Heimat.

Zu Ostern 1840 nahm Sengelmann das Studium der Orientalistik und Theologie an der Universität Leipzig auf. Zunächst standen die orientalistischen Studien im Vordergrund. Sengelmann wurde *famulus,* studentische Hilfskraft, bei dem Orientalisten *Julius Fürst* (1805–1873), der ihm auch die Anregung zu seiner Dissertation gab: Darin ging es um das „Buch von den sieben weisen Meistern", eine Sammlung orientalischer Geschichten im Stil der Erzählungen aus Tausendundeiner Nacht, die durch die Vermittlung der Juden ihren Weg aus Indien über Arabien nach Europa gefunden hatte. Sengelmann übersetzte diese Geschichten – abweichend von der akademischen Tradition – aus dem Hebräischen und Griechischen ins Deutsche und versah sie mit einem quellen- und textkritischen Kommentar. 1842 erschien diese Arbeit im Druck.[6] Das Thema der Dissertation ist durchaus bemerkenswert, lag es doch fernab der Bahnen, in denen sich die Studien eines angehenden Pastors gemeinhin bewegten.

---

5 Die „innere Mission" war eine freie, von der Basis der evangelischen Gemeinden ausgehende, in Vereinen organisierte Bewegung außerhalb der verfassten Kirche, die sich zum Ziel gesetzt hatte, Kirche, Volk und Staat (wieder) mit dem Geist des Evangeliums zu durchdringen. An verschiedene Vorläufer vor allem in Südwestdeutschland anknüpfend, rief Johann Hinrich Wichern auf dem Kirchentag im Jahre 1848 die „innere Mission" aus und vernetzte die bereits bestehenden Vereine und Werke durch die Schaffung des „Central-Ausschusses für innere Mission der deutschen evangelischen Kirche". Gegen Ende des 19. Jahrhunderts verwandelte sich die kulturmissionarische Bewegung der „inneren Mission" in den evangelischen Wohlfahrtsverband der „Inneren Mission".

6 Sengelmann, Heinrich Matthias: Das Buch von den sieben weisen Meistern – aus dem Hebräischen und Griechischen zum ersten Male übersetzt und mit literarhistorischen Vorbemerkungen versehen, Halle 1842.

Heinrich Matthias Sengelmann in seiner Studentenzeit

Die endgültige Entscheidung für die Theologie fiel erst, nachdem Sengelmann 1841 an die Universität Halle an der Saale gewechselt war. Hier wurden *Friedrich August Gottreu Tholuck* (1799–1877) und *Julius Müller* (1801–1878) seine wichtigsten akademischen Lehrer.

Am 18. März 1843 beendete Sengelmann sein Studium nach nur sechs Semestern mit der Promotion zum *doctor philosophiae* und kehrte in seine Heimatstadt zurück – die er weitgehend zerstört vorfand. Der Große Brand von 1842 hatte weite Teile des alten Stadtkerns in Schutt und Asche gelegt, Sengelmanns Elternhaus war mit knapper Not verschont geblieben.

Hier bereitete sich Sengelmann auf das Kandidatenexamen vor, das er im Dezember 1843 ablegte. Nun begann die Kandidatenzeit, das lange Warten auf eine Pfarrstelle. Sengelmann hielt fast jeden Sonntag in einer der Hamburger Kirchen die Predigt. Vor allem aber erteilte er Privatunterricht, der ihn in einige der bedeutendsten Familien der Stadt führte. Hier lernte Sengelmann ein anderes Hamburg kennen. Dem Sohn des Viehhändlers und Gastwirts öffneten sich die Türen zu den Salons jener exklusiven Klasse, die im Senat und seinen Ausschüssen die Geschicke der Freien

I. Gründung der Alsterdorfer Anstalten, 1850–1899

und Hansestadt Hamburg lenkte. In seiner Kandidatenzeit war Sengelmann aber auch als Oberlehrer der Sonntagsschule in der Vorstadt St. Georg tätig – so wie vor ihm bereits *Johann Hinrich Wichern* (1808–1881), der Gründer des Rauhen Hauses. Hier nun lernte Sengelmann wieder ein ganz anderes Hamburg kennen – die Gänge und Höfe, in denen die Hamburger Unterschichten ihr Leben fristeten. Auch dieses Hamburg dürfte Sengelmann neu gewesen sein, stammte er doch aus einer gut situierten Familie des mittleren Bürgertums. Not hatte er in seinem jungen Leben nicht kennengelernt, die Schrecken der „Franzosenzeit" kannte er nur aus den Erzählungen seiner Eltern, geboren und aufgewachsen war er in einem prosperierenden Hamburg. Nun wurde er mit dem Elend der Unterschichten konfrontiert, das durch den Großen Brand noch potenziert worden war. Und durch den Unterricht an der Sonntagsschule wurde er in die Arbeit der „inneren Mission"[7] eingeführt, „deren Namen noch nicht bekannt war", die zu dieser Zeit „weniger geregelt als eifrig betrieben" wurde.

Während manche Kandidaten damals viele Jahre auf eine Pfarrstelle warten mussten, wurde Heinrich Matthias Sengelmann nach noch nicht einmal drei Jahren, am 10. Juli 1846, überraschend zum Pastor der Gemeinde Moorfleth in der Marsch gewählt. Nun im Besitz einer Pfarrstelle, schickte er sich an, eine Familie zu gründen. Am 12. November 1846 heiratete er *Anna Sophia Adele von Saß* (1826–1858) aus Ahrensburg auf der Insel Oesel in Estland, die Tochter eines baltischen Generals in russischen Diensten, mit der er sich im Sommer 1844 während einer Kur in Ems verlobt hatte. Diese Heirat markierte für den Sohn eines Viehhändlers und Gastwirts vom Schweinemarkt eine weitere Etappe des gesellschaftlichen Aufstiegs.

In Moorfleth startete Sengelmann eine Unternehmung, die zur Keimzelle der Alsterdorfer Anstalten werden sollte: Im Konfirmandensaal des Pfarrhauses eröffnete er am 16. April 1950 eine „christliche Arbeitsschule" für *vernachlässigte,* aber noch nicht *verwahrloste* Kinder aus armen Familien seiner Gemeinde. Sie wurden in der Arbeitsschule tagsüber, wenn ihre Eltern auf der Arbeit waren, betreut und verköstigt, erhielten eine christliche Erziehung und einen Unterricht auf Volksschulniveau und wurden zu praktischer Arbeit angehalten. Die „Arbeitsschule" wuchs rasch, nahm mit der Zeit einen Internatscharakter an und zog in ein eigenes Gebäude um. Anfangs wurde das Projekt von Wichern unterstützt, doch wurde das Verhältnis zwischen Wichern und Sengelmann mit der Zeit immer gespannter, nicht zuletzt, weil zwischen dem Rauhen Haus und der Arbeitsschule in Moorfleth ein latentes Konkurrenzverhältnis entstand. Die Entfremdung schritt weiter voran, als Sengelmann zu Beginn der 1860er Jahre, als er sich in einer öffentlichen Vortragsreihe überaus kritisch mit den kirchlichen Verhältnissen in Hamburg auseinandersetzte, auch die innere Mission nicht aussparte.[8] Sengelmann warf ihr vor, ihre Kräfte durch die Gründung

---

7   Behrmann (Hg.), Sengelmann, 35f. (aus Sengelmanns „Jugenderinnerungen").

8   Sengelmann, Heinrich Matthias: Die Gegenwart der evangelisch-lutherischen Kirche Hamburgs, dargestellt, aus ihrer Vergangenheit erklärt, und nach ihren Forderungen für die Zukunft gedeutet, Hamburg 1862, 239–249.

Das Pfarrhaus in Moorfleth. Im ersten Stock befand sich das Konfirmandenzimmer, das als erste Unterkunft der „christlichen Arbeitsschule" diente.

immer neuer Vereine und Verbindungen zu verzetteln, damit eine Parallelstruktur zur Amtskirche zu errichten, die sie ja eigentlich von innen heraus hatte erneuern wollen, und in unzulässiger Weise in die öffentliche Armenpflege einzugreifen, den Staat aus seiner Verantwortung entlassend. Wichern, der 1856 nach Berlin übergesiedelt war und sich ohnehin kaum mehr um die Hamburger Verhältnisse kümmerte, zog es vor, diese doch recht grundsätzliche Kritik nicht zur Kenntnis zu nehmen. Fortan ignorierten sich die beiden Männer.[9]

Als Sengelmann 1852 zum Diakonus an der Kirche St. Michaelis in Hamburg gewählt wurde, geriet die Arbeitsschule in eine erste tiefe Existenzkrise. Nun zeigte sich, dass es vor Ort kein tragfähiges Netzwerk gab, um das Werk ohne seinen Gründer fortführen zu können, zumal sein Nachfolger nicht bereit war, die Verantwortung für die Arbeitsschule zu übernehmen. Es wurde ein neunköpfiger Vorstand, bestehend aus Vertrauten Sengelmanns aus dem Bezirk Billwärder und aus Hamburg, gebildet, dazu eine dreiköpfige „Verwaltung", an deren Spitze Sengelmann als Präses stand. Der Wirkungskreis der Arbeitsschule weitete sich nun über die Gemeinde Moorfleth und den Bezirk Billwärder hinaus auf das gesamte Stadt- und Landgebiet Hamburgs aus, weshalb die Einrichtung auch einen neuen Namen bekam: St. Nicolai-Stift. Die alte Bezeichnung habe schon, so begründete Sengelmann nachträglich diesen Schritt,

---

9   Schümann, Sengelmann, 330f.

I. Gründung der Alsterdorfer Anstalten, 1850–1899

Das vermutlich älteste Foto des St. Nicolai-Stifts und seiner Bewohner

„nicht mehr recht gepasst".[10] In dem Maße, wie sich der Schwerpunkt der Arbeit von der Beschulung auf die dauerhafte Unterbringung, Betreuung und Erziehung verlagert hatte, hatte sich der Name Arbeits*schule* „überlebt". Bei der Umbenennung ging es aber wohl auch darum, den erweiterten Wirkungskreis der Einrichtung zum Ausdruck zu bringen: Der neue Name, St. Nicolai-Stift, verwies zwar immer noch auf den Standort der Einrichtung im Kirchspiel Moorfleth, weil die dortige Kirche nach St. Nicolaus benannt war. Da der heilige Nikolaus aber allgemein „als Kinderfreund" galt, war die Bezeichnung St. Nicolai-Stift nicht unauflöslich mit dem Standort

---

10 Sengelmann, Heinrich Matthias: Die Alsterdorfer Anstalten. Ein Lebensbild, Frankfurt am Main 1871, 28. Danach auch die folgenden Zitate.

verbunden – und konnte deshalb später bei der Übersiedlung nach Alsterdorf mitgenommen werden.

Das Stift hatte von Anfang an mit großen finanziellen Schwierigkeiten zu kämpfen. 1858 stand es vor dem Aus. In einer Krisensitzung wurde beschlossen, es von der Marsch auf die Geest zu verlegen. Ausschlaggebend für diesen Beschluss war die Hoffnung, man könne auf der Geest an preiswertes Pachtland gelangen und die Landwirtschaft des Stifts so weit ausbauen, dass die Selbstversorgung sichergestellt sei. Nach längerer Suche nach einem neuen Standort erwarb das Stift schließlich das „Alte Brauhaus" zwischen Alsterdorf und Ohlsdorf samt seinen Nebengebäuden und Gärten. Am 5. August 1860 fand die feierliche Eröffnung des St. Nicolai-Stifts am neuen Standort statt. In den nächsten Jahren konsolidierte sich das Stift, der „Bote aus dem Alsterthal" berichtete regelmäßig über die weitere Entwicklung des Unternehmens.

Das „Asyl für schwach- und blödsinnige Kinder". Die Alsterdorfer Anstalten nehmen Gestalt an, 1863–1869

Der Aufruf zur Gründung eines „Asyls für schwach- und blödsinnige Kinder"

In der 48. Ausgabe des dritten Jahrgangs des „Boten aus dem Alsterthal", die am 23. November 1862 erschien, veröffentlichte Sengelmann einen Spendenaufruf für ein neues Projekt. Zwar sei in Hamburg, so hieß es in der Einleitung, bereits einiges zur Linderung der Folgen von „Notständen"[11] geschehen, doch sei „für die Ärmsten unter den Armen bisher noch nichts getan!" Er meine damit, so fuhr Sengelmann fort,

> „jene armen Kinder, die mit fast verwischtem Gottes-Ebenbilde, den Tieren ähnlich, eine Plage ihrer Eltern, ein Gegenstand der Furcht für die Nachbarn – zumeist in den Hütten der Armut heranwachsen, die armen Blödsinnigen und Idioten, in deren Seelen kein Strahl der göttlichen Wahrheit fällt. – Sie sind die recht eigentlich Verlassenen unter uns. Denn für sie ist nichts geschehen."[12]

Es kam Sengelmann darauf an, deutlich zu machen, dass ein bloßes Wegsperren dieser Menschen aus christlicher Perspektive nicht genügen konnte – es gehe um „die

---

11 Aufruf unter der Überschrift „Lieber Leser, ich bitte Dich um des Herrn willen", in: Der Bote aus dem Alsterthal 3 (1862), Nr. 48, 1. Danach auch die folgenden Zitate. – Der Aufruf ist vielfach wiederabgedruckt worden.

12 Bei der Quellenkritik ist zu berücksichtigen, dass es sich hier um einen öffentlichen Aufruf handelte. Die drastischen Formulierungen („den Tieren ähnlich", „eine Plage", „Gegenstand der Furcht") sollten das ganze Ausmaß der Not verdeutlichen und die Herzen und Geldbörsen der Hamburger Bürger öffnen. Auch später noch findet man bei Sengelmann mitunter eine solche Diktion, wenn er sich an die Öffentlichkeit wandte, während in seinen Fachveröffentlichungen ein deutlich höheres Maß an Empathie für Menschen mit geistigen Behinderungen vorherrscht.

I. Gründung der Alsterdorfer Anstalten, 1850–1899

Pflege und Weckung des göttlichen Funkens, der wenigstens in einigen sich noch findet". Deshalb brauche man ein „Asyl für schwach- und blödsinnige Kinder".

Sengelmann untermauerte diese Forderung mit einer Schilderung aus seinem Alltag als Pastor an St. Michaelis. Ein Knabe stehe ihm besonders vor Augen, so Sengelmann, für den er jahrelang vergeblich nach einer Unterbringungsmöglichkeit gesucht habe. Diesen Jungen – es handelte sich um den späteren ersten „Pflegling" *Carl Koops* (1848–1893) – betrachte er „als einen ernsten, von Gott mir gesandten Mahner." Hier folgt Sengelmann einem in der inneren Mission gängigen Narrativ, das die Erkenntnis eines Notstands, das Bewusstwerden eigener Versäumnis, Schuld und Verantwortung und die Idee zu einem neuen Werk christlicher Liebestätigkeit auf die Begegnung mit einem von Gott gesandten Menschen zurückführt und gleichsam als „Erweckungserlebnis" in Szene setzt. Der gesellschaftliche Kontext der Gründung wird dadurch ausgeblendet. Tatsächlich veranschaulichte Sengelmann an diesem Einzelfall seine Erfahrung, dass er sich als Diakonus in einem „Gemeindekoloss" wie St. Michaelis aufgrund seiner vielfältigen Pflichten nicht eingehend um solche geistig beeinträchtigten Kinder kümmern konnte. Der entscheidende Anstoß zu seinem Projekt eines „Asyls für schwach- und blödsinnige Kinder" ging aber wohl von der Lektüre eines Buches aus.

Ganz deutlich wurde dies eine Woche später, als er in der 49. Ausgabe des „Boten aus dem Alsterthal", die am 30. November 1862 ausgeliefert wurde, seinen Aufruf noch einmal abdrucken ließ,[13] jetzt aber ergänzt um „Einige Anmerkungen zu vorstehendem Texte für allerlei Leser".[14] Sengelmann zitierte u. a. den englischen Arzt und Naturforscher *Thomas Thompson* (1813–1876), der berichtet hatte, dass „bei den Anhängern Muhammeds, [...] des Konfuzius und Zoroaster" geistig beeinträchtigte Menschen mit besonderer Sorgfalt gepflegt würden, und das Christentum aufgefordert hatte, diesem Beispiel zu folgen. Um zu belegen, dass auch in der deutschen Christenheit erste Anfänge auf diesem Arbeitsfeld gemacht worden waren, zitierte Sengelmann zum einen den katholischen Priester *Joseph Probst* (1816–1884), der 1852 auf dem Ecksberg bei Mühldorf die erste Anstalt für geistig behinderte Menschen in Bayern gegründet hatte,[15] und aus einem Bericht über die von *Wilhelm Löhe* (1808–1872) gegründete Diakonissenanstalt Neuendettelsau in Mittelfranken, die von Anfang an geistig behinderte Menschen betreut hatte.[16]

---

13 Aufruf unter dem Titel „Dass ich Euch immer einerlei schreibe, verdrießt mich nicht.' (Phil 3,1)", in: Der Bote aus dem Alsterthal 3 (1862), Nr. 49, 1.

14 Einige Anmerkungen zu vorstehendem Texte für allerlei Leser, in: Der Bote aus dem Alsterthal 3 (1862), Nr. 49, 1f. Danach auch die folgenden Zitate.

15 Kaspar, Franz: Ein Jahrhundert der Sorge um geistig behinderte Menschen. 75 Jahre Verband katholischer Einrichtungen für Lern- und Geistigbehinderte, Bd. 1: Die Zeit der Gründungen: Das 19. Jahrhundert, Freiburg o. J. [1979], 319–360.

16 Jenner, Harald: Von Neuendettelsau in alle Welt. Entwicklung und Bedeutung der Diakonissenanstalt Neuendettelsau/Diakonie Neuendettelsau 1854–1891/1900, Neuendettelsau o. J.[2004].

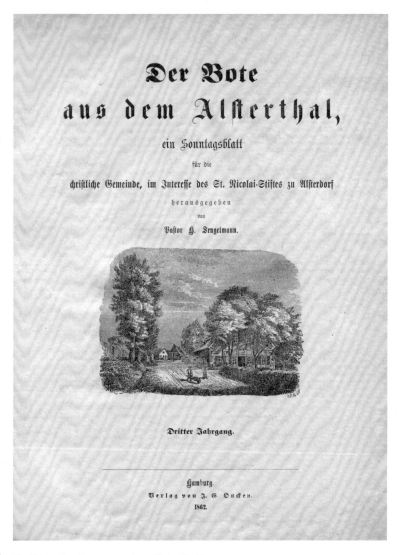

Titelblatt des „Boten aus dem Alsterthal"

In seinen Anmerkungen ging Sengelmann auch auf die Frage ein, mit wie vielen „blödsinnigen Kinder" in Hamburg zu rechnen sei. Da für die Freie und Hansestadt keine Statistik vorlag, führte er zu Vergleichszwecken die Zahlen für Dänemark, Hannover, Oldenburg und Braunschweig an. Diesen Zahlen zufolge war mit etwa einem Promille „blödsinnig Geborene[r] oder in den ersten Kinderjahren blödsinnig Gewordene[r]" zu rechnen. Die statistischen Angaben dienten offenkundig dazu, den Einwand zu entkräften, die Zahl geistig behinderter Kinder in Hamburg sei zu klein, als dass sich eine Anstalt, wie sie Sengelmann angeregt hatte, rechnen würde. Den Kritikern, die argumentierten, Kosten und Nutzen einer solchen Unternehmung stünden in keinem angemessenen Verhältnis, hielt Sengelmann, sich auf den niederländischen Pfarrer und Gründer der „Idiotenschool" in Den Haag *Cornelis Elisa van Koetsveld* (1807–1893) berufend, die Frage vor, ob sie wohl auch so dächten, wenn eines ihrer eigenen Kinder betroffen wäre.

Als Literaturempfehlung nannte Sengelmann die 1857 erschienene Schrift über „Die gegenwärtige Lage der Cretinen, Blödsinnigen und Idioten in den christlichen Ländern. Ein Noth- und Hülferuf für die Verlassensten unter den Elenden an die deutsche Nation" von *Julius August Gottfried Disselhoff* (1827–1896), Pastor in der Diakonissenanstalt Kaiserswerth und der damit verbundenen „Heil-Anstalt für weibliche Gemütskranke" und Schwiegersohn *Theodor Fliedners* (1800–1864). Diese Schrift war vom „Rheinischen Provinzial-Ausschuss für innere Mission" herausgegeben worden, verbunden mit dem Aufruf zur Gründung einer besonderen Anstalt für „Blödsinnige" in der preußischen Rheinprovinz – die unmittelbare Folge dieses Aufrufs war die Gründung der Anstalt Hephata bei Mönchengladbach im Jahre 1858 gewesen.

Sengelmann hatte Disselhoffs Schrift offenkundig gründlich studiert – sämtliche Zitate und Zahlenangaben in seinen „Anmerkungen für allerlei Leser" beruhten auf Exzerpten aus dieser Publikation.[17] Die Lektüre der Schrift Disselhoffs war für Sengelmann ein Schlüsselerlebnis. Durch sie erfuhr er von der Gründung erster Einrichtungen für Menschen mit geistiger Behinderung in der Schweiz, Frankreich, England, Schottland und Irland, im Königreich Sardinien, in Holland, Dänemark, Norwegen, Russland, in den USA sowie in verschiedenen deutschen Staaten. Insbesondere verwies Disselhoff auf die Arbeit des Schweizer Arztes *Johann Jakob Guggenbühl* (1816–1863), der 1841 auf dem Abendberg bei Interlaken seine „Heilanstalt für Kretinen und blödsinnige Kinder" gegründet hatte. Guggenbühl sei „von dem unerschütterlichen Glauben"[18] ausgegangen, „dass der Mensch, auch der verkommenste, elendeste, göttlichen Geschlechts ist, und dass darum in ihm das Gottesbewusstsein, und mit diesem das Welt- und Selbstbewusstsein geweckt werden kann, und dass es daher für uns heilige Pflicht sei, unter Gebet und saurer Arbeit die Weckung zu versuchen". Während Guggenbühl und seine Behandlungsmethoden, die anfangs weit über die Grenzen der Schweiz hinaus gefeiert worden waren, bald in die Kritik gerieten – der Anspruch des Arztes, den Kretinismus heilen zu wollen, trug ihm den Vorwurf der Scharlatanerie ein, 1860 wurde die Einrichtung angesichts massiver Kritik von den Behörden geschlossen –, kam Disselhoff zu einem insgesamt positiven Urteil über Guggenbühl.[19]

---

17 Disselhoff, Julius August Gottfried: Die gegenwärtige Lage der Cretinen, Blödsinnigen und Idioten in den christlichen Ländern. Ein Noth- und Hülferuf für die Verlassensten unter den Elenden an die deutsche Nation, Bonn 1857, 12 (Thompson), 62–67 (Koetsveld), 68 (Zahlenangabe für Dänemark), 98f. (Probst), 106 (Bericht aus Neuendettelsau), 119f. (Zahlenangaben für Hannover und Braunschweig), 123 (Zahlenangaben für Oldenburg). Die Zitate sind nicht ganz wortgetreu.

18 Ebd., 37. Danach auch die folgenden Zitate.

19 Ebd., 20–31.

Heinrich Matthias Sengelmann folgte ihm darin – tatsächlich sollte das Behandlungskonzept Guggenbühls für Sengelmann zur wichtigsten Leitlinie werden. Es spricht vieles dafür, dass Sengelmann sich als Nachfolger Guggenbühls sah, der das seinerzeit gescheiterte Werk des Schweizer Arztes im Norden Hamburgs vollenden wollte. Was das öffentliche Echo auf das Werk Guggenbühls angeht, so kritisierte Sengelmann, dass man den Kretinismus anfangs für ein Phänomen der Schweizer Alpen gehalten und zwar eifrig für die Anstalt auf dem Abendberg gesammelt, aber nicht erkannt habe, „dass ein verwandtes Elend in der Nähe zu Hause sei […]. Es ging wie auf kirchlichem Gebiete, wo die innere Mission erst nach vielen Jahren auf die äußere folgte."[20] Diese Kritik bezog Sengelmann auch auf seine Heimatstadt. Während es in den dänisch verwalteten Elbherzogtümern Holstein und Schleswig bereits zwei Einrichtungen für Menschen mit geistigen Behinderungen gab – seit 1852 in Schleswig, seit 1862 in Kiel[21] – und auch im Königreich Hannover mit Langenhagen seit 1862 eine solche Anstalt bestand, war in Hamburg in dieser Richtung noch nichts geschehen. Auch das St. Nicolai-Stift nahm laut Satzung – ebenso wie übrigens auch das Rauhe Haus – keine „blödsinnige[n] und epileptische[n] Kinder, so wie solche, welche an mutmaßlich unheilbaren Gebrechen leiden",[22] auf. Aus Disselhoffs Schrift hatte Sengelmann gelernt, dass „Kretinen", „Blödsinnige" und „Idioten" durchaus bildungsfähig waren, dass es von daher notwendig sei, Bildungseinrichtungen für diese Menschen zu schaffen und dass dies nicht nur Aufgabe der Staatsregierungen, sondern auch der Kirchen und der freien Vereinigungen im Umfeld der Erweckungsbewegung sei.[23] Sengelmann fühlte sich von diesem Appell elementar angesprochen.

Um den Beitrag Heinrich Matthias Sengelmanns und des von ihm ins Leben gerufenen „Asyls für schwach- und blödsinnige Kinder" zur Grundlegung einer christlichen Heilpädagogik angemessen würdigen zu können, ist es notwendig, sich zu vergegenwärtigen, was auf diesem Gebiet bis zum Beginn der 1860er Jahre in den deutschen Staaten, insbesondere vonseiten der inneren Mission, geschehen war.[24] Während die freien christlichen Liebeswerke im Umfeld der Erweckungsbewegung auf vielen Feldern eine Vorreiterrolle übernahmen und Pionierarbeit leisteten, entdeckten sie die Fürsorge für Menschen mit geistiger Behinderung – von vereinzelten Ausnahmen abgesehen – erst recht spät für sich. Das hat seinen Grund einerseits darin, dass auf diesem Gebiet schon seit dem Anfang des 19. Jahrhunderts zwei

---

20 Sengelmann, Heinrich Matthias: Idiotophilus, Bd. I: Systematisches Lehrbuch der Idioten-Heilpflege, Norden 1885, 77.

21 Vgl. ebd., 91, 99.

22 Sengelmann, Heinrich Matthias: Dritte Nachricht über das St. Nicolai-Stift zu Moorfleth, Hamburg 1854, 12 (§ 4 der Ordnung des St. Nicolai-Stifts). Vgl. Schümann, Sengelmann, 39.

23 Disselhoff, Lage, 155–170.

24 Zum Folgenden: Störmer, Norbert: Innere Mission und geistige Behinderung, Münster 1991; Hänsel, Dagmar / Schwager, Hans-Joachim: Die Sonderschule als Armenschule. Vom gemeinsamen Unterricht zur Sondererziehung nach Braunschweiger Muster, Bern 2004.

I. Gründung der Alsterdorfer Anstalten, 1850–1899

Professionen aktiv waren, denen die Erweckungsbewegung mit tiefer Skepsis begegnete: Pädagogen, deren Unterrichts- und Erziehungskonzepte den Ideen der Aufklärung und des Philanthropinismus[25] verpflichtet waren, und Mediziner, die mithilfe einer modernen, auf empirischer Forschung beruhenden ärztlichen Wissenschaft nach Wegen zur „Heilung" geistiger Behinderung suchten. Andererseits galten Menschen mit schwerer geistiger Behinderung auch im Umfeld der Erweckungsbewegung „oftmals als unerziehbar, bildungsunfähig, nicht förderbar, therapieresistent und auch als nicht konfirmierbar".[26] Das änderte sich um die Mitte des 19. Jahrhunderts, als immer mehr medizinische und (heil-)pädagogische Publikationen erschienen, die darauf beharrten, dass Menschen mit geistigen Behinderungen sehr wohl erziehungs- und bildungsfähig waren. Damit aber wurden sie als Objekte der inneren Mission interessant, der sich hier ein neues Arbeitsfeld eröffnete, und es ist kein Zufall, dass in dem um die Mitte des 19. Jahrhunderts einsetzenden Gründungsboom jetzt auch Initiativen aus dem Milieu der inneren Mission eine bedeutende Rolle spielten – ungeachtet des Umstandes, dass Johann Hinrich Wichern in seiner Denkschrift von 1849 die Arbeit an geistig behinderten Menschen bewusst aus dem Spektrum der Arbeitsfelder der inneren Mission ausgeklammert hatte.[27] Der wohl wichtigste Vorreiter war der Lehrer *Johannes Landenberger* (1818–1880), von 1860 bis 1877 Leiter der württembergischen Anstalt Winterberg, der ein von Pietismus, Erweckung und innerer Mission geprägtes Konzept religiöser Erziehung entwarf, das, auf dem Modell der christlichen Familie aufbauend, durch die Dialektik von „Zucht" und „Liebe" geprägt war. Nach Landenberger drückte sich der „kindliche Blödsinn" vor allem auch durch eine Unfreiheit des Willens aus, die es durch Erziehung zu überwinden gelte. Erziehung hieß für erweckliche Christen: Erziehung zum rechten Glauben, zur „Wiedergeburt" – zur Rechtfertigung jedoch bedurfte es nach lutherischem Verständnis der freien Willensentscheidung eines Menschen, das Wort Gottes anzunehmen. Evangelische Erziehungsarbeit – sowohl in den „Rettungshäusern" für „verwahrloste", „gefährdete" und „gefallene" Kinder wie auch in den Heil-, Pflege- und Erziehungsanstalten für „Schwachsinnige", „Blöde", „Epileptische" oder „Irre" – zielte immer auf eine sittliche „Hebung", um eine freie Willensentscheidung für das Evangelium zu ermöglichen. Heinrich Matthias Sengelmann nahm diese Aufgabe für Hamburg in Angriff. Dabei folgte er seinen Vorläufern, indem er die „Weckung des göttlichen Funkens" in den Seelen der „schwach- und blödsinnigen" Kinder zum Fluchtpunkt seiner Arbeit machte.

---

25 Pädagogische Reformbewegung des späten 18. Jahrhunderts, die, ausgehend von den Maximen der Aufklärung, eine vernünftig-natürliche Erziehung anstrebte, die vom Vertrauen in die menschliche Natur geprägt war.

26 Störmer, Norbert: Die Zuwendung zu Menschen mit geistigen Behinderungen und psychischen Problemen, in: Röper, Ursula / Jüllig, Carola (Hg.): Die Macht der Nächstenliebe. Einhundertfünfzig Jahre Innere Mission und Diakonie, 1848–1998, o. O., o. J.[Berlin 1998], 294–301, 294.

27 Störmer, Innere Mission, 293.

Die Gründung des Asyls

In der 50. Ausgabe des „Boten aus dem Alsterthal", die am 7. Dezember 1862 erschien, berichtete Sengelmann in einer kurzen Notiz, dass der zweimalige Spendenaufruf „nicht ohne Erfolg"[28] gewesen sei. Tatsächlich kam die Unterstützung aus der Hamburger Bürgerschaft nur zögerlich, die großen Tageszeitungen verloren kein Wort über das Projekt.[29]

Zunächst handelte es sich bei dem Projekt eines „Asyls für schwach- und blödsinnige Kinder" um eine persönliche Initiative Sengelmanns.[30] Am 7. Mai 1863 unterrichtete er die Verwaltung des St. Nicolai-Stifts über den Stand der Dinge und unterbreitete den Wunsch, das Asyl als ein „Filial"[31] des Stifts zu gründen, „jedoch mit getrennter Verwaltung und besonderer Kasse". Dies fand die Zustimmung der beiden übrigen Mitglieder der Verwaltung. Sodann stellte Sengelmann den Antrag, die Verwaltung möge genehmigen, dass am 1. Oktober 1863 „in dem kleinen Hause des Stiftes" – das Sengelmann bis dahin als Sommerwohnung vom St. Nicolai-Stift gemietet hatte – das neue „Asyl für schwach- und blödsinnige Kinder" eröffnet würde. Der geplante Standort traf in der Verwaltung des Stifts auf gewisse Vorbehalte, und auch im Vorstand, bei dem die endgültige Entscheidung lag, scheint es Bedenken gegen das Unternehmen gegeben zu haben. Die Angelegenheit kam jedenfalls nicht auf die Tagesordnung der Vorstandssitzung am 12. August 1863,[32] das „Asyl für schwach- und blödsinnige Kinder" fand seine Heimat doch nicht im kleinen Haus des St. Nicolai-Stifts. Stattdessen wurde ein neues Haus in größerem Abstand zum Stift errichtet. Zu dem Land, das Sengelmann an das St. Nicolai-Stift verpachtet hatte, gehörte auch der sogenannte Kleine Barkamp, von dem nun ein schmaler Streifen für den Bau des Asyls genommen wurde. Die Lage schien ideal, „abgesondert von dem Verkehr und seinen Straßen",[33] in der Nachbarschaft des St. Nicolai-Stifts, aber nicht unmittelbar auf dessen Gelände, „ein Platz von hoher Lage und mit dem schönsten Brunnenwasser versehen." Dementsprechend erhielt das Haus, das im Sommer 1863 errichtet wurde, später den Namen Schönbrunn.

Am 19. Oktober 1863 wurde das neue Haus eingeweiht, am 22. Oktober zog Carl Koops als erster „Pflegling" in das „Asyl für schwach- und blödsinnige Kinder zu Alsterdorf" ein. Im Laufe des nächsten Jahres folgten weitere sechs „Pfleglinge". Dieses

---

28 Asyl für blödsinnige Kinder, in: Der Bote aus dem Alsterthal 3 (1862), Nr. 50, 1.
29 Sengelmann, Alsterdorfer Anstalten (1871), 62.
30 Ebd., 67.
31 Archiv der Evangelischen Stiftung Alsterdorf (ArESA), Slg. Sengelmann 5: Gründungsentwurf des Asyls der Alsterdorfer Anstalten 1863. Original von Pastor H. M. Sengelmann. Danach auch die folgenden Zitate.
32 ArESA, Direktion, Vorstand (DV 3): Protokolle des Vorstands für das St. Nicolai-Stift zu Moorfleth 1853–1877.
33 Sengelmann, Alsterdorfer Anstalten (1871), 62. Danach auch das folgende Zitat.

I. Gründung der Alsterdorfer Anstalten, 1850–1899

Haus Schönbrunn. Hier fand das Asyl ein erstes Unterkommen.

erste Jahr gestaltete sich wegen häufiger Personalwechsel schwierig, doch konsolidierte sich das Asyl sehr schnell. Sengelmann sollte recht behalten: Die Nachfrage nach Plätzen war so groß, dass man den Betrieb binnen weniger Jahre ausbauen musste. 1866 wurde ein zweites, 1869 ein drittes, 1871 ein viertes Haus gebaut. Letzteres, im Garten des St. Nicolai-Stifts gelegen, war als ein Kinderheim für geistig gesunde, aber körperlich behinderte Kinder gedacht. So sollte die Arbeit künftig auf drei Säulen ruhen: dem St. Nicolai-Stift für geistig und körperlich gesunde, von Verwahrlosung bedrohte Kinder, dem „Asyl für schwach- und blödsinnige Kinder" und dem Kinderheim für körperlich behinderte Kinder. 1866 wurden im Zuge einer Statutenänderung das Stift und das Asyl, bis dahin getrennte Einrichtungen, zu den „Alsterdorfer Anstalten" zusammengeführt.[34] Schon zu dieser Zeit nahm der Plan einer Anstaltsortschaft Gestalt an. Die mit der fortschreitenden Ausdifferenzierung des Asyls verbundene Tendenz zur Expansion war gewollt. Sengelmann war der festen Überzeugung, „dass eine Idioten-Anstalt desto mehr leisten kann, je umfangreicher sie sich gestaltet."[35]

Am 3. Oktober 1866 richtete Sengelmann ein Gesuch an den Hamburger Senat, in dem er darum bat, sein Amt als Diakonus im Kirchspiel St. Michaelis niederlegen

---

34 Die Alsterdorfer Anstalten, in: Der Bote aus dem Alsterthal 7 (1866), Nr. 27, 105–108.

35 Sengelmann, Heinrich Matthias: Jahresbericht der Alsterdorfer Anstalten über das Jahr 1868, o. O., o. J.[Hamburg 1869], 8.

zu dürfen.[36] Er begründete sein Gesuch damit, dass sein Verständnis des Pfarramts – insbesondere der hohe Stellenwert, den er der Seelsorge einräumte – mit den Verhältnissen in einer Großstadtgemeinde letztlich nicht zu vereinbaren war. Diese Begründung war sicher nicht vorgeschoben.[37] Es dürfte auch eine Rolle gespielt haben, dass er mit seiner Kritik an den kirchlichen Verhältnissen Hamburgs nicht durchgedrungen war – in gewisser Weise fand Sengelmann selbst in Alsterdorf ein Asyl. Andere Faktoren dürften ihm seinen Schritt erleichtert haben. Sengelmanns Vater war 1850 verstorben, seine Mutter 1863. Als einziger Sohn verfügte Sengelmann nun über ein beträchtliches Vermögen[38] und war finanziell unabhängig, sodass er es sich leisten konnte, als unbesoldeter Präses an die Spitze der Alsterdorfer Anstalten zu treten. 1859 hatte Sengelmann in zweiter Ehe – Adele Sengelmann war 1858 verstorben – *Jane (Jenny) Elisabeth von Ahsen* (1831–1913),[39] Tochter seines Freundes und Amtskollegen in St. Michaelis, Diakonus *Jacob Heinrich von Ahsen* (1798–1871), geheiratet. 1866 war abzusehen, dass diese Ehe kinderlos bleiben würde – die Vorstellung, künftig inmitten der Kinder des Stifts und des Asyls zu leben, dürfte für das Ehepaar anziehend gewesen sein. Schließlich zeichnete sich 1866 bereits ab, dass die Alsterdorfer Anstalten weiter wachsen und sich zu einer „Kolonie" entwickeln würden – hier stellte sich eine überaus reizvolle Lebensaufgabe als Präses eines Anstaltsbundes und Pastor einer Anstaltsgemeinde, die in der 1867 eingeweihten, auf halbem Weg zwischen Stift und Asyl gelegenen Kapelle einen ersten Mittelpunkt fand.[40] Auch ist zu bedenken, dass Sengelmann zu dieser Zeit bereits an einem Lehrbuch der Heilerziehungspflege arbeitete. Der Amtsverzicht eröffnete ihm die Möglichkeit, sich intensiv dieser intellektuellen Herausforderung zu widmen und sich als Vordenker einer christlichen Heilpädagogik zu profilieren. Im April 1867 siedelte Sengelmann endgültig nach Alsterdorf über. 1879 verlieh ihm der Vorstand den Titel eines (unbesoldeten) „Direktors" der Alsterdorfer Anstalten.[41]

---

36 Heinrich Matthias Sengelmann, An einen Hohen Senat der freien Stadt Hamburg – Antrag auf Entlassung, in: Der Bote aus dem Alsterthal 8 (1867), Nr. 19, 74f. Vollständig abgedruckt in: Jensen, Sengelmann, 29–31.

37 Schümann, Sengelmann, 62.

38 Einen Teil seines Vermögen hatte Sengelmann wohl auch von seiner verstorbenen ersten Ehefrau Adele geerbt.

39 Stritter, Paul: Zum hundertsten Geburtstag der weiland Frau Pastor D. Dr. Sengelmann, der Gattin des Begründers und langjährigen Leiters der Alsterdorfer Anstalten, in: Briefe und Bilder aus Alsterdorf (BuB) 55/56 (1931/32), 11–19.

40 Behrmann (Hg.), Sengelmann, 86.

41 Ebd., 95.

I. Gründung der Alsterdorfer Anstalten, 1850–1899

Konsolidierung und Expansion, 1869–1899

Die Entwicklung der Bewohnerzahlen

Um die Jahreswende 1869/1870 zählten die Alsterdorfer Anstalten 84 Bewohner und Bewohnerinnen. Davon entfielen bereits 62 auf das „Asyl für schwach- und blödsinnige Kinder", auf das St. Nicolai-Stift hingegen nur noch 22.[42] Bis 1899 stieg die Zahl der Bewohner und Bewohnerinnen kontinuierlich bis auf 604[43] – von 1869 bis 1899 hatte sie sich mithin nochmals versiebenfacht. Dabei wandelten sich die Alsterdorfer Anstalten zu einer fast reinen Erziehungs-, Heil- und Pflegeanstalt für Menschen mit geistigen Beeinträchtigungen, und zwar für Kinder, Jugendliche und Erwachsene beiderlei Geschlechts, unabhängig von der Religions- und Konfessionszugehörigkeit, aus den unteren wie den oberen Gesellschaftsschichten. 1869 wurde nämlich innerhalb der Alsterdorfer Anstalten ein „Pensionat für Zöglinge und Kostgänger aus den höheren Ständen" gegründet, das regen Zulauf hatte. Das St. Nicolai-Stift für gesunde, von Verwahrlosung bedrohte Kinder, einst Keimzelle der Alsterdorfer Anstalten, führte nur noch ein Schattendasein,[44] und das Kinderheim für körperlich beeinträchtigte Kinder kam über erste Anfänge kaum hinaus. 1882 wurde das Pensionat im bisherigen Kinderheim untergebracht.[45] Prinzipiell sollten die Alsterdorfer Anstalten *allen* Menschen mit einer geistigen Behinderung, unabhängig von ihrer Bildungs- und Arbeitsfähigkeit, offenstehen, auch solchen, die neben ihrer geistigen Beeinträchtigung auch eine Epilepsie aufwiesen. Das war keine Selbstverständlichkeit, denn viele Einrichtungen der inneren Mission nahmen ausdrücklich nur geistig behinderte oder nur epilepsiekranke Menschen auf, weil die gemeinsame Unterbringung als schwierig galt.[46] Ebenso kamen in den Alsterdorfer Anstalten umstandslos auch geistig behinderte Menschen unter, die zusätzlich eine Körper- oder Sinnesbehinderung aufwiesen. Nur ganz vereinzelt verlegte man Bewohner und Bewohnerinnen, die zusätzlich zu ihrer geistigen Behinderung an schweren chronischen Krankheiten litten oder extrem verhaltensauffällig waren, in andere Einrichtungen.

Das Verhältnis zwischen den Geschlechtern blieb nahezu konstant. Knaben und Männer machten etwa 58 Prozent, Mädchen und Frauen etwa 42 Prozent aller

---

42 Sengelmann, Heinrich Matthias, Jahresbericht der Alsterdorfer Anstalten über das Jahr 1869, o. O., o. J.[Hamburg 1870], 2f.

43 BuB 22 (1898), Nr. 2, 4; Memorabilien der Alsterdorfer Anstalten vom Jahre 1899, verlesen von Pastor Stritter in der Anstaltengemeinde am 31. Dezember, in: BuB 24 (1900), Nr. 1/2, 1–7, 5.

44 Von den 585 „Zöglingen und Pensionären", die am 1. Januar 1897 gezählt wurden, galten gerade einmal sechs Knaben und ein Mädchen als „geistig normal". Mit anderen Worten: Die Stiftsarbeit war mittlerweile so gut wie zum Erliegen gekommen. BuB 22 (1898), Nr. 2, 4.

45 Sengelmann, Heinrich Matthias: Die Alsterdorfer Anstalten. Was sie wollen, was sie sind und was sie erlebten, in: BuB 10 (1886), 7.

46 Sengelmann, Heinrich Matthias: Was für die Schwach- und Blödsinnigen in Deutschland geschieht, in: BuB 16 (1892), Nr. 3, 7–12, 9; o. V. [Kellner, Hermann]: Die Epileptiker in den Alsterdorfer Anstalten, in: BuB 22 (1898), Nr. 1/2, 17–21, 17.

Carl Koops, der erste
„Pflegling" des Asyls, 1871

„Zöglinge und Pensionäre" aus.⁴⁷ Erkennbar ist dagegen eine allmähliche Verschiebung der Altersstruktur. Der Anteil der Kinder und Jugendlichen unter 21 Jahren sank bis 1897 auf 54,5 Prozent, knapp 20 Prozent der Bewohner und Bewohnerinnen waren inzwischen älter als dreißig Jahre.⁴⁸ Im Zusammenhang mit der Verschiebung der Altersstruktur stieg der Anteil der „reinen Pflegefälle" auf knapp ein Drittel.⁴⁹

Was das Einzugsgebiet anging, so stammten 1877 knapp zwei Drittel der Bewohner und Bewohnerinnen aus Hamburg, 1897 war es nur noch gut die Hälfte. Die

---

47 Sengelmann, Heinrich Matthias: Bericht der Alsterdorfer Anstalten über die Jahre 1875 und 1876, Hamburg o. J.[1877], 9; BuB 22 (1898), Nr. 2, 4.

48 BuB 22 (1898), Nr. 2, 5.

49 Memorabilien der Alsterdorfer Anstalten vom Jahre 1898, verlesen vom Inspektor Lembke in der Anstaltsgemeinde am 31. Dezember, in: BuB 23 (1899), Nr. 1, 4–16, 6, 13.

I. Gründung der Alsterdorfer Anstalten, 1850–1899

übrigen kamen aus Preußen, vor allem aus den Provinzen Schleswig-Holstein und Hannover, aus Bremen, Lübeck, dem Großherzogtum Oldenburg, den Herzogtümern Mecklenburg-Schwerin und Mecklenburg-Strelitz, einige wenige aus anderen Teilen Deutschlands und dem Ausland.[50]

Erkennbar ist, dass staatliche Stellen als Kostenträger immer wichtiger wurden – 1897 zahlten sie für mehr als drei Viertel der Bewohner und Bewohnerinnen das Kostgeld.

Die Alsterdorfer Anstalten waren zu einer tragenden Säule der Fürsorge für geistig behinderte Menschen nicht nur in Hamburg, sondern in ganz Norddeutschland geworden. Der im Entstehen begriffene moderne Sozialstaat hatte zwar begonnen, dieses Feld der Sozialpolitik als seine Aufgabe zu erkennen und anzuerkennen – einstweilen schuf er aber kein eigenes Netz von Einrichtungen, sondern bediente sich der bestehenden Anstalten in konfessioneller Trägerschaft. Hier liegen die Gründe für das stürmische Wachstum der Alsterdorfer Anstalten bis zur Jahrhundertwende. Dass auf der anderen Seite das St. Nicolai-Stift allmählich verkümmerte, lag daran, dass der hamburgische Staat den Bereich der Kinder- und Jugendhilfe konsequent an sich zog – spätestens mit der Gründung der staatlichen Erziehungs- und Besserungsanstalt im benachbarten Ohlsdorf im Jahre 1884[51] hatte das St. Nicolai-Stift keinerlei Zukunftsperspektive mehr.

Das Personal

Mit der stetig steigenden Zahl der Bewohner und Bewohnerinnen musste das Personal immer weiter aufgestockt werden, zumal die Alsterdorfer Anstalten großen Wert auf die innere Differenzierung der Arbeit legten, um eine möglichst individuelle Pflege, Betreuung, Erziehung, Bildung und Beschäftigung der Bewohner und Bewohnerinnen zu ermöglichen – entsprechend hoch war der Personalschlüssel angesetzt. Um die Jahreswende 1869/70 arbeiteten im „Asyl für schwach- und blödsinnige Kinder", das 62 „Zöglinge" zählte, bereits 23 Angestellte, darunter zwölf „Wärterinnen" und „Wärter".[52] 1898 beschäftigten die Alsterdorfer Anstalten schließlich 132 Mitarbeiter und Mitarbeiterinnen, darunter zwei „Oberwärter" und dreißig „Wärter", die „Oberin",

---

50 Sengelmann, Jahresbericht (1875/1876), 10; BuB 22 (1898), Nr. 2, 5. Vgl. Sengelmann, Alsterdorfer Anstalten (1886), 25.

51 Die Erziehungs- und Besserungsanstalt lag an der Alsterdorfer Straße, direkt gegenüber der Ohlsdorfer Ökonomie der Alsterdorfer Anstalten. 1911 wurde eine Abteilung für Mädchen in der Feuerbergstraße in Alsterdorf eröffnet. Vgl. Uhlendorff, Uwe: Geschichte des Jugendamtes. Entwicklungslinien öffentlicher Jugendhilfe 1871 bis 1929, Weinheim/Basel 2014, 216–223.

52 In den elf Abteilungen des Asyls kamen zu diesem Zeitpunkt auf eine „Wärterin" bzw. einen „Wärter" höchstens sechs „Zöglinge", in einzelnen „Pflegeabteilungen" waren es nur zwei, drei oder vier. Im Pensionat, das als 1. Abteilung geführt wurde, gab es erst einen einzigen „Zögling". Sengelmann, Jahresbericht (1869), 3f.

22 „Wärterinnen" sowie zwei „Krankenwärterinnen" – sie betreuten 583 Bewohner und Bewohnerinnen.[53]

Ein Problem stellte die Aus- und Fortbildung des Personals dar. Für Einrichtungen wie das Asyl gab es keine „Vorschulen",[54] stellte Sengelmann 1869 fest. Vielmehr mussten die Mitarbeiter und Mitarbeiterinnen in Einrichtungen für geistig behinderte Menschen „durch ihre Arbeit selber erst lernen."[55] Dieses Learning by Doing wurde durch den Austausch in dem an jedem Montagabend tagenden „Convent der Angestellten" unterstützt.

Ein weiteres Problem war und blieb die starke Fluktuation innerhalb des Personals – die Gründe dafür dürften vor allem in den hohen Arbeitsanforderungen, den langen Arbeitszeiten und der vergleichsweise geringen Entlohnung zu suchen sein. Zwar habe sich, wie Sengelmann 1869 vermeldete, mittlerweile „ein Kern herausgebildet, der sich in seine Arbeit hineingelebt hat", doch blieb das Kommen und Gehen von Angestellten ein Dauerthema. Es fällt auf, dass Sengelmann nicht die naheliegende Lösung dieses Problems, nämlich den Einsatz von Diakonissen und Diakonen, wählte, indem er einen Gestellungsvertrag mit einem Mutterhaus oder Brüderhaus abschloss. Der Grund dafür dürfte darin zu suchen sein, dass Sengelmann „die von einem Mutterhaus oder Brüderhaus ausgehenden Bindungen"[56] scheute. Sengelmann wollte sich schlichtweg nicht in die Alsterdorfer Anstalten hineinregieren lassen.[57] Stattdessen setzte er auf gesellige Vereine, um die Bindung der Mitarbeiter und Mitarbeiterinnen an die Einrichtung und den Zusammenhalt untereinander zu stärken. Der Jünglingsverein „Concordia", gestiftet am 16. März 1884, und der Jungfrauenverein „Euodia", gegründet am 12. Juni 1884, sollten der „Unterhaltung, Belehrung und Fortbildung"[58] des Personals dienen. Im selben Jahr wurden nach Geschlechtern getrennte Gesangvereine ins Leben gerufen, die sich im Gottesdienst oder bei Aufführungen ab und an zu einem gemischten Chor vereinten. Ob durch diese Vereinsgründungen die Fluktuation des Personals nachhaltig eingedämmt wurde, darf indessen bezweifelt werden.

Schon im Winter 1868 machte sich „der Wunsch nach einer persönlichen Assistenz in der Oberleitung" geltend. Der Kandidat der Theologie *Georg Behrmann* (1846–1911) zog im Haus Sengelmanns ein und übernahm, während er sich auf sein Examen vorbereitete, als „Oberhelfer" Unterrichts- und Leitungsaufgaben. Behrmann, der schon Konfirmand Sengelmanns gewesen war, sein Freund wurde und später sein Biograf werden sollte, blieb indessen nicht lange. Nachdem er im November 1869 sein Examen bestanden hatte, wurde er schon im Februar 1870 als Gemeindepfarrer

---

53 BuB 22 (1898), Nr. 2, 28.
54 Sengelmann, Jahresbericht (1868), 11.
55 Ebd., 12. Danach auch die folgenden Zitate.
56 Jensen, Sengelmann, 46.
57 Vgl. auch Schümann, Sengelmann, 355–360.
58 Sengelmann, Alsterdorfer Anstalten (1886), 23; BuB 12 (1888), Nr. 3, 15.

I. Gründung der Alsterdorfer Anstalten, 1850–1899

nach Curslack berufen. 1879 kehrte er als Hauptpastor an der St. Michaelis-Kirche nach Hamburg zurück. Mit seiner Wahl zum Senior des Geistlichen Ministeriums im Jahre 1894 sollte er zum Leitenden Geistlichen der Evangelisch-Lutherischen Kirche im Hamburgischen Staat werden.[59] Nach dem Ausscheiden Behrmanns aus der Stellung des Oberhelfers suchte man ein halbes Jahr lang vergeblich nach einem Nachfolger. Diesen fand man schließlich in *Theodor Schäfer* (1846–1914), der 1869/70 als Pastor der deutschen evangelischen Gemeinde in Paris tätig gewesen war, zu Beginn des Deutsch-Französischen Krieges im August 1870 aus Frankreich ausgewiesen wurde und im September 1870 zum „Inspektor" der Alsterdorfer Anstalten berufen wurde.[60] Dieses Amt sollte über das des Oberhelfers hinausgehen. Sengelmann sah in dieser Neuregelung den Abschluss der inneren Organisation der Alsterdorfer Anstalten. Doch sollte auch dieses Arrangement nicht lange Bestand haben: 1872 übernahm Schäfer das Amt des Direktors und Vorstehers der Diakonissenanstalt für Schleswig-Holstein in Altona.[61] Das Problem der mittleren Führungsebene blieb ungelöst. 1887 folgte ein weiterer Anlauf, einen Stellvertreter Sengelmanns zu etablieren. *Paul Stritter* (1863–1944), Kandidat der Theologie, wurde als „Oberhelfer" gewonnen. Anders als geplant, verließ aber auch er die Alsterdorfer Anstalten nach dem Examen. Dass er später Nachfolger Sengelmanns werden sollte, war zu diesem Zeitpunkt noch nicht abzusehen. 1891 wurde auf Drängen des Vorstands ein erneuter Versuch unternommen, Sengelmann einen Stellvertreter an die Seite zu stellen. Dazu sollte ein ordinierter Geistlicher als „Konrektor" angestellt werden – allerdings ohne eigenen Kompetenzbereich und Gestaltungsspielraum. Das konnte auf Dauer nicht funktionieren. Pastor *Paul Gerhard Cremer* (1867–1947), der am 20. September 1891 offiziell eingeführt wurde, hinterließ in den Alsterdorfer Anstalten keine bleibenden Spuren. Er wechselte zum 1. Juni 1893 als Vereinsgeistlicher zum Provinzialverein für Innere Mission in Danzig.[62] Die Stelle des Konrektors wurde nicht wieder besetzt, stattdessen erneut ein „Inspektor" eingesetzt, der – unterstützt von einem, ab 1898 von zwei Oberhelfern – Leitungsfunktionen übernahm.[63] 1894 wurde der Pädagoge *Paul Seiffert* (1866–1936), zuvor Geschäftsführer im schlesischen Provinzialverein für Innere Mission, Inspektor der Alsterdorfer Anstalten. Allerdings schied auch er schon

---

59 Catholy, Eckehard: Behrmann, Georg, in: Neue Deutsche Biographie, Bd. 2, Berlin 1955, 16.
60 Sengelmann, Alsterdorfer Anstalten (1871), 102.
61 Zum Verhältnis zwischen Sengelmann und Schäfer ausführlich: Schümann, Sengelmann, 352–361.
62 BuB 17 (1893), Nr. 3, 2. Cremer leitete später den Evangelischen Hilfsverein. 1929/30 stand er als Aufsichtsratsvorsitzender der „Deutschen Evangelischen Heimstättengesellschaft" im Mittelpunkt des sogenannten „Devaheim-Skandals". Vgl. Körnert, Jan / Grube, Klemens: Die Deutsche Evangelische Heimstättengesellschaft (Devaheim). Aufstieg und Fall einer kirchlichen Bausparkasse von 1926 bis 1931, in: Zeitschrift für Unternehmensgeschichte 56 (2011), 3–28; Hammer, Georg-Hinrich: Geschichte der Diakonie in Deutschland, Stuttgart 2013, 242f.
63 Memorabilien (1898), 11. Vgl. auch Sengelmann, Idiotophilus, Bd. I, 180–183 (§ 29).

nach kurzer Zeit, 1897, aus seinem Amt aus.[64] Hier zeigt sich das schon bekannte Muster: Die Leitungsstrukturen der Alsterdorfer Anstalten waren so sehr auf ihren Direktor Heinrich Matthias Sengelmann zugeschnitten, dass für einen Stellvertreter nicht genügend Freiraum blieb – deshalb verlief der Versuch zur Etablierung einer stellvertretenden Leitung regelmäßig im Sande, gerade wenn Persönlichkeiten mit ausgeprägten Führungsqualitäten den Posten des Oberhelfers, Konrektors oder Inspektors bekleideten.

Am 12. März 1891 wurde *Henriette Fust* (1856–1929), eine „Pflegetochter" Sengelmanns,[65] vom Vorstand zur „Oberin" ernannt[66] – übrigens gegen den entschiedenen Widerspruch Georg Behrmanns. Über die Gründe, die Behrmann gegen die Wahl Henriette Fusts ins Feld führte, gibt das Protokoll keine Auskunft.[67] Er konnte sich mit seinen Bedenken jedenfalls nicht durchsetzen. Der Eklat hatte zur Folge, dass Behrmann, bis dahin einer der treuesten Weggefährten Sengelmanns, aus dem Vorstand austrat – erst nach Sengelmanns Tod im Jahre 1899 kehrte er in den Vorstand zurück.[68] Henriette Fust wurde am 28. April 1891 in ihr Amt als Oberin eingeführt. Eine lange Amtszeit war ihr nicht beschieden. 1895 wurde *Johanna Louise Martha Kuhm* als Oberin eingesegnet.[69]

Darüber hinaus wurde 1891 die Verwaltung vereinheitlicht und einem Fachmann, dem Registrator *Adolf Carl Heinrich Müller* (1847–1912), unterstellt. Während das Konrektorat rasch wieder einging und das Amt der Oberin nicht annähernd die Bedeutung gewinnen konnte, die es in einem Diakonissenmutterhaus hatte, bewährte sich die Schaffung einer Verwaltungsleiterstelle.

Die wichtigsten Mitarbeiter Sengelmanns auf der mittleren Leitungsebene waren jedoch nach wie vor der Ökonom, der Oberlehrer und der Anstaltsarzt. Die Stelle des Ökonomen bekleidete seit den frühen 1870er Jahren *Heinrich Voth* (1840–1913), der

---

64 Seiffert wurde dann Geschäftsführer des Jugendwohlfahrtsvereins, von 1899 bis 1919 war er Direktor der Brandenburgischen Provinzial-Schulanstalt in Strausberg. Von 1904 bis 1914 hatte er zudem das Amt des Vorsitzenden des Allgemeinen Fürsorgeerziehungstages (AFET) inne. 1924 zog Seiffert für die Nationalsozialistische Freiheitsbewegung in den Reichstag ein. 1927 schied er aus der Fraktion der NSFB aus, 1933 trat er in die NSDAP ein. Lilla, Joachim / Döring, Martin / Schulz, Andreas: Statisten in Uniform. Die Mitglieder des Reichstags 1933–1945. Ein biographisches Handbuch. Unter Einbeziehung der völkischen und nationalsozialistischen Reichstagsabgeordneten ab Mai 1924, Düsseldorf 2004, 611; Schumacher, Martin (Hg.): M. d. R. Die Reichstagsabgeordneten der Weimarer Republik in der Zeit des Nationalsozialismus. Politische Verfolgung, Emigration und Ausbürgerung, 1933–1945. Eine biographische Dokumentation, Düsseldorf ³1994, 460.

65 Schümann, Sengelmann, 358.

66 Memorabilien der Alsterdorfer Anstalten, verlesen in der Kirche derselben den 31. Decbr. 1891, in: BuB 16 (1892), Nr. 1, 1–16, 5.

67 ArESA, DV 4, Protokollbuch der Alsterdorfer Anstalten 1878–1923.

68 Schümann, Sengelmann, 78f.

69 BuB 20 (1896), Nr. 1, 6–8.

I. Gründung der Alsterdorfer Anstalten, 1850–1899

Heinrich Matthias Sengelmann im Kreise seiner leitenden Mitarbeiter. Links neben ihm der Oberlehrer Gottlieb Bürker, rechts der Ökonom Heinrich Voth.

seit 1860 als Lehrer und Gehilfe des Hausvaters, seit 1865 als Hausvater im St. Nicolai-Stift tätig gewesen war.[70]

Der Oberlehrer *Gottlieb Bürker* (1842–1891), der seit 1874 für den Unterricht in den Alsterdorfer Anstalten zuständig war, wuchs allmählich in die Rolle des Stellvertreters Sengelmanns hinein. Nach dem plötzlichen Tod Bürkers im Jahre 1891 ging die Stelle des Oberlehrers im Jahre 1895 an *Johannes Paul Gerhardt* (1867–1941) über, dessen Vater, ein enger Freund Sengelmanns, 1835 das Rettungshaus in Schreiberhau gegründet hatte, das seit 1845 auch eine Abteilung für geistig behinderte Kinder unterhielt.[71] Gerhardt sollte das von Sengelmann entwickelte heilpädagogische Konzept nach der Jahrhundertwende weiterentwickeln, indem er es auf eine wissenschaftliche Grundlage stellte.

Durch die Anstellung eines hauptamtlichen Arztes gewann der medizinische Sektor fast unmerklich einen Platz in den Leitungsstrukturen. Der Eppendorfer Distriktsarzt *Dr. Georg Nevile* († 1888), der die Alsterdorfer Anstalten bis dahin im Nebenamt betreut hatte, stellte diese Tätigkeit Ende 1886 ein. An seine Stelle trat

---

70 Sengelmann, Alsterdorfer Anstalten (1871), 85. Zu Heinrich Voth ausführlich: Jenner, Harald: Heinrich Voth, 5.1.1840–21.2.1913. Ökonom der Alsterdorfer Anstalten, Hamburg 2010, unveröffentlichtes Manuskript.

71 Schümann, Bodo: Gerhardt, Paul, in: Kopitzsch, Franklin / Brietzke, Dirk (Hg.): Hamburgische Biographie, Bd. 3, Göttingen 2006, 133–135.

1887 *Dr. Hermann Kellner* (1854–1924), der schon seit 1881 „als Assistent und Vertreter des Herrn Dr. Nevile"[72] in Alsterdorf tätig gewesen war. Ob Kellner sogleich im Hauptberuf für die Alsterdorfer Anstalten tätig wurde, geht aus den Quellen nicht eindeutig hervor. Die Medikalisierung des Anstaltsbetriebs schritt jedoch unaufhaltsam voran. Die stetig steigende Zahl der Bewohner und Bewohnerinnen, mehr aber noch staatliche Auflagen machten 1898 die Anstellung eines Assistenzarztes notwendig. Kellner rückte zum hauptamtlichen Oberarzt auf.[73]

Auch wenn sich der pädagogische und der medizinische Sektor allmählich verselbstständigten: Bis zu seinem Tod im Jahre 1899 behielt Heinrich Matthias Sengelmann die Fäden fest in seiner Hand – er bestimmte nahezu autokratisch den Kurs der Alsterdorfer Anstalten. Der Vorstand wie auch der 1891 geschaffene Beirat, dem hochrangige Beamte, Pastoren und Mediziner aus ganz Norddeutschland angehörten, konnten nur bedingt Einfluss nehmen, auch wenn es hin und wieder zu Konflikten kam, in denen der Vorstand dem Direktor auch einmal Grenzen setzte.[74] Dem Urteil Georg Behrmanns und anderer Mitglieder des Vorstands zufolge leitete Sengelmann „die von ihm mit großen eigenen Mitteln ins Leben gerufene, dann aber darüber weit hinausgewachsene Anstalt selbstherrlich (auch wohl den Einflüssen seiner Frau nachgebend)" und ließ auch dem Vorstand oft keine andere Wahl, als „Ja und Amen zu längst Geschehenem und Verausgabtem sagen zu müssen".[75] Der Hinweis auf Jenny Sengelmann ist wichtig, auch im Hinblick darauf, dass Heinrich Matthias Sengelmann, nicht zuletzt aufgrund seiner regen Reisetätigkeit,[76] im Anstaltsalltag wenig präsent war. Dieses Vakuum füllte Jenny Sengelmann aus, eine „tatkräftige, temperamentvolle, hochbegabte Frau",[77] deren „angeborenes Herrschertalent"[78] allseits anerkannt war. Sie übte ein strenges Regiment über die Anstalten aus, ihr hartes Urteil und ihre scharfe Zunge waren unter den Angestellten gefürchtet.

Die Finanzen

Es war Sengelmanns feste Überzeugung, dass die meisten geistig behinderten Kinder im Elternhaus nicht optimal gepflegt und erzogen werden könnten, sondern in

---

72 Sengelmann, Heinrich Matthias: Bericht der Alsterdorfer Anstalten über die Jahre 1884–1886, Norden 1887, 5; Kellner, Hermann: Die Alsterdorfer Idioten- und Epileptiker-Anstalt in Alsterdorf in Wort und Bild. Zugleich ein Beitrag zur Beleuchtung der Frage: Ist in Idiotenanstalten die geistliche oder die ärztliche Oberleitung vorzuziehen?, Hamburg 1912, 5.
73 Memorabilien (1898), 11.
74 Beispiele bei Schümann, Sengelmann, 77–81.
75 Brandis, Otto: Arbeit in Liebeswerken, in: Senior D. Georg Behrmann – seine Persönlichkeit und sein Wirken, Hamburg 1916, 165–173, 166f. Vgl. Schümann, Sengelmann, 78–81.
76 Schümann, Sengelmann, 87f.
77 Stritter, Geburtstag, 16.
78 Ebd., 13.

I. Gründung der Alsterdorfer Anstalten, 1850–1899

Anstaltspflege am besten aufgehoben waren.[79] Blieb die Frage, wer als Träger solcher Anstalten fungieren sollte. Sengelmann war der Ansicht, dass sich freie Genossenschaften als Träger von „Idioten-Anstalten" sehr viel besser eigneten als der Staat, die Kirche oder Privatpersonen.[80] Sengelmanns Verhältnis zum Staat war ambivalent. Einerseits nahm er den Staat in die Pflicht, für mittellose Menschen mit geistiger Beeinträchtigung finanziell aufzukommen. In einem bemerkenswerten Artikel „Von der Pflicht der Behörden für die armen Idioten", den er im Jahre 1869 veröffentlichte, kritisierte er, dass die Verpflichtung des Staates, für mittellose Menschen mit geistiger Behinderung in die Bresche zu springen, zwar allgemein anerkannt sei, der Staat dieser Verpflichtung aber bislang nur unzureichend nachkomme. Konkret monierte Sengelmann, dass der Staat für gewöhnlich nur solche geistig behinderten Kinder in besonderen Einrichtungen unterbringe, „von denen man – oft nach sehr unbegründeten Mutmaßungen – annimmt, dass sie bildungsfähig seien".[81] Auch mit der gängigen Praxis, geistig behinderte Minderjährige als Pflegekinder in bäuerliche Familien zu geben, ging Sengelmann hart ins Gericht. Es sei dies lediglich eine „Fürsorge für die Eltern und Angehörigen, denen man durch Abnahme der Kinder den Broterwerb erleichtern will". Bei den „Irren" sei man längst von dieser Praxis abgekommen. „Die Blöd- und Stumpfsinnigen haben ein Anrecht auf gleiche Behandlung."[82] Überhaupt forderte Sengelmann vehement gleiche Rechte für geistig behinderte Kinder im Hinblick auf Bildung, Erziehung und Pflege ein.[83] Allerdings hatte sich der Staat in Sengelmanns Verständnis darauf zu beschränken, „eine Idiotenstatistik zu schaffen, die Gründung von Anstalten zu befördern, ihnen Haus- und Kirchen-Kollekten oder Zuschüsse aus der Staatskasse zu bewilligen, die Kosten für unbemittelte Pfleglinge zu bestreiten, Freistellen zu schaffen und die Leitung zu überwachen."[84]

Die Alsterdorfer Anstalten finanzierten sich durch Kostgelder, Spenden und Einkünfte aus der eigenen Landwirtschaft.[85] Anfangs reichten die vereinnahmten Kostgelder, auch wenn sie im Etat ein zunehmend größeres Gewicht bekamen, nicht hin, um die laufenden Kosten zu decken. Im Jahresbericht 1868 rechnete Sengelmann vor, dass bei einem jährlichen Kostgeld von 250 Mark Courant für jedes Kind im Asyl mindestens 50 Mark Courant „aus Anstaltsmitteln"[86] zugeschossen werden mussten. Beiläufig wies Sengelmann an dieser Stelle auch darauf hin, dass für die Unterbringung

---

79 Sengelmann, Idiotophilus, Bd. I, 170 (§ 26).
80 Ebd., 177–180 (§ 28).
81 Sengelmann, Heinrich Matthias: Von der Pflicht der Behörden für die armen Idioten, in: Monats-Hefte des „Boten aus dem Alsterthal" 10 (September 1869), 13f., 13. Danach auch die folgenden Zitate.
82 Ebd., 14.
83 Ebd., 13f.
84 Sengelmann, Idiotophilus, Bd. I, 177 (§ 28).
85 Zum Folgenden vgl. auch Schümann, Sengelmann, 82–86.
86 Sengelmann, Jahresbericht (1868), 8.

Der Neubau von 1866 (Knabenhaus). Das Gebäude wurde im Jahre 1890 durch ein Feuer zerstört.

eines geistig behinderten Kindes im Allgemeinen Krankenhaus St. Georg jährlich 350 Mark Courant aufgewendet werden mussten, für eine Verwahrung im Werk- und Armenhaus, also unter primitivsten Bedingungen, immerhin noch 225 Mark Courant.[87]

Dass Einrichtungen der inneren Mission für geistig behinderte Menschen in der Anfangszeit defizitär arbeiteten, war eher die Regel als die Ausnahme.[88] Das hatte seinen Grund darin, dass es in den meisten deutschen Staaten noch keine bindenden gesetzlichen Regelungen gab, die die öffentliche Armenunterstützung verpflichtet hätte, die Kosten für die Unterbringung unbemittelter geistig behinderter Menschen in geschlossenen Einrichtungen zu übernehmen – Städte, Gemeinden und Provinzen leisteten freiwillige Beiträge, die indessen in den meisten Fällen bei Weitem nicht kostendeckend waren. Die Familien waren für gewöhnlich nicht in der Lage, die Kosten der Unterbringung zu tragen, und auch die Unterstützungsleistungen, die von Kirchengemeinden, Wohltätigkeitsvereinen oder privaten Wohltätern beigesteuert

---

87 Ebd., 11. Die Kurantmark (Mark Courant) war die vollgewichtig ausgeprägte Landesmünze in den Hansestädten Hamburg und Lübeck, bei der Nennwert und Metallwert übereinstimmten. Art. „Kurantmark (Mark Courant)", in: Kopitzsch/Tilgner (Hg.), Hamburg-Lexikon, 422.

88 Vgl. z. B. Schmuhl, Hans-Walter / Winkler, Ulrike: „Der das Schreien der jungen Raben nicht überhört". Der Wittekindshof – eine Einrichtung für Menschen mit geistiger Behinderung, 1887 bis 2012 (Schriften des Instituts für Diakonie- und Sozialgeschichte an der Kirchlichen Hochschule Wuppertal/Bethel 21), Bielefeld 2012, 95–99, 111–115.

I. Gründung der Alsterdorfer Anstalten, 1850–1899

wurden, reichten in der Regel nicht hin, um Deckungslücken zu schließen. Die Einrichtungen für geistig behinderte Menschen unter dem Dach der inneren Mission richteten ihre Kostsätze notgedrungen an der Realität aus, wohl wissend, dass sie unter diesen Bedingungen nicht kostendeckend arbeiten konnten – sie setzten ihre Hoffnungen in die Spendenbereitschaft ihrer Freunde und Förderer vor allem aus der Erweckungsbewegung. So auch die Alsterdorfer Anstalten: Sengelmann rief regelmäßig zu Spenden auf, die den Haushalt der Anstalten halbwegs im Gleichgewicht hielten.

Schon bald dachte Sengelmann jedoch über eine neue Finanzierungsstrategie nach. 1869 veröffentlichte er einen Auszug aus dem „Handbuch für die Idioten-Heilpädagogik", dem späteren „Idiotophilus", an dem er zu arbeiten begonnen hatte. Darin stellte er die Forderung auf, dass Einrichtungen für Menschen mit geistigen Behinderungen, die durch „Privatwohltätigkeit"[89] ins Leben gerufen worden seien, ungeachtet der eingehenden „freiwillige[n] Gaben (Legate, Geschenke, Jahresbeiträge) […] dennoch vorzugsweise dem Prinzip der Selbsterhaltung (durch Kostgelder, Arbeits-Erträge)" unterliegen sollten. Diese Argumentation lief darauf hinaus, die Arbeit stärker als bisher auf Kostgelder zu gründen. 1871 rechtfertigte Sengelmann seinen Kurswechsel:

„[…] die neuerwachte Liebestätigkeit der neueren Zeit […] verfuhr mehr nach dem Grundsatz: von der Hand in den Mund! […] Eine psychologische Erklärung dieser Weise liegt nicht so ganz fern. Die meisten Werke verdanken ihre Entstehung einem neuen geistlichen Aufschwung. Dem Aufschwunge ist das trockene Rechnen nicht eigen; zu seinen Hauptfaktoren gehört auch das sorglose Vertrauen. Es soll also keineswegs auf die Rechnung des Leichtsinnes geschrieben werden, dass die neuere Zeit in ihren Liebesarbeiten so ganz anders als die Vergangenheit auftrat. Dennoch hat nur für die Zeit des Aufschwungs diese Weise ihre Berechtigung. […] Denn […] die Erfahrung lehrt, dass die freien Liebesgaben, je älter eine Anstalt wird, desto spärlicher fließen".[90]

Tatsächlich machten viele Einrichtungen der inneren Mission die Erfahrung, dass mit der Zeit – oder, in der Sprache der Erweckungsbewegung, „nach dem Erkalten der ersten Liebe" – die Spendenfreudigkeit nachließ. Deshalb, so Sengelmann, müsse man auf die Zahlung eines Kostgeldes bestehen. Eindeutig sprach er sich gegen eine unentgeltliche Aufnahme von „Zöglingen" aus. Wo Eltern oder Angehörige nicht in der Lage seien, das Kostgeld aufzubringen, müssten „einzelne Freunde, ein Wohltätigkeits-Verein oder die Commune"[91] in die Bresche springen. Kommunen, Landstände

---

89 Sengelmann, Heinrich Matthias: Die Erhaltung der Idioten-Anstalten, in: Monatshefte des „Boten aus dem Alsterthal" 10 (September 1869), 1–9, 1. Danach auch die folgenden Zitate. Die Ausführungen gingen wörtlich in den „Idiotophilus", Bd. 1, 183–188, ein.

90 Sengelmann, Alsterdorfer Anstalten (1871), 73.

91 Ebd., 74f.

Das 1869 eröffnete Mädchenhaus. Es musste 1911 einem neuen Wirtschaftsgebäude weichen.

oder private Philanthropen könnten gern auch Freistellen stiften, die Anstalt sei dazu „weder verpflichtet noch berechtigt."[92] Für Sengelmann stand fest: „Anstalten unserer Art haben möglichst nach Selbsterhaltung zu streben."[93] Sengelmann setzte mithin auf die Refinanzierung der Arbeit an geistig behinderten Menschen durch den Staat und die Gesellschaft und hob die Kostgelder dementsprechend kräftig an.[94]

In der Folge nahm das Gewicht der Kostgelder im Haushalt der Alsterdorfer Anstalten weiter zu. Mitte der 1880er Jahre entfielen etwa vier Fünftel aller Einnahmen auf Kostgelder. Der Anteil der Spenden an den Gesamteinnahmen schwankte von Jahr zu Jahr. Rechnet man indessen die außerordentlichen Sammlungen, die groß angelegten Kollektenreisen und besonders hohe Legate heraus, zeigt sich, dass die regelmäßigen Jahresbeiträge und das durchschnittliche Aufkommen an einmaligen Spenden auf einen Anteil an den Gesamteinnahmen von unter zehn Prozent zurückgingen. Bei diesen Größenordnungen blieb es bis zum Ende der Ära Sengelmann.

Die Analyse der Ausgaben zeigt, dass die Kostgelder mittlerweile knapp ausreichten, um die Grundbedürfnisse der Bewohner und Bewohnerinnen zu befriedigen. Baumaßnahmen konnten nicht aus den laufenden Einnahmen gedeckt werden, die

---

92 Ebd., 75.
93 Sengelmann, Alsterdorfer Anstalten (1886), 23; ders., Idiotophilus, Bd. I, 183–188 (§ 30).
94 Sengelmann, Alsterdorfer Anstalten (1871), 198–200.

I. Gründung der Alsterdorfer Anstalten, 1850–1899

dazu notwendigen finanziellen Mittel mussten anderweitig beschafft werden. Außerordentliche Spendensammlungen schlossen die Finanzierungslücken. 1878 bewilligten Senat und Bürgerschaft der Stadt Hamburg den Alsterdorfer Anstalten 30.000 Mark aus Staatsmitteln – mit dem ausdrücklichen Anerkenntnis, dass die Alsterdorfer Anstalten eine Lücke in den „öffentlichen Wohltätigkeitsanstalten"[95] füllten. Ein Antrag auf eine weitere Staatsbeihilfe in Höhe von 40.000 Mark scheiterte 1884 bereits im Senat, noch ehe er der Hamburger Bürgerschaft vorgelegt werden konnte, weil sich die Alsterdorfer Anstalten nicht auf die Forderung des hamburgischen Staates nach stärkeren Mitspracherechten einlassen wollten.[96] Die Alsterdorfer Anstalten zogen daraus ihre Lehren. Etwas trotzig hieß es 1886: „Staatszuschüsse begehrt der Vorstand auch nicht, um die der christlichen Liebestätigkeit so notwendige Freiheit der Bewegung nicht durch die Bedingungen zu beschränken, an welche sie so leicht geknüpft werden."[97]

Das 1871 erbaute Kinderheim für „geistig normale, aber an chronischen Übeln leidende, pflegebedürftige, auch verkrüppelte Kinder"

---

95   Behrmann (Hg.), Sengelmann, 83.
96   Schümann, Sengelmann, 85f.
97   Sengelmann, Alsterdorfer Anstalten (1886), 25.

Ordnung, Aufsicht, Strafe

Das Leben in den Alsterdorfer Anstalten unterlag einer festen Tagesstruktur, die in der am 1. Juni 1868 erlassenen, mehrfach überarbeiteten Hausordnung – deren ursprüngliche Fassung nicht weniger als 167 Paragrafen umfasste – minutiös niedergelegt war. Sengelmann legte Wert darauf, dass der Tagesablauf in allen Häusern gleich getaktet war. Als 1877 ein Freund der Alsterdorfer Anstalten 1.000 Mark stiftete, damit in der Rosette unter dem Turm der Kapelle eine Uhr angebracht werden konnte, teilte Sengelmann dies mit der Bemerkung mit: „Da wird dann hoffentlich alles noch präziser bei uns werden und die Willkürherrschaft der verschiedenen Wand- und Taschenuhren aufhören".[98]

Die Einhaltung der Ordnung wurde streng kontrolliert. Nicht nur unterlagen die Lehrer und Lehrerinnen, „Wärter" und „Wärterinnen", Helfer und Helferinnen, Dienstbotinnen und Dienstboten der fortgesetzten Kontrolle durch den Oberlehrer, den Ökonomen, dessen Frau, den „Oberwärter" und die „Pflegerin". „Wärter" und „Wärterinnen" hatten die ihnen anvertrauten Kinder keinen Moment unbeaufsichtigt zu lassen, bei ihnen „zu schlafen, das Waschen, Kämmen, Baden, Aus- und Anziehen selbst zu besorgen oder unter Aufsicht zu haben, bei der Beköstigung sie zu bedienen",[99] mit ihnen gemeinsam die Mahlzeiten einzunehmen, sie im Unterricht, beim Spielen und bei der Arbeit zu begleiten. Die straffe Anstaltsordnung war für Sengelmann die Grundlage der Erziehung geistig behinderter Kinder.

Solle die „Idioten-Anstalt eine Erziehungs-Anstalt und nicht bloß ein Fütterungs- und Bewahrungs-Institut"[100] sein, könne sie auf Strafen nicht verzichten, postulierte Sengelmann im Jahre 1869. Er räumte durchaus ein, dass die Anwendung von Strafen in Einrichtungen für geistig behinderte Menschen problematisch sei, setze Strafe nach allgemeiner Rechtsauffassung doch „Zurechnungsfähigkeit"[101] voraus. Bestehe das „Wesen der Strafe" in der „Geltendmachung der Autorität des Gesetzes", so könne die Strafe in einer Einrichtung für geistig behinderte Menschen tatsächlich „kein Recht haben". Denn der „Zusammenhang zwischen Unrecht und Strafe"[102] sei für geistig behinderte Menschen schwer zu verstehen, sie würden Strafe leicht als Willkür empfinden und täten sich schwer, die „Liebe, die sich in dem Strafvollzuge ausspricht",[103] zu erkennen. Wenn Sengelmann sich dennoch für Strafen in Einrichtungen für geistig behinderte Menschen aussprach, so tat er dies – übrigens unter Berufung auf den Reformpädagogen *Jan Daniel Georgens* (1823–1886), nicht etwa auf eine christliche Pädagogik – unter Verweis auf den „Zusammenhang zwischen Ordnung und

---

98 Oestliche Hälfte der Alsterdorfer Anstalten-Colonie, in: BuB 1 (1877), Nr. 7.
99 ArESA, Slg. Sengelmann 9: Hausordnung des Asyls, gültig vom 1. Juni 1868 an, § 24.
100 Sengelmann, Heinrich Matthias: Die Strafe in Idioten-Anstalten, in: Monatshefte des „Boten aus dem Alsterthal" 10 (Juli 1869), 1–15, 1.
101 Ebd., 7. Danach auch die folgenden Zitate.
102 Ebd., 4.
103 Ebd., 5.

I. Gründung der Alsterdorfer Anstalten, 1850–1899

Strafe".[104] Ordnung setze Grenzen, die durch Strafen geschützt werden müssten. Strafen markierten demnach „Schranken, welche [auch] der unfreie Wille zu respektieren"[105] habe. Wo solche Schranken mutwillig durchbrochen würden, seien Strafen unumgänglich. Wenn dies indessen aus Unverständnis oder Vergesslichkeit geschehe, sei „Nachsicht"[106] zu üben. Die Aufrechterhaltung der Ordnung sei freilich „um der Gemeinschaft willen"[107] unbedingt notwendig, führe doch der „Nachahmungstrieb" der geistig behinderten Menschen dazu, dass unerwünschtes Verhalten eines Bewohners – Sengelmann nannte an dieser Stelle „das Bettnässen, das hündische Kotverzehren, die Tierquälerei, die Onanie" –, wenn es nicht unterbunden werde, von den Mitbewohnern schnell aufgegriffen werde.

Allerdings betrachtete Sengelmann Strafen stets als Ultima Ratio. Der „Blödenerzieher"[108] sollte „besonders auf Palliativmittel bedacht" sein, durch „strengste, unausgesetzteste Überwachung" allen Übertretungen der Ordnung vorbeugen. „Er entgeht dem Strafamt durch sorgsame Beobachtung des Wärter- und Wächteramtes."[109] Komme es dennoch zu wissentlichen und willentlichen Übertretungen der Anstaltsordnung, müssten Strafen mit äußerster Umsicht angewandt werden. *Erstens* müsse der Strafende jede „Leidenschaftlichkeit, die sich im Blick, in der Gesichtsfarbe, in der Gestikulation zu erkennen gibt,"[110] vermeiden, um den Bestraften nicht in seiner Meinung zu bestärken, er sei der Willkür des Strafenden ausgesetzt. *Zweitens* sollte die Strafe dem Vergehen auf dem Fuße folgen – der „Idiot" wisse einfach nicht mehr, „was das, was ihm als Strafe auferlegt wird, solle, wenn seit seiner Übertretung Stunden verstrichen sind." *Drittens* müsse die Strafe für den „Idioten" sinnlich erfahrbar sein, denn „die Sinnlichkeit ist ihm prävalierend".[111] Als Faustregel stellte Sengelmann auf: „Je enger eine Strafe sich an das begangene Unrecht anschließt, je deutlicher sie auf dasselbe hinweist, desto besser."[112]

Was schrieb Sengelmann konkret zu Strafanlässen und Strafformen? Strafwürdig war für ihn – und ganz allgemein in der Heimerziehung bis weit in das 20. Jahrhundert hinein – etwa das Bettnässen, sofern es „nicht bloß aus Schwächezuständen hervorgeht". Hier empfahl Sengelmann „eine Verkürzung oder Vorenthaltung der Vespermahlzeit", sei dies doch „zugleich Strafe und Vorbeugungsmittel". Ein „gewisses Ehrgefühl"[113] vorausgesetzt, könne man einen Bettnässer auch „in seinem

---

104 Ebd., 10.
105 Ebd., 8.
106 Ebd., 6.
107 Ebd., 9. Danach auch die folgenden Zitate.
108 Ebd., 6. Danach auch die folgenden Zitate.
109 Ebd., 7.
110 Ebd., 4. Danach auch die folgenden Zitate.
111 Ebd., 8.
112 Ebd., 12. Danach auch die folgenden Zitate.
113 Ebd., 13. Danach auch die folgenden Zitate. – Vgl. auch: Sengelmann, Idiotophilus, Bd. I, 254f. (§ 58).

beschmutzten Betttuch zur Parade stehen" lassen. „War die Voraussetzung richtig und nicht physische Schwäche die alleinige Ursache, so wird die Strafe sich bewähren." Von einer Bestrafung der Onanie riet Sengelmann hingegen – für die damalige Zeit durchaus bemerkenswert – ab. Der geistig behinderte Mensch könne in der Selbstbefriedigung keine Sünde erkennen und die deshalb verhängte Strafe nicht verstehen. Was bleibe also „dem Blödenerzieher anderes übrig als neben dem pädagogischen Eingreifen am Tage die schützende Jacke für die Nacht?"[114] Die Zwangsjacke verstand Sengelmann ausdrücklich nicht als Strafe.

Tobende Bewohner empfahl Sengelmann, unter kaltes Wasser zu halten: „Wenn ein kleiner Tollkopf zur Strafe unter die Douche gebracht wird, so liegt hierin zugleich ein physisches Gegenmittel, das fernere Exzesse seltener macht."[115] Kritisch beurteilte es Sengelmann hingegen, wenn „die gemissbrauchte Freiheit durch gewaltsame Beschränkung derselben gestraft wird", nämlich durch Fixierungen und Isolierungen:

„Wir können es nur in den seltensten Fällen gerechtfertigt finden, wenn Kinder, die alles zu Munde führen oder durch Entfernung von ihrem Platze sich leicht beschädigen, namentlich wenn sie Epileptiker sind, mit Bändern, Tüchern oder Riemen festgeschnürt werden, oder wenn man für die Tobenden unter ihnen den mancherwärts gebräuchlichen Isolierschrank allzu leicht in Anspruch nimmt. Wir können uns nämlich hierbei des Eindrucks nicht erwehren, als ob die Wärter und Pfleger mehr in ihrem eigenen als im Interesse des Zöglings sich dieses Auskunfts- und Strafmittels bedienen."[116]

Auch „vor gewissen Schulstrafen"[117] warnte Sengelmann: „Zur Strafe etwas auswendig lernen oder abschreiben lassen, empfiehlt sich da nicht, wo man ohnedies Mühe hat, die Liebe zum Lernen zu wecken und zu fördern." Gegen den Entzug von Mahlzeiten hatte Sengelmann ebenfalls Vorbehalte, sei man dabei doch nicht „vor falschem Mitleid"[118] des Dienstpersonals sicher. Uneingeschränkt zu empfehlen sei hingegen die „Ausschließung von einem Spaziergange oder einem Vergnügen".[119]

Sehr vorsichtig äußerte sich Sengelmann im Hinblick auf die körperliche Züchtigung. Er zitierte sowohl *Friedrich Adolf Krummacher* (1767–1845), der in seiner

---

114 Sengelmann, Strafe, 5. In der Hausordnung hieß es hierzu: „Alle Kinder, die der Onanie verdächtig sind, sind von der Nachtwache der Pflegerin oder Ökonomin anzuzeigen, damit sie mit den entsprechenden Nachtjacken versehen werden." ArESA, Slg. Sengelmann 9, gültig vom 1. Juni 1868 an, § 140.

115 Sengelmann, Strafe, 12. Danach auch die folgenden Zitate.

116 Ebd. Vgl. Sengelmann, Idiotophilus, Bd. I, 252 (§ 56). Hier erwähnt Sengelmann außer der Zwangsjacke auch „die Zwangshandschuhe, die das Sichzerkratzen, das Lutschen und Nägelkauen verhindern", sowie „die bunte Hose, die den Wegläufer kennzeichnet".

117 Sengelmann, Strafe, 13. Danach auch das folgende Zitat.

118 Ebd., 12.

119 Ebd., 13.

Schrift über „Die christliche Volksschule" (1823) jede körperliche Züchtigung als Akt der Rache abgelehnt hatte, als auch *Christian David Friedrich Palmer* (1811–1875), der in seiner „Evangelischen Pädagogik" (1853) die Körperstrafen geradezu zum Mittel der Wahl einer christlichen Erziehung erklärt hatte. Für Sengelmann lag „die Wahrheit in der Mitte".[120] Körperliche Züchtigung sei als „sinnlich fühlbare Strafe" in der Erziehung geistig behinderter Kinder kaum verzichtbar. Freilich dürfe sie, gerade auch mit Blick auf „körperliche Gebrechlichkeit" oder „epileptische Anlage", nur mit äußerster Vorsicht eingesetzt werden, „und um deswillen sollte auch die schon bei Gesunden nicht allzu schlank zu verabreichende Ohrfeige in Idioten-Anstalten entweder ganz vermieden oder doch nur nach reiflicher Erwägung angewendet werden." In der Hausordnung hieß es hierzu: „Ernstere körperliche Züchtigungen der Kinder können nicht ohne Mitwissen des Oberlehrers vollzogen werden."[121]

Zusammenfassend kann man sagen, dass Sengelmann zwar einerseits Strafen – bis hin zur körperlichen Züchtigung – als Mittel der Erziehung geistig behinderter Kinder und Jugendlicher grundsätzlich verteidigte, andererseits bei der Anwendung von Strafen zu Zurückhaltung und Umsicht riet. Er befürwortete Strafformen, die aus heutiger Sicht eindeutig als physische oder psychische Gewalt zu bewerten sind. Hierzu sind nicht nur körperliche Züchtigungen zu rechnen, sondern auch kalte Duschen, nächtliche Zwangsjacken oder entwürdigende Strafrituale etwa für Bettnässer.[122] Im Horizont der Zeit vertrat Sengelmann gemäßigte Positionen. Dass er von Strafen nicht grundsätzlich absehen wollte, hing mit dem Selbstverständnis evangelischer Behindertenfürsorge als Erziehungsaufgabe zusammen: Menschen mit geistigen Behinderungen galten ihr als erziehungs- und bildungsfähig, und die Pädagogen glaubten zu dieser Zeit mehrheitlich, auf Strafen nicht verzichten zu können.[123]

Unterricht und heilpädagogischer Ansatz

Was die Grundausrichtung der Alsterdorfer Anstalten anging, so dürfe diese, wie Sengelmann immer wieder hervorhob, „keine rein medizinische, auch keine rein pädagogische"[124] sein. Dabei sollte freilich der Primat auf der Pädagogik liegen.[125]

---

120 Ebd., 14. Danach auch die folgenden Zitate.
121 ArESA, Slg. Sengelmann 9: Hausordnung des Asyls, gültig vom 1. Juni 1868 an, § 15.
122 Zur Definition von „Gewalt" vgl. Kersting, Franz-Werner / Schmuhl, Hans-Walter: Psychiatrie- und Gewalterfahrungen von Kindern und Jugendlichen im St. Johannes-Stift in Marsberg (1945–1980). Anstaltsalltag, individuelle Erinnerung, biographische Verarbeitung, Münster ²2018, 38–43.
123 Vgl. Schmuhl/Winkler, „Schreien", 163–166.
124 Sengelmann, Heinrich Matthias: Jahresbericht der Alsterdorfer Anstalten. Im Namen des Vorstandes abgestattet von H. Sengelmann (Ao. 1866), Hamburg 1867, 18. Danach auch die folgenden Zitate.
125 Hierzu auch Mittelstädt, Gerhard: Erziehung, Therapie und Glaube am Beispiel der heilpädagogischen Bewegung in Blick auf Sengelmann, Hamburg 1965.

Sengelmanns heilpädagogisches Konzept ging – der Linie folgend, die Johannes Landenberger vorgezeichnet hatte – von der Prämisse aus, dass der „Schwach- oder Blödsinn" nicht in erster Linie als *Intelligenz*schwäche, sondern als *Willens*schwäche zu begreifen sei.[126] Die Kräftigung des Willens sei der entscheidende Punkt, an dem alle Hebel angesetzt werden müssten. Das begann mit der „Beherrschung des Körpers",[127] den der „Idiot" nicht „in seiner Gewalt" habe. Es komme also zunächst darauf an, „ihm zum Bewusstsein über seine leibliche Persönlichkeit zu helfen." Gleichzeitig gelte es, ein Bewusstsein für die unmittelbare Lebenswelt zu wecken, seine Sinne anzuregen, „und zwar so, dass in diese Sinneseindrücke Plan und Ordnung kommen." Der heilpädagogische Lernzielkatalog, den Sengelmann entwickelte, begann mit der „Weckung des Welt- und Selbstbewusstseins"[128] und schritt über die „Stärkung der Willensenergie" und die „Anregung der Vorstellungen" fort bis zur „Pflege des Gemütslebens und des sittlichen Gefühls".

Auf dieses heilpädagogische Konzept aufbauend, wurde 1866 der Unterricht im „Asyl für schwach- und blödsinnige Kinder" aufgenommen. Anfangs waren Stiftsschule und Asylschule eng miteinander verzahnt, indem der Hausvater des St. Nicolai-Stifts, der die Hauptlast des Unterrichts in der Stiftsschule trug, auch in der Asylschule unterrichtete und umgekehrt die Lehrkräfte der Asylschule auch Stunden in der Stiftsschule gaben.[129] Die Stiftsschule hatte das Niveau einer Volksschule. Voller Stolz erwähnte Sengelmann in späteren Jahren, dass manche ehemaligen Schüler der Stiftsschule mittlerweile Lehrerseminare und Universitäten besuchten.[130] Um die Jahreswende 1869/70 gingen 28 Schüler und Schülerinnen in die Stiftsschule, außer den 22 Stiftskindern und fünf Knaben aus Ohlsdorf und Alsterdorf überraschenderweise auch ein „Zögling" des Asyls.[131] 1887 trat eine schärfere organisatorische und personelle Trennung der beiden Schulen ein. In der Statistik wurden beide Schulen indessen weiterhin als eine Einheit betrachtet – und auch räumlich rückten sie enger zusammen: 1893 kamen alle Klassen im Haus Zum Deutschen Kaiser unter.[132] Im Winter 1895/96 wurden an den Schulen der Alsterdorfer Anstalten insgesamt 78 Schüler und 65 Schülerinnen von zehn Lehrkräften unterrichtet. Das Schulwesen der Alsterdorfer Anstalten umfasse, so hieß es in einem Bericht aus dem Jahre 1898, „eigentlich noch zwei Systeme"[133] – damit waren die „Stiftsklassen" und die „Asylsklassen"

---

126 Ebd., 15f. Ganz ähnlich: Sengelmann, 1. Vortrag (26.11.1869), 7f.
127 Sengelmann, Jahresbericht (1866), 14. Danach auch die folgenden Zitate.
128 Ebd., 17. Danach auch die folgenden Zitate.
129 Sengelmann, Jahresbericht (1868), 5.
130 Sengelmann, Alsterdorfer Anstalten (1886), 15.
131 Sengelmann, Jahresbericht (1869), 2. Möglicherweise handelte es sich hierbei um den ersten „Zögling" des „Pensionats für Zöglinge und Kostgänger aus den höheren Ständen".
132 BuB 17 (1893), Nr. 4, 1.
133 Unsere Schule, in: BuB 22 (1898), Nr. 1/2, 25–27, 26. Danach auch die folgenden Zitate.

Die östliche Hälfte der Anstalten, um 1875. Auf der rechten Seite sieht man im Vordergrund die Kapelle, dahinter das Dach des Hauses Schönbrunn. Nach links schließen sich eines der früheren Treibhäuser, das Mädchenhaus und das Knabenhaus an.

gemeint. Die Lehr- und Stundenpläne seien jedoch in beiden Systemen „so eingerichtet, dass sie sich gegenseitig ergänzen; deshalb ist es auch Schwachbefähigten möglich, bei genügender geistiger Entwickelung und Leistungsfähigkeit in die Stiftsklassen aufzurücken." Die Grenzen zwischen Normal- und Sonderschule waren mithin durchlässig. Ebenso bemerkenswert war es, dass Jungen und Mädchen in den Schulen der Alsterdorfer Anstalten mittlerweile gemeinsam unterrichtet wurden.[134] Für blinde und gehörlose Kinder wurde besonderer Unterricht erteilt.[135] Ferner gab es in den Wintermonaten einen „Fortbildungsunterricht für die Schulentlassenen"[136] im Umfang von vier Wochenstunden. Hier wurden etwa vierzig männliche und vierzig weibliche „Zöglinge" in je zwei Klassen in den Fächern „Lesen, Schreiben, Rechnen, Geographie und Religion" unterrichtet.

---

134 Ebd., 25. Im „Idiotophilus" schrieb Sengelmann, dass in „Idiotenschulen" zur Geschlechtertrennung „keine unbedingte Notwendigkeit" bestehe. Sengelmann, Idiotophilus, Bd. I, 230 (§ 47).

135 BuB 12 (1888), Nr. 3, 14. Dazu auch: Sengelmann, Idiotophilus, Bd. I, 223 (§ 46).

136 BuB 22 (1898), Nr. 2, 11. Danach auch das folgende Zitat. – Vgl. Sengelmann, Idiotophilus, Bd. I, 199f. (§ 33); Sengelmann, Heinrich Matthias: Bedenken, welche sich bei der Entlassung aus der Schule und bei der Zulassung zur Confirmation in Blöden-Anstalten geltend machen, in: BuB 17 (1893), Nr. 4, 13–16, 14.

Die westliche Hälfte der Anstalten, um 1875. Man erkennt (von links nach rechts) Haus Schönbrunn, die Kapelle, das Landhaus des St. Nicolai-Stifts, das Kinderheim, das Nebengebäude (Zentralküche) sowie die Scheune des Stifts. Die Wiesen vor dem Stift sind auf dieser Darstellung geflutet, weil die Alsterschleuse geöffnet ist.

Die Asylschule ging insofern schon bald nach ihrer Gründung eigene Wege, als sie neue Unterrichtsformen und -methoden entwickeln musste, um den geistig behinderten Kindern gerecht zu werden. Das begann mit der Einteilung der Lerngruppen. Schnell war klar, dass man keine nach dem Alter gestaffelten größeren Klassen bilden konnte.[137] In den 1880er Jahren gliederte sich die Asylschule in bis zu zwölf Klassen und zwei Kindergartengruppen. Erst in den 1890er Jahren scheint man größere Klassenverbände eingerichtet zu haben. Gleichwohl blieb die innere Differenzierung des Unterrichts ein leitender Gedanke, „denn in keiner anderen Schule tritt die Forderung, in Erziehung und Unterricht zu individualisieren, so unabweislich an den Lehrer als in der Schule für Schwachsinnige."[138]

Rasch kristallisierten sich an der Asylschule neue, von der Heilpädagogik inspirierte Unterrichtsmethoden heraus. „Die Anschauung ist die Basis allen Unterrichts",[139] konstatierte Sengelmann im Jahre 1871, und so nehme vorläufig der „Anschauungs-Unterricht" den größten Raum ein. Es schloss sich ein Unterricht an,

---

137 Sengelmann, Alsterdorfer Anstalten (1871), 69.
138 Unsere Schule (1898), 25.
139 Sengelmann, Alsterdorfer Anstalten (1871), 85.

I. Gründung der Alsterdorfer Anstalten, 1850–1899

„der dem normalen Volksschulunterricht ähnlich"[140] sei, wenngleich man, „der Natur des Schwachsinnigen gemäß, […] ungleich langsamer [werde] vorgehen müssen, als es in einer gewöhnlichen Volksschule der Fall ist". Viel häufiger müssten in der Asylschule die Lehrgegenstände gewechselt werden. „Nach Stunden können wir nicht arbeiten."[141] Tatsächlich dauerten die Schulstunden in der Asylschule nur dreißig oder vierzig Minuten, zwischen den Stunden lagen fünf- bis zehnminütige Pausen, die im Freien verbracht wurden.[142] Das Lerntempo, so Sengelmann, müsse sich ganz nach den Schülern und Schülerinnen richten: „Ist nämlich bei einem vollsinnigen Kinde die Aufmerksamkeit erlahmt, so helfen wir nach, rütteln und schütteln, geben aber gewiss nicht den Unterricht um der Schüler willen auf. Ist aber die Spannkraft des Idioten weg, so muss abgebrochen, gewartet werden."[143]

In Sengelmanns Beschreibungen des Unterrichts in der Asylschule finden sich viele interessante Details. Das Sprachvermögen war bei manchen Kindern „noch sehr unentwickelt, bei einigen fast gar nicht vorhanden".[144] Für sie gab es „besondere Übungsstunden", in denen ein „methodischer Sprachunterricht"[145] erteilt wurde. Andere Kinder vermochten zwar, „ihre Gedanken einigermaßen in Worte zu fassen, aber nur plattdeutsch, und es ist so leicht nicht, sie zum Verständnis und zum Sprechen des Hochdeutschen zu bringen. Es ist dem Kinde schon schwer genug geworden, sich die Muttersprache anzueignen, wie viel schwerer wird es ihm sein, wenn es eine ihm fremde Sprache lernen soll."[146] Gleichwohl bemühte man sich in den Alsterdorfer Anstalten, Hochdeutsch mit den Kindern zu sprechen.[147]

„Das Buchstabieren ist für diese Kinder durchaus zu verwerfen",[148] urteilte Sengelmann. Der Unterricht im Lesen und Schreiben folgte der „Schreib-Lese-(Lautier-) Methode".[149] Mühsam gestaltete sich der Rechenunterricht. Der Zahlbegriff der meisten Kinder gehe „nicht über 6 hinaus und einige stehen noch bei 1 oder höchstens bei 2",[150] berichtete Sengelmann. „Rechnen ist reine Verstandesarbeit und eben darum ist der Unterricht in diesem Fache bei unsern Kindern besonders schwierig."[151] Auch

---

140 Ebd., 86. Danach auch die folgenden Zitate.
141 Ebd., 70. Danach auch das folgende Zitat.
142 Sengelmann, Idiotophilus, Bd. I, 229 (§ 47); Unsere Schule (1898), 26.
143 Sengelmann, Alsterdorfer Anstalten (1871), 70.
144 Ebd., 88.
145 Ebd., 88f.
146 Ebd., 89.
147 Sengelmann, 1. Vortrag (26.11.1869), 9.
148 Sengelmann, Alsterdorfer Anstalten (1871), 87. Danach auch das folgende Zitat.
149 Vgl. Sengelmann, Idiotophilus, Bd. I, 215 (§ 41).
150 Sengelmann, Alsterdorfer Anstalten (1871), 87.
151 Ebd., 88. Danach auch die folgenden Zitate. – „Wenn man auch sonst der Dressur der Idioten keineswegs das Wort redet", so Sengelmann im „Idiotophilus", so könne man beim Rechnen wohl eine Ausnahme machen. Sengelmann, Idiotophilus, Bd. I, 217 (§ 42).

das Singen von Kinderliedern, einfachen Volksliedern und Chorälen gehörte zum Unterricht.[152] Ergänzend zum Unterricht gab es tägliche Turnstunden.[153]

Immer wieder warnte Sengelmann vor schematischem Auswendiglernen. Die „Versuchung"[154] sei groß, im Unterricht mit geistig behinderten Kindern den „Nachahmungstrieb, der bei ihnen sehr hervorragend ist", zu nutzen, insbesondere dann, wenn der Lehrer „zum Schablonenwesen" neige. Als abschreckendes Beispiel nannte Sengelmann die in manchen Einrichtungen der inneren Mission geübte Praxis, die geistig behinderten Kinder den Katechismus auswendig lernen zu lassen. Da werde „eben nicht der Mensch gebildet, sondern eine Maschine zugerichtet."[155] Es komme aber ganz im Gegenteil darauf an, das „Gemüt, das höhere Seelenleben" anzusprechen. Gegen *Immanuel Kant* (1724–1804), der den „Blödsinn" als „Seelenlosigkeit" aufgefasst hatte, führte Sengelmann *Gustav Brandes* (1821–1880), „eine der bedeutendsten medizinischen Autoritäten auf dem Gebiete der Idiotenheilung", ins Feld, der nachdrücklich betont hatte, dass es bei vielen geistig behinderten Menschen möglich sei, eine höhere Seelentätigkeit anzuregen. Letztes Ziel auch der Erziehung der „Idioten", so postulierte es Sengelmann unter Berufung auf Landenberger, sei die „Selbsterziehung", das „Mündigsein".[156]

„Bildungsfähigkeit" und „Bildungsunfähigkeit" im Denken Sengelmanns

Sengelmann räumte freimütig ein, dass dieses Ziel nur bei wenigen Bewohnern und Bewohnerinnen der Alsterdorfer Anstalten zu erreichen sei. Energisch bestand er darauf, die Begriffe der „Bildungsfähigkeit" und „Bildungsunfähigkeit" vom Erreichen eines bestimmten schulischen Niveaus zu entkoppeln.

> *„Man meint sehr oft, die Anstalt sei nur demjenigen Kinde eine Bildungsanstalt geworden, welches in derselben eine gewisse Summe von Schulkenntnissen sich erwarb. Wir urteilen anders. Wir sagen, sie sei eine solche schon demjenigen Pfleglinge geworden, der durch ihre Arbeit seinem vormaligen oft tierischen Zustande entrissen, an Ordnung, Sauberkeit und Reinlichkeit gewöhnt und aus einem unbehaglichen und unheimlichen Zustande in den einer frischeren und froheren Bewegung übergeführt wurde. Sehen wir aber dies schon als eine Bildung an, so muss natürlich bei uns die Bestimmung über Fähigkeit und Unfähigkeit anders ausfallen, als bei dem, der die Möglichkeit, gewisse Schulkenntnisse zu erlangen, zum Maßstabe bei der Prognose macht."*[157]

---

152 Sengelmann, Alsterdorfer Anstalten (1871), 89. Dazu auch die theoretischen Ausführungen: Sengelmann, Idiotophilus, Bd. I, 218f. (§ 43).

153 Dazu auch die theoretischen Ausführungen: Sengelmann, Idiotophilus, Bd. I, 219f. (§ 44).

154 Sengelmann, Jahresbericht (1866), 17. Danach auch die folgenden Zitate.

155 Ebd., 16f.

156 Ebd., 16.

157 Sengelmann, Jahresbericht (1868), 10.

Einen Bildungserfolg sah Sengelmann bereits bei jenen Bewohnern und Bewohnerinnen gegeben, die dazu gebracht werden konnten, sich selbstständig an- und auszuziehen, allein zu essen, sich Tag und Nacht sauber zu halten und im Rahmen der Anstalt einfache Arbeiten zu verrichten. Zwischen dieser Gruppe von Bewohnern und Bewohnerinnen und jener der reinen Pflegefälle zog Sengelmann „die Grenze der Bildungsfähigkeit und Bildungsunfähigkeit. Wir bezeichnen denjenigen Idioten als bildungsfähig, der dahin gebracht werden kann, dass er sich und anderen nützlich werde."[158]

Hier scheint ein Gedanke auf, den Sengelmann in seinem Hauptwerk, dem 1885 unter dem Titel „Idiotophilus" veröffentlichten Handbuch der Heilpädagogik, weiterentwickelte. Zwar blieben Sengelmanns Vorstellungen vom Wesen der „Idiotie" letztlich uneindeutig. Einerseits verstand er geistige Behinderung als ein individuelles körperliches Defizit, als Folge einer Schädigung des Gehirns oder des Nervensystems. Andererseits ging er davon aus, dass – von wenigen besonders schweren Fällen abgesehen – fast jeder Mensch mit einer geistigen Behinderung über Entwicklungspotenziale verfügte und es von sozialen Faktoren abhing, ob er diese Potenziale ausschöpfen konnte. Sengelmann zitierte in diesem Zusammenhang Cornelis van Koetsveld, der den „Idioten" als „*de mensch op zich zelven*"[159] definiert hatte, „der Mensch, der in Folge seines Zustandes für sich allein stehen muss, sich dem großen, organischen Ganzen der menschlichen Gesellschaft nicht eingliedern kann." Diese Begriffsbestimmung ist insofern von besonderem Interesse, als sie Bezug auf die *Gesellschaft* nahm und damit eine *soziale* Komponente in die Definition der „Idiotie" einbrachte und auf diese Weise bereits über das *medizinische* Modell geistiger Behinderung hinauswies – insofern nämlich, als hier die Idee aufscheint, man könne durch die Schaffung einer „Welt in der Welt" einen Schutz- und Schonraum eröffnen, in dem sich der „Idiot" in die Gemeinschaft der „Anstaltsgenossen" eingliedern konnte, indem er sich für diese „nützlich" machte. Intuitiv ging Sengelmann bereits von einem Dualismus von „körperlichem Defekt" („Behindert-Sein") und „sozialen Barrieren" („Behindert-Werden") aus – während der „körperliche Defekt" die äußerste, nicht mehr überschreitbare Grenze der Entwicklungsmöglichkeiten markierte, ließen sich die vorgelagerten „sozialen Barrieren" beiseiteräumen, um die vorhandenen Möglichkeiten auszuschöpfen.

Die Grenzen der Bildungsfähigkeit zog Sengelmann sehr weit, im Laufe der Zeit – vor dem Hintergrund seiner Erfahrungen in den Alsterdorfer Anstalten – immer weiter. *Praktisch* gab es für Sengelmann keine Bildungsunfähigen,[160] auch wenn er an der theoretischen Trennlinie festhielt: „Der bildungsfähige Idiot ist von dem größten

---

158 Sengelmann, Heinrich Matthias: Welche Idioten sind als bildungsfähig zu bezeichnen und welche nicht?, in: Monats-Hefte des „Boten aus dem Alstertal" 10 (September 1869), 14–16, 15.

159 Sengelmann, Idiotophilus, Bd. I, 7. Danach auch die folgenden Zitate.

160 Böhme, Ulrich: Evangelischer Religionsunterricht in Hilfsschulen und Anstalten des 19. und beginnenden 20. Jahrhunderts im nördlichen Deutschland, Frankfurt am Main u. a. 1990, 30.

Gelehrten *nur gradweise* verschieden, aber *im Wesen* verschieden von dem, der weder sich noch anderen nutzbar gemacht werden kann."[161] Von dieser Position aus kam Sengelmann jedoch nicht zu der Forderung nach einer Trennung von Heil- und Pflegeanstalten. Im Gegenteil: Da die Prognose sehr unsicher sei, die Entwicklungsmöglichkeiten erst durch gezielte Förderung ausgelotet werden müssten, müsse das Asyl eine Heil- *und* Pflegeanstalt sein, die „denen, die noch bildungsfähig sich erweisen, Unterricht, den Bildungsunfähigen aber Pflege angedeihen lassen."[162]

In einem Vortrag über den „Lebenszweck der Idioten" vor den Mitarbeitenden der Alsterdorfer Anstalten ging Sengelmann im Jahre 1870 auf die Frage ein, „warum denn eigentlich der Arzt es als seine Pflicht betrachte, für die Erhaltung ihres Daseins zu sorgen? Ob es nicht besser sei, wenn einmal eine Störung des Lebensprozesses einträte, diese ungehindert gewähren zu lassen, ja vielleicht sogar den tödlichen Ausgang mit fördernden Mitteln zu unterstützen?"[163] Auch die völlig unselbstständigen und hilflosen Bewohner und Bewohnerinnen seien, so betonte Sengelmann an dieser Stelle mit großer Emphase, „nicht vergeblich in der Welt gewesen, wenn unsere Herzen durch die Berührung mit ihnen und die Arbeit an ihnen mitleidsvoller, unsre pflegende Liebe zarter, umsichtiger, fester und treuer würde."[164] So blieb den bildungsunfähigen, dauerhaft auf Pflege angewiesenen Bewohnern und Bewohnerinnen in Sengelmanns Augen lediglich die „Bestimmung",[165] als „kräftige Magnete des öffentlichen Mitleids" zu dienen und an die „Barmherzigkeit" der Gesellschaft, des Staates und der Kirche zu appellieren.

So fragwürdig diese Zuschreibung eines Daseinszwecks als Objekte christlicher Liebestätigkeit auch war, sie trug dazu bei, dass Sengelmann – noch ehe der Diskurs über „Euthanasie", „Sterbehilfe" und „Vernichtung lebensunwerten Lebens" in den 1890er Jahren im deutschsprachigen Raum einsetzte – in dieser Frage ganz eindeutig Stellung bezog. In einem der Aphorismen im II. Band seines „Idiotophilus" – einer Auseinandersetzung mit *Martin Luther* (1483–1546), der empfohlen hatte, „Kielkröpfe und Wechselbälger"[166] zu ersäufen, da sie nur eine „massa carnis" darstellten – antwortete er auf die Frage, ob es nicht besser wäre, schwerstbehinderte Kinder zu töten:

---

161 Sengelmann, Idioten, 16.

162 Sengelmann, Jahresbericht (1868), 10. Vgl. auch Sengelmann, Idiotophilus, Bd. I, 167–170 (§ 25). Dazu auch: Böhme, Religionsunterricht, 29f.

163 Sengelmann, Heinrich Matthias: Der Lebenszweck der Idioten, ein Vortrag, in den Alsterdorfer Anstalten vor dem Personal der Angestellten gehalten, in: Monats-Hefte des „Boten aus dem Alsterthal" 11 (1870), Nr. 6, 1–15, 1.

164 Ebd., 15.

165 Ebd., 9. Danach auch die folgenden Zitate.

166 Luther, Martin: Tischreden, Nr. 1480 bzw. 1498, in: ders., Sämtliche Werke, Bd. 60, hg. v. J. K. Irmischer, Frankfurt am Main 1854.

"Es berechtigt uns nichts, eigenwillig und eigenmächtig in den großen Entwickelungsprozess einzugreifen. Wo sollte die Grenze sein und wer sollte sie bestimmen? Wer sollte sagen: Dies Kind muss, jenes darf nicht getötet werden? Wer da weiß, wie wenig oft die vorher, nach dem bloßen Anblick gefällten Urteile über Bildungsfähigkeit und -unfähigkeit zutreffen, der wird niemand zu nennen wissen, den er für jenen Spruch über Tod und Leben als kompetent bezeichnen möchte. Und am wenigsten würde er sich selbst für diesen Spruch qualifiziert erachten, wenn er auch über eine Jahre lange eigene Beobachtung verfügen könnte. Und wem zu Gute sollte es geschehen? Dem Kinde? Das ahnt seine Not nicht. – Den Eltern? Dass sie einer Last entledigt werden? – Hat nicht der Herr diese Last aufgelegt? Dem wollten wir vorgreifen? Dem wollten wir sagen: Nun hast Du sie genug heimgesucht!? – Den engeren oder weiteren Umgebungen? Dass sie von dem Ekel erweckenden Anblick befreit werden? Es ist wohl billiger, dass diese Sentimentalität der barmherzigen Liebe weiche, als dass ihr ein unberechtigtes Opfer gebracht werde."[167]

Arbeit

Die Mitarbeit der Bewohner und Bewohnerinnen der Alsterdorfer Anstalten galt als Mittel und Ziel der Erziehung und Bildung[168] – wer sich innerhalb des Anstaltsgefüges nützlich machen konnte, der hatte nach Sengelmanns Auffassung einen Daseinszweck, einen „Beruf"[169] in der ihn „umgebende[n] Welt", war ein produktives Glied der Anstaltsgemeinde. Aufgabe der Pflege, Betreuung, Erziehung und Bildung sei es, so Sengelmann, den Bewohnern und Bewohnerinnen gegen die durch die geistige Beeinträchtigung bedingten Hemmnisse zur Verwirklichung dieses ihres Daseinszwecks zu verhelfen. Durch ein breites Angebot von Arbeits- und Beschäftigungsangeboten mit unterschiedlichem Anforderungsprofil versuchte man in den Alsterdorfer Anstalten, möglichst viele Bewohner und Bewohnerinnen zu aktivieren. Etwa drei Fünftel der Bewohner und Bewohnerinnen konnten zu irgendeiner Arbeit eingesetzt werden, zwei Fünftel galten als arbeitsunfähig.

Eine genaue Übersicht über alle „Arbeitsgruppen" der Alsterdorfer Anstalten mit Angaben zu den mitarbeitenden Bewohnern und Bewohnerinnen liegt für den Winter 1895/96 vor. Demnach arbeiteten in der Landwirtschaft („Ökonomie") 15 „Zöglinge", in der Gärtnerei zwölf, in den acht Werkstätten (Tischlerei, Malerei, Schmiede, Klempnerei, Maurerei, Schneiderei, Schusterei, Schlosserei und Maschinenhaus) insgesamt 23. Auf der „Männerseite" des Asyls gab es sieben Arbeitsgruppen in der

---

167 Zit. n. Schmidt (Hg.), Sengelmann, 342.
168 Vgl. Sengelmann, Idiotophilus, Bd. I, 230 (§ 48). Freilich räumte er hier auch unumwunden ein, dass die Arbeit der Bewohner und Bewohnerinnen „auch einen finanziellen Wert" habe. Ebd., 232 (§ 49).
169 Sengelmann, Lebenszweck, 8. Danach auch das folgende Zitat.

Das 1885 erbaute Haus Zum Goldenen Boden, wo die Werkstätten der Bauhandwerker untergebracht wurden

„Industrie" (Buchbinderei und Schnitzerei, Korbmacherei und Stuhlflechterei, Matratzenmacherei, Bürstenmacherei, Mattenflechterei, Pantoffelmacherei, Eckenschuhflechterei und Bandweberei), in denen insgesamt 55 Bewohner mitarbeiteten. Weitere 51 Bewohner waren mit Arbeiten in Haus und Hof (Schmutzwäscherei, Hausarbeit, Hofarbeit, Erdarbeit, Schmutzabfahren, Botengänge) beschäftigt. Dreißig „Zöglinge" schließlich halfen bei der „Pflege von Siechen" mit. Auf der „Frauenseite" arbeiteten insgesamt 207 Bewohnerinnen und Bewohner[170] mit: in der Küche, im Speisesaal, in der Gemüsestube, in der Wäscherei und Plätterei, auf dem Trockenboden, im Lager, in der Garderobe, beim Putzen, beim Zupfen von Charpie, auf der Krankenstation und bei der Pflege von Arbeitsunfähigen.[171]

Diese Zahlen verdeutlichen auch, dass die Mitarbeit der Bewohner und Bewohnerinnen für die Aufrechterhaltung des Betriebs in den Alsterdorfer Anstalten unverzichtbar war. Hier bestätigt sich noch einmal, dass das Ziel der Betreuung, des Unterrichts und der Erziehung nicht darin bestand, die Bewohner und Bewohne-

---

170 Davon 31 Bewohner, die an der „Pflege von Arbeitsunfähigen" auf der „Frauenseite" mitwirkten.
171 BuB 20 (1896), Nr. 1, 15f. Es sind jeweils die Höchstzahlen angegeben, die in den Abendstunden erreicht wurden. Morgens gingen wohl viele der mitarbeitenden Bewohner und Bewohnerinnen zur Schule.

rinnen auf ein Leben außerhalb der Anstalt vorzubereiten – sie sollten vielmehr ihr Leben lang Glieder der Anstaltsgemeinde bleiben. Dagegen schlug der Verkauf der in den Werkstätten hergestellten Produkte in den Bilanzen der Alsterdorfer Anstalten nicht besonders zu Buche. Es fällt auf, dass die Landwirtschaft – 1874 pachteten die Alsterdorfer Anstalten vom hamburgischen Staat im benachbarten Ohlsdorf ein großes Bauernhaus mit Nebengebäuden und ausgedehnten landwirtschaftlichen Nutzflächen – für die Beschäftigung der Bewohner von untergeordneter Bedeutung war. Dabei entwickelte sie sich in den 1870er/80er Jahren zu einem bedeutenden Betrieb, der für die Versorgung der Alsterdorfer Anstalten mit Lebensmitteln von großer Bedeutung war und Gewinne abwarf, die den Gesamtetat entlasteten.

Freizeit und Feste

Die Tagesstruktur in den Alsterdorfer Anstalten ließ für Freizeit wenig Raum. Was konnten die „Zöglinge" mit ihrer freien Zeit anfangen? Die „Nicolaiten", so berichtete Sengelmann im Jahre 1886, könne man „auf ihrem Turn- und Exerzierplatz manövrieren oder hinter ihrem Banner und mit ihrem Fähnlein den Spaziergang machen oder in geordneter Kolonne zur Kirche und Schule schreiten"[172] sehen. Hier schlug sich die für das Kaiserreich typische Begeisterung für alles Militärische nieder. Eine weitere Besonderheit des St. Nicolai-Stifts war, dass eine große Anzahl seiner „Zöglinge" eigene kleine Gärten bewirtschaftete, „in denen Gemüsebau und Blumenzucht getrieben wird – alles für eigene Rechnung."[173] Mit anderen Worten: Die Gartenarbeit war kein reiner Zeitvertreib, sondern brachte den Kindern des St. Nicolai-Stifts einen kleinen Verdienst ein. Von der Freizeitgestaltung im „Asyl für schwach- und blödsinnige Kinder" ist wenig die Rede – hin und wieder werden das freie Spiel, gymnastische Übungen, das Baden in der Alster und sonntägliche Spaziergänge und Wanderungen[174] erwähnt. Die 1891 angelegte Kegelbahn – wie auch ein im Freien aufgehängtes „Wurfbrett" – standen offenbar auch den Bewohnern und Bewohnerinnen offen.[175]

Seit den ersten Anfängen waren Feste und Feiern für das Anstaltsleben von großer Bedeutung – und sie sollten es bleiben. Sie unterbrachen nicht nur die Alltagsroutine, sondern stärkten das Zusammengehörigkeitsgefühl innerhalb des „engeren Kreises" der „Anstaltsgenossen" – dieser Begriff umfasste sowohl die Mitarbeiter und Mitarbeiterinnen als auch die Bewohner und Bewohnerinnen – wie auch zwischen diesem engeren und dem „weiteren Kreis" der Freunde und Förderer. Feste und

---

172 Sengelmann, Alsterdorfer Anstalten (1886), 16.
173 Neueste Nachrichten aus Alsterdorf, in: BuB 12 (1888), Nr. 3, 16-21, 18.
174 Dazu die theoretischen Überlegungen in: Sengelmann, Idiotophilus, Bd. I, 241f. (§ 53).
175 Memorabilien (1891), 3; BuB 17 (1893), Nr. 4, 4. Dazu die theoretischen Überlegungen in: Sengelmann, Idiotophilus, Bd. I, 239-241 (§ 52).

Feiern boten eine Gelegenheit, sich nach innen wie nach außen als christliche Kolonie zu inszenieren, in der das Reich Gottes bereits im Diesseits keimhaft angelegt war. Die Außenwirkung der Feste und Feiern in den Alsterdorfer Anstalten war enorm, da Sengelmann schon früh dazu übergegangen war, sie im Freien abzuhalten – bis dahin hatte es in Hamburg keine kirchlichen Feste unter freiem Himmel gegeben, wie Georg Behrmann rückblickend hervorhob.[176] Die Festgäste wurden in eigens angemieteten Pferdebahnen („Omnibussen") aus der Stadt herbeigebracht und „durch Posaunenbläser vom Balkon des Sengelmannschen Wohnhauses begrüßt." Der Festgottesdienst wurde nicht immer in der Kapelle, sondern oft auch davor „oder wohl auf einer Wiese oder einem abgeernteten Felde" gehalten. Dann folgte ein Imbiss, zunächst in großen Zelten, später unter freiem Himmel, schließlich in dem neuen, 1888 errichteten Speisesaal. Nach der Mittagsmahlzeit gab es Spiele für die Kinder.

Schon früh bildete sich ein eigener Festzyklus heraus, der am Beispiel des Jahres 1868 kurz umrissen sei: Am 22. April 1868 feierte man in den Alsterdorfer Anstalten Konfirmation, am 22. Juli folgte das „Jahresfest", im August eine Fahrt nach Moorburg, am 27. September die „Herbstfeier" mit dem großen Ernteumzug, schließlich Weihnachten, u. a. mit einer „Armenbescherung, bei welchem Asyls- und Stiftskinder als fröhliche Geber auftraten".[177] Im Laufe der Zeit bürgerte sich zudem eine weitere Feier zu Sengelmanns Geburtstag am 25. Mai ein.[178] Auch die „patriotischen Feste" wurden in den Alsterdorfer Anstalten groß gefeiert, so die „Deutsche Reichsfeier" am 18. Januar (die an die Kaiserproklamation im Schloss von Versailles im Jahre 1871 erinnerte) oder „Kaisers Geburtstag", zunächst am 22. März, ab 1888 am 27. Januar, vor allem auch der Sedantag am 2. September (zum Gedenken an die Kapitulation der französischen Armee nach der Schlacht bei Sedan am 2. September 1870) – in den Alsterdorfer Anstalten ging man dazu über, das Erntefest („Koppelfest") auf diesen Tag zu legen.[179] Am 1. April 1885 hielten die Alsterdorfer Anstalten eine Feier zum siebzigsten Geburtstag *Otto v. Bismarcks* (1815–1898) ab: „Wie hätten die patriotischen Alsterdorfer an ihres großen Reichskanzlers Jubel-Geburtstage schweigen können!"[180]

Die Ausflüge mit den Bewohnern und Bewohnerinnen der Alsterdorfer Anstalten wurden mit der Zeit aufwendiger. 1884 gab es, wie der Jahresbericht vermerkt, drei solcher Ausflüge, in den Zoologischen Garten, „zu den Singhalesen" – damit war eine „Völkerschau" mit jenen Singhalesen gemeint, die *Carl Hagenbeck* (1844–1913) von einer Ceylon-Expedition mitgebracht hatte – und „zu den Schaustellungen des Theâtre

---

176 Behrmann (Hg.), Sengelmann, 70. Danach auch die folgenden Zitate.
177 Sengelmann, Jahresbericht (1868), 6, 12 (Zitat)
178 Neueste Nachrichten aus Alsterdorf, in: BuB 12 (1888), Nr. 3, 16–21, 20.
179 BuB 17 (1893), Nr. 3, 7; BuB 20 (1896), Nr. 1, 1.
180 BuB 9 (1885), Nr. 4/5, 27.

Morieux".[181] Dass die Bewohner und Bewohnerinnen der Alsterdorfer Anstalten – die häufig selbst von Besuchergruppen besichtigt wurden – ihrerseits in eine „Völkerschau" geführt wurden, um Menschen aus einem anderen, vermeintlich primitiven Kulturkreis zu besichtigen, entbehrt nicht einer bitteren Ironie.[182]

Religiöses Leben

1867 hatte Sengelmann den Bau einer Kapelle auf dem Gelände der Alsterdorfer Anstalten mit dem Argument begründet, dass die „Asylisten" nicht am Gottesdienst in die Pfarrkirche in Eppendorf teilnehmen sollten. Man sei mit der Praxis anderer Anstalten, „welche als Anstalten – korporationsmäßig – sonntäglich die Kirche besuchen",[183] nicht einverstanden. „Wir halten es sogar für eine Pflicht, welche die Idioten-Anstalten gegen die Kirchengemeinde haben, dass sie sich nicht in dieselbe hineindrängen. Wir wissen auch von nachteiligen Einwirkungen, welche der Kirchenbesuch Blödsinniger auf andere Kirchgänger ausgeübt hat." Man sei aber auch nicht der Meinung, dass allen Bewohnern und Bewohnerinnen der Alsterdorfer Anstalten „die gottesdienstliche Feier überhaupt verschlossen werden müsste". Dies hätte sich nicht mit der Aussage im Aufruf zur Gründung des „Asyls für schwach- und blödsinnige Kinder" gereimt, dass es darum gehe, in ihnen den „göttlichen Funken" zu wecken. Allen geistig behinderten Menschen, die sich als bildungsfähig erwiesen, sollte das Wort Gottes nahegebracht werden. Dazu dienten der Morgensegen, die Tischgebete, die christlichen Feste, der Unterricht in biblischer Geschichte, der Konfirmandenunterricht, aber eben auch der Sonntagsgottesdienst und die Kinderlehre.[184]

Die Gottesdienste der Alsterdorfer Anstaltsgemeinde fanden zunächst in der 1867 erbauten Kapelle statt. Bei deren Einweihung zählte die Gemeinde 94 Glieder. Bis 1886 hatte sie sich fast verfünffacht – mittlerweile lebten und arbeiteten 461 Menschen in den Alsterdorfer Anstalten.[185] Dies hatte zur Folge, dass mehr als die Hälfte der „Zöglinge" beim Sonntagsgottesdienst zu Hause bleiben musste.[186] Mit der Einweihung der St. Nicolaus-Kirche im Jahre 1889 war Abhilfe geschaffen. Hier fand die weiterhin stürmisch wachsende Anstaltsgemeinde Platz.

Das „Asyl für schwach- und blödsinnige Kinder" nahm im Gegensatz zum konfessionell gebundenen St. Nicolai-Stift Kinder aus allen Konfessionen auf. Bei den „am

---

181 Memorabilien der Alsterdorfer Anstalten, verlesen in der Kirche der Alsterdorfer Anstalten den 31. Decbr. 1884, in: BuB 9 (1885), Nr. 1, 1–3, 3.
182 Vgl. auch: Sengelmann, Idiotophilus, Bd. I, 242 (§ 53).
183 Sengelmann, Jahresbericht (1866), 28. Danach auch die folgenden Zitate.
184 Sengelmann, Alsterdorfer Anstalten (1871), 91.
185 Sengelmann, Alsterdorfer Anstalten (1886), 19f.
186 Unsere Anstaltskirche, in: BuB 10 (1886), Nr. 3, 17–19, 18.

Titelblatt der Schrift „Die Alsterdorfer Anstalten. Ein Lebensbild" (1871). Zu sehen sind ein Medaillon des heiligen Nicolaus aus dem Fenster der 1867 eingeweihten Kapelle, die Kapelle selbst, eingerahmt von den beiden Nischenfiguren, die den heiligen Paulus und den heiligen Jacobus darstellen, und das Mädchenhaus.

tiefsten stehenden Idioten",[187] den reinen Pflegefällen, dürften sich, so Sengelmann im Jahre 1870, „schwerlich konfessionelle Bedenken" ergeben, „wenn es nicht etwa rituelle wären, die mit diätetischen Ordnungen zu kollidieren schienen." Mit Blick auf die „Bildungsfähigen" bemerkte Sengelmann, es werde „ein ziemlich langer Bildungsgang erst durchgemacht sein müssen, bis sie zum Bewusstsein der Konfessionsverschiedenheit gelangen. Jener ganze Gang liegt auf konfessionell neutralem Gebiete. Ist er überwunden, dann wird freilich der Religions- und andere Unterricht seinen spezifischen Charakter nicht verleugnen können." Dieser Punkt war in der religiösen Erziehung der „Zöglinge" des Asyls erreicht, wenn sie zum Konfirmandenunterricht zugelassen wurden. Dieser bildete in Sengelmanns Konzept – und in der gesamten

---

187 Sengelmann, Heinrich Matthias: Vierter Vortrag, gehalten zu Hamburg, in: Monats-Hefte des „Boten aus dem Alsterthal" 11 (1870), Nr. 7, 1–16, 7. Danach auch die folgenden Zitate. – Vgl. auch Sengelmann, Heinrich Matthias: Was für die Schwach- und Blödsinnigen in Deutschland geschieht, in: BuB 16 (1892), Nr. 3, 7–12, 10f., zur Praxis in anderen Anstalten in konfessioneller Trägerschaft.

I. Gründung der Alsterdorfer Anstalten, 1850–1899

christlich geprägten Heilpädagogik – den Schlussstein der Erziehung und Bildung des geistig beeinträchtigten jungen Menschen.[188]

Sengelmann kritisierte, dass geistig behinderte Jugendliche „bei den städtischen Massenkonfirmationen"[189] häufig mit durchrutschten, sodass manche „Ankömmlinge [in den Alsterdorfer Anstalten] gleichzeitig den Konfirmationsschein eines Predigers und die Blödsinnsbestätigung eines Physikus produzierten." Sengelmann lehnte auch die Praxis mancher Pastoren ab, geistig behinderte Jugendliche zur Konfirmation zuzulassen, sie aber zugleich vom Abendmahl auszuschließen – „ist die Konfirmation nicht das Zusprechen des Abendmahlrechtes: was ist sie denn?" Die Zulassung zur Konfirmation, darauf beharrte Sengelmann, dürfe nur erfolgen, „wenn die geistige Befähigung zuerkannt werden kann." Dabei gebe es allerdings Spielräume, die man zugunsten der Konfirmanden und Konfirmandinnen in Einrichtungen für geistig behinderte Menschen nutzen könne. Bei ihnen komme es nicht auf „ein gewisses Maß von auswendig gelerntem Unterrichtsmaterial"[190] an. Bei manchen dieser Konfirmanden und Konfirmandinnen habe „das Gemüt solchen Vorsprung vor dem Gedächtnis und der Intelligenz […], dass die Defekte der Erkenntnis und des Wissens uns nicht hindern, sie zum Tisch des Herrn zuzulassen."[191] Die Anforderungen an das Wissen wollte Sengelmann durchaus herunterschrauben. „Bis wie weit? Das lässt sich im Allgemeinen schwer sagen. Jedenfalls nicht bis auf Null."[192] Die Grundlinien der biblischen Geschichte, verschiedene Sprüche und Kirchenlieder, womöglich die Zehn Gebote, das Vaterunser und das Glaubensbekenntnis müsse man schon voraussetzen. Sengelmann erweist sich hier als einer jener Theologen an der Spitze von Einrichtungen für geistig behinderte Menschen, die kein Problem damit hatten, auch schwer geistig behinderte Menschen zur Konfirmation und zur Teilnahme am Abendmahl zuzulassen.

Krankheit und Tod

Auf die Gesundheitspflege, so Sengelmann in seinem „Idiotophilus", müsse in Einrichtungen für geistig behinderte Menschen besonderer Wert gelegt werden. Er nannte in diesem Zusammenhang das regelmäßige Baden, Waschen und Zähneputzen, Kämmen und Haareschneiden – Letzteres auch, um der Verbreitung von Ungeziefer vorzubeugen. „Die Direktion hat sich von Zeit zu Zeit die Zöglinge unbekleidet zur Revision vorführen zu lassen."[193] Beim Auftreten von Krankheitssymptomen war unverzüglich der Arzt zu verständigen.

---

188 Sengelmann, Idiotophilus, Bd. I, 206 (§ 38).
189 Sengelmann, Bedenken, 15. Danach auch die folgenden Zitate.
190 Ebd., 16.
191 Ebd. Vgl. Sengelmann, Idiotophilus, Bd. I, 207 (§ 38).
192 Ebd., 210 (§ 38).
193 Ebd., 252 (§ 57).

Die Ärztlichen Berichte, die Dr. Hermann Kellner zu den Jahresberichten beisteuerte, nachdem er zum hauptamtlichen Arzt der Alsterdorfer Anstalten bestellt worden war, geben Auskunft über die Krankheits- und Todesfälle unter den Bewohnern und Bewohnerinnen. Den Diagnosen zufolge, die Kellner angab, waren die meisten Todesfälle auf Tuberkulose oder auf epileptische Anfälle zurückzuführen[194] – gegen die Epilepsie stand damals als einziges Mittel Bromkali zur Verfügung.[195] Vereinzelt wurden Infektionskrankheiten wie Typhus, Scharlach oder Masern in die Alsterdorfer Anstalten eingeschleppt, die jedoch wirksam eingedämmt werden konnten, sodass es nur einzelne Todesfälle gab.

Für den Zeitraum von 1887 bis 1895 lassen sich die genauen jährlichen Sterberaten unter den Bewohnern und Bewohnerinnen der Alsterdorfer Anstalten errechnen – sie lagen zwischen 2,5 Prozent (1888) und 6,7 Prozent (1891).[196] Im Jahr 1892 war die Sterberate mit 5,6 Prozent unauffällig,[197] was insofern bemerkenswert ist, als Hamburg in diesem Jahr eine verheerende Choleraepidemie mit fast 17.000 Erkrankungen und 8.600 Toten erlebte.[198] Die Alsterdorfer Anstalten blieben von dieser Epidemie verschont, weil es ihnen gelang, sich weitgehend von der Außenwelt abzuschotten – hier erwies es sich als vorteilhaft, dass ein großer Teil des Anstaltsgeländes mittlerweile durch ein Gitter eingezäunt war –, und weil sie – wie alle Alstervororte und Walddörfer – noch nicht an die Hamburger Wasserversorgung angeschlossen waren, sondern ihr Trinkwasser aus eigenen Brunnen bezogen.[199]

Zur Bedeutung Heinrich Matthias Sengelmanns

Am 10. Juli 1896 feierte Heinrich Matthias Sengelmann sein fünfzigjähriges Amtsjubiläum.[200] Die Feierlichkeiten bildeten den Höhe- und Schlusspunkt eines bedeutenden Lebenswerks. Aus kleinsten Anfängen hatte Sengelmann eine der größten Anstalten für Menschen mit geistigen Behinderungen in Deutschland, ja in ganz

---

194 Vgl. z. B. BuB 22 (1898), Nr. 2, 21.

195 Vgl. o. V. [Kellner, Hermann], Die Epileptiker in den Alsterdorfer Anstalten, in: BuB 22 (1898), Nr. 1/2, 17–21.

196 BuB 20 (1896), Nr. 1, 21.

197 Vgl. auch Memorabilien aus dem Leben der Alsterdorfer Anstalten im Jahre 1892, in: BuB 17 (1893), Nr. 1, 2–14, 5: Im Jahre 1892 hatte es in den Alsterdorfer Anstalten lediglich 29 Todesfälle gegeben gegenüber 37 im Jahre 1891.

198 Evans, Richard J.: Tod in Hamburg. Stadt, Gesellschaft und Politik in den Cholera-Jahren 1830–1910, Reinbek 1990, 377, Tab. 4.

199 Sengelmann, Heinrich Matthias: Das heimgesuchte Hamburg, in: BuB 16 (1892), Nr. 4, 1–6; ders., Die Alsterdorfer Anstalten und die Cholera in Hamburg, in: BuB 16 (1892), Nr. 4, 6–16. Dazu auch: Jenner, Harald: Alsterdorf und die Cholera in Hamburg 1892 (2020), https:www.magazin-alsterdorf.de/2020/04/26/alsterdorf-und-die-cholera-in-hamburg-1892/ (letzter Zugriff: 26.5.2021).

200 Pastor Sengelmann's 50jähriges Amtsjubiläum, in: BuB 20 (1896), Nr. 2, 7–31.

I. Gründung der Alsterdorfer Anstalten, 1850–1899

Europa geschaffen, die weithin als vorbildlich galt. Er stand im Mittelpunkt eines weitgespannten und engmaschigen Netzwerks von Fachleuten. Auf seine Initiative hin hatte sich 1874 die „Konferenz für Idioten-Heil-Pflege" gegründet.[201] Das Besondere an diesen Konferenzen war, dass sie weltanschaulich neutral, überkonfessionell und interdisziplinär angelegt waren, Theorie und Praxis miteinander verbanden, sich gleichermaßen an Pädagogen, Ärzte, Theologen, Juristen, Verwaltungsbeamte, Amtsträger aus Kirche und Innerer Mission sowie interessierte Privatleute aus dem In- und Ausland richteten. Diesen Anspruch auf einen „universellen Charakter" konnten die Konferenzen zwar letztlich nicht ganz einlösen, doch gelang es bis in die 1890er Jahre hinein, die divergierenden Interessen insbesondere der Heilpädagogen und der Psychiater auszubalancieren. Hier ist die Handschrift Sengelmanns erkennbar, der zwar der Heilpädagogik in der Pflege, Betreuung, Erziehung und Beschulung von geistig beeinträchtigten Menschen einen Primat einräumte, dabei aber einen fachlichen Austausch mit der Medizin, namentlich mit der Psychiatrie, suchte. Spätestens mit der Veröffentlichung seines „Idiotophilus" im Jahre 1885 wurde Sengelmann als ausgewiesener Experte der Heilerziehungspflege von Theologen, Pädagogen und Medizinern gleichermaßen geschätzt.[202] In seinen letzten Lebensjahren musste er sich aus gesundheitlichen Gründen mehr und mehr aus der Öffentlichkeit zurückziehen. Seine Kräfte ließen spürbar nach, mehrmals erkrankte er schwer und musste sich längere Zeit zur Erholung in sein Haus in Laboe begeben. Er starb am 3. Februar 1899 an den Folgen eines Schlaganfalls.[203]

In vielen Punkten war Heinrich Matthias Sengelmann dem Denken seiner Zeit verhaftet – hier bleibt er uns fremd und fern, seine Vorstellungen scheinen aus heutiger Sicht von der Zeit überholt, bloße Vorgeschichte, ohne tiefere Bedeutung für die Gegenwart. In Sengelmanns theoretischen Reflexionen, mehr noch in der Praxis der Alsterdorfer Anstalten deuten sich aber auch Perspektiven an, die über seine Zeit hinausweisen, in denen wir unser Verständnis von geistiger Behinderung und die darauf aufbauenden Konzepte für die Arbeit mit geistig behinderten Menschen bereits keimhaft angelegt sehen. An diesen Punkten scheint uns Sengelmann sehr nah und vertraut, als Vorläufer und Wegbereiter unserer Gegenwart, seine Gedanken noch immer anregend, um Zukunft zu gestalten.

Was trieb Sengelmann dazu an, die Gründung einer Anstalt für Menschen mit geistigen Behinderungen zu seiner Lebensaufgabe zu machen? Aus seiner Biografie heraus meinen wir manche eher unterschwellige Motive zu erkennen: den Wunsch eines Mannes, dem eigener Nachwuchs versagt blieb, zum Vater einer großen Schar „immerwährender Kinder" zu werden, auch den Ehrgeiz, aus dem Nichts heraus ein mustergültiges Gemeinwesen ganz nach eigenen Vorstellungen zu schaffen und zu lenken, endlich die intellektuelle Neugier, sich mit dem Phänomen der „Idiotie" –

---

201 Dazu ausführlich: Schmuhl/Winkler, Sengelmann, 191–211.
202 Dazu ausführlich: ebd., 213–223.
203 Memorabilien (1899), 1.

damals noch weitgehend Terra incognita für die Anthropologie, die Psychologie, die Medizin, die Pädagogik und auch die Theologie – auseinanderzusetzen. Sengelmanns Hauptmotiv bleibt uns indessen fremd, weil es in seiner erwecklichen Frömmigkeit wurzelt: Für ihn waren die „Idioten" die „Ärmsten der Armen", biblisch gesprochen: die geringsten Brüder und Schwestern, derer er sich als Christ anzunehmen hatte, um die in der Erweckung erfahrene Liebe Gottes zurückgeben und das eigene Leben heiligen zu können. Die Arbeit mit und an Menschen mit geistiger Behinderung war für Sengelmann eine Arbeit am „Reich Gottes" schon im Diesseits. Die von ihm geschaffenen Anstalten verstanden sich als christliche Musterkolonie, als „Stadt auf dem Berge", die der modernen Gesellschaft vor Augen halten sollte, wie ein Gemeinwesen aussehen könnte, das im Evangelium fest verwurzelt war.

Befremdlich erscheint uns auch die aus seiner Frömmigkeit resultierende paternalistische Haltung Sengelmanns gegenüber den ihm anvertrauten Bewohnern und Bewohnerinnen, die in manchen seiner Gedankengänge als bloße Objekte tätiger Nächstenliebe erscheinen – bis hin zu der Vorstellung, dass der einzige Daseinszweck der nicht bildungs- und arbeitsfähigen, auf dauernde Pflege angewiesenen Menschen mit geistiger Behinderung sei, als „kräftige Magnete des öffentlichen Mitleids" zu dienen, an denen die Pflegenden Geduld, Entsagung und Opferbereitschaft erlernen könnten. Auf der anderen Seite nehmen die Bewohner und Bewohnerinnen der Alsterdorfer Anstalten in Sengelmanns Schilderungen durchaus als Subjekte Gestalt an, unverwechselbar in ihrer Eigen-Art und ihrem Eigen-Sinn, im Unterricht, auf der Arbeit, im Spiel und im Fest. Indem er die *Schwäche des Willens* – und eben nicht die Intelligenzminderung – zum Wesenskern geistiger Behinderung erklärte und die Grundzüge einer Heilpädagogik entwickelte, die auf die *Stärkung des Willens* ausgerichtet war, nahm Sengelmann die ihm anvertrauten Menschen mit geistigen Behinderungen als Individuen ernst, knüpfte er an ihre je eigenen Potenziale und Ressourcen an, schuf er Rahmenbedingungen für eine individuelle Förderung und ließ Raum zur Entfaltung einer eigenen Persönlichkeit. Höchst bemerkenswert ist auch, dass Sengelmann, auch wenn er die seiner Obhut anvertrauten Menschen mit geistiger Behinderung in erster Linie als Objekte der Fürsorge ansah, im politischen Diskurs ein *Recht* auf angemessene Pflege, Betreuung und – seiner Zeit weit voraus – Bildung für geistig behinderte Kinder und Jugendliche forderte.

Sengelmanns Pädagogik ist in mancher Hinsicht mit den heute geltenden Erziehungsgrundsätzen unvereinbar. Das gilt insbesondere für seine Überzeugung, dass in der Erziehung geistig behinderter Kinder und Jugendlicher *Strafen* bis hin zur körperlichen Züchtigung unverzichtbar seien (auch wenn er in dieser Hinsicht vergleichsweise gemäßigte Positionen vertrat). Das Plädoyer für eine auch mit Strafen operierende Pädagogik gründete aber – was man nicht übersehen darf – in der Überzeugung, dass Menschen mit geistiger Behinderung erziehbar und bildungsfähig sind, dass „Idiotenanstalten" also Erziehungseinrichtungen und Bildungsstätten sein müssten und keine bloßen Verwahranstalten sein dürften. Sengelmann schrieb geistig behinderten Menschen ein Bewusstsein für Richtig und Falsch, also die Fähigkeit zum

Heinrich Matthias Sengelmann im Alter von etwa siebzig Jahren

moralischen Urteilen zu, er hielt sie für fähig, Verantwortung für das eigene Tun zu übernehmen. Dem entsprach seine Haltung in der Frage der Konfirmation geistig behinderter Jugendlicher – er sprach sich entschieden dafür aus, auch Menschen mit schwereren geistigen Behinderungen zur Konfirmation (und zum Abendmahl) zuzulassen, wenn sie sich für den Glauben empfänglich zeigten und ein Mindestmaß an Unterrichtsstoff beherrschten.

In der Frage der Bildungsfähigkeit von Menschen mit geistigen Behinderungen ist bei Sengelmann ein Lernprozess zu erkennen. Vor dem Hintergrund seiner praktischen Erfahrungen in den Alsterdorfer Anstalten verschob er die Grenze der Bildbarkeit immer weiter nach unten, indem er den Begriff der Bildung ausweitete, vom Erlernen des Unterrichtsstoffs in der Anstaltsschule und damit von einem formalen Bildungskanon entkoppelte und auf lebenspraktische Fertigkeiten ausweitete. Schaut man genau hin, erkennt man, dass Sengelmann die Unterscheidung zwischen bildungsfähig und bildungsunfähig in der Praxis weitgehend aufgab.

Zwar konnte Sengelmann das *medizinische* Konzept von Behinderung als einem körperlichen Defekt und individuellen Defizit letztlich nicht überwinden, in seiner Definition des „Idioten" als eines auf sich selbst zurückgeworfenen, aufgrund seiner Behinderung von der Gemeinschaft mit anderen ausgeschlossenen Menschen, auch in der Betonung der großen Bildungspotenziale von Menschen mit geistigen Behinderungen, die es durch die Schaffung eines geeigneten Lebensumfeldes zu erschließen gelte, zeichnen sich aber bereits die Umrisse eines *sozialen* Konzepts von Behinderung ab. Sengelmann war – das muss klar gesagt werden – kein Vordenker der Inklusion. Geht man von einer idealtypischen Stufenfolge von Exklusion, Segregation, Integration und Inklusion aus, so war Sengelmann ein Exponent des Konzepts der Segregation: Er wollte eine „Welt in der Welt" schaffen, als Schutz- und Schonraum für geistig behinderte Menschen, die in aller Regel hier eine dauerhafte Heimat finden sollten. Die Entlassung und (Wieder-)Eingliederung in die Gesellschaft war nicht gänzlich ausgeschlossen, blieb aber die Ausnahme. Von der Anstaltsidee konnte sich Sengelmann nicht lösen, doch schuf er mit seiner Kolonie einen Raum, in dem Menschen mit geistiger Behinderung Lebensbedingungen vorfanden, die sie in der Gesellschaft damals (noch) nicht hatten – man kann die Alsterdorfer Anstalten als eine landschaftlich reizvoll gestaltete, gesunde, verkehrsberuhigte, barrierearme, mit den Errungenschaften einer modernen Daseinsvorsorge ausgestattete Mustersiedlung verstehen, die in gewisser Weise vorwegnahm, wie ein Quartier aussehen könnte, in dem behinderte und nicht behinderte Menschen miteinander leben können. Dass Sengelmann durchaus in gesellschaftlichen Zusammenhängen dachte, zeigen auch die „Konferenzen für die Idioten-Heil-Pflege", in denen Fragen der gesellschaftlichen Stellung von Menschen mit Behinderungen überraschend breiten Raum einnahmen, ebenso die Hilfsschulen als Teil des Regelschulsystems. Hier wurde die Sonderwelt der Anstalten gleichsam in einen größeren Kontext eingebettet.

Seiner Zeit voraus war Sengelmann auch in der Frage der Verantwortung des Staates für Menschen mit geistiger Behinderung. Wenn er auch der festen Überzeugung war, dass Anstalten in konfessioneller solchen in staatlicher oder privater Trägerschaft überlegen seien, wollte er den Staat keineswegs aus seiner Verantwortung entlassen. Vielmehr nahm er ihn, was die Refinanzierung der Arbeit freigemeinnütziger Einrichtungen anging, in die Pflicht. Auf diese Weise drängte Sengelmann energisch darauf, die Alsterdorfer Anstalten in das staatliche System sozialer Sicherung zu integrieren. In diesem Prozess war er ein Vorreiter, leistete er seinen Beitrag zur Schaffung jener dualen Struktur, die für unseren Sozialstaat bis heute prägend ist.

Eine wichtige Rolle spielte Sengelmann in der Geschichte der Diakonie, auch wenn er manche Tendenzen innerhalb der Inneren Mission scharf kritisierte. Um die Bedeutung Sengelmanns in diakoniegeschichtlicher Perspektive einschätzen zu können, muss man sich vergegenwärtigen, dass das Arbeitsfeld, das er sich zur Lebensaufgabe gemacht hatte, die Pflege, Betreuung, Erziehung und Bildung von Menschen mit geistigen Behinderungen, von der Inneren Mission vergleichsweise spät entdeckt wurde und im Spektrum ihrer Arbeitsfelder zunächst randständig blieb. Bezeichnend ist, dass Johann Hinrich Wichern dieses Feld gar nicht im Blick hatte, als er 1848/49

I. Gründung der Alsterdorfer Anstalten, 1850–1899

zur „inneren Mission" aufrief. Sengelmann trug entscheidend dazu bei, es in den Fokus der Inneren Mission zu rücken – mit Auswirkungen bis in die Gegenwart hinein.

Hervorzuheben ist schließlich Sengelmanns weiter intellektueller Horizont. Er begnügte sich keineswegs damit, seine Anstaltskolonie nach den Prinzipien einer traditionellen christlichen Pädagogik aufzuziehen. Vielmehr suchte er auf der praktischen wie auf der theoretischen Ebene den intensiven Austausch mit der aus der Aufklärung hervorgegangenen Heilpädagogik und einer naturwissenschaftlich begründeten Psychiatrie. Indem er solche Perspektiven eröffnete, wurde Heinrich Matthias Sengelmann zum Vordenker einer multiperspektivisch und interdisziplinär angelegten wissenschaftlichen Heilerziehungspflege,[204] ohne dass der christliche Impetus verloren ging. Darin liegt sein bleibendes Verdienst. Gerade in dieser Hinsicht reicht die Bedeutung Heinrich Matthias Sengelmanns weit über die Grenzen Hamburgs, ja Deutschlands hinaus.

Die Entstehung der Anstaltsortschaft

Im Norden Hamburgs entstanden in der zweiten Hälfte des 19. Jahrhunderts gleich drei Sonderwelten, in die auslagert wurde, was im urbanen Zentrum der Stadtrepublik keinen Platz finden sollte – neben den Alsterdorfer Anstalten waren dies der im Juli 1877 eröffnete Zentralfriedhof in Ohlsdorf und das Staatsgefängnis in Fuhlsbüttel, dessen Bau im August 1877 begann.[205] „Das Verbrechen, die Geisteskrankheit und der Tod",[206] so lässt Heinrich Matthias Sengelmann in einer Schrift aus dem Jahre 1894 einen fiktiven Besucher sinnieren, hätten in diesem Teil der Stadtrepublik ihre „schöpferische Macht" bewiesen und ein ganz anderes Hamburg geschaffen. Die drei „Anderen Orte" waren aus dem Stadtraum ausgegrenzt, gleichwohl zunehmend mit ihm verbunden. Dies führte dazu, dass der Verkehr mit der Stadt zunahm. 1886 schrieb Sengelmann:

„Es ist noch nicht lange her, dass es manchen Hamburger gab, für den Alsterdorf eine völlig unbekannte Gegend war. Jetzt ist es anders geworden. Der nach Ohlsdorf verlegte neue Friedhof hat die Gegend bekannter gemacht. Seit 1880 rollt man in knapp einer Stunde vom Rathausmarkt im Wagen einer Pferdebahn hinaus, wenn man es nicht vorzieht, erst von Winterhude aus diese Fahrgelegenheit zu benutzen und sich

---

204 Scarbath, Horst: Zur pädagogischen Bedeutung Heinrich Sengelmanns und seines „Idiotophilus", in: Schmidt (Hg.), Sengelmann, 312–319.

205 Behrmann (Hg.), Sengelmann, 83.

206 Sengelmann, Heinrich Matthias: Die Alsterdorfer Anstalten in Bild und Wort. Eine Erzählung für Jung und Alt, Norden ²1894, 3.

bis dahin eines kleinen Alsterdampfbootes zu bedienen, das am Jungfernstieg zu der lieblichsten Wasserfahrt einladet."[207]

Die Alsterdorfer Anstalten – eine „merkwürdige ‚Sehenswürdigkeit'"

Im Jahr 1871 umfasste die Gemeinde Alsterdorf „15 bewohnte Grundstücke mit 30 Wohnhäusern, 38 Wohnungen und 36 Haushaltungen und zwei Anstalten."[208] Diese Angaben hatte das „Statistische Bureau der Steuer-Deputation des Hamburgischen Staates" zusammengetragen und um ausführliche „Geschichtliche Notizen" über die Alsterdorfer Anstalten ergänzt. Wie angesehen die Anstalten zum Ende des 19. Jahrhunderts hin geworden waren, zeigt auch ein Eintrag in „Griebens Praktischem Führer für Reisende für Hamburg und Helgoland". Im Kapitel „Das Johanneum, Bibliotheken und Schulen" werden die „*berühmten* Alsterdorfer Anstalten des Pastors Dr. Sengelmann […] für Idioten"[209] als wichtige Institution erwähnt. Zudem hatte das „Hamburger Wanderbuch" in seiner Tourenbeschreibung „Nr. 10. Hamburg–linkes Alster-Ufer–Wohldorf"[210] die Alsterdorfer Anstalten als eine attraktive Sehenswürdigkeit auf der rund 23 Kilometer langen Wanderung aufgenommen.

Welchen Anblick boten die Alsterdorfer Anstalten dem interessierten Wanderer am Ende des 19. Jahrhunderts? Was kann über die „merkwürdige ‚Sehenswürdigkeit'",[211] wie Sengelmann seine Gründung einmal beschrieben hatte, gesagt werden? War der Wanderer mit den Ursprüngen der Alsterdorfer Anstalten in Moorfleth vertraut, dann werden ihm zunächst die völlig unterschiedlichen Landschaften des ehemaligen und des neuen Standorts aufgefallen sein. Herrschte in Moorfleth eine flache, monotone und dem Auge nur wenig Zerstreuung bietende Marschlandlandschaft vor, so lag Alsterdorf inmitten einer sanfthügeligen, durch die Alster abwechslungsreich strukturierten und freundlich wirkenden Landschaft. Nicht zuletzt diese sinnlichen Qualitäten Alsterdorfs hatten Sengelmann – neben finanziellen, verkehrstechnischen, organisatorischen und gesundheitlichen Überlegungen – bewogen, das wachsende Werk auf die Geest zu verlegen.

Hierfür muss man wissen, dass sich im 19. Jahrhundert die Überzeugung zu verfestigen begann, dass das Wohlbefinden eines Menschen eng mit seiner Wohnumgebung verbunden sei. Einer naturnahen, zurückhaltend bebauten und möglichst wenig zersiedelten Landschaft wurden positive Effekte auf Körper und Geist zugeschrieben.

---

207 Sengelmann, Alsterdorfer Anstalten (1886), 6.

208 Statistisches Bureau der Steuer-Deputation: Die Stadt Hamburg, die Vororte, Gemeinden, Ortschaften und selbständig benannten Gebietstheile des Hamburgischen Staates, Hamburg 1875, 39.

209 Benrath, H.: Hamburg und Helgoland. Praktischer Führer für Reisende, Berlin [20]1901–1905 (Griebens Reiseführer 7), 98 (Hervorhebung von d. Vf.).

210 Blass, Adolph / Gabain, Franz / Kohfahl, Rud. / Roth, Paul: Hamburger Wanderbuch, I. Teil: Wanderungen nördlich der Elbe, Hamburg [3]1898, 14.

211 Bilder aus den Alsterdorfer Anstalten bei Hamburg, o. O., o. J.[Hamburg 1908], 3.

I. Gründung der Alsterdorfer Anstalten, 1850–1899

Diese Haltung vertrat auch Sengelmann in seinem Lehrbuch „Idiotophilus", in dem er sich auch mit der Raumgestaltung von „Idiotenanstalten" auseinandersetzte:

> „Nicht bloß um den Besuchern einen freundlichen Anblick zu gewähren, sondern auch um auf den Schönheitssinn der Kinder einzuwirken, sind die einzelnen Häuser der Kolonie mit Gartenanlagen zu umgeben, die wieder mit ihrer Anlegung und Erhaltung den Gärtnerei-Abteilungen einen erwünschten Arbeitsstoff liefern." [212]

Darüber hinaus galt manchem Zeitgenossen eine „schöne" und „liebliche" Landschaft als letzte Bastion gegen die negativen Folgen der wachsenden Industrialisierung, der Verstädterung, des Libertinismus und der damit einhergehenden Loslösung des Individuums aus seinen bisherigen Sozial-, Wirtschafts- und Glaubensbezügen. Auch Sengelmann setzte auf das therapeutische Konzept einer „heilenden" Natur. Deutlich in Abgrenzung zu dem offensichtlich als „ungesund" empfundenen ehemaligen Standort im Feuchtgebiet Moorfleth hatte er im Hinblick auf das Alstertal 1866 festgehalten:

> „Zu der günstigen Lage kommt aber auch noch die Lieblichkeit derselben. Das Auge hat hier keine ebene, abwechslungslose Fläche zu bemessen, sondern sieht an jeder Seite des mit Wiesengrund umzäunten Alsterbettes die Äcker in sanften Anschwellungen sich erheben. Es kann sich an schönen Eichenkronen weiden, es kann sich an den Türmen Hamburgs freuen, es sieht friedliche Dorfschaften und in dem sogenannten Borsteler Jäger auch noch einen der wenigen Überreste hamburgischer Hölzungen. Dazu kommt, dass der Weg von beliebten Spaziergangspunkten nicht allzu weit entfernt ist. Borstel mit seinem soeben erwähnten Gehölz ist ½ Stunde weit entfernt; Fuhlsbüttel nicht weiter. Wellingsbüttel, Hummelsbüttel, Poppenbüttel bieten sich als Zielpunkte für weitere Ausflüge dar, wie andererseits Eppendorf und Winterhude der Befriedigung mancher häuslichen Bedürfnisse in nicht allzu beschwerlicher Weise dienstbar werden. Das erstgenannte dieser letzteren Dörfer hat die Kirche, zu welcher Alsterdorf eingepfarrt ist, die Apotheke, den Arzt; Alsterdorf selbst ist nur ein kleines Dorf [...]." [213]

Zugleich könnte dem aufmerksamen Wanderer aufgefallen sein, dass sich die Alsterdorfer Anstalten aus zwei Grundstücken – „zwei Anstalten", wie das „Statistische Bureau" schrieb – zusammensetzten, die von einer langen Straße („Zu den Anstalten" und „Barmbecker Weg") getrennt wurden. Auf dem „unteren Terrain", wie der Kleine Barkamp nunmehr genannt wurde, befanden sich das 1871 gebaute Kinderheim „für

---

212 Sengelmann, Idiotophilus, Bd. I, 266 (§ 65).
213 Sengelmann, Alsterdorfer Anstalten (1871), 41f.

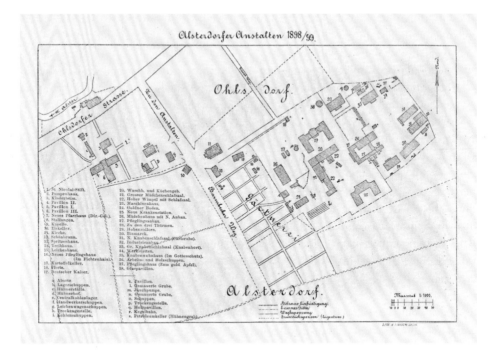

Plan der Alsterdorfer Anstalten, 1898/99

kränkelnde und verkrüppelte normale Kinder",[214] in dem 1882 das „Pensionat" unterkam, sowie drei in den Jahren 1890, 1893 und 1897 erbaute Pavillons zur Aufnahme weiterer „Pensionäre",[215] die Alte Kapelle und das neue Pfarrhaus sowie die Stallungen, die Hühnerställe, das Pumpenhaus und die Trockengestelle. Hier wohnten, wie das Hamburger Wanderbuch auflistete, die „körperlich gesunden und noch nicht verwahrlosten Kinder"[216] sowie die „geistig gesunden, aber körperlich gebrechlichen Kinder". Auf dem deutlich größeren „oberen Terrain"[217] standen die Wohnhäuser der männlichen und weiblichen geistig behinderten „Pfleglinge" sowie die Werkstätten, der Arbeits- und Holzschuppen, das Maschinenhaus, nicht zu vergessen die Zentralküche mit Wäscherei und Plätterei.

Eine räumlich-ideelle Gelenkstelle zwischen den beiden Grundstücken, aber auch zur „Welt" außerhalb der Anstalten, bildete die öffentlich zugängliche Fläche

---

214 Lensch, F. [Friedrich]: 75 Jahre Liebesarbeit an Geistesgebrechlichen, in: BuB, Sonderausgabe zum 75jährigen Jubiläum am 19. Oktober 1938, 3–13, 4.

215 Diese und weitere Angaben nach: ArESA, Hist. Slg. 70, Lageplan der Alsterdorfer Anstalten von 1898/99.

216 Hamburger Wanderbuch, 14. Danach auch das folgende Zitat.

217 Sengelmann, Alsterdorfer Anstalten in Bild und Wort (1894), 71.

I. Gründung der Alsterdorfer Anstalten, 1850–1899

zwischen dem in Sichtweite liegenden Haus Schönbrunn und dem Eiskeller sowie der Alten Kapelle und der 1889 erbauten St. Nicolaus-Kirche. An diesen in einem Viereck angeordneten Bauwerken lassen sich Informationen über das Selbstverständnis der Alsterdorfer Anstalten ablesen. *Erstens:* die Entstehung der Asylarbeit aus allerkleinsten Anfängen – Haus Schönbrunn; *zweitens:* die Entschlossenheit, sich zeitgemäße Techniken für die eigenen Zwecke zunutze zu machen – der Eiskeller sowie ein Telefon- und Telegrafenamt ebenfalls in Haus Schönbrunn; *drittens:* die Verwurzelung im und die Arbeit aus dem christlichen Glauben heraus – die Kapelle und die St. Nicolaus-Kirche.

Sengelmann wertete die „Anfertigung eines Normal-Entwurfs"[218] für den Bau von Anstalten für Menschen mit Behinderung als ein „vergebliches, nutzloses Unterfangen", könne man doch nicht voraussehen, wie sich die Anzahl der Aufnahmegesuche entwickele und ein abgeschlossener Bebauungsplan sehr wahrscheinlich auch nicht den Menschen entsprechen würde, die es aufzunehmen gelte, etwa „Bildungsfähige" oder „Bildungsunfähige", Mädchen oder Jungen, Frauen oder Männer. In einer Sache war Sengelmann indes fest entschieden, und zwar hinsichtlich der Bebauungsart:

> „Viele Anstalten werden bei ihrem Beginn nicht in der Lage sein, sich ein bestimmtes System für die Konstruktion ihrer Bauten anzueignen. Sie werden vorgefundene Gebäude ihren Zwecken möglichst adaptieren müssen. Erst bei ihrer Erweiterung tritt die Frage an sie heran, ob sie sich für den Linear- oder Pavillon-Bau, für möglichst kasernenmäßige Einheit oder koloniale Vielheit von Gebäuden entscheiden wollen."

Sengelmann setzte also auf eine eher unregelmäßige, dörflich wirkende Bebauung, um jeden Eindruck von Monotonie zu vermeiden. Zudem sah er einen weiteren Vorteil in der von ihm präferierten lockeren Bebauung mit einer Vielzahl von Einzelgebäuden: „Das koloniale System erleichtert manche Trennungen, die für das Ganze von Wichtigkeit sind, so z. B. die Scheidung der Pfleglinge von den bildungsfähigen Zöglingen, die Absonderung der für Wasch- und Küchenzwecke bestimmten Lokale, der Werkstätten, der Schulklassen."[219]

Interessant war in diesem Zusammenhang, dass Sengelmann die Aufstockung von Gebäuden ablehnte und diese nur befürwortete, wenn es darum ging, „sekundäre Anstaltszwecke (Wohnungen für Angestellte, Lagerräume usw.)"[220] zu befriedigen. „Wohn-, Schlaf-, Arbeits- und Schulräume für die kräftigeren Zöglinge, Kranken-Zimmer, Aufenthalts- und Wohnlokale für gebrechliche Pfleglinge"[221] sollten, so Sengelmann, stets ohne „Treppenstufen zu erreichen" sein.

---

218 Sengelmann, Idiotophilus, Bd. I, 264 (§ 65). Danach auch die folgenden Zitate.
219 Ebd., 266.
220 Ebd., 265.
221 Ebd., 265f. Danach auch das folgende Zitat.

Das „Hünengrab" mit seinem Gewölbe, in dem sich das Petroleumlager befand

Mit einer Parklandschaft zu einer „gesunden" Natur

Die wachsende Anstaltslandschaft entstand in einer damals noch weitgehend unberührten Natur, die man sich einerseits wünschte, die man sich andererseits aber für die eigenen Zwecke – Nutzung zur Nahrungsgewinnung und Erholung – anverwandeln wollte. Eine zu „natürliche", also wildwüchsige, unkorrigierte „Natur" war daher unerwünscht. Das Mittel der Wahl war die Anlage von Wegen, Plätzen und parkähnlichen Strukturen, die in (Nutz-)Gärten übergingen. Dabei kam den Gärten eine wichtige Rolle zu, schienen sie doch in besonderer Weise dazu geeignet, „ein Wunschbild der Welt zu verwirklichen und die Natur über ihre Zufälligkeiten hinaus zu idealer Schönheit zu führen."[222] Da die Vorstellung eines „heilen", glücklichen Ortes sich in einem steten historischen Wandel befand, veränderten sich auch die Gestaltungsmittel, die zu seiner Schaffung zur Anwendung kamen.

Den gartengestalterischen Vorstellungen des ausgehenden 19. Jahrhunderts folgend, waren die Flächen rund um die Anstaltsgebäude als Parklandschaft angelegt worden. Mithilfe von Rasenflächen, Sträuchern, Hecken, Bäumen und Architekturelementen wollte man eine idealisierte und damit als „schön" und „tröstend" empfundene Landschaft erschaffen. Inspiration fand man u. a. in der französischen und in

---

222 Hesse, Michael: Handbuch der neuzeitlichen Architektur, Darmstadt 2012, 187.

I. Gründung der Alsterdorfer Anstalten, 1850–1899

der englischen Gartenarchitektur. So wurden formalisierte Gestaltungselemente des französischen Barockgartens, wie z. B. Sichtachsen und geometrisch angelegte Beete, in eine dem englischen Vorbild folgende, vermeintlich „ungeplante", da naturhaft wirkende Parklandschaft eingepasst.[223] Die komplexe Schönheit natürlicher Elemente (Pflanzen und Bäume) wurde dabei bewusst genutzt, um das Gelände ästhetisch aufzuwerten. In der Tat sorgte die Geradlinigkeit der mit Alleen gesäumten Wege, die zu den und über die beiden Anstaltsgelände führten, für eine wohlgesetzte, ruhige Ordnung und damit für eine räumliche Ausgewogenheit. Dagegen boten die Flächen zwischen den Häusern einen weniger strengen, mithin einen „natürlicheren" Anblick. Vielfältig und bunt bepflanzte Blumenbeete, etliche Sträucher und Hecken, mit zahlreichen verschiedenen Obstbäumen bestandene Wiesen und gepflegte Gemüse- und Kräutergärten luden zum Spazierengehen, Spielen, Verweilen und Ausruhen, aber auch zum Arbeiten an der frischen Luft ein.[224] Es wird deutlich: Die aktiv gestaltete Natur auf dem Gelände der Alsterdorfer Anstalten sollte zwei Funktionen erfüllen. Sie diente sowohl als *dekoratives* als auch als *sanitäres Grün*.[225]

Denkmäler, Häusernamen, Inschriften – vom Versuch einer „moralischen Landschaft"

Der Aufenthalt der Bewohner und Bewohnerinnen im Freien diente jedoch nicht nur zu deren Muße, sondern auch ihrer Erziehung. Dazu muss man wissen, dass diakonische Anstalten immer mehr sein wollten als eine Ansammlung von Gebäuden, in denen jene versorgt, betreut, gepflegt, beschult, beschäftigt und verwahrt wurden, für die in einer auf Leistung und Produktivität setzenden Moderne kein Platz mehr war. Sie wollten auch Rückzugsorte von dieser sich immer rasanter verändernden Welt sein, die man kritisierte und in weiten Teilen auch ablehnte, in der man aber leben und agieren musste (und deren technische und medizinische Errungenschaften man durchaus aufgeschlossen annahm). Letztlich ging es darum, eine „Welt in der Welt" zu schaffen. Mit Blick auf diakonische Anstalten kann man diese „eigene Welt" als „passageren Ort"[226] bezeichnen, also als einen „Übergangsort" zwischen „irdischer" und „himmlischer Heimat". Im „christlichen Anstaltsraum" sollte der

---

223 Kluckert, Ehrenfried: Gartenkunst in Europa. Von der Antike bis zur Gegenwart, Bonn 2013, 186–228, 352–388.

224 Sengelmann, Alsterdorfer Anstalten (1871), 98f.

225 Vgl. Wagner, Martin: Das sanitäre Grün der Städte. Ein Beitrag zur Freiflächentheorie, Berlin 1915, 1.

226 Winkler, Ulrike: „Heil und Heilung". Die diakonische Anstalt als „Gottesstadt", in: Architektenkammer Rheinland-Pfalz (Hg.): Reformation und Architektur. Eine Dokumentation, Mainz 2016, 44–52, 45; sowie – ausführlicher – dies., Drinnen und Draußen. Die Rotenburger Anstalten und die Stadt Rotenburg als Sozialräume, in: Wilke, Karsten / Schmuhl, Hans-Walter / Wagner, Sylvia / Winkler, Ulrike: Hinter dem Grünen Tor. Die Rotenburger Anstalten der Inneren Mission, 1945–1975 (Schriften des Instituts für Diakonie- und Sozialgeschichte an der Kirchlichen Hochschule Wuppertal/Bethel 32), Bielefeld ³2019, 151–208, 155–160.

„sündige" Mensch einer inneren Umkehr und Veränderung unterzogen werden.
Mit der deutschen Reichsgründung 1871 war ein weiteres, nun aber politisches, den Protestantismus intensiv prägendes Element hinzugekommen: Die Einheit von „Thron und Altar", verkörpert in der Person des evangelischen Kaisers, dem auch in den Alsterdorfer Anstalten auf vielfältige Weise gehuldigt wurde. Zu diesem Schluss kommt man, wenn man einige architektonische und bauliche Gestaltungselemente und ihre jeweiligen Bezeichnungen in den Blick nimmt. Folgen wir Heinrich Matthias Sengelmann auf einem seiner Spaziergänge in Richtung „oberes Terrain":

> „Der Hofraum, auf dem diese Gebäude [Schönbrunn, Leichenhaus, Treibhaus] liegen, ist ein geschlossener Platz. Er empfängt seinen Abschluss durch die von den Zöglingen aufgefahrene, mit einem schattigen Rundsitz versehene Wilhelmshöhe. Hinter derselben setzen wir unsern Weg fort. Sind wir neben dem mit einem Eichenkranz umgebenen Friedensplatze, in dessen Mitte der Friedensstein, ein kolossaler Granitblock, ruht, so merken wir, dass wir nun erst an die eigentlichen Hauptgebäude kommen." [227]

Sengelmann erwähnt hier symbolisch aufgeladene Elemente. So verwies der Friedensplatz auf den deutschen Sieg über den „Erzfeind" Frankreich 1870/71 und die damit einhergegangene deutsche Reichsgründung. Endlich lebten alle Deutschen, seien sie katholisch oder evangelisch, auf einem gemeinsamen Staatsgebiet und unter der Führung einer Person, des Kaisers. Trotz aller Eigenständigkeit war auch in Hamburg, vor allem im Bürgertum, die Begeisterung für den Reichsgedanken groß. Hervorzuheben ist allerdings auch, dass mit dem Friedensstein den getöteten französischen Soldaten gedacht wurde. Dies war eine Geste, die im damaligen Deutschen Reich ihresgleichen suchte.

In den erwähnten Friedensstein, einen beim Anlegen einer Allee ausgegrabenen Felsblock von „mehreren tausend Pfund",[228] hatte man die Worte *Eben-Ezer* („Stein der Hilfe Gottes") gemeißelt. Dies sei, so Sengelmann bei dessen Einweihung, „ein Denkmal, dass der Herr bis hierher geholfen hat." Mit der Wilhelmshöhe, einem künstlich aufgeschütteten Hügel, hatten die Stiftsknaben Kaiser *Wilhelm I.* (1797–1888) ehrende Referenz erwiesen.[229] Die Eiche galt seit dem 18. Jahrhundert als „deutscher Nationalbaum". Es verwundert daher nicht, dass zwölf Exemplare dieses Baumes auf der Wilhelmshöhe um den Friedensstein herum gepflanzt worden waren.[230] Bewegte man sich ein Stück vom Friedensplatz fort, traf man auf die „Lutherlinde", die man anlässlich des „300-jährigen Jubiläums unseres großen Reformators"[231] gesetzt hatte, und zu der an Feier- und Gedenktagen – wie auch zu den Accessoires des Frie-

---

227 Sengelmann, Heinrich Matthias: Geschichte der Alsterdorfer Anstalten, Hamburg 1883, 7.
228 Sengelmann, Alsterdorfer Anstalten (1871), o. S. (Vorwort). Danach auch das folgende Zitat.
229 Sengelmann, Alsterdorfer Anstalten in Bild und Wort (1894), 20.
230 Ebd., 21.
231 Sengelmann, Alsterdorfer Anstalten in Bild und Wort (1894), 21.

I. Gründung der Alsterdorfer Anstalten, 1850–1899

Postkarte der Alsterdorfer Anstalten, Anfang des 20. Jahrhunderts. Zu sehen sind das 1902 erbaute Direktionsgebäude, das „Pensionat für Zöglinge und Kostgänger aus den höheren Ständen", das 1882 in das Kinderheim verlegt worden war, der Friedensstein sowie ein „Konkordia-Stein", über den nichts weiter bekannt ist.

densplatzes – Umzüge mit Fackeln und Musik führten. Ergänzt sei an dieser Stelle, dass man auch in der Bezeichnung der Häuser die Treue zum Deutschen Reich und zum Kaiserhaus zum Ausdruck gebracht hatte: 1879 entstand mit dem Deutschen Kaiser ein Esssaalgebäude, das auch für Feste und ab 1883 als Anstaltsschule genutzt wurde. Vier Jahre später, 1893, wurde das Haus Zum Fürsten Bismarck für ältere, gebrechliche Menschen eingeweiht, 1894 zogen Schulkinder in das frisch errichtete Haus Hohenzollern ein.[232] Sengelmanns Entscheidung für diese Namen war politisch, vor allem aber theologisch motiviert. Eingedenk der Bibelstelle „Tut Ehre jedermann, habt die Brüder lieb, fürchtet Gott, ehret den König" (1 Petr 1,17), stellte er klar: „Das schönste Haus in Alsterdorf, unser Gotteshaus, haben wir zur Ehre Gottes errichtet. Dem zweitschönsten Haus haben wir zur Ehre unseres irdischen Herrn den Namen ‚Deutscher Kaiser' gegeben."[233]

Manches Haus und manche Werkstatt trugen hingegen profane Namen. Gleich-

---

232 Die Alsterdorfer Anstalten in Wort und Bild, Hamburg 1932, 41.
233 Zit. n. Ein neuer Name, in: BuB 1953, 18–21, 20.

Das 1894 fertiggestellte Haus Hohenzollern

wohl wurden diese immer mit Bedacht und Hintersinn ausgesucht, und es wurde Wert darauf gelegt, dass sich im Namen des jeweiligen Gebäudes dessen Zweck widerspiegelte. So sollte das 1890 erbaute Haus Carlsruh (auch Karlsruhe, Karlsruh) an den „Pflegling" Carl Koops erinnern, dessen Aufnahme den Auftakt für ein neues Arbeitsfeld Sengelmanns gebildet hatte. Haus Fichtenhain, 1898 für rund sechzig Knaben erbaut und später mit einem weiteren Stockwerk für pflegebedürftige Mädchen versehen, nahm Bezug auf die „hochstämmigen Fichten", die das Gebäude umstanden und 1907 zugunsten anzulegender „schöner gärtnerischer Anlagen"[234] gefällt werden sollten.

Biblische Anleihen machte man bei der Benennung eines weiteren Wohnhauses für Jungen. Der Goldene Apfel verdankte seinen Namen den rundherum blühenden Apfelbäumen, wie Sengelmann anlässlich der Einweihung am 2. September 1890 ausführte.[235] Dabei vergaß er nicht, auf die Früchte der Arbeit hinzuweisen, die in dem neuen Haus geerntet werden sollten: „Und die Frucht dieses Hauses soll sich wie das Gold von anderen Äpfeln unterscheiden." Ob Sengelmann dabei an den biblischen Satz „Ein Wort, geredet zu rechter Zeit, ist wie goldne Äpfel auf silbernen Schalen"[236] gedacht hatte?

Bedeutungsschwerer war die Bezeichnung Bethabara für das am 1. November

---

234 Bericht der Alsterdorfer Anstalten bei Hamburg über das Jahr 1907, Norden 1908, 14.
235 Tauschner, Erwin: 100. Geburtstag des „Goldenen Apfels", in: Umbruch, Nr. 2, Februar 1991, 5. Danach auch das folgende Zitat.
236 Spr 25,11.

I. Gründung der Alsterdorfer Anstalten, 1850–1899

1897 eröffnete Krankenhaus. Das hufeisenförmige Gebäude, am südöstlichen Rand des „oberen Terrains" gelegen, nahm sowohl erkrankte „Pfleglinge" als auch immer öfter Patienten aus der Nachbarschaft auf. Bethabara bedeutet Haus der Furt[237] und verweist darauf, dass der erkrankte Mensch mit dem Übertreten der Türschwelle nunmehr an einem Scheideweg stand. Er konnte geheilt werden, er konnte aber auch sterben. Diese existenziellen Möglichkeiten sollten den Patienten und Patientinnen eindrücklich vor Augen geführt werden, dies sicherlich auch, um sie von einer inneren Umkehr zu überzeugen.

Ging man über die beiden Anstaltsgelände, dann fielen die Sinnsprüche an einzelnen Häusern auf. Die Inschrift „Alle Eure Dinge lasset in der Liebe geschehen"[238] über dem Mädchenheim kann als Ermahnung an die Pflegekräfte verstanden werden, die ihnen anvertrauten Mädchen freundlich und geduldig zu behandeln. Eine Marmortafel am Turm des Deutschen Kaisers erinnerte die Vorübergehenden an die religiösen Wurzeln der in den Alsterdorfer Anstalten zu verrichtenden Arbeit. Dort stand nämlich zu lesen: „Unsre Hülfe stehet im Namen des Herrn, der Himmel und Erde gemacht hat".[239]

Lagen die Bewohner und Bewohnerinnen in ihren Betten, dann fiel ihr Blick auf Bibelsprüche, die über ihren Köpfen angebracht worden waren. Das war zum Beispiel im Haus Knabenhort der Fall: „Damit die Schläfer mit heilsamen Gedanken einschlafen und erwachen, geben ihnen die Sprüche an [sic] den Balken Erinnerungen."[240] Der erste und der letzte Blick des Tages galt also einem Bibelvers.

„Den Armen wird das Evangelium gepredigt" – Alte Kapelle und St. Nicolaus-Kirche

Am 3. Advent 1867, als die Anstaltsgemeinde 94 Köpfe zählte,[241] konnte die kleine Anstaltskapelle eingeweiht werden.[242] Auf dem Kleinen Barkamp, in Distanz zum Asyl und Kinderheim und direkt an der Straße „Zu den Anstalten" gelegen, war sie – wie beabsichtigt – auch für Gläubige aus der Nachbarschaft leicht zugänglich. Hauptadressaten für den Besuch der Kapelle aber waren das Anstaltspersonal und die „Pfleglinge", wobei man bei Letzteren keine Mühe scheute, ihnen den barrierefreien Zutritt zu ermöglichen.[243] Manches Mal wurden gehunfähige Bewohner und Bewohnerinnen sogar in „großen Korbwagen"[244] zur Kapelle gebracht, um ihnen den Gottesdienst-

---

237 Rienecker, Fritz (Hg.): Lexikon zur Bibel, Wuppertal/Zürich ²1991, 218. Der Name „Bethabara" war in der inneren Mission nicht zuletzt deshalb so beliebt, als er für den Ort stand, an dem Jesus von Johannes dem Täufer getauft wurde.
238 Sengelmann, Alsterdorfer Anstalten (1871), 98.
239 Sengelmann, Geschichte (1883), 7.
240 Sengelmann, Alsterdorfer Anstalten in Bild und Wort (1994), 70.
241 Sengelmann, Alsterdorfer Anstalten (1886), 8.
242 Lensch, 75 Jahre, 4.
243 Sengelmann, Alsterdorfer Anstalten (1871), 91.
244 Bilder aus den Alsterdorfer Anstalten [1908], 10. Danach auch die folgende Angabe.

besuch zu ermöglichen. Das bescheidene Gebäude, das gleichwohl eine „wertvolle Orgel"[245] in seinem Inneren barg, mit „farbigen Rundbogenfenstern" einen „lieblichen Eindruck" vermittelte und von dem Apostel Paulus und einem der ersten Jünger Jesu, Jacobus, als „Türhüter" im übertragenen Sinne beschützt wurde, fand sich mitten in einer sorgfältig orchestrierten Umgebung wieder.

Schon bald erwies sich das Gotteshaus als zu klein. 1885 – in diesem Jahr lebten bereits 456 Menschen in den Alsterdorfer Anstalten – bemühte sich Sengelmann einmal mehr um Spenden für ein „Gebäude mit hohem Turm im kirchlichen Stil",[246] einstweilen noch erfolglos. Gleichwohl schritten die Planungen wie auch das Sammeln von Baugeldern voran, sodass schon vier Jahre später, 1889, die dringend benötigte neue Kirche eingeweiht werden konnte. Erste Entwürfe, die 1882 eingingen, genügten den Ansprüchen Sengelmanns nicht. Daher erbat er sich weitere von Maurermeister *Grosse* sowie die Architekten *Carl Julius Faulwasser* (1855–1944) und *Carl Wilhelm Gustav Otte* (1853–1928).[247] Wieso die Wahl auf den „weniger bekannten"[248] Otte und nicht auf den bereits durch verschiedene Kirchenbauten aufgefallenen Faulwasser fiel, war nicht abschließend zu klären.[249] Nach Ottes Entwürfen errichtete man einen fast vierzig Meter hohen Glockenturm[250] mit einschiffigem Bau und zwei niedrig gehaltenen seitlichen Anbauten, die etliche Elemente der gotischen Formensprache aufwiesen: ein im Verhältnis zur Höhe schmaler Grundriss,[251] ein von Säulen befreites Mittelschiff, Spitzbögen und schlanke Strebepfeiler sowie Fialen rings um den Glockenturm. All dies verlieh der St. Nicolaus-Kirche etwas Emporstrebendes, Erhebendes und erzeugte Raumerlebnisse, die sich auf den Körper und damit auch die innere Verfasstheit die Menschen auswirken konnten.[252]

Folgt man Sengelmanns Überlegungen, dann sollte die innenräumliche Gestaltung der St. Nicolaus-Kirche, die rund fünfhundert Sitzplätze bot, der Belehrung und Erbauung ebenso dienen wie der Visualisierung und Verdeutlichung des Glaubens-

---

245 Sengelmann, Geschichte (1883), 6. Danach auch die folgenden Zitate.

246 BuB 9 (1885), Nr. 1, 3.

247 BuB 14 (1890), Nr. 1, 18.

248 Gleßmer, Uwe / Lampe, Alfred: Kirchgebäude in den Alsterdorfer Anstalten. Die Umgestaltungen der St. Nicolauskirche, Friedrich K. Lensch (1898–1976) und Deutungen des Altar-Wandbildes, Norderstedt 2005, 37. Otte baute vornehmlich Wohnhäuser – Etagenhäuser und Villen – u. a. in der ehemalig selbstständigen Stadt Altona. 1904 erbaute er die ehemalige Schuhwaren-Fabrik Tieck in Hamburg-Bahrenfeld (ebenfalls ehemalige Stadt Altona). Vgl. Kulturbehörde/Denkmalschutzamt Hamburg (Hg.): Fabriken, Hamburg 1992, 52.

249 Otte hatte zugesagt, sein Honorar zu spenden. Vgl. BuB 13 (1889), Nr. 1, 29.

250 BuB 14 (1890), Nr. 1, 18. Die drei Glocken und das Glockengestühl, die zusammen fast 3.000 Kilogramm wogen, stammten aus der 1874 gegründeten Glockengießerei F. Otto aus Hemelingen (heute ein Stadtteil von Bremen). Ebd., 19.

251 Lichte Länge: 21,80 Meter, lichte Breite: 13,80 Meter. BuB 14 (1890), Nr. 1, 18.

252 Brichetti, Katharina / Mechsner, Franz: Heilsame Architektur. Raumqualitäten erleben, verstehen und entwerfen, Bielefeld 2019, 70.

I. Gründung der Alsterdorfer Anstalten, 1850–1899

Die 1889 erbaute St. Nicolaus-Kirche

und Gedankenguts, in welchem die Alsterdorfer Anstalten wurzelten. Bereits 1892 hatte Sengelmann konkrete Vorstellungen entwickelt. Auch wenn seine Ideen letztlich nicht umgesetzt wurden – die Gründe hierfür bleiben im Dunkeln –, so verraten sie doch vieles über das theologisch-biblische und durchaus auch weltliche Netz, in welchem Sengelmann sein Werk verortet hatte. Besonders interessant sind in diesem Zusammenhang die Personen, denen er eine künstlerische Referenz erweisen wollte. Hier schwebten ihm „sechs große Personen-Bilder"[253] vor, die in den Nischen zwischen den Trägern der Decke verewigt werden könnten:

„*Ich denke mir, wir nehmen Repräsentanten der alten, der mittleren, der neueren christlichen Zeit. Vom Altare ausgehend, seien die ersten Petrus und Paulus; die mittleren [Nischen] füllen St. Ansgar und St. Nicolaus, nach dem Kirche benannt ist, die letzteren Luther und Bugenhagen, der Reformator unserer Stadt.*"

---

253 BuB 16 (1892), Nr. 2, 10–12, 12. Danach auch das folgende Zitat.

Die Apostel sollten also dem Altar am nächsten sein, dann folgten der Benediktinermönch und spätere Erzbischof von Hamburg und Bremen *Ansgar* (801–865), der als „Apostel des Nordens" (und als Schutzpatron der Reisenden) auch im Protestantismus hohe Wertschätzung genoss, sowie St. Nicolaus als Namenspatron der Kirche zu Moorfleth und nun auch zu Alsterdorf. Martin Luther wurde *Johannes Bugenhagen* (1485–1558), der „Reformator des Nordens" und Schöpfer der hamburgischen Kirchenordnung, an die Seite gestellt.

Indes wollte Sengelmann auch die Arbeit, die es in Alsterdorf zu tun galt, bei der weiteren Ausschmückung der Längsseiten der Kirche nicht zu kurz kommen lassen. Einander paarweise gegenüberstehen sollten sich die folgenden bildhaft wiedergegebenen Gleichnisse und biblischen Personen:

> *„Hier ist die Darstellung der Arbeit selber, die hier getrieben wird, am Platze. Was gäbe eine bessere Erinnerung an sie als auf der einen Seite die fünf Hallen am Teich Bethesda [Haus der Barmherzigkeit] mit dem armen achtunddreißigjährigen Kranken, der da klagt: ‚Ich habe Niemand!', und ihm gegenüber den barmherzigen Samariter, der seinen Elenden dem Wirt der Herberge mit dem Auftrage überweist: ‚Pflege sein!' Das dritte Paar führt uns nun die Ergebnisse der Arbeit der Heilandsliebe vor, auf der einen Seite in dem Taubstummen, dem er sein Hephata [Effata, „Öffne Dich"] zuruft, und an der anderen Seite an Jairus Töchterlein, dem er zum Aufstehn die Hand reicht."* [254]

Wie erwähnt, kamen Sengelmanns Ideen nicht zur Ausführung. Die St. Nicolaus-Kirche blieb in ihrem Inneren schlicht und wirkte durch ihre architektonische Klarheit, die durch deren Baustil verstärkt wurde, rein und ruhig. Ausgeführt wurde die neue Kirche im Stil der Neogotik, der ab den 1830er Jahren in Europa, vor allem aber in Deutschland, stilprägend wurde. Dies lag daran, dass sich in der Gesellschaft als Reflex auf das beginnende Industriezeitalter eine idealisierte Vorstellung des Mittelalters durchzusetzen begonnen hatte. Dieser Sehnsucht wollte man in der Architektur mit einem Rückgriff auf Stilzitate der Gotik entsprechen. Vor allem Kirchen, Parlamentsgebäude und Rathäuser, aber auch Profanbauten wie Universitäten, Postämter und Bahnhöfe wurden reichsweit in Anlehnung an die Gotik errichtet. In Hamburg war in den Jahren von 1885 bis 1888 der erste Abschnitt der – ebenfalls im Stil der Neogotik gehaltenen – Speicherstadt auf dem Gelände des neuen Freihafens entstanden. So bewegte sich die Alsterdorfer St. Nicolaus-Kirche nicht nur auf der gestalterischen Höhe der Zeit, sondern beteiligte sich auch an einer stärker werdenden lokalen Bautradition, die den Backstein als Bau- und Gestaltungselement wieder zunehmend für sich entdecken sollte.

---

254 Ebd., 11.

I. Gründung der Alsterdorfer Anstalten, 1850–1899

Der Chorraum der St. Nicolaus-Kirche mit dem Glaskunstwerk einer „Kindersegnung" (Lk 18,15) nach dem Entwurf von Melchior Lechter

„Farbige Kathedralglasscheiben"[255] brachten ein diffus gebrochenes Licht in das schlichte, in hellen Farben gehaltene, mit zarten Blumenornamenten verzierte und mit langlebigem Terrazzoboden ausgestattete Kirchenschiff. Dieses ging in den gewölbten Chorraum über, in dem – bis auf einen seinerzeit sehr beliebten „hohen Crucifixus" des dänischen Bildhauers *Bertel Thorvaldsen* (1770–1844) – nur der schmucklose Altar stand. Über diesem war der Hauspsalm der Alsterdorfer Anstalten zu lesen: „Jauchzet dem Herrn alle Welt".[256] Nicht nur die Inschrift „Den Armen wird das Evangelium gepredigt"[257] über der Turmtür, die zugleich den Haupteingang markierte, dokumentierte, dass die Bewohner und Bewohnerinnen ausdrücklich in der neuen Kirche willkommen waren. Auch der Chorraum nahm diesen Grundsatz auf, zierte ihn doch das Glaskunstwerk einer „Kindersegnung" (Lk 18,15). Das farbige, neogotisch gestaltete Fenster, erschaffen nach einem Entwurf des aus Münster

---

255 Sengelmann, Alsterdorfer Anstalten in Bild und Wort (1894), 15. Danach auch das folgende Zitat.
256 Bilder aus den Alsterdorfer Anstalten [1908], 27.
257 Mt 11,5. Sengelmann, Alsterdorfer Anstalten in Bild und Wort (1894), 14.

stammenden, später sehr bekannten *Melchior Lechter* (1865–1937),[258] diente nicht nur als dekoratives Element, sondern es war zugleich ein Informationsträger für diejenigen, die nicht lesen, aber sehen konnten. Besonderen Wert hatte man auf die Orgel gelegt, die man beim Orgelbauer *Friedrich Wilhelm Ernst Röver* (1857–1923) in Hausneindorf bei Quedlinburg bestellt hatte.[259]

Endlich hatte man auch bei der architektonischen Gestaltung an die „Armen" gedacht. Dem Vorbild der von 1883 bis 1884 erbauten Zionskirche der Betheler Anstalten folgend, boten Nischen Platz für Menschen mit Epilepsie. Dort, so die Erwartung, würden sich ihre „etwaigen Anfälle weniger störend für die Gemeinde"[260] auswirken, zudem konnten die „armen Leidenden unvermerkt in einen geschlossenen Raum" oder auch vor die Tür[261] gebracht werden. Besonders hervorzuheben ist eine „Heißwasserheizung",[262] die für behagliche Wärme sorgte und die Kirche zu einem angenehmen Aufenthaltsort im Winter machte.

Die St. Nicolaus-Kirche sollte, so Sengelmanns Wunsch, nicht nur der geistliche, sondern auch der räumliche Mittelpunkt der gesamten Anstalt werden: „Um das Gotteshaus herum sollen sich alle einzelnen Bauten der Kolonie lagern und reihen, von ihm [sollen] die Kräfte der Arbeit ausgehen, Alles mit Dem, der uns zuerst geliebet hat!"[263] Tatsächlich aber sollte die St. Nicolaus-Kirche nie zum räumlichen Zentrum der Alsterdorfer Anstalten werden. Diesen prominenten Platz sollte die Zentralküche einnehmen. Allerdings bildete die St. Nicolaus-Kirche mit ihrer exponierten Randlage – je nach Perspektive – den Anfang oder das Ende des „oberen" Geländes. Bemüht man die Bibel, drängt sich die Analogie zum Eckstein auf; dort wird im Psalm 118 das Heilswirken Gottes als Eckstein-Legung gedeutet. Aus architektonischer Sicht ist der Eckstein, der Grundstein, der in den Winkel zweier Mauern gesetzt wird und auf diese Weise dem Fundament Halt gibt.

Eisengitter und Lattenzäune – Schutz und Abgrenzung zugleich

Nach dem Umzug nach Alsterdorf zeigte sich Sengelmann aufgeschlossen gegenüber etlichen Anfragen von Besuchergruppen, die sich für die Arbeit an den „Schwachsinnigen" interessierten. Dies geschah aus mehreren Gründen. *Erstens* ging es darum,

---

258 Zur Verbindung Lechters nach Alsterdorf: Jenner, Kirchenfenster, 11. Ausgeführt wurde das Kirchenfenster von der Berliner Glaswerkstatt von *Paul Gerhard Heinersdorff* (1844–1900). Ebd.

259 Vgl. zu Leben und Werk Rövers: Blindow, Martin: Die Orgelbauwerkstatt Ernst Röver, Berlin/Münster 2020.

260 Sengelmann, Alsterdorfer Anstalten in Bild und Wort (1894), 14f. Danach auch das folgende Zitat. Insgesamt gab es acht Nischen.

261 Bilder aus den Alsterdorfer Anstalten [1908], 6.

262 BuB 14 (1890), Nr. 1, 19.

263 Sengelmann, Alsterdorfer Anstalten in Bild und Wort (1894), 16.

I. Gründung der Alsterdorfer Anstalten, 1850–1899

das wachsende Werk weiteren Kreisen bekannt zu machen, *zweitens* hoffte man, mit dieser Art von „anschaulicher" Öffentlichkeitsarbeit Gönner und Spender gewinnen zu können. Die Freunde und Förderer sollten, *drittens,* durch regelmäßige Besuche eng in die Anstaltsgemeinde eingebunden werden. *Viertens* schließlich, so Sengelmann, tue es den Alsterdorfer Anstalten gut, sich der „öffentlichen Kontrolle"[264] zu unterwerfen. Hier ging es wohl auch darum, Kritik zu entkräften, wie sie bisweilen in linken Blättern, etwa in der „Tribüne", gegen die Alsterdorfer Anstalten erhoben wurde.[265]

Folgerichtig forderte Sengelmann seine Leserschaft dazu auf, die Arbeit in Alsterdorf zu besichtigen: „Besuchen Sie uns recht fleißig an Ort und Stelle!"[266] Die Alsterdorfer Anstalten seien „jederzeit zugänglich",[267] und der Weg sei nicht sehr weit. Der Besucher könne viele „Bilder der Freude"[268] sehen und solle sich auf gar keinen Fall von „Schreckbildern der Idioten"[269] von einem Besuch abhalten lassen. In Alsterdorf träfe man keine „Erscheinungen [...], die den Besucher widerlich berühren und ihm die Zärtlichkeit unangenehm machen könnten, mit welcher die meisten Zöglinge ihm entgegenzukommen gewohnt sind."[270] Lediglich an Festtagen seien Besuche und Besichtigungen unerwünscht: „Da ist der Besuch den Kindern unzuträglich, den Angestellten lästig, und die Häuser haben eine ganz andere als ihre gewöhnliche Gestalt."[271] Und eine weitere Einschränkung formulierte Sengelmann in einer Anstalts- und Hausordnung: „Die Besucher der Anstalten werden gebeten, Gaben für die Kinder nur den Wärtern und Wärterinnen einzuhändigen, diesen aber, sowie den Angestellten überhaupt, keine Trinkgelder anzubieten, da dieselben durch ihre Annahme zur Verlassung ihres Dienstes genötigt werden."[272] Sengelmanns Einladung fand ein starkes Echo: An manchen Sonntagen zählte man zwischen sechzig und achtzig Besucher.[273]

Von der Wilhelmshöhe hatte man einen „Umblick über den ganzen Häuser-Komplex der Anstalten",[274] vor allem zu den „eigentlichen Hauptgebäuden",[275] wie Sengelmann 1883 feststellte. „Ein hoch erhobener Turm [Hoher Wimpel] sagt es uns." Der

---

264 Sengelmann, 4. Vortrag, 12.
265 Schümann, Sengelmann, 82.
266 Sengelmann, Jahresbericht (1868), 2.
267 Sengelmann, Jahresbericht (1869), 8.
268 Ebd., 9.
269 Ebd., 8.
270 Sengelmann, Jahresbericht (1866), 19.
271 Sengelmann, Jahresbericht (1869), 8.
272 Sengelmann, Alsterdorfer Anstalten (1871), 201.
273 BuB 16 (1892), Nr. 3, 5.
274 Sengelmann, Alsterdorfer Anstalten (1871), 98f.
275 Sengelmann, Geschichte (1883), 7. Danach auch die folgenden Zitate.

Zugang zum „oberen Terrain", wo man die „geistig behinderten" Menschen konzentriert hatte, war – anders als zum „unteren", nur teilweise mit einem Lattenzaun umgebenen Terrain – nicht so ohne Weiteres möglich:

> „Wir sehen, er ist rings mit einem eisernen Gitter umgeben. Wie groß dieses Gitter wohl ist, kann man sich denken, wenn man hört, dass es trotz der bei der Anlegung billigen Eisenpreise über 10.000 Mark gekostet hat. Die Pforte des Gitters können wir nicht ohne Meldung bei dem Pförtner passieren."

Mit der Errichtung des Gitters reagierten die Alsterdorfer Anstalten auf das immer höhere Verkehrsaufkommen auf dem Weg zum Ohlsdorfer Friedhof. Das Stiftsgebäude und das Kinderheim wurden nicht mehr mit „Zöglingen" belegt, „weil beide Häuser zu nah an der so lebhaft gewordenen Heerstraße liegen, als dass der Verkehr mit den Passanten ganz verhindert werden könnte."[276] Das ursprüngliche Stiftsgelände blieb für die Öffentlichkeit frei zugänglich, ebenso der Bereich zwischen der Kapelle, dem Haus Schönbrunn, der Wilhelmshöhe, dem Friedensplatz, dem Spritzenhaus, der Leichenkammer und der Gärtnerei. Der Bereich der Hauptgebäude auf dem „oberen Terrain" war dagegen mit einem eisernen Gitterzaun abgetrennt worden. Der einzige Durchlass war ein Flügeltor, das meist verschlossen war.[277]

Lediglich zur Gärtnerei und zu den im Osten gelegenen Feldern begrenzten Holzzäune das Gelände, was Sengelmann veranlasste, von einem „Gehege"[278] [sic] zu sprechen, in welchem 1883 bereits 360 Menschen lebten. Wirkten die Lattenzäune optisch noch einigermaßen ansprechend und die ländliche Idylle unterstreichend, muss hinsichtlich der Gitterzäune wohl eher das Gegenteil gesagt werden. Die mit zwei durchgehenden Eisenbändern miteinander verbundenen Eisenstangen standen eng beieinander, waren rund zwei Meter hoch[279] und liefen an ihren Enden spitz zu. Diese Eisengitter waren nur schwer zu überwinden, und genau dies war ihre Funktion – in doppelter Hinsicht. Dienten sie einerseits dem „Schutz der Bevölkerung", die mit der auf dem Anstaltsgelände kasernierten, teilweise als unheimlich empfundenen „Unvernunft" nicht konfrontiert werden wollte und sollte, so schützten die Gitter andererseits die „Pfleglinge" vor Übergriffen, Anfeindungen und ein wenig auch vor neugierigen Augen von außen.

Den Alsterdorfer Anstalten war es wichtig, ihren Besitz zu arrondieren, d.h., sie legten Wert darauf, an ihre Gelände angrenzende Grundstücke zu erwerben oder zu tauschen, um zu einem geschlossenen, „abgerundeten" Grundbesitz zu kommen, was nicht zuletzt die Durchführung bestimmter Arbeiten (Kanalisation usw.) erleichterte.

---

276 Sengelmann, Alsterdorfer Anstalten (1886), 8.
277 BuB 3 (1879), Nr. 1, 2.
278 Sengelmann, Geschichte (1883), 9. Danach auch die folgende Zahlenangabe.
279 Engelbracht, Gerda / Hauser, Andrea: Mitten in Hamburg. Die Alsterdorfer Anstalten 1945–1979, Stuttgart 2013, 188.

I. Gründung der Alsterdorfer Anstalten, 1850–1899

Die Pforte mit dem Pförtnerhaus. In der Mitte der erste Pförtner, Clas Rosenboom.

Im Jahre 1887 tauschte die Anstalt ein Drittel der Koppel, über die ein „Privatweg" zum Pförtnerhäuschen führte, vom hamburgischen Staat gegen eine größere Fläche. Zugleich sollte damit ein „Schutz unserer Grenzen"[280] erreicht werden.

Das Betreten des „oberen Terrains" war nur möglich, wenn der Pförtner dies gestattete. Bis 1891 versah *Clas Rosenboom* (1811–1893), genannt „Vater Rosenboom", diesen Dienst. Er saß, wohl in einer Uniform, in einem 1878 erbauten Häuschen[281] und kontrollierte von dort aus das Kommen und Gehen: „Jeder muss bei ihm die Pforte passieren und die Eintrittskarte empfangen und dann auch seinen Namen ins Fremdenbuch eintragen."[282] Ihre „Eintrittskarte" tauschten die Besucher bei den Hauseltern der von ihnen besuchten Station gegen eine „Austrittskarte", die sie beim Verlassen des Geländes an der Pforte abgaben. Dabei kamen sie erneut an der „Büchse"[283] vorbei, die neben dem „Fremdenbuch" für Spendenzwecke aufgestellt worden war. Weitere Einnahmen sollten mit dem Verkauf von handwerklichen Produkten der Bewohner und Bewohnerinnen erzielt werden. Hierfür hatte man 1891 eine kleine Verkaufsstelle im Pförtnerhäuschen eingerichtet.[284]

---

280 BuB 12 (1888), Nr. 1, 5.
281 BuB 3 (1879), Nr. 1, 2.
282 Sengelmann, Alsterdorfer Anstalten in Bild und Wort (1894), 23f.
283 Sengelmann, Geschichte (1883), 9.
284 Memorabilien (1891), 4.

Der Einsatz des Torwächters war auch die Folge der gestiegenen Betreuungszahlen. Die Alsterdorfer Anstalten, anfangs ein Ensemble aus wenigen Gebäuden, waren nun auf dem Weg zu einer größeren Anstaltsortschaft mit vielen Wohneinheiten, Werkstätten, zwei Gotteshäusern und etlichen Funktionsgebäuden, die in einer teils unübersichtlichen Parklandschaft lagen. Diese „neue Unübersichtlichkeit" erforderte eine gewissenhaftere Kontrolle. Hervorzuheben ist noch, dass man zum „oberen Terrain" auch über den „Privat-Weg" gelangen konnte, der direkt auf die Landstraße führte und insbesondere Besuchern aus Ohlsdorf den Weg verkürzte.[285]

Die Flächen vor den einzelnen Wohnhäusern waren ebenfalls umzäunt. Sie dienten als Aufenthalts- und Ruheplätze für diejenigen Betreuten, die nicht mehr in der Lage waren, längere Wege zu bewältigen. Dabei bewährte sich die in den ersten Jahren nach dem Umzug nach Alsterdorf bevorzugte ebenerdige Bauweise.[286]

Hingegen kamen der Freifläche vor dem rund 46 Meter langen, hufeisenförmig angelegten und in regionaltypischer gelber Backsteinoptik gehaltenen Deutschen Kaiser andere Aufgaben zu.[287] Diese diente nämlich als Ort der Repräsentation, der emotionalen Erhebung und der Selbstvergewisserung der Alsterdorfer Anstalten als Teil des Deutschen Kaiserreichs. Endeten doch alle Feste der Anstaltsgemeinde auf dem „schönen, weiten Platz"[288] vor dem „schönsten Haus unter den Anstaltsgebäuden".

Männer und Frauen – getrennte Wohn- und Lebenswelten

Wie bereits erwähnt, lebten sowohl Frauen und Mädchen als auch Jungen und Männer in den Alsterdorfer Anstalten. Anfangs hatte man sich noch mit „Hybridlösungen", also der gemeinsamen Unterbringung der beiden Geschlechter in einem Gebäude, zufriedengegeben. Im Jahresbericht 1866 heißt es dazu, es würden Vorkehrungen getroffen, die den „Wohn- und Aufenthaltsort" der Mädchen „von dem der männlichen Zöglinge abgrenzen. Aber der Vorstand verhehlt sich nicht, dass dies ein Notbehelf ist. Gerade bei Idioten ist die Trennung der Geschlechter eine Forderung, die nicht ernst genug kann geltend gemacht werden."[289] 1869 kam ein reines Mädchenhaus zur Ausführung, welches 1874 und 1883 erweitert wurde.[290]

Mit der Aufnahme von Frauen und Männern und ihrer Konzentration auf dem „oberen Terrain" führte man schließlich eine konsequentere Geschlechtertrennung ein. Während die Männer und Jungen und ihre Betreuer am Ende des Anstaltsgeländes wohnten, konzentrierten sich die Mädchen- und Frauenwohnhäuser in der

---

285 Sengelmann, Geschichte (1883), 9.
286 Bilder aus den Alsterdorfer Anstalten [1908], 10.
287 Diese Angaben nach: Sengelmann, Geschichte (1883), 7.
288 Sengelmann, Alsterdorfer Anstalten in Bild und Wort (1894), 28. Danach auch die folgenden Zitate.
289 Sengelmann, Jahresbericht (1866), 21.
290 Bauliche Entwicklung (1932), 39.

I. Gründung der Alsterdorfer Anstalten, 1850–1899

Nähe des Wirtschaftsgebäudes mit der Zentralküche und der Wäscherei. Man wahrte also räumliche Distanz. Darüber hinaus trennten Holzzäune die Wohn- und Lebenswelten der Geschlechter. Im Grunde konnten sich Frauen und Männer, Jungen und Mädchen nur an drei Orten auf dem Gelände begegnen: in der Schule, im Deutschen Kaiser, wo die Mahlzeiten gemeinsam eingenommen wurden und Feste stattfanden, oder in der St. Nicolaus-Kirche. Dort allerdings saßen die Bewohner und Bewohnerinnen auf je einer Seite getrennt voneinander. Da, wo es keine bauliche Trennung gab, griff eine unsichtbare Trennung. Mitarbeiterinnen und Mitarbeiter patrouillierten die Grenzen des „männlichen Gebiets"[291] und des „weiblichen Gebiets", kontrollierten die Einhaltung der Distanzvorschriften und sprachen bei Vergehen Sanktionen aus.

Die strikte Geschlechtertrennung war indes keine Spezialität der Alsterdorfer Anstalten. Derlei Separierungen fanden sich zeitgenössisch und bis weit in die 1960er Jahre hinein in allen konfessionellen Einrichtungen wieder, wenngleich sie mit unterschiedlichen Raumkonzepten und baulichen Maßnahmen umgesetzt wurden. Handlungsleitend war eine restriktiv interpretierte christliche Sexualmoral, die intime Begegnungen vor der Ehe für alle Männer und Frauen kategorisch ausschloss. Menschen mit geistiger Behinderung gerieten dabei in konfessionellen Einrichtungen noch einmal besonders ins Visier. Aufgrund ihrer kognitiven Einschränkungen galten Menschen mit Behinderungen als „ewige Kinder", denen man sexuelle Bedürfnisse absprach. Andererseits wurde den Frauen und Männern aber oftmals auch ein extremer Sexualtrieb unterstellt, mit dem man die räumliche Trennung der Geschlechter zusätzlich rechtfertigte.[292]

Die Zentralküche und der Hohe Wimpel – räumliche Mittelpunkte der Alsterdorfer Anstalten

Männer und Frauen wohnten nicht nur getrennt voneinander, sie arbeiteten auch in unterschiedlichen Bereichen. Während die Männer in der Landwirtschaft, in der Gärtnerei und in den Werkstätten eingesetzt waren, wurden die Frauen meist mit Putz- und Näharbeiten, teilweise auch mit pflegerischen Aufgaben betraut. Die wichtigsten Einsatzorte der Frauen und Mädchen waren indes die Wäscherei mit Plätterei sowie die Küche, die anfangs im Nebengebäude des St. Nicolai-Stifts untergebracht war. Die wachsende Bewohner- und Personalzahl erforderte jedoch die Vergrößerung

---

291 Ebd., 46.

292 Derlei Überzeugungen hielten sich nicht nur in den Alsterdorfer Anstalten bis weit in die 1970er Jahre hinein. Vgl. beispielhaft: Schmuhl, Hans-Walter / Winkler, Ulrike: Aufbrüche und Umbrüche. Lebensbedingungen und Lebenslagen behinderter Menschen in den v. Bodelschwinghschen Anstalten Bethel von den 1960er bis zu den 1980er Jahren (Schriften des Instituts für Diakonie- und Sozialgeschichte an der Kirchlichen Hochschule Wuppertal/Bethel 29), Bielefeld 2018, 285–317. – Die getrennte Unterbringung von Jungen und Mädchen, Frauen und Männern beugte gegenseitigen körperlichen Übergriffen und sexualisierter Gewalt vor. Ob diese Schutzfunktion mit bedacht wurde, muss dahingestellt bleiben.

Postkarte aus den Alsterdorfer Anstalten, um 1900. Links: Haus Hoher Wimpel, rechts: das 1897 erbaute Krankenhaus Bethabara.

der Küche, der man 1878 mit dem Bau eines Wirtschaftsgebäudes auf dem „oberen" Gelände Rechnung trug. Aus der Vogelperspektive betrachtet, lag die Zentralküche (mit benachbarter Waschküche) und dem direkt angeschlossenen Maschinenhaus gleichsam im Herzen des Anstaltsgeländes. Alle anderen Gebäude auf dem „oberen" Gelände gruppierten sich um diese Funktionsgebäude herum. Damit hatten die Zentralküche, aber auch das Wasch- und das Maschinenhaus jenen Platz eingenommen, welcher ursprünglich der St. Nicolaus-Kirche zugedacht worden war.

Aus organisatorischer Sicht war die zentrale Platzierung der Zentralküche mehr als begrüßenswert, hatte man sie doch gegenüber dem Deutschen Kaiser errichtet, das nur wenige Schritte entfernt lag. Auf diese Weise konnten die Mahlzeiten für mehrere Hundert Esser bequem angeliefert werden. Längere Wege hatten nun jedoch die Knaben, die das Essen zu den Häusern tragen mussten, „die außerhalb des Gitters",[293] also auf dem „unteren Terrain", lagen.

Der Zentralküche war 1884 das Haus Hoher Wimpel beigegeben worden. Das dreistöckige Gebäude, das im Erdgeschoss die Wäscherei sowie die Mädchenschlafsäle, später auch eine Schmiede und eine „Matratzenmacherei"[294] beherbergte, im ersten Obergeschoss einen Wäschetrockenraum und im zweiten Obergeschoss

---

293 Sengelmann, Alsterdorfer Anstalten in Bild und Wort (1894), 30.
294 Sengelmann, Geschichte (1883), 9.

I. Gründung der Alsterdorfer Anstalten, 1850–1899

einen „geräumigen Versammlungssaal"[295] bereithielt, zeichnete sich durch einen mit einer Kuppel gekrönten Turm aus, auf der ein bereits von Weitem zu sehender Wimpel wehte. Zudem lag es auf der höchsten Erhebung des Geländes. Bestieg man die Turmspitze des Multifunktionsbaus, so reichte der Blick bei gutem Wetter bis nach Hamburg und in seine „freundlichen Umgebungen".[296]

Innenausstattung

Zur Gestaltung der Wohnräume und der dort verwendeten Materialien kann aufgrund der eingeschränkten Quellenlage nur wenig gesagt werden. Allerdings gewährt ein von Sengelmann 1870 beschriebener fiktiver Rundgang mit *Florence Nightingale* (1820–1910) durch eines der „Pfleglingshäuser" luzide Einblicke. Seinen fachlichen Austausch mit der Begründerin der modernen Krankenpflege und deren Urteil über die Wohnqualität des besichtigten Hauses hielt Sengelmann in einem Vortrag für die Angestellten seiner Einrichtung fest. Jedoch hat Florence Nightingale die Alsterdorfer Anstalten nie besucht, daher ersetzte der einfallsreiche Pastor sie kurzerhand durch einen Kunstgriff. Mit Nightingales 1861 erschienenem Buch „Die Pflege bei Kranken und Gesunden" unter dem Arm ging Sengelmann gedanklich durch das besagte „Pfleglingshaus" und beurteilte durch die Augen Nightingales den dort herrschenden „Gebrauch von frischer Luft, Licht, Wärme, Reinlichkeit, Ruhe und die passende Auswahl und Darreichung der Kost".[297] Zugleich erfährt man etwas über die Gestaltung der Räume:

> *„Unsere Wände, wie sie hier und in allen Räumen und in allen Wohn- und Aufenthaltszimmern sind, werden Miss Nightingale gefallen; denn die tapezierte Wand erklärt sie für die schlechteste und die gewöhnliche Schlafstubentapete für das Gegenteil von Allem, wie sie sein sollte. Die Mörtelwand lässt sich durch wiederholten Kalkanstrich unschädlich machen. Freilich erklärt sie die mit Ölfarbe angestrichene für die beste, die es bis jetzt gibt, weil man von ihr die animalischen Ausdünstungen, die ein Zimmer dumpf machen, abwaschen kann."*[298]

Positiv beschied „Miss Nightingale" *alias* Heinrich Matthias Sengelmann die verlegten Fußböden, wobei unklar blieb, aus welchem Material diese bestanden. Der Hinweis Sengelmanns, dass man die eigenen Böden öle, deutet auf Holz- oder unglasierte

---

295 Sengelmann, Alsterdorfer Anstalten in Bild und Wort (1894), 30.
296 Sengelmann, Geschichte (1883), 9.
297 Sengelmann, Heinrich Matthias: Miss Nightingale über die Pflege bei Gesunden und Kranken. Ein Vortrag für die Angestellten der Alsterdorfer Anstalten, in: Monats-Hefte des „Boten aus dem Alsterthal" 11 (1870), 1–13, 3.
298 Sengelmann, Nightingale, 5.

Steinböden hin.[299] Auf jeden Fall hatte man einen schmutzabweisenden Belag verwendet.

Nimmt man das zeitgenössische „Hygienische Tagebuch für Medicinal- und Verwaltungsbeamte, Aerzte, Techniker und Schulmänner"[300] des Bakteriologen und Hygienikers *Erwin von Esmarch* (1855–1915) zur Hand, dann findet man dort viele der oben genannten Aspekte (abwaschbare Böden, Ölfarben für die Wände, ausreichende Belüftung). Ohne Frage befand man sich in den Alsterdorfer Anstalten hinsichtlich der Bau- und Wohnungshygiene auf der Höhe der Zeit, zumindest bei dem von Sengelmann beschriebenen „Pfleglingshaus".

„Man sieht's an den Drähten …" – moderne Städtetechnik

Täglich musste in den Alsterdorfer Anstalten für mehrere Hundert Menschen gekocht, gewaschen, gebügelt, gemangelt und geheizt werden. Bewerkstelligt wurde dieser Kraftakt mit moderner zeitgenössischer Technik. Unverzichtbar war in diesem Zusammenhang das Maschinenhaus, in dem eine Dampfmaschine und zwei Dampfkessel ihren wichtigen Dienst taten: „Von hier aus wird die Wasserleitung des oberen Terrains, die Dampfheizung des Neubaus, die Küche und die Wäscherei bedient."[301] Wasser gewann man aus eigenen Brunnen, das durch ein Röhrensystem in die Häuser geleitet wurde. Nach und nach sollten Gaslaternen die Wege über das Anstaltsgelände erhellen und sicherer machen, auch in die Häuser zog die Gasbeleuchtung ein. Ein weiteres Zeichen für die Moderne, in der nicht mehr die Natur, sondern die Menschen „die Nacht regierten".[302]

Die Alsterdorfer Anstalten folgten hier einem Muster, das sich zu dieser Zeit in allen größeren Einrichtungen der Inneren Mission beobachten lässt: Sie alle durchliefen zur Zeit des wilhelminischen Deutschlands einen enormen Modernisierungsschub. Das ist höchst bemerkenswert, verstanden sich diese Einrichtungen doch als „christliche Kolonien", die als *Gegenentwurf* zur modernen Großstadt gedacht waren. Mit dieser verband sich die Vorstellung der industriellen Massenproduktion, des Massenkonsums, einer kalten Funktionalität, einer molochartigen Größe und einer Entfremdung von der Natur. Dass die moderne Städtetechnik dennoch ohne Weiteres in diesen christlichen Kolonien ihren Platz fand, verweist auf einen grundlegenden Befund: Die „zukünftige Stadt" (Hebr 13,14) sollte kein *vormodernes Dorf*, sondern ein *modernes Musterstädtchen* sein. Dabei verfuhren die Entscheidungsträger in der

---

299 Ebd., 9f.

300 Esmarch, Erwin v.: Hygienisches Tagebuch für Medicinal- und Verwaltungsbeamte, Aerzte, Techniker und Schulmänner, Berlin 1896. Das Buch erlebte etliche Neuauflagen, die letzte in den 1950er Jahren.

301 Sengelmann, Geschichte (1883), 8.

302 Radkau, Joachim: Technik in Deutschland. Vom 18. Jahrhundert bis zur Gegenwart, Frankfurt am Main 1989, 96.

I. Gründung der Alsterdorfer Anstalten, 1850–1899

Anstaltsansicht um 1890. Man erkennt (von links nach rechts) im mittleren Bildbereich das Maschinenhaus, den 1886 errichteten Speisesaal, das 1882/83 entstandene Haus Hoher Wimpel und die Werkstätten, im unteren Bildbereich das Leichenhaus und die Treibhäuser.

Inneren Mission ganz pragmatisch gemäß dem Bibelwort: „Prüft aber alles und das Gute behaltet" (1 Thess 5,21). Insofern hatten sie kein Problem, Evangelium und Elektrizität zusammenzudenken.

Die modernste Technik befand sich übrigens im ältesten Gebäude der Alsterdorfer Anstalten, im Haus Schönbrunn. Dort hatte man das „Telegraphen- und Telephonamt"[303] untergebracht: „Man sieht's schon an den Drähten, die von Stangen und von Bäumen her in das Seitenzimmer laufen." Allerdings gab es zu diesem Zeitpunkt (1871) bereits zwei Telefone in den Alsterdorfer Anstalten. Eines stand in Schönbrunn, das andere befand sich in Sengelmanns Wohnhaus. Eine wichtige Rolle spielte das Telefon bei der Information der Hamburger Polizei und Feuerwehr über Brände in der Umgebung, bei denen die Anstaltsfeuerwehr zum Einsatz kam. Aber auch „aus der Stadt [Hamburg] heraus [wurde] den Anstalten jede Nachricht gegeben."

Von der Kolonie zur „großen Stadt"

Wenn Heinrich Matthias Sengelmann über die Alsterdorfer Anstalten berichtete, so verwendete er häufig den Begriff der „Kolonie". Manchmal sprach er von einer „*kleinen*

---

303 Sengelmann, Alsterdorfer Anstalten in Bild und Wort (1894), 20. Danach auch die folgenden Zitate.

Kolonie",[304] einmal sogar von einer „Elends-Kolonie",[305] die sich zu einer „Kolonie freier christlicher Barmherzigkeit" entwickeln möge. Führt man sich die Bedeutung des Begriffs „Kolonie" vor Augen, kommt man zu folgenden Aussagen. Gemäß ihrer etymologischen Herkunft – *colo, colere* (bestellen, bebauen) – war die Kolonie eine „Pflanzstätte", die von einem größeren Gemeinwesen entfernt lag, gleichwohl aber von diesem abhängig war, im vorliegenden Fall etwa in der Zuweisung von „Pfleglingen", der Gewinnung von Mitarbeitern sowie hinsichtlich organisatorischer, verwaltungstechnischer und finanzieller Belange.

Sengelmann besaß kein städtebauliches Gesamtkonzept oder gar einen Masterplan,[306] aber er hatte sich bewusst dafür entschieden, die Alsterdorfer Anstalten als geordnetes, sauberes und durchaus schmuck zu nennendes Gemeinwesen, als „Musterkolonie", anzulegen. Sehr wichtig war es ihm, möglichst autark zu wirtschaften. Die große Land- und Gartenwirtschaft, die Feuerwehr und die Schule, die Krankenstation, die Sakralbauten und nicht zuletzt die eigene Energie- und Wasserversorgung kündeten eindrucksvoll davon. Demnach sollte also nach *außen*[307] deutlich werden, dass die Alsterdorfer Anstalten durchaus Teil, aber eben ein etwas *anderer* Teil der sie umgebenden Gesellschaft waren. Zugleich wollte sie der „Welt draußen" vor Augen führen, „wie eine Gesellschaft aussehen könnte, in der die Kräfte der Inneren Mission Säkularisierung und Entsittlichung überwunden und Familie, Kirche und politisches Gemeinwesen mit dem Geist christlichen Dienens durchdrungen hatten."[308]

Darüber hinaus kommunizierten die Alsterdorfer Anstalten nach *innen*. Mit den in den Gebäuden materialisierten Ideen und Vorstellungen, ihrer Anordnung und gegenseitiger Bezugnahme und nicht zuletzt ihren bedeutungsvollen Namen und Inschriften machten sie allen, die auf dem Anstaltsgelände lebten und arbeiteten, die christlichen und politischen Grundlagen deutlich, auf denen das ganze Werk basieren und in die Zukunft geführt werden sollte.

---

304 Sengelmann, Alsterdorfer Anstalten (1871), 66. Vgl. auch: BuB 1 (1877), Nr. 6, 1 (Hervorhebung von d. Vf.).

305 Sengelmann, Alsterdorfer Anstalten in Bild und Wort (1894), 16. Danach auch das folgende Zitat.

306 Diesen hatte auch Friedrich v. Bodelschwingh nicht, obgleich er sicherlich als derjenige Anstaltsleiter gelten kann, der mit „Bethel" die Idee einer „Gottesstadt" mit der größten Konsequenz verfolgt hatte.

307 Die folgenden Ausführungen stützen sich teilweise auf: Zaunstöck, Heiner: „als die vorigen Zeiten nie gesehen". Die Architektur der Frankeschen Stiftungen im Kontext der Zeit um 1700, in: Müller-Bahlke, Thomas (Hg.): Das Hallesche Waisenhaus. Die Frankeschen Stiftungen mit ihren Sehenswürdigkeiten, Halle ³2015, 38–51, 38f.

308 Benad, Matthias: Eine Stadt für die Barmherzigkeit, in: Röper, Ursula / Jüllig, Carola (Hg.): Die Macht der Nächstenliebe. Einhundertfünfzig Jahre Innere Mission und Diakonie 1848–1998, Berlin ²2007, 122–129, 122.

II. Ausbau und Bewahrung, 1899–1930

Die Entwicklung der Alsterdorfer Anstalten bis zum Ersten Weltkrieg

Eine Zeit des Umbruchs

Ein Vierteljahrhundert lang hatte Heinrich Matthias Sengelmann die Alsterdorfer Anstalten geführt. Sein Tod hinterließ eine Lücke, die nur schwer zu schließen war. In dieser Situation war der Vorstand gefordert, der schon am 4. Februar 1899, nur einen Tag nach dem Tod Sengelmanns, zusammentrat, um zu beraten, wie es weitergehen sollte. In einem förmlichen Vorstandsbeschluss hielt man fest, dass Sengelmann, auch wenn er sich im Grundsätzlichen mit seinen Vorstandskollegen einig gewesen sei, die Anstalten doch höchst „persönlich"[1] geführt, sie „nur in Einzelheiten zu Rate" gezogen, „aber von den meisten Vorkommnissen und Maßnahmen ohne Kenntnis" gelassen habe. Vor diesem Hintergrund sehe sich der Vorstand außerstande, „sofort zur Wahl eines Nachfolgers zu schreiten". Vielmehr beschloss er, sich zunächst selbst ein Bild von den inneren Verhältnissen der Anstalten zu machen. Während Inspektor *Lembke* „provisorisch die Stelle des Direktors"[2] übernahm, teilten die Mitglieder des Vorstands die verschiedenen Verwaltungsressorts untereinander auf und unterzogen sie einer gründlichen Revision. Um diese Aufgabe erfüllen zu können, bildete sich der Vorstand um: Landgerichtsdirektor *Peter Wolfgang Poel* (1841–1926) übernahm den Vorsitz. Senior Georg Behrmann und der Direktor des Hamburger Waisenhauses, *Karl Stalmann* (1846–1900), kehrten in den Vorstand zurück. Neu gewählt wurde zudem der Baumeister in städtischen Diensten *Daniel Erwin Schuback* (* 1854), der sich sogleich an eine Bestandsaufnahme der Bausubstanz in der Anstaltsortschaft machte.

Am 22. März 1899 entschied der Vorstand über die Nachfolge Sengelmanns. Man entschied sich für eine naheliegende Lösung – die Wahl fiel auf Pastor Paul Stritter, Diakonus im Kirchspiel St. Michaelis. Der im Jahre 1863 in Ulm geborene Stritter war im Alter von vier Jahren mit seinen Eltern nach Hamburg gekommen. In den Jahren von 1883 bis 1887 studierte er Theologie an den Universitäten Tübingen und Erlangen.[3] Die inneren Verhältnisse der Alsterdorfer Anstalten kannte Stritter gut, hatte er doch während seiner Kandidatenzeit 1887/88 als Inspektor in deren Leitung

---

1 ArESA, DV 4: Protokoll der 274. Sitzung des Vorstands, 4.2.1899, Protokollbuch der 135. Sitzung (14.3.1878) bis zur 450. Sitzung (6.12.1923), 226. Danach auch die folgenden Zitate. Schümann, Sengelmann, 80f.

2 Memorabilien (1899), 2.

3 Zu Stritters Biografie: Hollburg, G. [Gustav]: Pastor Paul Stritter. 31 Jahre Direktor der Alsterdorfer Anstalten, in: BuB 55/56 (1931/32), 7–10; Schümann, Bodo: Stritter, Paul, in: Kopitzsch, Franklin / Brietzke, Dirk (Hg.): Hamburgische Biographie, Bd. 2, Hamburg 2003, 411f.

mitgearbeitet und war seit 1893 Mitglied des Vorstands[4] – zum Zeitpunkt der Wahl des neuen Direktors war er neben Senior Georg Behrmann der einzige Geistliche in dieser Runde. Der Vorstand war sich bewusst, dass die Wahl des Direktors – die erste in der Geschichte der Alsterdorfer Anstalten – „den Abschluss einer vergangenen und den Anfang einer neuen, werdenden Zeit"[5] markierte. Freilich war der Vorstand auch der Meinung, dass es „weniger Aufgabe der Zukunft sein" könne, „schöpferisch neu zu gestalten", vielmehr gelte es, das Erreichte „zu erhalten und auszubauen" – wobei dieser Ausbau „seine durch Charakter und Geschichte bestimmten Grenzlinien" habe. Paul Stritter galt als ein Garant der Kontinuität. Am 2. Juli 1899 wurde er in sein Amt als Direktor eingeführt.

Postkarte aus den Alsterdorfer Anstalten, Anfang des 20. Jahrhunderts. Zu sehen ist die „Handarbeits-Abtheilung". Hinten links steht die Oberin, hinten rechts der neue Direktor Paul Stritter.

Tatsächlich entwickelten sich die Alsterdorfer Anstalten bis zum Beginn des Ersten Weltkriegs im Großen und Ganzen in den Bahnen weiter, die in der Amtszeit Sengelmanns vorgezeichnet worden waren. Manche Problemlage erbte der neue Direktor von seinem Vorgänger – so etwa die Schwierigkeiten bei der Personalgewinnung und -entwicklung, die ungelöste Frage einer tragfähigen Leitungsstruktur und die prekäre Finanzierung der Arbeit durch einen Mix aus Kostgeldern und Spenden. Zugleich sah sich Stritter bereits in den ersten 15 Jahren seiner Amtszeit mehreren Entwicklungen gegenüber, die eine behutsame Neuausrichtung der Arbeit notwendig machten. *Erstens* wurden die Alsterdorfer Anstalten in den ersten Jahren des 20. Jahrhunderts zu einer reinen Heil-, Erziehungs- und Pflegeanstalt für Menschen mit geistigen

---

4 Vgl. ArESA, Hist. Slg. 42: Sengelmann an Stritter, 2.6.1893.
5 Der 2. Juli, in: BuB 23 (1899), Nr. 3, 1–3, 1. Danach auch die folgenden Zitate.

Behinderungen. Das St. Nicolai-Stift für nicht behinderte, von Verwahrlosung bedrohte Kinder und das Kinderheim für körperlich behinderte Kinder liefen stillschweigend aus. Das Profil der Bewohner und Bewohnerinnen der Alsterdorfer Anstalten veränderte sich – die Tendenz in den letzten Jahren der Ära Sengelmann fortsetzend – dahin, dass der Anteil von Menschen mit schwereren geistigen Behinderungen, die weder beschult noch beschäftigt werden konnten, zunahm. *Zweitens* tauchte nun – als Folge der neuen Gesetzgebung zur Fürsorgeerziehung – die Frage auf, ob und inwieweit Kinder und Jugendliche mit geistigen Behinderungen *und* Verhaltensauffälligkeiten – in der Sprache der Zeit: „moralischem Schwachsinn" oder „psychopathischer Minderwertigkeit" – in den Alsterdorfer Anstalten aufgenommen werden sollten. *Drittens* zeichneten sich jetzt immer deutlicher Tendenzen zur Spezialisierung, Professionalisierung und Verwissenschaftlichung der Arbeit ab. Dabei entstand ein latentes Spannungsverhältnis zwischen zwei miteinander konkurrierenden Behandlungskonzepten – dem von Hauptlehrer Johannes Paul Gerhardt vertretenen heilpädagogischen und dem von Oberarzt Dr. Hermann Kellner verfolgten medizinischen Ansatz. *Viertens* schließlich sah sich Paul Stritter vor die Aufgabe gestellt, die Weichen für eine langfristige Modernisierung der Alsterdorfer Anstalten in einem urbanen Umfeld zu stellen, wurde die Anstaltsortschaft doch zunehmend von der wachsenden Großstadt eingeschlossen und ging schließlich mit der Eingemeindung am 1. Januar 1913 in der Freien und Hansestadt Hamburg auf.

Personal

Die Zahl der Angestellten stieg mit leichten Schwankungen von 131 (1900) auf 196 (1913).[6] Die Personalgewinnung und -entwicklung blieb ein großes Problem. Schaut man sich die hin und wieder in den „Briefen und Bildern" veröffentlichten „Bekanntmachungen der Direktion für solche, die sich um eine Stellung in den Alsterdorfer Anstalten bewerben", näher an, stellt man fest, dass keinerlei besondere Qualifikation verlangt wurde. Gesucht wurden „gottesfürchtige, gewissenhafte und ernst gesinnte Glieder der christlichen Kirche",[7] die über eine „besonders gute geistige und körperliche Gesundheit" und „ein reiches Maß an hingebender Liebe, Selbstverleugnung, Ausdauer, Geduld, Treue, Ordnungssinn"[8] verfügten.

Man gewinnt den Eindruck, dass die Direktion der Alsterdorfer Anstalten über jede Arbeitskraft froh war, die sie bekommen konnte. In den Leitsätzen zu einem

---

6 Bericht der Alsterdorfer Anstalten in Hamburg-Alsterdorf über das Jahr 1912, Norden 1913, 17.

7 Bekanntmachung der Direktion für solche, die sich um eine Stellung in den Alsterdorfer Anstalten bewerben, in: BuB 33 (1909), Nr. 1, 60f., 60.

8 Ebd., 61.

Konferenzvortrag im Jahre 1907 sprach Stritter gar von einem „Notstand".[9] Es herrsche ein derartiger Arbeitskräftemangel, „dass man in der Verlegenheit ungeeignete Kräfte einstellt". Die Folge: „An manchem brauchbaren Arbeiter vermissen wir ein überzeugtes Christentum, dagegen an christlich gesinnten bisweilen die rechte Berufstüchtigkeit." Eine Möglichkeit, der Personalnot abzuhelfen, wäre der Rückgriff auf die Brüder- oder Schwesternhäuser gewesen, doch setzte Stritter den Kurs Sengelmanns fort und zog den Abschluss eines Gestellungsvertrags mit einer Diakonen- oder Diakonissenanstalt nicht in Betracht.

Gerade zu Beginn seiner Amtszeit hatte es Stritter mit einer enormen Fluktuation innerhalb des Personals zu tun. Im Laufe des Jahres 1899 verließen nicht weniger als 77 Angestellte die Alsterdorfer Anstalten, 81 Arbeitskräfte wurden neu eingestellt – bei einem Personalstand von insgesamt 131 Männern und Frauen zur Jahreswende 1899/1900.[10] In den nächsten Jahren stabilisierte sich die Situation, doch verharrte die Fluktuation weiterhin auf recht hohem Niveau.[11] In jedem Jahr gab es eine Reihe von Entlassungen, nicht selten schon nach wenigen Tagen einer versuchsweisen Anstellung,[12] weil sich Mitarbeiter und Mitarbeiterinnen als fachlich untauglich erwiesen oder sich „nicht an die Hausordnung einer christlichen Anstalt gewöhnen"[13] konnten. Mehr noch kündigten von sich aus, weil sie sich im religiösen Milieu der Alsterdorfer Anstalten nicht wohlfühlten. Mancher Mitarbeiter scheint die Anstellung auch nur als Notlösung zur Überbrückung vorübergehender Arbeitslosigkeit betrachtet zu haben. Manche Mitarbeiter und Mitarbeiterinnen verließen die Anstalten, weil sie erkrankten, andere wurden zum Militärdienst eingezogen, wieder andere schieden wegen Verlobung oder Heirat aus dem Dienst.

Wie seinem Konferenzvortrag aus dem Jahr 1907 zu entnehmen ist, war sich Stritter durchaus bewusst, dass der häufige Wechsel der Angestellten nicht zuletzt eine Folge der harten Arbeitsbedingungen, der niedrigen Löhne und mangelnder Betreuung „auch infolge der Überlastung der Anstaltsleiter und Seelsorger"[14] war. Von Anfang an war Stritter bemüht, die materielle Situation des Personals zu verbessern.[15] Die Erhöhung der Kostgeldsätze im Jahre 1907 ermöglichte eine Neuregelung der

---

9   Wie gewinnen und erhalten wir uns tüchtiges Personal? Leitsätze zu einem Konferenzvortrag, in: BuB 31 (1907), Nr. 2, 78–80, 79. Danach auch die folgenden Zitate.
10 Memorabilien (1899), 3.
11 Bericht der Alsterdorfer Anstalten bei Hamburg über das Jahr 1906, Norden 1907, 4.
12 Memorabilien der Alsterdorfer Anstalten vom Jahre 1902, verlesen von Pastor Stritter in der Anstaltengemeinde am 31. Dezember, in: BuB 27 (1903), Nr. 1/2, 11–22, 13.
13 Memorabilien der Alsterdorfer Anstalten vom Jahre 1901, verlesen von Pastor Stritter in der Anstaltengemeinde am 31. Dezember, in: BuB 26 (1902), Nr. 1/2, 4–16, 8f.
14 Wie gewinnen und erhalten wir uns tüchtiges Personal? Leitsätze zu einem Konferenzvortrag, in: BuB 30 (1906), Nr. 2, 78–80, 79. Danach auch das folgende Zitat.
15 Memorabilien der Alsterdorfer Anstalten vom Jahre 1900, verlesen von Pastor Stritter in der Anstaltengemeinde am 31. Dezember, in: BuB 25 (1901), Nr. 1/2, 4–12, 7.

Heinrich Matthias Sengelmann (1);
der Ökonom Heinrich Voth (2);
drei Mitarbeiter bei der Feier ihres
25-jährigen Dienstjubiläums (3);
zwei Bewohner, die seit vierzig
Jahren in den Alsterdorfer Anstalten
lebten (4), 1907

Gehaltsverhältnisse zum 1. Januar 1909.[16] Ein wichtiger Schritt in Richtung einer materiellen Absicherung war auch die Einrichtung einer Alters-, Witwen- und Waisenversorgung für verheiratete Mitarbeiter zum 1. Januar 1910.[17]

Zum anderen kümmerte sich Stritter um die Stiftung eines Gemeinschaftsgefühls innerhalb der Mitarbeiterschaft. Dazu dienten Familienabende mit belehrenden und unterhaltenden Vorträgen, die Proben und öffentlichen Aufführungen des Jungfrauen- und des Männerchors, die regelmäßigen Zusammenkünfte und Jahresfeste der Vereine

---

16 Bekanntmachung der Direktion für solche, die sich um eine Stellung in den Alsterdorfer Anstalten bewerben, in: BuB 33 (1909), Nr. 1, 60f.
17 Bericht der Alsterdorfer Anstalten bei Hamburg über das Jahr 1909, Norden 1910, 4. Statuten: 24–28.

Euodia und Concordia sowie die Treffen des 1909 gegründeten Blaukreuzvereins.[18] Seit 1910 sammelten die Mitarbeiterinnen der Alsterdorfer Anstalten für ein eigenes „Ferienheim" – eine Initiative, die von der Direktion unterstützt wurde.[19]

Leitungsstrukturen

Ein offenes Problem blieb die Etablierung einer mittleren Leitungsebene. Inspektor Lembke wechselte noch im Jahre 1899 in den kirchlichen Dienst – die Stelle des Inspektors wurde nicht wieder besetzt. Stattdessen behalf sich Stritter mit einem, seit dem 1. August 1901 mit zwei „Oberhelfern", jungen Kandidaten der Theologie, die fortan weniger als ihre Vorgänger mit Büroarbeiten beschäftigt werden sollten, „um Zeit zu gewinnen, den Direktor in seiner pfarramtlichen Tätigkeit zu unterstützen".[20] 1907 schieden die beiden „Oberhelfer" schon wieder aus, das Amt blieb unbesetzt, bis 1908 der aus dem Rauhen Haus hervorgegangene bisherige Missionssekretär der Norddeutschen Mission *Wilhelm Spitzbarth* (* 1864) zum neuen „Oberhelfer" berufen wurde.[21] Mit ihm kam es zu größerer Kontinuität und Professionalität auf diesem Posten. Um die zunehmende Verwaltungsarbeit zu bewältigen, wurde im Jahre 1900 die Stelle eines Bürovorstehers geschaffen.[22] Auf diese Position wurde *Wilhelm Plagemann* berufen, der 1907 die Funktion eines „Wirtschaftsinspektors" erhielt. Oberhelfer und Wirtschaftsinspektor entlasteten den Direktor spürbar, die Frage einer Stellvertretung blieb jedoch ungelöst. Auch bei den Mitarbeiterinnen waren die Leitungsstrukturen weiter im Fluss. Kurz nach dem Inspektor verließ auch die bisherige Oberin Martha Kuhm die Alsterdorfer Anstalten, als neue Oberin wurde im Jahre 1900 *Elisabeth Sieveking* eingeführt,[23] die jedoch 1909 zur Leiterin der Gemeindepflege in Eilbeck berufen wurde. Einstweilen blieb ihre Stelle unbesetzt.[24] Fortan bildeten die „Hausmütter", die bis dahin der Oberin unterstanden hatten, die obere Ebene des weiblichen Personals.

Ein heikles Problem zu Beginn der Amtszeit Stritters war der Umgang mit der Witwe des verstorbenen Anstaltsgründers, Jenny Sengelmann, die zu Lebzeiten ihres Mannes in den Alsterdorfer Anstalten eine Art Nebenregiment geführt hatte. Zunächst trug sie sich wohl mit dem Gedanken, im Pastorat wohnen zu bleiben und es mit dem – damals noch unverheirateten – Stritter zu teilen, was dieser mit Hinweis

---

18 Ebd., 5.
19 Ferienheim. Ein Zukunftstraum, und was zu seiner Verwirklichung geschieht, in: Bericht der Alsterdorfer Anstalten bei Hamburg über das Jahr 1910, Norden 1911, 15f.
20 Memorabilien (1901), 9.
21 Bericht der Alsterdorfer Anstalten bei Hamburg über das Jahr 1908, Norden 1909, 4.
22 Memorabilien (1900), 10.
23 Ebd., 5.
24 Bericht (1909), 4.

auf die zu erwartenden „Unzuträglichkeiten"[25] ablehnte. Vorübergehend zog sie sich in ihr Sommerhaus in Laboe zurück, schließlich ließ sie sich in ihrem früheren Garten Ecke Alsterdorfer Straße und Heilholtkamp ein Haus bauen, in dem sie bis zu ihrem Tod im Jahre 1913 lebte. Ihre Gesellschafterin *Käte Erlewein* schreibt in ihren Erinnerungen, es habe Jenny Sengelmann „einen großen inneren Kampf"[26] gekostet, „sich ihres Herrscheramtes zu entledigen". Auch wenn sie sich im Laufe der Zeit mit den neuen Verhältnissen abfand, sei es doch hin und wieder zu „kleine[n] Entgleisungen ihres Temperaments"[27] gekommen.

Finanzen

1900 wurde in den „Briefen und Bildern" letztmalig eine detaillierte Abrechnung über die Einnahmen und Ausgaben der Alsterdorfer Anstalten veröffentlicht – es war das erste Mal, dass sie die Marke von 300.000 M. überschritten.[28] Bis zum Vorabend des Ersten Weltkriegs stiegen sie stetig weiter an und erreichten schließlich die Marke von 500.000 M.[29] Der größte Teil der Einnahmen stammte aus Kostgeldern, auch wenn Stritter in seinen Jahresberichten die Summe der vereinnahmten Kostgelder – im Gegensatz zu den Erträgen aus freiwilligen Liebesgaben – nicht mehr nannte und überhaupt keine Jahresrechnung mehr veröffentlichte. Ganz offensichtlich wollte er der Öffentlichkeit keinen allzu genauen Einblick in den mittlerweile erreichten Umfang staatlicher Refinanzierung der in den Alsterdorfer Anstalten geleisteten Arbeit geben, wohl weil er ein Nachlassen der Spendenbereitschaft fürchtete. Dagegen kam er nicht umhin, in seinen Berichten Angaben zu den Kostgeldsätzen zu machen. Seit dem Jahr 1900, als im Haus Hohenzollern eine Abteilung für „arbeitsfähige Zöglinge" neu gebildet worden war, die vom Komfort her „zwischen Asyl und Pensionat"[30] angesiedelt war, gab es in den Alsterdorfer Anstalten drei Verpflegungsklassen. 1907 wurde der Kostgeldsatz erhöht: auf jährlich 500 M. in der III. Klasse, 750 M. in der II. Klasse und 1.200 M. bis 2.000 M. in der I. Klasse (Pensionat).[31] Etwa 93 Prozent aller Bewohner und Bewohnerinnen fielen in die III. Klasse, die übrigen sieben Prozent in die II. und I. Klasse.[32]

Die Kostgelder reichten inzwischen nicht nur aus, um die laufenden Kosten zu decken, es blieben darüber hinaus beträchtliche Mittel übrig, um notwendige Investitions-

---

25 Stritter, Geburtstag, 16.
26 ArESA, Hist. Slg. 36: Käte Erlewein, Erinnerungen an Alsterdorf, 1889–1913, 54. Danach auch das folgende Zitat.
27 Ebd., 55.
28 Abrechnung für das Jahr 1900, in: BuB 25 (1901), Nr. 1/2, 17–19, 26f.
29 Ebd., 6.
30 Memorabilien (1900), 12.
31 Bericht (1907), 5.
32 Berechnet nach den Angaben in den Jahresberichten 1906–1914.

kosten zu bestreiten. Um ehrgeizige Neubauprojekte ohne neue Schuldenaufnahme zu finanzieren, bedurfte es freilich noch immer der Spenden der Freunde und Förderer. Die Befürchtung, dass deren Zahl mit dem Tod Sengelmanns abnehmen könnte, bewahrheitete sich nicht. Seit 1901 stiegen die Jahresbeiträge, die in den Jahren zuvor rückläufig gewesen waren, wieder an.[33] Da die Höhe der Legate zugunsten der Alsterdorfer Anstalten von Jahr zu Jahr ganz unterschiedlich ausfiel, war das Spendenaufkommen starken Schwankungen unterworfen. Hinzu kamen besondere Spendenaufrufe im Zusammenhang mit den Neubauprojekten.[34] 1912 erhielten die Alsterdorfer Anstalten nach langer Zeit wieder einen staatlichen Zuschuss von 150.000 M. für den Bau einer neuen Schule.[35]

Die Bewohner und Bewohnerinnen

Die Zahl der Bewohner und Bewohnerinnen der Alsterdorfer Anstalten nahm bis zum Beginn des Ersten Weltkriegs weiter stetig zu, von 604 (1899) auf 960 (1913). Möglich wurde dies durch die Neubauten Heinrichshöh (1900), Zum Guten Hirten (1904) und das Bodelschwinghhaus (1911). Doch füllten sich auch die neuen Häuser in kürzester Zeit, gab es doch eine lange Warteliste. Tatsächlich waren die Alsterdorfer Anstalten, wie Stritter in seinen Jahresberichten freimütig einräumte, fast ständig überbelegt. Dabei entsprach die Unterbringung nicht immer den behördlichen Vorgaben.[36]

Die Verschiebung in der Altersstruktur, die schon in der Ära Sengelmann zu beobachten war, setzte sich – soweit man dies nachverfolgen kann, da die Statistiken jetzt kaum noch auf diesen Punkt eingingen – ungebrochen fort. Der Anteil der älteren Bewohner und Bewohnerinnen nahm kontinuierlich zu. Diese Entwicklung hatte natürlich damit zu tun, dass viele Bewohner und Bewohnerinnen, gerade solche mit stärkeren Einschränkungen, ihr Leben lang in den Alsterdorfer Anstalten blieben. Im Jahresbericht 1908 war erstmals die Rede davon, dass mehrere Bewohner und Bewohnerinnen „das 25-jährige Jubiläum ihres Anstaltsaufenthaltes"[37] gefeiert hätten. Drei Jahre später, im Jahresbericht 1911, findet sich der Vermerk, dass drei Bewohner bereits auf vierzig Jahre in den Alsterdorfer Anstalten zurückblicken konnten.[38]

Der Anteil der Bewohner und Bewohnerinnen, die weder bildungs- noch arbeitsfähig waren, nahm weiter zu. Ablesbar ist dies zum einen an der Zahl der Mitarbeiter und Mitarbeiterinnen, die mit der steigenden Zahl der Bewohner und Bewohnerinnen

---

33 ArESA, Hist. Slg. 44: Aufstellung „Liebesgaben von 1903 bis 1929". Abgeglichen mit den Angaben in den Jahresberichten 1906–1912.
34 Memorabilien der Alsterdorfer Anstalten vom Jahre 1903, verlesen von Pastor Stritter in der Anstaltengemeinde am 31. Dezember, in: BuB 28 (1904), Nr. 1, 1–13, 10; Bericht (1908), 3.
35 Bericht (1912), 3, 6.
36 Memorabilien (1902), 14.
37 Bericht (1908), 4.
38 Bericht der Alsterdorfer Anstalten bei Hamburg über das Jahr 1911, Norden 1912, 9.

Körperlich beeinträchtigte Knaben in „Fahrstühlen" (1) und „Liegewagen" (2); „die Schar der kleinen Mädchen" auf dem Balkon des Hauses Zum Guten Hirten (3); „der Trupp von größeren Knaben" (4); schwer behinderte Bewohnerinnen (5), 1908

nicht annähernd Schritt hielt, zum anderen an der stagnierenden Zahl der Schüler und Schülerinnen in der Anstaltsschule – sie pendelte sich bis zum Ersten Weltkrieg bei einem Wert von 113 bis 120 ein. Dass die Zahl der „Bildungs- und Beschäftigungsunfähigen"[39] überproportional anwuchs, erklärte sich Stritter vor allem „aus dem immer weiteren Ausbau des Hilfsschulwesens". 1892 war im Stadtteil St. Pauli die erste Hilfsschule in der Freien und Hansestadt Hamburg eröffnet worden, der in rascher Folge weitere folgten. 1910 verfügte der Stadtstaat über zwölf solcher Schulen, in denen etwa 1.600 Kinder unterrichtet wurden.[40] Die Folge war offensichtlich, dass manches „schwachbefähigte" oder „geistesschwache" Kind, das zuvor in die Alsterdorfer Anstalten überwiesen worden wäre, nun im Elternhaus blieb und die Hilfsschule

---

39 Ebd., 7. Danach auch das folgende Zitat.
40 Gerhardt, Johannes Paul: Die Erziehung Geistesschwacher, in: BuB 34 (1910), Nr. 2, 86–101, 86.

besuchte. In die Alsterdorfer Anstalten kamen jetzt vermehrt die „Blödsinnigen und Idioten" sowie Kinder, „bei denen sich neben geistiger Schwäche körperliche Gebrechen wie Epilepsie oder Veitstanz finden."[41]

Seit dem Inkrafttreten des preußischen Fürsorgeerziehungsgesetzes vom 2. Juli 1900 wurden den Alsterdorfer Anstalten vom schleswig-holsteinischen Provinzialverband vereinzelt Kinder zugewiesen, die als „verwahrlost" oder „von Verwahrlosung bedroht" *und* als „schwachsinnig" galten.[42] Sofern diese Kinder und Jugendlichen im schulpflichtigen Alter waren, wurden sie in die Schule aufgenommen. Allerdings bekannte Johannes Paul Gerhardt freimütig: „Wenn wir ehrlich sein wollen […]: ‚der Not gehorchend, nicht dem eignen Triebe.'" Paul Stritter beschäftigte sich auf der „XI. Konferenz für das Idioten- und Hilfsschulwesen", die vom 6. bis 9. September 1904 in Stettin tagte, mit der Frage „Ist die Gründung von besonderen Anstalten für schwachbefähigte Fürsorgezöglinge notwendig?".[43] Er sprach sich eindeutig gegen die Aufnahme „schwachsinniger Fürsorgezöglinge" in die Rettungshäuser aus, stellte auch fest, dass sich „die Verbindung von Rettungshaus und Idiotenanstalt […] nicht bewährt"[44] habe, und plädierte für besondere „Bewahr-, Schutz- und Besserungsanstalten" für „schwachbegabte Fürsorgezöglinge".

Gleichwohl war das Thema damit nicht erledigt. Offenkundig setzte man sich in den Alsterdorfer Anstalten intensiv mit den Konzepten der „psychopathischen Minderwertigkeit" und des „moralischen Schwachsinns" auseinander. In diesem Zusammenhang zitierten die „Briefe und Bilder" im Jahre 1908 aus einer neu erschienenen Schrift des Psychiaters *Robert Gaupp* (1870–1953), dessen Schätzung zufolge in Deutschland jährlich mindestens 200.000 Jugendliche strafrechtlich verurteilt wurden. Gaupp warnte daher vor einer jugendlichen „Verbrecherarmee",[45] die sich zum großen Teil aus „moralisch Schwachsinnigen" rekrutiere. Hier deutete sich ein neues, weites Arbeitsfeld an, von dem sich die Alsterdorfer Anstalten trotz aller Bedenken nicht von vornherein fernhalten wollten, zumal sie auch unter dem Erwartungsdruck der Behörden standen, die dringend nach Unterbringungsmöglichkeiten für geistig beeinträchtigte und verhaltensauffällige „Fürsorgezöglinge" suchten.[46] Tatsächlich wuchs die Zahl der vom schleswig-holsteinischen Provinzialverband zugewiesenen „Fürsorgezöglinge" kontinuierlich bis auf 19 (1914) an. Nachdem die Freie und

---

41   Ebd.
42   Schulbericht, in: Bericht (1908), 7–9, 8. Danach auch die folgenden Zitate.
43   Stritter, Paul: Ist die Gründung von besonderen Anstalten für schwachbegabte Fürsorgezöglinge notwendig? Vortrag, gehalten auf der XI. Konferenz für das Idioten- und Hilfsschulwesen im September 1904 in Stettin, Idstein o. J. [1904].
44   Ebd., 13. Danach auch die folgenden Zitate.
45   Der moralische Schwachsinn, in: BuB 32 (1908), Nr. 2, 56–62, 56. Der Artikel bezog sich auf die Schrift von Gaupp, Robert: Über moralisches Irresein und jugendliches Verbrechertum. Juristisch-psychiatrische Grenzfragen, Halle (Saale) 1904.
46   Geistig minderwertige Jugendliche, in: BuB 35 (1911), Nr. 2, 92–95.

Hansestadt Hamburg sich am 11. September 1907 ein eigenes „Gesetz über die Zwangserziehung Minderjähriger" gegeben hatte, überwies die hamburgische Behörde für öffentliche Jugendfürsorge, die aus dem Waisenhauskollegium hervorgegangen war, seit 1911 ebenfalls „Fürsorgezöglinge" nach Alsterdorf – deren Zahl stieg bis auf 18 (1914).[47]

Offenbar dachte man in Alsterdorf darüber nach, solche Bewohner und Bewohnerinnen von den anderen abzusondern. Man habe sich aber, so berichtete Gerhardt im Jahre 1908, doch nicht dazu entschließen können. Zum einen sei ihre Zahl noch zu gering, als dass diese einen Neubau gerechtfertigt hätte, zum anderen müssten, wenn man besondere Abteilungen in den einzelnen Häusern einrichte, „diesen wieder schärfere Zwangs- und Strafmittel zugestanden werden, wodurch sie aber leicht in das Ansehen spezieller Strafabteilungen kommen würden, welche Auffassung vom erzieherischen Standpunkte aus entschieden zu verwerfen wäre."[48]

Johannes Paul Gerhardt und die wissenschaftliche Grundlegung der Heilpädagogik

Als Johannes Paul Gerhardt 1894 seinen Dienst als Oberlehrer antrat, fehlte ihm, wie er in seiner 1913 publizierten Monografie über „Die Schule der Alsterdorfer Anstalten" unumwunden einräumte, trotz seiner Lehrerfahrung an herrnhutischen Schulen jede „spezielle Vorbildung für den Unterricht schwachsinniger Kinder".[49] Bemerkenswert ist, dass Gerhardt die Pädagogik *Nikolaus Ludwig von Zinzendorfs* (1700–1760) rasch hinter sich ließ und ganz bewusst eine naturwissenschaftliche Grundlegung der Heilpädagogik anstrebte.

Explizit berief er sich auf den Begründer der experimentellen Pädagogik, *Wilhelm August Lay* (1862–1926), und dessen aus der hirnanatomischen Lokalisationslehre abgeleitete Methodik „eines vertieften und erweiterten Anschauungsunterrichts".[50] Der Unterricht in den etwa zwölf Jungen und Mädchen umfassenden Schulklassen[51] trug insbesondere „zwei Momente[n]"[52] Rechnung, „die im Normalschulunterricht nicht immer genügend beachtet werden: die Beziehung des Unterrichts zum täglichen Leben und die Auswahl des Stoffes nach den Gesichtspunkten des Interesses." Wie das

---

47 Bericht der Alsterdorfer Anstalten in Hamburg-Alsterdorf über das Jahr 1914, Norden 1915, 21. Zur Reform der öffentlichen Jugendhilfe in Hamburg: Uhlendorff, Uwe: Geschichte des Jugendamtes. Entwicklungslinien öffentlicher Jugendhilfe 1871 bis 1929, Weinheim/Basel 2014, 185–207.

48 Gerhardt, Erziehung, 99. Danach auch das folgende Zitat.

49 Gerhardt, Johannes Paul: Die Schule der Alsterdorfer Anstalten, Jena 1913, 23. Danach auch das folgende Zitat.

50 Ebd., 61.

51 Nur „in den Erholungspausen und im Turnunterricht" wurden Jungen und Mädchen getrennt. O. V. [Gerhardt, Johannes Paul]: Aus unserer Arbeit, in: BuB 26 (1902), Nr. 3/4, 57–67, 59.

52 Gerhardt, Schule, 69. Danach auch das folgende Zitat.

Unterricht im Freien

praktisch umgesetzt wurde, schilderte Gerhardt sehr anschaulich anhand verschiedener Beispiele. So versuchten die Lehrkräfte, wenn es im Geschichtsunterricht um die „alten Germanen"[53] ging, „mit den Kindern völlig in jener Zeit zu leben" – konkret: „Sie bauen Blockhäuser, umgeben sie mit den Pfahlplanken, Eichenwälder werden angelegt, Hünengräber gebaut, die Waffen und Gebrauchsgegenstände der damaligen Zeit werden modelliert oder in anderem Material nachgebildet und gezeichnet." Am Ende dieser an das heutige *Reenactment*[54] erinnernden Unterrichtseinheit wurde, „um den Gegensatz zwischen einst und jetzt besonders stark hervortreten zu lassen", ein Ausflug nach Hamburg unternommen: „Die modernen Verkehrsmittel, Straßenbahn, Hochbahn, Elbtunnel und Hafendampfer wurden dem Gebrauch des Einbaumes und der Furt gegenübergestellt."

Im „Rechenunterricht, bei dem im Allgemeinen die schwächste Seite unserer Kinder zum Vorschein kommt",[55] begnügte man sich in der Schule der Alsterdorfer Anstalten auf die vier Grundrechenarten im Zahlenraum von 1 bis 100[56]. Daneben brachte man den Kindern bei, die Uhr zu lesen, und vermittelte ihnen die Kenntnis der Münzen, Maße und Gewichte – Letzteres mithilfe eines Kaufladens, in dem die Kinder die Waren abwiegen oder abmessen konnten und mit richtigem Geld bezahlen mussten. Um der „Energielosigkeit und Schlaffheit geistesschwacher Kinder entgegenzuwirken, die sich schon äußerlich in ihrer saloppen Haltung und ihrem

---

53 Ebd., 77. Danach auch die folgenden Zitate.
54 Nachstellung geschichtlicher Ereignisse in möglichst authentischer Art und Weise.
55 Gerhardt, Schule, 81.
56 Gerhardt, Erziehung, 95f.

schlendrigen Gange dokumentiert",[57] setzte Gerhardt auf „eurythmisches Turnen", das im Stundenplan der Alsterdorfer Schule einen hohen Stellenwert hatte.

Das Ziel der Alsterdorfer Anstaltsschule war es nach wie vor, den Kindern eine Schulbildung zu vermitteln, die „der Mittelstufe einer Volksschule"[58] entsprach. Dieses Ziel werde, so Gerhardt, von vielen Kindern auch erreicht, „wenn von den Forderungen im Rechenunterrichte abgesehen wird."

Gerhardt setzte auf Spezialisierung, Professionalisierung und Verwissenschaftlichung. Wer in den Alsterdorfer Anstalten unterrichten wolle, müsse zunächst „gründliche Vorstudien"[59] absolvieren, die „in die verschiedensten Gebiete der Wissenschaft" führten, vor allem in Anatomie, Physiologie, Psychiatrie sowie „empirische oder induktive Psychologie"[60] – ausdrücklich bezog sich Gerhardt auf *Wilhelm Wundt* (1832–1920). Gerhardts besonderes Augenmerk galt dem „Grenzgebiet zwischen geistiger Gesundheit und Krankheit",[61] wobei er sich explizit auf das von *Julius Ludwig August Koch* (1841–1908) entwickelte Konzept der „psychopathischen Minderwertigkeiten" (1891–1893) bezog.[62] Man gewinnt den Eindruck, dass Gerhardt ein lebhaftes und ehrliches Interesse an einem interdisziplinären Austausch mit der Medizin hatte – allerdings auf Augenhöhe.[63]

Was geschah nun in der Schule der Alsterdorfer Anstalten, um die Erkenntnisse der Psychologie, Physiologie und Psychopathologie in die praktische Arbeit einfließen zu lassen? Zunächst einmal ließ Gerhardt für jedes Kind bei der Aufnahme in die Schule oder Vorschule einen detaillierten „Personalbogen"[64] erstellen. Von besonderem Interesse ist, dass er – in Kooperation mit dem Experimentalpsychologen *Ernst Meumann* (1862–1915), dem Leiter des 1911 gegründeten, am Hamburgischen Kolonialinstitut angesiedelten „Instituts für Jugendkunde"[65] – in großem Stil Intelligenzprüfungen an den Schülern und Schülerinnen der Alsterdorfer Schule durchführen ließ, wobei der von den französischen Psychologen *Alfred Binet* (1857–1911) und *Théodore Simon* (1873–1961) im Jahre 1905 entwickelte, in den Jahren von 1908 bis 1911 von *Otto Bobertag* (1879–1934) ins Deutsche übertragene Intelligenztest zum

---

57 Gerhardt, Schule, 86. Danach auch das folgende Zitat.

58 Gerhardt, Erziehung, 92. Danach auch das folgende Zitat.

59 O. V. [Gerhardt, Johannes Paul]: Aus unserer Arbeit, in: BuB 26 (1902), Nr. 3/4, 57–67, 61.

60 Gerhardt, Johannes Paul: Warum und wieweit müssen Lehrer und Erzieher von Geistesschwachen Kenntnis haben von Seelenlehre und Seelenkrankheitslehre? Konferenzvortrag, in: BuB 30 (1906), Nr. 2, 45–63, 52.

61 Ebd., 60. Danach auch das folgende Zitat.

62 Ebd., 61. Vgl. Koch, Julius Ludwig August: Die psychopathischen Minderwertigkeiten, Ravensburg 1891–1893.

63 [Gerhardt], Warum, 62.

64 Gerhardt, Schule, 24.

65 Ebd., 24, 30.

Die 1. Klasse der Anstaltsschule (1); eine Abteilung von Mädchen, „von denen die befähigteren zu Handarbeiten angeleitet werden, während sich die schwächeren mit Spielen beschäftigen" (2); Kreisspiele (3, 5); Turnunterricht (4), 1908

Einsatz kam.⁶⁶ Damit dürften die Alsterdorfer Anstalten zu den ersten Einrichtungen in Deutschland gehört haben, die den neuen Binet-Simon-Bobertag-Test praktisch anwandten.⁶⁷

Als Beitrag zu einer psychologischen Grundlegung des Unterrichts verstand Gerhardt auch die halbjährlich für jedes Schulkind zu erstattenden Schulberichte.⁶⁸ Als Grundlage der Berichterstattung sollten die Aufzeichnungen im „Klassen-Notizbuch"⁶⁹ dienen, in denen die Lehrerinnen und Lehrer ihre alltäglichen Beobachtungen gleichsam in Form einer dichten Beschreibung niederlegen sollten. Des Weiteren

---

66 Ebd., 29–46.
67 Ebd., 29.
68 Ebd., 48f.
69 Ebd., 49.

hielt Gerhardt seine Lehrkräfte dazu an, zur „intensiveren psychologischen Beobachtung" für jedes Kind eine „Dispositionsschwankungstabelle" anzulegen, wie es von dem Hilfsschulpädagogen *Arno Fuchs* (1869–1945) empfohlen wurde.[70]

Um vor der Fachöffentlichkeit das Leistungsniveau der Alsterdorfer Schule zu demonstrieren, lud Paul Stritter die Teilnehmer des VIII. Verbandstages des „Verbandes der Hilfsschulen Deutschlands", der 1911 in Lübeck stattfand, zu einer Besichtigung ein. Am 20. April 1911 fanden sich 180 Hilfsschullehrer aus ganz Deutschland in den Alsterdorfer Anstalten ein, um diese zu besichtigen und auch im Unterricht zu hospitieren.[71] Stolz vermerkten die „Briefe und Bilder", dass in der Zeitschrift „Die Hilfsschule" ein Artikel über die Besichtigung erschienen sei, der sich anerkennend über die in Alsterdorf geleistete Arbeit geäußert habe.

Dr. Hermann Kellner und der medizinische Blick auf geistige Behinderung

Im Zeitraum zwischen der Jahrhundertwende und dem Beginn des Ersten Weltkriegs kam es in den Alsterdorfer Anstalten zu einem ersten Medikalisierungsschub. Wollte Heinrich Matthias Sengelmann sowohl die (Heil-)Pädagogik als auch die Medizin in der Arbeit der Alsterdorfer Anstalten Raum zu ihrem Recht kommen lassen, wobei er der Pädagogik eindeutig den Vorrang einräumte, verschoben sich unter seinem Nachfolger Paul Stritter die Gewichte rasch zugunsten der Medizin. Vorangetrieben wurde diese Entwicklung durch den Ärztestab. Seit 1898 wurde Dr. Hermann Kellner, der nun den Titel eines Oberarztes erhielt, von einem Assistenzarzt unterstützt. Der erste Arzt auf diesem Posten blieb nur zwei Jahre. Seit 1901 bekleidete Dr. *Ernst Hermann Roesing* (1865–1930), der zuvor als Hilfsarzt im hamburgischen Zentralgefängnis in Fuhlsbüttel tätig gewesen war, diesen Posten. Roesing zog im Jahre 1906 in das neu erbaute Arztwohnhaus im Garten des Pensionats, doch verließ auch er bald darauf die Alsterdorfer Anstalten, da er im Oktober 1907 zum Oberarzt für die hamburgischen Gefangenenanstalten berufen wurde.[72] Sein Nachfolger wurde Dr. *Peter Clemenz* – er blieb bis 1929.

Nach wie vor waren Oberarzt und Assistenzarzt in erster Linie für die allgemeinmedizinische Versorgung der Bewohner und Bewohnerinnen wie auch der Mitarbeiterschaft zuständig. Ein besonderes Augenmerk galt den Infektionskrankheiten, deren Übergreifen auf die dicht gedrängt lebende Anstaltsgemeinde extrem gefährlich

---

70 Beispiele für solche Tabellen finden sich ebd., 28.
71 Schulbericht, in: Bericht (1911), 15–18, 15f.
72 In den 1920er Jahren kam es wiederholt zu internen Ermittlungen gegen Roesing wegen seines barschen Umgangstons gegenüber den Häftlingen und übergriffigen Verhaltens gegenüber weiblichen Gefangenen. Vgl. Eichholz, Erik: Wie macht man bessere Menschen? Die Reform des hamburgischen Strafvollzuges in der Weimarer Republik, phil. Diss. Hamburg 2008, 284–288, https://d-nb.info/100019695X/34 (letzter Zugriff: 10.3.2022). – Vgl. auch Roesing, E.[rnst]: Freispruch oder Festungshaft?, in: Behandlung geistig Minderwertiger im Strafvollzug, Hamburg 1928, 11–28.

Dr. Hermann Kellner und seine Mitarbeiter bei der ärztlichen Versorgung von Bewohnern

war. Ein weiteres medizinisches Problem stellten Krankheiten dar, die durch enge, dunkle und kalte Wohnungen, mangelnde Körperhygiene, Verwahrlosung oder unzureichende und einseitige Ernährung verursacht oder begünstigt wurden: Tuberkulose, Hautkrankheiten, Rachitis oder Erkrankungen des Unterleibs. Seit 1898 führten Kellner und sein Assistenzarzt regelmäßige Reihenuntersuchungen durch, bei denen der körperliche Allgemeinzustand erfasst wurde. Dieser habe sich, so stellte Kellner im Jahre 1900 zufrieden fest, durch die „Aufbesserung der Kost und Vergrößerung der Milchportionen"[73] merklich verbessert. Es sei „durchweg eine Zunahme des Körpergewichts [zu] konstatieren."[74] Seit 1900 wurden offenbar auch die Zähne der Bewohner und Bewohnerinnen regelmäßig untersucht, um die es schlecht bestellt war.[75]

Der positive Trend im Bereich der chronischen Krankheiten setzte sich, wie aus den Ärztlichen Berichten hervorgeht, in den folgenden Jahren fort.[76] Am Vorabend

---

73 Ärztlicher Bericht über das Jahr 1900, in: BuB 25 (1901), Nr. 1/2, 17–19, 18.
74 Ebd., 19.
75 Ebd., 17; Ärztlicher Bericht über das Jahr 1901, in: BuB 26 (1902), Nr. 1/2, 18–20.
76 Vgl. z. B. Kellner, Hermann: Bericht aus dem Krankenhause der Alsterdorfer Anstalten vom Jahre 1914, in: Bericht (1914), 13–15, 14.

des Ersten Weltkriegs finden sich aber auch Hinweise darauf, dass sich der Gesundheitszustand der Bewohner und Bewohnerinnen allmählich wieder verschlechterte. Kellner führte diese Entwicklung zurück auf die „Beschaffenheit des Menschenmaterials, das uns in den letzten Jahren zugeführt ist und das, mit wenigen Ausnahmen, aus schlecht genährten, skrofulösen oder an der englischen Krankheit leidenden schwachsinnigen Kindern besteht".[77]

Neben der allgemeinmedizinischen Versorgung rückten seit der Jahrhundertwende die *Erforschung* und ärztliche *Behandlung* geistiger Behinderungen immer weiter in den Fokus des Interesses Kellners und seiner Mitarbeiter. Die wissenschaftlichen Studien Kellners lassen sich bis in das Jahr 1899 zurückverfolgen, als er 544 Bewohner und Bewohnerinnen auf ihre Sprachfähigkeit und ihre Sinnesempfindungen untersuchte.[78] In den folgenden Jahren wandten sich seine Forschungen den vorübergehenden „postepileptischen Geistesstörungen"[79] oder den „Automatismen" bei Menschen mit geistigen Behinderungen zu.[80] Die Befunde seiner Untersuchungen veröffentlichte Kellner teils in medizinischen Fachzeitschriften, teils in Vorträgen im Hamburger Ärztlichen Verein. Einmal jährlich fand nun im großen Versammlungssaal der Alsterdorfer Anstalten ein wissenschaftlicher Demonstrationsabend für die Mitglieder des Ärztlichen Vereins statt.

1903 nahm Kellner Schädelmessungen an 220 erwachsenen Bewohnern und Bewohnerinnen der Alsterdorfer Anstalten vor.[81] Dies ist der früheste Hinweis auf Kellners ambitioniertestes Forschungsprojekt – die anthropometrische Vermessung der gesamten Anstaltsbevölkerung. Im Sommer 1909 nahmen Kellner und Clemenz systematische Untersuchungen an etwa 850 Bewohnern und Bewohnerinnen vor, um diese nach „sichtbaren, anatomisch nachweisbaren Veränderungen des Kopfes, des Rumpfes oder der Extremitäten" in Gruppen einzuteilen. Dies sollte wiederum, so Kellners Hoffnung, Hinweise auf die „Grundursachen des geistigen Defektes" liefern. Die Ergebnisse dieser anthropometrischen Studien, in einer Fotoserie festgehalten, präsentierte Kellner im Oktober 1909 im Hamburger Ärztlichen Verein und in einem 1912 publizierten Buch.

Den meisten Formen geistiger Behinderung gegenüber waren die Ärzte, wie Kellner unumwunden einräumte, völlig machtlos. Bei manchen Kindern, die an „Cretinismus",

---

77 Ärztlicher Bericht über das Jahr 1912, in: Bericht (1912), 12f., 13.

78 Kellner, Hermann: Über die Sprache und Sinnesempfindungen der Idioten, in: BuB 24 (1900), Nr. 1, 12–20 (zuerst abgedruckt in der Deutschen Medizinischen Wochenschrift 52 [1899]).

79 Kellner, Hermann: Über transitorische postepileptische Geistesstörungen, in: BuB 26 (1902), Nr. 1/2, 20–28.

80 Automatismus der Idioten. Vortrag von Oberarzt Dr. Kellner mit Vorstellung eines besonderen Falles aus den Alsterdorfer Anstalten im Naturwissenschaftlichen Verein zu Hamburg, in: Bericht (1908), 12–15.

81 Kellner, Hermann: Die Einteilung der Zöglinge einer Idiotenanstalt mit Rücksicht auf ihre körperlichen Gebrechen, in: Bericht (1909), 17–23, 18. Danach auch die folgenden Zitate.

einer hormonbedingten Entwicklungsstörung im Kindesalter, litten, wandten die Ärzte mit Erfolg das Schilddrüsenpräparat Thyreoidin an, doch lebten in den Alsterdorfer Anstalten nur sehr wenige „Cretinen".[82] Große Hoffnungen auf einen therapeutischen Durchbruch hegte Kellner dagegen mit Blick auf die Epilepsiekranken. Es dürfte nicht zuletzt auf seinen Einfluss zurückzuführen sein, dass der Anteil der Epilepsiekranken unter den Bewohnern und Bewohnerinnen vorübergehend auf etwa ein Viertel anstieg. Entschieden wandte sich Kellner gegen Kritiker, die eine „völlige Absonderung" der „Epileptiker" von den „Idioten" forderten.[83] Bei der Behandlung der Epilepsie stand mit dem Bromkali nicht nur ein bewährtes Mittel zur Verfügung,[84] um das Anfallsgeschehen zu dämpfen. Auch hatten die Ärzte verschiedene Arzneien zur Hand, um die Folgen der Anfälle zu behandeln.[85] Vor allem aber meinte man, eine Therapie gefunden zu haben, um die Epilepsie dauerhaft kurieren zu können. 1898 berichtete Kellner, dass er in zwölf Fällen die von dem Psychiater und Hirnforscher *Paul Flechsig* (1847–1929) im Jahre 1893 entwickelte Opium-Brom-Kur angewandt habe, wobei er sich im Hinblick auf den Erfolg zunächst zurückhaltend äußerte. Diese Heilversuche setzte Kellner nach der Jahrhundertwende in größerem Stil fort, und zwar sowohl an Bewohnern und Bewohnerinnen der Alsterdorfer Anstalten als auch an „Kurgästen" – das waren an Epilepsie erkrankte Dienstboten, die von der Dienstbotenkrankenkasse zu einer zweimonatigen Kur in das Alsterdorfer Krankenhaus überwiesen wurden. Ihnen wurde zunächst 51 Tage lang Opium in täglich steigender Dosis verabreicht, bis es abrupt abgesetzt und durch eine Mischung aus Bromsalzen ersetzt wurde. Die Ergebnisse dieser „Heilversuche" schienen ermutigend.[86] Bis 1912 unterzog Kellner etwa 200 Epilepsiekranke einer Opium-Brom-Kur, von denen 54, also etwa 27 Prozent, dauerhaft anfallsfrei seien, wie er in seinem Buch stolz vermerkte.[87]

Es scheint, als ob sich Kellner eine Zeit lang mit dem Gedanken trug, hier einen neuen Arbeitsschwerpunkt der Alsterdorfer Anstalten zu setzen. 1909 legte er eine Denkschrift „über eine in den Alsterdorfer Anstalten zu errichtende Heilanstalt für Epileptiker"[88] vor, der sogar schon ein Grundriss beigefügt war. Das Projekt verlief

---

82 Kellner, Idioten- und Epileptiker-Anstalt, 31–33.
83 Kellner, Hermann: Das Verhältnis der Epileptiker zu den Idioten und Schwachsinnigen, in: BuB 28 (1904), Nr. 1, 20–22, 21.
84 Bromkali (Kaliumbromid) wurde seit Mitte des 19. Jahrhunderts zur Behandlung von Krampfanfällen eingesetzt.
85 Kellner, Postepileptische Geistesstörungen, 27.
86 Kellner, Hermann: Die Erfolge der Opium-Brom-Behandlung bei Epileptikern, in: BuB 27 (1903), Nr. 1/2, 2–9; ders.: Die Erfolge der Opium-Brom-Behandlung der Epilepsie im Jahre 1903, in: BuB 28 (1904), Nr. 1, 16–20.
87 Kellner, Hamburger Idioten- und Epileptiker-Anstalt, 45. Vgl. ders.: Zur Behandlung der Epilepsie, in: Deutsche Medizinische Wochenschrift 35 (1909), Nr. 25, 1091–1093.
88 ArESA, DV 644. Danach auch die folgenden Zitate.

II. Ausbau und Bewahrung, 1899–1930

im Sande, die Gründe dafür bleiben im Dunkeln. Möglicherweise gab es Widerstände gegen eine solche Schwerpunktverlagerung von der Pflege- und Heilerziehungsanstalt zu einem klinischen Betrieb. Vielleicht setzte aber auch im Hinblick auf die Erfolge der Opium-Brom-Kuren eine gewisse Ernüchterung ein – wenngleich diese in kleinerem Maßstab bis zu Kellners Tod im Jahre 1923 fortgesetzt wurden.

In den folgenden Jahren verlagerte sich das therapeutische Interesse Kellners und Clemenz' auf die kongenitale Lues – eine Folge neuer diagnostischer und therapeutischer Möglichkeiten zur Erkennung und Behandlung der Syphilis.[89] 1906 hatte *August Paul v. Wassermann* (1866–1925) ein serologisches Verfahren zum Nachweis der Syphilis entwickelt. Zusammen mit zwei Ärzten von der „Irrenanstalt" Friedrichsberg unterzogen Kellner und Clemenz zweihundert Bewohner und Bewohnerinnen der Alsterdorfer Anstalten der sogenannten Wassermannschen Reaktion und entdeckten auf diesem Wege mehrere bis dahin unerkannte Fälle einer abgelaufenen Syphilis.[90] Auf der Basis der verbesserten Diagnostik machten sich Kellner und Clemenz an die Therapie. In einer Reihe von Einzelfällen konnten sie durch die Verabreichung von Jodkali und Quecksilber eine Besserung des Zustands herbeiführen.[91] Mit der Anwendung des neuartigen, im Jahr 1910 von *Paul Ehrlich* (1854–1915) und seinen Mitarbeitern entwickelten Salvarsans, des ersten sicher wirksamen Therapeutikums gegen die Syphilis, wolle man warten, bis weitere Forschungsergebnisse vorlägen, so berichtete Clemenz bei einem Demonstrationsabend am 21. März 1912.[92]

Das Beispiel der kongenitalen Lues zeigt, wie eng vernetzt Kellner und Clemenz mittlerweile in der wissenschaftliche Gemeinschaft der forschenden Ärzte Hamburgs waren. Enge Verbindungen bestanden zur Hamburgischen Staatskrankenanstalt Friedrichsberg und deren Direktor, Prof. *Wilhelm Weygandt* (1870–1939) sowie zu Dr. Roesing und der ärztlichen Abteilung des hamburgischen Gefängniswesens. Diese beiden Ärzte überreichten Kellner denn auch im Jahre 1912 anlässlich seines 25-jährigen Dienstjubiläums das erste Exemplar einer ihm gewidmeten Festschrift.[93]

Interessant ist indessen, dass Kellner – ganz anders als Weygandt – nicht den Weg in die eugenische Bewegung fand.[94] Das wird an seiner 1912 publizierten Monografie deutlich, die sich auch mit den „Ursachen der Idiotie" befasste. Neben den schon früher

---

89 Klinischer Demonstrationsvortrag. Gehalten vom Anstaltsarzt Dr. Clemenz beim Demonstrationsabend in den Alsterdorfer Anstalten vor dem Hamburger Ärztlichen Verein am 21. März 1912, in: Bericht (1911), 26–36.

90 Ebd., 28. Vgl. Kellner / Clemenz / Brückner / Rautenberg, Wassermannsche Reaktion bei Idiotie, in: Deutsche Medizinische Wochenschrift 35 (1909), Nr. 42, 1827f.

91 Clemenz, Klinischer Demonstrationsvortrag, 34–36.

92 Ebd., 36.

93 Jubiläum des Oberarztes, in: Bericht (1911), 22–24.

94 Zur Entwicklung der Eugenik in den Alsterdorfer Anstalten auch Doran, Ronald: Eugenik im Umgang mit geistig behinderten Menschen. Die Alsterdorfer Anstalten in Hamburg in der Zeit von 1880 bis 1920, Hamburg 1996.

aufgezählten möglichen Ursachen wie Vernachlässigung und Fehlernährung im frühen Kindesalter, „Keimschädigung" durch Alkohol oder Syphilis, Verletzungen, Gehirnerschütterungen oder Gehirnentzündungen ging Kellner auch auf die Aussetzung der natürlichen Selektion im „hochentwickelten Kulturstaat"[95] ein – Ausgangspunkt der eugenischen Argumentation, die dafür plädierte, durch Sterilisation die „minderwertigen Erblinien" in der Generationenfolge abzuschneiden. Kellner folgte dieser Argumentation allerdings nicht. Stattdessen kritisierte er mit kulturkritischer Attitüde „die Intensität des Kampfes um das Dasein, die Unrast der Lebensführung, die Ungeduld, mit der die Erreichung der Ziele angestrebt wird, und die Genusssucht."[96]

Paul Stritters Positionierung im Spannungsfeld von Pädagogik und Medizin

Zwischen der Heilpädagogik Gerhardts und dem medizinischen Behandlungskonzept Kellners bestand ein latentes Spannungsverhältnis. Beiden Richtungen war indessen gemeinsam, dass sie sich auf jene Gruppen von Bewohnern und Bewohnerinnen konzentrierten, mit denen sie etwas anfangen zu können meinten. „Reine Pflegefälle", die vom pädagogischen Standpunkt aus als „bildungsunfähig" und in medizinischer Hinsicht als „abgelaufen" galten, interessierten sie nicht – gerade diese Gruppe von Bewohnern und Bewohnerinnen wurde aber tendenziell immer größer. Wie positionierte sich Paul Stritter, der Direktor der Alsterdorfer Anstalten, in diesem Spannungsfeld?

Vorauszuschicken ist, dass Stritter von Anfang an jede Gelegenheit nutzte, um sich zu vernetzen, sich fachlich auszutauschen und fortzubilden. Er nahm regelmäßig an den verschiedenen Fachkonferenzen teil, besuchte zahlreiche Einrichtungen für Menschen mit geistiger Behinderung, aber auch Erziehungsanstalten, Hilfsschulen und Krankenhäuser in ganz Deutschland. Von besonderem Interesse ist, dass er im Jahre 1907 an einem „Kursus für gerichtliche Psychologie und Psychiatrie"[97] an der Universität Gießen teilnahm, der von dem Psychiater *Robert Sommer* (1864–1937), dem Begründer der „Psychohygiene", veranstaltet wurde. Bemerkenswert ist auch, dass Stritter im Jahre 1911 zur Internationalen Hygiene-Ausstellung nach Dresden reiste.[98]

Es kann kein Zweifel daran bestehen, dass Stritter gegenüber den Fortschritten in den Lebenswissenschaften aufgeschlossen war und diese für die Arbeit in den Alsterdorfer Anstalten nutzbar machen wollte. Er setzte aber auch Akzente, die darauf hindeuten, dass er bei aller Offenheit für neue Ansätze doch nicht bereit war, die Grenzen zu überschreiten, die durch die religiöse Grundlegung der Arbeit in den Alsterdorfer Anstalten gezogen worden waren. Sein besonderes Augenmerk galt der religiösen

---

95 Kellner, Hamburger Idioten- und Epileptiker-Anstalt, 60.
96 Ebd., 65. Danach auch das folgende Zitat.
97 Bericht (1907), 6.
98 Bericht (1911), 11.

Erziehung, insbesondere der Konfirmation der Bewohner und Bewohnerinnen der Alsterdorfer Anstalten. Hier setzte er den Kurs Sengelmanns fort. Wie dieser bestand er darauf, dass mit der Konfirmation die Zulassung zum Abendmahl verbunden sein müsse – ansonsten würde die Konfirmation „nichts weiter als eine feierliche Entlassung aus der Schule bedeuten".[99] Auch für Stritter war die Konfirmation viel mehr als ein Übergangsritus beim Eintritt in die Welt der Erwachsenen,[100] sie galt ihm als bewusste Entscheidung eines Menschen für das Evangelium und damit als Besiegelung des Taufbundes zwischen Gott und Mensch, als öffentliches Bekenntnis des Konfirmierten zu diesem Taufbund vor der Gemeinde und damit als Aufnahme in die Gemeinde. Dementsprechend hielt Stritter an den Anforderungen an das Wissen der Konfirmanden und Konfirmandinnen fest, die Sengelmann formuliert hatte. „Natürlich weise ich kein Kind deshalb von der Konfirmation zurück, weil es die Erklärungen der Gebote oder Artikel oder diese selbst nicht fließend hersagen kann",[101] stellte Stritter klar.

Die Eingemeindung der Alsterdorfer Anstalten nach Hamburg

Im Jahre 1912 verlor Paul Stritter eines seiner vielen Ehrenämter – bis dahin war er Mitglied der Gemeindevertretung der Ortsgemeinde Alsterdorf gewesen, mit der Eingemeindung Alsterdorfs, Ohlsdorfs, Fuhlsbüttels, Langenhorns, Klein- und Groß-Borstels nach Hamburg am 1. Januar 1913 löste sich dieses kommunale Parlament auf.[102] Man darf wohl davon ausgehen, dass Stritter sich von Anfang an mit Blick auf die immer näher rückende städtische Bebauung in der kommunalen Selbstverwaltung engagiert hatte, war doch schon zu Beginn seiner Amtszeit absehbar, dass die Alsterdorfer Anstalten über kurz oder lang in der Großstadt aufgehen würden – mit weitreichenden Konsequenzen für die Anstaltsortschaft. Konkret kam die engere Anbindung an die benachbarte Großstadt darin zum Ausdruck, dass die Alsterdorfer Anstalten seit 1900 mit der elektrischen Straßenbahn der Linie 28 mit Hamburg verbunden waren.

Für den landwirtschaftlichen Betrieb der Alsterdorfer Anstalten wurden die „zunehmende Bebauung der Gemeinden Alsterdorf und Ohlsdorf und der ungemein

---

99 O. V. [Stritter, Paul]: Konfirmationsunterricht an Schwachbegabten (Konferenzvortrag), in: BuB 29 (1905), Nr. 2, 50–64, 54.

100 In den 1920er Jahren dachte Stritter über die Schaffung einer „feierlichen Handlung" beim Eintritt in das Erwachsenenalter für jene geistig behinderten Jugendlichen nach, die man nicht zur Konfirmation zulassen könne – es müsse aber dabei „klar zum Ausdruck gebracht werden, dass diese keine Konfirmation sei." Stritter, Paul: Die Konfirmation Schwachsinniger. Konferenzvortrag von Direktor Pastor Stritter, Hamburg-Alsterdorf, Alsterdorfer Anstalten, Norden 1925, 5.

101 Stritter, Konfirmationsunterricht, 56. Danach auch das folgende Zitat.

102 Bericht (1912), 3. Vgl. Martens, Helge: Hamburgs Weg zur Metropole. Von der Groß-Hamburg-Frage zum Bezirksverwaltungsgesetz, Hamburg 2004, 14.

Postkarte aus den Alsterdorfer Anstalten, um 1910. Zu sehen sind die St. Nicolaus-Kirche, die Alster am Alsterdorfer Damm und die Alsterdorfer Straße. Man erkennt die Schienen der Straßenbahn.

gesteigerte Verkehr in diesen Ortschaften"[103] zu einem Problem. Mit der Zeit ging immer mehr Pachtland verloren[104] – der Gedanke einer Verlegung des landwirtschaftlichen Betriebs nahm allmählich Gestalt an. Wichtiger noch: Bei der Planung neuer Gebäude auf dem Anstaltsgelände galt es zu berücksichtigen, dass der Senat der Freien und Hansestadt Hamburg ehrgeizige Pläne für die nördlichen Vororte verfolgte. Es war zu erwarten, dass die Alsterdorfer Anstalten größere Flächen ihres Grund und Bodens für die Anlage des Stadtparks, den Bau der Hochbahn und der Güterumgehungsbahn, den Ausbau des Straßennetzes und die Alsterregulierung an die Stadt würden abtreten müssen.[105] Bevor größere Neubauten in Angriff genommen werden konnten, musste daher erst ein Gebietstausch mit dem hamburgischen Staat ausgehandelt werden,[106] der schließlich im Jahre 1909 zustande kam.[107] 1911 kauften die Alsterdorfer Anstalten zudem das an der Ohlsdorfer Straße gelegene Fabrikgrundstück der Firma Kohl & Breßmer, das von dem 1909 eingetauschten Gebiet

---

103 Plagemann, Wilhelm: Wirtschaftsbericht über das Jahr 1907, in: Bericht (1907), 13–18, 18.
104 Bericht (1912), 6.
105 Ebd. Dazu auch: Plagemann, Wirtschaftsbericht (1907), 18.
106 Bericht (1908), 3.
107 Bericht (1909), 3.

II. Ausbau und Bewahrung, 1899–1930   101

vollkommen eingeschlossen war, und arrondierten auf diese Weise ihren Grundbesitz.[108] Nun konnten die anstehenden größeren Bauvorhaben in Angriff genommen werden. In rascher Folge bekamen die Alsterdorfer Anstalten ein „moderneres und einer großen Stadt würdiges Äußere".[109] Der Beitrag Paul Stritters zur Bau- und Raumentwicklung – auf die an anderer Stelle noch ausführlicher eingegangen werden soll – kann kaum überschätzt werden.

Der Erste Weltkrieg

Als gegen Ende Juli 1914 immer klarer wurde, dass die Großmächte unweigerlich auf einen Krieg zusteuerten, war man in der Landwirtschaft der Alsterdorfer Anstalten gerade bei der Roggenernte. Unter „Anspannung aller Kraft von Mensch und Vieh"[110] gelang es, bis zum 1. August, dem Tag der allgemeinen Mobilmachung, die Ernte einzubringen – gerade noch rechtzeitig, denn schon am 4. August musste man sechs der besten Pferde „fürs Vaterland hingeben". Zugleich trafen die ersten Einberufungsbescheide ein. Bis Ende 1914 wurden 28 Mitarbeiter der Alsterdorfer Anstalten zum Kriegsdienst eingezogen.[111] Die dadurch entstehenden Lücken im Personalbestand wurden durch die Mitarbeiterinnen geschlossen. So kamen jetzt im Siechenhaus Heinrichshöh erstmals Frauen „zur Pflege größerer Knaben"[112] zum Einsatz. Alle arbeitsfähigen Bewohner und Bewohnerinnen wurden zu landwirtschaftlichen Arbeiten herangezogen. Der Krieg war kurz vor dem Ende der Sommerferien ausgebrochen, der Vorstand hatte unmittelbar nach Kriegsbeginn beschlossen, das neue Schulhaus als Militärlazarett zur Verfügung zu stellen, Lehrkräfte und Schulkinder, die das Gebäude gerade eben erst bezogen hatten, mussten wieder ausziehen, der regelmäßige Schulunterricht ruhte im Sommer und Herbst 1914 fast ganz. Die Schulkinder wurden „mit leichter Feldarbeit beschäftigt, was ihrer Gesundheit recht zuträglich war."[113] Da das Militär das Schulgebäude doch nicht in Anspruch nahm, konnte der Unterricht im Winter 1914/15 wieder aufgenommen werden, doch war der Schulbetrieb weiterhin stark eingeschränkt, weil beide Lehrer und auch der Arbeitsschullehrer eingezogen waren.

Am 1. August 1914 fand in der St. Nicolaus-Kirche die erste der von nun an regelmäßig abgehaltenen „Kriegsbetstunden" statt – wohl mit Blick auf die ins Feld ziehenden

---

108 Bericht (1911), 4.
109 Bericht (1912), 3.
110 Bericht (1914), 4.
111 Ebd., 6.
112 Ebd.
113 Ebd., 8.

Soldaten wurde bei dieser Gelegenheit das Abendmahl gereicht. Am 2. August stand das Jahresfest des Vereins Concordia an, doch hielt man stattdessen eine „ernste vaterländische Feier"[114] ab. Drei Tage später, am 5. August, stand ein von Kaiser *Wilhelm II.* (1859–1941) angeordneter Buß- und Bettag an. Beim Bußgottesdienst war „die Kirche überfüllt, auch sonst wiesen die Gottesdienste namentlich in der ersten Zeit [des Krieges] einen über das Gewöhnliche hinausgehenden starken Besuch auf." Die Familien-, Unterhaltungs- und Vortragsabende drehten sich bis etwa Ende 1915 fast ausschließlich um vaterländische Erbauung und Kriegsberichterstattung.[115] Auch war man eifrig bemüht, die geistig regeren Bewohner und Bewohnerinnen in das Kriegserleben einzubeziehen. So wurde das Interesse der „geistig frischeren Zöglinge" am Kriegsgeschehen „durch Besprechung in der Schule und in Erholungsstunden, durch patriotische Feiern, Spaziergänge nach dem Exerzierplatz mit Schützengräben und nach der Flughalle, durch Briefwechsel mit den im Felde stehenden Lehrern und Angehörigen, durch Besuch von Urlaubern aus dem Felde in der Schule u. a. genährt".[116]

In den Alsterdorfer Anstalten hatte man seit jeher fest zu Kaiser und Reich gestanden. Von daher teilte man hier die im August 1914 losbrechende Kriegsbegeisterung, wobei man auf ein massenhaftes Erweckungserlebnis hoffte, auf eine Rückbesinnung des Staates und Volkes auf das Wort Gottes, den christlichen Glauben und die Kirche.[117] „Wir Deutschen [haben] uns wiederum herzlich freuen können",[118] so schrieb Paul Stritter in einem Rückblick auf das erste Kriegsjahr anlässlich des 1. August 1915, „dass wir einen Kaiser an unserer Spitze haben, der von solch frommer Ehrfurcht vor Gott durchdrungen ist und, wenn er den Gedanken und Empfindungen des ganzen Volkes an diesem bedeutungsvollen Tage Ausdruck verleihen will, den Aufblick zu dem Allmächtigen das Erste und Letzte sein lässt." Im Aufruf Kaiser Wilhelms II. an das deutsche Volk vom 31. Juli 1915 finde sich „nichts von den Prahlereien und dem täuschenden Wortschwall solcher Kundgebungen, die von den Regierenden aufseiten unserer Feinde erlassen wurden."[119] In „schlichten, überzeugenden Worten" stelle der Kaiser fest, dass der Krieg dem Deutschen Reich von seinen Feinden „aufgezwungen" worden sei, deren „Vernichtungsabsichten" man mit der gebotenen „einmütig entschlossenen Abwehr" begegne. Man kann davon ausgehen, dass diese Deutung des Krieges der tiefsten Überzeugung Stritters entsprach und die Haltung der gesamten Anstaltsgemeinde wiedergab. Und doch finden sich in Stritters Text auch erste Anzeichen

---

114 Ebd., 10. Danach auch das folgende Zitat

115 Ebd.; Bericht der Alsterdorfer Anstalten in Hamburg-Alsterdorf über das Jahr 1915, Norden 1916, 6. Ab 1916 traten die Kriegsthemen deutlich in den Hintergrund. Vgl. Bericht der Alsterdorfer Anstalten in Hamburg-Alsterdorf über das Jahr 1916, Norden 1917, 7f.

116 Bericht (1915), 5.

117 Zweierlei Beten, in: BuB 38 (1914), Nr. 3, 101–103.

118 Feldpostbriefe, in: BuB 39 (1915), Nr. 2, 64–80, 65. Danach auch das folgende Zitat.

119 Ebd., 66. Danach auch die folgenden Zitate.

Bericht über den Tod Emil Jankowskis, 1914

einer tiefen Verunsicherung, wenn er etwa von einem „beispiellose[n] Völkerkrieg"[120] schreibt, „der uns Tag für Tag von neuem vor Unbegreiflichkeiten stellt."

In solchen Formulierungen deutet sich versteckt die Bestürzung über die enormen Verluste an Menschenleben an. Auch in den Reihen des Personals der Alsterdorfer Anstalten waren mittlerweile mehrere Todesfälle zu beklagen. Die erste Todesnachricht traf im September 1914 in Alsterdorf ein. *Emil Jankowski* (1889–1914), der seit 1913 als Pfleger im Dienst der Alsterdorfer Anstalten gestanden hatte und als Sanitätssoldat diente, wurde am 8. oder 9. September 1914 beim Absuchen eines Schlachtfeldes nach Verletzten auf dem französischen Kriegsschauplatz „von einem Turko erschossen".[121] Bis zum Ende des Krieges sollten zehn Mitarbeiter der Alsterdorfer Anstalten an der Front ihr Leben lassen, wie auch viele frühere Angestellte und Söhne von Angestellten.

---

120 Ebd., 65. Danach auch das folgende Zitat.
121 Bericht (1914), 22. Als „Turko" bezeichnete man damals die farbigen Infanteristen des französischen Kolonialheeres. Dieses Detail war vom Vater Jankowskis mitgeteilt worden (Nachruf auf Emil Jankowski, in: BuB 38 (1914), Nr. 3, 115) – es bediente ein rassistisches Stereotyp, das sich in den Kriegsberichten der Alsterdorfer Anstalten immer wieder findet.

Zu Beginn des Krieges entwich ein in den Alsterdorfer Anstalten untergebrachter Fürsorgezögling und meldete sich als Kriegsfreiwilliger. Tatsächlich gelang es ihm, „trotz vorherig geschehener Ausmusterung als Rekrut angenommen zu werden",[122] er wurde jedoch schon bald wieder entlassen. Schon Sengelmann hatte sich, wie bereits geschildert, dafür eingesetzt, junge Männer mit geistiger Behinderung von der Militärpflicht zu entbinden – diesen Kurs verfolgte zunächst auch sein Nachfolger. Anfang 1915 wich Stritter jedoch von dieser Linie ab. Für einen „nur leicht schwachsinnigen Fürsorgezögling […], der seit Jahren ein brauchbarer Hilfsarbeiter in unserer Landwirtschaft gewesen ist",[123] befürworteten die Alsterdorfer Anstalten mit Einwilligung des Vormunds und des zuständigen Landeshauptmanns die freiwillige Meldung, obwohl er bereits im Besitz eines Ausmusterungsscheins war. Er wurde Anfang März 1915 beim Wandsbeker Husarenregiment eingestellt und in den Kämpfen um Kurland eingesetzt. Im Laufe des Krieges meldeten sich nun immer mehr „Zöglinge" mit Unterstützung der Direktion zum Heeresdienst oder wurden von den Militärbehörden eingezogen. In den „Briefen und Bildern" wurde berichtet, wenn einer von ihnen verwundet wurde, eine Auszeichnung erhielt oder aber desertierte. Einer dieser früheren „Zöglinge", *Ernst Schnoor* (1894–1916), verlor auf dem Schlachtfeld sein Leben.[124]

Personalnot

Bis zum Ende des Krieges wurden insgesamt 56 Mitarbeiter der Alsterdorfer Anstalten eingezogen, von denen dreizehn auf Antrag der Anstaltsleitung vom Heeresdienst freigestellt wurden.[125] Dennoch zogen die Einberufungen Personalengpässe nicht nur im Pflegedienst nach sich, sondern vor allem auch in der Schule, in den Werkstätten, im Maschinenhaus und in der Verwaltung.[126] Die durch die Rekrutierung gerissenen Lücken versuchte man zunächst durch die Einstellung anderer männlicher Arbeitskräfte zu schließen, die sich aber nach Angaben Stritters nicht bewährten und nach kurzer Zeit wieder ausschieden.[127] Die Alsterdorfer Anstalten begannen nun, verstärkt weibliche Arbeitskräfte einzustellen, sodass sich die Gewichte zwischen

---

122 Bericht (1914), 7.
123 Frühere Zöglinge im Felde, in: BuB 39 (1915), Nr. 2, 80–84, 81.
124 Die Anstaltsangehörigen im Felde, in: BuB 40 (1916), Nr. 2, 36–41, 40.
125 Rückblick auf das Jahr 1918, in: BuB 43 (1919), Nr. 1, 5–14, 7.
126 Rückblick auf das Jahr 1917, in: BuB 42 (1918), Nr. 1, 3–14, 6.
127 Bericht (1915), 4. In einem Referat über „Die Personalnot und ihre Abhilfe", das er auf der „Konferenz der Vorsteher evangelisch-christlicher Idiotenanstalten" in den Kückenmühler Anstalten bei Stettin vom 28. bis 30. Mai 1918 hielt, beklagte Stritter, es gebe unter den männlichen Arbeitskräften, die sich in der Kriegszeit zum Anstaltsdienst meldeten, viele „Kriegsdrückeber[ger], Epileptiker, Nervenschwächlinge". ArESA, DV 887: Protokoll der Konferenz der Vorsteher christlicher Idioten-Anstalten. Tagung in Kückenmühle bei Stettin, vom 28. bis 30. Mai 1918.

den Geschlechtern deutlich verschoben.[128] Drückend war die Personalnot auch in der Ökonomie der Alsterdorfer Anstalten. Der landwirtschaftliche Betrieb blieb dauernd auf die Arbeitskraft vor allem junger Männer aus den Reihen der Bewohner der Alsterdorfer Anstalten angewiesen. Außerdem kamen im Laufe des Krieges russische und englische Kriegsgefangene in der Ökonomie zum Einsatz, über die man in den Quellen kaum etwas erfährt.[129]

Noch kurz vor dem Beginn des Krieges war ein bedeutender Schritt zur sozialen Absicherung des Personals vollzogen worden: Am 1. Juli 1914 wurden die Angestellten der Alsterdorfer Anstalten in die Allgemeine Ortskrankenkasse eingekauft.[130] Als Zeichen eines hochgestimmten Kriegspatriotismus, vor allem aber der engen Verbundenheit innerhalb der Belegschaft mag gelten, dass die Angestellten der Alsterdorfer Anstalten 1914 „durch freiwilligen Verzicht auf einen Teil ihres Gehalts eine eigene Kriegshilfe ins Leben" riefen, aus deren Mitteln die Familien der einberufenen Kollegen unterstützt wurden. Diese „Kriegshilfe" versicherte zudem „die zu den Fahnen berufenen Mitarbeiter gegen Todesfall" und zahlte „deren Beiträge für die Krankenkasse und für die Reichsversicherungsanstalt für Angestellte weiter." Diese „Kriegshilfe" bestand bis Ende 1915, vom 1. Januar 1916 an wurden die Leistungen von den Alsterdorfer Anstalten übernommen. Die Gehälter der Angestellten wurden durch die fortschreitende Inflation aufgezehrt. Seit 1915 sahen sich die Anstalten daher gezwungen, „Teuerungszulagen" zu zahlen.[131] Durch materielle Unterstützung, aber auch durch verstärkte Seelsorge wollte Stritter sein Personal zusammenhalten. „Bei manchen macht sich ein Geist der Unzufriedenheit bemerkbar, vereinzelt auch Unredlichkeit. Viele sind nervös gereizt",[132] stellte er besorgt fest. Seinen Amtskollegen empfahl er bei der Personalführung „Geduld und vermehrtes Gebet", denn „mit den jetzigen Kräften müssen wir vorliebnehmen."

Bewohnerzahl, Finanzen, Ernährung und Versorgung

Seit Kriegsbeginn wurden nur noch in dringenden Fällen neue Bewohner und Bewohnerinnen aufgenommen. Dennoch stieg die Bewohnerzahl von 960 (31. Dezember 1913) auf 973 (31. Dezember 1914) leicht an[133] – und dies, obwohl in den ersten Monaten des Krieges sieben Bewohner oder Bewohnerinnen „entwichen, entführt oder vom Urlaub nicht zurückgebracht"[134] worden waren. Im Februar 1916 erreichte die

---

128 Bericht (1916), 5.
129 Ebd., 4; Rückblick (1917), 5; Rückblick (1918), 7.
130 Bericht (1914), 5.
131 Bericht (1915), 4; Bericht (1916), 3; Rückblick (1917), 4.
132 ArESA, DV 887: Protokoll der Konferenz der Vorsteher christlicher Idioten-Anstalten. Tagung in Kückenmühle bei Stettin, vom 28. bis 30. Mai 1918. Danach auch die folgenden Zitate.
133 Bericht (1914), 19.
134 Ebd.

Bewohnerzahl mit 995 ihren Höchststand.[135] Danach sank sie immer schneller ab: auf 971 (1916),[136] 884 (1917)[137] und schließlich 758 (1918).[138] Die Gründe für diesen Rückgang waren einerseits in der immer zurückhaltenderen Zuweisungspraxis der Behörden zu suchen – hier sollten Kosten gespart werden, im weiteren Verlauf des Krieges machte sich zudem „die gestiegene Wertung auch schwächerer Arbeitskräfte"[139] geltend. Der Rückgang der Bewohnerzahlen war andererseits aber auch und vor allem auf die zahlreichen Todesfälle in den Alsterdorfer Anstalten zurückzuführen – dazu an anderer Stelle mehr.

Die Ausgaben der Alsterdorfer Anstalten stiegen seit Beginn des Krieges von 560.000 Mark (1914)[140] bis auf 990.000 Mark (1916) an,[141] was auf die stetig steigenden Preise für Lebensmittel, Kohlen und Petroleum sowie die Teuerungszulagen für das Personal zurückzuführen ist. Im Jahre 1917 gingen die Ausgaben vorübergehend auf etwa 800.000 Mark zurück[142] – dies war eine unmittelbare Folge des deutlichen Rückgangs der Bewohnerzahlen. 1918 erreichten die Ausgaben dann mit 925.000 Mark[143] wieder ein sehr hohes Niveau, obwohl die Bewohnerzahl weiter zurückging. Jetzt schlug die galoppierende Inflation voll durch. Auf der Einnahmenseite fiel der Rückgang bei den „Liebesgaben und Legaten" nicht so schlimm aus wie befürchtet.[144] Gleichwohl reichten Spenden und Legate bei Weitem nicht aus, um die Löcher in der Kasse der Alsterdorfer Anstalten zu stopfen. Trotz mehrfacher kräftiger Anhebung der Kostgelder[145] gerieten die Finanzen der Alsterdorfer Anstalten aus dem Gleichgewicht. Die Jahresrechnung 1918 schloss mit einem Rekorddefizit von 80.000 Mark.[146]

Schon kurz nach Kriegsausbruch 1914 machten sich erste Versorgungsengpässe bemerkbar, wie Paul Stritter in seinem Jahresbericht unumwunden einräumte.[147] Einzelne Lebensmittel und auch Kohlen hatten sich stark verteuert.[148] Man schränke sich ein, so gut es gehe. So sei es gelungen, „den Fleischverbrauch beträchtlich zu

---

135 Rückblick (1917), 9.
136 Bericht (1916), 6, 14. Zwölf „Zöglinge" waren „in Stellung oder Lehre gebracht". Ebd., 14.
137 Rückblick (1917), 9.
138 Rückblick (1918), 6, 10.
139 Rückblick (1917), 9.
140 Bericht (1914), 3.
141 Bericht (1916), 3.
142 Rückblick (1917), 3f.
143 Rückblick (1918), 5.
144 Bericht (1914), 4.
145 Bericht (1915), 3; Rückblick (1917), 3f.; Rückblick (1918), 5.
146 Rückblick (1918), 5.
147 Bericht (1914), 3.
148 Ebd., 3f.

Postkarte „Gruss aus dem Ess-Saal der Alsterdorfer Anstalten"

verringern, ohne dass die Ernährung darunter litt."[149] Von den Bewohnern und Bewohnerinnen würden diese Maßnahmen willig mitgetragen.

In seinem Jahresbericht 1915 verbreitete Paul Stritter noch immer Zuversicht.[150] Der Jahresbericht 1916 deutete die ernste Ernährungslage im „Steckrübenwinter" 1916/17 zumindest an: „Der sehr reiche Steckrübensegen musste auch bei uns alle Lücken der Ernährung für Mensch und Tier ausfüllen."[151] Vorsichtig äußerte sich der Direktor zur Stimmungslage der Bewohner und Bewohnerinnen:

> „Um mit den zugewiesenen Mengen auszukommen, waren wir gezwungen, unseren Zöglingen alles genau zuzuteilen. Da nun viele von diesen starke Esser sind und gewohnt waren, bis zur vollen Sättigung zuzulangen, so wurde diese unumgängliche Einschränkung vielfach recht hart empfunden."[152]

Was sich hinter solchen eher verharmlosenden Bemerkungen verbarg, legten die Ärztlichen Berichte aus den Alsterdorfer Anstalten schonungslos offen.

---

149 Ebd., 4.
150 Bericht (1915), 3.
151 Bericht (1916), 4.
152 Ebd., 3.

Hungersterben in den Alsterdorfer Anstalten

Der Ärztliche Bericht über das Jahr 1914 stufte den Gesundheitszustand der Bewohner und Bewohnerinnen der Alsterdorfer Anstalten noch als durchaus günstig ein.[153] Ab 1915 spiegeln die Ärztlichen Berichte dann die katastrophalen Auswirkungen der chronischen Unter- und Fehlernährung wider. Dabei zeichnen sich vier große Problemkomplexe ab. *Erstens* stellten Kellner und Clemenz seit 1914 ein gehäuftes „Auftreten von Psychosen [fest], die sich besonders in großer Unruhe, Schlaflosigkeit und Angstanfällen äußern".[154] Dies sei, wie Kellner nüchtern festhielt, „eine überall beobachtete Folge der Abmagerung, wie sie durch die durch den Krieg gebotene Ernährungsveränderung entsteht. Wir werden mit diesen Erscheinungen umso mehr zu rechnen haben, je länger der Krieg dauert." Kellner sollte recht behalten. 1918 stellte er eine „enorme Zunahme"[155] der Erregbarkeit fest, „die sich in manchen Fällen zur Tobsucht steigert." Das sei an sich leicht zu verstehen, habe man doch in Friedenszeiten Erregungszustände durch „Auffütterung" gedämpft. Nun habe die unzureichende Ernährung den gegenteiligen Effekt. *Zweitens* hatten Kellner und Clemenz seit dem letzten Viertel des Jahres 1915 mit einem steilen Wiederanstieg der Hautleiden zu kämpfen.[156] Dabei stand – neben der Skrofulose[157] – eine neue Hautkrankheit im Brennpunkt: *Pseudoscabies* oder *Scheinkrätze,* die, anders als die eigentliche Krätze, nicht durch Milben verursacht wurde, sondern durch Fettmangel. Sie trat auch außerhalb der Anstalten auf und wurde im Volksmund „Marmeladenkrätze"[158] genannt. Bei den Bewohnern und Bewohnerinnen der Alsterdorfer Anstalten nahm die Krankheit aber geradezu verheerende Formen an, indem sie rasch auf den gesamten Körper übergriff, sodass sich „ganze Geschwürflächen"[159] bildeten. Mittel der Wahl zur Bekämpfung der Scheinkrätze waren eine „fettreiche Ernährung (Milch), Lebertran und Salben".[160] Nichts davon stand in den Anstalten in ausreichender Menge zur Verfügung. Als wirksam erwiesen sich das neuartige Universaldesinfektionsmittel Sagrotan[161] und Naphthol, ein Derivat des Naphthalins.[162] *Drittens* kam es im Verlauf

---

153 Kellner, Bericht aus dem Krankenhause (1914), 14.
154 Kellner, [Hermann]: Bericht aus Krankenhause der Alsterdorfer Anstalten vom Jahre 1915, in: Bericht (1915), 8–10, 10. Danach auch das folgende Zitat.
155 Ärztlicher Jahresbericht [1917], in: BuB 42 (1918), Nr. 1, 14–19, 16. Danach auch die folgenden Zitate.
156 Kellner, Bericht (1915), 9.
157 Eine damals noch häufige Form der Tuberkulose im Kindesalter mit chronischen Entzündungen der Lymphdrüsen, der Schleimhäute, der Haut und der Knochen.
158 Kellner, [Hermann]: Bericht aus dem Krankenhause der Alsterdorfer Anstalten vom Jahre 1916, in: Bericht (1916), 11–14, 12.
159 Ärztlicher Jahresbericht (1917), 17. Danach auch die folgenden Zitate.
160 Kellner, Bericht (1916), 13.
161 Die Firma Sagrotan war 1912 in Hamburg gegründet worden. Sagrotan wurde anfangs vor allem in der Körperhygiene eingesetzt.
162 Ärztlicher Jahresbericht (1917), 17.

des Krieges zu einer Häufung der Todesfälle durch Tuberkulose.[163] Diese Tendenz setzte sich bis Kriegsende fort. Aufgrund der fettarmen Ernährung, vor allem aber infolge des Mangels an Lebertran standen die Ärzte, wie Kellner in seinem Bericht über das Jahr 1918 freimütig bekannte, dieser Krankheit „machtlos gegenüber".[164] *Viertens* schließlich hatte die Mangel- und Fehlernährung ab 1915 eine Zunahme der Erkrankungen des Magen- und Darmtrakts zur Folge.[165] 1918 gab Kellner noch einmal eine zusammenfassende Darstellung der durch die chronische Unterernährung verursachten Symptome bei den Bewohnern und Bewohnerinnen der Alsterdorfer Anstalten. Es seien „im Großen und Ganzen dieselben, die wir […] an uns selbst beobachtet haben: Gewichtsabnahme, Abnahme der Muskelkraft, gesteigertes Schlafbedürfnis, verstärkte Urinabsonderung, Neigung zu Hauterkrankungen und in schlimmen Fällen Herzschwäche, Anschwellung der Extremitäten und Kollapszustände."[166] Damit sprach Kellner, ohne den Begriff zu gebrauchen, das Phänomen der Hungerödeme an.[167] Die „Schwellungen der Füße, der Beine und in schweren Fällen auch des Rumpfes" seien bei „Schwachsinnigen" viel „ernster". Nur in wenigen Fällen sei es gelungen, Bewohner und Bewohnerinnen mit schweren Hungerödemen durch sorgfältige Pflege im Krankenhaus der Alsterdorfer Anstalten am Leben zu erhalten; „weitaus die meisten gingen an zunehmender Schwellung und Herzschwäche zu Grunde."

Die Zahl der Todesfälle unter den Bewohnern und Bewohnerinnen der Alsterdorfer Anstalten nahm immer schneller zu, von 45 (1914)[168] auf 49 (1915),[169] 69 (1916),[170] schließlich auf 155 (1917),[171] wobei sich vor allem bei älteren Männern die Todesfälle häuften.[172] Wenngleich die Sterberaten in den Anstalten schon vor dem Krieg vergleichsweise hoch gewesen waren – Kellner berichtete, er habe bei einer Auswertung der Sterbestatistiken über zehn Jahre hinweg festgestellt, „dass die durchschnittliche Sterblichkeit der Schwachsinnigen 6 ½ mal größer ist als die der geistig normalen Menschen"[173] –, so erreichten sie jetzt eine exorbitante Höhe:

---

163 Allein 1916 verzeichnete die Statistik 27 Todesfälle infolge von Tuberkulose. Kellner, Bericht (1916), 12.
164 Ärztlicher Jahresbericht (1917), 14.
165 Kellner, Bericht (1915), 9.
166 Ärztlicher Jahresbericht (1917), 16. Danach auch die folgenden Zitate.
167 Vgl. Faulstich, Heinz: Hungersterben in der Psychiatrie 1914–1949. Mit einer Topographie der NS-Psychiatrie, Freiburg 1998, 50–53.
168 Kellner, Bericht (1914), 13. In der Statistik (Bericht [1914], 19) sind 44 Todesfälle angegeben.
169 Kellner, Bericht (1915), 9.
170 Kellner, Bericht (1916), 11.
171 Rückblick (1917), 9f.
172 Bericht (1916), 6. 1917 starben 117 Männer und 38 Frauen, 1918 waren es 107 Männer und 76 Frauen.
173 Kellner, Bericht (1916), 12.

Sie stiegen von 4,2 Prozent (1914) auf 4,5 Prozent (1915), 5,3 Prozent (1916) und schließlich auf 14,1 Prozent (1917).[174]

Im Herbst 1918 hatte man noch gehofft, die hohe Sterberate des Jahres 1917 wieder unterschreiten zu können. Am 6. Oktober 1918 brach jedoch die Influenza über die Alsterdorfer Anstalten herein – es handelte sich um die verheerende zweite Welle der Spanischen Grippe. Innerhalb weniger Stunden erkrankten 26 Mitarbeiterinnen. Innerhalb von zwei Monaten sollten sich 57 Angestellte und sechshundert Bewohner und Bewohnerinnen der Alsterdorfer Anstalten mit der Spanischen Grippe infizieren. Bei manchen „traten gleich im Beginn der Erkrankung unter hohem Fieber starke, unstillbare Blutungen aus den Lungenwegen auf, die […] schnell zum Tode führten."[175] Die Influenza wütete umso schlimmer, „als die Mehrzahl der Erkrankten infolge der Kriegsernährung in ihrem Kräftezustand heruntergekommen waren." Neben fünf Pflegerinnen starben 75 geistig behinderte Bewohner und Bewohnerinnen, „nicht wenige von den kräftigsten und gesündesten".[176] Im Jahr 1918 gab es insgesamt 183 Todesopfer unter den Bewohnern und Bewohnerinnen der Alsterdorfer Anstalt zu beklagen,[177] die Sterberate stieg auf 17,9 Prozent.

So waren auch die Alsterdorfer Anstalten von der Hungerkatastrophe betroffen, die im Laufe des Ersten Weltkriegs über die Heil- und Pflegeanstalten des Deutschen Reichs hereinbrach. Seinen Höhepunkt erreichte das Sterben im „Steckrübenwinter" 1916/17, nicht zuletzt deshalb, weil das Kriegsernährungsamt im Februar 1917 den verhängnisvollen Beschluss fasste, die Bewohner und Bewohnerinnen der Heil- und Pflegeanstalten, die zuvor Sonderzuteilungen erhalten hatten, bei der Versorgung mit Lebensmitteln der „gesunden" Bevölkerung gleichzustellen. Im Gegensatz zu den Menschen außerhalb der Anstaltsmauern konnten sich die Insassen der geschlossenen Anstalten aber keine zusätzlichen Nahrungsmittel auf dem „schwarzen Markt" beschaffen, sodass sie tatsächlich auf die offiziellen Rationen angewiesen waren, die jedoch zum Überleben nicht ausreichten.[178] Auf der Basis der „Medizinalstatistischen Mitteilungen aus dem Reichsgesundheitsamt" ist errechnet worden, dass von den 140.234 in der Zeit von 1914 bis 1919 in deutschen Heil- und Pflegeanstalten

---

174 Errechnet nach den statistischen Angaben in den Jahresberichten (Zahl der Todesfälle bezogen auf die Gesamtzahl der im Laufe eines Jahres in den Alsterdorfer Anstalten verwahrten Menschen, also einschließlich derer, die im Laufe des Jahres neu aufgenommen oder aber verlegt oder entlassen wurden). Zur Einordnung der Zahlen vgl. Faulstich, Hungersterben, 55–67.
175 Kellner, Hermann: Ärztlicher Bericht über das Jahr 1918, in: BuB 43 (1919), Nr. 1, 14–17, 16. Danach auch die folgenden Zitate.
176 Rückblick (1918), 9.
177 Ebd., 10.
178 Dies wurde von Fachleuten bereits während des Krieges wissenschaftlich nachgewiesen. Vgl. Kersting, Franz-Werner / Schmuhl, Hans-Walter (Hg.): Quellen zur Geschichte der Anstaltspsychiatrie in Westfalen, Bd. 2: 1914–1955, Paderborn 2004, 6–8, 90–108.

II. Ausbau und Bewahrung, 1899–1930

verstorbenen Menschen – gemessen an der durchschnittlichen Sterberate der Jahre von 1911 bis 1913 – 71.786 „zu viel" gestorben waren.[179]

Der gewaltige Zahlen von Todesopfern fordernde industrielle Krieg wie auch das Hungersterben in den Heil- und Pflegeanstalten warfen weitreichende und tiefgreifende Fragen nach Wert und Würde eines Menschenlebens auf: War es zu rechtfertigen, geistig behinderte Menschen, die für die Volkswirtschaft ohne nennenswerten Nutzen waren, unter hohem Kostenaufwand in Anstalten zu versorgen, wenn an der Front junge, gesunde, leistungsstarke Männer zu Millionen starben? Und zeigte nicht umgekehrt das Massensterben in den Anstalten, wie lebensuntüchtig Menschen mit geistigen Behinderungen waren? War das ethische Konzept einer unantastbaren Menschenwürde damit nicht obsolet? Sollte ein Denken in relativen Lebenswerten an seine Stelle treten? Mit ihrer 1920 veröffentlichten Schrift über „Die Vernichtung lebensunwerten Lebens" traten der Strafrechtler *Karl Binding* (1841–1920) und der Psychiater *Alfred Erich Hoche* (1865–1943) einen breiten gesellschaftlichen Diskurs los, der das Lebensrecht von Menschen mit geistigen Behinderungen radikal infrage stellte.[180] Zu denen, die diesen Diskurs und seine Folgen schon sehr früh voraussahen, gehörte Hermann Kellner. In seinem Ärztlichen Bericht über das Jahr 1918 hieß es:

„Bei der Härte der Zeit, der Gewöhnung an das Schreckliche, konnte es nicht ausbleiben, dass eine Anschauung, die schon in Friedenszeiten ihre Vertreter gehabt hat, bedeutend an Boden gewonnen hat, die Anschauung, dass angesichts des Unterganges so vieler gesunder, tüchtiger Menschen das schnelle Absterben der arbeitsunfähigen Schwachsinnigen nicht zu beklagen sei." [181]

Eine „gewisse Berechtigung", so fuhr Kellner fort, könne „dieser Ansicht nicht abgesprochen werden", doch behalte sie „auch in jetziger Zeit immer noch etwas sehr Bedenkliches, da der Übergang von dieser Anschauung zu einer ihr entsprechenden Behandlung der betreffenden Schwachsinnigen zu nahe liegt und zu Maßregeln führen könnte, die sich mit unseren Kultur- und Humanitätsanschauungen nicht vertragen würden." Kellner argumentierte also nicht grundsätzlich mit der Unantastbarkeit menschlichen Lebens, sondern skizzierte ein Argument der Schiefen Ebene. Vor allem aber rekurrierte er auf das ärztliche Berufsethos:

---

179 Siemen, Hans Ludwig: Menschen blieben auf der Strecke ... Psychiatrie zwischen Reform und Nationalsozialismus, Gütersloh 1987, 29. Um diese Zahl einordnen zu können, muss man sich vergegenwärtigen, dass die Gesamtzahl aller Menschen, die während des Ersten Weltkriegs im Deutschen Reich an Unter- und Fehlernährung starben, auf der Grundlage der Daten des Statistischen Reichsamts auf 424.000 geschätzt wird. Eckart, Wolfgang U.: Deutschland im November 1918. Kranke, Krüppel, Hungertote, in: Deutsches Ärzteblatt 115 (2018), H. 45, 2054–2058, 2055.

180 Binding, Karl / Hoche, Alfred E.: Die Freigabe der Vernichtung lebensunwerten Lebens. Ihr Maß und ihre Form (1920), Berlin 2006.

181 Ärztlicher Jahresbericht (1917), 15. Danach auch die folgenden Zitate.

„Zumal wir Ärzte haben uns fernzuhalten von einer Anschauung, die zu einer
Einschätzung des Lebenswertes unserer Kranken führen und nicht ohne Einfluss auf
unser Handeln bleiben würde. Die oberste Pflicht des Arztes, die Leiden seiner Kranken zu lindern und ihr Leben zu erhalten, solange er vermag, kann niemals durch
Interessen irgendwelcher Art aufgehoben werden."

Die Alsterdorfer Anstalten in der Weimarer Republik

Zwischen Kaiserreich und Republik.
Die Alsterdorfer Anstalten und die politische Zäsur 1918/19

Das Jahr 1918 sei das schwerste gewesen, das die Alsterdorfer Anstalten je erlebt
hätten, stellte Paul Stritter 1919 fest, wobei er weniger an die leere Kasse, den Verfall der Bausubstanz, die schwiege Versorgungslage und die vielen Krankheits- und
Todesfälle unter den Bewohnern und Bewohnerinnen dachte als an die Kriegsniederlage, die Novemberrevolution, den Zusammenbruch des Kaiserreichs und
die Ausrufung der Republik, das Umsichgreifen von Kriminalität, Promiskuität und
Prostitution sowie den militanten Antiklerikalismus und Atheismus der äußersten
politischen Linken: „Glanz, Macht und Blüte unseres Vaterlandes sind dahin. [...]
Schlimmer noch als das äußere Darniederliegen ist die innere Zersetzung in unserem Volke, die Zerstörung heilsamer Ordnungen, das Wuchern entfesselter sündlicher Leidenschaft und bewusster Gottlosigkeit."[182] Für Stritter – wie wohl für die
meisten Männer und Frauen in der Inneren Mission – konnte es nur eine Deutung
des Geschehens geben: „Wir erleben in dem allen das Gericht Gottes". Die „Segnungen, Errettungen und Durchhilfen während der Kriegsjahre" hätten zur „Selbstüberhebung" geführt „anstatt zu demütigem Dank gegen Gott und zur Rückkehr auf seine
Wege". Für das deutsche Volk gelte es jetzt, sich der „harten Züchtigung"[183] Gottes zu
unterwerfen – nur die Rückbesinnung auf das Wort Gottes, so kann man die Position
Stritters zusammenfassen, könnte Staat und Gesellschaft wieder erstarken lassen.
Hier sah Stritter die Aufgabe der Inneren Mission und gerade auch der Alsterdorfer
Anstalten in dem sich zu diesem Zeitpunkt bereits abzeichnenden Weimarer Wohlfahrtsstaat. „Im Geiste der neuen Zeit liegt es, dass man alle Wohltätigkeit abschaffen möchte als nicht zur Gleichberechtigung aller Menschen passend. Die Forderung
gleichen Rechtes für alle, gesetzliche Ansprüche allein sollen das Zusammenleben der
Menschen regeln. Christliche Wohltätigkeitsanstalten halten viele für unzeitgemäß."
Nur mit einer vervollkommneten Sozialgesetzgebung sei jedoch „den armen Blöden
und Fallsüchtigen [...] noch nicht geholfen"; sie könnten „dabei verkümmern und

---

182 Einleitung (Lk 6,36), in: BuB 43 (1919), Nr. 1, 1–5, 1. Danach auch die folgenden Zitate.
183 Ebd., 2.

verkommen. Ohne den warmen Herzschlag der erbarmenden Liebe fehlt der Arbeit an den Elenden das Wichtigste."[184]

In diesem Gedankengang lag ein Angebot zur Mitarbeit am Aufbau des Weimarer Wohlfahrtsstaats. Tatsächlich sollte sich die Zusammenarbeit mit dem neuen Staat allen weltanschaulichen Gegensätzen zum Trotz überraschend schnell einspielen. Nach der Überwindung der Nachkriegsnot und der Hyperinflation sollte dies in den „Goldenen Zwanzigern", dem Jahrfünft relativer Stabilität zwischen 1924 und 1929, zu einem weiteren Entwicklungsschub in den Alsterdorfer Anstalten führen. Man arrangierte sich mit der neuen Ordnung, der man gleichwohl innerlich fremd blieb. Die Deutung der Kriegsniederlage als Gottesgericht und der daraus folgende Impuls zu einer neuen inneren Mission verstellten jeden Zugang zur Kultur der Weimarer Moderne.

Interessant ist in diesem Zusammenhang ein Blick auf die Themen der Versammlungen und Feierlichkeiten der Anstaltsgemeinde. Das untergegangene Kaiserreich war nicht mehr lange Thema. Am 27. Januar 1919, dem sechzigsten Geburtstag Wilhelms II., fand noch einmal ein „Vaterländischer Unterhaltungsabend"[185] statt, danach wurde Kaisers Geburtstag in den Alsterdorfer Anstalten nicht mehr gefeiert. Mit dem Wochenschluss am 16. April 1921 wurde eine „schlichte Gedächtnisfeier"[186] für die wenige Tage zuvor verstorbene Kaiserin *Auguste Victoria* (1858–1921) verbunden – es war die letzte Veranstaltung, die explizit Bezug auf das Kaiserhaus nahm. Zur selben Zeit fanden in den Alsterdorfer Anstalten verschiedene Veranstaltungen statt, die sich kritisch mit der neuen Ordnung auseinandersetzten.[187] Im Laufe der Zeit traten dann aber Vorträge aus dem Feld der Inneren und vor allem der Äußeren Mission immer stärker in den Vordergrund.[188] Vor allem aber inszenierten die Alsterdorfer Anstalten – gleichsam in einem Akt der Selbstvergewisserung und Selbstbestätigung – jetzt bei jeder sich bietenden Gelegenheit ihre eigene Geschichte, wobei die Gestalt Heinrich Matthias Sengelmanns in den Mittelpunkt gerückt, seine Biografie kanonisiert, sein Bild zur Ikone stilisiert wurde.[189]

---

184 Ebd., 3.

185 Rückblick auf das Jahr 1919, in: BuB 44 (1920), Nr. 1, 6–16, 13.

186 Rückblick auf das Jahr 1921, in: BuB 46 (1922), Nr. 1, 2–12, 10.

187 Rückblick (1919), 14; Rückblick (1921), 9f.

188 Diese Schwerpunktverlagerung könnte mit der Heirat Paul Stritters im Jahre 1920 zusammenhängen. *Maria Stritter, geborene Zimmermann*, kam aus der Äußeren Mission.

189 Das 60jährige Jubiläum der Alsterdorfer Anstalten, in: BuB 48 (1924), Nr. 1, 15–19; Fünfundsiebzig Jahre Alsterdorfer Anstalten, in: BuB 49 (1925), Nr. 1, 1–3.

Von der Hyperinflation in die „Goldenen Zwanziger".
Die Konsolidierung der Finanzen

Die Finanzen der Alsterdorfer Anstalten waren, wie bereits geschildert, schon in der zweiten Kriegshälfte in eine Schieflage geraten. Obwohl die Kostgelder 1918/19 dreimal kräftig angehoben wurden, wollte es „immer noch nicht gelingen, wieder ins Gleichgewicht zu kommen."[190] Schließlich beliefen sich die Ausgaben im Jahr 1919 auf 1,2 Millionen Mark, denen Einnahmen in Höhe von einer Million Mark gegenüberstanden, der Haushalt schloss mit einem Defizit von fast 200.000 Mark.[191] Die Anstalten wurden von der galoppierenden Inflation in doppelter Hinsicht schwer getroffen. Zum einen mussten die Gehälter immer wieder erhöht werden, um einen Inflationsausgleich zu schaffen. Zum anderen schnellten die Preise für Lebensmittel, Textilien und Heizmaterial in die Höhe. Angesichts des durch Hunger und Unterernährung geschwächten Gesundheitszustands der Bewohner und Bewohnerinnen bemühten sich die Alsterdorfer Anstalten vorrangig um eine Aufbesserung der Kost, doch sei dies, wie Stritter anmerkte, „teuer erkauft".[192] Besondere Not herrschte bei der Versorgung mit Wäsche, Kleidung und Schuhwerk. Anschaffungen wurden notgedrungen zurückgestellt – und waren dann, wenn sie unumgänglich geworden waren, noch viel teurer geworden. Gleiches gilt für die Instandhaltung der vierzig Haupt- und zwanzig Nebengebäude auf dem Anstaltsgelände.[193]

In den Jahren von 1919 bis 1923 wurden die Kostgelder mehrmals beträchtlich erhöht,[194] ohne dass dies zu einer wirklichen Entlastung geführt hätte: „Es vergehen stets Wochen und Monate, bis die Anstalten die erforderlichen Mittel bewilligt erhalten, und schon ist dann alles wieder viel teurer geworden."[195] Besonders hart traf es die Selbstzahler – „mittlere Beamte, kleine Geschäftsleute, Handwerker"[196] –, denen jetzt auch höhere Kostgelder und Pensionspreise abverlangt wurden. Auch diese Gesellschaftsschicht litt unter der galoppierenden Inflation, viele Familien konnten die höheren Pensionspreise nicht zahlen und holten ihre Angehörigen nach Hause. Dabei blieb „das schon längst unrentable Pensionat"[197] auf der Strecke. Im Oktober 1923 wurde es geschlossen.

---

190 Rückblick (1918), 5.

191 Rückblick (1919), 7.

192 Ebd., 6.

193 Rückblick auf das Jahr 1923, in: BuB 48 (1924), Nr. 1, 3–11, 4.

194 Nur an einer Stelle finden sich Angaben zu den erhöhten Kostgeldsätzen: Für das Jahr 1920 ist vermerkt, dass das Kostgeld zunächst auf acht, dann auf zwölf Mark pro Kopf und Tag angehoben wurde. Für arbeitsfähige Bewohner und Bewohnerinnen wurde der halbe Kostgeldsatz erhoben. Rückblick auf das Jahr 1920, in: BuB 45 (1921), 9–20, 10.

195 Rückblick (1921), 2f.

196 Ebd., 3.

197 Rückblick (1923), 8. „Die Räumlichkeiten des Pensionats wurden der Eisenbahndirektion in Altona für Ruhrflüchtlinge zur Verfügung gestellt."

II. Ausbau und Bewahrung, 1899–1930

Die erhöhten Kostgelder konnten nicht verhindern, dass die Finanzen immer weiter aus dem Ruder liefen. 1920 summierten sich die Ausgaben auf 2,75 Millionen Mark, die Einnahmen beliefen sich auf 2,5 Millionen Mark, gut eine Viertelmillion Mark blieb ungedeckt.[198] 1921 stiegen die Ausgaben der Alsterdorfer Anstalten auf fast vier Millionen Mark,[199] 1922 auf 36 Millionen Mark,[200] 1923 – auf dem Höhepunkt der Hyperinflation – auf die schwindelerregende Summe von 53.000 „Billmark".[201] Wie hoch die Haushaltsdefizite in den Jahren von 1921 bis 1923 waren, darüber schweigen sich die Jahresberichte aus. Ein positiver Effekt der Hyperinflation war, dass auch die Forderungen der Gläubiger rasant im Wert verfielen. Trotz oder gerade wegen der Inflationskrise gingen auch weiterhin „Liebesgaben" in beträchtlichem Umfang in den Alsterdorfer Anstalten ein.[202] Von besonderer Bedeutung waren die Spenden von Auslandsdeutschen in harter Währung, die seit 1920 vermehrt eingingen, und 1922/23 die vielen Sachspenden.[203]

In der zweiten Hälfte des Jahres 1923 strebte die Hyperinflation ihrem Höhepunkt entgegen. Am 22. August 1923 hielt die Alsterdorfer Anstaltsgemeinde mit Blick auf die prekäre finanzielle Situation einen „Bittgottesdienst"[204] ab. Wenig später erfolgte der Währungsschnitt, und der Konsolidierungsprozess konnte beginnen. „Das verflossene Jahr hat uns wieder gelehrt, mit Mark und Pfennigen zu rechnen",[205] stellte Stritter im Rückblick auf das Jahr 1924 fest, „und wir haben nun wieder den Wert des Geldes kennengelernt." Einnahmen und Ausgaben beliefen sich 1924 auf etwa 630.000 Mark, man hatte 52.000 Mark an Liebesgaben vereinnahmt. „Wir bemühen uns, unsern wirtschaftlichen Betrieb der Vorkriegszeit anzupassen, und sehen nun erst recht, wie arm wir geworden sind." Man sehe dies an den „Fleischportionen" und „Milchmengen", die man ausgeben könne. Langsam habe man begonnen, „unsere Speisezettel aufzubessern und Stoffe und Kleider anzuschaffen, um die Garderobenvorräte aufzufüllen." Angesichts der niedrigen Kostgeldsätze gehe es aber nur langsam voran. Kostendeckend könne man noch nicht wieder arbeiten.[206]

Die Einnahmen und Ausgaben stiegen in den folgenden Jahren auf über eine Million Reichsmark (1927).[207] Mittlerweile hatten auch die Kostgelder die Marke von

---

198 Rückblick auf das Jahr 1920, in: BuB 45 (1921), Nr. 1, 9–20, 9f.
199 Rückblick (1921), 2f.
200 Rückblick auf das Jahr 1922, in: BuB 47 (1923), Nr. 1, 1–5, 1.
201 Rückblick (1923), 3.
202 Rückblick (1919), 7; Rückblick (1920), 9f.; Ein Dank an unsere Wohltäter, in: BuB 46 (1922), 18f.; Rückblick (1922), 1; Rückblick (1923), 3.
203 Rückblick (1922), 2; Rückblick (1923), 6.
204 Rückblick (1923), 10.
205 Rückblick auf das Jahr 1924, in: BuB 49 (1925), Nr. 1, 3–15, 3. Danach auch die folgenden Zitate.
206 Ebd., 4.
207 Lk 9,56. Rückblick auf das Jahr 1927, in: BuB 52 (1928), Nr. 1, 1–17, 10.

einer Million Reichsmark erreicht, sodass die Alsterdorfer Anstalten annähernd kostendeckend arbeiten konnten, zumal der Spenderertrag mit 25.000 Reichsmark zufriedenstellend ausfiel.[208] So konnten sich die Alsterdorfer Anstalten daranmachen, den Investitionsstau der Kriegs- und Nachkriegszeit abzubauen.

Der Erwerb von Gut Stegen

Mit der Überwindung der Hyperinflation nahm auch der seit längerer Zeit erwogene Plan, die Landwirtschaft der Alsterdorfer Anstalten teilweise an einen Standort außerhalb Hamburgs zu verlegen, konkrete Gestalt an. Schon vor dem Ersten Weltkrieg hatten Direktion und Vorstand der Alsterdorfer Anstalten das Ausgreifen der Stadt nach Norden mit Sorge betrachtet. In den 1920er Jahren verschärften sich die Probleme. Immer wieder waren die Alsterdorfer Anstalten gezwungen, wertvolles Bau- und Ackerland zum Zweck der öffentlichen Daseinsvorsorge, insbesondere für „Straßen- und Kanalbauten" sowie den Ausbau der „städtischen Kleingartenkolonien" abzutreten. Überdies wurde der landwirtschaftliche Betrieb in der Kriegs- und Nachkriegszeit „zeitweilig derartig von Felddieben heimgesucht, dass es einem die Lust […] fast verleiden konnte."[209] Im Frühjahr 1924 nahm der hamburgische Staat den Alsterdorfer Anstalten schließlich „eine Fläche von 50 Morgen, unser bestes Kartoffelland",[210] ab, „um darauf eine Motorradrennbahn einzurichten. Jedoch förderte dies Ereignis […] den Entschluss, unsern längst gehegten Wunsch nach Verlegung des landwirtschaftlichen Betriebes jetzt zu verwirklichen".[211] Im Sommer 1924 wurde das im benachbarten Kreis Stormarn gelegene, etwa 240 Hektar große adelige Gut Stegen zum Kauf angeboten. Die Mittel zum Kauf wurden aufgebracht durch den Verkauf „der angestammten hochwertigen Anstaltsländereien in Alsterdorf zwischen Alsterdorfer Straße, Sengelmannstraße und Heilholtkamp an den hamburgischen Staat". Der Vorstand hatte mit dem Kauf von Gut Stegen nicht nur die Versorgung der Alsterdorfer Anstalten im Blick. Angesichts des Flächenhungers der stetig wachsenden Stadt Hamburg wollte man sich notfalls die Umsiedlung der gesamten Anstalt offenhalten. Der Kauf von Gut Stegen, so hieß es im Rückblick, „geschah gleichzeitig in der Absicht, sich bei einer späteren erforderlichen Verlegung der Anstalten einen geeigneten Platz zu sichern."[212]

Man sei zwar jetzt „sozusagen Rittergutsbesitzer",[213] so ließ Paul Stritter die Freunde und Förderer der Alsterdorfer Anstalten wissen, man sei aber weiterhin dringend

---

208 Die Alsterdorfer Anstalten, in: BuB 52 (1928), Nr. 2, 49–56, 54.

209 Erwerbung des adeligen Gutes Stegen in Holstein durch die Alsterdorfer Anstalten, in: BuB 48 (1924), Nr. 2, 30–35, 30.

210 Rückblick (1924), 6.

211 Ebd., 7.

212 Plagemann, Wilhelm: Die wirtschaftliche Entwicklung der Alsterdorfer Anstalten von 1863 bis 1938, in: BuB 62 (1938), Nr. 1, 16–18, 18.

213 Erwerbung des adeligen Gutes Stegen, 32.

II. Ausbau und Bewahrung, 1899–1930

Gutshaus in Stegen

auf Spenden angewiesen, denn das Gut Stegen sei stark vernachlässigt und erfordere beträchtliche Investitionen. Tatsächlich nutzte man die Phase wirtschaftlicher Stabilität zwischen 1924 und 1928, um sowohl auf Gut Stegen wie auf dem Gelände der Stammanstalt dringend notwendige Baumaßnahmen durchzuführen. Stritter rechtfertigte das Modernisierungsprogramm im Jahre 1928 damit, „dass so manche Dinge und Einrichtungen, mit denen man in den Notjahren der Kriegs- und Inflationszeit sich notdürftig behelfen musste, den allgemein wieder steigenden Ansprüchen an die Lebenshaltung nicht mehr genügen können".[214] Zwar wolle man „jeden Luxus vermeiden" und „größte Sparsamkeit" üben, doch seien manche Investitionen unbedingt notwendig gewesen. Die Alsterdorfer Anstalten hätten, so urteilte der Oberinspektor Wilhelm Plagemann rückblickend, der Versuchung widerstanden, „Ende der zwanziger Jahre, in der Zeit der Scheinblüte",[215] größere Kredite aufzunehmen, sodass sie sich einer „solide[n] finanzielle[n] Lage" befunden hätten, als die Hochkonjunkturphase mit der heraufziehenden Weltwirtschaftskrise abrupt endete. Schon 1930 sahen sich die Behörden gezwungen, die Pflegesätze herabzusetzen. Auch die Spenden gingen zurück: Der Spendenaufruf anlässlich des 80-jährigen Bestehens im Frühjahr 1930 verhallte weitgehend ungehört.

---

214 Rückblick auf das Jahr 1928, in: BuB 53 (1929), Nr. 1, 4–17, 4. Danach auch die folgenden Zitate.
215 Plagemann, Entwicklung, 18. Danach auch das folgende Zitat.

Personal

Revolution, Waffenstillstand und Demobilisierung wirkten sich auch auf das Personal der Alsterdorfer Anstalten aus. Die in der Landwirtschaft eingesetzten russischen Kriegsgefangenen machten sich „nach Ausbruch der Revolution bei Nacht und Nebel"[216] davon, die englischen Kriegsgefangenen wurden bis zum 16. Dezember 1918 regulär entlassen. Zugleich kehrten die zum Militärdienst eingezogenen Mitarbeiter nach und nach zurück.[217] Nicht alle Kriegsheimkehrer blieben im Anstaltsdienst, manche suchten sich eine andere Arbeitsstelle, „um sich zu verbessern".[218] Es wurden nicht alle frei werdenden Plätze neu besetzt, da auch die Bewohnerzahl abgenommen hatte.

„Die mit dem unglücklichen Kriegsausgang verbundene Revolution übte im Großen und Ganzen nur geringe Wirkung auf unsere Mitarbeiter aus", stellte Stritter im Rückblick erleichtert fest. Lohnkonflikte habe es nicht gegeben. Gehaltserhöhungen und besondere Vergünstigungen waren während des Krieges ohnehin schon verschiedentlich bewilligt worden, „weitere wurden für 1919, den Teuerungsverhältnissen entsprechend, in Aussicht gestellt". Die Möglichkeit, dass sich die Angestellten gewerkschaftlich organisieren könnten, dürfte den Direktor mit Unruhe erfüllt haben. Doch blieb der 1919 gewählte „Angestelltenausschuss" offenkundig eine Episode. Stattdessen schlossen sich etwa hundert Angestellte der Alsterdorfer Anstalten dem „Verband der Arbeiter und Arbeiterinnen der Inneren Mission in Hamburg" an.[219] Stritter beschwor wiederholt das Ideal der christlichen Dienstgemeinschaft,[220] das er fast schon trotzig dem Zeitgeist entgegensetzte, der dazu neige, „auch die zur Übung geistlicher Liebestätigkeit geschaffenen Anstalten als einen Teil des allgemeinen ‚Arbeitsmarktes' anzusehen, wo das Lohnverhältnis regiert und der ‚Arbeitnehmer' seine Arbeitskraft möglichst teuer verkauft und seine Leistung und Arbeitsdauer genau abmisst nach der Bezahlung."[221]

Die Gehälter wurden in den Jahren von 1919 bis 1923 immer wieder erhöht, um die rasant fortschreitende Geldentwertung auszugleichen. Nach dem Währungsschnitt stabilisierten sich die Gehaltsverhältnisse.[222] Am 15. Dezember 1926 wurde eine eigene „Versorgungskasse" gegründet.[223] Sie sollte den Angestellten und deren

---

216 Rückblick (1918), 7.

217 Die Anstaltsangehörigen im Felde, in: BuB 43 (1919), 26; Rückblick (1919), 8f., Rückblick (1920), 11.

218 Rückblick (1919), 9.

219 Ebd., 10.

220 Rückblick (1918), 9.

221 Einleitung (Lk 6,36), 3.

222 Bekanntmachung des Direktors für solche, die sich um eine Stellung in den Alsterdorfer Anstalten bewerben, in: BuB 48 (1924), Nr. 2, 49f., 50.

223 Rückblick auf das Jahr 1926, in: BuB 51 (1927), Nr. 1, 2–19, 10. Danach auch die folgenden Zitate.

Hinterbliebenen zu den Bezügen aus der reichsgesetzlichen Angestellten- oder Invalidenversicherung ein zusätzliches „Ruhegeld" bzw. „Witwen- und Waisengeld" sichern. Die Gehälter in den Alsterdorfer Anstalten, so erfährt man an dieser Stelle, erreichten „durchweg 80 % der entsprechenden Staatsbeamtengehälter." 1930 kam es, im Zuge der beginnenden Weltwirtschaftskrise, zu ersten Gehaltskürzungen.[224]

Im Herbst 1920 beschäftigten die Alsterdorfer Anstalten 68 Männer und 87 Frauen.[225] Im März 1930 waren es 149 Männer und 115 Frauen; davon waren 47 Männer und 54 Frauen im Pflegedienst tätig – sie versorgten rund 1.100 Bewohner und Bewohnerinnen. Der Pflegeschlüssel lag mithin bei etwa 1:11.[226]

Besondere Qualifikationen wurden bei der Anwerbung neuer Mitarbeiter und Mitarbeiterinnen noch immer nicht vorausgesetzt.[227] „Halbe Kräfte" könne man in den Alsterdorfer Anstalten nicht gebrauchen, stellte Stritter indessen klar, die Arbeit sei „kein Kinderspiel".[228] Ausgebaut wurde der Fortbildungsunterricht für die jüngeren Angestellten.[229]

Ungelöst blieb weiterhin das Problem der mittleren Führungsebene. 1925 unternahm der Vorstand einen neuen Versuch, Stritter einen Stellvertreter an die Seite zu stellen.[230] Doch blieb der zum „zweiten Pastor und Seelsorger" der Alsterdorfer Anstalten berufene *Paul Hoffmann* keine zwei Jahre.[231] Der Vorstand unternahm einen weiteren Anlauf. In einem sehr sorgfältigen und aufwendigen Auswahlverfahren[232] einigte er sich auf Pastor *Arnold Elster* aus Neuenwalde im Kreis Lehe, der am 1. November 1928 mit seiner Familie in die Alsterdorfer Anstalten einzog.[233] Er blieb nur ein gutes halbes Jahr, Ende Juli 1929 wurde er Pfarrer in Uelzen.[234] Beide Pastoren waren im Streit ausgeschieden – dazu später mehr.

---

224 Rückblick auf die Jahre 1930 und 1931, in: BuB 55/56 (1930/31), Nr. 1, 19–29, 19.

225 Rückblick (1919), 11.

226 Rückblick auf das Jahr 1929, in: BuB 54 (1930), Nr. 1, 7–22, 13.

227 Bekanntmachung des Direktors, 49.

228 Warum die Alsterdorfer Anstalten keine sog. halben Kräfte anstellen können, in: BuB 49 (1925), Nr. 3, 84f.

229 Rückblick (1926), 10.

230 Einführung von Pastor Paul Hoffmann als zweiter Pastor und Seelsorger der Alsterdorfer Anstalten., in: BuB 49 (1925), Nr. 3, 71–77.

231 Rückblick (1927), 5.

232 Dazu ausführliche Unterlagen in ArESA, Hist. Slg 44.

233 Amtsantritt des neugewählten zweiten Pastors und Seelsorgers der Alsterdorfer Anstalten, in: BuB 52 (1928), Nr. 2, 103–107.

234 Rückblick (1929), 11.

Die Bewohner und Bewohnerinnen

Nach dem Ende des Ersten Weltkriegs sank die Bewohnerzahl zunächst noch weiter ab, von 757 (31. Dezember 1918)[235] auf 719 (31. Dezember 1920).[236] Dieser Rückgang hatte im Wesentlichen zwei Gründe: Zum einen war die Sterblichkeit noch immer recht hoch, zum anderen zogen Behörden und Privatpersonen angesichts der steigenden Kostgelder Bewohner und Bewohnerinnen aus den Alsterdorfer Anstalten ab.[237] In der Inflationszeit stieg die Bewohnerzahl langsam wieder bis auf 800 (1923) an.[238] Dieser Trend setzte sich in der Phase der wirtschaftlichen Stabilisierung beschleunigt fort. Die Bewohnerzahl kletterte von 851 (1924)[239] auf 1.022 (1927).[240] „Die Anstalten sind überfüllt, und wir tragen Bedenken, sie zu vergrößern. Mehr als 1.000 Pfleglinge dürften wir eigentlich nicht aufnehmen",[241] stellte Stritter in seinem Bericht über das Jahr 1927 fest. Am Ende der Amtszeit Stritters waren in den Alsterdorfer Anstalten 1.147 Bewohner und Bewohnerinnen untergebracht.[242] Noch immer stellten Kinder, Jugendliche und junge Erwachsene die große Mehrheit der Bewohner und Bewohnerinnen, doch nahm die Zahl der Älteren allmählich zu.[243] 1926 feierte die erste Bewohnerin ihr 60. Anstaltsjubiläum.[244] Etwa die Hälfte der Bewohner und Bewohnerinnen waren reine Pflegefälle.[245]

Der Schulbetrieb hatte in der Kriegszeit weitgehend brachgelegen, und der Wiederaufbau kam nur langsam in Gang.[246] Ein großer Verlust war es, dass der Hauptlehrer Johannes Paul Gerhardt die Alsterdorfer Anstalten im Herbst 1920 verließ, um einem Ruf an die hamburgische Staatskrankenanstalt (Irrenanstalt) Friedrichsberg zu folgen, „der namentlich seinen wissenschaftlichen Neigungen (experimentelle Psychologie und Kinderforschung) ein dankbares Feld der Betätigung verspricht."[247] Mit Gerhardt verlor die Schule der Alsterdorfer Anstalten, die fortan von *Max Tietge*

---

235 Rückblick (1919), 12.

236 Rückblick (1920), 14f.

237 Rückblick (1919), 11f.

238 Rückblick (1923), 8.

239 Rückblick (1924), 10.

240 Rückblick (1927), 4.

241 Ebd., 3.

242 Rückblick (1930/31), 24.

243 Ärztlicher Bericht über 1928, in: BuB 53 (1929), Nr. 1, 17–19, 19.

244 Rückblick (1927), 4.

245 Die Alsterdorfer Anstalten, in: BuB 52 (1928), Nr. 2, 49–56, 56.

246 Rückblick (1919), 13; Rückblick (1920), 15.

247 Jubiläum – und Abgang des Hauptlehrers J. P. Gerhardt, in: BuB 44 (1920), Nr. 1, 22f., 22.

II. Ausbau und Bewahrung, 1899–1930   121

Handarbeitsunterricht im Freien

(1880–1967) geleitet wurde, viel von ihrem innovativen Potenzial.[248] Der Unterricht folgte – soweit dies erkennbar ist – den erprobten Mustern und Lehrplänen: In den ersten Jahren nach dem Krieg ging es zunächst einmal darum, den Vorkriegsstand zu erreichen. 1921 wurde gar „in einigen Fachblättern (‚Pädagogische Reform', ‚Aufbau') in polemischer Weise von einer Not unserer Kinder in der Schule gesprochen".[249] Eine Einladung Hamburger Pressevertreter im Dezember 1922 – in der Jahresrückschau ausdrücklich als etwas ganz Neues bezeichnet – steht vielleicht mit diesen Anwürfen in Zusammenhang.[250]

Ab 1924 wurde der Schulunterricht wieder ausgebaut, 1926 ein „Werk- und Handarbeitsunterricht"[251] eingeführt, dessen Erzeugnisse auf Veranlassung des Central-Ausschusses für Innere Mission im Juni 1926 auf der „Großen Ausstellung für Gesundheitspflege, soziale Fürsorge und Leibesübungen" (GeSoLei) in Düsseldorf gezeigt wurden. Die Alsterdorfer Anstalten sollten bei dieser Gelegenheit erklärtermaßen „als

---

248 Beibehalten wurden die Intelligenzprüfungen beim Eintritt in die Schule mithilfe eines neuen, an „Zweck und Ziel unserer Anstaltsschule" angepassten Prüfbogens. ArESA, Hist. Slg. 29: Tietge, Umfang und Aufbau der Schule in den Alsterdorfer Anstalten, undatiert [1932/33].
249 Rückblick (1921), 8.
250 Rückblick (1922), 4.
251 Werktätige Erziehung, in: BuB 52 (1928), Nr. 1, 23–34, 23–29.

Pause in der Schule der Alsterdorfer Anstalten

Musteranstalt der Schwachsinnigen- und Epileptikerfürsorge"[252] präsentiert werden. Bei alledem stieg die Zahl der Schüler und Schülerinnen, wenn auch nicht im selben Tempo wie die Gesamtzahl der Bewohner und Bewohnerinnen. Zählte man zu Beginn des Schuljahrs 1924/25 noch 98 Schulkinder,[253] so waren es zu Beginn des Schuljahrs 1930/31 immerhin 132.[254]

Im Winter wurde noch immer ein „Fortbildungsunterricht" für männliche und weibliche Jugendliche angeboten. Dieser zielte jetzt mehr und mehr darauf ab, die Schüler und Schülerinnen auf ein Leben außerhalb der Anstalt vorzubereiten. Der im Unterricht behandelte Stoff stand „in engstem Zusammenhang mit den Forderungen des Lebens, auch ganz denjenigen der Jetztzeit (Arbeitslosigkeit, Abbau, Verkehrsunterricht, Einführung neuer Postwertzeichen, Münzen etc. […])." Dies traf sich offenkundig mit den Interessen der Jugendlichen, weshalb sich der Fortbildungsunterricht wachsender Beliebtheit erfreute: „Besonders die Mädchen zeigen großes Verlangen nach Unterricht. Sie möchten, wie sie sagen, noch gern alles, was sie draußen im Leben gebrauchen müssen, lernen. Viele haben nämlich den lebhaften Wunsch, in Stellung außerhalb der Anstalten zu gehen."[255]

---

252 Rückblick (1926), 16.
253 Rückblick (1923), 9.
254 Rückblick (1929), 16.
255 Rückblick (1926), 13.

Der medizinische Bereich

Nach dem Abebben der Spanischen Grippe gingen die Sterberaten in den Alsterdorfer Anstalten deutlich zurück. 1919 starben insgesamt 100 Bewohner und Bewohnerinnen; das entsprach einer Sterberate von 10,9 Prozent.[256] 1920 verzeichnete man 62 Todesfälle, die Sterberate sank trotz weiterhin angespannter Ernährungslage[257] auf sieben Prozent.[258] 1921 waren 46 Todesfälle zu beklagen, die Sterberate ging auf 5,3 Prozent zurück und erreichte damit „etwa den normalen Stand vor dem Kriege".[259] Danach stieg die Sterberate bis zum Höhepunkt der Hyperinflation wieder bis auf knapp acht Prozent (1923) an,[260] sank dann schlagartig auf 4,2 Prozent (1924) ab[261] und pendelte sich dann auf einem Niveau zwischen 2,5 und 3,7 Prozent ein. Lediglich im Jahre 1927 lag sie mit 4,8 Prozent höher,[262] was auf eine schwere Masernepidemie zurückzuführen war, bei der 97 Bewohner und Bewohnerinnen erkrankten und 14 verstarben.[263] Danach spielten diese Epedimien keine Rolle mehr, häufigste Todesursache war nun wieder die Tuberkulose. Die Ärzte der Alsterdorfer Anstalten zeigten sich mit der Entwicklung der Sterberaten sehr zufrieden; sie gingen von einer durchschnittlichen Sterblichkeit in Anstalten für Menschen mit geistiger Behinderung von sieben Prozent aus.[264]

In der unmittelbaren Nachkriegszeit konnten die Ärzte kaum mehr tun, als die ärztliche Grundversorgung notdürftig aufrechtzuerhalten. An eine Fortsetzung der vor dem Krieg begonnenen Forschungen war jedoch vorerst nicht zu denken.

Nach dem plötzlichen Tod Hermann Kellners im Januar 1924[265] stellte sich der medizinische Bereich der Alsterdorfer Anstalten neu auf. Sanitätsrat Dr. *Walther Fischer* († 1938), ein Nervenarzt in Blankenese, wurde zum Oberarzt berufen.[266] Die Verantwortung vor Ort lag weiterhin bei dem Assistenzarzt Dr. Peter Clemenz, als zweiter Assistenzarzt trat Dr. *Gerhard Kreyenberg* (1899–1996), der zuvor in den

---

256 Rückblick (1919), 11f. Die Sterberaten wurden wiederum errechnet nach den statistischen Angaben in den Jahresberichten. Seit 1924 machen die Ärztlichen Jahresberichte aus den Alsterdorfer Anstalten Angaben zu den Sterberaten, die von den von uns errechneten Werten leicht (meist nach oben) abweichen. Die Berechnungsgrundlage ist unklar.
257 Ärztlicher Bericht (1920), 21.
258 Rückblick (1920), 15.
259 Rückblick (1921), 6.
260 Rückblick (1923), 8. Vgl. auch Clemenz, Ärztlicher Bericht über das Jahr 1923, in: BuB 48 (1924), Nr. 1, 12–15.
261 Rückblick (1924), 10.
262 Rückblick (1927), 4.
263 Fischer/Clemenz, Ärztlicher Bericht über das Jahr 1927, in: BuB 52 (1928), Nr. 1, 17–20, 18f.; Ärztlicher Bericht über das Jahr 1929, in: BuB 54 (1930), Nr. 1, 22–28, 23f.
264 Fischer/Clemenz, Ärztlicher Bericht über das Jahr 1924, in: BuB 49 (1925), Nr. 1, 15–20, 16.
265 Professor Dr. Kellner †, in: BuB 48 (1924), 19–21.
266 Rückblick (1924), 8.

v. Bodelschwinghschen Anstalten in Bethel tätig gewesen war, am 2. Januar 1928 seinen Dienst an.[267] Als Clemenz die Alsterdorfer Anstalten im Oktober 1929 verließ, um „einen größeren Wirkungskreis in den hamburgischen Strafanstalten"[268] zu übernehmen, wurde Kreyenberg de facto zum ärztlichen Leiter der Alsterdorfer Anstalten. Ein dritter Arzt kam hinzu. Im Februar 1929 war mit Dr. med. dent. *Wilhelm Schwisow* (1901–1980) erstmals ein Zahnarzt eingestellt worden.[269] Parallel zu diesem personellen Revirement wurde 1928/29 das Krankenhaus Bethabara um- und ausgebaut, sodass „nun ein wirklich modernes Krankenhaus mit allen notwendigen wissenschaftlichen Apparaten"[270] zur Verfügung stand. Nun setzte in der Arbeit der Alsterdorfer Anstalten ein zweiter Medikalisierungsschub ein, der die Heilpädagogik schon bald vollends in den Hintergrund drängte.

Die Alsterdorfer Anstalten und die Frage der „Vernichtung lebensunwerten Lebens"

Hermann Kellner hielt bis zu seinem Tod unbeirrt an seinen berufsethischen Grundsätzen fest. Eugenische Gedankengänge sucht man in seinen Schriften weiterhin vergeblich.[271] Auch in der Frage der „Euthanasie" blieb Kellner prinzipienfest. In seinem Rückblick auf das Jahr 1920 schrieb er mit Blick auf die soeben erschienene Schrift von Karl Binding und Alfred E. Hoche über die „Vernichtung lebensunwerten Lebens":

„Erst der neuesten Zeit mit ihren vielen Entgleisungen ist es vorbehalten geblieben, Vorschläge zu machen, die jeder Gesittung und Kultur Hohn sprechen, indem sie die massenhafte gewaltsame Tötung der Schwachsinnigen anempfahlen. Ein solches Vorgehen könnte nur mit dem Worte ‚Mord aus Gewinnsucht' bezeichnet werden, denn derjenige, der einen wehrlosen Menschen tötet, um sich eine Ausgabe zu ersparen, steht wahrlich nicht höher als derjenige, der seinen Mitmenschen mordet, um

---

267 Die Alsterdorfer Anstalten, in: BuB 52 (1928), Nr. 2, 49–56, 54.

268 Rückblick (1929), 11.

269 In der Regel nahm Schwisow keine „Sanierung der Mundhöhle im Sinne der staatlichen Schulzahnpflege" vor, weil dies schlichtweg zu aufwendig gewesen wäre. Er hatte eigenen Angaben zufolge keinerlei Vorgaben für seine Arbeit. Der Zahnarzt entschied sich pragmatisch dafür, denen, die akute Schmerzen haben, zu helfen, dabei auch nach Möglichkeit prophylaktisch tätig zu werden. „Wenn dann vereinzelt auch einige Mundhöhlen saniert werden, geschieht es, weil die betreffenden Kinder in einer geistigen Verfassung sind, die ihre spätere Entlassung und berufliche Tätigkeit gewährleistet." Ärztlicher Bericht über das Jahr 1929, in: BuB 54 (1930), Nr. 1, 22–28, 27f. Dazu auch: Wunder, Michael: Die Karriere des Dr. Gerhard Kreyenberg – Heilen und Vernichten in Alsterdorf, in: ders. / Genkel, Ingrid / Jenner, Harald: Auf dieser schiefen Ebene gibt es kein Halten mehr. Die Alsterdorfer Anstalten im Nationalsozialismus, Stuttgart ³2016, 137–183, 144.

270 Rückblick (1928), 5. Vgl. Osterwald, Magdalene: Das erweiterte und neueingerichtete Krankenhaus der Alsterdorfer Anstalten, in: BuB 53 (1929), Nr. 2, 38–43.

271 Vgl. z. B. Ärztlicher Bericht über das Jahr 1919, in: BuB 44 (1920), 16–22.

II. Ausbau und Bewahrung, 1899–1930

ihn zu berauben. Auch würde ein solches Vorgehen sehr bald von dem Fluche der bösen Tat getroffen werden, dass sie fortzeugend Böses gebären muss. Denn wo wäre die Grenze zu ziehen zwischen Schwachsinnigen und unheilbar Irren oder körperlich unheilbaren Kranken? Und wer würde sich zu solchem Henkeramt bereitfinden?"[272]

Paul Stritter lehnte die „Vernichtung lebensunwerten Lebens" aus Glaubensgründen entschieden ab. So schrieb er im Jahre 1928:

„Nach bloß menschlichen Nützlichkeitserwägungen kann freilich manches als Torheit erscheinen, was in Anstalten der christlichen Liebestätigkeit zur Pflege und Erhaltung scheinbar lebensunwerten Lebens geschieht. Aber von höherer Warte, im Blick auf göttliche Gedanken können wir doch manches davon erkennen, dass menschliche Nützlichkeitserwägungen nicht der Weisheit letzter Schluss sind."[273]

Gegen diese Äußerung legte der Hamburger Rechtsanwalt Dr. *Paul Marcus* (1880–1958)[274] energischen Widerspruch ein. Marcus, der 1922 aus der jüdischen Kultusgemeinde ausgetreten war und offenbar der monistischen Bewegung[275] nahestand, betätigte sich hin und wieder als Publizist und Übersetzer und hatte sich nach eigenem Bekunden „mit der Frage [der ‚Euthanasie'] schon seit langen Jahren beschäftigt und Verschiedenes darüber veröffentlicht."[276] Marcus beharrte darauf, dass sich die Frage der „Euthanasie" keineswegs „allein vom Standpunkt der Religion behandeln und entscheiden" lasse, vielmehr handele es sich um „eine Frage des praktischen Lebens, bei der die Religion so gut wie nichts mitzureden hat." Zwar solle, so Marcus, nicht „jeder Geistesschwache beseitigt" werden, doch hielt er die „Euthanasie" für „menschlich geboten", wenn es sich um „einen schwer leidenden Kranken ohne eigenes Bewusstsein handelt, bei dem auch keine Affektionsinteressen Angehöriger mehr vorhanden sind." Marcus berief sich auf eine Publikation aus dem Umfeld des Deutschen Monistenbundes, die er seinem Schreiben an die Direktion der Alsterdorfer Anstalten beifügte.[277]

---

272 Ärztlicher Bericht über das Jahr 1920, in: BuB 45 (1921), Nr. 1, 20–24, 23.

273 Rückblick (1927), 2.

274 Wegen seiner jüdischen Herkunft war Marcus im „Dritten Reich" von den antisemitischen Boykottmaßnahmen betroffen. Im November 1938 wurde er mit Berufsverbot belegt, im Januar 1939 emigrierte er nach Schweden. Morisse, Heiko: Ausgrenzung und Verfolgung Hamburger Juristen im NS-Staat, Hamburg 2003, 155.

275 Monismus bezeichnet eine ganzheitliche Weltanschauung auf der Grundlage des naturwissenschaftlichen Positivismus, Materialismus und Sozialdarwinismus mit antiklerikaler Stoßrichtung.

276 ArESA, Hist. Slg. 45: Dr. Paul Marcus an die Direktion der Alsterdorfer Anstalten, 23.4.1928. Danach auch die folgenden Zitate.

277 Barth, Fritz: Euthanasie. Das Problem der Vernichtung lebensunwerten Lebens, Heidelberg 1926.

Paul Stritter nahm sich die Zeit, ein ausführliches Antwortschreiben zu formulieren, dessen handschriftlicher Entwurf überliefert ist. Im Detail ging er auf die mitgeschickte Publikation ein, die er als polemisches Pamphlet ohne hinreichende Literaturkenntnis verwarf, wobei sich Stritter seinerseits auf die Schrift „Das Problem der Abkürzung ‚lebensunwerten' Lebens" von Obermedizinalrat Dr. *Ewald Meltzer* (1869–1940), dem Leiter des Katharinenhofs in Großhennersdorf bei Löbau und Vorsitzenden des „Vereins für Erziehung, Unterricht und Pflege Geistesschwacher", stützte.[278] Auf den Einwurf Marcus', die „Euthanasie" sei „eine Frage des praktischen Lebens", antwortete Stritter mit einem persönlichen Bekenntnis:

> *„Für mich als Christen und religiösen Menschen ist meine Religion nicht etwas* neben *dem Leben, was ich nach Gutdünken bald mitreden lassen, bald zum Schweigen verurteilen könnte, sondern sie ist für mich das Beherrschende, das das praktische Leben zu gestalten hat."*[279]

Die Alsterdorfer Anstalten am Ende der „Goldenen Zwanziger"

Selten tritt Paul Stritter als Mensch so plastisch aus den Quellen hervor wie an dieser Stelle. Seiner – wie er selbst schrieb – zurückhaltenden Art mag es zuzuschreiben sein, dass wir über sein Privatleben und seine Persönlichkeit wenig wissen. Anders als sein Vorgänger Heinrich Matthias Sengelmann war er kaum literarisch tätig – sein Schriftenverzeichnis nahm sich bescheiden aus. Ein genauerer Blick auf seine Publikationen zeigt, dass ihm persönlich vor allem der Aspekt der religiösen Erziehung, der Konfirmation und der Seelsorge der ihm anvertrauten Menschen mit geistiger Behinderung wichtig war. Auf diesem Feld entwickelte er, auch wenn er den von Sengelmann vorgezeichneten Linien folgte, originelle Gedanken.[280] Die Bedeutung der Psychiatrie, Psychologie oder Heilpädagogik in der Arbeit von Einrichtungen für Menschen mit geistiger Behinderung erkannte er durchaus an, ohne indessen auf diesem Gebiet eigene Akzente zu setzen.[281]

Seine Doppelfunktion als Direktor der Alsterdorfer Anstalten und Pastor der Anstaltsgemeinde nahm Stritter außerordentlich ernst, er litt augenscheinlich darunter, dass die ausufernden Verwaltungsgeschäfte immer weniger Raum für die Wort-

---

278 Meltzer, Ewald: Das Problem der Abkürzung „lebensunwerten" Lebens, Halle (Saale) 1925. Auf die Frage der „Euthanasie" ging Paul Stritter verschiedentlich ein. Vgl. z. B. Stritter, Paul: Das schwachsinnige Kind, Hamburg 1925, 15f.

279 ArESA, Hist. Slg. 45: Stritter an Marcus, undatiert (handschriftlicher Entwurf, Hervorhebung im Original).

280 Stritter, Konfirmation; ders.: Seelsorge unter geistig Abnormen, o. O., o. J. [Hamburg 1928]; ders.: Seelsorge an Geistesschwachen, o. O., o. J. [Gütersloh 1930].

281 Stritter, Paul: Das schwachsinnige Kind, Hamburg 1925.

Paul Stritter

verkündigung, den Konfirmandenunterricht und die Seelsorge ließen.[282] Obwohl er sich nicht in den Vordergrund spielte, eher leise Töne anschlug, stets auf Ausgleich bedacht war, sich meist konziliant und humorvoll gab, war Paul Stritter keine schwache Führungspersönlichkeit. Die Fäden im Anstaltsbetrieb hielt er fest in der Hand, tat sich – hier seinem Vorgänger doch sehr ähnlich – überaus schwer, Verantwortung abzugeben, wie die gescheiterten Versuche, ihm einen zweiten Pastor an die Seite zu stellen, zeigen.

---

282 Hollburg, G. [Gustav]: Pastor Paul Stritter. 31 Jahre Direktor der Alsterdorfer Anstalten, in: Alsterdorfer Anstalten in Wort und Bild (1932), 17–19, 18.

Effizient war Stritter auch im Hinblick auf die Vernetzung der Alsterdorfer Anstalten. Er gehörte nicht nur dem Vorstand des „Deutschen Vereins für Erziehung, Unterricht und Pflege Geistesschwacher" an, sondern war auch stellvertretender Vorsitzender der „Konferenz der Vorsteher evangelischer Anstalten für Geistesschwache und Epileptische", die auf ihrer Sitzung vom 9. bis 11. Juni 1925 in Neinstedt auf Antrag Stritters ihren Anschluss an den Central-Ausschuss für Innere Mission beschloss. Dieser Anschluss erfolgte in Form einer „Fachgruppe für Abnormenfürsorge",[283] in die Stritter „als Vertreter der Idioten- und Epileptischen-Anstalten" gewählt wurde. Daraus ging im Jahre 1928 die „Fachgruppe IV: Gesundheitsfürsorge und Kranken- und Pflegeanstalten" unter dem Dach des Central-Ausschusses hervor – auch hier vertrat Stritter die Belange der evangelischen Anstalten für Menschen mit geistiger Behinderung.[284]

Ende der 1920er Jahre galten die Alsterdorfer Anstalten als eine Mustereinrichtung auf der Höhe der Zeit. Hier liegt das größte Verdienst Paul Stritters. In den drei Jahrzehnten, in denen er an der Spitze der Alsterdorfer Anstalten stand, initiierte er einen umfassenden Modernisierungsprozess, der – nach einer Unterbrechung in der Kriegs- und Nachkriegszeit – Ende der 1920er Jahre zu einem vorläufigen Abschluss kam.

Die Weiterentwicklung der Anstaltsortschaft

„Zu eng, zu niedrig" – der Beginn einer neuen Bauphase

Sengelmanns Vorstellungen über die Bauweise von Anstaltsgebäuden und die Raumentwicklung der Anstaltsortschaft hatten sich bereits gegen Ende seiner Amtszeit überlebt, wie Baumeister Daniel Erwin Schuback, der kurz nach dem Tod Sengelmanns in den Vorstand der Alsterdorfer Anstalten gewählt wurde, bemerkenswert offen ausführte. Für Schuback bestand ein unmittelbarer Zusammenhang zwischen der Qualität einer Architektur und kollektivem Befinden. Mit Blick auf die bisherige bauliche Entwicklung Alsterdorfs wies er darauf hin, „dass das Gedeihen des inneren Anstaltslebens nicht unwesentlich von der Art und Beschaffenheit der Anstaltsgebäude abhängt. Ruhe und Frieden, Ordnung und Reinlichkeit erscheinen umso gesicherter, je geräumiger und übersichtlicher die Anstaltsräume sind, und je besser dieselben

---

283 ArESA, DV 887: Protokoll der Konferenz der Vorsteher evgl. Idioten- u. Epileptiker-Anstalten in der Zeit vom 9.–11. Juni 1925 zu Neinstedt am Harz.

284 Rückblick (1928), 14. Zum Hintergrund: Schmuhl, Hans-Walter: Evangelische Krankenhäuser und die Herausforderung der Moderne. 75 Jahre Deutscher Evangelischer Krankenhausverband (1926–2001), Leipzig 2002, 34–38.

auch baulich in gutem Stande erhalten werden."[285] All dies, so Schuback weiter, sei unter Sengelmann nicht konsequent umgesetzt worden, „da das stete Anwachsen der Kopfzahl der Anstaltsangehörigen mit den für die Unterbringung derselben zur Verfügung stehenden Mitteln nicht immer im richtigen Verhältnisse" gestanden habe. Zwar werde man die „große Anzahl der vorhandenen Anstaltsgebäude mit ihren verhältnismäßig zu engen und zu niedrigen Räumen in möglichst gutem Zustande" erhalten, versicherte Schuback, zukünftig aber sollte „im wohlverstandenen Interesse des Anstaltsbetriebes mehr als bisher auf das angemessene Äußere der Gebäude" Wert gelegt werden. Als maßgebliche Kriterien erwähnte er eine „gute Lage, Geräumigkeit, gute Beleuchtung und Heizung der Räume" und vergaß dabei nicht, einen wichtigen, vielleicht sogar den wichtigsten Grund für seine Überlegungen zu nennen: die „Aufsicht führende Medizinalbehörde". In der Tat hatte der Staat, nachdem er die Daseinsvorsorge für Menschen mit Behinderung als seine originäre Aufgabe anerkannt hatte und diese zunehmend finanzierte, immer größeren Wert darauf gelegt, die in seinem Auftrag ausgeführten Aufgaben sowohl zu normieren als auch zu kontrollieren. Damit wuchs der Druck auf alle Anstalten, für bessere und gesündere Unterbringungsmöglichkeiten der ihnen anvertrauten Menschen zu sorgen.

Mit Sengelmanns Nachfolger, Pastor Paul Stritter, sollte eine bis zum Beginn des Ersten Weltkriegs anhaltende Periode des intensiven Bauens und der Einführung progressiver Haus- und Geländetechnik anbrechen.

Haus Heinrichshöh – Gedenken an Heinrich Matthias Sengelmann

Bereits 1900 wurde nach den Entwürfen des Hamburger Architekten *Claus Meyer* (1870–1922)[286] ein „Siechenhaus" für ältere Männer auf der „besonders hoch belegenen [sic] Koppel"[287] in der „südöstlichen Ecke des zum ‚Asyl' gehörigen Anstaltenterrains", dem „kleinen Terrain", errichtet. Die Entscheidung für diesen Standort war wohl vor allem dem Ruhebedürfnis der erwarteten hinfälligen Bewohner geschuldet gewesen, lag er doch weit entfernt vom „oberen Terrain", wo die geistig behinderten, teils verhaltensauffälligen Frauen und Männer lebten. Heinrichshöh,[288] wie das neue Gebäude zum Gedenken an Sengelmann heißen sollte, wurde unter der Federführung von Maurermeister *Friedrich Roggenbuck* errichtet.

---

285 Die bauliche Entwicklung der Alsterdorfer Anstalten im Jahre 1900, in: BuB 25 (1901) Nr. 1/2, 14–16, 14. Danach auch die folgenden Zitate.

286 Meyer arbeitete mit dem Architekten und Mitbegründer der Hamburger Ortsgruppe des Bundes der Architekten *Alfred Löwengard* (1856–1929) zusammen. Freundliche Mitteilung von Karl-Heinz Hoffmann, Hamburgisches Architekturarchiv, 2.2.2021.

287 Die bauliche Entwicklung der Alsterdorfer Anstalten im Jahre 1900, in: BuB 25 (1901) Nr. 1/2, 15.

288 Alsterdorfer Anstalten in Wort und Bild (1932), 41.

Grundriss von Haus Heinrichshöh (BuB 27/1903, 3-4, 45)

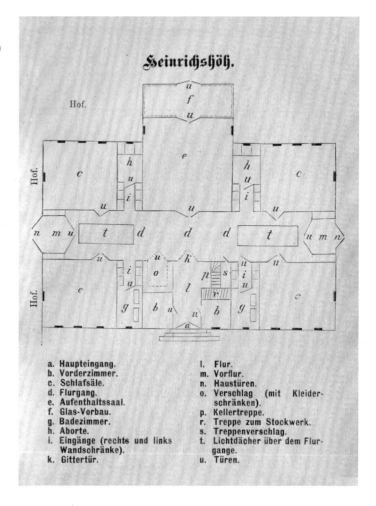

a. Haupteingang.
b. Vorderzimmer.
c. Schlafsäle.
d. Flurgang.
e. Aufenthaltssaal.
f. Glas-Vorbau.
g. Badezimmer.
h. Aborte.
i. Eingänge (rechts und links Wandschränke).
k. Gittertür.
l. Flur.
m. Vorflur.
n. Haustüren.
o. Verschlag (mit Kleiderschränken).
p. Kellertreppe.
r. Treppe zum Stockwerk.
s. Treppenverschlag.
t. Lichtdächer über dem Flurgange.
u. Türen.

Das neue Gebäude, das bis zu „sechzig Zöglinge [mit] dem benötigten Wärterpersonal"[289] beherbergen sollte, war als dreigliedriger (eingeschossiger) Bau mit einem allerdings zweistöckigen unterkellerten Mittelteil ausgeführt worden. Im Erdgeschoss befanden sich „vier Schlafsäle für je fünfzehn Betten" – in jeder Gebäudeecke einer –, ein „72 qm großer Tagesraum", an dessen Südseite sich eine großzügig bemessene Veranda anschloss. Es ist sicherlich nicht übertrieben, die rund 35 Quadratmeter große Fläche als „Erholungsraum im Kleinen"[290] zu bezeichnen. Es gab zwei

---

289 Die bauliche Entwicklung der Alsterdorfer Anstalten im Jahre 1900, in: BuB 25 (1901) Nr. 1/2, 115.

290 Anlehnend an: Knoch, Habbo: Grandhotels. Luxusräume und Gesellschaftswandel in New York, London und Berlin um 1900, Göttingen 2016, 193.

II. Ausbau und Bewahrung, 1899–1930

Isolierzimmer für ansteckend Kranke, zwei Baderäume mit je zwei Wannen sowie „diverse Schrank- und Nebenräume". Ein das gesamte Gebäude von Nordost nach Südwest durchziehender, drei Meter breiter Korridor bot bescheidenen Platz, wenn die Bewohner zum Beispiel witterungsbedingt das Haus nicht verlassen konnten. Zwei im Dach der beiden Korridorenden eingebaute „Lichtdächer" sorgten für natürliches Tageslicht:

> „In diesen beiden Räumen [Tagesräumen] und auf dem Flur, von dem aus man in die Schlafräume gelangt, spielt sich das tägliche Leben ab. Im Sommer steht zusätzlich ein kleiner Hof mit einem Sandkasten und einer Schaukel zur Verfügung. Sechs Schlafräume mit je sechs Betten hat diese Abteilung. Je drei Betten stehen in den schmalen Zimmern von der Tür bis zum Fenster an jeder Wand. Dazwischen ein zwei Meter breiter Gang."[291]

Der Flur bot keinerlei Möglichkeit für die Bewohner, sich zu verstecken, und war daher auch mit wenig Personal leicht zu überblicken und zu kontrollieren.[292]

Im ersten Stock des Mittelteils von Heinrichshöh waren die „Wärter" untergebracht, die sich ebenso wie ihre „Schutzbefohlenen" über eine neuzeitliche „Warmwasserheizung" freuen konnten. Diese Annehmlichkeit, ausgeführt von *Otto Bernhardt*, war zu dieser Zeit in einer Anstalt für Menschen mit geistiger Behinderung nicht selbstverständlich.[293] Wie die anderen Anstaltswohnhäuser war auch das Gelände rund um Heinrichshöh mit einem Zaun umgeben, der den Bewohnern einerseits einen vor fremden Blicken geschützten Aufenthalt in der frischen Luft ermöglichte und sie andererseits am Fortlaufen hinderte. Mit der Entscheidung, ein „Siechenhaus" zu bauen, hatte man nicht nur entsprechenden Nachfragen, sondern auch einer natürlichen Entwicklung Rechnung getragen. Die im Kinder- und Jugendalter gekommenen Bewohner wurden älter und hinfälliger und sollten deshalb möglichst ebenerdig untergebracht werden. Wie andere Einrichtungen der Inneren Mission hatten sich auch die Alsterdorfer Anstalten einer – falls erforderlich – lebenslangen Beheimatung ihrer „Schutzbefohlenen" verschrieben, oftmals bis zu deren Tod: „In dieser Herberge sollen sie nun bleiben, bis ihr Leiden gebessert ist, oder bis sie in die ‚Herberge zur ewigen Heimat' übersiedeln dürfen",[294] präzisierte Stritter das Aufgabenprofil der Alsterdorfer Anstalten. Jedoch wuchs nicht nur die Zahl der älter werdenden Bewohner, sondern auch die Bitten um Aufnahme von bis dahin in ihren Familien versorgten pflegebedürftigen Männern nahmen zu. Die Chronifizierung der Raumnot erhöhte den Druck weiter.

---

291 Informationsbroschüre der Alsterdorfer Anstalten, o. J., 13.
292 Rötzer, Florian: Sein und Wohnen. Philosophische Streifzüge zur Geschichte und Bedeutung des Wohnens, Frankfurt am Main 2020, 44.
293 Hesse, Handbuch, 288.
294 Eine „Herberge zur Heimat", in: BuB 30 (1906), Nr. 1, 1–12, 1.

Ein neues Verwaltungsgebäude – Bildzeichen einer öffentlich anerkannten Institution

1902 entstand an der Sengelmannstraße, ganz in der Nähe der Kirche,[295] ein neues Verwaltungsgebäude.[296] Vom Architekten des Hauses Heinrichshöh, Claus Meyer, geplant und in Backstein erbaut, die Fassaden symmetrisch gegliedert und mit zurückhaltenden Stilzitaten, u. a. der Romanik, geschmückt, verwies das dreistöckige Gebäude auf die gewachsene (Verwaltungs-)Arbeit der Alsterdorfer Anstalten, die nicht nur mehr Personal, sondern auch zusätzliche Räume erforderlich gemacht hatte. Der Fassade des Gebäudes kam hierbei eine besondere Bedeutung zu. Einerseits schied sie das „Öffentliche vom Privaten",[297] verbarg das eine vor dem anderen. Andererseits war die Fassade das architektonische Medium, mit dem der Besitzer gezielte Botschaften nach außen kommunizierte. So unterstrich die zurückhaltende, klare und sparsame Bauausführung, dass die im Verwaltungsgebäude ausgeübten Tätigkeiten – die Leitung der Anstalten und der Umgang mit den Finanzen – gewissenhaft, ehrlich und sorgsam erledigt würden. Die beiden Seitenrisalite verliehen dem Gebäude darüber hinaus eine gewisse getragene Erhabenheit und Seriosität. Diese hatte man bewusst nach außen ausstrahlen wollen, war doch das Verwaltungsgebäude zur Stadt hin ausgerichtet worden, und zwar als Manifestation, dass die Alsterdorfer Anstalten nunmehr auch eine öffentlich anerkannte Institution geworden waren. Zugleich nahm das von zwei Seiten zugängliche Verwaltungsgebäude eine Scharnierfunktion ein, verband es doch „die Anstalt" und „die Welt" miteinander, wurde zugleich zu einem potenziellen Begegnungsraum, ohne seine Eigenschaft als „Pufferzone" zwischen „innen" und „außen" zu verlieren.

Auch das Verwaltungsgebäude wurde multifunktional genutzt. Im Erdgeschoss, der „eigentlichen Zentrale des ganzen Komplexes",[298] befanden sich „die Räume des Bureaus, die Arbeits-, Sprech- und Konferenzzimmer des Direktors", im ersten Stock lagen die Dienstwohnungen des Oberlehrers und des Obergärtners. Es steht zu vermuten, dass mit diesem Wohnraumangebot weitere wichtige Mitarbeiter enger an die Anstalt gebunden werden sollten. Interessant war der Hinweis, dass das neue Verwaltungsgebäude nunmehr als die „eigentliche Zentrale des ganzen Komplexes" betrachtet wurde, während diese Eigenschaft zu Sengelmanns Lebzeiten ausdrücklich der St. Nicolaus-Kirche zugesprochen worden war. Hin und wieder sollte auch das spätere neue Wirtschaftsgebäude als „Zentrum" oder „Zentrale" der Alsterdorfer Anstalten genannt werden. Dies mag zunächst wie eine begriffspolitische Petitesse

---

295 Ebd., 5.

296 Das Folgende in Anlehnung an: Loitzenbauer, Axel Philipp: St.-Nicolaus-Quartier in Hamburg-Alsterdorf. Inklusion gestalten in der Keimzelle der „Alsterdorfer Anstalten" – barrierefrei und denkmalgerecht. Beschreibung des Gesamtkonzeptes, Hannover, 6.2.2018, 12.

297 Geist, Johann Friedrich / Huhn, Dieter: Gebührt James Hobrecht ein Denkmal?, in: Bauwelt, Nr. 24, 1965, 701–704, 702.

298 „Herberge zur Heimat", 5. Danach auch das folgende Zitat.

II. Ausbau und Bewahrung, 1899–1930

erscheinen, wirft aber ein Schlaglicht auf das sich wandelnde Selbstverständnis der Alsterdorfer Anstalten, das sich in einem steingewordenen Spannungsfeld zwischen christlichem Auftrag einerseits und weltlichen Anforderungen andererseits bewegte und dem auch in der Bedeutungszuschreibung ihrer Neubauten wechselnd Rechnung trug.

Zum Guten Hirten – das „komfortabelste" Haus

1904 entstand mit dem Haus Zum Guten Hirten ein weiterer repräsentativer Bau auf dem „oberen Terrain", am südlichen Rande der Anstalt. Vorgesehen war das zweistöckige, etwa 41 Meter lange, rund 25 Meter breite und rund 150.000 Mark teure Haus für 120 Frauen und Mädchen. Im Keller hatte man „Räume für Industriearbeiten"[299] eingerichtet, die von „arbeitsfähigen Mädchen"[300] erledigt wurden. Diese wohnten

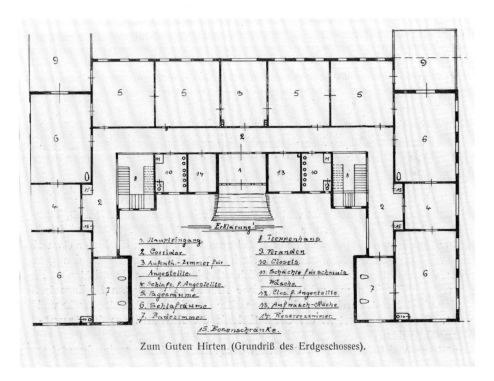

Grundriss des Erdgeschosses im Haus Zum Guten Hirten

---

299 Alsterdorfer Anstalten in Wort und Bild (1932), 41.
300 Alsterdorfer Anstalten, Sonderdruck 1912, 5. Danach auch die folgenden Angaben.

im ersten Stock, während man die „hilflosen Siechen" im Erdgeschoss untergebracht hatte. Mit dieser Raumaufteilung war gewährleistet, dass die schwer pflegebedürftigen Frauen und Mädchen trotz ihrer Einschränkungen in den Genuss der beiden Veranden kommen konnten, die sich an beiden Ecken ihrer Etage befanden. Man schob sie einfach in ihren Betten und Rollstühlen an die frische Luft. Eine Möglichkeit, die bettlägerigen Frauen in den Hof zu bringen, gab es nicht, da man nur Treppen, aber keine Rampen – wie später am Bodelschwinghhaus – angelegt hatte. Anders als etwa beim Verwaltungsgebäude oder der St. Nicolaus-Kirche war der Zugang in das Haus Zum Guten Hirten nicht von der Straße aus möglich, sondern nur, wenn man zuvor vom Pförtner, dem ersten Repräsentanten der Anstalten, auf das Gelände gelassen worden war. Allerdings zeigten zwei Veranden und die vier Tagesräume zur Straße, nach Südosten hin. Dies war wohl nicht dem Wunsch geschuldet, eine Verbindung zum öffentlichen Raum zu schaffen, sondern den Bewohnerinnen möglichst viel Tageslicht zu verschaffen.

Eine Warmwasserheizung und eine Heißwasserbereitungsanlage sorgten für modernen Wohnkomfort. Sicherlich war diese neuzeitliche Ausstattung eine große Erleichterung im Alltag, entfielen doch das schwere Kohleschleppen und das mühselige Erhitzen von Wasser in Töpfen und Kesseln. Für die Verantwortlichen war klar: Bei dem Guten Hirten handelte es sich damals um das „komfortabelste"[301] Haus der Gesamtanstalten. Interessant ist, dass der im Guten Hirten verlegte, feuerfeste Torgamentfußboden Anstaltsleiter Stritter eine ausdrückliche Erwähnung wert war.

Die Verantwortlichen zeigten sich zufrieden, hinterlasse der „Gute Hirte" doch einen „stattlichen" Eindruck. Ein Vierteljahrhundert später, 1931, sollte in diesem Gebäude einer der berüchtigsten Räume der Alsterdorfer Anstalten eingerichtet werden: der Wachsaal. Dazu an anderer Stelle mehr.

Mit einem „Notschrei" zu einer neuen Zentralküche

Mit der steigenden Zahl der Bewohnerinnen und Bewohner und ihrer Betreuerinnen und Betreuer vermochten weder die in dem 1878 erbauten Wirtschaftsgebäude untergebrachten Heizkessel noch die „Generalküche"[302] ihren Aufgaben länger gerecht zu werden.[303] Die beiden Kessel waren stark abgenutzt, der Kohlenverbrauch war zu hoch und damit „unrentabel",[304] kurzum: Die Kesselanlage hatte die Grenzen ihrer Leistungsfähigkeit erreicht. Auch die Küche genügte den an sie gestellten Erfordernissen – das Zubereiten von mehreren Mahlzeiten für rund neunhundert Menschen – immer weniger. Die Arbeitswege waren zu lang und die Arbeitsabläufe zu umständlich, es mangelte an Platz für die Gerätschaften und an Stauraum für die Vorräte, das

---

301 Bilder aus den Alsterdorfer Anstalten [1908], 24. Danach auch das folgende Zitat.
302 Sengelmann, Jahresbericht (1866), 26.
303 Bericht (1907), 5.
304 Ebd., 16.

In der alten Küche (1); Kartoffelschälen (2); im Esssaal (3); Essen im Freien (4), 1908

Personal konnte seiner Arbeit nur unter großen Erschwernissen nachgehen, es litt unter der eingeschränkten Bewegungsfreiheit. Auch die Vergrößerung der Küche – 1895 erhielt das Wirtschaftsgebäude zwei neue Stockwerke – brachte keine grundlegende Entlastung. 1906 veröffentlichte Paul Stritter in den „Briefen und Bildern" einen „Notschrei aus der Küche". Der von einer Mitarbeiterin verfasste mehrseitige Beitrag für das Freundesblatt machte deutlich, dass die Anstaltsküche täglich an den Grenzen ihrer Kapazitäten und ihrer Leistungsfähigkeit arbeitete.

„Zur Zeit des Ausfüllens erfordert es große Geschicklichkeit, sich zwischen all den Kesseln ungefährdet hindurchzuwinden. Nur nicht ausgleiten auf dem schlüpfrigen Boden, denn man fiele ganz gewiss, wie es im vorigen Jahre einmal gang und gäbe

war, gegen einen glühenden Kessel oder gar in denselben hinein. Vor lebensgefährlichen Verbrennungen sind wir bis jetzt gnädig bewahrt geblieben, aber Brandwunden an Händen, Armen und Füßen sind öfter vorgekommen und haben auch schon einen dreiwöchentlichen Aufenthalt auf unserer Krankenstation zur Folge gehabt. Da sie aber durchaus nicht auf Ungeschicklichkeit, sondern allein auf die Unzulänglichkeit der Küche zurückzuführen sind, sehen die Verletzten sich noch an wie tapfre Krieger, die im Kugelregen des Schlachtengetümmels ehrenhafte Wunden davongetragen haben – und das mit Recht."[305]

Die enorme Arbeit musste in beengten und schlecht gelüfteten Küchenräumen verrichtet werden, in denen es darüber hinaus tagein, tagaus nur Dämmerlicht gab. Die räumlichen und raumklimatischen Unzulänglichkeiten ließen keine effizienten Arbeitsabläufe zu, verhinderten diese sogar, wodurch sich das ohnehin hohe Gefahrenpotenzial der Küchenarbeit weiter erhöhte. Bemängelt wurde auch das Fehlen ausreichend großer, trockener und vor Nagetieren sicherer Lagerräume.

Ihren „Notschrei" schloss die Mitarbeiterin mit dem Hinweis, dass der Bau einer neuen Küche unabdingbar sei. Hier sprach sie vor allem ihre Leserinnen an. Um ihrer Bitte Nachdruck zu verleihen, berief sich die Mitarbeiterin auf das Urteil eines Fachmannes:

„Im verflossenen Sommer besuchte uns ein Arzt, Angestellter einer gleichen Anstalt wie die unsrige. Mit Beifall nahm er die mancherlei Räume der Anstalt in Augenschein, ließ es sich auch nicht nehmen, in die Küche einen Blick zu werfen. Aber obwohl es Nachmittag war und er von all dem Gedränge, all der Hitze des Vormittags nichts gewahr wurde, genügte schon der erste Blick zu dem Ausruf: ‚Das ist doch keine Küche für eine solch große Anstalt!' […] Nach dem allen wird hoffentlich jeder Leser und noch mehr jede Leserin mit uns die Überzeugung gewonnen haben, dass wir dringend notwendig eine neue Küche brauchen."[306]

Pastor Stritter schloss sich den Ausführungen seiner Mitarbeiterin an. In einem „Nachtrag" versicherte er seiner Leserschaft, dass Leitung und Vorstand sich des Küchenproblems „wohl bewusst" seien. Jedoch erlaubten es die wirtschaftliche Situation der Alsterdorfer Anstalten, die gestiegenen Löhne und Lebensmittelpreise nicht, ein neues großes Küchengebäude zu bauen. Stattdessen bat Stritter um die „Unterstützung unserer Freunde und Wohltäter" und fragte: „Wer liefert uns die Bausteine?" Ein Jahr später beklagte sich Stritter erneut über den problematischen Zustand der Küche, die mittlerweile zu einem „rechten Schmerzenskind"[307] geworden war.

---

305 Ein Notschrei aus der Küche, in: BuB 30 (1906), Nr. 3, 82–88, 84.

306 Ebd., 86 (Hervorhebung im Original).

307 Bericht (1907), 16.

II. Ausbau und Bewahrung, 1899–1930

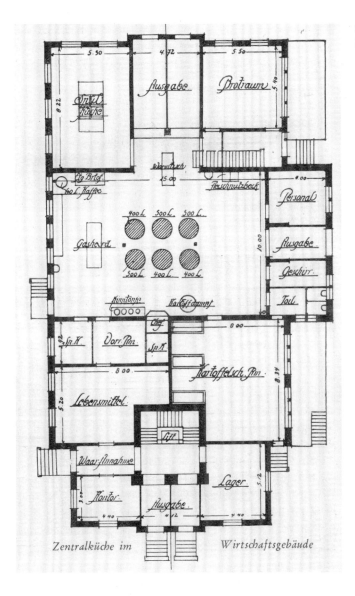

Grundriss der neuen Zentralküche

Die Bemühungen Stritters und des Vorstands um finanzielle Unterstützung für den Bau einer neuen Anstaltsküche sollten schließlich Erfolg haben. In den Folgejahren kam eine ausreichend hohe Summe zusammen, mit der dieser lange gehegte Wunsch in Erfüllung gehen sollte. 1911 wurde das 1869 errichtete „Mädchenhaus" auf dem „oberen Terrain" abgebrochen, um für das geplante neue Wirtschaftsgebäude mit Zentralküche Platz zu schaffen. Das neue Wirtschaftsgebäude sollte neben Zimmern für Angestellte im ersten Stockwerk, Warenlager, Annahme- und Ausgabestellen für Waren und Speisen, einer Kartoffelschälstube (für die „schwächeren Kräfte") auch

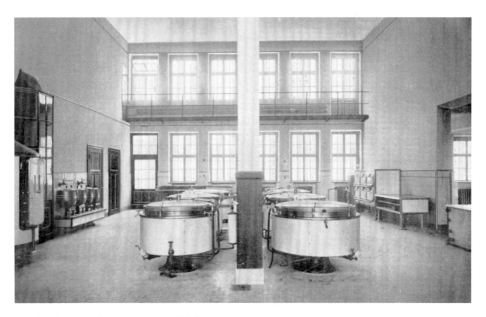

Kesselanlagen in der neuen Zentralküche

die Zentralküche beherbergen.[308] Bereits 1912 war das neue zweigeschossige, unterkellerte Gebäude fertiggestellt und seiner Bestimmung übergeben worden.[309] Wiederum hatte man sich für einen zurückhaltend gegliederten Backsteinbau entschieden, der typische Stilelemente der Reformarchitektur erkennen lässt. Diese hatte sich zu Beginn des 20. Jahrhunderts entwickelt und sollte zunehmend den bis dahin vorherrschenden historisierenden Baustil mit seinen aus vorangegangenen Epochen adaptierten Gestaltungselementen zugunsten eines reduktionistischen, sachlichen, teils puristischen, aber auch expressiven Bauens ablösen. Der einst favorisierte Historismus galt nunmehr als „Formenvergesellschaftung".[310] Der sich nunmehr durchsetzende Verzicht auf überbordende Verzierungen und Ornamente vergangener Stilepochen verband sich jedoch mancherorts mit einer gesteigerten, wenn nicht gar übersteigerten Monumentalität des Bauens. Dies traf sicherlich auch für das neue Wirtschaftsgebäude mit seiner Küche zu.

Deren innere Ausmaße waren beeindruckend. Der Hauptraum maß 15 Meter in der Länge und zehn, teilweise sogar zwölf Meter in der Breite. Seine Höhe von sieben Metern und seine auf beiden Längsseiten durchfensterten Wände sorgten für Helligkeit, eine gute Luftzirkulation und nicht zuletzt für genügend Platz für diejenigen, die dort arbeiteten; mithin kein Vergleich zur alten Küche, die um die Hälfte kleiner

---

308 Bericht (1911), 3.
309 Bericht (1912), 3.
310 Möller, Ilse: Hamburg. Perthes Länderprofile, Gotha/Stuttgart ²1999, 84.

gewesen war. Die klare Formensprache der Zentralküche setzte sich in den verbauten Materialien fort, die man unter hygienischen Gesichtspunkten ausgewählt hatte: „Der Fußboden in der neuen Küche ist mit weißen Platten, die Wände sind bis zu halber Höhe mit Kacheln belegt."[311] Die küchentechnische Ausstattung war nun gleichfalls auf der Höhe der Zeit.

Auf der linken Seite der Speiseausgaben war die Aufwaschküche, rechts befand sich die Brotkammer. Die Angestellten nahmen ihre Mahlzeiten links vom Haupteingang ein, hatten damit also auch im Blick, wer zur Tür hereinkam. Ein Geschirrraum, eine Speisekammer und eine Kartoffelschälstube, in der „viele schwächere Kräfte Beschäftigung"[312] fanden, rundeten die Räumlichkeiten im Erdgeschoss ab.

Durch einen besonderen Eingang gelangte man in das obere Geschoss, wo an einem breiten Korridor die Badestube und die Zimmer der Küchenangestellten lagen. Ein Balkon erlaubte ihnen den Aufenthalt an der frischen Luft, ohne unmittelbar mit den Bewohnerinnen und Bewohnern in Kontakt zu treten. In den Anbauten des neuen Wirtschaftsgebäudes befanden sich das Warenlager und ein Kontor, im Keller schließlich weitere Lagerräume.

In der Zentralküche kam eines der wichtigsten Anstaltsprinzipien zum Tragen: die Trennung der Geschlechter.

„Die zwei Ausgabegänge für das männliche und das weibliche Terrain sind durch Glasschalter von der Küche getrennt. Vor den Ausgaben steht ein großer Warmstellofen, wo alle die Kessel mit den Speisen für die Pfleglingsabteilungen hingestellt werden. Hier entwickelt sich zur Zeit der Essensausgabe ein lebhaftes, amüsantes Treiben."

Anders als das 1902 erbaute Verwaltungsgebäude, das sich explizit zum öffentlichen Raum hin wandte und auch von außen zu betreten war, wies der durch eine Mauer getrennte Zugang zur Essensausgabe zum Anstaltsinneren hin. Damit waren einerseits diejenigen, die Mahlzeiten für das „männliche und weibliche Terrain" abholten, etwaigen neugierigen Blicken von außerhalb des Anstaltsgeländes entzogen. Andererseits hatte man mit den beiden „Ausgabegängen" die räumliche Trennung der Geschlechter ein weiteres Mal zementiert.

Es überrascht zu lesen, dass die Freude der Küchenangestellten über ihren neuen Wirkungsort zunächst äußerst verhalten war. Trotz aller Misslichkeiten und Zumutungen, mit denen die Beschäftigten in der alten Küche hatten umgehen müssen, vermissten sie ihre einstige Umgebung, die gewohnten Routinen und Handlungsabläufe. Zwar hatte man sich zum Beispiel fast täglich über den alten „Molochsofen"[313] ärgern müssen, aber man war an ihn gewöhnt und kam mit dessen Eigenheiten zurecht.

---

311 Bericht (1912), 18.
312 Ebd., 20. Danach auch das folgende Zitat.
313 Das neue Wirtschaftsgebäude (Küche und Lager), in: BuB 36 (1912), Nr. 2, 69–76, 72.

„Stattlich und freundlich" – ein Wasserturm für die Alsterdorfer Anstalten

Pastor Paul Stritter zeigte sich von dem neuen Wirtschaftsgebäude, dessen Monumentalität durch einen sich unmittelbar an einer der beiden Schmalseiten anschließenden Wasserturm unterstrichen wurde, begeistert. Vor allem gefiel ihm, dass der Architekt *Charles Walter Martens* (1860–1937)[314] den Wasserturm sowohl optisch als auch räumlich in harmonischer Weise in die Anstaltsortschaft eingepasst hatte:

> *„Von außen gewährt der rote Backsteinbau einen stattlichen und freundlichen Anblick und reiht sich würdig dem ‚Guten Hirten', dem Turn- und Versammlungssaal und dem Bodelschwinghhause an. Eine besondere Zierde bildet der das Dach überragende Wasserturm, dessen zwei Behälter 42 und 23 Kubikmeter fassen. Die Gesamtkosten mit Einschluss der notwendigen Vervollkommnung der Kesselanlage belaufen sich auf etwa 200.000 Mark."*

Mit Charles Walter Martens hatte man übrigens einen renommierten Hamburger Architekten gewinnen können. Wenige Jahre zuvor, 1904/1905, hatte Martens für die AEG den Elbhof entworfen, ein im Jugendstil gehaltenes, opulent geschmücktes Kontorhaus am Baumwall.

Fassade und Material des Alsterdorfer Wasserturms zitierten Elemente des „Heimatschutzstils". Dies war – kurz gefasst – eine Architekturrichtung des frühen 20. Jahrhunderts mit konservativer Stoßrichtung,[315] die eine Synthese zwischen abgerüstetem Historismus und regionaltypischen Bauformen anstrebte. Der Wasserturm der Alsterdorfer Anstalten war mit Backstein, *dem* regionalen Baustein schlechthin, errichtet worden. Der quadratische, ohne die Dachkonstruktion rund 24 Meter hohe Turm erhob sich auf einer Grundfläche von etwa 25 qm. Er war sparsam gegliedert und mit Lanzettfenstern, also gotisch anmutenden, schmalen Lichteinlässen versehen und erinnerte an einen mittelalterlichen Wehrturm. Zeltdach und Turmhelm verstärkten den wuchtigen Eindruck.

Die Funktion des Alsterdorfer Wasserturms bestand darin, einen gleichbleibenden Wasserdruck in den Wohnhäusern, Werkstätten und vor allem in der Küche und in der Wäscherei zu gewährleisten. Diese technische Neuerung ist in ihrer Bedeutung für den Anstaltsalltag nicht zu unterschätzen. Jahrzehntelang hatten die Alsterdorfer Anstalten ihren Bedarf an Trink- und Brauchwasser mithilfe von Bohrungen in die

---

314 Es war leider nicht zu klären, ob Architekt Martens mit dem Vorstandsmitglied *J. H. Martens* in einer verwandtschaftlichen Beziehung stand. Vgl. Alsterdorfer Anstalten (1871), 40.

315 Hofer, Sigrid: Reformarchitektur 1900–1918 – deutsche Baukünstler auf der Suche nach dem nationalen Stil, Stuttgart/London 2005, 23: Bis vor einigen Jahren wurde die Monumentalität des Heimatschutzstils in die Nähe faschistischen Bauens gerückt. Seit einigen Jahren weist die Forschung auf die „fortschrittlichen Aspekte" der vom Heimatschutzstil vertretenen Zivilisationskritik hin. Es sei ergänzt, dass sich der Heimatschutzstil nicht auf Deutschland beschränkte, sondern eine Architektur war, die sich auch in Italien, Frankreich, Schweiz und England großer Beliebtheit erfreute.

II. Ausbau und Bewahrung, 1899–1930

Das neue Wirtschaftsgebäude mit dem Wasserturm

Grundwasser führenden Schichten mal mehr, mal weniger gut befriedigt. Manch ein Brunnen versiegte im Laufe der Zeit, und nicht selten besaß das hochgepumpte Wasser nicht die gewünschte Qualität, da man auf die verschiedenen Bodenschichten als Wasserfilter vertrauen musste. Sogar „kleine Aale und allerlei Getier"[316] hatte man in der Vergangenheit aus den Tiefen befördert!

Wassertürme waren also höchst notwendige, aber auch auffällige Zweckbauten, sodass Architekten und Ingenieure im Allgemeinen sehr darauf achteten, diese so zu entwerfen und zu bauen, dass sie dem jeweiligen „Stil der Zeit"[317] entsprachen. Dabei griffen sie zu Beginn des 20. Jahrhunderts häufig auf eine historisierende Formensprachen zurück, um die Wassertürme nicht als Fremdkörper erscheinen zu lassen. Dieses Prinzip wurde insbesondere in gewachsenen Städten verfolgt, wo es wichtig schien, die „geschlossene Silhouette der Stadt nicht zu stören." Diesen Prinzipien folgte auch Martens. Der Alsterdorfer Wasserturm fügte sich harmonisch in

---

316 Ein neuer Name, in: BuB 1953, Nr. 1, 18–21, 20.

317 Mevius, Walter: Baustile und Wassertürme, in: Merkl, Gerhard / Bauer, Albert / Gockel, Bernd / Mevius, Walter: Historische Wassertürme. Beiträge zur Technikgeschichte von Wasserspeicherung und Wasserversorgung, München/Wien 1985, 151–168, 152. Danach auch das folgende Zitat.

eine Anstaltsortschaft ein, die nach und nach von immer eindrucksvolleren Häuser geprägt wurde.

Mit dem Turm der St. Nicolaus-Kirche und jenem des Deutschen Kaisers war der Wasserturm nun der dritte hohe Baukörper auf dem Anstaltsgelände. Aufgrund der Funktionen der den Türmen angegliederten Räume – beten, essen, kochen – vereinte alle drei Höhendominanten, so unterschiedlich sie auch gestaltet worden waren, ein Grundthema: Sie dienten sowohl der geistigen als auch der leiblichen Versorgung der Anstaltsgemeinde.[318] Darüber hinaus markierten der Turm der St. Nicolaus-Kirche und der Wasserturm – die übrigens nicht in Sichtweite zueinander liegen – die beiden Pole eines dialektischen Verhältnisses, das allen konfessionellen Anstalten gemein war: Man verstand sich einerseits als „christliche Kolonie" und als eigene „Welt in der Welt", manchmal auch explizit als „Gottesstadt" in scharfer Abgrenzung zur „Welt draußen". Andererseits hatte man, wie an anderer Stelle bereits ausgeführt, die „weltlichen" Errungenschaften, insbesondere auf dem Gebiet der Technik, fest im Blick und nutzte diese ganz pragmatisch für die eigenen Zwecke.

Ein Wermutstropfen war indes, dass der Alsterdorfer Wasserturm bereits nach 15 Jahren den stetig steigenden Ansprüchen der Anstalten nach Trink- und Brauchwasser schon nicht mehr genügen sollte. Dieser Umstand sollte die Alsterdorfer Anstalten in den folgenden Jahren immer wieder beschäftigen.

„Kulissentrockenapparat" und „elektrisches Licht" – Modernisierungen

In die alte Küche zog 1912/1913 die Wäscherei ein. „Es ist die Aufstellung einer besonders für unsere Schmutzwäscherei geeigneten Waschmaschine, einer Spülmaschine, zweier Zentrifugen [Wäscheschleudern], eines großen Kulissentrockenapparates und eines Desinfektionsapparates mit Zubehör vorgesehen",[319] kündigte Stritter die beabsichtigten Neuanschaffungen an. Auch diese befanden sich hinsichtlich ihrer Leistungsfähigkeit und Funktionalität auf der Höhe der Zeit. So hatte der bereits erwähnte Hygieniker v. Esmarch den „Kulissentrockenapparat" – das war ein „mit heißer Luft betriebener Trockenraum"[320] – für Einrichtungen mit hohem Wäscheanfall,

---

318 Anders als Loitzenbauer (St.-Nicolaus-Quartier, 30), der schreibt, dass es *„sicher nicht zufällig* […] *bzw. allen drei Türmen gemeinsam* [sei], *dass ihre Gebäude mit Gemeinschaft, Versorgung und ‚Nahrung' zu tun haben"*, wird hier schlicht auf die funktionalen Aufgaben der in Rede stehenden Baukörper und die mit ihr verbundenen Türme rekurriert. Mit seinen Uhren und Glocken strukturierte der Kirchturm den Tag, der Turm am Deutschen Kaiser war ebenfalls ein Glockenturm und der Turm an der Zentralküche diente der Regulierung des Wasserdrucks (Kursivierung von d. Vf.).

319 Bericht (1912), 3.

320 Vgl. Miethke, Hans-Georg: Als Waschen noch Männersache war – Eine kleine Kulturgeschichte der großen Wäsche, 6, abzurufen unter: https://www.qm-gropiusstadt.de/fileadmin/user_upload/PDFs/2016/Geschichte_des_Waschens__H.G.Miethke_final.pdf (letzter Zugriff: 1.4.2020).

II. Ausbau und Bewahrung, 1899–1930

insbesondere für Krankenhäuser, dringend empfohlen.[321] Die Alsterdorfer Anstalten waren diesem Rat offensichtlich gefolgt.

Weitere technische Verbesserungen sind zu verzeichnen. 1912 löste elektrisches Licht die bisherige Gasbeleuchtung in den Wohnhäusern, Werkstätten und Funktionseinrichtungen und wohl auch in der St. Nicolaus-Kirche[322] ab. Diese Neuerung hatte man zunehmend als „unaufschiebbar"[323] betrachtet. Ab Februar 1913 strahlte nunmehr aus allen Gebäuden der Alsterdorfer Anstalten elektrisches Licht in die Nacht.[324] Den notwendigen Strom erzeugten die Anstalten rund 15 Jahre lang in Eigenregie, erst 1928 sollte der Anschluss an das Hamburger Stromnetz erfolgen.[325] Ebenfalls 1928 schlossen sich die Alsterdorfer Anstalten auch der Hamburger Wasserversorgung an, „um auch bei sehr starkem Verbrauch im Sommer oder bei einer etwa ausbrechenden Feuersbrunst nicht in Verlegenheit zu kommen."[326] An diesen Beispielen wird deutlich, dass die Verzahnung der Anstalten mit der öffentlichen Daseinsvorsorge immer enger wurde. Je größer die Alsterdorfer Anstalten wurden und je mehr Menschen sie zu versorgen hatten – und damit im staatlichen Auftrag tätig waren –, umso mehr waren sie auf diesen Staat und dessen vorgehaltene Dienstleistungen (Wasser, Strom, Straßen) angewiesen. Vielleicht um sich wenigstens ein kleines Maß an Autarkie zu erhalten, richteten die Anstalten 1929 ein neues Maschinenhaus ein.

„Von unschätzbarem Wert für den gesamten Anstaltsbetrieb" – der neue Turn- und Versammlungssaal

Bereits zu Sengelmanns Lebzeiten wurde ein Versammlungsraum für alle Bewohner, Bewohnerinnen und Beschäftigten schmerzlich vermisst.[327] Immer wieder hatte man an den Bau eines solchen Gebäudes gedacht, hatte derlei Pläne aber zugunsten des Baus von Wohnhäusern und Werkstätten zurückgestellt. Stritter ließ sich von den voraussichtlichen Hindernissen – Finanzierung, Bauausführung usw. – nicht beirren, zumal es ihm auch darum ging, den Kindern im Winter mehr Bewegung zu verschaffen. Wieso nicht ein Versammlungsgebäude mit einer Turnhalle bauen?

---

321 Esmarch, Tagebuch, 243. Der Preis für einen „Kulissentrockenapparat" lag zwischen 600 und 2.000 Mark.
322 1907 hatte man in der St. Nicolaus-Kirche die „offenen Brenner" gegen „Gasglühlichtbrenner" ausgetauscht, mit zufriedenstellendem Ergebnis: „Die neuen Lampen geben ein wohltuendes Licht und sind ein würdiger Schmuck unseres schönen Gotteshauses." Bericht (1907), 15.
323 Bericht (1912), 3.
324 Alsterdorfer Anstalten in Wort und Bild (1932), 43.
325 Ebd.
326 Ebd.
327 Sengelmann, Jahresbericht (1866), 28.

Am 13. Januar 1907 konnte der neue Turn- und Versammlungssaal seiner Bestimmung übergeben werden.[328] Anders als andere Anstaltsgebäude wurde das neue Bauwerk zunächst nicht nach einer Bibelstelle oder nach einer Persönlichkeit benannt. Man bezeichnete den Baukörper schlicht nach seiner Funktion, nämlich als Turn- und Versammlungssaal. Das einstöckige Gebäude mit Kellergeschoss lag in unmittelbarer Nachbarschaft zur St. Nicolaus-Kirche. Ausschlaggebend für die Standortwahl waren praktische Erwägungen gewesen. Zum einen sollten die Besucher und Besucherinnen der Gottesdienste in nur wenigen Schritten in den Turn- und Versammlungssaal gelangen können, zum anderen wollte man das Gebäude unbedingt auch der Öffentlichkeit zugänglich machen, wobei man aber tunlichst vermeiden wollte, dass das Innere des Anstaltsgeländes betreten wurde: „Das schmucke, neue Gebäude erhebt sich hinter der Kirche und ist wie diese bequem von außen zu erreichen, ohne dass man seinen Weg durch das eingefriedigte [sic] Anstaltsgebiet zu nehmen genötigt ist."[329] Dass man das Anstaltsgelände nicht unbedingt betreten musste, um zum Beispiel an einer Versammlung oder einem Gottesdienst teilnehmen zu können, war bereits Sengelmann beim Bau der St. Nicolaus-Kirche wichtig gewesen. Diese ostentative Öffnung hin zur Nachbarschaft sollte, so steht zu vermuten, wohl auch Hemmschwellen gegenüber den Alsterdorfer Anstalten und ihren Bewohnern und Bewohnerinnen abtragen. Man wollte ein guter Nachbar sein, der bequemen Weges zu erreichen war.

Der Versammlungssaal lag im als Hochparterre ausgeführten Erdgeschoss, zu welchem breite Freitreppen führten. Diese Aufgänge verliehen dem Gebäude einen einladenden Charakter. Hatte man den Haupteingang durchschritten, gelangte man in einen breiten Flur, an dessen beiden Seiten sich die Garderoben und die Toiletten und weitere Funktionsräume befanden. Vom Flur aus ging man in den großen Hauptsaal, der an seiner linken Schmalseite eine halbkreisförmige Nische barg, die mit einem erhöhten Podium abschloss.[330] Eintausend Menschen sollten die neuen Räumlichkeiten fassen. Zur Ausführung kam ein Saal, der 22 Meter lang und 13,5 Meter breit war.[331] Seine Höhe betrug 8,90 Meter und erlaubte den Einbau von jeweils einer Galerie an den beiden Längsseiten. Er bot achthundert Menschen Platz. Der Saal erfüllte alle in den Architekten gesetzten Erwartungen: „Bei diesen beträchtlichen Größenverhältnissen macht der helle Raum mit seinem Parkettfußboden, seinem sauberen Holzwerk und den schönen Sitzbänken bei Tageslicht wie bei künstlicher Beleuchtung einen sehr imposanten und zugleich geschmackvollen Eindruck." Ein weiterer, allerdings erheblich kleinerer Saal konnte für zweihundert Personen bestuhlt werden. Dem Prinzip des „dehnbaren Raumes" folgend, hatte man den großen und den kleinen Saal mit Holzjalousien ausgestattet, die je nach Bedarf geöffnet oder geschlossen

---

328 Bericht (1906), 12.
329 Ebd.
330 Ebd., 13f.
331 Ebd., 14. Danach auch die folgenden Zitate.

II. Ausbau und Bewahrung, 1899–1930

Das 1904 vollendete Haus Zum Guten Hirten (1); der neue Turn- und Versammlungssaal (2); Blick in das Innere des großen Saals (3); der große Saal im Weihnachtsschmuck (4); der große Knabenschlafsaal im Haus Zum Guten Hirten (5)

werden konnten. Über der Bühne war der „Hauspsalm" (Ps 100) der Alsterdorfer Anstalten zu lesen: „Jauchzet dem Herrn alle Welt! Dienet dem Herrn mit Freuden, kommt vor sein Angesicht mit Frohlocken."[332]

Erneut war mit dem Turn- und Versammlungssaal ein Multifunktionsgebäude entstanden, in dessen Kellergeschoss sich sechs Werkstätten, darunter die Schneiderei und die Schuhmacherei, sowie eine Küche befanden. Der Küche sollte mit der rasant steigenden Zahl von Veranstaltungen schon bald eine bedeutende Rolle zukommen.[333] In der Tat sollte das neue Gebäude, kaum dass es eröffnet war, zu einem viel frequentierten Ort werden. Die Turnübungen der Kinder und die sonntägliche Kinderlehre, der Gebets- und Gemeinschaftsunterricht sowie der Unterricht für die

---

332 Psalm 100 fand sich auch auf den Broschen der Schwestern eingraviert.
333 Bericht (1906), 12f.

Konfirmanden und Konfirmandinnen, die Jubiläumsfeiern für Angestellte fanden dort ebenso statt wie „Unterhaltungsabende" mit Vorträgen und Lichtbildervorführungen. Gerade diese brachten Abwechslung in den eng getakteten, teils ausgesprochen monotonen Anstaltsalltag, und erfreuten sich daher großer Beliebtheit.

Schließlich wurde der Turn- und Versammlungssaal mehr oder weniger zur „Wohnstube" der Alsterdorfer Anstalten. Alle Besuchstage fanden nun hier statt. An langen Tischreihen sitzend, vor sich ein Getränk, konnten die Familien ihre „Sorgen- und Lieblingskinder"[334] sehen und mit ihnen sprechen. Bis dahin hatten die Angehörigen mit den kleinen Besuchszimmern in den jeweiligen Wohnhäusern vorliebnehmen müssen. So gut gemeint die Schaffung dieser neuen und bequemeren Begegnungsmöglichkeit war, so entfiel doch für die Angehörigen die Möglichkeit, sich vor Ort ein konkreteres Bild von der Wohn-, Arbeits- und Lebenssituation ihrer Verwandten zu machen. „Die Besucher dürfen die Zöglinge des Asyls nur in dem Empfangszimmer oder dem Besuchssaal sprechen. Das Betreten der übrigen Anstaltsräume ist nur mit Genehmigung des Direktors oder des Hausvorstandes gestattet",[335] legten die Aufnahmebedingungen 1907 fest. Jahre später, spätestens seit 1932 – der genaue Zeitpunkt war nicht festzustellen –, war man von dieser Regelung wieder abgekommen: „Bis vor Kurzem kamen hierher [in den Turn- und Versammlungssaal] auch die Angehörigen der Zöglinge an den Besuchstagen, während sie neuerdings in den einzelnen Häusern und Abteilungen empfangen werden."[336] Über die Gründe schweigen sich die Quellen aus.

Angesichts der positiven Resonanz aus vielen Teilen der Gesellschaft, aber auch aus den Anstalten selbst, maß Paul Stritter dem neuen Gebäude, einen „unschätzbaren Wert für den gesamten Anstaltsbetrieb"[337] bei. Mehr noch, ihm war das neue Gebäude ein „Denkstein, *Eben-Ezer*."[338]

So froh und dankbar man für den Turn- und Versammlungssaal war, so war mit ihm ein Wermutstropfen verbunden. Dessen „Schönheit" ließ die anderen, in unmittelbarer Nähe stehenden Häuser noch baufälliger erscheinen, als sie es ohnehin waren.[339] Dieser Befund galt vor allem für das Spritzenhaus, das im ehemaligen „alten Handwerkerhaus"[340] untergebracht worden war. Es mag verwundern, dass Stritter vor allem das Aussehen des Spritzenhauses beklagte. Hierzu muss man wissen, dass die Alsterdorfer Anstalten seit vielen Jahren die Feuerwehr für Alsterdorf und Ohlsdorf verwalteten, mithin eine wichtige Aufgabe der öffentlichen Daseinsfürsorge

---

334 Bericht (1906), 18.
335 Aufnahme-Bedingungen, Urlaubs- und Besuchsordnung, in: Bericht (1907), 21.
336 Alsterdorfer Anstalten in Wort und Bild (1932), 42.
337 Bericht (1906), 14.
338 Ebd., 18 (1 Sam 7,12).
339 Bericht (1907), 14.
340 Ebd.

übernommen hatten. Es war deshalb unabdingbar, dass die Gerätschaften der Feuerwehr sachgerecht untergebracht sein mussten. 1910 hatte sich die Diskrepanz zwischen der alten und der neuen Bausubstanz noch einmal vergrößert, wie Stritter mit einem lachenden und einem weinenden Auge beklagte: „Und die schlichten Bauten der Anfangszeit werden durch eine Reihe großer, schöner und modern eingerichteter Häuser in den Schatten gestellt."[341]

Das Bodelschwinghhaus – ein Andenken an den „Vorkämpfer für praktisches Christentum"

Bereits zu Sengelmanns Lebzeiten zeichnete sich ab, dass ein neues Wohnhaus für geistig behinderte und pflegebedürftige Männer über kurz oder lang nötig sein würde. Wenige Jahre nach dem Amtsantritt Stritters nahm sich der Vorstand dieses Vorhabens an. Platz für ein neues, großes Wohngebäude – gedacht war an 140 Betten und „Arbeitsräume für verschiedene Industriezweige"[342] im Kellergeschoss – war auf dem Anstaltsgelände, insbesondere auf dem „oberen Terrain", ausreichend vorhanden:

> „Von großem Werte für den Betrieb und die Entwicklung der Anstalten ist, dass sie ein ansehnliches, in sich abgeschlossenes Terrain von etwa zwanzig Hektar in gesunder Lage besitzen, das noch weiterer Bebauung fähig ist und doch reichlich Raum für Gärtnerei, Hof-, Turn- und Spielplätze und sonstige Anlagen zur Bewegung im Freien übrig lässt."[343]

Schließlich entschied man sich dafür, das neue Gebäude in der Flucht der St. Nicolaus-Kirche und des Turn- und Versammlungssaals zu errichten. Im Vorfeld hatten sich die Verantwortlichen viele Gedanken über die Lage und das Aussehen des geplanten Gebäudes gemacht.

Naturgemäß könne es keinen „Durchschnittstypus für die einzelnen Häuser von Idioten-Anstalten"[344] geben, „weil die Größe der Anstalten, die körperliche und geistige Beschaffenheit ihres Krankenmaterials und damit dessen Arbeitsfähigkeit bzw. Pflegebedürftigkeit eine zu verschiedene" sei, konnten die Leser den „Briefen und Bildern" im Februar 1911 entnehmen. Zudem wichen die „zur Verfügung stehenden Geldmittel, ferner die örtlichen Verhältnisse, Bodenbeschaffenheit und Klima bei allen Anstalten" stark voneinander ab, sodass „allgemeingültige Baupläne wohl nicht erdacht werden können." Gleichwohl existierte „doch eine Anzahl von überall

---

341 Bericht (1910), 18.

342 Alsterdorfer Anstalten in Wort und Bild (1932), 43.

343 Alsterdorfer Anstalten bei Hamburg, Sonderdruck aus dem Illustrationswerk: „Deutsche Anstalten für Schwachsinnige, Epileptische und psychopathische Jugendliche", Halle an der Saale 1912, 3.

344 „Bodelschwinghhaus", in: BuB 35 (1911), Nr. 2, 84–91, 84. Danach auch die folgenden Zitate.

gleichartigen Forderungen, die an ein Anstaltsgebäude gestellt werden müssen, z. B. in Bezug auf Rauminhalt, Berücksichtigung der Orientierung zur Sonne, Wirtschaftlichkeit des Betriebs u. a.". Mit anderen Worten: Es ging darum, staatliche Vorgaben, etwa hinsichtlich der Hygiene, und die notwendige Wirtschaftlichkeit vor dem Hintergrund der besonderen Gegebenheiten vor Ort in Einklang zu bringen. In Alsterdorf sah man sich nämlich mittlerweile mit dem Problem konfrontiert, dass nicht mehr – wie noch wenige Jahre zuvor – unbegrenzter Bauplatz zur Verfügung stand. Da man aber dringend mindestens 130 Männer unterbringen musste, die seit Jahren mehr recht als schlecht in vier verschiedenen Häusern unterschiedlicher Qualität lebten, stellte sich die Frage, ob man wieder Einzelhäuser oder ein „großes gemeinsames Haus"[345] bauen sollte.

Gegen den Bau eines großen Wohngebäudes sprachen gewichtige Gründe. Zum einen hegte man Bedenken im Falle ansteckender Krankheiten, von denen schlimmstenfalls alle Bewohner betroffen sein konnten. Zum anderen überlegte man, dass die mit einem mehrstöckigen Bau unweigerlich verbundenen Treppen die „schwachen Pfleglinge" in ihrem Bewegungsdrang behindern könnten.

Trotzdem fiel die Entscheidung für ein großes Gebäude. Dieser Entschluss war wohl etwas leichter gefallen, nachdem man sich auf ein Hygienekonzept verständigt hatte, das vorsah, „jede Pfleglingsabteilung als vollkommen organische Einheit mit besonderer Bade- und Kloseteinrichtung" zu projektieren. Darüber hinaus sollte jede Abteilung einen „eigenen Ausgang ins Freie" erhalten. Im Krankheitsfall wäre der betreffende Bereich also leicht zu isolieren. Für die Treppennutzung hatte man ebenfalls eine Lösung gefunden. Auf Anregung Dr. Kellners wurden zwei Rampen gebaut, „die vom ersten Stock als Außenanbauten direkt in den Hof"[346] führten. Auch das Erdgeschoss sollte mit einer „bequemen breiten Rampe versehen" werden. Da das Baugelände abschüssig war, lag der Keller anstaltsseitig „1,70 Meter unter Niveau", zur Straßenseite aber in Erdgeschosshöhe – eine große Erleichterung für diejenigen, die nicht mehr gut zu Fuß oder auf einen Rollstuhl angewiesen waren:

> *„Durch die Rampenanlage nach dem ersten Stock und durch den Zugang zum Keller zu ebener Erde ist es möglich, ohne eine Stufe zu überschreiten, auf völlig ebenem Wege von der 1. Etage bis in die Kellerräume zu gelangen, für unsere Kranken ein nicht hoch genug zu bewertender Vorteil, denn viele von ihnen können sich wohl auf ebener Bahn, auch wenn es eine schräge Ebene ist, fortbewegen, sind aber zum Überwinden von Treppenstufen nicht fähig; auch lassen sich so Kranke, die im Wagen gefahren werden müssen, leicht von jedem Raum in jeden beliebigen anderen Raum transportieren."*

---

345 Ebd., 86. Danach auch die folgenden Zitate.
346 Ebd., 87. Danach auch die folgenden Zitate.

II. Ausbau und Bewahrung, 1899–1930

Die Alternative zur Rampe wäre der Einbau eines teuren und zeitgenössisch noch immer misstrauisch beäugten Personenaufzugs gewesen.[347] Diese Möglichkeit zog man aber auch im Hinblick auf die zukünftigen Bewohner nicht ernstlich in Erwägung. Man fürchtete schlicht, die geistig behinderten Männer „nicht ohne Gefahr"[348] befördern zu können. Tatsächlich sollten die stattdessen installierten Rampen nach ihrer Fertigstellung allgemeinen Beifall finden: „Besonders bemerkenswert sind hier die bequemen Rampenbauten, die vom ersten Stock wie auch vom Erdgeschoss direkt in den Hof führen und die Unbequemlichkeit der Treppenbenutzung für die gebrechlichen Pfleglinge beseitigen."[349]

Mit der Planung des neuen Gebäudes und der Bauaufsicht war der Hamburger Architekt *Fritz Höger* (1877–1949)[350] beauftragt worden. Högers Zeichnungen fanden in Alsterdorf großen Anklang, weil sie im Vergleich zu jenen seiner Mitbewerber bei „im Übrigen gleichwertigen Eigenschaften die besten Belichtungsverhältnisse"[351] aufwiesen. In der Folge entstand ein „stattliches dreiflügeliges Gebäude",[352] das „hoch und frei mit der Hauptfront nach der Ohlsdorfer Straße hin" lag. Die beiden großen Seitenflügel begrenzten einen Hof, der nach Südosten ausgerichtet war. Dieses Gelände war ein „großer Sonnenfänger"[353] und konnte – weil es windgeschützt lag – durchaus auch an kalten sonnigen Tagen genutzt werden. Die Straßenfront des Neubaus zeigte nach Nordosten. Dort lagen Korridore und Nebenräume, mithin Örtlichkeiten, an denen sich die Bewohner und das Personal seltener aufhielten. Die Schlaf- und Wohnräume hingegen lagen von der Straße abgewandt, garantierten also Ruhe, gerade in der Nacht. Zahlreiche Fenster an allen Seiten des Gebäudes schufen helle und lichtdurchflutete Räume. Vor allem an die Bettlägrigen hatte man gedacht. Ihnen war die „beste Lage nach Südosten" vorbehalten. Davon kündete nicht zuletzt die überdachte Liegehalle im Obergeschoss an der dem Hof zugewandten Seite des Neubaus.

Das Erdgeschoss des Bodelschwinghhauses verfügte über zwei große, zwei mittelgroße und einige kleine Schlafräume mit angeschlossenen Waschräumen und Klosettanlagen. Hinzu kamen acht Tagesräume. Im ersten Stock gab es vier größere Schlafräume und sechs Tagesräume. Von jedem Schlafraum aus konnte man – wie im Erdgeschoss – unmittelbar in die dazu gehörigen Sanitärräume gelangen. Darüber hinaus gab es zwei große Schlafräume im Mittelbau, in denen ausschließlich bettlägerige Bewohner untergebracht wurden. Reservezimmer und „zwei Zimmer für das dienstfreie Personal" waren ebenfalls eingeplant worden. Interessanterweise hatte

---

347 Bernard, Andreas: Die Geschichte des Fahrstuhls. Über einen beweglichen Ort der Moderne, Frankfurt am Main 2006, 31–41.
348 „Bodelschwinghhaus", 87.
349 Alsterdorfer Anstalten (Sonderdruck), 5.
350 Bericht (1910), 17.
351 „Bodelschwinghhaus", 91.
352 Bericht (1910), 17. Danach auch das folgende Zitat.
353 „Bodelschwinghhaus", 88. Danach auch die folgenden Zitate.

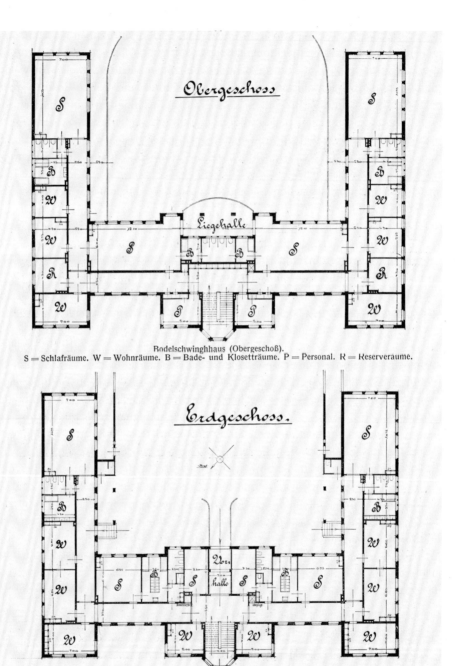

Grundrisse des Erd- und des Obergeschosses des Bodelschwinghhauses

II. Ausbau und Bewahrung, 1899–1930

man die Korridore nicht nur als reine Durchgangsräume[354] vorgesehen, sondern man hatte ihnen „behagliche Sitzgelegenheiten"[355] beigegeben, damit diese auch als Tagesräume bei Regen und Schnee genutzt werden konnten. Dass dieser Raum vom Personal gut einzusehen und zu kontrollieren war, dürfte ebenfalls eine Rolle bei den Planungen gespielt haben.[356]

Für das Personal hielt der zweite Stock fünf Schlafzimmer sowie ein Wasserbassin bereit.[357] Der Dachboden eines Gebäudeflügels diente als Lagerraum für die in den „Nässerbetten verwendete Spreu", während auf dem gegenüberliegenden Dachboden die Matratzen neu gefüllt und aufbewahrt wurden. Den Keller nutzte man für die „regelmäßigen Reinigungsbäder der nicht bettlägerigen Pfleglinge". Dort hatte man auch die technischen Anlagen, verschiedene Werkstätten (Stroh- und Korbflechterei, Bürstenmacherei, Handweberei und die Holzbinderei) und „ausreichende Abortanlagen" – insgesamt gab es 39 „Klosetts" sowie elf „Pissoirs"[358] – untergebracht.

Zeitgenossen bewerteten insbesondere die dreiteilige, vielfenstrige Giebelfassade als „gefällig".[359] Offenbar war hier gelungen, was Stadtbaudirektor *Fritz Schumacher* (1869–1947) beim Bau von Anstaltsbauten 1907 eingefordert hatte, nämlich diesen Gebäuden das Stigma ihrer Schwere und ihrer Trostlosigkeit zu nehmen:

„Hier ist die Aufgabe weit schwerer, diese Bauten dem Charakter der strengen Notdurft zu entrücken, die ihren Anblick zu etwas Bedrückendem macht. Wenn man früher einer gewissen Art vielfenstrigen Bauwerks in einer Straße begegnete, wusste man: Es ist eine Schule oder ein Krankenhaus. Heute beginnen sie sich in Gegensätzen zu entwickeln. Während sich die Schule in ihrer stolzen Gruppe immer mehr zum Typus des öffentlichen Gebäudes herausbildet, zeigen die Anlagen von Kranken-, Siechen-, Irrenanstalten eine Neigung zum Charakter des bürgerlichen Wohngebäudes. Selbstverständlich begegnen wir stets auch noch jenen großen Baumassen, die aus langen Fluchten von Räumen und Korridoren bestehen. Sie können durch ihre Dachausbildung und durch das liebevolle Betonen eines einzelnen hervorragenden Punktes – etwa einer Kapelle – zum wohltuenden Eindruck eines freundlichen Klosters gebracht werden. [...] Man darf es als einen wirklichen Fortschritt unserer Kultur begrüßen, wenn es gelingt, den Anstalten dieser Art das Gefängnisähnliche zu

---

354 Korridore werden gelegentlich auch als „negative" Räume bezeichnet, da ihre Basisfunktion nicht dem Aufenthalt, sondern lediglich dem „Durchgang" dienen. Vgl. Brichetti/Mechsner, Architektur, 167.

355 „Bodelschwinghhaus", 90.

356 Vgl. hierzu auch Esmarch, Tagebuch, 181, der den Vorteil des „Korridorsystems" u. a. an der geringeren Personaldecke festgemacht hatte. Zugleich verwies er auf die leichtere und billigere Erwärmung der Korridore.

357 „Bodelschwinghhaus", 90.

358 Ebd., 91.

359 Alsterdorfer Anstalten in Wort und Bild (1932), 42.

nehmen. Eine der schönsten Eigenschaften der Kunst ist ihre Macht, die traurigen Seiten des Lebens zu mildern. Geschieht das bei den Anstalten für Kranke und Leidende nach der Richtung hin, dass durch kunstvolle Anlagen die Note des Freundlichen in das Traurige gebracht werden kann, so liegt die künstlerische Aufgabe bei allen Bauten, die dem Tode gelten, darin, das Traurige zum Feierlichen zu steigern."[360]

Ebenfalls freundlich anzusehen war die Inneneinrichtung des Neubaus: „Tische, Bänke und Stühle sind von besonders fester Konstruktion und bequemen und gefälligen Formen."[361] Inwieweit hier die bereits vor dem Ersten Weltkrieg erhobenen Forderungen des 1907 gegründeten *Deutschen Werkbundes* nach durchdachter Zweckmäßigkeit sowie Sachlichkeit beim Mobiliar hineinspielten, kann nicht gesagt werden, sie mögen aber durchaus eine Rolle gespielt haben. Platzsparend ging man mit der Kleidung der Bewohner um. Gingen die Männer zu Bett, hängten sie ihre Hosen und Hemden an fahrbare Kleiderständer, die aus den Schlafräumen gerollt wurden. Wie erwähnt, gab es keinen Personenaufzug. Allerdings hatte Fritz Höger zwei Lastenaufzüge vorgesehen. Einen, um das benutzte Geschirr in den „Aufwaschraum" im Keller zu transportieren, den anderen, um benutzte Bett- und Leibwäsche einigermaßen hygienisch aus den Zimmern bringen zu können.

Das fast 200.000 Mark teure Bodelschwinghhaus,[362] wie man den Neubau zu Ehren des noch im selben Jahr verstorbenen „Vorkämpfers für praktisches Christentum",[363] *Friedrich v. Bodelschwingh* (1831–1910), genannt hatte, bildete mit Heinrichshöh gleichsam die Eckpfeiler des „männlichen Terrains". Das neue Wohnhaus übertraf alle Erwartungen und Hoffnungen – sowohl in baulicher als auch in künstlerisch-architektonischer Hinsicht. Da man sich in den Alsterdorfer Anstalten zunehmend einem schlichteren Baustil verpflichtet fühlte, stellte man mit Befriedigung fest, dass „die gute moderne Strömung in der Baukunst in erfreulicher Weise bei unserem Neubau zur Geltung"[364] gekommen sei. Die „schön gegliederte Baumasse, gekrönt durch das organisch ausgebildete hohe Dach, die sachliche und unmittelbare Materialwirkung" sei, so zeigte man sich in den Alsterdorfer Anstalten überzeugt, eine „wertvolle Bereicherung unserer Anstalt". Rund vierzehn Jahre später sollte der so gelobte Fritz Höger mit dem im Backsteinexpressionismus gehaltenen Chilehaus im Hamburger Kontorhausviertel eine Ikone der Baukunst der 1920er Jahre schaffen.[365]

---

360 Schumacher, Fritz: Architektonische Aufgaben der Städte, in: ders. (Hg.): Streifzüge eines Architekten. Gesammelte Aufsätze, Jena 1907, 134–166, 153f. (Hervorhebung von d. Vf.).
361 Bericht (1911), 3.
362 In den Quellen werden unterschiedliche Bausummen genannt. Im Sonderdruck zu den Alsterdorfer Anstalten von 1912, 4, ist von 180.000 Mark die Rede. Die „Briefe und Bilder" („Bodelschwinghhaus", 91) führen 200.000 Mark an, wobei hier wohl die Innenausstattung des Bodelschwinghhauses eingerechnet worden war.
363 Bericht (1910), 17.
364 „Bodelschwinghhaus", 91. Danach auch die folgenden Zitate.
365 Seit 2015 gehört das Chilehaus mit dem Kontorhausviertel und der Speicherstadt zum UNESCO-Weltkulturerbe.

II. Ausbau und Bewahrung, 1899–1930

Bodelschwinghhaus, Hofseite

„Geräumig und stattlich, aber keineswegs luxuriös" – ein neues Schulgebäude

Im Laufe der Jahre hatten die Alsterdorfer Anstalten erkannt, wie wichtig – neben der „ärztlichen Kunst"[366] – die motorische und intellektuelle Förderung der Jungen und Mädchen war. Insofern verwundert es nicht, dass der Bau eines neuen großen Schulgebäudes auf der Agenda Stritters ebenfalls einen prominenten Platz einnehmen sollte. Dank eines 1913 erhaltenen Zuschusses des hamburgischen Staates in Höhe von beachtlichen 150.000 Mark[367] konnte ein neues, backsteinernes Schulhaus – „geräumig und stattlich",[368] aber „keineswegs luxuriös" – gebaut werden. Das neue Haus richtete man „ganz nach den Forderungen der modernen Heilpädagogik" ein. Im März 1914 siedelte die alte Schule in den Neubau an der Alsterdorfer Straße 440 (seit 1956: Johann-Hinrich-Wichern-Haus) über.[369] Die verantwortlichen Architekten waren *Hermann Christian Distel* (1875–1945) und *August Karl Heinrich Grubitz* (1876/1878–1964), die 1905 ein gemeinsames Büro eröffnet hatten und sich ab den späten 1920er Jahren auf den Krankenhausbau konzentrierten. Von ihnen stammten u. a. die Pläne für einen Erweiterungsbau des Israelitischen Krankenhauses in Hamburg im Jahre 1928. An der Planung für den Schulneubau war übrigens auch der

---

366 Alsterdorfer Anstalten in Wort und Bild (1932), 28.
367 Ebd., 43.
368 Ebd., 44. Danach auch die folgenden Zitate.
369 Bericht der Alsterdorfer Anstalten in Hamburg-Alsterdorf über das Jahr 1914, 8.

Lehrer Max Tietge beteiligt.[370] Offenkundig legte man Wert auf dessen Expertenwissen, das sich aus der täglichen Unterrichtspraxis speiste. Der Schulneubau galt manchem Hamburger ob seiner gelungenen und hochwertigen Ausführung als „Universität"[371] für die „Schwachsinnigen", wie Tietge berichtete. Hervorzuheben war, dass für die „Wagenkinder" eine Rampe zum ersten Stock angelegt worden war.

An- und Umbauten, Abrisse und Renovierungen

Flankiert wurden die ambitionierten Neubauten von dem Bemühen, möglichst viele Gebäude zumindest in einen ansehnlichen Zustand zu versetzen. Weitere kostspielige Neubauten konnte man sich jedoch nicht leisten. Baute man an, dann wurden jene Häuser berücksichtigt, die sich in einem passablen Zustand befanden und damit versprachen, noch einige Jahre bewohnbar zu sein.

1914 wurden im Deutschen Kaiser zwei Nebenräume der großen Esssäle zu Esszimmern für die Angestellten umgestaltet, „die bisher mit den Zöglingen aßen".[372] Die neuen Räume wurden sodann „geschmackvoll" bemalt. Wieso man diese räumliche Trennung vollzog, geht aus den Quellen nicht hervor. Allerdings habe man mit der Einrichtung der separaten Speiseräume einen „lang gehegten Wunsch" der Beschäftigten erfüllt.

Späterhin ging der renommierte Gartengestalter *Jonathan Roggenbrod* (1881–1962)[373] daran, die Grünanlagen vor dem Deutschen Kaiser neu zu gestalten. Zur Ausführung kam eine klar strukturierte Rasenfläche, teilweise mit Blumen bepflanzt und mit gestutzten Buchsbaumfassungen gesäumt – eine weitere Absage an die „eklektizistische Stilrezeption"[374] des vorangegangenen Jahrhunderts. Neuer repräsentativer Blickfang war ein Springbrunnen vor dem Deutschen Kaiser.[375] Aufgrund seines bescheidenen Ausmaßes diente dieser wohl nur eingeschränkt der Abkühlung und Luftverbesserung, sondern er erfüllte wohl eher eine symbolische Funktion: Als Hauch

---

370 BuB 1950 [= Festschrift zur 100-Jahrfeier der Alsterdorfer Anstalten am 17. September 1950], 42.

371 Ebd.

372 Bericht (1914), 3. Danach auch die folgenden Zitate.

373 Jonathan Roggenbrod zeichnete – teilweise gemeinsam mit dem Landschaftsarchitekten *Hermann Koenig* (1883–1961) – für 37 Grünanlagen in Hamburg und im norddeutschen Raum verantwortlich. Gleichwohl stellt Roggenbrods Leben und Wirken ein Forschungsdesiderat dar. Freundliche Auskunft von Heino Grunert, Gartendenkmalpflege der Freien und Hansestadt Hamburg, Behörde für Umwelt, Klima, Energie und Agrarwirtschaft Neuenfelder, an d. Vf., 24.8.2020.

374 Vgl. Knoch, Habbo: Schwellenräume und Übergangsmenschen. Öffentliche Kommunikation in der modernen Großstadt, 1880–1930, in: Geppert, Alexander C. T. / Jensen, Uffa / Weinhold, Jörn (Hg.): Ortsgespräche. Raum und Kommunikation im 19. und 20. Jahrhundert (Zeit – Sinn – Kultur), Bielefeld 2005, 257–284, 260.

375 Alsterdorfer Anstalten in Wort und Bild (1932), 4f.

von Luxus dokumentierte das Wasserspiel den gewachsenen Wohlstand der Alsterdorfer Anstalten, die es sich nunmehr leisten konnten, das lebensnotwendige Nass nicht nur zum Waschen, Kochen usw., sondern auch als kunstvolles Zeichen einzusetzen. In der Tat bereicherte der Springbrunnen das ihn umgebende Grün auf eine spezielle ästhetische Weise: Er schuf Bewegung, Klang und brach das Sonnenlicht in einen Regenbogen.

1907 wurde das alte Pförtnerhaus,[376] das am Eingangsbereich des „oberen Terrains" lag, abgerissen. Abgebrochen wurden auch das alte Spritzenhaus und die ehemalige Leichenhalle. Auf dem frei gewordenen Gelände sollten „schöne gärtnerische Anlagen" entstehen. Im selben Jahr wurde an das Direktionsgebäude eine neue Veranda angebaut, da die alte baufällig geworden war. 1909 erhielt das Knabenhaus Hohenzollern „freundlichere Wohnräume und bessere Schlafsäle",[377] zwei Jahre später endlich „Spülklosetts".[378] Ebenfalls 1909 wurde Haus Fichtenhain, das 1907 mit Kippfenstern[379] für eine bessere Ventilation ausgestattet worden war, um ein Stockwerk erweitert. Es entstanden „schöne Räume für drei Mädchenabteilungen",[380] sodass man überlegte, „ältere Wohn- und Schlafstätten eingehen zu lassen." Aufgrund des „leidigen Raummangels" sah man sich schließlich sogar gezwungen, die Alte Kapelle in einen Schlafsaal[381] umzufunktionieren.

Ein herber Schlag war der Verlust von Haus Karlsruhe.[382] Das Wohngebäude der pflegebedürftigen Männer brannte 1911 während der Pfingstfeiertage teilweise ab. Man behalf sich mit einer Baracke für die obdachlos gewordenen Bewohner. Nach dem Wiederaufbau des Hauses, den man auch für zweckmäßige Umgestaltungen nutzte, konnten die Männer in ihr Zuhause zurückkehren. Bei alledem vergaß man Haus Bismarck, das Kinderheim und den Knabenhort nicht. Deren Wände, Fenster und Türen wurden mit Ölfarbe gestrichen, die eine leichte Reinigung gewährleisteten.[383]

Mit dem „gänzlichen"[384] Umbau des Hohen Wimpels – „wir haben dort jetzt sehr schöne, helle Räume erhalten"[385] – und der Umwandlung des 1911 erworbenen Fabrikgebäudes in der Alsterdorfer Straße 462 in Schlafsäle 1914[386] endete eine Periode engagierten Planens, Bauens und Umbauens in den Alsterdorfer Anstalten.

---

376 Bericht (1907), 14. Danach auch das folgende Zitat.
377 Bericht (1909), 27.
378 Bericht (1911), 4.
379 Bericht (1907), 14.
380 Bericht (1909), 27. Danach auch die folgenden Zitate.
381 Bilder aus den Alsterdorfer Anstalten [1908], 4.
382 Bericht (1911), 4.
383 Ebd.
384 Alsterdorfer Anstalten in Wort und Bild (1932), 44.
385 Bericht (1914), 3.
386 Alsterdorfer Anstalten in Wort und Bild (1932), 44.

Dabei hatten sich die ersten vierzehn Jahre von Stritters Amtszeit durch dessen Willen ausgezeichnet, nicht nur für eine zeitgemäße Unterbringung der Bewohner und Bewohnerinnen zu sorgen, sondern auch die ästhetische Verantwortung für die architektonische Erscheinung der Alsterdorfer Anstalten zu übernehmen. Folgt man den Quellen, dann verstand sich Stritter als ein Mensch, dem „alles Äußere seiner Anstalten wichtig war",[387] und der sich wohl mehr als einmal gegen seinen in diesen Fragen zurückhaltenderen Vorstand durchsetzen musste.[388] Die Umsetzung der hohen ästhetischen Ansprüche hatte man in die Hände von Architekten gelegt, die sich den Wandel vom Historismus zur Reformarchitektur verschrieben hatten und damit für den Aufbruch in die Moderne standen. Dass die Alsterdorfer Anstalten mit renommierten Architekten zusammenarbeiteten und dabei offenbar keine Kosten scheuten, dürfte letztendlich auch der Tatsache geschuldet gewesen sein, dass man keinen eigenen Baumeister beschäftigte, wie dies zum Beispiel in anderen diakonischen Einrichtungen durchaus üblich war.[389]

In den folgenden Jahren sollte der Erste Weltkrieg den Alltag und nicht zuletzt das Bauwesen in den Alsterdorfer Anstalten bestimmen. Dieses sollte – bis auf die „dringendsten Reparaturen und Instandhaltungsarbeiten"[390] – vollständig zum Erliegen kommen. Die „Rechnen- und Zeichnenzeit"[391] der einstigen friedlichen Winterjahre war vorbei.

Ein Erweiterungsbau für das Haus Deutscher Kaiser

Die Kriegszeit überstanden die Alsterdorfer Anstalten einigermaßen glimpflich. An kostspielige Neubauten wie in der Vorkriegszeit aber war nicht mehr zu denken. Immerhin sah man sich in der Lage, dringende Erweiterungsbauten vorzunehmen. Das Architektenbüro Distel und Grubitz hatte offenbar zur vollen Zufriedenheit des Vorstands gearbeitet, wurde es doch erneut beauftragt, dieses Mal für die Planung eines Erweiterungsbaus am Esssaalgebäude Deutscher Kaiser. Allerdings wurde am 20. August 1926 kein neuer ebenerdiger Ess- oder Begegnungsraum geschaffen, vielmehr war ein „Aufbau"[392] mit 22 Einzelzimmern für Anstaltsangestellte zur Ausführung

---

387 BuB 1950 [= Festschrift zur 100-Jahrfeier], 53: „Wie gern baute er [Stritter]!", so Schöffel in seinen Erinnerungen an Paul Stritter.

388 „Und nicht wenige meiner [Schöffel] Begegnungen mit Pastor Stritter hatten zum Inhalt, ihn bei diesem oder jenem Bauplan in der Vorstandschaft zu unterstützen." Ebd.

389 Als Beispiel seien die v. Bodelschwingschen Anstalten in Bethel genannt, die mit dem Architekten *Karl Siebold* (1854–1937) einen Leiter für ihre Bauabteilung hatten, der nicht nur die Anstaltsgebäude, sondern auch etliche evangelische Sakralbauten in Westfalen und darüber hinaus entwarf.

390 Alsterdorfer Anstalten in Wort und Bild (1932), 44.

391 Dieses Zitat wird Sengelmann zugeschrieben. Vgl. BuB 1950 [= Festschrift zur 100-Jahrfeier], 43.

392 Alsterdorfer Anstalten in Wort und Bild (1932), 45.

gekommen. Dieser Schritt zeigt zweierlei: Zum einen hatte man erkannt, dass das Vorhandensein von Wohnraum ein wichtiges Kriterium war, um Mitarbeitende zu gewinnen und dauerhaft an sich zu binden, zum anderen hatte man an der einst getroffenen Entscheidung, vorhandene Gebäude multifunktional zu nutzen, festgehalten. Zugleich ist darauf hinzuweisen, dass der Backsteinbau hinter einer hellen und zurückhaltend gegliederten Putzfassade verschwand. Die „liegenden Formate der Sprossenteilungen und der Querschnitt der Stuckgesimse"[393] unterstützten den Wunsch, zu einer moderner, klarer und sachlicher wirkenden Architekturaussage zu kommen. Vom Namen Deutscher Kaiser hatte man sich im offiziellen Sprachgebrauch übrigens schon kurz nach der Niederlage im Ersten Weltkrieg und dem Ende des deutschen Kaiserreiches rasch verabschiedet, und zwar sehr geräuschlos. Hin und wieder, so zum Beispiel im Jahresbericht von 1955 war dann doch noch einmal vom Deutschen Kaiser zu lesen.[394]

Gut Stegen – eine erste außeranstaltliche Dependance

Am 1. Oktober 1924 erwarben die Alsterdorfer Anstalten, wie bereits erwähnt, das am Oberlauf der Alster, zwischen den Dörfern Kayhude und Bargfeld gelegene „Adelige Gut Stegen"[395] mit über 240 Hektar Land, zwölf Haupt- und vier Nebengebäuden.[396] 26 Menschen mit geistiger Behinderung siedelten mit mehreren Mitarbeitern nach Gut Stegen über und trugen mit dazu bei, die Versorgung der rund 1.500 Bewohner und Bewohnerinnen und einer entsprechend hohen Anzahl von Mitarbeitern sicherzustellen. Angetan war man von der regionalen Architektur des Gutshauses: „Eine schnurgerade Allee führt auf das 1782 erbaute Herrenhaus zu. Jeder Liebhaber norddeutscher Backsteinarchitektur ist entzückt von der Fassade dieses Gebäudes."[397] Die Freude war jedoch schnell getrübt. Schon bald stellte man Risse im Gebäude fest. Scheunen und Ställe zeigten sich sogar stark vernachlässigt. Schließlich baute man ein „großes neues Wirtschaftsgebäude [...], das auch Wohnzimmer für Angestellte und einen größeren Saal"[398] für die Bewohner bereithielt. Am 8. November 1925 konnte das neue Gebäude eingeweiht werden. Zugleich befestigte man die Zufahrt: „Das obere Ende unserer Zufahrtsstraße innerhalb der Anstalten wurde

---

393 Loitzenbauer, St.-Nicolaus-Quartier, 24.

394 Vgl. Jahresbericht der Alsterdorfer Anstalten 1955, in: BuB 1955, Nr. 1, 3–8, 3.

395 Pohlmann, Alfred / Schreyer, Alf / Kettel, W. O. Paul: Erlebte Alsterlandschaft. Die Alster von der Quelle bis Alsterdorf, Hamburg 1969, 9. Danach auch das Folgende.

396 Hierunter fielen u. a. zwölf Hektar Ackerland, fünfzig Hektar Wiesen, 60 Hektar Weiden sowie 29 Hektar Wald. Stritter, Paul: Die Alsterdorfer Anstalten, in: Gesundheitsbehörde Hamburg (Hg.), Hygiene und soziale Hygiene in Hamburg. Zur neunzigsten Versammlung der deutschen Naturforscher und Ärzte in Hamburg im Jahre 1928, Hamburg 1928, 434–438, 438.

397 Informationsbroschüre der Alsterdorfer Anstalten, o. J., 16.

398 Alsterdorfer Anstalten in Wort und Bild (1932), 45. Danach auch die folgenden Zitate.

bis zum neuen Wirtschaftsgebäude gepflastert."³⁹⁹ Einige Monate zuvor war ein Dreifamilienhaus für Gutsarbeiter bezugsfertig geworden. Die Anstrengungen befriedigten nicht nur die Verantwortlichen, sondern auch die Behörden, die „viel Beifall" spendeten.

Verwaltung der Bausubstanz

Anders als in den Jahren vor dem Ersten Weltkrieg war es jedoch viel schwieriger, neue Häuser zu bauen. „An Neubauten wird die Anstalt wohl fürs Erste nicht denken können",⁴⁰⁰ stellte Wirtschaftsinspektor Wilhelm Plagemann im Februar 1922 bedauernd fest. In der Tat hatten die „gefährlichen Kriegs- und Inflationsjahre"⁴⁰¹ und die damit verbundenen „schweren Schäden"⁴⁰² den Alsterdorfer Anstalten wirtschaftlich schwer zugesetzt; die allgemeine Unsicherheit und der verlorene Erste Weltkrieg drückten zusätzlich auf die Stimmung. Gleichwohl standen wichtige und nicht länger aufzuschiebende Bauarbeiten an, wie Plagemann feststellte:

> „Als eine der notwendigsten Arbeiten möchte ich die Instandsetzung der neuen Zufahrtsstraße bezeichnen. Sie ist im Laufe der Jahre so schlecht geworden, dass sie für Fuhrwerke, wenigstens am oberen Ende, kaum passierbar ist. [...] in ihrem jetzigen Zustande macht sie einen sehr verwahrlosten Eindruck."⁴⁰³

Man beschloss eine Instandsetzung, deren Umsetzung von großer Sparsamkeit zeugte:

> „Es ist nun in Aussicht genommen, das obere Ende (bei der Schule) zu pflastern, wie es uns von Sachverständigen dringend geraten wird, da eine Ausbesserung kaum mehr möglich und die Steigung bedeutend ist, und da noch verhältnismäßig gut erhaltene untere Stück mit dem vorhandenen Material auszubessern. Dazu ist es nötig, da die vorhandenen Pflastersteine nicht ganz ausreichen, einige Kubikmeter ausrangierte Steine vom Staat zu kaufen und ein bis zwei Pflasterer für einige Wochen einzustellen. Alle Nebenarbeiten würde die Anstalt übernehmen."

Weiter war die Instandsetzung der Zäune angezeigt. Auch hier entschied man sich für eine preiswerte, aber explizit blickdichte Variante. Das Verhalten einiger Bewohnerinnen und Bewohner hatte für diese Entscheidung den Ausschlag gegeben:

> „Ferner ist es sehr erwünscht, die an der Bodelschwinghstraße vorhandene eiserne Einfriedigung [sic] (50 m) zu entfernen und dafür eine Holzplanke zu setzen. Unsere

---

399 Bericht (1912), 4.
400 ArESA, DV 675: Plagemann, Vorschläge zu dem weiteren Ausbau der Anstalten, 15.2.1922, 2.
401 Alsterdorfer Anstalten in Wort und Bild (1932), 25.
402 Rückblick (1925), 5.
403 Plagemann, Vorschläge, 2. Danach auch die folgenden Zitate.

II. Ausbau und Bewahrung, 1899–1930

Zöglinge belästigen dauernd die Passanten (Schulkinder und Erwachsene) durch Betteln und unanständiges Benehmen usw."

In diesem Zusammenhang geriet auch die landschaftsgärtnerische Gestaltung der Alsterdorfer Anstalten erstmals in die Kritik:

„Die parkartigen Anlagen ermöglichen es, dass sich immer wieder Zöglinge unbemerkt dort aufhalten und das Publikum belästigen. Die Anstalten kommen dadurch in Verruf, denn um Mitleid zu erregen, erzählen die Zöglinge, dass sie geschlagen werden, hungern müssen und dergleichen mehr."

Schließlich zog die Pforte Missmut auf sich. Ihr „jetziger Zustand"[404] sei eine „große Unzuträglichkeit" monierte Plagemann und setzte gegen den Widerstand des Lehrpersonals durch, die Pforte und das Büro in den Westflügel der Schule zu verlegen.

Auch in den Folgejahren musste man sich mit kostengünstigen Umbauten und Renovierungsarbeiten begnügen. 1928 waren die vorhandenen Raumkapazitäten vollkommen erschöpft, Erweiterungs- und Aufstockungsarbeiten nicht mehr möglich, sodass man „wegen der dauernden Überfüllung der Pfleglingshäuser zwei Baracken mit je sechzig Betten"[405] aufstellte. Die dem Guten Hirten zugeordnete Baracke nannte man Bethesda (Haus der Barmherzigkeit), jene für Haus Fichtenhain Samaria, womit man auf das historische Samaria, die Hauptstadt des antiken Königreichs Israel, anspielte. Mit beiden Namen wollte man wohl die besondere Bedeutung der in den Baracken untergebrachten Mädchen im Selbstverständnis der Alsterdorfer Anstalten zum Ausdruck bringen. Sie wohnten im Haus der Barmherzigkeit in der Hauptstadt des antiken Israels, und damit in einer biblisch benamten Landschaft, die sich auf dem Gelände der Alsterdorfer Anstalten entfaltete. Eine weitere Baracke, ebenfalls 1928 aufgestellt, trug den Namen Eichenhof und spielte wohl auf die sie umgebenden Eichen an.[406] Trotz der beginnenden Geldknappheit hatte man es sich nicht nehmen lassen, 1927 den Kirchturm mit Kupfer decken zu lassen.[407] Eine Ausnahme von der Strategie, es bei „verschiedenen baulichen Erweiterungen an älteren Häusern"[408] zu belassen, bildete der Neubau eines Hauses mit sieben Wohnungen für Angestelltenfamilien an der bereits Jahre zuvor eingegitterten Bodelschwinghstraße.[409]

---

404 Ebd., 3. Danach auch die folgenden Zitate.
405 Alsterdorfer Anstalten in Wort und Bild (1932), 45.
406 Engelbracht/Hauser, Hamburg, 304.
407 Alsterdorfer Anstalten in Wort und Bild (1932), 45.
408 Ebd., 46.
409 „An der Bodelschwinghstraße, die hier das Anstaltsgebiet begrenzt, musste die Holzplanke erheblich verlängert werden. Außerdem wurde zur Einfriedigung [sic] ein großer Posten Eisengitter gesetzt, wovon 100 m. in unserer Schmiede erst anzufertigen waren." Bericht (1911), 3. Das neue Wohnhaus hatte die Adresse Bodelschwinghstraße 19.

Auffahrt von der Alsterdorfer Straße zur Anstaltspforte Ende der 1920er Jahre

Der Druck, Wohnraum für die Mitarbeiterschaft zu sichern, hatte bereits 1925 zu einem großen Umzug innerhalb der Anstaltsliegenschaft geführt. In diesem Jahr zog die Kanzlei, also Verwaltung und Direktion, in den Westflügel der Schule ein.[410] Die leeren Räumlichkeiten des Verwaltungsgebäudes wurden vollständig in Wohnungen für Mitarbeitende umgewandelt.[411] Danach blieben der Schule noch „acht Klassenzimmer, ein Amtszimmer, ein Konferenzzimmer, ein Kinderforschungszimmer, zwei Lehrmittelzimmer, ein Ruhezimmer und sonstige Nebenräume"[412] erhalten. Mit dem Umzug der Kanzleiräume in das Schulgebäude hatte man übrigens auch den Haupteingang der Anstalten verlegt. Als Ersatz hatte man am Schulgebäude einen kleinen Anbau mit Pforte und kleinem Schlafraum für den Pförtner geschaffen.[413] Die Entscheidung, den Zugang zu den Alsterdorfer Anstalten dauerhaft zu verlegen, war weniger den eigenen Plänen geschuldet als vielmehr eine Konsequenz, die man aus öffentlichem Handeln gezogen hatte, nachdem die Landgemeinde Alsterdorf in die Stadt Hamburg eingemeindet worden war:

---

410 Alsterdorfer Anstalten in Wort und Bild (1932), 45.
411 Ebd., 41.
412 Ebd., 45.
413 Ebd.

II. Ausbau und Bewahrung, 1899–1930

„In demselben Jahre [1913] wurde staatlicherseits die Sengelmannstraße, an der der Haupteingang und die Zufahrten zu den Alsterdorfer Anstalten lagen, als künftige große Verkehrsstraße bedeutend erweitert und tiefergelegt, wodurch die Herstellung einer Zufahrt zu den Anstalten zwischen Kirche und Versammlungssaal und weiter die Anlegung einer neuen, ansteigenden Zufahrtsstraße unmittelbar von der Alsterdorfer Straße aus notwendig gemacht wurde."[414]

Diese Entscheidung zog verschiedene bauliche Maßnahmen nach sich. Zum einen wurden die neuen Zufahrtsstraßen mit einer durchgehenden Straßenbeleuchtung versehen, zum anderen wurde die „Aufstellung von neuen Einfriedungsgittern" notwendig: „An der Alsterdorfer Straße haben wir ein hell gestrichenes Holzstaket [Holzlattenzaun] mit torartigem Abschluss nach einem künstlerischen Entwurf aufgestellt, das allgemein Beifall gefunden hat."

Aufgrund der zunehmend angespannten Wirtschaftslage waren in den 1920er Jahren keine größeren Neu- und Erweiterungsbauten mehr möglich – mit der bemerkenswerten Ausnahme des Krankenhauses, das 1928/29 aufwendig um- und ausgebaut wurde, wovon an anderer Stelle berichtet werden soll. Dennoch wird man sagen können, dass die Neugestaltung der Anstaltsortschaft, die in den Jahren vor dem Ersten Weltkrieg mit Macht, hohem finanziellen Einsatz und nicht zuletzt mit einem ausgeprägten ästhetischem Gestaltungswillen vorangetrieben worden war, bis zum Ende der 1920er Jahre zu einem vorläufigen Abschluss gelangte – gerade rechtzeitig, bevor die Weltwirtschaftskrise, der Zusammenbruch des Weimarer Wohlfahrtsstaates und die Übertragung der politischen Macht an die Nationalsozialisten einem weiteren Ausbau enge Grenzen setzten.

---

414 Ebd., 44.

III. Vom Ende der Weimarer Republik bis zum Zusammenbruch des „Dritten Reiches", 1930–1945

Der neue Direktor: Pastor Friedrich Lensch

Im Februar 1929 erkrankte Paul Stritter schwer, sodass er sein Amt als Direktor der Alsterdorfer Anstalten einige Wochen lang nicht wahrnehmen konnte.[1] Während seiner Abwesenheit spitzten sich die Konflikte zu, die sich aus den ungeklärten Verhältnissen auf der mittleren Leitungsebene ergaben. Die Folge war, wie bereits erwähnt, dass der erst im November 1928 berufene zweite Pastor Arnold Elster die Alsterdorfer Anstalten im Juli 1929 schon wieder verließ. In einem sorgfältig ausgearbeiteten, auf den 4. Juni 1929 datierten Memorandum, in dem er die Gründe analysierte, warum die Berufung eines zweiten Pastors in kurzer Zeit zweimal gescheitert war, sparte Stritter nicht mit Kritik an seinen jüngeren Amtsbrüdern.[2] Er arbeitete aber auch die strukturellen Schwächen heraus, die den Konflikten zugrunde lagen. Zunächst listete er die Dienstpflichten des Direktors akribisch auf, wobei er auf nicht weniger als 47 Punkte kam. Es könne keinem Zweifel unterliegen, so Stritter, „dass der Direktor allein das nicht alles leisten kann." Die Alsterdorfer Anstalten bräuchten „einen vollamtlichen zweiten Pastor, dem gewisse Arbeitsgebiete selbstständig übertragen werden müssen und der der Vertreter des Direktors ist." Da er selbst bald aus dem Amt scheiden werde, so Stritter, müsse man dem zweiten Pastor das Recht der Nachfolge einräumen.

Nun war der Vorstand der Alsterdorfer Anstalten am Zug. Dieser hatte sich im Laufe der 1920er Jahre verjüngt. 1922 waren Regierungsrat *Oskar Martini* (1884–1980), Präsident des 1920 neu geschaffenen Hamburgischen Wohlfahrtsamts, Prof. Dr. *Gerhard Schäfer* (* 1874), Oberarzt an der Staatskrankenanstalt in Langenhorn (und ein Sohn Theodor Schäfers), und D. Dr. *Simon Schöffel* (1880–1959), seit 1921 Hauptpastor des Kirchspiels St. Michaelis, kooptiert worden.[3] 1929 übernahm der Präsident des Kirchenrats, Landgerichtsdirektor a. D. Dr. D. *Heinrich Schröder* (1867–1938), den Vorstandsvorsitz.[4] Paul Stritter sah sich mithin einem prominent besetzten Gremium gegenüber, das nicht einfach der Linie des Direktors folgte. So auch in diesem Fall: Der Vorstand machte sich daran, gleich einen Nachfolger für den mittlerweile 65-jährigen Direktor zu suchen, dessen fünfte Wahlperiode im Juli 1929 endete. Stritter sollte nur noch im Amt bleiben, bis ein neuer Direktor gefunden und eingearbeitet wäre.

---

1 Rückblick (1929), 18.
2 ArESA, Historische Sammlung, 44: Paul Stritter, Die Arbeit des Direktors der Alsterdorfer Anstalten, 4.6.1929. Danach auch die folgenden Zitate.
3 Rückblick (1921), 12.
4 Wechsel im Amte des Vorsitzenden des Vorstandes, in: BuB 53 (1929), Nr. 1, 65f.

Es begann eine aufwendige Suche über die Netzwerke der Inneren Mission. Schließlich hatte man eine Liste mit zehn möglichen Kandidaten beisammen,[5] von denen es drei in die engere Auswahl schafften – die aber einer nach dem anderen absagten.[6] Aussichtsreichster Kandidat wäre wohl Pastor *Heinrich Leich* (1894–1965) gewesen, seit 1924 Pfarrer und Vorsteher des Johannesstifts in Schildesche bei Bielefeld – er teilte den Alsterdorfer Anstalten am 18. Oktober 1929 jedoch mit, dass er nicht mehr zur Verfügung stehe.[7]

Jetzt rückte ein neuer Kandidat in den Fokus des Interesses: Pastor *Friedrich Lensch* (1898–1976). Er war zu Beginn des Ersten Weltkriegs noch zu jung gewesen, um einberufen zu werden, und ging weiter zur Schule, bis er im Frühjahr 1917 die Reifeprüfung bestand. Er studierte ein Semester lang Theologie an der Universität Marburg, dann wurde er zum Vaterländischen Hilfsdienst einbestellt und arbeitete in einer Granatendreherei, im Sommer 1918 wurde er schließlich doch noch zum Heeresdienst eingezogen. Er kämpfte „an der russischen Front",[8] geriet in Kriegsgefangenschaft und kehrte erst im Juli 1919 nach Deutschland zurück. Er setzte sein Studium an den Universitäten in Halle (Saale), Tübingen und Kiel fort. Von seinen akademischen Lehrern hob Lensch den Hallenser Kirchenhistoriker *Friedrich Loofs* (1858–1928) hervor, dessen Persönlichkeit für ihn, „dem damals der Krieg und sein sinnloses Ende innerlich so ziemlich alles zerschlagen hatte, von entscheidendem Einfluss" gewesen sei. Nach dem zweiten Examen im Oktober 1923 wurde Lensch zum Provinzialvikar ernannt. 1924 folgte er einem Ruf der Deutschen Seemannsmission, „als erster deutscher Seemannspastor nach dem Krieg die zusammengebrochene Arbeit in England wieder neu anzufangen".[9] 1927 lief seine Beurlaubung durch die Landeskirche ab – Lensch kehrte nach Deutschland zurück, aber nicht in den Gemeindedienst, vielmehr wurde er Seemannspastor in Hamburg.

Lensch, der in den Alsterdorfer Anstalten bekannt war, hatte er doch im Jahre 1929 bereits eine Gastpredigt gehalten,[10] wurde von verschiedener Seite empfohlen – nicht zuletzt auch von seinem Onkel, Pastor *Fritz Engelke* (1878–1956), seit 1925 Vorsteher des Rauhen Hauses.[11] Am 10. Dezember 1929 schrieb Stritter in einem Brief,

---

5 ArESA, DV 790: Aufstellung „Pastoren, die für Alsterdorf empfohlen sind oder sich gemeldet haben".

6 ArESA, DV 790: Aktennotiz zu Pastor Friedrich Steinwachs, undatiert; Stritter an Karig, 6.1.1930; Tegtmeyer an Stritter, 17.8.1929; Stritter an Werner, 8.11.1929.

7 ArESA, DV 790: Stritter an Tegtmeyer, 17.8.1929; Tegtmeyer an Stritter, 19.8.1929; Meyer an Stritter, 19.8.1929; Stritter an Leich, 16.10.1929; Leich an Stritter, 18.10.1929.

8 Wechsel im Amt des Direktors, in: BuB 54 (1930), Nr. 1, 38–41, 39. Danach auch die folgenden Zitate.

9 Ebd., 40. Danach auch das folgende Zitat.

10 Rückblick (1929), 19.

11 ArESA, DV 790: Engelke an Stritter, 6.9.1929.

III. Ende Weimarer Republik und „Drittes Reich", 1930–1945

Pastor Friedrich Lensch, 1939

Lensch sei „so gut wie gewählt".¹² Tatsächlich war die Wahl am 20. Dezember 1929 eine reine Formsache.¹³ Der künftige Direktor konnte sein neues Amt indessen nicht sofort antreten – erst musste ein neuer Seemannspastor bestellt werden, auch sollte Lensch zunächst eine Rundreise durch verschiedene Anstalten machen, um sich in die Materie einzuarbeiten. So konnte er erst am 14. September 1930 in das Amt des Direktors der Alsterdorfer Anstalten eingeführt werden.¹⁴

Der Anfang dürfte alles andere als leicht gewesen sein. Lensch hatte zwar in der Seemannsmission bewiesen, dass er trotz seines jugendlichen Alters Gemeindearbeit

---

12 ArESA, DV 790: Stritter an Karig, 10.12.1929.
13 ArESA, DV 5: Protokoll der 504. Sitzung des Vorstandes der Alsterdorfer Anstalten, o. D. [20.12.1929].
14 Einführung des Herrn Pastor Friedrich Lensch in das Amt des Direktors der Alsterdorfer Anstalten, in: BuB 54 (1930), Nr. 2, 53–57.

in einer fremden, eher feindselig eingestellten Umgebung meistern konnte, doch war er weder mit dem Arbeitsfeld der Fürsorge für Menschen mit geistiger Behinderung vertraut noch hatte er Erfahrungen mit der Leitung einer größeren Anstalt der Inneren Mission. Auch hatte er „nie ein ordentliches Pfarramt innegehabt",[15] es fehlte ihm daher an „Rückhalt und gewachsene[n] Kontakte[n] in der Landeskirche". Zwar konnte sich der neue Direktor auf einen eingespielten Mitarbeiterstab stützen,[16] da es aber nicht gelungen war, auf der oberen Leitungsebene eine Doppelspitze zu installieren, lag die letzte Verantwortung allein bei dem noch recht jungen und unerfahrenen Lensch. Noch dazu trat er sein Amt zu einem denkbar ungünstigen Zeitpunkt an: Gerade nahm die Weltwirtschaftskrise Fahrt auf und zwang zu drastischen Sparmaßnahmen, Gehaltskürzungen und Personalabbau, die politische Ordnung kam ins Wanken und wurde schließlich in der „braunen Revolution" zerstört.

Friedrich Lensch, die Eugenik und die „Euthanasie"

Über das praktische Krisenmanagement hinaus hatte sich der neue Direktor mit einem grundlegenden Stimmungsumschwung in der Öffentlichkeit auseinanderzusetzen. Vor dem Hintergrund der Weltwirtschaftskrise entbrannte eine Debatte um den überforderten Weimarer Wohlfahrtsstaat, wurde die Fürsorge für Menschen mit geistigen Behinderungen und psychischen Erkrankungen unter volkswirtschaftlichen Gesichtspunkten radikal infrage gestellt, wurden die Forderungen nach einer „Vernichtung lebensunwerten Lebens" wieder lauter. Gleichzeitig wurde die eugenische Bewegung immer stärker und fand Resonanz auch in die Mitte der Gesellschaft. Dies alles stellte eine existenzielle Herausforderung für die Alsterdorfer Anstalten dar. Lensch sah sich daher gezwungen, in diesem Diskurs öffentlich Stellung zu beziehen. Er tat dies in drei programmatischen Texten, die 1932, 1933 und 1934 in den „Briefen und Bildern" erschienen.[17] Vier Punkte seien aus der vergleichenden Lektüre besonders hervorgehoben:

Erstens bekannte sich Lensch unter Verweis auf die niedrigen Verpflegungssätze der Alsterdorfer Anstalten[18] bereits im Jahre 1932 zu dem damals auch in Kreisen der

---

15 Jenner, Harald: Friedrich Lensch als Leiter der Alsterdorfer Anstalten 1930 bis 1945, in: Wunder/Genkel/Jenner, Ebene, 185–245, 196. Danach auch das folgende Zitat.

16 Von den höheren Angestellten schied nur der Oberhelfer Wilhelm Spitzbarth mit dem Erreichen der Altersgrenze am 30. Juni 1931 aus. Oberhelfer Wilhelm Spitzbarth, in: BuB 55/56 (1931/32), 34.

17 o. V. [Lensch, Friedrich]: Dennoch!, in: BuB 55/56 (1931/32), 2–6; o. V. [Lensch, Friedrich]: Pflüget ein Neues und säet nicht unter den Hecken! (Jer. 4,3), in: BuB 57 (1933), 3f.; o. V. [Lensch, Friedrich]: Die Alsterdorfer Anstalten im Dritten Reich, in: BuB 58 (1934), 1–4. Zum Folgenden auch: Genkel, Ingrid: Pastor Friedrich Lensch – ein Beispiel politischer Theologie, in: Wunder/Genkel/Jenner, Ebene, 83–136, 92f., 98f., 105.

18 [Lensch], Dennoch, 2f.

III. Ende Weimarer Republik und „Drittes Reich", 1930–1945

Inneren Mission[19] intensiv diskutierten Prinzip einer „differenzierten Fürsorge", dem zufolge sozialstaatliche Leistungen nach der „gesellschaftlichen Brauchbarkeit" der Empfänger gestaffelt werden sollten.

Zweitens erkannte Lensch schon 1932 die von den Alsterdorfer Ärzten aufgestellte Behauptung an, dass etwa sechzig Prozent der „Schwachsinnigen" erwiesenermaßen „erblich belastet"[20] seien. Dieser Befund, so Lensch, scheine die Arbeit der Alsterdorfer Anstalten auf den ersten Blick grundsätzlich infrage zu stellen. Unter eugenischen Gesichtspunkten müsse es „verhängnisvoll" erscheinen, „die mit krankem Erbgut Belasteten zu hegen und zu pflegen, statt sie ‚auszumerzen', wie der Züchter oder Förster sich ausdrücken würde." Der Forderung, „um der Zukunft unserer Rasse willen ganz radikal vorzugehen", hielt Lensch jedoch entgegen, dass die Alsterdorfer Anstalten schon seit Sengelmanns Zeiten durch die „Isolierung möglichst aller Schwachsinnigen ganz wesentlich dazu beigetragen" hätten, „das Erbkranke aus dem Volk herauszuziehen, von der Fortpflanzung auszuschalten und damit sich in sich selbst auflösen zu lassen." Dies war eine grundlegende Umdeutung des Asylgedankens, ein radikaler Bruch mit dem Denken Sengelmanns, der das von ihm gegründete Asyl als einen Schutz- und Schonraum für Menschen mit geistigen Behinderungen verstanden hatte – das Motiv, durch die Aufnahme in das Asyl die Fortpflanzung von Menschen mit geistiger Behinderung zu verhindern, findet sich in seinen Schriften an keiner Stelle.[21] Lensch war der Erste, der diesen Aspekt offen thematisierte, wobei er die Vorzüge der Asylierung gegenüber der Sterilisierung hervorhob.

Drittens ist zu erkennen, dass sich Lenschs Haltung gegenüber der eugenischen Sterilisierung im Laufe der Zeit veränderte. 1932 äußerte er sich zu diesem Thema zwar nicht eindeutig ablehnend, aber doch zurückhaltend. So formulierte er zu diesem Zeitpunkt noch Zweifel an den vererbungswissenschaftlichen Grundlagen der eugenischen Sterilisierung. Ein Jahr später sah sich Lensch – unter dem Eindruck des am 14. Juli 1933 verabschiedeten „Gesetzes zur Verhütung erbkranken Nachwuchses" – genötigt, nochmals zur Frage der eugenischen Sterilisierung Stellung zu beziehen, wobei er vor allem die Einbettung dieser Maßnahme negativer Eugenik in eine aktive Familienpolitik lobend hervorhob. Die Position der Alsterdorfer Anstalten zum „Gesetz zur Verhütung erbkranken Nachwuchses" fasste Lensch dahin zusammen, dass man an dem Sterilisationsprogramm mitarbeiten, zugleich aber großes Gewicht auf eine gründliche seelsorgliche Begleitung und Betreuung der Betroffenen legen wolle.[22] 1934 schließlich gelangte Lensch zu einer uneingeschränkt positiven Beurteilung des „Gesetzes zur Verhütung erbkranken Nachwuchses".[23] Dabei treten zwei Gesichtspunkte deutlich hervor: Zum einen begründete Lensch seine frühere Skepsis

---

19   Schmuhl, Krankenhäuser, 63–67.
20   [Lensch], Dennoch, 4. Danach auch die folgenden Zitate.
21   Vgl. Jenner, Lensch, 208.
22   [Lensch], Pflüget ein Neues, 4. Danach auch die folgenden Zitate.
23   [Lensch], Alsterdorfer Anstalten im Dritten Reich, 3f.

gegenüber der Sterilisierung damit, dass in der Weimarer Republik die Grenzen zwischen sozialer und eugenischer Indikation nicht scharf genug gezogen worden seien – die Unfruchtbarmachung zum Zweck der Familienplanung wurde aus der Perspektive der Sexualmoral erwecklicher Kreise scharf abgelehnt, schien sie doch der Promiskuität ebenso Vorschub zu leisten wie dem „Volkstod". Zum anderen glaubte Lensch offenbar fest daran, dass der NS-Staat trotz seiner radikalen Erbgesundheitspolitik das Existenzrecht der Einrichtungen der Inneren Mission für Menschen mit Behinderung nicht infrage stellte, sondern im Gegenteil die dort geleistete Arbeit als Ergänzung des Sterilisationsprogramms anerkenne – wie sich zeigen sollte, eine verhängnisvolle Fehleinschätzung.

Zu dieser Zeit sorgte bereits eine Entscheidung des Hamburger Erbgesundheitsgerichts für Unruhe, das im Zusammenhang mit einem Sterilisationsbeschluss über eine Bewohnerin der Alsterdorfer Anstalten einen Schwangerschaftsabbruch angeordnet hatte – was damals noch nicht durch das Gesetz gedeckt war. Auf der „Konferenz der Vorsteher evangelischer Anstalten für Geistesschwache und Epileptiker" die vom 28. bis 31. Mai 1934 in den Alsterdorfer Anstalten stattfand, vermied es Lensch gleichwohl, diesen Fall zur Sprache zu bringen – dies holte er während der Folgekonferenz nach, die vom 21. bis 24. Mai 1935 in Mönchengladbach tagte. In seinem Referat kam Lensch zu dem Schluss, dass es sich hier augenscheinlich um eine „Überspannung der Ansprüche des Erbgesundheitsgerichtes"[24] handele. Bleibe diese Entscheidung unwidersprochen, „so ist dann nicht mehr zu widerstehen, wenn man unsere Pfleglinge tötet oder Alte und Schwache beseitigt, wenn sie gesundes Leben in seiner Entwicklung hemmen."[25] Man dürfe „nicht dulden, dass hier die Grundlage für die Euthanasie hergestellt wird." In der Diskussion warnte Lensch, dass es offenbar „geheime Instruktionen" gebe, „das ist besorgniserregend und unheimlich. Wir sind doch ein Rechtsstaat."

In der Frage der „Euthanasie" nahm Lensch, *viertens,* eine, wie es auf den ersten Blick scheint, eindeutig ablehnende Haltung ein. Schon 1932 ging er ausführlich auf dieses Thema ein und führte nicht nur volkswirtschaftliche Erwägungen gegen eine „Vernichtung lebensunwerten Lebens" ins Feld, sondern erörterte auch die Frage, „ob man nicht schon um der Kranken selbst willen sie von diesem Leben, das doch kaum Leben genannt werden könne, befreien sollte."[26] In bemerkenswerter Offenheit fügte Lensch hinzu: „Ich gebe gern zu, dass es mir persönlich nicht anders gegangen ist, als ich zum ersten Mal hineinkam, und dass diese Gedanken sich auch uns immer wieder wie eine Versuchung nähern." Gegen die „Euthanasie" führte Lensch drei Gesichtspunkte ins Feld. Zunächst berief er sich auf das christliche Gebot der Nächstenliebe. Außerdem hob Lensch hervor, dass Menschen mit geistiger Behinderung, anders als etwa die „hoffnungslos Krebskranken", keineswegs an ihrem Dasein litten

---

24   ArESA, DV 887: Protokoll, ohne Titel.
25   Zit. n. ebd. Danach auch die folgenden Zitate.
26   [Lensch], Dennoch, 5. Danach auch die folgenden Zitate.

Titelblatt der „Briefe und Bilder aus Alsterdorf" 1931/32, nach einem Holzschnitt von Lensch. Der Bibelvers in der Kopfzeile wurde ab 1933 weggelassen.

– im Gegenteil, sie seien sich meist ihrer „eigenen Hemmungen" nicht bewusst und zeigten „einen ausgesprochenen Lebenshunger, eine rührende Dankbarkeit und Daseinsfreude, so dass jeder, der an ihnen arbeitet, davon immer aufs Neue innerlich überwunden wird." Wo kein Leid empfunden werde, sei Mitleid nicht angebracht, so könnte man die implizite Argumentation auf den Punkt bringen – ein Töten aus Mitleid habe hier keinerlei Rechtfertigung. Schließlich wies Lensch darauf hin, dass die Arbeit mit geistig behinderten Menschen eine „Quelle der Kraft" sei: Man dringe dabei immer tiefer „in das göttliche Geheimnis des Leidens" ein, „bis uns das Symbol des ungerechtesten, sinnlosesten Leidens, das Kreuz, zum Zeichen des Sieges und der Weltüberwindung wird."

1938 äußerte sich Lensch noch einmal öffentlich zum Thema „Euthanasie": in seiner Predigt vor dem neuen, von ihm selbst geschaffenen Altarbild in der St. Nicolaus-Kirche. Während dessen Bildaussage alles andere als eindeutig ist – dazu mehr an anderer Stelle –, fand Lensch, indem er sich unmittelbar an die Bewohner und Bewohnerinnen richtete, klare Worte:

> *„Was sagt die Welt draußen zu dieser Arbeit? Hört doch einmal hinein! Sie ist voll Verachtung, sie lacht über die Narren, Krüppel und Geistesschwachen und spricht in hochfahrender, grenzenloser Kälte über die, die doch für ihr Leid nicht können; und wenn sie hier und da Mitleid hat, so sagt sie nur das eine: ‚Gebt ihnen einen sanften Tod!' Das ist alles, was die Welt für euch bereit hat, wogegen wir immer wieder auftreten und kämpfen müssen im Gehorsam gegen unseren Herrn, der gerade euch, die Ärmsten der Armen, am liebsten hat und spricht: ‚Was ihr getan habt einem unter diesen meinen geringsten Brüdern, das habt ihr mir getan.' Darum solltet gerade ihr euren Heiland, der euer bester Freund ist, umso lieber haben. Er ruft euch zu sich, alle, die ihr mühselig und beladen seid."* [27]

Es ist interessant, die in den „Briefen und Bildern" zum Abdruck gebrachten Texte Lenschs zum Themenkreis Eugenik, Sterilisation und „Euthanasie" mit seinen Referaten und Diskussionsbeiträgen auf Fachkonferenzen der Inneren Mission zu vergleichen, schlug er hier, in der vertraulichen Diskussion, doch deutlich andere Töne an als in der Öffentlichkeit, setzte manche Akzente anders und entwickelte andere Argumentationsketten.

Nachdem der Central-Ausschuss für Innere Mission am 31. Januar 1931 die Gründung einer „Evangelischen Fachkonferenz für Eugenik" beschlossen hatte, machte sich der Leiter des Referats Gesundheitsfürsorge im Central-Ausschuss für die Innere Mission, der Arzt und Nationalökonom Dr. med. Dr. phil. *Hans Harmsen* (1899–1989), daran, das erste Treffen der neuen Fachkonferenz, das vom 18. bis zum 20. Mai 1931 in der Anstalt Hephata/Treysa stattfinden sollte, vorzubereiten.[28] Dazu wurden auch der neue, in der Inneren Mission noch ganz unbekannte Direktor der Alsterdorfer Anstalten und sein Oberarzt Dr. Gerhard Kreyenberg eingeladen. Die beiden referierten die Befunde der erbbiologischen Untersuchungen in den Alsterdorfer Anstalten, wonach sechzig Prozent der Bewohner und Bewohnerinnen „erblich belastet" waren – eine Angabe, die in den offiziellen Konferenzbericht Eingang fand.[29]

---

27 BuB 1938 (Jubiläumsbericht), 8.

28 Wunder, Michael: „Auf dieser schiefen Ebene gibt es kein Halten mehr", in: Wunder/Genkel/Jenner, Ebene, 35–77, 45–47; Jenner, Lensch, 209–212. Vgl. Kaiser, Jochen-Christoph: Innere Mission und Rassenhygiene. Zur Diskussion im Centralausschuß für Innere Mission 1930–1938, in: Lippische Mitteilungen 55 (1986), 197–213.

29 Jenner, Lensch, 209f.

III. Ende Weimarer Republik und „Drittes Reich", 1930–1945

In der „Treysaer Erklärung", in der die Ergebnisse der ersten „Evangelischen Fachkonferenz für Eugenik" zusammengefasst worden waren, wurde der Gedanke der „Euthanasie" unter Hinweis auf das fünfte Gebot eindeutig verworfen. Die Redebeiträge Kreyenbergs und Lenschs lassen indessen erkennen, dass sie diese Position nur bedingt teilten. Kreyenberg hatte eingeräumt, dass der Arzt zum Helfen verpflichtet sei, wenn erst einmal eine Arzt-Patient-Beziehung entstanden sei. Es stelle sich aber die Frage, „ob wir die Eltern [eines behinderten Kindes] dazu erziehen dürfen, nicht immer mit dem Erhaltungsanspruch an uns heranzutreten."[30] Lensch knüpfte an diesen Gedanken an, indem er die Anstellung von „Staatsärzten" ins Spiel brachte, welche „die nicht leichte Last auf sich nehmen, in diesen Fällen zu entscheiden". Damit räumte Lensch im Prinzip dem Staat das Recht ein, ein Programm zur „Vernichtung lebensunwerten Lebens" aufzulegen, wenn er nur die freigemeinnützigen Anstalten der Inneren Mission aus der Verantwortung entließ.

Insoweit theologische Motive in der positiven Würdigung der NS-Erbgesundheitspolitik anklingen, nahm Lensch einerseits Bezug auf den von *Paul Althaus d. J.* (1888–1966) geprägten Begriff der „Schöpfungsordnung".[31] Danach konnte das – in einem biologischen Sinn als „rassereine" und „erbgesunde" Population gedachte – Volk als Teil der guten Schöpfung Gottes gedacht werden. Hier lag potenziell ein theologischer Ansatz zur Rechtfertigung der NS-Rassen- und Erbgesundheitspolitik. Doch verfolgte Althaus, der noch im Jahre 1933 in seinem Beitrag zu einem Vortragszyklus zum Thema „Verhütung unwerten Lebens" auf der aus der Schöpfungstheologie abgeleiteten Heiligkeit und Unantastbarkeit des Lebens beharrte,[32] diesen Ansatz nicht konsequent weiter, da er im Sinne der von ihm vertretenen „Zwei-Reiche-Lehre" die Gestaltung von Recht und Gesellschaft durch die staatliche Macht unter der Perspektive des Gehorsams sah. Lensch lag, was die „Vernichtung lebensunwerten Lebens" anging, durchaus auf dieser Linie, im Hinblick auf die Eugenik verließ er sie jedoch. Hier näherte er sich, ohne dies explizit zu benennen, dem von *Walter Künneth* (1901–1997), dem Leiter der Apologetischen Zentrale des Central-Ausschusses für Innere Mission, geprägten Begriff der „Erhaltungsordnung" an, der davon ausging, dass Gott in jenem „Interimszustand"[33] zwischen Sündenfall und Erlösung die „gefallene Schöpfung durch vorläufige Ordnungsmächte erhält".[34] Diese seien, auch wenn sie in steter Gefahr seien, „dämonischen Einflüssen" zu unterliegen, durch den Willen Gottes zur Erhaltung seiner Schöpfung legitimiert. Von diesem Punkt aus ließ sich

---

30 Zit. n. ebd., 215. Danach auch die folgenden Zitate.

31 Genkel, Lensch, 83–89, 106–109.

32 Althaus, Paul: „Unwertes" Leben im Lichte des christlichen Glaubens, in: Von der Verhütung unwerten Lebens. Ein Zyklus von fünf Vorträgen, hg. v. Naturwissenschaftlichen Verein Bremen, Bremen 1933, 79–97.

33 Kummer, Joachim: Politische Ethik im 20. Jahrhundert. Das Beispiel Walter Künneths, Leipzig 2011, 29.

34 Ebd., 25. Danach auch das folgende Zitat.

die NS-Erbgesundheitspolitik theologisch begründen. Die Inkonsistenz der von Lensch entwickelten Argumentationslinien springt ins Auge: Hier die Ablehnung der „Euthanasie" unter Berufung auf die Heiligkeit menschlichen Lebens, auch und gerade der Menschen mit geistiger Behinderung, jener „geringsten Brüder", in denen der Christ Gott selbst begegnete; dort die Befürwortung der eugenischen Sterilisierung, gegründet auf die theologische Überhöhung der Staatsmacht, die berufen schien, Entgleisungen der göttlichen Schöpfungsordnung durch Eingriffe in die körperliche Unversehrtheit einzelner Menschen zu korrigieren. Dieser Widerspruch sollte schließlich dazu führen, dass Lensch vor dem Anspruch des NS-Staates, über das Lebensrecht der in den Alsterdorfer Anstalten lebenden Menschen zu entscheiden, kapitulierte.

Gerhard Kreyenberg und der zweite Medizinisierungsschub in den Alsterdorfer Anstalten

Ab Ende der 1920er Jahre kam es unter der ärztlichen Leitung von Dr. Gerhard Kreyenberg – nach dem ersten Vorstoß unter Hermann Kellner in den Jahren von 1899 bis 1914 – zu einem weiteren Medizinisierungsschub, der die Alsterdorfer Anstalten in den 1930er Jahren in vierfacher Hinsicht prägen sollte: *Erstens* entwickelte sich das Haus Bethabara zu einem staatlich anerkannten Allgemeinkrankenhaus, die medizinische Versorgung der Bewohner und Bewohnerinnen wurde im Laufe der Zeit hingegen in besondere Krankenstationen mit deutlich schlechteren Bedingungen ausgelagert. *Zweitens* wurden die Versuche, geistige Behinderung durch die Anwendung experimenteller Therapieformen zu behandeln, wieder aufgenommen – was dazu führte, dass Bewohner und Bewohnerinnen riskanten, gesundheitsschädigenden und belastenden Prozeduren unterworfen wurden. *Drittens* wurde die Forschungstätigkeit intensiviert, wobei die erbbiologische Erfassung der Bewohner und Bewohnerinnen und Untersuchungen zum Stellenwert des Vererbungsfaktors bei der Entstehung geistiger Behinderungen immer weiter in den Vordergrund traten. *Viertens* schließlich hielt die Rassenhygiene Einzug in die Alsterdorfer Anstalten – die „Reinigung" des „Volkskörpers" von „minderwertigen Erblinien" wurde zum vorrangigen Behandlungsziel erhoben. Hier wird bereits die Verschränkung von Heilen und Vernichten sichtbar, die schließlich in der NS-„Euthanasie" offen zutage treten sollte: Aus der Sicht einer rassenhygienisch orientierten Medizin ging die Heilung der Heilbaren mit der Vernichtung der Unheilbaren Hand in Hand.

Treibende Kraft war Gerhard Kreyenberg, „typischer Vertreter einer jungen und aufstiegsbewussten Ärztegeneration",[35] der 1931 offiziell zum Oberarzt ernannt wurde. Ihm unterstanden zwei fest angestellte Assistenzärzte bzw. -ärztinnen, wobei die zweite Assistenzarztstelle seit 1931 fast durchgehend mit einer Frau besetzt wurde. 1933 erhielt das Krankenhaus der Alsterdorfer Anstalten von der Gesundheitsbehörde die

---

35 Wunder, Karriere, 137. Danach auch die folgenden biografischen Angaben.

Genehmigung zur Ausbildung von Medizinalpraktikanten und -praktikantinnen.[36] Parallel zum Ausbau des Ärztestabs wurde die Professionalisierung des Pflege- und Betreuungspersonals vorangetrieben. Unter Kreyenbergs Regie nahm am 31. Oktober 1931 die staatlich anerkannte „Irren- und Krankenpflegeschule" der Alsterdorfer Anstalten den Betrieb auf.[37] Finanzielle Anreize sollten die Absolventinnen und Absolventen dazu bewegen, nach dem Examen im Dienst der Alsterdorfer Anstalten zu bleiben – was zur Folge gehabt haben dürfte, dass seit 1932/33 die Zahl der examinierten Krankenschwestern und „Irrenpfleger" innerhalb des Personals zunahm.[38]

1928/29 bzw. 1933 wurde das Haus Bethabara um- und ausgebaut, sodass „nun ein wirklich modernes Krankenhaus mit allen notwendigen wissenschaftlichen Apparaten"[39] zur Verfügung stand. Seit dem 1. Januar 1935 war es als öffentliches Krankenhaus staatlich anerkannt[40] und stand damit der Bevölkerung der umliegenden Stadtteile zur Verfügung, wobei insbesondere die neu eröffnete Entbindungsstation regen Zulauf zu verzeichnen hatte.[41] Daneben diente das Krankenhaus weiterhin der medizinischen Versorgung der Anstaltsbevölkerung, etwa im Falle von Epidemien. In den Kriegsjahren sollte das Evangelische Krankenhaus Alsterdorf mit Abteilungen für Innere Medizin, Chirurgie, Psychiatrie und einer Entbindungsstation eine „kriegswichtige Versorgungsfunktion"[42] für die Bevölkerung im Norden Hamburgs übernehmen, während die medizinische Versorgung der Bewohner und Bewohnerinnen in „zwei Krankenstationen im Heimbereich" verlagert wurde.

Zugleich bildete sich unter der Hand ein psychiatrischer Betrieb heraus. Schon 1931 hatte man im Haus Zum Guten Hirten einen, 1932 einen zweiten Wachsaal für die „weibliche Abteilung" geschaffen.[43] Auch Haus Hohenzollern wurde seit Anfang 1933 zur Hälfte als „Krankenstation", zur Hälfte als „Wachsaal" für Männer genutzt.[44] Diese Wachsäle, die bis in die 1980er Jahre hinein bestanden, „lösen in der Erinnerung der Bewohner bis heute Ängste aus, weil sie Strafe, Isolierung und Degradierung bedeuteten."[45] Erregte Bewohner und Bewohnerinnen wurden zu dieser Zeit offenbar auch schon mit physischen Zwangsmitteln ruhiggestellt. Beiläufig erwähnte Kreyenberg, dass zu den Neuanschaffungen im Zuge des Krankenhausumbaus auch

---

36 Ärztlicher Bericht über das Jahr 1932, in: BuB 57 (1933), 10–12, 12.
37 Rückblick (1930/31), 23.
38 Ärztlicher Bericht (1932), 10; Rückblick auf das Jahr 1933, in: BuB 58 (1934), 4–13, 10.
39 Rückblick (1928), 5. Vgl. Osterwald, Magdalene: Das erweiterte und neueingerichtete Krankenhaus der Alsterdorfer Anstalten, in: BuB 53 (1929), Nr. 2, 38–43.
40 Ärztlicher Bericht, in: BuB 60 (1936), 12–14, 13.
41 Ärztlicher Bericht, in: BuB 61 (1937), 15.
42 Wunder, Karriere, 138. Danach auch das folgende Zitat.
43 Ärztlicher Bericht (1932), 12.
44 Kreyenberg, Ärztlicher Bericht (1933), 13.
45 Wunder, Karriere, 145.

sogenannte „Pantostaten"[46] gehörten – das waren Reizstromgeräte, die im Ersten Weltkrieg zur Behandlung von „Kriegsneurotikern" eingesetzt worden waren. Im Archiv der Evangelischen Stiftung Alsterdorf findet sich ferner die – nicht näher bezeichnete, in einer handschriftlichen Notiz auf 1930 datierte – Abschrift eines Presseartikels offenkundig aus dem linken Parteienspektrum, mit der Überschrift „Furchtbare Misshandlungen in Alsterdorf". Darin heißt es:

> „Dr. Kreyenberg benutzt als Strafe für Kinder und Jugendliche das Mittel, welches bei Tobsüchtigen angewandt wird. Man nennt dieses Packung, welches folgendermaßen gemacht wird: Der betreffende Zögling wird in drei bis vier nasse Bettlaken und sechs bis acht Wolldecken eingewickelt und so acht bis zehn Stunden liegen gelassen. Nach Beendigung dieser Misshandlung muss der so Behandelte sofort eine schwere Arbeit verrichten. Durch die Packung matt geworden, kommt es oft vor, dass Zöglinge bei der Arbeit umfallen."

Wachsäle, Reizstrombehandlung, feuchte Packungen, „Dauerbäder, Schlaf- und Fieberkuren"[47] deuten darauf hin, dass sich die Behandlungsmethoden seit Beginn der 1930er Jahre zunehmend in Richtung Psychiatrie verschoben. Ab 1936 begannen die Alsterdorfer Anstalten sogar mit der neuartigen Insulin- bzw. Cardiazolschocktherapie der Schizophrenie zu experimentieren.[48]

Ab 1933 änderte sich dementsprechend allmählich das Profil der Anstaltsbevölkerung. Zu einer größeren Umschichtung kam es im Jahre 1935, als die Alsterdorfer Anstalten 389 Männer und Frauen aus der umgestalteten und teilweise aufgehobenen Staatskrankenanstalt Friedrichsberg übernehmen mussten – gegen den erklärten Willen Kreyenbergs, der die nach Alsterdorf verlegten Menschen als „ausgesuchte, abgelaufene, sekundäre Demenzen"[49] einstufte. Im Gegenzug wurden vierzig der bisherigen Bewohner und Bewohnerinnen vom Provinzialverband Schleswig-Holstein abgezogen und in die Diakonissenanstalt Kropp verlegt.[50] Dadurch bekamen die Anstalten „ein wesentlich anderes Gepräge […]. Während wir früher hauptsächlich Schwachsinnige und Epileptiker zu betreuen hatten […], haben wir jetzt alle Arten von Geisteskrankheiten". Die Schwestern und Pfleger hätten „sich sehr umstellen und erst ihre Erfahrungen bei der Behandlung dieser Patienten machen" müssen, „die oft grundlegend anders ist als die von Schwachsinnigen."[51]

---

46 Ebd., 140.
47 Wunder, Karriere, 146.
48 Ärztlicher Bericht (1937), 15; Dr. Beckmann, Ärztlicher Bericht, in: BuB 62 (1938), 30f., 31.
49 Zit. n. Wunder, Karriere, 169.
50 Rückblick auf die Jahre 1935 und 1936 (bis Mitte November), in: BuB 60 (1936), 3–12, 10; Jenner, Lensch, 186.
51 Ärztlicher Bericht (1936), 12.

III. Ende Weimarer Republik und „Drittes Reich", 1930–1945

In einem Positionspapier machte Kreyenberg gleich zu Beginn seiner Amtszeit deutlich, dass sich die Anstalten der Inneren Mission für geistig behinderte Menschen, wollten sie einer zukünftigen Verstaatlichung zuvorkommen, von Pflegeanstalten zu *Heil- und* Pflegeanstalten weiterentwickeln müssten. „Der Arzt im Nebenamt verschwindet";[52] an seine Stelle sollten fest angestellte, psychiatrisch vorgebildete, wissenschaftlich interessierte Ärzte treten.

Kreyenberg machte sich besonders für „gehirnanatomische Untersuchungen" stark – jede Anstalt brauche ein Laboratorium mit Mikroskopen und Mikrotomen:

„In den meisten Schwachsinnigenanstalten wird kaum oder nur wenig seziert. Was für ein wertvolles Material da Jahr für Jahr verloren gegangen ist, kann nur der ermessen, der einige Jahre hindurch einmal systematisch jede Leiche einer Schwachsinnigenanstalt seziert hat. Eine Idiotenanstalt ist in gehirnanatomischer Hinsicht geradezu eine Fundgrube von Raritäten."

Kreyenbergs wissenschaftliches Interesse zeigte sich schon bald nach seinem Amtsantritt – am 28. Mai 1929 referierte er auf der „Konferenz der Vorsteher evangelischer Anstalten für Geistesschwache und Epileptiker" in Fürstenwalde an der Spree über die „Kopfgrippe" – auch als *Encephalitis epidemica* oder Europäische Schlafkrankheit bekannt.[53] Sieben Bewohner und Bewohnerinnen der Alsterdorfer Anstalten litten an dieser Krankheit,[54] deren gehäuftes Auftreten in den 1920er Jahren möglicherweise im Zusammenhang mit der Spanischen Grippe stand. Ein neues Forschungsfeld stellte die seit 1915 an der Tübinger Universitätsklinik entwickelte Kapillarmikroskopie dar.[55] Es folgten Arbeiten zum „Mongolismus".[56] Zusammen mit dem Zahnarzt Dr. Wilhelm Schwisow publizierte Kreyenberg „eine viel beachtete Arbeit über typische Gebissveränderungen als Spätfolge von Syphilis".[57]

---

52 ArESA, Hist. Slg. 29: Kreyenberg, Gerhard: Ausbau des wissenschaftlichen Apparates in den Alsterdorfer Anstalten. Danach auch das folgende Zitat. – Dieses Skript ist in einen Aufsatz Kreyenbergs eingeflossen, der unter dem Titel „Die Alsterdorfer Anstalten, ein Spezialkrankenhaus für alle Arten von geistigen Defektzuständen" im HAWEE-Mitteilungsblatt der Hamburger Werkstätten für Erwerbsbeschränkte, Nr. 3/4, 2f., veröffentlicht wurde. Vgl. Wunder, Karriere, 138–140.

53 Kreyenberg, Gerhard: Kopfgrippe, in: BuB 53 (1929), Nr. 2, 43–51.

54 Die Alsterdorfer Anstalten, in: BuB 52 (1928), Nr. 2, 49–56, 55.

55 Dazu ausführlich: Wunder, Karriere, 141. Vgl. auch: Ärztlicher Bericht (1929), 26. Vgl. Kreyenberg, Gerhard: Kapillaren und Schwachsinn, in: Archiv für Psychiatrie und Nervenkrankheiten 88 (1929), H. 4, 545–553.

56 Vgl. Welker, Karl: Das Schädel-Röntgenbild bei der mongoloiden Idiotie, Diss. Hamburg 1931; Manitz, Hanns: Das humorale Syndrom der Mongoloiden, in: Deutsche Zeitschrift für Nervenheilkunde 126 (1932), 80–93.

57 Wunder, Karriere, 144. Kreyenberg, Gerhard / Schwisow, Wilhelm: Die Beziehungen des Hutchinson-Zahnes und der Pflüger'schen Knospenmolaren zur kongenitalen Syphilis, in: Zeitschrift für die gesamte Neurologie und Psychiatrie 127 (1930), Nr. 1–2, 188–215.

Dr. Gerhard Kreyenberg (rechts) und Dr. Wilhelm Schwisow bei Zahnuntersuchungen, 1931

Das neue Röntgenlaboratorium eröffnete die Möglichkeit, eine weitere experimentelle Therapieform anzuwenden: die „Röntgentiefenbestrahlung", die von dem Röntgenologen Dr. *Wolfgang Freiherr von Wieser* (1887–1945) entwickelt worden war.[58] Die „therapeutischen Bestrahlungen" begannen im November 1930. Von den rund 1.200 Bewohnern und Bewohnerinnen der Alsterdorfer Anstalten hatten die Ärzte „126 besonders gelagerte Fälle"[59] ausgewählt, die einer Röntgentiefenbestrahlung unterzogen wurden. Über mehrere Monate hinweg, in einzelnen Fällen bis zu drei Jahre, wurden in wöchentlichen Abständen gezielt „die verschiedenen Schädelfelder und zum Teil auch die Drüsen mit innerer Sekretion" bestrahlt. Die betroffenen Menschen „wurden dauernd aufs Genaueste beobachtet, von Zeit zu Zeit wurden Intelligenzprüfungen vorgenommen." Anfangs meinte man, bei „Patienten mit mongoloider Missbildung" eine „Besserung in dem psychischen Verhalten" feststellen zu können. 1933 stellte Kreyenberg jedoch ernüchtert fest, die Methode habe „in keiner Weise das gehalten, was man von ihr erhofft hat."[60] Es hatte sich „durch eine für damalige Verhältnisse moderne Versuchsanordnung von tatsächlichen und Scheinbestrahlungen"

---

58   Wunder, Karriere, 141–144.
59   Ärztlicher Bericht (1932), 11. Danach auch die folgenden Zitate.
60   Kreyenberg, Gerhard / Baum, A.: Erfahrungen mit der v. Wieserschen Röntgentherapie, in: Zeitschrift für die gesamte Neurologie und Psychiatrie 148 (1933), Nr. 5, 695–709, 709.

nachweisen lassen, dass die scheinbaren Erfolge größtenteils „auf der Erfolgshoffnung der nachbeobachtenden Angehörigen beruhten."[61] Dennoch wurden die Röntgentiefenbestrahlungen in den Alsterdorfer Anstalten bis 1940 fortgesetzt.[62]

Viel Energie verwandte Kreyenberg, der sich bereits vor 1933 als Anhänger der Eugenik und Befürworter der – damals noch nicht legalisierten – eugenischen Sterilisierung zu erkennen gegeben hatte,[63] auf den Aufbau einer „Alsterdorfer Erbkartei". Bis Anfang 1933 hatten er und seine Mitarbeiter und Mitarbeiterinnen bereits 300 „Sippentafeln" erstellt – am Ende sollten es 3.000 sein.[64] Die darauf festgehaltenen Daten flossen später in das „Gesundheitspassarchiv" der Hamburger Gesundheitsbehörde ein, das mit dem Ziel gegründet wurde, die gesamte Bevölkerung der Freien und Hansestadt einer „erbbiologischen Bestandsaufnahme" zu unterziehen.[65]

Die Alsterdorfer Anstalten und das „Gesetz zur Verhütung erbkranken Nachwuchses"

Im Oktober 1933, wenige Monate nach der Veröffentlichung des „Gesetzes zur Verhütung erbkranken Nachwuchses", veröffentlichte Kreyenberg einen programmatischen Artikel, in dem er ausdrücklich begrüßte, dass die Diagnose „angeborener Schwachsinn" im Katalog der Indikationen zur Sterilisierung obenan stand.[66] Damit setzte er ein klares Signal, dass sich die Alsterdorfer Anstalten bereitwillig in die bevorstehende Sterilisationskampagne einfügen würden. Tatsächlich schickte Kreyenberg bereits vor dem Inkrafttreten des Gesetzes am 1. Januar 1934 ein „Verzeichnis der zunächst zu sterilisierenden männlichen Patienten" an die Gesundheitsbehörde, das nicht weniger als 297 Namen umfasste.[67] Auch bat er die Behörde, das Krankenhaus der Alsterdorfer Anstalten zur Durchführung der Sterilisationen „zumindest ‚in besonders gelagerten Fällen'"[68] zu ermächtigen – dieser Bitte wurde allerdings nicht entsprochen.

Kreyenberg hatte kein Problem damit, Anträge auf Unfruchtbarmachung von Bewohnern und Bewohnerinnen zu stellen, selbst für solche, die nach der teilweisen Zerstörung der Alsterdorfer Anstalten bei den Bombenangriffen im Jahre 1943 auf Wunsch der Eltern entlassen worden waren.[69] Das jüngste Kind, dessen Sterilisation

---

61 Wunder, Karriere, 143.

62 Ebd., 143f.

63 Kreyenberg, Gerhard: Die ärztliche Tätigkeit in den Anstalten, in: Alsterdorfer Anstalten in Wort und Bild (1932), 23–26, 25.

64 Wunder, Karriere, 154.

65 Ebd., 164.

66 Kreyenberg, Gerhard: Die Bedeutung des Schwachsinns für die Eugenik, in: Dienst am Leben – Blätter zur Fortbildung im Krankendienst und in der Gesundheitsfürsorge 19 (1933), 321–326.

67 Wunder, Karriere, 157.

68 Ebd.

69 Wunder, Karriere, 159f.

er beantragte, war gerade zwei Jahre alt (obwohl die Altersuntergrenze nach den Ausführungsbestimmungen zum „Gesetz zur Verhütung erbkranken Nachwuchses" bei zehn Jahren lag), die ältesten Männer und Frauen, die nach dem Willen Kreyenbergs unfruchtbar gemacht werden sollten, waren schon über fünfzig Jahre alt.[70] Anfangs stellte Kreyenberg vor allem für Menschen mit leichten geistigen Behinderungen Sterilisationsanträge, da diese als besonders „fortpflanzungsgefährlich" angesehen wurden.[71] Ab 1936 ging er – gestützt auf die Diagnose „moralischer Schwachsinn" – mehr und mehr dazu über, auch Menschen, die als „sozial unangepasst oder arbeitsunwillig"[72] galten, vor die Erbgesundheitsgerichte zu bringen. Er scheute sich auch nicht, Angehörige von Bewohnern und Bewohnerinnen der Alsterdorfer Anstalten bei der Gesundheitsbehörde anzuzeigen.[73]

Kreyenberg kam in den Sterilisationsverfahren nicht nur als Antragsteller eine Schlüsselrolle zu. 1934 wurde er zudem als Gutachter am Erbgesundheitsgericht, später auch am Erbgesundheits*ober*gericht Hamburg tätig, 1935 schließlich zum ärztlichen Beisitzer des Erbgesundheitsgerichts ernannt.[74] Stellvertretender Vorsitzender des Erbgesundheitsgerichts Hamburg war Oberlandesgerichtsrat Dr. *Walter Horstkotte*

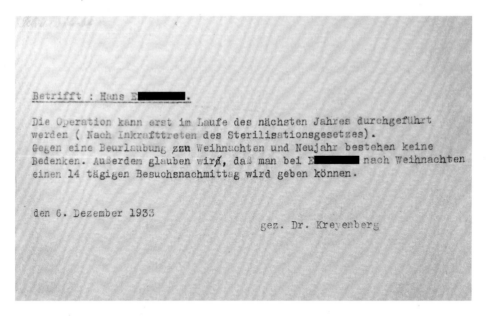

Aktennotiz Dr. Gerhard Kreyenbergs zur Sterilisation von Hans E., 6. Dezember 1933

---

70 Ebd., 163.
71 Ebd., 160.
72 Ebd., 162.
73 Ebd., 163.
74 Ebd., 158.

III. Ende Weimarer Republik und „Drittes Reich", 1930–1945

(1893–1979), der später in den Vorstand der Alsterdorfer Anstalten gewählt wurde und im November 1942 dessen Vorsitz übernahm. 1936 wurde Horstkotte Vorsitzender Richter am Erbgesundheits*ober*gericht. Dort fungierte Gerhard Schäfer, Mitglied und von 1938 bis 1942 Vorsitzender des Vorstands der Alsterdorfer Anstalten, als ärztlicher Beisitzer.[75]

Die Sterilisierungen nach dem „Gesetz zur Verhütung erbkranken Nachwuchses" liefen in Hamburg und so auch in den Alsterdorfer Anstalten mit beispielloser Geschwindigkeit an. Das Erbgesundheitsgericht tagte vor Ort in Alsterdorf, um über die von Kreyenberg angezeigten und begutachteten Fälle im Schnellverfahren – pro Fall standen fünf Minuten zur Verfügung – zu entscheiden. Es wurde nicht einmal der Schein eines rechtsstaatlichen Verfahrens gewahrt.[76] Bis Mai 1936 waren bereits 154 Bewohner und Bewohnerinnen zwangsweise sterilisiert.[77] Insgesamt sind in den Alsterdorfer Anstalten mindestens 231 Zwangssterilisationen vorgenommen worden – betroffen waren 153 Männer und 78 Frauen. In weiteren 89 Fällen ist eine Anzeige zur Sterilisation überliefert – ob der Eingriff in diesen Fällen tatsächlich durchgeführt wurde, muss offenbleiben.[78] Mindestens eine Frau starb an den Folgen der Operation.[79]

Im laufenden Sterilisationsverfahren durften Bewohner und Bewohnerinnen der Alsterdorfer Anstalten nicht beurlaubt oder gar entlassen werden. 1936 ordnete Kreyenberg sogar eine Urlaubssperre für alle Menschen mit geistiger Behinderung an, die nicht sterilisiert waren.[80] Selbst diejenigen Bewohner und Bewohnerinnen, die eine Zwangssterilisierung hatten über sich ergehen lassen müssen, kamen keineswegs in den Genuss größerer Freizügigkeit – sie blieben in den Alsterdorfer Anstalten.[81]

Zusammenfassend bleibt festzuhalten, dass sich die Alsterdorfer Anstalten unter dem bestimmenden Einfluss ihres Oberarztes übereifrig, geradezu in vorauseilendem Gehorsam, in den Dienst der NS-Erbgesundheitspolitik stellten. Die Bedenken gegen die eugenische Sterilisierung, die Lensch noch im Jahre 1932 formuliert hatte, wurden im Zuge der „braunen Revolution" umstandslos verworfen. Als auf der „Konferenz der Vorsteher evangelischer Anstalten für Geistesschwache und Epileptiker" die vom 28. bis 31. Mai 1934 in den Alsterdorfer Anstalten stattfand, Fragen der praktischen Umsetzung des „Gesetzes zur Verhütung erbkranken Nachwuchses" diskutiert wurden, meldete sich auch der Assistenzarzt *Hanns Manitz* zu Wort. Er berichtete, „dass die Unterhaltungen mit den Pfleglingen über die Unfruchtbarmachung zum

---

75 Ebd.
76 Ebd., 164, 166.
77 Ebd., 160.
78 Ebd., 162.
79 Ebd., 163.
80 Vgl. ArESA, NS 9: Kreyenberg an Oberinspektor Plagemann und Inspektor Hülsen, 16.9.1936.
81 Wunder, Karriere, 164f.

Zwecke der Aufklärung nicht leicht seien"[82] und „wohl mal zwei Stunden gedauert" hätten. Daraufhin beeilte sich Lensch hinzuzufügen, dass „der Eindruck des Gesetzes [...] bei den Pfleglingen nicht so sehr groß [sei], weil sie Vertrauen zu uns haben." Von einer besonderen seelsorglichen Verantwortung war nicht mehr die Rede.

Neue Arbeitsfelder

„Im denkwürdigen Jahre der nationalen Erhebung",[83] schrieb Lensch in seinem Rückblick auf das Jahr 1933, hätten „auch die Alsterdorfer Anstalten, dem Rufe des Volkskanzlers Adolf Hitler folgend, eine wichtige Aufgabe darin gesehen, für Beschaffung von Arbeit und Brot zu sorgen". Dies sei zum einen „durch Vergebung von Bau- und Instandsetzungsarbeiten" geschehen. Nach langwierigen Verhandlungen hatten die Alsterdorfer Anstalten im Jahre 1933 das benachbarte Grundstück und die Gebäude der früheren Erziehungsanstalt für Knaben – mittlerweile Stadtheim genannt[84] – vom Hamburgischen Staat gepachtet, der kein Geheimnis daraus machte, dass er die Anstalt aufgab, weil er die Kosten für die Instandsetzung der maroden Bausubstanz nicht aufbringen wollte. Die Alsterdorfer Anstalten mussten sich verpflichten, die umfangreichen Instandsetzungsarbeiten auf ihre Kosten auszuführen „und außerdem einige der besten Räume der Volksschule Alsterdorf-Ohlsdorf zur Benutzung zu überlassen."[85] Am 1. Mai 1933, dem „Tag der nationalen Arbeit", wurde das neue Stadtheim, wo zunächst 156 männliche „Zöglinge" unterkamen, feierlich eröffnet.[86]

Einen weiteren Beitrag zur Linderung der durch Weltwirtschaftskrise und Massenarbeitslosigkeit entstandenen Notlage leisteten die Alsterdorfer Anstalten, so Lensch in seinem Rückblick auf das Jahr 1933, durch verschiedene „soziale Hilfswerke". Tatsächlich wurden die Alsterdorfer Anstalten in den Jahren 1933/34 auf verschiedenen Feldern tätig, die mit ihrem angestammten Arbeitsgebiet nichts mehr zu tun hatten – damit versuchten sie, in der „aufbauenden Volkspflege" Fuß zu fassen. Das 1932 gepachtete und für Anstaltszwecke umgebaute frühere Gasthaus Zum Alstertal wurde für ein Arbeitslager des Stahlhelms zur Verfügung gestellt.[87] Daraus wurde in der Folge ein Lager des weiblichen Arbeitsdienstes, zudem kam dort 1934 ein Kinderheim der Nationalsozialistischen Volkswohlfahrt unter.[88] 1937 wurden beide Einrichtungen aufgelöst. Der bereits 1933 von den Alsterdorfer Anstalten eröffnete Kindergarten, in

---

82 ArESA, DV 887: Niederschrift über die Verhandlungen der Konferenz der Vorsteher evangelischer Anstalten für Geistesschwache und Epileptiker in den Alsterdorfer Anstalten bei Hamburg vom 28. bis 31. Mai 1934.
83 Rückblick (1933), 4. Danach auch die folgenden Zitate.
84 In den 1950er Jahren in Haus Wartburg umbenannt.
85 Rückblick (1933), 6f.
86 Ebd., 11.
87 Ebd., 4.
88 Rückblick auf das Jahr 1934, in: BuB 59 (1935), 7–13, 12.

dem Kinder aus den Familien der Angestellten der Alsterdorfer Anstalten, aber auch aus der näheren Umgebung betreut wurden, fand jetzt in diesem Haus eine Bleibe. Ferner wurde dort ein Erziehungsheim für vierzig vom Hamburger Jugendamt zugewiesene „Psychopathen und schwer erziehbare Jungen und Mädchen"[89] eingerichtet. Eine ähnliche Funktion erfüllte, soweit es die Quellen erkennen lassen, das bereits im Oktober 1932 von den Alsterdorfer Anstalten gepachtete Asyl Neuendeich in der Glückstädter Marsch.[90]

1933/34 übernahmen die Alsterdorfer Anstalten zudem die „Winterspeisung" im Rahmen des Winterhilfswerks in den Gemeinden Alsterdorf und Ohlsdorf.[91] 1933/34 wurden Gemeindeschwestern in die Stadtteile Alsterdorf-Ohlsdorf und Fuhlsbüttel entsandt.[92] Im früheren Pensionat richteten die Alsterdorfer Anstalten 1933 ein kleines Altersheim ein. Zu Ostern 1934 wurde im früheren Kinderheim eine „Haushaltungsschule"[93] eröffnet. Hinzu kam die schließlich die Umwandlung Bethabaras in ein Allgemeinkrankenhaus.

Mit Kindergarten, Kinderheim, Erziehungsanstalten, Krankenhaus, Altersheim, Haushaltungsschule und Gemeindeschwestern brachten sich die Alsterdorfer Anstalten in das System sozialer Sicherung in den umliegenden Stadtteilen ein – dies geschah sicher auch, um dem massiv in die Kritik geratenen Kernarbeitsgebiet der Alsterdorfer Anstalten, der Fürsorge für Menschen mit geistiger Behinderung, größere Akzeptanz in Staat und Gesellschaft zu verschaffen.

Finanzen und Belegung

Ein anderer Strang der Anpassung an das Regime war die „Selbstgleichschaltung": die Bereitschaft, die Kostgeldsätze im Zeichen einer „differenzierten Fürsorge" immer weiter herabzusetzen. Schon im Zeitraum von 1930 bis 1932 hatten sich die Behörden genötigt gesehen, die Sätze mehrmals zu kürzen. Zwar sanken als Folge der anhaltenden Deflation auch die Lebensmittelpreise, es blieb aber eine immer größer werdende Deckungslücke im Haushalt der Alsterdorfer Anstalten, zumal auch das Spendenaufkommen beträchtlich zurückging. Die Folge waren drastische Sparmaßnahmen. Die monatlichen Ausgaben mussten erheblich zurückgefahren werden, allein im ersten Jahr der Krise um gut ein Viertel, von 124.000 RM (1930) auf 90.000 RM (1931)[94] –

---

89 Rückblick auf das Jahr 1937 (bis Mitte November), in: BuB 61 (1937), 3–14, 3. Vgl. Lensch, 75 Jahre, 13.

90 Rückblick (1933), 7. Vgl. Unser neues Mädchenheim in Neuendeich bei Glückstadt, in: BuB 58 (1934), 16.

91 Rückblick (1933), 6; Rückblick (1934), 12.

92 Ebd.

93 Rückblick (1934), 8. Danach auch die folgenden Zitate. Vgl. Unsere Haushaltungsschule, in: BuB 59 (1935), 15.

94 Ebd., 19. Vgl. Rückblick auf das Jahr 1932, in: BuB 57 (1933), 5–10, 5.

Werbung in eigener Sache am Eingang der Alsterdorfer Anstalten anlässlich der Volksabstimmung über den „Anschluss" Österreichs am 10. April 1938. Mit dem Hinweis auf die Kürzung des durchschnittlichen Kostgeldsatzes um etwa fünf Prozent bekennen sich die Alsterdorfer Anstalten zum Prinzip der „differenzierten Fürsorge".

und dies, obwohl der Zahl der Bewohner und Bewohnerinnen kontinuierlich stieg, von 1.108 (1929) auf 1.226 (1932).[95]

Die finanzielle Situation der Alsterdorfer Anstalten blieb auch im „Dritten Reich" äußerst angespannt. Die Kostgeldsätze wurden 1933/34 im Zuge der „allgemeinen scharfen Sparmaßnahmen"[96] nochmals drastisch gekürzt. Zugleich ging das Spendenaufkommen weiter zurück, nicht zuletzt deshalb, weil die Alsterdorfer Anstalten „auf dringenden Wunsch der hamburgischen Behörden zugunsten des nationalen Winterhilfswerkes" auf die Veröffentlichung der üblichen „Weihnachtsbitte" verzichteten. Dem Rückgang der Einnahmen stand „trotz größter Sparsamkeit" ein Anstieg der Ausgaben gegenüber, da die Preise für Lebensmittel und Güter des täglichen Bedarfs nach der Überwindung der Weltwirtschaftskrise wieder anzogen. Dieser Trend – niedrige Kostgeldsätze, geringes Spendenaufkommen, steigende Preise – setzte sich bis zum Beginn des Zweiten Weltkriegs fort. Dass es dennoch gelang, Einnahmen und Ausgaben im Haushalt der Alsterdorfer Anstalten einigermaßen im Gleichgewicht zu halten, ja sogar manche Neuanschaffungen und Instandsetzungsarbeiten aus dem laufenden Etat zu bestreiten, war, wie Lensch in seinen Jahresberichten freimütig einräumte, auch und vor

---

95 Rückblick (1930/31), 24; Rückblick (1932), 8 (Stichtag: 31. Dezember).
96 Rückblick (1933), 6. Danach auch die folgenden Zitate.

allem auf die stetig steigende Zahl der Bewohner und Bewohnerinnen zurückzuführen, die von 1.226 (1932) auf 1.561 (1937)[97] kletterte. Die andauernde „Überbelegung", so stellte Lensch im Rückblick auf das Jahr 1937 fest, sorge dafür, dass „der Etat, trotz der niedrigen […] Kostgeldsätze, ausgeglichen ist."[98] Erreicht werde dies durch äußerste „Sparsamkeit im Betrieb", „intensive Bewirtschaftung unseres Gutes und der Ökonomie" sowie „durch günstigen Einkauf". Was Lensch verschwieg: Die Konsolidierung des Haushalts war nur möglich durch eine stetige Senkung der Ausgaben pro Kopf der Anstaltsbevölkerung, durch Abstriche bei der Ernährung, durch engere Unterbringung, durch Kürzungen bei der Ausstattung, durch verstärkte Ausnutzung der Arbeitskraft der Bewohner und Bewohnerinnen.

Es liegt die Vermutung nahe, dass hier die Hauptursache für die Entwicklung der Sterberaten zu suchen ist. War die Sterberate gegen Ende der Weimarer Republik trotz der widrigen wirtschaftlichen Bedingungen sogar zurückgegangen – von 2,5 % (1930)[99] auf 1,6 % (1932)[100] –, so stieg sie ab 1933 deutlich an, von 1,9 % (1933)[101] bis auf 3,7 % (1936).[102] 1937 lag sie bei 3,4 %.[103]

Die Entwicklung der Anstaltsortschaft und die Neugestaltung der St. Nicolaus-Kirche

Trotz der angespannten Wirtschaftslage wurde die Anstaltsortschaft Anfang der 1930er Jahre weiter ausgebaut. Am 1. Mai 1931 konnte das am nördlichen Rand des „männlichen Terrains" errichtete Paul-Stritter-Haus, das letzte noch von dem alten Direktor auf den Weg gebrachte Neubauprojekt, eingeweiht werden. Das neue Gebäude diente „entsprechend den Grundsätzen moderner Arbeitstherapie"[104] als „Lehrlingsheim" für etwa achtzig Bewohner der Alsterdorfer Anstalten, die in den Anstaltswerkstätten arbeiteten oder für bestimmte Arbeitsfelder in den Anstalten angelernt wurden. Das Paul-Stritter-Haus vermittele, so Lensch, einen „besonders freundlichen Eindruck", weil es über „helle, luftige Schlafzimmer", „geräumige Bade- und Wascheinrichtungen" und schöne Arbeitsräume im Souterrain verfügte. Der Eindruck einer gewissen Leichtigkeit wurde durch großzügige Fenster und gerade Schleppgauben, die das Walmdach auflockerten, verstärkt. Aufgrund der symmetrischen Gliederung seiner Fassade strahlte der Neubau eine ruhige Gesetztheit aus.

---

97 Ebd., 24 (Stichtag: 31. Dezember).
98 Rückblick (1937), 3. Danach auch die folgenden Zitate. Vgl. auch: Rückblick (1934), 7; Rückblick (1935/36), 3.
99 Ärztlicher Bericht (1930), 31; Rückblick (1930/31), 24.
100 Rückblick (1932), 8.
101 Rückblick (1933), 10.
102 Rückblick (1937), 6.
103 Rückblick (1938), 24.
104 Rückblick (1930/31), 21. Danach auch die folgenden Zitate.

Paul-Stritter-Haus

Zugleich bildete er den optischen und baulichen Abschluss des „männlichen Terrains". 1934 wurde dem pensionierten Direktor sogar eine Würdigung im öffentlichen Raum zuteil: Die im Zusammenhang mit der Verlegung des Heilholtkamps an die Hochbahn neu angelegte Straße wurde von „der abnehmenden Behörde […] ohne unser Zutun unserem früheren Anstaltsleiter zu Ehren ‚Paul-Stritter-Weg' benannt".[105] Die durch die Verlegung des Heilholtskamps erzielte „Gebietserweiterung" ermöglichte es, „nun [auch] unseren weiblichen Patienten Gärten und große Rasenplätze, die auch wieder mit eigenen Kräften aufs Schönste gestaltet wurden, zur Verfügung zu stellen." Ein die Anstaltsgemeinde sehr beschäftigendes Ereignis war der Absturz eines Flugzeuges auf den Hohen Wimpel am 28. Mai 1936. Der Turm, auf dem eine Hakenkreuzfahne wehte, wurde zerstört, zwei Bewohnerinnen kamen bei dem Unglück ums Leben.[106]

Die einzige größere Baumaßnahme in den 1930er Jahren war die grundlegende Neugestaltung der St. Nicolaus-Kirche im Jahre 1938, welche anlässlich des 75. Jahrestags des Bestehens der Alsterdorfer Anstalten annähernd 3.000 Gästen präsentiert wurde. Der Festgemeinde legte Lensch dar, dass man in der Vergangenheit viel für den Wohnkomfort der Bewohnerinnen und Bewohner getan habe, nun aber die St. Nicolaus-Kirche zu ihrem Recht kommen müsse. Verantwortlich zeichneten die

---

105 Lensch, 75 Jahre, 13. Danach auch die folgenden Zitate.
106 Ebd.

III. Ende Weimarer Republik und „Drittes Reich", 1930–1945

Rundschreiben Friedrich Lenschs zum Flugzeugabsturz über den Alsterdorfer Anstalten am 28. Mai 1936

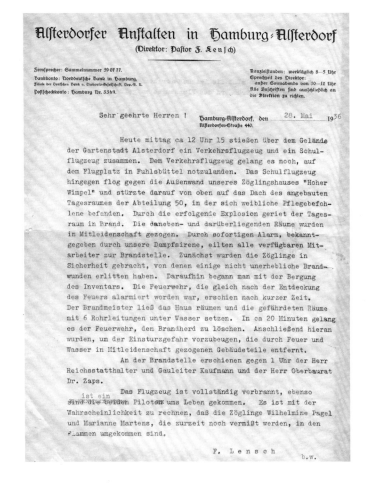

Hamburger Architekten *Bernhard Hopp* (1893–1962)[107] und der in der Bekennenden Kirche engagierte *Rudolf Jäger* (1903–1978):[108]

„Nach den Entwürfen der Architekten Hopp & Jäger wurde der Innenraum in seiner schönen, ursprünglichen Klarheit und Schlichtheit durch einen ruhigen, hellen Anstrich neu belebt; durch Erneuerung der zum Teil schadhaften Fenster und durch neuartige, dem Raum entsprechende Beleuchtungskörper wurde bei aller Schlichtheit die Würde des Raumes betont. Der hölzerne Altar mit der seinerzeit eigentlich nur als Provisorium gedachten Rückwand wurde durch einen steinernen ersetzt, über den ein

---

107 1930 arbeitete Hopp in der Werkstätte für Kirchliche Kunst im Rauhen Haus.
108 Jäger hatte sich am Altonaer Bekenntnis 1933 beteiligt und auch an der Barmer Synode 1934 teilgenommen.

hölzerner Altarschrein mit den in Kupfer getriebenen Darstellungen der christlichen Freudenfeste sich erhebt."[109]

Der Altarraum wurde zum Inszenierungsrahmen für ein bis heute umstrittenes Kunstwerk:

> *„Auf der Rückwand hinter dem Altar erhebt sich, den ganzen Raum beherrschend, das Bild des Gekreuzigten, zu dem sich alle Gedanken und Blicke der notleidenden und verzweifelten Menschen richten und von dem das tröstende Licht der Erlösung, die Kraft der Liebe und des Glaubens und die Strahlen der Hoffnung ausgehen, die uns Kraft geben zu der Arbeit, in der wir stehen."*

In der Tat war die Veränderung gravierend. So hatte man das nach Osten weisende, einst vom Anstaltsgründer bei Melchior Lechter in Auftrag gegebene und von der Glaswerkstatt P. G. Heinersdorff hergestellte bunte Kirchenfenster zugemauert. Damit verringerte sich nicht nur der Lichteinfall in der Kirche, sondern die mit der Ostung einer Kirche verbundene zentrale theologische Aussage, dass die Wiederkehr Jesu aus dem Osten zu erwarten sei, wurde symbolisch infrage gestellt. Nicht zuletzt hatte man mit dem Ausschluss des Morgenlichts auf das „wichtigste Gestaltungselement [eines] Sakralbaus"[110] verzichtet. Allerdings sollte dieser Verlust mit einem neuen monumentalen[111] Wandbild kompensiert werden. Es war Lensch selbst,[112] der den Altarraum mithilfe der Sgrafittotechnik ausgestaltete.

Nunmehr war – trotz seiner qualvollen Kreuzigung – kein leidender, demütiger Heiland zu sehen, sondern ein sehr aufrechter und heldisch wirkender Gottessohn, der von den vier Erzengeln flankiert wurde. An Jesu Seite und zu seinen Füßen hatte Lensch eine fünfzehnköpfige, in weiße Gewänder gekleidete Menschenschar platziert,

---

109 Lensch, 75 Jahre, 4. Danach auch die folgenden Zitate. Tatsächlich wurde die einst von Sengelmann in Auftrag gegebene florale Wandbemalung überstrichen.

110 Hofmann, Frank: „Schönheit ist die DNA Gottes", in: andere zeiten. Das Magazin zum Kirchenjahr 2/2021, 8f., 8.

111 Es misst 6,05 x 8,55 m, ist also fast 52 qm groß.

112 Lange Jahre war nicht klar, ob der künstlerisch ambitionierte Lensch das Sgraffito selbst entworfen und aus der Ostwand der St. Nicolaus Kirche herausgekratzt hatte. Mittlerweile wurde die Urheberschaft Lenschs durch Zeitzeugen und Quellen bestätigt. Vgl. Jenner, Harald: Kirchenfenster und Altarbild in der St. Nikolaus [sic] Kirche Alsterdorf, April 2014, 39. [= unveröff. Manuskript, Archiv ESA]. Es waren die Söhne Friedrich Lenschs, Timm und Peter, die die alleinige Urheberschaft ihres Vaters am 4. April 2014 gegenüber Herrn Dr. Harald Jenner erklärten. Vgl. auch ders., Lensch, 229; BuB 1950, [= Festschrift zur 100-Jahrfeier], 60. Anders hingegen: Gleßmer, Uwe / Lampe, Alfred: Kirchgebäude in den Alsterdorfer Anstalten. Die Umgestaltung der St. Nicolauskirche, Friedrich K. Lensch (1898–1976) und Deutungen des Altarbildes, Norderstedt 2016, 122f., die lediglich eine „Beteiligung" Lenschs aus den Quellen herauslesen.

III. Ende Weimarer Republik und „Drittes Reich", 1930–1945   187

Das von Friedrich Lensch gemalte Altarbild in der St. Nicolaus-Kirche

die ihren Blick meistenteils auf „unseren Held[en] von Golgatha"[113] geheftet hatte. Über der ganzen Szenerie und direkt über dem mit einer Gloriole umgebenen Kreuz war eine kopfüber abgebildete Taube abgebildet – das christliche Symbol für den Heiligen Geist, für Sanftheit und Arglosigkeit (Mt 10,16).[114]

Der Theologin Ingrid Genkel verdankt sich eine anschauliche Beschreibung des Altarbildes:

---

113 Jenner, Lensch, 231. Inwieweit eine solche Darstellung als Ansage an die Nationalsozialisten gewertet kann, dass die in Jesus verkörperte Kirche am Ende der Welt triumphieren wird, sei dahingestellt.

114 Vgl. Rienecker, Fritz: Lexikon zur Bibel, Wuppertal/Zürich ²1991, 1370.

> *„Rechts oben beginnt die Reihe mit einer unbekannten Mutter, die voller Fürsorge ihr Kind trägt und zum Kreuze und wohl auch nach Alsterdorf bringt. Es folgt Sengelmann mit Carl Koops an der Hand, dem ersten Bewohner Alsterdorfs. Vor dem Kreuz kniet Maria von Bethanien (Lk. 10,42), die Anbetende. Auf der anderen Seite des Kreuzes stehen Johannes der Täufer und die biblischen Kreuz-Gestalten der Jünger, Johannes und Maria. Es folgt, bezeichnenderweise an einem Eckpunkt der Darstellung, Martin Luther. Vor dem Kreuz, mit dem Rücken zum Betrachter, also immerhin mit einer gewissen Bescheidenheit, stehen Lensch und seine Frau, eingerahmt von zwei nicht näher personalisierten Figuren, bei denen an einen Schüler Luthers sowie an einen, der sich ‚auf dem Weg zum Kreuz' befindet, zu denken ist. Diese allein stehende Figur ist dem im Ersten Weltkrieg gefallenen Bruder von Lensch nachempfunden. […] Rechts unten ist eine typisierte Alsterdorfer Schwester abgebildet, die einen Menschen mit Behinderung herbeiführt."*[115]

Die auf den ersten flüchtigen Blick vermittelte Botschaft – alle Menschen, ob mit oder ohne Behinderung, gehören zur Gemeinde Jesu – wird bei näherer Betrachtung nicht nur relativiert, sondern grundsätzlich infrage gestellt. Tragen doch nur zwölf der Abgebildeten einen Heiligenschein, während die übrigen drei – sämtlich als Menschen mit Behinderungen zu identifizieren – ohne dieses aus der katholischen Kirche entlehnte Requisit auskommen müssen. Jene mit Heiligenschein, also die „Normalen", halten die behinderten Menschen im Arm oder berühren sie am Kopf, deuten auf Jesus Christus. Implizit wird hier die Botschaft vermittelt, dass es Menschen mit Behinderungen nur mit der Hilfe der „Normalen" möglich sei, die „Liebe und Zuwendung Gottes" zu erfahren. Dass genau zwölf Personen einen Heiligenschein tragen, dürfte kein Zufall sein, sondern eine gezielte Anspielung auf die zwölf Apostel. Zu diesen Auserwählten hatte Lensch seinen Vorgänger Sengelmann, Luther, die Schwestern der Alsterdorfer Anstalten und zuletzt sich selbst und seine Frau gezählt. Die unprivilegierte und damit diskriminierende Darstellung der „Behinderten" mag einem paternalistischen Theologieverständnis Lenschs geschuldet gewesen sein, enthielt aber angesichts der NS-Erbgesundheitspolitik eine fatale Botschaft. Das Wandbild verlor dadurch nämlich eine ihm durchaus auch innewohnende Lesart, die es als „grundsätzlichen Protest gegen den herrschenden Sozialdarwinismus und seine Theologie [auffasst], die bereit ist, ‚Qualitätsunterschiede des Blutes' (Harmsen) und sozialen Nutzwert zum Wertmaßstab zu machen".[116] Ingrid Genkel weist darauf hin, dass das Wandbild als ein „Versuch" gedeutet werden kann, „theologische Integrität zu wahren" und an die Menschen mit Behinderung die Botschaft zu vermitteln, dass „niemals Erbgut, Rasse und Leistungsvermögen den menschlichen Wert konstituieren, sondern allein die Zuwendung Gottes." Dies hatte Lensch, wie bereits beschrieben, auch in seiner Predigt bei der Enthüllung des Bildes 1938 zum Ausdruck

---

115 Genkel, Lensch, 110.
116 Ebd., 111. Danach auch die folgenden Zitate.

III. Ende Weimarer Republik und „Drittes Reich", 1930–1945

gebracht. Festzuhalten bleibt aber, dass die ambivalente Bildaussage 2022 zur Herausnahme des Bildes aus der Kirche und der Platzierung in einem Lern- und Gedenkort zur NS-Vergangenheit neben der Kirche als Mahnmal geführt hat.

Mit der Umgestaltung der St. Nicolaus-Kirche waren die „größeren Bauvorhaben"[117] abgeschlossen, und auch die „dekorative Innen- und Außengestaltung der Häuser" und der sie umgebenden Grünanlagen hatte ihr einstweiliges Ende gefunden. Aus wirtschaftlichen Gründen musste man von weiteren kostenintensiven Baumaßnahmen absehen. So konzentrierten sich die Alsterdorfer Anstalten im Folgenden auf die „Erhaltung der bestehenden Häuser".[118]

Der Vorstand

Auch wenn sich die Alsterdorfer Anstalten in fast schon vorauseilendem Gehorsam in den Dienst der NS-Erbgesundheitspolitik stellten, Aufgaben im Bereich der „aufbauenden Volkspflege" übernahmen und sich unter den Vorzeichen einer „differenzierten Fürsorge" mit niedrigen Kostensätzen begnügten, bekamen sie doch an verschiedenen Fronten einen steigenden Druck zur „Gleichschaltung" zu spüren.

Im Vorstand der Alsterdorfer Anstalten gab es zunächst keine Veränderungen. Pastor Simon Schöffel, seit 1922 Mitglied des Vorstands, wurde auf der Landessynode am 29. Mai 1933 mit Unterstützung auch der Deutschen Christen zum ersten Landesbischof der Evangelisch-Lutherischen Kirche im Hamburgischen Staate gewählt – er hatte die nationalsozialistische Machtübernahme ausdrücklich begrüßt, wurde sogar von Reichsbischof *Ludwig Müller* (1883–1945) in sein erstes Geistliches Ministerium berufen.[119] Oskar Martini, der Präsident des Hamburgischen Wohlfahrtsamtes, war zwar in der Weltwirtschaftskrise heftig von den Nationalsozialisten angefeindet worden, konnte sich aber als unumstrittener Fachmann 1933 im Amt halten – im Herbst 1933 wurde er zum Vizepräsidenten der Hamburgischen Behörde für Gesundheit und Wohlfahrt unter Senator Dr. *Friedrich Ofterdinger* (1896–1946) berufen.[120] Damit waren der Führer der Landeskirche und ein hochrangiger Beamter der hamburgischen Wohlfahrtsbehörde im Vorstand vertreten, dazu mit Gerhard Schäfer, dem Direktor der Staatskrankenanstalt in Langenhorn, ein ausgewiesener Verfechter der NS-Erbgesundheitspolitik. Doch wurde Schäfer zum 1. Oktober 1934 zwangsweise von der

---

117 Bauliche und wirtschaftliche Entwicklung der Alsterdorfer Anstalten von 1938–1947, in: BuB, Advent 1948, 9–16, 9. Danach auch die folgenden Zitate.

118 Ebd., 9f.

119 Hering, Rainer: Die Hamburger Landeskirche im „Dritten Reich", in: Wunder/Genkel/Jenner, Ebene, 79–82, 79; ders.: Die Bischöfe Simon Schöffel und Franz Tügel (Hamburgische Lebensbilder in Darstellungen und Selbstzeugnissen, 10), Hamburg 1995.

120 Lohalm, Uwe: Martini, Oskar, in: Kopitzsch, Franklin / Brietzke, Dirk (Hg.): Hamburgische Biographie, Bd. 4, Göttingen 2008, 228–230.

Leitung Langenhorns entbunden.[121] Am 1. März 1934 war bereits Simon Schöffel, der schon im Oktober 1933 in Konflikte mit den Deutschen Christen geraten und im November 1933 vom Reichsbischof von seinem Amt im Geistlichen Ministerium entbunden worden war, als Landesbischof zurückgetreten.

Diese Entwicklungen bildeten den Hintergrund der Zuwahl neuer Vorstandsmitglieder im Jahre 1934.[122] Mit Oberverwaltungsdirektor *Hermann G. W. Timcke*, von Beruf Exportkaufmann, der in der Abteilung Anstaltswesen der Hamburgischen Gesundheits- und Wohlfahrtsbehörde tätig war, berief man einen „Alten Kämpfer" und Vertrauten Ofterdingers in den Vorstand.[123] Mit Pastor *Gotthold Donndorf* (1887–1968) wurde zugleich der gerade neu eingesetzte Leiter des Landeskirchlichen Amtes für Innere Mission (und spätere Vorsteher des Rauhen Hauses) zugewählt. Er hatte zuvor das kirchliche Jugendamt in Hamburg geleitet und sich in dieser Funktion gegen die Eingliederung der evangelischen Jugendgruppen in die Hitlerjugend zur Wehr gesetzt.[124] Der Gedanke liegt nahe, dass mit der Wahl dieser beiden neuen Mitglieder die Gewichte innerhalb des Vorstands austariert werden sollten. Schließlich wurde auch Kreyenberg im Jahre 1934 in den Vorstand berufen. Dieser Schritt spiegelte die gewachsene Bedeutung des Oberarztes der Alsterdorfer Anstalten wider – 1938 wurde er zum Stellvertreter des Direktors berufen. Kreyenberg war seit 1933 „Parteigenosse", 1934 wurde er Mitglied der SA im Range eines Sanitäts-Sturmführers. Im selben Jahr wurde er zum Gaustellenleiter des Rassenpolitischen Amtes der NSDAP in Hamburg berufen.[125] Kreyenbergs Wahl in den Vorstand verschärfte den sich anbahnenden Machtkampf mit Lensch, der seinerseits als Angehöriger des „Stahlhelms" bei dessen Überführung in die SA Mitglied dieser NS-Organisation wurde.[126] Lensch beklagte nach dem Krieg, er sei durch die Berufung Kreyenbergs in den Vorstand „der Kontrolle eines seiner Angestellten unterworfen"[127] worden. Spannungen und Konflikte zwischen Direktor und Oberarzt hätten zu einer Spaltung des Vorstands geführt. Die aus der Nachkriegszeit stammende Darstellung Lenschs ist sichtlich von dem Bemühen geprägt, die eigene Verantwortung zu relativieren. Dennoch wird

---

121 Böhme Klaus / Lohalm, Uwe (Hg.): Wege in den Tod. Hamburgs Anstalt Langenhorn und die Euthanasie in der Zeit des Nationalsozialismus (Forum Zeitgeschichte, 2), Hamburg 1993, 41f., 44.
122 Vgl. die Liste der Vorstandsmitglieder in: BuB 58 (1934), 27.
123 Böhme/Lohalm, Wege, 64f.
124 Schade, Herwarth von: Hamburger Pastorinnen und Pastoren seit der Reformation. Ein Verzeichnis, Hamburg 2009, 65.
125 Wunder, Karriere, 166f.
126 Jenner, Lensch, 196. Nach dem Krieg erklärte Lensch, er sei – zusammen mit zwanzig Angestellten der Alsterdorfer Anstalten – dem als gemäßigt geltenden „Stahlhelm" beigetreten, um dem Druck der SA etwas entgegenzusetzen. ArESA, NS 20: Anlage zum Fragebogen [Friedrich Lensch, 10.10.1945].
127 ArESA, NS 20: Die Struktur des Vorstandes und des Verwaltungskörpers der Alsterdorfer Anstalten [Denkschrift von Friedrich Lensch, Oktober 1945].

III. Ende Weimarer Republik und „Drittes Reich", 1930–1945

man sagen können, dass Lenschs Stellung durch den Machtzuwachs Kreyenbergs geschwächt wurde.

1935 wurden drei weitere Mitglieder in den Vorstand kooptiert:[128] Darunter findet sich Pastor *Hermann Schauer* (1895–1981), der Rektor des Amalie-Sieveking-Diakonissenhauses in Volksdorf – seine Berufung hing mit Plänen zusammen, die Alsterdorfer Schwestern in das Volksdorfer Mutterhaus einzugliedern. Stärkte diese Berufung das kirchliche Element im Vorstand, so barg die Kooptation des Hamburger „Ärzteführers" Prof. Dr. *Wilhelm (Willy) Holzmann* (1878–1949) für die Alsterdorfer Anstalten eine nicht zu unterschätzende Gefahr in sich.[129] Lensch gab nach 1945 rückblickend an, Holzmann habe sich in den Vorstand gedrängt – „irgendwelche Abwehrmaßnahmen vonseiten unseres Vorstandes wurden durch seine Gegenwart zur Unmöglichkeit."[130] Es gelang indessen, Holzmann, der aus der Kirche ausgetreten war und sich als „gottgläubig" bezeichnete, um die Jahreswende 1937/38 zum Rückzug aus dem Vorstand zu bewegen, indem eine Satzungsänderung auf den Weg gebracht wurde, der zufolge die Vorstandsmitglieder der evangelischen Kirche angehören mussten.[131] Dies geschah gerade rechtzeitig, bevor es zu einem Wechsel an der Spitze des Vorstands kam: 1938 legte Schröder sein Amt als Vorsitzender nieder, an seine Stelle trat Schäfer. Er wurde im November 1942, wie bereits erwähnt, von Horstkotte abgelöst.[132]

Personal

Auch auf die Personalentwicklung der Alsterdorfer Anstalten hatte die nationalsozialistische Machtübernahme weitreichende Auswirkungen. Die letzten Jahre der Weimarer Republik waren von Gehaltskürzungen und Personalabbau geprägt. Am Vorabend des „Dritten Reiches", im August 1932, beschäftigten die Alsterdorfer Anstalten 280 Arbeitskräfte, davon 139 im Pflegedienst.[133] Ab 1933 liegen nur noch Angaben zur Gesamtzahl der Mitarbeiterinnen und Mitarbeiter vor, eine Aufschlüsselung

---

128 Vgl. die Liste der Vorstandsmitglieder in: BuB 59 (1935), 22. Als drittes neues Vorstandsmitglied trat Direktor Karl Stoll ein. Bei ihm handelt es sich wahrscheinlich um den Leiter des Amtes für Marktwesen in der Behörde für Wirtschaft und Verkehr der Freien und Hansestadt Hamburg *Karl Christian Stoll* (1893–1968). Er gehörte dem Vorstand bis 1968 an. Engelbracht/Hauser, Hamburg, 29 (Anm. 61).

129 Vgl. zu Holzmanns Rolle im Hamburger Gesundheitswesen: Villiez, Anna von / Schmuhl, Hans-Walter: Die kassenärztliche Vereinigung Hamburg. Selbstverwaltung zwischen Markt und Staat, Bd. 1: 1919–1964, München/Hamburg 2019, 62–67.

130 Zit. n. Gleßmer, Uwe / Lampe, Alfred: Mit-Leiden an Alsterdorf und seinen Geschichtsbildern von den Anstalten, Norderstedt 2019, 259. Danach auch das folgende Zitat.

131 Ebd., 258.

132 Jenner, Lensch, 193.

133 Rückblick (1930/31), 23f.; Jenner, Lensch, 193, Tabelle.

nach Funktionen wurde nicht mehr vorgenommen. Die Zahl der Beschäftigten stieg von 330 (1933) auf 368 (1937).[134]

Mittlerweile hatte sich die Betriebsverfassung grundlegend geändert. Das „Gesetz zur Ordnung der nationalen Arbeit" vom 20. Januar 1934 stärkte im Prinzip die Stellung des Direktors, der nun als „Betriebsführer" galt, dem die „Gefolgschaft" im Sinne des „Führerprinzips" unbedingten „Gehorsam" schuldete. Lensch war aber auch gegenüber der Belegschaft eine schwache Leitungspersönlichkeit. Seine Position wurde weniger von dem neu gebildeten „Vertrauensrat" infrage gestellt, der ohnehin nur beratende Funktion hatte. Den Ton gaben vielmehr der „Betriebsobmann" und der „Zellenstab" der Nationalsozialistischen Betriebszellenorganisation (NSBO) an. Hinzu kam die „Werkschar 48", die als „Gesinnungspolizei" der Deutschen Arbeitsfront (DAF) dafür sorgte, dass in der Belegschaft ein nationalsozialistischer Geist herrschte.[135] Im Frühjahr 1934 gründete sich zudem ein „SA-Sturm Alsterdorfer Anstalten", dem etwa sechzig Mitarbeiter beitraten.[136] In der zweiten Hälfte der 1930er Jahre musste sich Lensch zudem der Versuche der DAF erwehren, von außen Einfluss auf die Betriebsverfassung zu nehmen. 1936/37 kam es zu einem offenen Konflikt um eine neue Betriebsordnung – die DAF forderte sogar die Entlassung des Direktors.[137]

Offiziell hieß es, „Betriebsführer" und „Betriebsobmann" arbeiteten beim „Aufbau der wahren Betriebsgemeinschaft",[138] ja „Lebensgemeinschaft",[139] Hand in Hand. Trotz der angespannten finanziellen Lage – und in eklatantem Widerspruch zur fortgesetzten Kürzung der Pro-Kopf-Ausgaben bei den Bewohnern und Bewohnerinnen – wurden in den ersten Jahren des „Dritten Reiches" erhebliche Anstrengungen unternommen, um die Situation des Personals zu verbessern. Die Jahresberichte 1937/38 berichten von einer schrittweisen Anhebung der Löhne und Gehälter, einer neuen Besoldungsordnung,[140] einer neuen Arbeitszeit- und Urlaubsregelung, einer „Lösung der Heiratsfrage"[141] und reichlich bemessenen „Kindergeldern".[142] Die „Familiengründung" sei zudem durch den Bau von 57 Dienstwohnungen gefördert worden.[143]

---

134 Jenner, Lensch, 193, Tabelle.
135 Rückblick (1937), 12.
136 Jenner, Lensch, 193.
137 Ausführlich in: ebd., 202–205.
138 Rückblick (1937), 12.
139 Lensch, 75 Jahre, 13.
140 Rückblick (1937), 11.
141 Ebd., 11. „Interne Anstellungsverhältnisse", die ein Wohnen auf dem Anstaltsgelände vorsahen, wurden nur mit ledigen Mitarbeitern abgeschlossen. Die Belegschaft sah darin ein „Heiratsverbot". Lensch kam dieser Kritik entgegen, indem über vierzig „interne" in „externe" Stellungen verwandelt wurden. Jenner, Lensch, 202. Vgl. ArESA: Betriebsordnung der Alsterdorfer Anstalten, 1.5.1936.
142 Lensch, 75 Jahre, 12.
143 Ebd.

III. Ende Weimarer Republik und „Drittes Reich", 1930–1945   193

Flaggenhissung in den Alsterdorfer Anstalten, 1935

1938 erhielten die Alsterdorfer Anstalten wegen ihrer sozialen Leistungen für das Personal das „Gaudiplom eines nationalsozialistischen Musterbetriebs".[144]

Zu harten Auseinandersetzungen kam es um die Schwestern der Alsterdorfer Anstalten.[145] Um eine Mitgliedschaft der einzelnen Schwestern in der DAF zu vermeiden, strebte Lensch – in enger Abstimmung mit dem neuen Landesbischof Schöffel – einen Anschluss der Alsterdorfer Schwesternschaft an das Amalie-Sieveking-Diakonissenhaus in Hamburg-Volksdorf an. Damit wären die Alsterdorfer Schwestern unter das Dach des Kaiserswerther Verbandes gekommen und gegen eine unmittelbare Einflussnahme durch Staat und Partei geschützt gewesen. Gegen diesen Plan gab es jedoch unter den Schwestern zunehmend Widerstand, sei es, „weil manche von ihnen glaubten, sie selbst sollten gegen ihren Willen und gegen ihr Gewissen zu Diakonissen gemacht werden",[146] sei es, weil sie „ein langsames Aussterben der Alsterdorfer Schwesternschaft als schmerzlich empfanden." Die Oberin *Elisabeth Ischebeck* (* 1897) gab den Bedenken der Schwestern nach und führte sogar – an der Direktion und am Vorstand vorbei – Verhandlungen mit dem Ziel, die Alsterdorfer Schwestern

---

144 Wunder, Ebene, 52.
145 Dazu ausführlich: Jenner, Lensch, 195–201, 205–207.
146 ArESA, NS 23: Erklärung von Pastor Donndorf, 26.10.1935. Danach auch das folgende Zitat.

der Zehlendorfer Konferenz anzuschließen, in der sich 1916 evangelische Schwesternschaften ohne Mutterhausbindung zusammengeschlossen hatten. Dieser eigenmächtige Vorstoß führte bei einer Schwesternversammlung am 4. Oktober 1935 zum „offenen Bruch"[147] zwischen Lensch und Ischebeck. Der Direktor, der auch in diesem Konflikt keine gute Figur abgab, stellte sogar sein Amt zur Verfügung – zwischenzeitlich fungierte Pastor Donndorf als „kommissarischer Betriebsführer".[148] Zwar konnte die Leitungskrise beigelegt werden, doch war das Betriebsklima nachhaltig vergiftet, das Projekt einer Vereinigung mit dem Amalie-Sieveking-Haus gescheitert. Schließlich schlossen sich die Alsterdorfer Schwestern der Schwesternschaft der Inneren Mission an, einem lockeren Zusammenschluss von Schwestern aus evangelischen Krankenhäusern, Heil- und Pflegeanstalten.

Man war davon ausgegangen, dass die Schwestern der Alsterdorfer Anstalten mit diesem Schritt durch *korporative* Mitgliedschaft der DAF angehören würden. Doch versuchte die Gauleitung der DAF wiederholt, die korporative Mitgliedschaft der Alsterdorfer Schwesternschaft infrage zu stellen und die Schwestern der Alsterdorfer Anstalten unter Druck zu setzen, Einzelmitglieder der DAF zu werden.

Dieser Konflikt überschattete auch den Wechsel im Amt der Oberin im Oktober 1937. Ischebeck verließ die Alsterdorfer Anstalten und übernahm den Posten einer „Gaureferentin für die freien Schwestern Groß-Hamburgs und des Reichsbundes der freien Schwestern und Pflegerinnen Groß-Hamburgs".[149] Neue Oberin sollte Schwester *Alma Förster* (1895–1990) werden, ausgebildete Krankenpflegerin und Kindergärtnerin, Jugendleiterin und Säuglingsschwester und ehrenamtlich tätig „in einer Kinderpflegerinnenschule im Reichsausschuss für Berufswettkämpfe in der Berufsorganisation der Krankenpflegerinnen Deutschlands".[150] Seit 1937 gehörte sie der NSDAP an. Gleichwohl machte sie die Übernahme des Oberinnenamtes davon abhängig, dass ihr die Schwestern einzeln erklärten, dass sie in der Schwesternschaft der Inneren Mission und damit in der „Diakoniegemeinschaft" bleiben wollten – was die Schwestern mit einer Ausnahme auch taten.[151]

Die Alsterdorfer Anstalten am Vorabend des Zweiten Weltkriegs

Mit der am 22. März 1938 vom Senat der Freien und Hansestadt Hamburg genehmigten Neufassung der Satzung war es den Alsterdorfer Anstalten gelungen, sich gegen mögliche Versuche einer „Gleichschaltung" von außen wie von innen rechtlich abzusichern. Vordergründig ging es bei der Satzungsänderung um die Anpassung an die veränderte Steuergesetzgebung. Es wurde nun ausdrücklich festgeschrieben,

---

147 Jenner, Lensch, 200.
148 Ebd.
149 Rückblick (1935/36), 8.
150 Amtseinführung der Oberin Schwester Alma Förster, in: BuB 61 (1937), 16.
151 Jenner, Lensch, 206.

dass „die Stiftung ‚Alsterdorfer Anstalten' […] ausschließlich und unmittelbar gemeinnützigen und mildtätigen Zwecken"[152] diente und ihre Tätigkeit „nicht auf einen wirtschaftlichen Geschäftsbetrieb gerichtet" war. Als Aufgabe der Stiftung wurde die „Verwahrung, Pflege, Beschäftigung und Bildung deutscher Volksgenossen ohne Unterschied des Standes und Bekenntnisses" angegeben. Mit der Einführung des Begriffs „deutsche Volksgenossen" hatte man Menschen jüdischen Glaubens oder jüdischer Herkunft ganz bewusst ausgeschlossen[153] – dazu später mehr. Die neue Satzung legte weiterhin fest, dass man sich „vornehmlich solchen" widmen wollte, „die an Schwachsinn, Epilepsie und anderen geistigen Gebrechen leiden, auch soweit sie krüppelhaft und mit chronischen Übeln behaftet sind." Damit war das Hauptarbeitsfeld der Alsterdorfer Anstalten umschrieben, gleichzeitig wurden nun – durch die Einfügung des Wortes *vornehmlich* – aber auch die neu eröffneten Arbeitsfelder in der Satzung verankert. Mittellosen „Volksgenossen" wurde durch die neue Satzung eine unentgeltliche oder verbilligte Pflege garantiert – auch dies eine Vorgabe der Finanzbehörden, um den Status der Gemeinnützigkeit und Mildtätigkeit zu erlangen. Damit hatten sich die Alsterdorfer Anstalten zunächst einmal gegen die Gefahr abgesichert, dass die Finanzbehörden sie der Körperschafts-, Vermögens-, Gewerbe- und Grundsteuer unterwerfen könnten – eine Gefahr, die wegen des umfangreichen landwirtschaftlichen Betriebs der Alsterdorfer Anstalten nicht von der Hand zu weisen war.

Die neue Satzung rückte die Alsterdorfer Anstalten zugleich weiter unter den Schutzschirm der Inneren Mission und der verfassten Kirche. Hatte die Satzung auch bis dahin schon festgelegt, dass die Alsterdorfer Anstalten „den Charakter freier evangelischer Liebesarbeit […] im Sinne der Inneren Mission" trugen, so legte die neue Satzung ausdrücklich fest, dass die Alsterdorfer Anstalten dem Central-Ausschuss für die Innere Mission der Deutschen Evangelischen Kirche „als dem zuständigen Reichsspitzenverband der freien Wohlfahrtspflege" organisatorisch eingegliedert waren. Die Mitglieder des Vorstands mussten – ein Zugeständnis an die NS-Rassenpolitik – „Reichsangehörige deutschen oder artverwandten Blutes" sein, aber auch „dem evangelischen Bekenntnis angehören" – diese neu eingeführte Formulierung hatte, wie bereits erwähnt, zur Folge, dass der Hamburger Ärzteführer Willy Holzmann aus dem Vorstand ausscheiden musste. Zudem waren weitere Sicherungen in die neue Satzung eingebaut worden: Satzungsänderungen konnten nur mehr mit einer Dreiviertelmehrheit aller Vorstandsmitglieder beschlossen werden. Sie bedurften ferner – eine Konzession an den Staat – „der Genehmigung des Reichsstatthalters", vor allem aber war jetzt, sofern Satzungsänderungen „den Zweck oder Charakter der Stiftung" berührten, die „Zustimmung" des Central-Ausschusses für die Innere Mission

---

152 ArESA, DV, 2/I: Satzung der Alsterdorfer Anstalten, genehmigt am 22.3.1938 durch den Reichsstatthalter (Senat) und am 16. Dezember 1940 durch die Gemeindeverwaltung der Hansestadt Hamburg, Sozialverwaltung, Stiftg. 2 c (gedruckt). Danach auch die folgenden Zitate.

153 ArESA, NS 19: Friedrich Lensch, Erwiderungsschrift, Anlage 3: Verlegung der jüdischen Pfleglinge.

einzuholen. Ebenso brauchte es zur Auflösung der Stiftung, die ebenfalls nur mit einer Dreiviertelmehrheit aller Vorstandsmitglieder beschlossen werden konnte, eine „Genehmigung" des Central-Ausschusses. Die Verwendung des Restvermögens im Falle einer Auflösung der Stiftung hatte zudem „im Benehmen mit der Evangelisch-Lutherischen Kirche in Hamburg, vertreten durch ihr Amt für Innere Mission", zu erfolgen, wobei diese Mittel für gemeinnützige oder mildtätige Zwecke bereitgestellt werden sollten, „die in der Richtung der bisherigen Anstaltsarbeit liegen."

Im Krieg

Unmittelbar vor dem Beginn des Zweiten Weltkriegs, am 28. August 1939, wurden noch einmal 120 Patientinnen und 30 Patienten aus Langenhorn nach Alsterdorf verschoben.[154] Die „Langenhorner" – wie sie im Anstaltsjargon genannt wurden – waren in Alsterdorf nicht beliebt.[155] Nur für wenige wurden überhaupt Akten angelegt, es gelang Kreyenberg, den größten Teil dieser Menschen im Zuge von „Rückverlegungen" wieder nach Langenhorn abzuschieben.[156]

Der Beginn des Zweiten Weltkriegs stellte die Alsterdorfer Anstalten vor neue Probleme. So mussten die Lücken im Personal geschlossen werden, die durch die Einberufung von Mitarbeitern gerissen wurden. 1939 dienten 52 Häuser der Alsterdorfer Anstalten „ausschließlich Anstaltszwecken".[157] Dies sollte sich rasch ändern. Das Krankenhaus Bethabara musste für Lazarettzwecke erweitert werden. Die Schaffung von 165 zusätzlichen Betten gelang nur durch die Inanspruchnahme des Bodelschwinghhauses, des Schulgebäudes und des Paul-Stritter-Hauses. Zunächst wurde jedes freie Bett für eine Gruppe von Frauen mit geistiger Behinderung aus dem St. Paulus-Stift Herxheim gebraucht. Diese hatten ihr Zuhause verlassen müssen, weil die südliche Pfalz zur „Roten Zone" erklärt worden war und geräumt werden musste. Weitere Menschen, die früher im St. Paulus-Stift gewohnt hatten und nach Landau verlegt worden waren, kamen hinzu. Die Zahl der Bewohnerinnen und Bewohner stieg binnen kürzester Zeit von 1.630 auf annähernd 1.900.[158] Die Unterbringung der fast 270 Neuzugänge gelang nur, indem in allen Häusern die Gemeinschafts- und Aufenthaltsräume umfunktioniert wurden und alle zusammenrückten. Die räumliche Enge entspannte sich erst wieder, nachdem die Menschen aus Landau und Herxheim wieder in die Südpfalz zurückgekehrt waren.

---

154 Wunder, Karriere, 170.

155 Wunder, Michael: Die Schicksale von Opfern, in: ders./Genkel/Jenner, Ebene, 17–32, 21 (mit Fallbeispiel).

156 Wunder, Karriere, 170f.

157 ArESA, DV 675: Herntrich, Volkmar: Eingabe an den Senat der Freien und Hansestadt Hamburg über die Gesundheitsbehörde Hamburg wegen der Bewilligung einer Staatsbeihilfe bzw. einer Staatsbürgschaft an die Stiftung „Alsterdorfer Anstalten" in Hamburg, 6.9.1955, 1.

158 Bauliche und wirtschaftliche Entwicklung 1938–1947, 10. Vgl. Jenner, Lensch, 187, Tabelle.

Im September 1940 legten die bereits mehrfach für Alsterdorf tätig gewordenen Architekten Distel und Grubitz einen Bauplan für einen unterirdischen Luftschutzraum vor. Dieser wurde rund dreieinhalb Meter vom Küchengebäude entfernt gebaut und war mit Rampen von zwei Stellen aus zugänglich.[159] Ohne künstliche Entlüftung konnte der Luftschutzraum 280 Personen, mit künstlicher Entlüftung sogar 400 Menschen aufnehmen. Da zu dieser Zeit aber über 1.500 Menschen auf dem Anstaltsgelände lebten und arbeiteten, überrascht die in Auftrag gegebene Platzkapazität. Diese reichte auf keinen Fall aus, um alle in Sicherheit zu bringen. Es ging augenscheinlich vor allem darum, die Patienten und Patientinnen des Krankenhauses und der Lazarette zu schützen. Der Bewohnerschaft blieb der Zutritt zum Luftschutzraum vielfach verwehrt.[160]

Versorgungsengpässe konnten – anders als im Ersten Weltkrieg – zunächst vermieden werden. Dass es gelang, die große Zahl von Bewohnern und Bewohnerinnen trotz der niedrigen Kostgeldsätze ausreichend zu ernähren, ist nicht zuletzt auf den umfangreichen landwirtschaftlichen Eigenbetrieb zurückzuführen. 1938 hatten die Alsterdorfer Anstalten den Moorhof Kayhude mit vierzig Hektar landwirtschaftlicher Nutzfläche zugekauft, sodass nun mehr als 430 Hektar bewirtschaftet wurden und die Alsterdorfer Anstalten etwa die Hälfte der im laufenden Betrieb benötigten Lebensmittel selbst erzeugen konnten.[161] Ein Hungersterben wie im Ersten Weltkrieg konnte vermieden werden – die Sterberate stieg erst gegen Ende des Krieges an, ohne indessen die Größenordnung wie im Ersten Weltkrieg zu erreichen.[162]

Die Gefahr drohte von anderer Seite – zugleich mit dem Krieg nach außen begannen die braunen Machthaber einen Krieg nach innen, gegen Menschen mit geistigen Behinderungen oder psychischen Erkrankungen. Dieser Krieg erreichte bald auch die Alsterdorfer Anstalten.

Die Abschiebung der Bewohner und Bewohnerinnen jüdischen Glaubens oder jüdischer Herkunft

Im norddeutschen Raum gab es keine jüdischen Einrichtungen für Menschen mit geistigen Behinderungen oder psychischen Erkrankungen.[163] In Hamburg fanden

---

159 ArESA, DV 683: Distel/Grubitz, Luftschutzraum, Bau-Beschreibung, 16.9.1940. Danach auch die folgenden Zitate.

160 Dies bestätigte etwa *Herbert Reher* (* 1934), der seit Juli 1940 in den Alsterdorfer Anstalten lebte: „Dann heulten die Sirenen und man musste in den Bunker. Das waren nicht so richtige Bunker, das waren Notbehelfe, Keller. In so richtigen sind wir nie drin gewesen." Sachau, Monika: So war das hier: Geschichten aus dem Leben in den „Alsterdorfer Anstalten", Hamburg 2007, 29.

161 ArESA, DV 2/I: Alsterdorfer Anstalten an den Oberfinanzpräsidenten, undatiert [1942].

162 Jenner, Lensch, 187, Tabelle. 1943 war die Sterberate sogar stark rückläufig – augenscheinlich eine Folge des Abtransports vieler schwacher und hinfälliger Bewohner und Bewohnerinnen.

163 Das Folgende nach: Jenner, Harald / Wunder, Michael: Das Schicksal der jüdischen Bewohner der Alsterdorfer Anstalten, in: Wunder/Genkel/Jenner: Ebene, 247–267.

Menschen jüdischen Glaubens – wie auch solche jüdischer Herkunft –, die geistig behindert oder psychisch erkrankt waren, in der Heil- und Pflegeanstalt Langenhorn oder in den Alsterdorfer Anstalten Aufnahme. Während die Zahl der Menschen, die nach den Kriterien der Nürnberger Gesetze als „Juden" und „Jüdinnen" galten, im Deutschen Reich als Folge des durch Ausgrenzung, Entrechtung und Verfolgung ausgelösten Exodus stark zurückging, blieb die Zahl der Menschen jüdischen Glaubens oder jüdischer Herkunft in den Heil- und Pflegeanstalten nahezu konstant, war es doch so gut wie unmöglich, mit einem kranken oder behinderten Familienmitglied auszuwandern.[164] Lensch arbeitete seit 1937 daran, die in den Alsterdorfer Anstalten untergebrachten „Juden" und „Jüdinnen" loszuwerden. Bei den meisten dieser Menschen dürfte es sich um Konfessionslose oder Christen und Christinnen jüdischer Herkunft gehandelt haben, die wohl überwiegend der evangelischen Kirche angehörten – nur in einzelnen Fällen ist auf den Karteikarten die Zugehörigkeit zur jüdischen Religionsgemeinschaft vermerkt.[165]

Als die Hamburger Fürsorgebehörde im August 1937 ein zweijähriges Mädchen, das nach den Nürnberger Gesetzen als „Jüdin" galt, in den Alsterdorfer Anstalten unterbringen wollte, lehnten diese – für die Behörde durchaus überraschend – die Aufnahme ab. Auf Nachfrage verwies Lensch auf ein Urteil des Reichsfinanzhofs vom 18. März 1937, in dem einem Verein zur „Erhaltung, Fortbildung und Verbreitung der Wissenschaft des Judentums"[166] die Gemeinnützigkeit und Mildtätigkeit abgesprochen worden war. Lensch äußerte die Sorge, dass dies auch den Alsterdorfer Anstalten geschehen könnte, weil sie einzelne Menschen jüdischen Glaubens oder jüdischer Herkunft unter ihren Bewohnern und Bewohnerinnen hatten. Er drängte die Fürsorgebehörde, „eine genaue Klärung dieser Frage herbeizuführen",[167] und bat, bis dahin den Alsterdorfer Anstalten „jüdische Patienten nicht mehr zuzuweisen." Tatsächlich betraf das Urteil des Reichsfinanzhofs die Anstalten der Inneren Mission nicht – insofern war die Sorge, die Alsterdorfer Anstalten könnten wegen ihrer „jüdischen" Bewohner und Bewohnerinnen steuerliche Nachteile erleiden, letztlich unbegründet. Lensch hatte sich mit dieser Frage an den Central-Ausschuss für Innere Mission gewandt, von dort aber keine ganz eindeutige Antwort erhalten.[168] Ob Lensch die Aufnahme des Mädchens aus übergroßer Vorsicht verweigerte oder ob er das Urteil als Vorwand benutzte, lässt sich nicht endgültig klären. Möglich ist, dass er Anfeindungen aus Parteikreisen fürchtete, falls in der Öffentlichkeit bekannt

---

164 Ebd., 247f.
165 Ebd., 256.
166 Ebd., 248.
167 Zit. n. ebd., 249. Danach auch das folgende Zitat.
168 ArESA, NS 2: Lensch an Fürsorgebehörde, Ärztliche Abteilung (Oberarzt Dr. Jahn), 21.8.1937. Die Anfrage der Alsterdorfer Anstalten und die vom Central-Ausschuss erteilte Rechtsauskunft findet sich in: ArESA, NS 2: Abschrift aus „Wirtschaftsbriefe für die Anstaltsleitung, Jg. 1938, H. 1, Januar".

würde, dass in den Alsterdorfer Anstalten auch Menschen jüdischen Glaubens oder jüdischer Herkunft lebten. Klar ist aber auch, dass die Bewohner und Bewohnerinnen jüdischen Glaubens oder jüdischer Herkunft in den Alsterdorfer Anstalten nicht gut gelitten waren. Dafür sprechen manche antisemitischen Bemerkungen in den Krankengeschichten, aber auch die überdurchschnittlich hohe Zahl der „jüdischen" Bewohner und Bewohnerinnen unter den Zwangssterilisierten.[169]

Ausdrücklich hervorzuheben ist, dass Lensch mit seinem Vorstoß bei der Fürsorgebehörde „auf eigene Initiative" handelte und „dass zu diesem Zeitpunkt keine andere Anstalt der Inneren Mission ähnlich wie Lensch vorging."[170] Das Mädchen, dessen Aufnahme in den Alsterdorfer Anstalten verweigert worden war, sollte im Februar 1938 in die Ricklinger Anstalten des Landesvereins für Innere Mission in Schleswig-Holstein verlegt werden. Auf Nachfrage aus Rickling riet Lensch von der Aufnahme des Kindes ab. In einem Schreiben vom 9. März 1938 an Direktor Dr. *Oskar Epha* (1901–1982), den Leiter des Landesvereins für Innere Mission, gab Lensch darüber hinaus ganz unverblümt den Rat, auf die Verlegung der bereits aufgenommenen Bewohner und Bewohnerinnen jüdischen Glaubens oder jüdischer Herkunft zu dringen.[171]

Diese Linie verfolgte man auch in den Alsterdorfer Anstalten. Mehrmals forderte man die Behörden auf, die „jüdischen" Bewohner und Bewohnerinnen zu verlegen, wobei Vorschläge Kreyenbergs zur Unterbringung der 22 „Alsterdorfer Juden" und der vier „Halbjuden" in den staatlichen Versorgungsheimen Farmsen und Oberaltenallee beigefügt wurden. Die Behörden wurden jedoch zunächst nicht tätig. Die Alsterdorfer Anstalten ihrerseits waren seit Januar 1938 bemüht, „jüdische" Bewohner und Bewohnerinnen abzuschieben.

Inzwischen – am 22. Juni 1938 – hatte das Reichsministerium des Innern einen Erlass zur „Unterbringung von Juden in Krankenanstalten" herausgegeben, in dem eine räumliche Trennung von „jüdischen" und „nichtjüdischen" Bewohnern und Bewohnerinnen verlangt wurde, um „Rassenschande" zu vermeiden. Auf Drängen Lenschs wurden daraufhin am 31. Oktober 1938 weitere 15 geistig behinderte Menschen jüdischen Glaubens oder jüdischer Herkunft aus den Alsterdorfer Anstalten in das staatliche Versorgungsheim Oberaltenallee abgeschoben – manche von ihnen hatten Jahrzehnte in den Alsterdorfer Anstalten gelebt, ohne dass es je zu Misshelligkeiten gekommen wäre. Seitdem lebten nur noch wenige „Juden" und „Jüdinnen" in den Alsterdorfer Anstalten. Sie wurden nach und nach in andere Anstalten verlegt oder zu Verwandten entlassen. Zuletzt blieben nur einzelne „halbjüdische" Fürsorgezöglinge in dem – der Jugendbehörde unterstehenden – Heim Alstertal übrig.

Als die NS-„Euthanasie" Ende 1939/Anfang 1940 anlief, gerieten schnell auch die „jüdischen" Bewohner und Bewohnerinnen der Heil- und Pflegeanstalten in den Fokus.

---

169 Jenner/Wunder, Schicksal, 256.
170 Ebd., 249.
171 ArESA, NS 2: Lensch an Epha, 9.3.1938; Epha an Lensch, 17.3.1938. Aus dem Antwortschreiben Ephas geht hervor, dass man Lenschs Ratschlag beherzigte.

Aufnahmebogen von Albert Freytag in Langenhorn, 1938

Diese Menschen standen unter einem doppelten Fluch: Sie galten in der NS-Propaganda als „erblich belastet" *und* „rassisch minderwertig". Sicher ist, dass „Juden" und „Jüdinnen" schon zu Beginn der NS-„Euthanasie" *als Einzelpersonen* in die Vernichtung einbezogen wurden. Aber erst im April 1940 beschloss man, die „jüdischen" Patienten *als geschlossene Gruppe* zu ermorden – ohne die oberflächliche Begutachtung, der die anderen „Euthanasie"-Opfer unterlagen.

Ein Erlass des Reichsministeriums des Innern vom 30. August 1940 verfügte, dass die als „jüdisch" geltenden Menschen mit geistiger Behinderung oder psychischer Erkrankung, die in Anstalten in Hamburg und Schleswig-Holstein lebten, in die Heil- und Pflegeanstalt Langenhorn zu verlegen waren, von wo aus sie in eine nicht näher bezeichnete „Sammelanstalt" abtransportiert werden sollten. Am 23. September 1940 wurden sodann 136 geistig behinderte oder psychisch kranke Menschen jüdischen Glaubens oder jüdischer Herkunft von Langenhorn aus in die Tötungsanstalt Brandenburg an der Havel abtransportiert und noch am selben Tag in der dortigen

III. Ende Weimarer Republik und „Drittes Reich", 1930–1945

Gaskammer ermordet[172] – darunter auch zwölf ehemalige Bewohner der Alsterdorfer Anstalten.[173] Sie gehörten zu den ersten Opfern nicht nur der NS-„Euthanasie", sondern auch des Holocaust in Hamburg.[174]

Weitere acht[175] frühere Bewohner und Bewohnerinnen der Alsterdorfer Anstalten, die frühzeitig in Stellung gegeben, entlassen oder ins Ausland abgeschoben worden oder die im Zuge der „Sonderaktion" in Langenhorn verblieben waren, starben später in Auschwitz, Theresienstadt, Lodz, Izbica oder Meseritz-Obrawalde. Das Schicksal von vier „jüdischen" Bewohnern und Bewohnerinnen der Alsterdorfer Anstalten ist auf dem gegenwärtigen Forschungsstand noch ungeklärt. Nur zwei aus Alsterdorf verlegte junge „Jüdinnen" überlebten als „Hilfsmädchen" das „Dritte Reich".[176]

Die Alsterdorfer Anstalten und die „Aktion T4"

In Norddeutschland begann die erste Phase der NS-„Euthanasie" – für die sich nach 1945 die Bezeichnung „Aktion T4" eingebürgert hat – erst im Sommer 1940.[177] Am 27. Juli 1940 trafen 1.500 Meldebögen zur Erfassung bestimmter Gruppen von Bewohnern und Bewohnerinnen (Meldebogen I), die in einem beigefügten Merkblatt näher eingegrenzt wurden, sowie ein Formular zur Erhebung statistischer Daten (Meldebogen II) in den Alsterdorfer Anstalten ein.[178] Da sowohl der Direktor als auch der Oberarzt zu diesem Zeitpunkt zum Militär eingezogen waren, lag die Verantwortung für die Bearbeitung der Meldebögen bei Gerhard Schäfer, von 1938 bis 1942 Vorsitzender des Vorstands und in Abwesenheit Lenschs amtierender Direktor der Alsterdorfer Anstalten. Schäfer ging irrtümlich davon aus, dass der Meldebogen I für *alle* Bewohner und Bewohnerinnen der Alsterdorfer Anstalten auszufüllen sei. Mit der Übersendung des ausgefüllten Meldebogens II nach Berlin am 30. Juli 1940 forderte er daher weitere 500 Meldebögen I an und bat zugleich um eine Fristverlängerung

---

172 Möglicherweise wurde einer der aus Langenhorn abtransportierten „Juden" von der Gaskammer zurückgestellt. Jenner/Wunder, Schicksal, 262, Anm. 21. Vgl. auch: Wille, Ingo: Transport in den Tod. Von Hamburg-Langenhorn in die Tötungsanstalt Brandenburg. Lebensbilder von 136 jüdischen Patientinnen und Patienten, Berlin 2017.

173 Ebd., 255, Tabelle.

174 Ebd., 267.

175 Ebd., 266, ist die Rede von sechs „jüdischen" Bewohnern und Bewohnerinnen, über deren Verbleib nichts bekannt sei. Das Schicksal zweier Männer, die 1938 aus den Alsterdorfer Anstalten in die Oberaltenallee verlegt worden waren, konnte mittlerweile geklärt werden – sie starben in Auschwitz.

176 Jenner/Wunder, Schicksal, 255 (Tabelle), 266. Zur Diskussion über die Zusammenhänge zwischen „Euthanasie" und Holocaust vgl. Osterloh, Jörg / Schulte, Jan Erik (Hg.): „Euthanasie" und Holocaust. Kontinuitäten, Kausalitäten, Parallelitäten, Paderborn 2021.

177 Das Folgende nach: Wunder, Ebene, 55–64; Jenner, Lensch, 232–244; Wunder, Michael: Die Abtransporte von 1941, in: ders./Genkel/Jenner, Ebene, 269–281.

178 Jenner, Lensch, 232.

um drei Monate, da alle Ärzte der Alsterdorfer Anstalten zum Heeresdienst eingezogen seien.[179]

Spätestens zu diesem Zeitpunkt wusste man in den Alsterdorfer Anstalten um den eigentlichen Zweck der Meldebogenaktion Bescheid.[180] Der Vorstand versuchte zunächst, Zeit zu gewinnen. Der Druck blieb indessen hoch: Im Oktober 1940 mahnte die Hamburger Gesundheitsverwaltung die Ausfüllung der Meldebögen an, im November kam ein Mahnschreiben des Reichsministeriums des Innern.[181] Schäfer hatte die Assistenzärzte Hanns Manitz und *Gottfried Schirbaum* (1911–1975)[182] angewiesen, den Meldebogen I für alle Bewohner und Bewohnerinnen der Alsterdorfer Anstalten auszufüllen – später sollten dann die Bögen, die den Kriterien des Merkblatts entsprachen, herausgesucht werden. Als Kreyenberg am 1. Dezember 1940 zu einem mehrmonatigen Arbeitsurlaub in die Alsterdorfer Anstalten zurückkehrte, war das Ausfüllen der Meldebogen weitgehend abgeschlossen. Der Oberarzt machte sich nun daran, die ausgefüllten Meldebögen noch einmal durchzusehen, eine Arbeit, mit der er am 13. Dezember 1940 fertig war. Er hatte vor, mindestens 743 ausgefüllte Meldebögen nach Berlin zu schicken.[183] Die Bögen waren bereits versandfertig gemacht worden, das Begleitschreiben geschrieben, als am 20. Dezember 1940 Lensch vom Militärdienst freigestellt wurde und in die Alsterdorfer Anstalten zurückkehrte.[184]

Auf der Reise dorthin hatte er – wie er nach dem Krieg aussagte – Station in Bethel bei Bielefeld gemacht, wo er mit dem Vorsteher der v. Bodelschwinghschen Anstalten, Pastor *Friedrich (Fritz) v. Bodelschwingh* (1877–1946), über das weitere Vorgehen beratschlagte. Nach Darstellung Lenschs riet v. Bodelschwingh von einer „provozierenden Protestaktion"[185] ab. In Bethel bereitete man sich zu dieser Zeit auf die Ankunft einer Ärztekommission der „Euthanasie"-Zentrale vor. Vor diesem Hintergrund versuchte v. Bodelschwingh, auf Zeit zu spielen, und er riet auch anderen befreundeten Einrichtungen, diesen Kurs einzuschlagen.[186]

Gleich nach seiner Rückkehr nach Alsterdorf wandte sich Lensch an Senator Ofterdinger und wies darauf hin, dass die Meldebogenaktion der Vorbereitung einer „Vernichtung lebensunwerten Lebens" diene. Er berief sich dabei, einer von v. Bodelschwingh vorgezeichneten Linie folgend, auf das Beamtengesetz, dem zufolge Beamte Anordnungen ihrer Vorgesetzten nicht befolgen müssen, wenn sie erkennbar den

---

179 Ebd., 232f.
180 Vgl. das Schreiben von Schwester *Emma Allinger* (1897–1949) an Schwester Alma Förster vom Herbst 1945. Engelbracht/Hauser, Mitten in Hamburg, 38f.
181 Jenner, Lensch, 232f.
182 Wunder, Karriere, 172.
183 Ebd.; Jenner, Lensch, 234f.
184 Ebd., 235.
185 ArESA, NS 21: Friedrich Lensch, Erwiderungsschrift, Anlage 1: Euthanasie [1960].
186 Vgl. Hochmuth, Anneliese: Spurensuche. Eugenik, Sterilisation, Patientenmorde und die v. Bodelschwinghschen Anstalten Bethel 1929–1945, 95.

Strafgesetzen zuwiderlaufen. Ofterdinger forderte Beweise, woraufhin sich Lensch daran machte, ein ausführliches Memorandum zu verfassen. In einer Sitzung mit Vertretern der Hamburger Heil- und Pflegeeinrichtungen am 16. Januar 1941 und einem weiteren Gespräch mit Schäfer und Horstkotte räumte Ofterdinger ein, dass er von der „Euthanasie"-Aktion wisse – die, wie er weiter mitteilte, auf einen „geheimen Führerbefehl" und ein noch unveröffentlichtes Gesetz zurückgehe.[187]

Schäfer und Horstkotte berichteten dem Vorstand der Alsterdorfer Anstalten am 27. Januar 1941 von ihren Gesprächen. Im Protokoll dieser Sitzung ist vorsichtig von „Gerüchte[n]"[188] die Rede, dass die Meldebögen keineswegs, wie offiziell angegeben, statistischen Zwecken dienten, sondern die Grundlage für Entscheidungen über Leben und Tod bilden sollten. In der Diskussion habe der Vorstand, so heißt es im Protokoll weiter, „seine einmütige Auffassung zum Ausdruck [gebracht], dass er es sowohl aus christlichen Glaubensgründen als auch im Hinblick auf die Grundlagen und die geschichtlichen Überlieferungen der Anstalten ablehnen müsse, an einer solchen Entscheidung, wenn auch nur indirekt, mitzuwirken." Auch hielt sich der Vorstand für verpflichtet, „die maßgebenden staatlichen Stellen auf die außerordentlich verhängnisvollen Folgen für die Volksgemeinschaft hinweisen zu müssen, die eine Entscheidung über Leben und Tod der Insassen der Anstalten mit sich bringen würde". Nach ausführlicher Diskussion wurde beschlossen, die ausgefüllten Meldebögen mit der Erklärung nach Berlin zu senden, „dass die Angaben nur zu dem angegebenen wirtschaftlichen Zweck gegeben werden und dass der Vorstand eine eigene Verantwortung von sich aus abweise, falls die Fragebogen zu anderen Zwecken verwendet werden sollten."

Das Protokoll hielt auch die Gründe fest, die für diesen Beschluss ausschlaggebend gewesen waren: *Erstens* habe die Nachfrage „bei staatlichen Stellen" keinen „klärenden Aufschluss" erbracht, „ob die in den Fragebögen verlangten Auskünfte tatsächlich zurzeit für Hamburg weitergehende Folgen haben würden." *Zweitens* habe man Vertrauen zu dem ständigen Leiter der hamburgischen Gesundheitsbehörde, dass „bei der gegebenen schwierigen Sachlage die Angelegenheit in seinen Händen am besten aufgehoben sei." *Drittens* sei für den Fall, dass man sich weigere, die Meldebögen auszufüllen, zu befürchten, dass die Ausfüllung „von anderer Seite" erfolgen würde. „Hierbei würde aber auch die große Zahl der Insassen gefährdet, die dem Charakter der Anstalten als Erziehungsanstalt entsprechend sich in der Hauptsache zur Lebensertüchtigung in der Anstalt aufhalten, bei einer kurzen Zeit der Beobachtung und Prüfung aber diesen Zweck nicht unter Beweis stellen könnten."

Weiter beschloss der Vorstand, dass seinen Mitgliedern der Entwurf einer Eingabe an Senator Ofterdinger zur Stellungnahme vorgelegt werden sollte – dieses Papier war ausdrücklich „als Material zur Weiterleitung an die maßgebenden Stellen gedacht". In

---

187 Jenner, Lensch, 236f.

188 ArESA, DV 5: Protokoll der 561. Sitzung des Vorstandes der Alsterdorfer Anstalten, 27.1.1941. Danach auch die folgenden Zitate. Vgl. Jenner, Lensch, 237.

der nächsten Vorstandssitzung, die am 17. März 1941 stattfand, wurde dieser Entwurf besprochen und mit einigen Abänderungen genehmigt.[189]

In diesem Papier wurde zunächst darauf hingewiesen, dass die Alsterdorfer Anstalten als eine Einrichtung der Inneren Mission den Gedanken der „Vernichtung lebensunwerten Lebens" schon in den 1920er Jahren abgelehnt hätten. „Wenn nun durch Gesetz oder Verordnung des Staates anders entschieden werden oder sein sollte, so enthebt uns zwar unsere Gehorsamspflicht einer Verantwortung, die die Alsterdorfer Anstalten nach ihrer Geschichte und Tradition von sich aus nicht tragen könnten, wir glauben aber doch, unserer aufsichtführenden Behörde mit einigen aus unserer Erfahrung geschöpften Hinweisen dienen zu sollen, die für die Entwicklung der Frage von Bedeutung sein könnten."[190]

Im folgenden Abschnitt des Schreibens wurde auf den wirtschaftlichen Nutzen des Einsatzes von Bewohnern in den landwirtschaftlichen Betrieben der Alsterdorfer Anstalten verwiesen.

In einem weiteren Abschnitt hob das Schreiben auf den Nutzen der Alsterdorfer Anstalten für die „Volksgesundheit" ab. Es sei „von größter Bedeutung, dass aus dem Volkskörper das Ungesunde ausgemerzt wird. Dazu muss es zunächst erkannt, gesammelt und in seinen Ursachen und Erscheinungen beobachtet werden." In diesem Zusammenhang wurde die in den Alsterdorfer Anstalten betriebene „Erbforschung" angesprochen. Die Alsterdorfer Anstalten trügen dazu bei, dass „Schwachsinnige" und „Geisteskranke" „allmählich aus dem Volke herausgezogen" würden und „durch Sterilisierung oder Asylierung für das Volksganze unschädlich gemacht werden" könnten. Maßnahmen zur „Vernichtung lebensunwerten Lebens" hätten zur Folge, dass Eltern sich scheuen würden, Kinder mit leichteren „und damit für die Volksgesundheit gefährlicheren" geistigen Behinderungen in die Anstalten zu geben. „Schon jetzt mehren sich in den Alsterdorfer Anstalten die Gesuche um Entlassung von Zöglingen in einem Grade, der nicht allein durch die Kriegsverhältnisse zu erklären sein dürfte." Das „mühsam erworbene Vertrauen der Bevölkerung" müsse erhalten bleiben.

In einer früheren Textfassung, die auf den 21. Januar 1941 datiert ist, fehlen die Verweise auf den wirtschaftlichen Nutzen und die Bedeutung der Alsterdorfer Anstalten für die NS-Erbgesundheitspolitik. Stattdessen hob dieser Entwurf ganz auf den Gesichtspunkt der Rechtsunsicherheit ab.[191] Der Verweis auf die Aufhebung des Rechtsstaats im nationalsozialistischen Deutschland schien dem Vorstand aber

---

189 ArESA, DV 5: Protokoll der 562. Sitzung des Vorstandes der Alsterdorfer Anstalten, 17.3.1941.
190 ArESA, DV 5: Vorstand der Alsterdorfer Anstalten (Schäfer) an Senator (Ofterdinger), 20.3.1941 (Entwurf). Danach auch die folgenden Zitate. Vgl. Genkel, Lensch, 114f.
191 ArESA, NS 1: Entwurf, 21.1.1941.

III. Ende Weimarer Republik und „Drittes Reich", 1930–1945

offenbar zu brisant – aus der am 17. März 1941 verabschiedeten Fassung war er getilgt worden.[192]

Die Argumentation dieser Schlussfassung bleibe, so die Einschätzung Ingrid Genkels, „im Rahmen nationalsozialistischer Gedankengänge", das Schreiben sei „sehr vorsichtig, zögerlich und überaus angepasst".[193] Im Vergleich ist allerdings festzustellen, dass Denkschriften und Eingaben gegen die „Euthanasie" aus den Kreisen der Inneren Mission an die politischen Entscheidungsträger in aller Regel ganz bewusst auf theologische Argumente und eine christliche Terminologie verzichteten, sondern auf der pragmatischen Ebene argumentierten.[194] Mit Hinweisen auf den geringen wirtschaftlichen Nutzen einer „Vernichtung lebensunwerten Lebens", die Bedeutung der Heil- und Pflegeanstalten für die Volksgesundheit, die Verunsicherung der Bevölkerung, die Erschütterung des Vertrauens in das Gesundheitswesen meinte man, die braunen Machthaber eher erreichen zu können als mit einer theologischen Begründung des Lebensrechts von Menschen mit geistiger Behinderung.

Als die Eingabe des Vorstands am 20. März 1941 an Senator Ofterdinger abgeschickt wurde, war die Meldebogenaktion in den Alsterdorfer Anstalten bereits abgeschlossen. Lensch hatte aus den insgesamt mindestens 743 ausgefüllten Meldebögen 465 ausgewählt, die seiner Auffassung nach den Kriterien des Merkblatts entsprachen, und diese am 24. Februar 1941 nach Berlin geschickt.[195]

In der Zwischenzeit arbeitete Lensch weiter an seinem „Memorandum betr. Maßnahmen zur Vernichtung sogenannten lebensunwerten Lebens" – es sind zwei verschiedene Fassungen überliefert.[196] In dieses Memorandum gingen auch Informationen ein, die Lensch bei einer Sitzung des „Verbandes Deutscher evangelischer Heilerziehungs-, Heil- und Pflegeanstalten" am 26. März 1941 in Berlin erhielt. Hier gelangte Lensch auch in den Besitz einer Kopie des Protestschreibens des württembergischen Landesbischofs *Theophil Wurm* (1868–1953) an Reichsinnenminister *Wilhelm Frick* (1877–1946) vom 19. Juli 1940.[197] Der Vorstand der Alsterdorfer Anstalten habe, so die nachträgliche Darstellung Lenschs, die überarbeitete Fassung des

---

192 Die letzte Textfassung stammte nach den Feststellungen der Staatsanwaltschaft in den 1960er Jahren aus der Feder von Gerhard Schäfer und Hermann Timcke. ArESA, NS 40: Staatsanwaltschaft bei dem Landgericht Hamburg. Anklageschrift gegen Lensch und Dr. Struwe, Az. 147 Js 58/67, 584.

193 Genkel, Lensch, 115. Danach auch das folgende Zitat.

194 So auch die Denkschrift von *Paul Gerhard Braune* (1887–1954). Abgedruckt in: Hochmuth, Spurensuche, 291–299.

195 Wunder, Ebene, 58–60; ders., Karriere, 172; Jenner, Lensch, 238.

196 ArESA, NS 22: Friedrich Lensch, Memorandum betr. Maßnahmen zur Vernichtung des sogenannten lebensunwerten Lebens, 1941, in: Wunder, Schiefe Ebene, 38.

197 Jenner, Lensch, 240. Der Brief Wurms ist abgedruckt in: Hochmuth, Spurensuche, 300–303. In den Alsterdorfer Anstalten tauchte im Juni 1941 ein englisches Flugblatt auf, das über die NS-„Euthanasie" aufklärte. Jenner, Lensch, 240f.

Memorandums – wie schon den Vorentwurf – als zu „exaltiert"[198] abgelehnt. Gleichwohl habe er, wie Lensch nach dem Krieg aussagte, sein Memorandum Ofterdinger „zur persönlichen Orientierung" zur Verfügung gestellt.

In einer der beiden überlieferten Fassungen präsentierte Lensch von ihm zusammengetragenen Informationen über die „Aktion T4". Er nannte explizit die beiden Anstalten Grafeneck und Hartheim, schilderte die angewandten Mordmethoden – „anfänglich [...] Hungerrationen, mit folgender Spritze, jetzt meist Gasvergiftung mit anschließender sofortiger Verbrennung"[199] – und erwähnte die Krematorien und Sonderstandesämter, die in den „T4"-Anstalten eingerichtet worden waren. Die Gesamtzahl der Opfer schätzte er – zu diesem Zeitpunkt etwas zu hoch – auf 80.000. Ohne „auf die schwerwiegenden rechtlichen ärztlichen religiös-sittlichen und politischen Bedenken gegen die Maßnahme selbst eingehen zu können", meldete Lensch seine „ernsten Bedenken gegen die Methode" an. Die Maßnahmen stünden im „Widerspruch zu den öffentlich geltenden strafrechtlichen [...] Bestimmungen". Es entstehe „Rechtsunsicherheit durch Berufung auf nicht veröffentlichte geheime Gesetze". Auch gebe es keine Ausführungsbestimmungen, die eine irgendeine „Begrenzung" der Maßnahmen festlegten. Weiter beklagte Lensch „fehlende Möglichkeiten des Aufschubs und der Revision für so weitreichende Entscheidungen"; auch seien „keine Einspruchsfristen für die Angehörigen" vorgesehen. Ebenso wies Lensch auf die „völlig ungenügende Begründung der Entscheidung durch die Fragebogen" hin. Das Vertrauen „zu den Zusicherungen eines sorgenfreien Lebensabends für jeden Volksgenossen" sei „durch Ausdehnung dieser Maßnahme auf senile Erkrankungen" erschüttert, ebenso das Vertrauen der Bevölkerung zur Ärzteschaft. Mit Blick auf Hamburg warnte Lensch – unter Hinweis auf die wöchentlich etwa 600 Besucher der Alsterdorfer Anstalten und die „Verflochtenheit unserer Anstaltsinsassen mit allen Schichten der Bevölkerung" –, dass es unmöglich sei, Verlegungen geheim zu halten, ganz abgesehen davon, dass sich die feindliche Propaganda schon des Themas angenommen habe. Für die Bevölkerung Hamburgs, die ohnehin schon einer besonderen „seelische[n] Beanspruchung [...] durch den Luftkrieg" ausgesetzt sei, wäre dies eine zusätzliche Belastung. Abschließend bat Lensch, in Hamburg „von dieser Maßnahme abzusehen oder sie mindestens so lange zu vertagen, bis eine klar auch der Öffentlichkeit erkennbare schützende Grenze gefunden und durch sorgfältige Gesetzesregelung in ein dem Gesundheitsgerichtsverfahren ähnlich geordnetes Verfahren gebracht ist."

Auch an Lenschs Memorandum fällt auf, dass theologische Argumente darin nicht die geringste Rolle spielte – stattdessen wurde auch hier pragmatisch argumentiert. Lensch begründete dies nach 1945 damit, dass Ofterdinger ihm dazu geraten habe.

---

198 ArESA, NS 21: Friedrich Lensch, Erwiderungsschrift, Anlage 1: Euthanasie [1960]. Danach auch das folgende Zitat.

199 ArESA, NS 22: Memorandum betr. Maßnahmen zur Vernichtung des sogenannten lebensunwerten Lebens. Danach auch die folgenden Zitate. Zitiert wird aus der mutmaßlichen zweiten Fassung. Die erste Fassung ist stellenweise schärfer formuliert.

III. Ende Weimarer Republik und „Drittes Reich", 1930–1945

Englisches Flugblatt aus dem Archiv der Alsterdorfer Anstalten, 1941

Das Memorandum macht einmal mehr deutlich, dass partielle Resistenz im „Dritten Reich" mit partieller Kollaboration untrennbar verbunden war. Lensch deutete an, dass er bereit war, die schwächsten Bewohner und Bewohnerinnen der Alsterdorfer Anstalten preiszugeben, um die übrigen zu retten.[200] Nach dem Krieg versuchte Lensch, das Memorandum „zu einem Akt des aktiven Widerstandes"[201] umzudeuten – dies ist sicher maßlos übertrieben. Immerhin wagte Lensch „eine offene Konfrontation" und übte scharfe Kritik, „unmissverständlich und sprachlich aggressiv formuliert."[202] Er exponierte sich damit persönlich, da er ein solches Papier im Vorstand nicht hätte durchsetzen können.

---

200 Genkel, Ingrid: Pastor Friedrich Lensch - ein Beispiel politischer Theologie, in: Schiefe Ebene, 116.
201 Jenner, Lensch, 241.
202 Genkel, Lensch, 115.

Am 25. Juli 1941 traf eine auf der Grundlage der von den Alsterdorfer Anstalten eingereichten Meldebögen erstellte Liste der „T4"-Zentrale ein,[203] aufgrund derer am 28. Juli 1941 zunächst fünfzig Bewohner und am 31. Juli 1941 zwanzig Bewohnerinnen von der „Gemeinnützigen Krankentransport-Gesellschaft" (GeKraT) nach Langenhorn abtransportiert wurden. Ofterdinger habe ihm versichert, so sagte Lensch später aus, dass es bei dieser Aktion lediglich darum gehe, „die Alsterdorfer Anstalten zu entlasten und die in Langenhorn leer stehenden Betten sinnvoll zu nutzen."[204] Tatsächlich sah sich die Direktion der Alsterdorfer Anstalten vor eine schwierige Situation gestellt: Einerseits handelte es sich, formal betrachtet, um einen nicht ungewöhnlichen Vorgang – die Hamburger Gesundheitsbehörde zog einen Teil der auf ihre Kosten untergebrachten Bewohner und Bewohnerinnen aus den Alsterdorfer Anstalten ab und brachte sie in einer eigenen Einrichtung unter. Andererseits erfolgte die Auswahl der zu verlegenden Bewohner und Bewohnerinnen auf der Basis der von der „T4"-Zentrale verschickten Meldebögen, der Abtransport wurde von der GeKraT durchgeführt – dies musste die Verantwortlichen in Alsterdorf, die über ihre Verbindungen innerhalb der Inneren Mission genaue Kenntnis von der „Aktion T4" hatten, misstrauisch machen. Außerdem war offenbar von vornherein klar, dass die nach Langenhorn verlegten Bewohner und Bewohnerinnen dort nur ein halbes Jahr zur „Beobachtung"[205] bleiben sollten – dann stand eine „Überführung in andere Anstalten" an. Kurz: Dass die Verlegung nach Langenhorn „entgegen den Beteuerungen der Gesundheitsbehörde kein normaler Verwaltungsakt war, muss Lensch und den leitenden Mitarbeitern der Alsterdorfer Anstalten bekannt gewesen sein".[206] Ebenso scheint die Belegschaft der Alsterdorfer Anstalten im Bilde gewesen zu sein, und auch unter den Bewohnern und Bewohnerinnen gab es wohl zumindest Gerüchte über den laufenden Massenmord – anders ist es nicht erklärbar, dass Augenzeugen zufolge „Erregung, ja sogar Panik"[207] ausbrach, als die Busse der GeKraT auf das Anstaltsgelände fuhren. Lensch sah sich genötigt, ein Rundschreiben an alle Pflegekräfte zu richten, in dem es beruhigend hieß, dass die Verlegungen „mit anderen Maßnahmen nichts zu tun" hätten. Den Empfang des Rundschreibens mussten die Mitarbeiter und Mitarbeiterinnen mit ihrer Unterschrift bestätigen.

---

203 Die Originalliste ist nicht erhalten geblieben. Deshalb muss offenbleiben, ob diese Liste nur die Namen der siebzig Bewohner und Bewohnerinnen umfasste, die letztlich abtransportiert wurden, oder ob auf dieser Liste die Namen weiterer Bewohner und Bewohnerinnen aufgeführt waren, die aufgrund von Einwänden der Alsterdorfer Ärzte zurückgestellt wurden. Vgl. Wunder, Abtransporte, 269, Anm. 1.

204 Ebd., 269.

205 ArESA, NS 1: Lensch an Bodelschwingh, 22.10.1941; Lensch an Nell, 28.10.1941.

206 Jenner, Lensch, 242. Lensch bestritt dies später.

207 Wunder, Abtransporte, 269.

Albert Huth, 1978. Er schickte 1967 einen Bericht über die Abtransporte aus den Alsterdorfer Anstalten an die Staatsanwaltschaft. Diese leitete Ermittlungen ein und legte 1974 eine Anklageschrift gegen Friedrich Lensch vor. Zu einem Strafverfahren kam es jedoch nicht.

Unter den siebzig nach Langenhorn verlegten Bewohnern und Bewohnerinnen befanden sich viele arbeitsunfähige, schwache und pflegebedürftige.[208] In der Heil- und Pflegeanstalt Langenhorn blieben die Verlegten weitgehend sich selbst überlassen – Eltern, die ihre nach Langenhorn verlegten Kinder besuchten, zeigten sich entsetzt über die dort herrschenden menschenunwürdigen Zustände, vergebens baten sie, ihre Kinder wieder in den Alsterdorfer Anstalten aufzunehmen. Vier der siebzig Verlegten starben in den folgenden Wochen an den Folgen der Vernachlässigung. Die 66 Überlebenden wurden am 14., 20., 22., 26. und 27. November 1941 zusammen mit 300 anderen Langenhorner Patienten und Patientinnen in die Gau-Heilanstalt Tiegenhof (Dzienkanka) bei Gnesen/Gniezno abtransportiert. Auf dem Tiegenhof wurde systematisch gemordet, durch überdosierte Medikamentengaben, durch Vernachlässigung und Verwahrlosung oder indem man die Opfer ganz einfach verhungern ließ.[209] Von den 66 Bewohnern und Bewohnerinnen der Alsterdorfer Anstalten, die im November 1941 von Langenhorn aus in die Gau-Heilanstalt Tiegenhof abtransportiert worden waren, starben bis Kriegsende 65. Ein einziger überlebte, er wurde 1948 entlassen.[210]

Laufende Verlegungen und Kinder-„Euthanasie"

Neben den Abtransporten im Rahmen der „Aktion T4" gab es von 1940 bis 1943 „eine ständige Verlegungsaktivität"[211] in die Heil- und Pfleganstalt Langenhorn. Bis Kriegsende wurden 56 Bewohner und Bewohnerinnen einzeln oder in kleinen Gruppen nach Langenhorn verlegt. Nur 16 von ihnen überlebten den Krieg in Langenhorn. Sechs starben kurz nach ihrer Ankunft. Von Langenhorn aus wurden 15 der

---

208 Vgl. Wunder, Michael: Die Auflösung von Friedrichsberg – Hintergründe und Folgen, in: Hamburger Ärzteblatt 44 (1990), Nr. 4, 128–131.
209 Wunder, Ebene, 64.
210 Wunder, Abtransporte, 275–281.
211 Ders., Karriere, 173.

ehemaligen Bewohner und Bewohnerinnen Alsterdorfs in die Tötungsanstalten Hadamar, Tiegenhof (Dzienkanka), Meseritz-Obrawalde und Weilmünster abtransportiert, wo sie ermordet wurden. 16 der nach Langenhorn Verbrachten wurden von dort aus in Zwischenanstalten weiterverlegt, wo sich ihre Spur verliert. Ein nach Langenhorn verlegter Alsterdorfer Bewohner konnte von dort fliehen, zwei weitere wurden während des Krieges nach Hause entlassen.[212]

Neun Kinder im Alter von einem bis zu fünf Jahren wurden 1940 bis 1945 in die „Kinderfachabteilungen" Langenhorn, Rothenburgsort und Uchtspringe verlegt. Andere Kinder kamen im Rahmen der großen Abtransporte an den Zielorten in die „Kinderfachabteilungen" in Wien, Eichberg und im Kalmenhof und wurden dort umgebracht.[213]

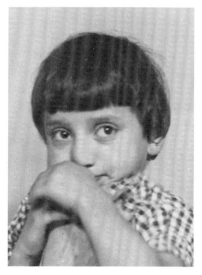

Irma Sperling, 1938. Sie wurde 1944 Opfer der „Euthanasie" in der „Kinderfachabteilung" Am Spiegelgrund in Wien. Der „Irma-Sperling-Weg" in Hamburg-Alsterdorf erinnert an sie.

Katastrophenmedizinische Planungen

Nach dem Abbruch der „Aktion T4" schickte die Berliner Zentrale Kommissionen quer durch alle Länder und Provinzen des Deutschen Reichs, um eine Bestandsaufnahme der Heil- und Pflegeanstalten zu erstellen, die als Grundlage für eine planmäßige Umgestaltung der Anstaltslandschaft dienen sollte. Im Abschlussbericht der Kommission, die vom 14. bis zum 17. April 1942 die Einrichtungen in Hamburg besucht hatte, war als künftiger „Verwendungszweck" der Alsterdorfer Anstalten vermerkt: „Heil- und Pflegeanstalt mit dem betonten Charakter einer Pflegeanstalt".[214] Damit war der Fortbestand als Einrichtung für Menschen mit geistiger Behinderung allerdings keineswegs gesichert. Ein halbes Jahr später, am 21. September 1942, teilte Ofterdinger mit, dass die Alsterdorfer Anstalten nach dem Willen des Reichsministeriums des Innern in dem Fall, dass es im Zuge des Luftkriegs zu größeren Zerstörungen in Hamburg kommen sollte, zu räumen seien.[215] Daraufhin legten die Alsterdorfer Anstalten einen besonderen Fonds zur Verlegung der gesamten Anstalt nach Gut Stegen an.[216]

---

212 Wunder, Karriere, 174.
213 Ebd., 177f.
214 Faksimile in: Wunder, Ebene, 68.
215 Zit. n. Wunder, Michael: Der Exodus von 1943, in: ders./Genkel/Jenner, Ebene, 283–364, 283.
216 Jenner, Lensch, 243.

Der Katastrophenfall trat mit der „Operation Gomorrha" ein. Unter diesem Codenamen fand vom 24. Juli bis zum 3. August 1943 ein bis dahin beispielloses Flächenbombardement alliierter Luftstreitkräfte auf Hamburg statt, dem 34.000 Menschen zum Opfer fielen.[217]

Die Alsterdorfer Anstalten und die „Operation Gomorrha"

Bei den ersten Angriffen im Rahmen der „Operation Gomorrha" am 24./25. und 27./28. Juli 1943 blieben die Alsterdorfer Anstalten noch verschont, bei den Angriffen in der Nacht vom 29. auf den 30. Juli und dann noch einmal in der Nacht vom 2. auf den 3. August 1943 wurden sie jedoch schwer getroffen. Vor allem der Angriff am 29./30. Juli 1943 wirkte sich verheerend aus. Annähernd 3.000 Brandbomben, 300 Phosphorbomben und zwei Sprengbomben trafen neunzehn Gebäude und setzten sie in Brand.[218] Da die Wasserversorgung zusammenbrach, war die Bekämpfung der Feuer stark behindert. Immerhin hatte man Glück im Unglück. Von den über 2.000

Haus Alte Wäscherei nach den Bombenangriffen im Zuge der „Operation Gomorrha"

---

217 Vgl. allg. Büttner, Ursula: „Gomorrha" und die Folgen. Bombenkrieg, in: Forschungsstelle für Zeitgeschichte in Hamburg (Hg.): Hamburg im „Dritten Reich", Göttingen 2005, 613–631. Das Folgende nach: Wunder, Exodus.

218 An anderer Stelle findet man den Hinweis von 25 brennenden Häusern von insgesamt 53 Anstaltsgebäuden. Vgl. BuB 1950 [= Festschrift zur 100-Jahrfeier], 62.

Menschen, darunter viele Flüchtlinge, starb lediglich ein Mädchen, die kleine *Karla Lorenz,* die vom „Eisenkern einer Stabbrandbombe" getroffen worden war.

Nach den Angriffen unternahm Hermann Distel einen Rundgang über das Anstaltsgelände, um die entstandenen Bomben- und Wasserschäden zu begutachten. Sein am 11. August 1943 verfasster Bericht bot wenig Anlass zu Hoffnung: „Von den 53 vorhandenen Gebäuden haben neunzehn Gebäude Totalschaden erlitten, fünf Gebäude erlitten Teilschäden von etwa vierzig bis sechzig Prozent, dreißig Gebäude erlitten kleine Schäden."[219] Mit Notdächern aus Pappe und Holz wurden die beschädigten Wohnhäuser der Bewohnerinnen und Bewohner einigermaßen hergerichtet. Auch verschiedene Angestelltenhäuser waren völlig ausgebrannt, ebenso das Wohnhaus Lenschs. Freuen konnte man sich darüber, dass die Haushaltungsschule, das Altenheim und das Lehrlingsheim sowie das 1932 gepachtete „Psychopathenheim ‚Alstertal'" uneingeschränkt genutzt werden konnten.[220]

Die Abtransporte im Jahre 1943

Nach den Luftangriffen mussten nicht nur die Bewohner und Bewohnerinnen, Mitarbeiter und Mitarbeiterinnen, die ihre Unterkünfte verloren hatten, in den unzerstörten Häusern untergebracht werden. Für einige Tage mussten die Alsterdorfer Anstalten zudem mehrere Hundert Menschen aufnehmen, die bei den Angriffen obdachlos geworden waren oder Verletzungen erlitten hatten. Vor diesem Hintergrund wandte sich Lensch am 30. Juli 1943 von sich aus an die Hamburger Gesundheitsbehörde und bat um den Abtransport von etwa 750 Bewohnern und Bewohnerinnen.[221] Alternativen, etwa eine Verlegung nach Gut Stegen, wurden augenscheinlich nicht erwogen. Die Direktion trat auch nicht an die Familien heran, um sie zu bitten, die obdachlos gewordenen Bewohner und Bewohnerinnen zu sich nach Hause zu holen – selbst in solchen Fällen nicht, in denen Familien noch kurz vor den Luftangriffen um die Entlassung ihrer Angehörigen gebeten hatten. Im Zeitraum vom 27. Juli bis zum 15. August 1943 wurden lediglich jene 59 Bewohner und Bewohnerinnen entlassen, deren Angehörige unmittelbar *nach* den Luftangriffen von sich aus darum gebeten hatten. Weitere zwölf Bewohner entwichen in dieser Zeit aus den Alsterdorfer Anstalten.[222]

---

219 ArESA, DV 680: Distel, Hermann: Bericht über die entstandenen Fliegerschäden mit Aufstellung des zur Wiederinstandsetzung erforderlichen Materials und der erforderlichen Arbeitskräfte, 11.8.1943. 1. Vgl. ArESA, DV 682: Aufstellung „Fliegerschäden in den Alsterdorfer Anstalten" vom 22.7.1944, erstellt von Hermann Distel.

220 Bauliche und wirtschaftliche Entwicklung 1938–1948, 15.

221 ArESA, NS 19: Friedrich Lensch, Erwiderungsschrift, Anlage 2: Verlegungen im August 1943 [1960].

222 Wunder, Exodus, 283f.

III. Ende Weimarer Republik und „Drittes Reich", 1930–1945

Dorothea Kasten, 1930. Sie wurde am 2. Mai 1944 in der Anstalt Am Spiegelgrund in Wien mit einer tödlichen Spritze ermordet. 1993 wurde die Zufahrt zur Evangelischen Stiftung Alsterdorf in „Dorothea-Kasten-Straße" umbenannt.

Auf die Bitte der Alsterdorfer Anstalten hin nahm die Hamburger Gesundheitsverwaltung Kontakt zur „Euthanasie"-Zentrale auf, die – in enger Absprache mit Lensch[223] – in kürzester Zeit mehrere Transporte organisierte: Am 7. August 1943 wurden 52 Mädchen und Jungen in die Heil- und Pflegeanstalt Kalmenhof bei Idstein im Taunus und 28 weitere Kinder sowie 48 erwachsene Männer in die Heil- und Pflegeanstalt Eichberg im Rheingau abtransportiert. Am 10. August 1943 folgte der Abtransport von 113 Jungen und Männern in die bayerische, zwischen Regensburg und Passau gelegene Heil- und Pflegeanstalt Mainkofen, am 14. August 1943 der Abtransport von 228 Frauen und Mädchen in die Landesheilanstalt Am Steinhof in Wien.[224]

Festzuhalten bleibt: „Die Abtransporte aus den Alsterdorfer Anstalten im August 1943 fanden nicht auf Anordnung militärischer oder ziviler Stellen statt, sondern auf Initiative der Leitung der Alsterdorfer Anstalten."[225] Es gab keinen aktuellen Räumungsbefehl des Reichsinnenministeriums oder der Hamburger Gesundheitsbehörde – wenn Lensch später von einem Räumungsbefehl sprach, bezog er sich auf das Schreiben Ofterdingers vom 21. September 1942, dass die Alsterdorfer Anstalten im Katastrophenfall zu räumen seien. Offenbar fasste er diese vorab erteilte allgemeine Weisung als „Ermächtigung"[226] auf, um aus eigener Initiative eine Teilräumung in die Wege zu leiten.[227] Die vorgeblich zwingende Notwendigkeit für die Abtransporte bestand nicht mehr, denn als die Busse der GeKraT die Menschen aus den Alsterdorfer Anstalten abholten, waren die vorübergehend aufgenommenen Bombenopfer bereits in Quartiere außerhalb Hamburgs evakuiert worden.[228] Es fällt auch auf, dass nicht etwa die Bewohner oder Bewohnerinnen

---

223 Vgl. ArESA, NS 9: Gemeinnützige Kranken-Transport-G.m.b.H. (Siebert) an Alsterdorfer Anstalten, 9.8.1943 bzw. 15.8.1943.

224 Wunder, Exodus, 285.

225 Jenner, Lensch, 244.

226 ArESA, NS 40: Staatsanwaltschaft bei dem Landgericht Hamburg. Anklageschrift gegen Lensch und Dr. Struwe, Az. 147 Js 58/67, 740.

227 So auch: Jenner, Lensch, 244.

228 ArESA, NS 19: Friedrich Lensch, Erwiderungsschrift, Anlage 2: Verlegungen im August 1943 [1960].

einzelner Häuser geschlossen abtransportiert wurden. Vielmehr waren gezielt die „tiefstehenden Pfleglinge" aus allen Abteilungen für die Transporte ausgewählt worden. Wer diese Selektion im Einzelnen vornahm, ist nicht mehr nachvollziehbar – an der Gesamtverantwortung des Oberarztes und des Direktors ist indessen nicht zu zweifeln. Am 13. August 1943 teilte Lensch den Mitarbeitern und Mitarbeiterinnen mit, dass insgesamt wohl um die 500 Menschen – etwa ein Viertel aller Bewohner und Bewohnerinnen – abtransportiert würden. Man habe den Auftrag, mit den übrigen die Anstalt „nach Möglichkeit funktionsfähig zu halten für die Aufgaben des hamburgischen Gesundheitsdienstes".[229] Dass der Direktion nicht bewusst gewesen sei, dass sie die abtransportierten Menschen dem „Euthanasie"-Programm ausgeliefert hatte, wie Lensch nach dem Krieg behauptet hat, darf man getrost als Schutzbehauptung werten. Dass die hessischen Anstalten Kalmenhof und Eichberg zu einem Ring von „Zwischenanstalten" rund um die Tötungsanstalt Hadamar gehörten, war Lensch, der über die Kanäle der Inneren Mission gut informiert war, sehr wohl bewusst.

Für die allermeisten der zwischen dem 7. und dem 14. August 1943 Abtransportierten war es eine Reise in den Tod. Die schreckliche Bilanz am Ende des Krieges: 630 Männer, Frauen und Kinder wurden aus den Alsterdorfer Anstalten abtransportiert, von denen nach heutigem Kenntnisstand 513 ermordet worden sind.

Die Opfer aus den Alsterdorfer Anstalten[230]							
	abtrans-portiert	getötet bzw. gestorben bis Ende 1945	gestorben 1946	Schicksal unbekannt	überlebt		
					vor 1945 entlassen	entflohen	nach 1945 entlassen
„jüdische" Bewohner/innen	26	20	–	4	2	–	–
Transport 1941	70	69	–	–	–	–	1
„Kinderfachabteilung"	9	9	–	–	–	–	–
Kalmenhof 1943	52	51	–	–	–	–	1
Eichberg 1943	76	73	–	1	–	–	2
Mainkofen 1943	113	74	3	–	–	1	35
Wien 1943	228	196	2	11	11	–	8
sonstige Verlegungen	56	21	–	16	2	1	16
	630	513	5	32	80		

Es handelte sich in den meisten Fällen um schwächere, besonders schutzbedürftige Menschen – und gerade solcher sollten sich die Alsterdorfer Anstalten nach dem Willen ihres Gründers annehmen.

---

229 ArESA, NS 14: Lensch, Bericht v. 13.8.1943. Wunder, Exodus, 286.

Die Bewohner und Bewohnerinnen, die in den Alsterdorfer Anstalten verblieben, litten unter der drangvollen Enge in den wenigen Häusern, die noch für sie zur Verfügung standen, und unter der immer notdürftigeren Versorgung, Sie dienten als billige Arbeitskräfte, um den Anstaltsbetrieb aufrechtzuerhalten – und sie lebten ein Leben auf Abruf. Wie sehr sie als bloße Verfügungsmasse gesehen wurden, belegt das Protokoll der Vorstandssitzung am 2. Mai 1944. Vonseiten der Partei war einmal mehr die Räumung der Alsterdorfer Anstalten verlangt worden, mit der Begründung, „die Lebenshaltung der Zöglinge wäre zu aufwendig, der volkswirtschaftliche Nutzen der Anstalten gering."[230] Man habe diesen Vorhalt aber entkräften können, hieß es im Protokoll, „insbesondere auch unter Hinweis auf eine von der Gesundheitsverwaltung geforderte Elastizität der Aufnahmefähigkeit der Alsterdorfer Anstalten für Katastrophenfälle." [231]

---

230 ArESA, DV 5: Protokoll der 573. Sitzung des Vorstandes der Alsterdorfer Anstalten, 2.5.1944. Danach auch das folgende Zitat.

231 Zur Situation der Alsterdorfer Anstalten nach der Kapitulation Hamburgs am 3. Mai 1945 vgl. den Abschnitt „Die Alsterdorfer Anstalten unter der Leitung Volkmar Herntrichs, 1945–1955", Seite 224.

IV. Von der „Zusammenbruchgesellschaft" zum voll entfalteten Sozialstaat, 1945–1979

Nachkriegsnot, „Wirtschaftswunder" und der gesellschaftliche Aufbruch nach „1968" – Einrichtungen für Menschen mit geistiger Behinderung zwischen Beharrung und Veränderung

Je weiter sich die Forschung über die Epochengrenze von 1945 hinauswagt, desto deutlicher zeichnet sich ab, dass sich erst in den 1960er/1970er Jahren in den Einrichtungen für Menschen mit geistigen Behinderungen in der Trägerschaft der Diakonie und Caritas ein tiefgreifender und weitreichender Wandel anbahnte.[1] Bis gegen Ende der 1950er Jahre, die aus Sicht der Menschen mit geistigen Behinderungen als ein „verlorenes Jahrzehnt"[2] gelten können, hatte sich hingegen kaum etwas bewegt – Einrichtungen der „geschlossenen Behindertenfürsorge" litten lange unter den Folgen der Kriegs- und Nachkriegszeit: Marode Gebäude, karge Ausstattung, knappe finanzielle Ressourcen und ein katastrophaler Mangel an Personal, insbesondere an fachlich qualifiziertem Personal, bestimmten das Bild. Über Jahre hinweg konnte der Betrieb gerade so aufrechterhalten werden, Investitionen beschränkten sich auf die dringendsten Reparaturen und die Anschaffung des Notdürftigsten. Das Leben in der Anstalt war nach wie vor geprägt von großen Schlafsälen, Gemeinschaftswaschräumen und -toiletten, spartanischer Einrichtung, dem Fehlen jeglicher Rückzugsmöglichkeit und Privatsphäre, von Tristesse und Langeweile, drangvoller Enge, Lärm und Aggression, von verschlossenen Türen und rigiden Ordnungen, Zwang und Gewalt.

In der allgemeinen Not der unmittelbaren Nachkriegszeit, aber auch noch in der ersten Hälfte der 1950er Jahre, als das Wirtschaftswachstum allmählich Fahrt aufnahm, der Lebensstandard der Mehrheit der Bevölkerung aber weiter auf niedrigem Niveau verharrte, wurden die elenden Verhältnisse in den „Heimwelten" noch nicht als Problem wahrgenommen. Hinzu kam, dass die Verbrechen des nationalsozialistischen Staates an Menschen mit geistigen Behinderungen und psychischen Erkrankungen bis Ende der 1950er Jahre mit Stillschweigen übergangen wurden und fast völlig in Vergessenheit gerieten.

---

1 Vgl. Rudloff, Wilfried: Institutionalisierung und Deinstitutionalisierung in der bundesdeutschen Behindertenpolitik (1945–1990), in: Schmuhl, Hans-Walter / Winkler, Ulrike (Hg.): Welt in der Welt. Heime für Menschen mit geistiger Behinderung in der Perspektive der Disability History, Stuttgart 2013, 109–131.

2 Ders.: Rehabilitation und Hilfen für Behinderte, in: Schulz, Günther (Hg.): Geschichte der Sozialpolitik in Deutschland seit 1945, Bd. 3: 1949–1957, Bundesrepublik Deutschland. Bewältigung der Kriegsfolgen, Rückkehr zur sozialpolitischen Normalität, Baden-Baden 2005, 516–557, 550.

Das änderte sich erst in den „langen 1960er Jahren", dem Zeitraum vom Ende der 1950er Jahre, als das „Wirtschaftswunder" allmählich Gestalt annahm, und der „Ölpreiskrise" von 1973, als das nachholende Wachstum der westdeutschen Wirtschaft ein abruptes Ende fand. Was in den 1960er Jahren angestoßen worden war, setzte sich in den 1970er Jahren fort. Auch wenn der Wandel insgesamt nur langsam in Gang kam – und das Tempo der Veränderungen in den Bereichen Arbeit und Beschäftigung, Bildung und Wohnen durchaus unterschiedlich war[3] –, gewinnt man doch den Eindruck, dass Ende der 1960er / Anfang der 1970er Jahre ein Point of no Return überschritten war, der Veränderungsprozess unaufhaltsam voranschritt.

In der „Schwellenzeit" der 1960er / 1970er Jahre überlagerten und verstärkten sich verschiedene grundlegende Entwicklungen:

Erstens wurden Diakonie und Caritas fest in den voll entfalteten Sozialstaat eingebunden. Auch im Bereich der Hilfen für Menschen mit Behinderungen wurden bis 1974/75 völlig neue gesetzliche Rahmenbedingungen geschaffen. Wichtige Stationen auf diesem Weg waren das Bundessozialhilfegesetz (1961) und seine ersten Novellen sowie das Arbeitsförderungsgesetz (1969).[4] Die veränderten gesetzlichen Grundlagen eröffneten neue Möglichkeiten zum Ausbau der „Behindertenhilfe", verstärkten zugleich aber auch die Abhängigkeit der freien Träger von staatlichen Vorgaben.

Zweitens flossen nun vonseiten des Staates erhebliche finanzielle Mittel in die Einrichtungen für Menschen mit Behinderungen, sodass nun die lange aufgeschobenen Investitionen zur Modernisierung der Bausubstanz verwirklicht werden konnten.

Drittens wandelte sich das Profil der Mitarbeiterschaft in den diakonischen Einrichtungen von Grund auf. Die religiösen Genossenschaften hatten gravierende Nachwuchsprobleme und sahen sich gezwungen, sich nach und nach aus überkommenen Arbeitsfeldern zurückzuziehen. Die massiven Einbrüche bei den Neueintrittszahlen in den Diakonissen- und Diakonenanstalten waren zum einen auf die allgemeine Arbeitsmarktsituation zurückzuführen. Als die Arbeitslosenquote im Jahre 1961 die Marke von einem Prozent unterschritt, war – zum ersten Mal seit Beginn der Arbeitslosenstatistik – Vollbeschäftigung hergestellt. Bis 1973 blieb Arbeitskraft ein überaus knappes Gut, um das die Diakonie mit bedeutend attraktiveren Konkurrenten am Arbeitsmarkt zu kämpfen hatte. Zum anderen hatte das Modell der „Glaubens-, Lebens- und Dienstgemeinschaft" vor dem Hintergrund des allgemeinen Trends zur

---

3   Ders.: Lebenslagen, Aufmerksamkeitszyklen und Periodisierungsprobleme der bundesdeutschen Behindertenpolitik bis zur Wiedervereinigung, in: Lingelbach, Gabriele / Waldschmidt, Anne (Hg.): Kontinuitäten, Zäsuren, Brüche? Lebenslagen von Menschen mit Behinderungen in der deutschen Zeitgeschichte, Frankfurt am Main / New York 2016, 54–81.

4   Ders.: Rehabilitation und Hilfen für Behinderte, in: Ruck, Michael / Boldorf, Marcel (Hg.): Geschichte der Sozialpolitik in Deutschland seit 1945, Bd. 4: 1957–1966, Bundesrepublik Deutschland. Sozialpolitik im Zeichen des erreichten Wohlstandes, Baden-Baden 2007, 465–501, 475–478.

Liberalisierung, Individualisierung und Pluralisierung von Lebensentwürfen[5] dramatisch an Integrationskraft verloren. In dem Maße, wie die Zahl der Diakonissen und Diakone zurückging, stieg die Zahl der freien Kräfte, die nicht mehr religiös gebunden waren, sprunghaft an, wurde das bis dahin fest gefügte religiöse Mikromilieu in den Einrichtungen der Diakonie aufgebrochen.[6]

Gleichzeitig mit dieser Umschichtung bekam, *viertens,* der Professionalisierungsprozess auf den Arbeitsfeldern der Diakonie, der im Zeitalter der Weltkriege begonnen hatte, aber immer wieder unterbrochen worden war, einen kräftigen Schub. Institutionen der Aus-, Fort- und Weiterbildung schossen aus dem Boden, neue Professionen fassten in der Diakonie Fuß. Das fachliche Niveau der Arbeit stieg sprunghaft an, pädagogische, psychologische und soziologische Theorien und Methoden flossen in Konzeption und Praxis der „geschlossenen Behindertenfürsorge" ebenso ein wie der kritische Zeitgeist der Universitäten, in denen sich die Studentenbewegung formierte. Konflikte mit dem in der „Behindertenhilfe" noch immer vorherrschenden medizinischen Paradigma, das Behinderung als Krankheit auffasste, waren vorprogrammiert.[7]

Fünftens zeichneten sich ab Beginn der 1970er Jahre die Auflösung autoritär-paternalistischer Leitungsstrukturen und die Herausbildung flacherer Hierarchien auch in den Einrichtungen für Menschen mit geistigen Behinderungen ab. Dies hing auf das engste mit der durchgängigen Infragestellung der alten Autoritäten in allen Gesellschaftsbereichen durch die 68er-Bewegung zusammen. Über eine jüngere Generation von Mitarbeitern und Mitarbeiterinnen, Praktikanten und Praktikantinnen und jetzt auch Zivildienstleistenden sickerte das Gedankengut der neuen sozialen Bewegungen in den Alltag konfessioneller Einrichtungen ein und veränderte diesen langsam, aber nachhaltig. Doch war der Weg zu einer nachhaltigen Veränderung der Leitungsstrukturen und -kulturen lang.

Schließlich kam es, *sechstens,* in den „langen 1960er Jahren" zu einer Neuausrichtung der staatlichen „Behindertenpolitik". Es war das Jahrzehnt der Planungseuphorie und des Reformenthusiasmus. Gestützt auf wissenschaftliche Erkenntnisse, wollte die Politik die wirtschaftliche und gesellschaftliche Entwicklung rational planen und

---

5   Herbert, Ulrich: Liberalisierung als Lernprozess. Die Bundesrepublik in der deutschen Geschichte – eine Skizze, in: ders. (Hg.): Wandlungsprozesse in Westdeutschland. Belastung, Integration, Liberalisierung 1945–1980, 7–49.

6   Vgl. z. B. Friedrich, Norbert: Demokratisierung der Anstaltsdiakonie, in: Hey, Bernd / Wittmütz, Volkmar (Hg.): 1968 und die Kirchen, Bielefeld 2008, 131–148.

7   Vgl. z. B. Schmuhl, Hans-Walter / Winkler, Ulrike: Aufbrüche und Umbrüche. Lebensbedingungen und Lebenslagen behinderter Menschen in den v. Bodelschwinghschen Anstalten Bethel von den 1960er bis zu den 1980er Jahren, Bielefeld 2018.

Die Alsterdorfer Passion I, 1984. Dispersionsfarbe auf Nessel. Freunde der Schlumper e. V. Geschaffen wurde dieses Bild von Werner Voigt (* 1935), der bis 1983 in den Alsterdorfer Anstalten lebte, dann in das Stadthaus Schlump zog und sich in der Künstlerinitiative „Die Schlumper" engagierte. Das Bild verbindet die Kreuzigung Jesu Christi mit Szenen der Gewalt, die Werner Voigt in den Alsterdorfer Anstalten erlitten hat.

steuern[8] – dies galt auch für die Lebensverhältnisse und Lebenslagen von Menschen mit Behinderungen. 1970 legte die Regierung ein Aktionsprogramm vor, das ein „Jahrzehnt der Rehabilitation" einläuten sollte.[9] Dabei verschob sich der Fokus der „Rehabilitation" nun allmählich von der (Wieder-)Eingliederung in das Erwerbsleben auf „Lebensqualität", „Chancengleichheit", „Integration" und „Teilhabe am öffentlichen Leben".[10]

Der Wandel in der „Behindertenpolitik"

Welche Faktoren hatten diese Verschiebung in der „Behindertenpolitik" ermöglicht, verursacht, ausgelöst oder begünstigt? Hier ist zunächst nochmals auf den Wandel

---

8   Ruck, Michael: Ein kurzer Sommer der konkreten Utopie. Zur westdeutschen Planungsgeschichte der langen 60er Jahre, in: Schildt, Axel / Siegfried, Detlef / Lammers, Karl Christian (Hg.): Dynamische Zeiten. Die 60er Jahre in beiden deutschen Gesellschaften, Hamburg ²2003, 362–401.

9   Bösl, Elsbeth: Behindertenpolitik im „Jahrzehnt der Rehabilitation" – Umbrüche und Kontinuitäten um 1970, in: Lingelbach/Waldschmidt (Hg.): Kontinuitäten, 82–115.

10 Dazu grundlegend: Bösl, Elsbeth: Politiken der Normalisierung. Zur Geschichte der Behindertenpolitik in der Bundesrepublik Deutschland, Bielefeld 2009; Schümann, Bodo: Nach der Vernichtung. Der Umgang mit Menschen mit Behinderungen in der Hamburger Politik und Gesellschaft, 1945–1970, Münster 2018, 96–121, 121–123 (mit Bezug auf Hamburg).

des gesellschaftlichen Klimas in den „langen 1960er Jahren" zu verweisen, den grundlegenden Trend zur Liberalisierung, Individualisierung und Pluralisierung von Lebensentwürfen. Vor diesem Hintergrund setzte sich allmählich die Einsicht durch, dass auch Menschen mit Behinderungen ein Bedürfnis nach und ein Recht auf gesellschaftliche Teilhabe haben, Staat und Gesellschaft die Verpflichtung, die Voraussetzungen dafür zu schaffen. Vor dem Hintergrund des mittlerweile erreichten Wohlstandsniveaus wurden die teilweise menschenunwürdigen Lebensbedingungen in Einrichtungen für Menschen mit geistigen Behinderungen zunehmend als Problem wahrgenommen.

Auch hing der Wandel der „Behindertenpolitik" damit zusammen, dass sich im politischen Diskurs neue Stimmen zu Wort meldeten. Neben den traditionell tonangebenden Orthopäden, Rehabilitationsmedizinern und Psychiatern, der konfessionellen „Krüppel- und Schwachsinnigenfürsorge" und den etablierten Interessenverbänden der Körper- und Sinnesbehinderten traten nun sozialwissenschaftlich ausgebildete, kritische Fachleute wie Psychologen und Psychologinnen, Sozialarbeiter und -arbeiterinnen, Sozialpädagogen und -pädagoginnen, Heilerzieher und -erzieherinnen oder Beschäftigungstherapeuten und -therapeutinnen auf den Plan, dazu Selbsthilfeorganisationen von Eltern behinderter Kinder, allen voran die 1958 gegründete „Lebenshilfe für das geistig behinderte Kind".[11]

Nicht zuletzt durch diese neuen Akteursgruppen rückte die internationale Perspektive stärker ins Blickfeld. Im Falle der Menschen mit geistiger Behinderung kamen wirkmächtige Anregungen etwa aus Skandinavien, den Niederlanden, Großbritannien und den USA, so etwa das „Normalisierungsprinzip", das in dem dänischen „Gesetz über die Fürsorge für geistig Behinderte und andere besonders Schwachbegabte" im Jahre 1959 einen ersten politischen Niederschlag fand. Über den Sekretär des dänischen Sozialministeriums, *Niels Erik Bank-Mikkelsen* (1919–1990), dann über den schwedischen Psychologen und Ombudsmann der Lebenshilfe Schweden *Bengt Nirje* (1924–2006), der 1969 eine erste systematische Darstellung des „Normalisierungsprinzips" vorlegte, fand dieser Ansatz langsam, aber sicher auch Eingang in den deutschen Diskurs – manche Einrichtungen für Menschen mit geistigen Behinderungen organisierten Studienreisen ins Ausland und leiteten so einen transnationalen Wissenstransfer auf Anstaltsebene ein.[12]

---

11 Stoll, Jan: „Behinderung" als Kategorie sozialer Ungleichheit. Entstehung und Entwicklung der „Lebenshilfe für das geistig behinderte Kind" in der Bundesrepublik Deutschland in den 1950er und 1960er Jahren, in: Archiv für Sozialgeschichte 54 (2014), 169–191. Für Hamburg: Schümann, Vernichtung, 324–327.

12 Vgl. z. B. Schmuhl, Hans-Walter: Transnationale Beziehungsnetze und Reformimpulse. Die Rezeption des Normalisierungsprinzips in den v. Bodelschwinghschen Anstalten Bethel in den 1970er Jahren, in: Westfälische Forschungen 70 (2020), 135–161, 148.

War die Gesetzgebung lange Zeit „in den Verhandlungsnetzwerken des vorparlamentarischen Raums"[13] hinter verschlossenen Türen vorbereitet worden, so wurde „Behindertenpolitik" in den 1960er Jahren zum Gegenstand einer öffentlichen Debatte, an der neben Vertretern der beteiligten Professionen, den Wohlfahrtsverbänden, den etablierten Interessenvertretungen nun auch die neuen Elternverbände sowie kritische Publizisten beteiligt waren. Dies geschah vor dem Hintergrund eines „Funktionswandel[s] von Öffentlichkeit"[14] – die Medien verstanden sich nun zusehends als „vierte Gewalt", die Kritik an gesellschaftlichen Missständen und politischen Versäumnissen und Fehlentwicklungen übte. In dieser Hinsicht gingen von der 68er-Bewegung starke Impulse aus, standen doch die „Heimrevolte" und die Debatten um menschenunwürdige Lebensverhältnisse in der Psychiatrie im Mittelpunkt des gesellschaftlichen Auf- und Umbruchs von „1968". Im Laufe der 1970er Jahre sollten sich dann, ermutigt durch die neuen sozialen Bewegungen, zunehmend auch eine neue Generation von Menschen mit Behinderungen und ihre Selbsthilfeorganisationen als „Expertinnen und Experten in eigener Sache" zu Wort melden.[15] Diese „neue Öffentlichkeit" skandalisierte nicht nur die aktuellen Missstände in den Einrichtungen, sondern thematisierte nun auch die Verbrechen des nationalsozialistischen Regimes an Menschen mit geistigen Behinderungen und psychischen Erkrankungen und stellte Bezüge zwischen Vergangenheit und Gegenwart her.

Schließlich ist der „Conterganskandal"[16] zu nennen. In seiner Bedeutung im Hinblick auf die öffentliche Wahrnehmung von Behinderung in den 1960er Jahren ist er kaum zu überschätzen. Dabei kam die öffentliche Aufmerksamkeit auch den Menschen mit geistiger Behinderung zugute.[17] Zugleich führte der „Conterganskandal" zu einer allmählichen Neuausrichtung von „Behindertenpolitik". Erste Überlegungen, wie man mit den etwa 5.000 contergangeschädigten Kindern umgehen sollte, richteten sich noch auf „separierte Formen des Lebens, Wohnens, Arbeitens und Lernens"[18] –

---

13 Rudloff, Wilfried: Rehabilitation und Hilfen für Behinderte, in: Hockerts, Hans Günter (Hg.): Geschichte der Sozialpolitik in Deutschland seit 1945, Bd. 5: 1966–1974, Bundesrepublik Deutschland. Eine Zeit vielfältigen Aufbruchs, Baden-Baden 2006, 558–591, 575.

14 Stoll, „Behinderung", 189.

15 Stoll, Jan: Neue Soziale Bewegungen von Menschen mit Behinderungen – Behinderten- und Krüppelbewegung in den 1970er und 1980er Jahren, in: Lingelbach/Waldschmidt (Hg.): Kontinuitäten, 214–238; Mürner, Christian / Sierck, Udo: Krüppelzeitung. Brisanz der Behindertenbewegung, Neu-Ulm 2009.

16 Bösl, Politiken, 226–241. Vgl. zuletzt: Lenhard-Schramm, Niklas: Das Land Nordrhein-Westfalen und der Contergan-Skandal. Gesundheitsaufsicht und Strafjustiz in den „langen sechziger Jahren", Göttingen 2016.

17 Günther, Anne Helen: Der Contergan-Fall als Zäsur in den 1960er Jahren? Eine mediengeschichtliche Analyse, in: Lingelbach/Waldschmidt (Hg.): Kontinuitäten, 142–165.

18 Bösl, Politiken, 104.

IV. „Zusammenbruchgesellschaft" und Sozialstaat, 1945–1979

allen Ernstes wurde zeitweilig über ein „Contergan-Dorf" nachgedacht.[19] Gleichzeitig jedoch mehrte sich im Gefolge des „Conterganskandals" die Kritik am „Behütungs- und Schonraumprinzip".[20] Wer in den 1970er Jahren noch „für Separation und Abschiebung plädierte, musste mit zunehmender Gegenwehr von Seiten der Experten und Expertinnen, vor allem aber der Interessenvertretungen der Menschen mit Behinderungen rechnen".[21]

De facto blieb die Strukturdominanz der Großeinrichtungen in konfessioneller Trägerschaft jedoch vorerst ungebrochen. Die Zahl der dort untergebrachten Menschen mit geistiger Behinderung nahm, obwohl solche Anstalten zunehmend als unzeitgemäß galten, kontinuierlich zu. Kluge Köpfe in der Caritas und Diakonie setzten sich durchaus mit der sich in den 1960er Jahren sichtbar werdenden Neuausrichtung der „Behindertenpolitik" auseinander, so etwa Pastor *Johannes Klevinghaus* (1911–1970), der Vorsteher der „Westfälischen evangelischen Heilerziehungs-, Heil- und Pflegeanstalt Wittekindshof" in Volmerdingsen bei Bad Oeynhausen, einer Großeinrichtung für Menschen mit geistiger Behinderung. Grundsätzlich erklärte sich Klevinghaus mit dem Globalziel der „Integration des geistig Behinderten in die Gesellschaft"[22] einverstanden, zugleich verteidigte er das Konzept der Anstalt, die er als einen Schutz- und Schonraum gerade für die „Allerschwächsten" verstand, die nicht in die Gesellschaft integriert werden könnten und deshalb in der „Welt in der Welt" Glieder einer Gemeinschaft werden sollten. Diese Argumentation, die Klevinghaus auch in einem Vortrag bei der Hundertjahrfeier der Alsterdorfer Anstalten im Jahre 1963 entwickelte,[23] übersah jedoch, dass der „geschützte Raum" unter den gegebenen Verhältnissen zu einer Falle wurde, aus der es kaum ein Entkommen gab – und in der eine freie Entfaltung der eigenen Persönlichkeit massiv behindert wurde.

Vor dem Hintergrund der hier grob skizzierten Interpretationsfolie soll im Folgenden die Geschichte der Alsterdorfer Anstalten vom Ende des Zweiten Weltkriegs bis zum Jahr 1979 in stark geraffter Form dargestellt werden. Für nähere Einzelheiten sei auf die Monografie von Gerda Engelbracht und Andrea Hauser „Mitten in Hamburg" verwiesen, die sich eingehend mit diesen Jahrzehnten der Geschichte der Alsterdorfer Anstalten befasst. Ausführlich soll in diesem Kapitel lediglich die Entwicklung der Anstaltsortschaft in den Nachkriegsjahrzehnten behandelt werden.

---

19 Dies.: Was ist und wozu brauchen wir die Dis/ability History?, in: Schmuhl/Winkler (Hg.): Welt, 21–41, 39–41.
20 Dies., Politiken, 108.
21 Ebd., 111.
22 Klevinghaus, Johannes: Heime (Anstalten) für geistig Behinderte, in: Brinkmann, Ernst (Hg.): Heil und Heilung. Gedenkbuch für Johannes Klevinghaus, Witten 1970, 132–144, Zitat: 133. Danach auch das folgende Zitat.
23 Der geistig behinderte Mensch in der heutigen Gesellschaft. Vortrag von Direktor Pastor Dr. Klevinghaus auf der Feierstunde am 18. Oktober, in: BuB 1963/64, 12–17.

Die Alsterdorfer Anstalten unter der Leitung Volkmar Herntrichs, 1945–1955

Als Hamburg am 3. Mai 1945 kampflos an britische Truppen übergeben wurde, hielten sich in den Alsterdorfer Anstalten noch etwa 930 Bewohner und Bewohnerinnen – bei Kriegsbeginn waren es etwa 1.600 gewesen – sowie 350 Mitarbeiter und Mitarbeiterinnen auf.[24] In der unmittelbaren Nachkriegszeit waren die Lebensbedingungen der Bewohner und Bewohnerinnen äußerst prekär. In den unzerstörten Häusern herrschte drangvolle Enge, es fehlte an Kleidung und Wäsche, Heizmaterial war knapp, die Ernährungssituation blieb angespannt. Auch wenn im Sommer 1946 eine Verpflegungszulage gewährt werden konnte, starben zunächst noch immer überdurchschnittlich viele Bewohner und Bewohnerinnen: 1945 waren es 98, 1946 immer noch 90, erst 1947 ging die Zahl der Sterbefälle auf 39 zurück.[25]

Standen die ersten Wochen und Monate nach Kriegsende im Zeichen der Bewältigung der materiellen Not unter den Bedingungen einer „Zusammenbruchgesellschaft", rückte bald schon ein anderes Problem in den Vordergrund: Unter dem Druck der von der britischen Besatzungsmacht eingeleiteten Entnazifizierung galt es, eine neue Leitung der Alsterdorfer Anstalten zu etablieren.

Leitungswechsel und Entnazifizierung

Der Vorstand der Alsterdorfer Anstalten traf sich am 10. Juli 1945 zum ersten Mal seit Kriegsende. Bis dahin hatte es nur eine einzige personelle Änderung gegeben: Dr. *Theodor Matthies,* der 1944 zugewählte Verbindungsmann zur Kreisleitung der NSDAP, war nicht mehr dabei. Weitere personelle Veränderungen, so fuhr das Protokoll fort, seien wohl „auf die Dauer […] unvermeidlich", aber „noch nicht dringlich".[26] Auf der nächsten Vorstandssitzung am 20. September 1945 fehlte dann aber schon Dr. Gerhard Kreyenberg – nachdem die neu eingesetzte Hamburger Gesundheitsverwaltung ihm die freie Praxis untersagt und ihn von seinem Amt als Oberarzt der Alsterdorfer Anstalten suspendiert hatte, legte Kreyenberg, zeitgleich mit seiner offiziellen Entlassung am 5. September 1945, sein Mandat im Vorstand nieder.[27] Die Entnazifizierung in Hamburg, insbesondere in der Ärzteschaft, hatte „Fahrt aufgenommen".[28] Nun geriet auch Direktor Friedrich Lensch unter Druck. In der

---

24 Engelbracht/Hauser, Mitten in Hamburg, 25.
25 Ebd., 26. Dazu auch: Jenner, Lensch, 187f.
26 ArESA, DV 5: Vorstandssitzung, 10.7.1945. Danach auch das folgende Zitat. Zum Folgenden ausführlich: Engelbracht/Hauser, Mitten in Hamburg, 27–35.
27 Vgl. Wunder, Kreyenberg, 180.
28 Vgl. zum Hintergrund: v. Villiez, Anna / Schmuhl, Hans-Walter: Die Kassenärztliche Vereinigung Hamburg. Selbstverwaltung zwischen Markt und Staat, Bd. 1: 1919–1964, Hamburg 2019, 129–141.

IV. „Zusammenbruchgesellschaft" und Sozialstaat, 1945–1979

Vorstandssitzung am 23. Oktober 1945 stellte er sein Amt zur Verfügung – die Hamburger Gesundheitsbehörde hatte unmissverständlich klar gemacht, dass die Militärbehörde Lenschs Entlassung anordnen werde, wenn er nicht freiwillig zurücktrete. Vordergründig war Lensch nicht mehr tragbar, weil er den Rang eines SA-Oberscharführers innegehabt und dies erst im Nachtrag des im Rahmen der Entnazifizierung auszufüllenden Fragebogens angegeben hatte. Lensch selbst sah sich als Opfer der politischen Verhältnisse. In seinem Rücktrittsschreiben führte er aus, er habe „um des gefährdeten Lebens unserer Pflegebefohlenen willen [...] nicht nur Kraft und Vermögen, sondern auch Ruf und Ehre einsetzen zu müssen geglaubt" und sei „dadurch in Doppeldeutigkeit und viel schmerzliche Konflikte hineingeraten."[29] Dieser Linie sollte Lensch auch in Zukunft folgen. Er leugnete zeit seines Lebens konsequent seine aktive Rolle bei den Abtransporten aus den Alsterdorfer Anstalten 1941/43 und war „zu keinem Zeitpunkt [...] bereit, hierfür die Verantwortung zu übernehmen oder auch seine Schuld daran einzugestehen."[30] Lensch wurde als Gemeindepastor in der Christuskirchengemeinde in Othmarschen tätig, wo er bis zu seiner Pensionierung 1963 blieb. Kreyenberg nahm 1952 eine Tätigkeit als praktischer Arzt in Alsterdorf auf und arbeitete als solcher auch wieder mit den Alsterdorfer Anstalten zusammen, indem er bis 1966 zwölf Belegbetten in der Inneren Abteilung des Evangelischen Krankenhauses Alsterdorf unterhielt.[31]

Um die drohende Leitungskrise nach dem Ausscheiden Lenschs und Kreyenbergs abzuwenden, beschloss der Vorstand, Pastor *Volkmar Herntrich* (1908–1958) zum kommissarischen Direktor der Alsterdorfer Anstalten zu berufen. Von seiner Biografie her war Herntrich zweifellos ein geeigneter Kandidat. 1933 hatte er als Pfarrer in Kiel-Ellerbek zu den Mitbegründern des Pfarrernotbundes in Schleswig-Holstein gehört, weshalb er 1934 auf der Grundlage des „Gesetzes zur Wiederherstellung des Berufsbeamtentums" aus seiner Stellung als Privatdozent für Altes Testament an der Universität Kiel entlassen worden war. Daraufhin berief ihn Fritz v. Bodelschwingh als Pastor und Dozent an die Kirchliche Hochschule Bethel. Nach deren Schließung übernahm Herntrich als Direktor des „Evangelischen Reichsverbandes der Weiblichen Jugend Deutschlands" die Leitung des Burckhardthauses in Berlin-Dahlem, einer Ausbildungsstätte für Gemeindehelferinnen. Er behielt diese Stellung auch dann noch bei, als er im Dezember 1942 zum Hauptpastor an der St. Katharinen-Kirche in Hamburg gewählt wurde. Wäre es nach der britischen Besatzungsmacht gegangen, so wäre Herntrich bereits im Jahre 1945 zum Landesbischof gewählt worden, doch war man in Kirchenkreisen der Meinung, Herntrich sei mit den Hamburger Verhältnissen noch nicht genügend vertraut. Erst 1956, zwei Jahre, bevor er bei einem

---

29 ArESA, DV 5: Entlassungsgesuch Lenschs, 23.10.1945. Danach auch das folgende Zitat.
30 Engelbracht/Hauser, Mitten in Hamburg, 29.
31 Wunder, Kreyenberg, 180f.

Volkmar Herntrich und sein Nachfolger Julius Jensen, 1950er Jahre

Verkehrsunfall ums Leben kam, wurde er zum Landesbischof der Evangelisch-Lutherischen Kirche im Hamburgischen Staat gewählt.³²

Herntrich übernahm also am 7. November 1945 die Leitung der Alsterdorfer Anstalten. Dabei betonte er, dass es sich um eine Übergangslösung handele – daraus wurden schließlich jedoch zehn Jahre. Die neue Aufgabe war für Herntrich tatsächlich nur eine unter vielen, für die Alsterdorfer Anstalten war ein Zeitfenster von „werktäglich außer Sonnabends jeweils zwei Stunden"³³ vorgesehen. Im Vorstand gab es durchaus Bedenken gegen diese Lösung.³⁴ Kritische Stimmen erhoben sich auch in der Folgezeit. Ende 1947 baten mehrere Vorstandsmitglieder dringend, Herntrich möchte die vollamtliche Leitung der Alsterdorfer Anstalten übernehmen, es blieb aber bei dem Provisorium.

---

32 Biografische Daten zu Volkmar Martinus Herntrich: ArESA, DV 793. Vgl. Herntrich, Hans-Volker (Hg.): Volkmar Herntrich, 1908–1958. Ein diakonischer Bischof, Berlin 1968; Engelbracht/Hauser, Mitten in Hamburg, 43–48.
33 ArESA, DV 5: Vorstandssitzung, 9.11.1945. Zu den vielen Funktionen Herntrichs vgl. Engelbracht/Hauser, Mitten in Hamburg, 47, Anm. 173.
34 HAB 2/65-4: Schauer an Bodelschwingh, 30.10.1945.

Nach der Berufung Herntrichs zum Direktor kam es zu einem weiteren Revirement des Vorstands.[35] Den Vorsitz im Vorstand übernahm Simon Schöffel, der 1946 wieder zum Hamburgischen Landesbischof gewählt wurde; 1954, nach dem krankheitsbedingten Ausscheiden Schöffels aus dem Vorstand, rückte Herntrich auch an die Stelle des Vorstandsvorsitzenden.

Parallel zum Umbau auf der Leitungsebene lief eine „Entnazifizierung von unten"[36] an. In der Vorstandssitzung am 11. Januar 1946 kamen die Forderungen eines dreiköpfigen „Betriebsausschusses" zur Sprache, der eine umfassende Liste zu entlassender Mitarbeiter zusammengestellt hatte. Weil er „befürchtete, dass die kleinen Geister allzu viel Unheil anrichten würden",[37] nahm Herntrich auf die Zusammensetzung des auf Geheiß der britischen Besatzungsmacht gebildeten betriebseigenen Entnazifizierungsausschusses gezielt Einfluss. Das Widerstreben gegen die Entnazifizierung hatte prinzipielle Gründe, hing aber auch mit dem akuten Personalmangel zusammen. Für die meisten Mitarbeiterinnen und Mitarbeiter, deren Entlassung der Betriebsausschuss forderte, hatte dies keine negativen Folgen. Immerhin wurden im Zuge der Entnazifizierung die Oberin, der Oberpfleger und der Wirtschaftsleiter ausgewechselt. Während der Betriebsausschuss bald schon in der Versenkung verschwand, kehrten von den wenigen Entlassenen manche bald wieder zurück – so etwa die Oberin Alma Förster. Sie wurde 1946 durch die Militärregierung entlassen. Nach dreijähriger Vakanz folgte ihr 1949 Schwester *Maria Nommensen* (1902–1986) im Amt, zunächst kommissarisch, ab 1950 dann regulär. Problematisch war, dass die „Altoberin", obwohl sie in der Schwesternschaft wegen ihrer braunen Vergangenheit äußerst umstritten war, 1949 in die Alsterdorfer Anstalten zurückkehrte und die Leitung der 1950 gegründeten Kinderpflegerinnenschule übernahm. Da die Ausbildung zur Kinderpflegerin Voraussetzung für die Aufnahme in die Schwesternschaft war, durchliefen alle angehenden Schwestern diese Schule.[38]

Die Verdrängung der Vergangenheit

Direktor und Vorstand räumten bereitwillig ein, dass sich die Alsterdorfer Anstalten „sehr viel mehr, als das vielleicht hätte sein dürfen, nationalsozialistischen Einflüssen geöffnet"[39] hätten. Was jedoch die eigene Beteiligung an der NS-Erbgesundheitspolitik

---

35 Engelbracht/Hauser, Mitten in Hamburg, 29. Vgl. ebd., 35–37, zum Fall des Landesgerichtsdirektors Dr. *Enno Budde* (1901–1979), der in den Vorstand berufen wurde, obwohl er schon im Mai 1933 der NSDAP beigetreten war und im „Dritten Reich" Artikel antisemitischen und rassistischen Inhalts veröffentlicht hatte.
36 Ebd., 32–35, Zitat: 32.
37 ArESA, DV 793: Aufzeichnungen des Buchhalters Laute, 18.9.1958.
38 Engelbracht/Hauser, Mitten in Hamburg, 103f.
39 ArESA, DV 269, Bd. 1: Herntrich an Konsistorialrat Büchsel, 14.9.1946. Vgl. Engelbracht/ Hauser, Mitten in Hamburg, 40–43.

angeht, gab es lange Zeit keinerlei Problembewusstsein. Die Umsetzung des „Gesetzes zur Verhütung erbkranken Nachwuchses" bietet dafür ein schlagendes Beispiel: Auch nach 1945 meldeten die Alsterdorfer Anstalten – wie andere Einrichtungen auch – vermeintlich „erbkranke" Bewohner und Bewohnerinnen, bis die Hamburger Gesundheitsbehörde im Januar 1948 wissen ließ, dass solche Meldungen nicht mehr erforderlich seien, „da die Erbkartei nicht mehr geführt werde."[40] Eine kritische Auseinandersetzung mit dem NS-Sterilisationsprogramm sucht man in den Veröffentlichungen der Alsterdorfer Anstalten bis zu Beginn der 1980er Jahre vergeblich – überhaupt wurde das Leid der Sterilisationsopfer in der Öffentlichkeit über Jahrzehnte hinweg nicht erkannt und anerkannt.[41] Zwangssterilisierte, die in den 1950er/1960er Jahren Anträge auf Wiedergutmachung stellten, sahen sich mitunter dem ehemaligen Oberarzt Gerhard Kreyenberg gegenüber, der als Gutachter zu solchen Verfahren herangezogen wurde – und, wenig überraschend, die Folgen des gewaltsamen Eingriffs auf die Psyche herunterspielte.[42]

Die Vorgänge um die Abtransporte 1941/1943 wurden geradezu mit einem Tabu belegt – sofern sie überhaupt Erwähnung fanden, wurden sie auf Anweisungen „von oben" oder die „äußeren Zwänge" nach den Bombenangriffen im Jahr 1943 zurückgeführt. Das Handeln der Anstaltsleitung war nicht Gegenstand kritischer Reflexion. Im Gegenteil: Mitunter – so etwa in Volkmar Herntrichs programmatischem Text „Wo stehen wir?", der in den „Briefen und Bildern" im Jahre 1948 zum Abdruck kam – wurde gar der Eindruck erweckt, die Alsterdorfer Anstalten hätten im Kampf gegen die Erbgesundheitspolitik des NS-Regimes gemeinsam mit Bethel „im vordersten Kampfgebiet"[43] gestanden. Die vielleicht schlimmste Folge dieser Verdrängung und Verleugnung war, dass nicht über die Opfer gesprochen wurde – die Überlebenden, die bis 1949 nach Alsterdorf zurückkehrten, wurden mit Stillschweigen empfangen.

Wiederaufbau unter den Bedingungen der Nachkriegszeit

Die Nachkriegssituation erlaubte den Alsterdorfer Anstalten keine großen baulichen Maßnahmen. Weder konnte man in nennenswertem Umfang Fremdfirmen für die dringend anstehenden Wiederaufbauarbeiten engagieren, geschweige denn – wie in der Vergangenheit – verschiedene Architekten beauftragen, die den Alsterdorfer Anstalten ein gefälliges baulich-ästhetisches Gepräge hätten verleihen können. Allerdings griff der Vorstand auf die Expertise des Architekten *Hinrich Hillmer* (1891–1974) zurück. Hillmer hatte die Staatliche Baugewerkschule zu Hamburg besucht und diese

---

40   Engelbracht/Hauser, Mitten in Hamburg, 40.
41   Vgl. Westermann, Stefanie: Verschwiegenes Leid. Der Umgang mit den NS-Zwangssterilisationen in der Bundesrepublik Deutschland, Köln u. a. 2010.
42   Wunder, Kreyenberg, 180–183.
43   Herntrich, Volkmar: Wo stehen wir? Vom gegenwärtigen Dienst der Alsterdorfer Anstalten, in: BuB 1948, 3–9, 5.

am 18. März 1912 mit dem Reifezeugnis der Hochbauabteilung abgeschlossen.[44] Von 1912 bis 1945 war er im Büro Distel und Grubitz angestellt gewesen, also bei jenen beiden Architekten, die für das Schulgebäude und die Erweiterung des Deutschen Kaisers verantwortlich gezeichnet hatten. Nach dem Tode Distels hatte Hinrich Hillmer das Architekturbüro Distel und Grubitz übernommen und ihm seinen Namen gegeben. Hillmer und sein Sohn, der Diplom-Ingenieur *Jens-Peter Hillmer*, sollten das architektonische Gesicht der Alsterdorfer Anstalten ab den 1950er Jahren nachhaltig prägen.

Angesichts des Ausmaßes der Zerstörung und der unsicheren wirtschaftlichen Verhältnisse waren beim Wiederaufbau der Alsterdorfer Anstalten architektonische Bodenständigkeit, Schnelligkeit und Sparsamkeit, kurzum Pragmatismus gefragt. Rückblickend fasste Herntrich dieses Credo so zusammen: „Das Leben ist wichtiger als die Steine, und die Mauern werden nur dazu errichtet, dass Menschen in ihnen ein Stück Heimat finden möchten."[45]

Die Kirchliche Hochschule

Herntrichs wichtigstes Projekt in den ersten Jahren seiner Amtszeit war der Wiederaufbau des alten Turn- und Versammlungssaals und dessen Umwidmung in eine Kirchliche Hochschule. Als Hauptpastor von St. Katharinen war er in die Ausbildung des theologischen Nachwuchses eingebunden gewesen und hatte 1945 ein Kolleg für Theologiestudenten mitbegründet, aus dem sich die Kirchliche Hochschule entwickeln sollte. Hintergrund war der Mangel an Studienplätzen im Fach Theologie in Norddeutschland – nachdem die Universitäten Rostock und Greifswald im Zuge der deutschen Teilung ausgefallen waren, blieb zunächst nur die Universität Kiel. Hier sollte die Kirchliche Hochschule auf dem Gelände der Alsterdorfer Anstalten, die im Wintersemester 1948/49 den Betrieb aufnahm, für Entlastung sorgen. Die Kirchliche Hochschule Bethel diente Herntrich als Vorbild – nicht nur mit Blick auf ihre Rolle als Ausbildungsstätte für die Bekennende Kirche im „Kirchenkampf" der 1930er Jahre, sondern auch von ihrer Grundidee her, die Theologenausbildung mit der diakonischen Praxis zu verzahnen.

Zentrales Anliegen beim Wiederaufbau des Versammlungssaals war es, das Rumpfbauwerk so zu gestalten, dass dort rund dreißig angehende Theologen studieren und wohnen konnten.[46] Das aus Backsteinen erbaute Gebäude fügte sich in die übrig gebliebene Bausubstanz der Alsterdorfer Anstalten nahtlos ein, gleichwohl stellt sich aus heutiger Sicht die Frage nach der architektonischen Aussage des Baukörpers, der doch stark an den konservativen Heimatschutzstil erinnerte. Die Funktion

---

44 Freundliche Mitteilung von Herrn Karl H. Hoffmann, Hamburgisches Architekturarchiv, an die Vf., 16.3.2021.
45 BuB 1954, 10.
46 BuB 1949, 7.

Die Kirchliche Hochschule im Simon-Schöffel-Haus, 1949

des Gebäudes als Ort der Vermittlung einer weniger theoretischen, praktisch-diakonisch orientierten Theologie steht damit im Gegensatz zu dessen baulichen Aussage,[47] verkörperte aber letztlich die Realität. Denn die angehenden Theologen kamen, anders als ursprünglich gedacht, mit den Bewohnerinnen und Bewohnern gar nicht in Kontakt.

Der Kirchlichen Hochschule war nur eine kurze Existenz beschieden. Die Gründung der Theologischen Fakultät an der Universität Hamburg im November 1954 beendete das ambitionierte Ausbildungsprojekt.[48] Unschlüssig war man sich hinsichtlich der weiteren Nutzung des zu diesem Zeitpunkt wohl repräsentativsten und sich im besten baulichen Zustand befindlichen Gebäudes auf dem Anstaltsgelände. Die Möglichkeit, die beengten Stationen mit deren Verlegung in die ehemalige Hochschule aufzulockern, erwog der Vorstand augenscheinlich nicht. Vielmehr stellte man das Gebäude weiterhin in den Dienst der Kirche.[49]

---

47 So auch die Kritik in: Loitzenbauer, Konzeption, 36.
48 BuB 1954, 9.
49 BuB 1954, 9–10. Diese Entscheidung mag auf zwei Gründen beruht haben. *Zum einen* hatte sich die Landeskirche finanziell an den Umbauten des ehemaligen Turn- und Versammlungssaals beteiligt, *zum anderen* wollte man wohl die Bindung an die theologische Ausbildung in Hamburg nicht ganz aufgeben.

Alstertal, Lehrlingsheime und sozialer Wohnungsbau

Das in den 1930er Jahren im Haus Alstertal eingerichtete Erziehungsheim für „Psychopathen und schwer erziehbare Jungen und Mädchen" wurde nach dem Ende des Zweiten Weltkriegs umstandslos weitergeführt – da das Jugendamt Hamburg in der Nachkriegszeit dringend Unterbringungsmöglichkeiten für verwaiste und verwahrloste Kinder suchte, stand eine Einstellung dieses Arbeitszweiges nicht zur Diskussion. Im Gegenteil: 1953 wurde das Haus Alstertal gründlich instand gesetzt und umgebaut.[50] Hier lebten bis 1976 etwa 75 Jungen und Mädchen, die – obwohl sie keine geistige Behinderung aufwiesen – die Anstaltsschule besuchten. Mit anderen Worten: Sie konnten keinen staatlich anerkannten Schulabschluss erwerben und verließen die Alsterdorfer Anstalten mit äußerst schlechten Berufsaussichten. Nach außen hin wurde die „Erziehungsarbeit" gern in die Tradition des St. Nicolai-Stifts gestellt.[51] Daneben wurden in Herntrichs Amtszeit auf dem Anstaltsgelände zwei weitere Projekte realisiert, die mit der eigentlichen Arbeit der Alsterdorfer Anstalten nichts zu tun hatten.

In Kooperation mit dem Evangelischen Hilfswerk, dessen Bevollmächtigter Herntrich in Hamburg war, wurden zwei Lehrlingsheime mit 52 Plätzen errichtet, um jungen Menschen, die eine Ausbildung durchliefen, aber nicht in der Familie wohnen konnten, eine Heimat zu geben. Diese Arbeit lief Mitte der 1950er Jahre aus.[52]

Zudem engagierten sich die Alsterdorfer Anstalten im Bereich des sozialen Wohnungsbaus.

Mit 295.654 zerstörten Wohnungen, rund 52 Prozent seines Wohnungsbestandes, stand Hamburg an der Spitze der bombardierten westdeutschen Städte.[53] Obdachlosigkeit, Zwangseinquartierungen und damit verbundene Überbelegungen waren an der Tagesordnung. Von derlei Nöten war auch eine größere Zahl von Mitarbeitern und Mitarbeiterinnen der Alsterdorfer Anstalten betroffen.

Richtfest für sechs Wohnhäuser, Mai 1952

---

50 Das neue Heim „Alstertal", in: BuB 1953, 14–17.
51 Jahresbericht der Alsterdorfer Anstalten. Erstattet auf dem Jahresfest am 25. September 1960, in: BuB 1960/61, 13–20, 18f.
52 Eine neue Arbeit in Alsterdorf, in: BuB 1949, 8–10.
53 Müller, Hamburg, 94.

So errichteten die Alsterdorfer Anstalten entlang der heutigen Dorothea-Kasten-Straße und der Bodelschwinghstraße, „im Schatten der nahen Alsterdorfer Kirche",⁵⁴ eine Reihe von Wohnhäusern mit insgesamt 132 Wohnungen. Innerhalb von nur zehn Monaten Bauzeit – im Januar begannen die Ausschachtungsarbeiten, im Mai fand das Richtfest statt – konnten im Oktober 1952 die letzten Wohnungen bezogen werden. Über die niedrigen Mietpreise freuten sich nicht nur Mitarbeiter und Mitarbeiterinnen der Alsterdorfer Anstalten, sondern auch „Butenhamburger, Flüchtlinge, Spätheimkehrer, Kriegssachgeschädigte und Kriegsversehrte."⁵⁵

Die Entscheidung der Alsterdorfer Anstalten, sich im sozialen Wohnungsbau zu engagieren, dürfte einen positiven Einfluss auf deren Außenwahrnehmung gehabt haben. Darüber hinaus kann die Bebauung von Grundstücken außerhalb der Anstaltseinfriedung als ein erster baulicher Schritt in die Gesellschaft hinein bezeichnet werden, auch wenn man seinerzeit vom Gedanken einer Auflösung der „Anstalt" noch sehr weit entfernt war.

Ein zweites „Herz der Anstalt" – ein neuer Versammlungssaal im Haus Deutscher Kaiser

Nach der Umwidmung des einstigen Turn- und Versammlungssaals in die Theologische Hochschule fehlte es an einem Gebäude, in dem die Alsterdorfer Anstalten größere Veranstaltungen abhalten konnten. Völlig neu bauen konnte und wollte man nicht, daher fiel der Blick auf die Trümmer des Deutschen Kaisers, der einst als Esssaalgebäude gedient hatte. Von 1953 bis 1954 entstand nach den Plänen Hillmers ein Festsaal mit 630 Plätzen,⁵⁶ der durch ein Foyer mit einem Lichtdach betreten werden konnte. Der neue Raum erhielt eine Holzvertäfelung, in die Decken wurden Lichtvouten eingelassen, durch große Bleiglasfenster drang das Tageslicht. Herntrich bescheinigte dem neuen Festsaal, neben der St. Nicolaus-Kirche, das wichtigste Anstaltsgebäude überhaupt zu sein. Hier sollte „in einer besonderen Weise das *Herz der Anstalt* schlagen."⁵⁷ Dieser Hinweis erinnert nicht nur an die Kirchliche Hochschule, von der Schöffel behauptet hatte, dass dort das „Anstaltsherz" schlage, sondern auch Sengelmanns einstiges Diktum, dass die St. Nicolaus-Kirche das „Herz" der Alsterdorfer Anstalten sei.

Der umgebaute Deutsche Kaiser erhielt zunächst keinen neuen Namen. Erst ein tragisches Ereignis verhalf dem Gebäude zu seiner neuen Bezeichnung. Nach dem

---

54 BuB 1952, 18.
55 BuB 1953, 23. Mit „Butenhamburgern" waren Bürgerinnen und Bürger Hamburgs gemeint, die während des Zweiten Weltkriegs die Stadt verlassen hatten oder evakuiert worden waren.
56 Hamburgisches Architekturarchiv, historische Unterlagen des Eintragungsausschusses der Hamburgischen Architektenkammer, Akte 0347: Hillmer, Hinrich: Anlage zum Antrag vom 18.5.1966, Auszug von Arbeiten seit 1945, 18.5.1966.
57 BuB 1954, 5f. (Kursivierung durch d. Vf.).

IV. „Zusammenbruchgesellschaft" und Sozialstaat, 1945–1979   233

Unfalltod Herntrichs am 14. September 1958 erhielt das Haus den Namen des ersten Direktors der Alsterdorfer Anstalten in der Nachkriegszeit. Gemäß eines Vorstandsbeschlusses vom 3. Dezember 1958 wurde der Deutsche Kaiser in Volkmar-Herntrich-Haus umbenannt, der große Festsaal hieß fortan Herntrich-Saal.[58]

Das Krankenhaus

Die während des Zweiten Weltkriegs erfolgte Erweiterung des Evangelischen Krankenhauses Alsterdorf wurde unter Herntrich beibehalten. Mit dem Aufbau einer Inneren, Chirurgischen und Psychiatrischen Abteilung und einer Gynäkologie und Entbindungsstation hatte sich das Krankenhaus in ein „völlig eigengeartetes Gebilde"[59] verwandelt, dessen Raumbedarf zu einem Verdrängungsprozess geführt hatte: Ab 1943 wurden, um die anderen Hamburger Allgemeinkrankenhäuser zu entlasten und Raum für Lazarettbetten zu schaffen, drei nebeneinanderliegende Häuser – das 1914 eröffnete Schulgebäude (seit 1953: „Johann-Hinrich-Wichern-Haus"[60]), das aus dem Jahr 1912 stammende Bodelschwinghhaus und das 1931 erbaute Paul-Stritter-Haus – für Krankenhauszwecke umgebaut: Sie bildeten fortan mit dem Haus Bethabara das Evangelische Krankenhaus Alsterdorf. Die Schüler und Schülerinnen der Anstaltsschule mussten hingegen in Baracken unterrichtet werden, die ausquartierten Bewohner und Bewohnerinnen kamen in den Eichenhof oder das Haus Samaria. Die Umwidmung der drei großen, gut ausgestatteten, recht modernen Häuser hatte zur Folge, dass viele Bewohner und Bewohnerinnen der Alsterdorfer Anstalten über Jahrzehnte hinweg „auf viel zu engem Raum in häufig behelfsmäßigen Unterkünften und zum Teil menschenunwürdigen Bedingungen leben"[61] mussten.

Es gab durchaus kritische Stimmen im Vorstand, die darauf verwiesen, dass der Ausbau des Krankenhauses zulasten der Behindertenhilfe dem eigentlichen Stiftungszweck der Alsterdorfer Anstalten zuwiderlaufe – zumal die hohen Kosten des Krankenhausbetriebs die Bilanz der Gesamtanstalten belasteten. Herntrich hielt dem entgegen, das Krankenhaus sei zur Gewinnung qualifizierten Personals ebenso unentbehrlich wie zur medizinischen Versorgung der Bewohner und Bewohnerinnen.[62]

---

58 ArESA, DV 678: Aktennotiz o. V., o. D.
59 So Hans-Georg Schmidt im Vorwort zu: BuB 1970 („Das evangelische Krankenhaus Alsterdorf"), 3.
60 BuB 1953, 18. Ein Blick auf den Lageplan der Alsterdorfer Anstalten Ende der 1950er Jahre zeigt, dass sich sämtliche Häuser, welche die Namen bedeutender Männer der Diakonie und Kirche trugen – Wichern, Bodelschwingh, Stritter, Schöffel und Herntrich, mit Ausnahme Sengelmanns – am nordöstlichen Rand des Anstaltsgeländes befanden. Mit der St. Nicolaus-Kirche und dem Verwaltungsgebäude bildeten sie gleichsam einen durch Grünflächen verbundenen Gebäuderiegel, hinter dem die „eigentliche" Anstalt begann. Diese Gebäudekette war das „öffentliche" Gesicht, das die Alsterdorfer Anstalten dem Stadtteil Alsterdorf zuwandte.
61 Engelbracht/Hauser, Mitten in Hamburg, 55.
62 Julius Jensen, Zum Gedächtnis!, in: BuB 1958/59, 5–10, 6.

Tatsächlich wird hier der Primat der Medizin sichtbar: Der Krankenhausbereich hatte sich verselbstständigt und drängte die Arbeit mit geistig behinderten Menschen zusehends in den Hintergrund. Auf Wunsch des neuen Oberarztes Prof. Dr. *Hans Büssow* (1903–1974), der am 1. Dezember 1946 die Nachfolge Kreyenbergs antrat, wurde das Paul-Stritter-Haus in eine Abteilung für „klinische Psychiatrie" umgewandelt. Diese psychiatrische Klinik, in der, als Reaktion auf die in der Nachkriegszeit verstärkt auftretenden Suchtprobleme, viele suchtkranke Patienten und Patientinnen Aufnahme fanden, bildete schon bald ein „in sich geschlossenes, vom übrigen Anstaltsbetrieb ziemlich abgegrenztes Arbeitsfeld"[63] und stellte überdies eine dauerhafte finanzielle Belastung der Alsterdorfer Anstalten dar. Dennoch dachte man sogar an eine Ausweitung des klinischen Betriebs, als Büssow die Alsterdorfer Anstalten im Jahre 1953 verließ. Dies hatte der Wunschkandidat des Vorstands für die Nachfolge Büssows, Dr. *Walter Schulte* (1910–1972), Oberarzt in den v. Bodelschwinghschen Anstalten in Bethel, zur Bedingung gemacht, da „eine Arbeit an den Schwachsinnigen medizinisch keinen Arzt auf die Dauer befriedigen"[64] könne. Obwohl der Vorstand eine Modernisierung des Paul-Stritter-Hauses in Aussicht stellte, sagte Schulte letztlich ab: Ein „größerer Wurf" sei notwendig, der aber nicht zu verantworten sei, „wenn die Haupthäuser der Anstalt zu einem beträchtlichen Teil baulich und einrichtungsmäßig noch so im Argen liegen."[65]

So bleibt festzuhalten, dass die Alsterdorfer Anstalten in der Ära Volkmar Herntrichs den Schwerpunkt ihrer Arbeit von ihrem angestammten Aufgabengebiet, der Pflege, Betreuung, Beschulung und Beschäftigung von Menschen mit geistiger Behinderung, in Richtung auf andere Arbeitsfelder – die Theologenausbildung, die Kinder- und Jugendfürsorge und vor allem das Allgemeinkrankenhaus – verschob und die zur Verfügung stehenden Ressourcen in diesen Bereichen einsetzte, anstatt in die Modernisierung der heruntergekommenen Pflegehäuser zu investieren.

Die Alsterdorfer Anstalten unter der Leitung von Julius Jensen, 1955–1968

Als es im Jahre 1955 galt, die Nachfolge Volkmar Herntrichs als Direktor der Alsterdorfer Anstalten zu regeln, einigte sich der Vorstand rasch auf einen Wunschkandidaten: Pastor *Julius Jensen* (1900–1984), Pfarrer an St. Gertrud in Lübeck und Präses der Evangelisch-Lutherischen Kirche in Lübeck, seit 1925 zugleich Geschäftsführer und ab 1942 Vorsitzender des Landesverbandes der Inneren Mission, seit 1945 zudem Bevollmächtigter des Evangelischen Hilfswerks im Bereich der Lübeckischen Landes-

---

63 Zit. n. Engelbracht/Hauser, Mitten in Hamburg, 59. Zum Folgenden: ebd., 59f.
64 ArESA, DV 6: Vorstandssitzung, 2.2.1954.
65 ArESA, DV 21: Schulte an Herntrich, 14.2.1954.

kirche. Jensen hatte einen internationalen Hintergrund. Sein Vater, ein Kaufmann, war Däne, seine Mutter Schweizerin, Jensen selbst war in Messina auf Sizilien geboren worden. Er wuchs in Hamburg auf, studierte Deutsch und Geschichte an der Universität Hamburg, dann Theologie an den Universitäten Heidelberg, Tübingen und Marburg. 1923 legte er die erste theologische Prüfung ab, wurde Vikar im Jugendgefängnis Hahnöfersand und Hilfsprediger in Hamburg-Eppendorf. Ab 1925 arbeitete er als Jugendpfarrer in Lübeck. Zur Zeit des „Dritten Reiches" war Julius Jensen ein entschiedener Vertreter der Bekennenden Kirche, vom 31. Dezember 1936 bis zum 3. April 1937 wurde ihm deshalb ein Hausarrest und Redeverbot auferlegt. Diese Erfahrung prägte, deutlich erkennbar, seine Haltung nach 1945. Er stand daher, wie schon sein Vorgänger, für eine entschiedene Abgrenzung vom Kollaborationskurs großer Teile der evangelischen Kirche und der Inneren Mission gegenüber dem Nationalsozialismus. So verkörperte er glaubwürdig den Bruch mit der braunen Vergangenheit, zudem stand er – auch darin Volkmar Herntrich ähnlich – für den Brückenschlag zwischen Kirche und Diakonie, er verfügte über langjährige Erfahrungen in unterschiedlichen Leitungsfunktionen, er hatte Wurzeln in Hamburg und strahlte zugleich eine gewisse Weltläufigkeit aus. Er konnte in jeder Hinsicht als eine Idealbesetzung gelten.[66]

So wurde Julius Jensen am 1. August 1955 zum neuen Direktor gewählt und zugleich von der Hamburgischen Landeskirche an die Pfarrkirche der Anstalten berufen. Jensens Amtszeit fiel in die Zeit des „Wirtschaftswunders", was bedeutete, dass einerseits die finanziellen Spielräume zur Modernisierung der Alsterdorfer Anstalten größer wurden, andererseits sich die Gewinnung von Personal immer schwieriger gestaltete. Seit den frühen 1960er Jahren bahnte sich zudem ein grundstürzender gesellschaftlicher Wandel an, der zur Folge hatte, dass sich die Arbeit der Alsterdorfer Anstalten ansatzweise fortentwickelte. Jensen sah seine Aufgabe in der „umfassenden Modernisierung" der Alsterdorfer Anstalten. Zugleich galt seine Sorge aber auch der Bewahrung des „christlichen Anstaltsmilieus".[67]

Personalprobleme

In den 1950er/1960er Jahren nahm die Zahl der Mitarbeiter und Mitarbeiterinnen der Alsterdorfer Anstalten von 472 (1955) auf 675 (1967) stetig zu – bei einer in etwa gleich bleibenden Zahl der Bewohner und Bewohnerinnen.[68] Infolge der allgemeinen Arbeitsmarktentwicklung wurde die Gewinnung von neuem Personal zu einem gravierenden Problem, zumal eine Anstellung in den Alsterdorfer Anstalten wegen der ungünstigen Arbeitsbedingungen, der langen Arbeitszeiten und der vergleichsweise schlechten Bezahlung wenig attraktiv erschien. Die Folge war eine hohe Fluktuation

---

66 ArESA, Slg. Julius Jensen, 798: Lebenslauf. Vgl. Engelbracht/Hauser, Mitten in Hamburg, 64–68.
67 Engelbracht/Hauser, Mitten in Hamburg, 69.
68 Ebd., 127. Zum Folgenden: ebd., 126–130, 134–139.

innerhalb des Personals. Um hier Abhilfe zu schaffen, sah sich Jensen 1957 gezwungen, die volle tarifliche Besoldung einzuführen, gleichzeitig wurden die Unterschiede in der Bezahlung von Männern und Frauen aufgehoben. 1960 vereinbarte die Leitung mit der Mitarbeitervertretung eine allgemeine Verkürzung der Arbeitszeit, die auf dem Papier die Einführung der Fünftagewoche bedeutete. Die Wirklichkeit sah indessen oft anders aus: Wochenarbeitszeiten von siebzig bis achtzig Stunden waren keine Seltenheit, die Verpflichtung zum Wochenend- und Abenddienst blieb bestehen, der geteilte Tagesdienst führte zu sehr langen Arbeitstagen.

Bis in die 1970er Jahre hinein stellte die Alsterdorfer Schwesternschaft die größte Gruppe innerhalb des Personals. 1965 zählte man 437 weibliche Angestellte, davon 127 Schwestern. Das männliche Personal umfasste zu dieser Zeit lediglich 208 Personen.[69] Die Schwestern waren in den Abteilungen für Frauen und Kinder, in den zentralen Wirtschaftsbetrieben, in der Schreibstube, vor allem aber auch im allgemeinen Krankenhaus eingesetzt – die Arbeit dort war höher angesehen als die in der Heil- und Pflegeanstalt. Zudem unterstanden der Schwesternschaft die „hauseigenen Ausbildungsgänge".[70]

Eine Krankenpflege- und eine Haushaltungsschule waren bereits vor 1945 etabliert worden. Die nach dem Krieg gebildete, der Schwesternschaft unterstellte „Berufsschule", die als Schwesternvorschule fungierte, erhielt 1950 eine Ergänzungsklasse mit staatlich anerkanntem Kinderpflegerinnenabschluss. Diese um Elemente der Heilpädagogik erweiterte Kinderpflegerinnenausbildung als Vorbereitung für die Betreuung geistig behinderter Menschen stellte in Hamburg, vielleicht sogar in der gesamten Bundesrepublik eine Innovation dar.[71] 1964 erfolgte die staatliche Anerkennung der „Heinrich-Sengelmann-Schule der Alsterdorfer Anstalten. Berufsfachschule für Kinderpflegerinnen" durch den Senat der Freien und Hansestadt Hamburg.

Die Alsterdorfer Anstalten hatten zwar „eine freie, nicht an ein Mutterhaus gebundene Schwesternschaft", die Schwestern bekamen – im Gegensatz zu Diakonissen – ein festes Gehalt und waren nicht grundsätzlich verpflichtet, zölibatär zu leben, „doch bildeten sie, auch sichtbar an einer eigenen Tracht, eine spezifische protestantische Lebens-, Dienst- und Glaubensgemeinschaft".[72] Dieser Lebensentwurf geriet jedoch, wie eingangs beschrieben, in den 1960er Jahren in die Krise. Immer deutlicher machte sich ein Nachwuchsmangel bemerkbar. 1961 wurde eine Vorstandskommission eingesetzt, um eine neue Schwesternordnung zu erarbeiten, die schließlich 1964 verabschiedet wurde. Sie brachte eine Unterteilung in einen zölibatär lebenden „inneren Kreis" eingesegneter Schwestern – „die Alsterdorfer Schwesternschaft im eigentlichen Sinn" – und einen „weiteren Kreis" von „Verbandsschwestern",[73] die zwar mindere

---

69 Ebd., 98.
70 Ebd.
71 Ebd., 117.
72 Ebd., 97.
73 Ebd., 105.

IV. „Zusammenbruchgesellschaft" und Sozialstaat, 1945–1979   237

Oberin Maria Nommensen in einer Klasse der Kinderpflegerinnenschule, 1950

Rechte, aber größere Freiheiten hatten: Sie konnten außerhalb des Anstaltsgeländes wohnen und sogar heiraten – was in Schwesternkreisen als kleine Sensation galt.[74] Mit der Gründung von Hilfsschwesternschaften versuchten zu dieser Zeit auch verschiedene Diakonissenmutterhäuser, dem Nachwuchsmangel zu begegnen, ohne das Prinzip der Lebens-, Dienst- und Glaubensgemeinschaft aufzugeben – eine Strategie, die letztlich nicht aufging.

Das durchschnittlich höhere Qualifikationsniveau der Schwestern und ein besserer Personalschlüssel im Frauenbereich bewirkten „ein starkes Gefälle zwischen dem sogenannten weiblichen und männlichen Gebiet".[75] Auf dem „männlichen Gebiet" gab es – in Relation zum „weiblichen Bereich" – weniger Personal, das im Durchschnitt auch geringer qualifiziert war, mit gravierenden Folgen für die Qualität der Pflege und Betreuung. Der permanente Pflegenotstand führte Ende der 1960er Jahre dazu, dass im „männlichen Bereich", neben den ersten Zivildienstleistenden, auch Personal eingestellt wurde, das nicht evangelisch-lutherischen Bekenntnisses war.

---

74 Ebd., 106.
75 Ebd., 99.

Ein „geradezu ländliches Gepräge" – das „Westgebiet" der Alsterdorfer Anstalten

Das Dilemma der Alsterdorfer Anstalten war mit Händen zu greifen. Eigentlich wäre es dringend angezeigt gewesen, die Bewohnerinnen und Bewohner in bequemen, gut heizbaren und ansprechenden Neubauten unterzubringen. Hätte man vorrangig in diesem Bereich investiert, hätte man jedoch bei den Aufwendungen zur Unterbringung der Beschäftigten sparen müssen. Hier konnte und wollte man aber keine Abstriche machen, ohne das Angebot einer guten Dienstwohnung wäre es schwer geworden, Personal zu gewinnen. Hinzu kam, dass die Stadt Hamburg, die Landeskirche, das Landesarbeitsamt, das Lastenausgleichsamt und der Bundesjugendplan die Alsterdorfer Anstalten bei ihren Neubauten unterstützten, während die Sanierungsarbeiten an den Wohnhäusern für die Menschen mit Behinderung aus eigenen Mitteln finanziert werden mussten. Dies dürfte die Priorisierung der Baumaßnahmen zugunsten der Beschäftigten ebenfalls begünstigt haben.[76]

Am 13. September 1956 wurde das Haus in der Sonne für die Schwesternschülerinnen eingeweiht. Es lag gegenüber der St. Nicolaus-Kirche an der Sengelmannstraße, also außerhalb des Kernanstaltsgeländes.[77] Erbaut nach einem Entwurf Hinrich Hillmers, fanden rund sechzig junge Frauen „behagliche Dreibettzimmer" und „helle Tagesräume" vor. Unterrichtet wurde im Westflügel, wo sich „schöne Unterrichtsräume" und eine „moderne Lehrküche" im Erdgeschoss befanden. Gegenüber dem zweigeschossigen Langbau mit eingeschossigem Querflügel entstand ein Jahr später ein Schwesternwohnheim mit einem Garten, der ausschließlich den Schwestern vorbehalten war. Den Bau des Hauses hatte Herntrich als „unabdinglich erforderlich"[78] bezeichnet:

„Die Schwestern sind seit der Zerstörung des früheren Schwesternwohnhauses in Räumen innerhalb der Anstalt teilweise unmittelbar in den Abteilungen untergebracht, so dass sie praktisch auch während ihrer Freizeit sich kaum zurückziehen. Die Folgen dieses Zustandes sind zunehmende Erschöpfung und Krankheit. Da aber der Dienst der Schwestern von entscheidender Bedeutung für die Anstalt ist, lässt sich dieser Zustand unter keinen Umständen länger aufrechterhalten."[79]

Für die Planung des Schwesternheimneubaus zeichnete ebenfalls Hillmer verantwortlich, der sich die Bauaufsicht mit seinem Sohn Jens-Peter teilte.[80] Als Bauplatz wurde ein Gelände an der Ecke Alsterdorfer Straße/Sengelmannstraße gewählt, „in

---

76 BuB 1957/58, 11.
77 BuB 1956/57, 6. Danach auch die folgenden Ausführungen und Zitate.
78 ArESA, DV 675: Herntrich, Volkmar: Eingabe an den Senat der Freien und Hansestadt Hamburg über die Gesundheitsbehörde Hamburg wegen der Bewilligung einer Staatsbeihilfe bzw. einer Staatsbürgschaft an die Stiftung „Alsterdorfer Anstalten" in Hamburg, 6.9.1955.
79 ArESA, DV 675: Herntrich: Eingabe, 6.9.1955.
80 BuB 1957/58, 6.

IV. „Zusammenbruchgesellschaft" und Sozialstaat, 1945–1979   239

unmittelbarer Nähe, aber außerhalb der Anstalt".[81] Lang gestreckt, in zweistöckiger Winkelform, mit weißen Mauern und dunklem Satteldach, bot das Haus rund achtzig Schwestern Platz und zeitgemäßen Komfort.[82] Es gab ausschließlich Ein- und Zweibettzimmer, die mit „guten neuen Möbeln"[83] ausgestattet waren und alle einen „Vorraum mit Wandschränken und Waschgelegenheit" hatten. Als Gemeinschaftsräume dienten ein Wohnraum und ein Besucherzimmer, was darauf hindeutet, dass die Schwestern keine Gäste in ihren Zimmern empfangen durften.

Im Esssaal des Schwesternwohnheims Heinrich-Sengelmann-Haus, 1960er Jahre

---

81 ArESA, DV 675: Herntrich: Eingabe, 6.9.1955.
82 Im Werkverzeichnis von Hillmer vom 18.5.1966 ist von 156 Betten die Rede.
83 BuB 1957/58, 7. Danach auch die folgenden Zitate.

Die Mahlzeiten wurden in einem zur Gartenseite hin gelegenen Esssaal eingenommen, der mit kleinen Tischen bestückt war. Damit entstand eine gewisse Restaurantatmosphäre, die sich eklatant von dem Anstaltsgepräge unterschied, welches die großen Esssäle mit ihren langen Tischreihen, ihren vielen Menschen und dem damit verbundenen Lärm erzeugt hatten. Man sieht: Es wurde versucht, den Schwestern ein „freundliches, stilles Heim" zu bieten, das ihnen sowohl in räumlicher als auch in innenarchitektonischer Hinsicht genügend Abstand von ihrer Arbeit und den von ihnen betreuten Menschen bot. Dem Wunsch, die Schwestern auch in seelisch-spiritueller Hinsicht zu unterstützen, wurde mit der Einrichtung eines eigenen „würdigen sakralen" Raumes entsprochen. So konnten nunmehr eigene und vom sonstigen Anstaltsgeschehen unabhängige häusliche Andachten gehalten werden. Das Schwesternheim, das am 6. Mai 1957 eingeweiht wurde, erhielt den Namen Heinrich-Sengelmann-Haus, womit (nach Haus Heinrichshöh) nunmehr ein zweites Haus an den Gründer der Alsterdorfer Anstalten erinnerte.

„Planmäßiger und fortschreitender Aufbau"[84]

Bei seinem Amtsantritt fand Julius Jensen eine Bausubstanz vor, die von großen Unterschieden gekennzeichnet war. Am Rande des Anstaltsgeländes, namentlich an der heutigen Dorothea-Kasten-Straße, und damit gut von außen zu sehen, fanden sich mit viel Geld restaurierte Repräsentativbauten: die Kirchliche Hochschule mit Bibliothek, neuem Versammlungssaal und Konvikt sowie der einstige Deutsche Kaiser, aufwendig umgebaut und ebenfalls mit einem neuen Festsaal ausgestattet. Verstreut über das gesamte Anstaltsgelände waren hingegen einfache Baracken und Wohnhäuser mit Papp- und Holzdächern zu sehen. Dort drängten sich auf engem, teilweise mit Schwamm[85] verseuchtem Raum die Bewohner und Bewohnerinnen. Das Bodelschwinghhaus, das Hinrich-Wichern-Haus, das Paul-Stritter-Haus sowie die Hälfte des Hohen Wimpels wurden weiterhin für Krankenhauszwecke genutzt, während die Bewohner und Bewohnerinnen der Alsterdorfer Anstalten in zwei Krankenbaracken behandelt wurden – hier fand der Vorrang des Allgemeinkrankenhauses vor der Betreuung von Menschen mit geistiger Behinderung seinen sichtbaren Ausdruck. Die ersten Neubauten in Jensens Amtszeit waren zudem, wie geschildert, das Haus in der Sonne und das Schwesternwohnheim, die ein eigenes Schwesternareal bildeten, das von den Pflegehäusern deutlich abgegrenzt war.

Jensen war es aber auch ein persönliches Anliegen, den Bewohnerinnen und Bewohnern eine „würdige Heimat"[86] zu geben; auch hatte es in der Vergangenheit regelmäßige Visitationen der „Irrenkommission der Gesundheitsbehörde" gegeben,

---

84 BuB 1956/57, 5.
85 BuB 1958/59, 10.
86 ArESA, DV 642a: Jensen an den Präsidenten des Landeskirchenamtes der Ev.-luth. Kirche im Hamburgischen Staate, 10.12.1960, 2. Danach, 1f., auch die folgenden Zitate.

IV. „Zusammenbruchgesellschaft" und Sozialstaat, 1945–1979   241

die „immer wieder die gründliche Überholung und Modernisierung der Häuser gefordert" hatte. Die anstaltseigene „ärztliche Abteilung" hatte sich den behördlichen Forderungen angeschlossen. Nach und nach wurden die Männer- und Jungenhäuser – der Eichenhof, der Knabenhort, das Stadtheim[87] und der Goldene Apfel – renoviert und die großen Schlafsäle in Schlaf- und Tageszimmer aufgeteilt. Neue Möbel und Gardinen verschönerten das Wohnumfeld der Bewohner.

Ein „Eckstein" – der Wiederaufbau des Hauses Zum Guten Hirten

1956/57 lebten „1.238 Pflegebefohlene"[88] in den Alsterdorfer Anstalten. Damit hatte sich ihre Zahl im Vergleich zum Vorjahr ein wenig verringert. Als Gründe sind der noch nicht abgeschlossene Umbau des Stadtheims sowie die Aufteilung der großen Schlaf- und Tagessäle in kleinere Räume zu nennen: Man hatte schlichtweg weniger Plätze zur Verfügung. Diesem Problem, mit dem nicht zuletzt Einnahmeverluste einhergingen, sollte mit einer Erweiterung der Alsterdorfer Anstalten entgegengesteuert werden. Die nicht abreißende Flut von Aufnahmegesuchen schien Jensen und seinem Vorstand recht zu geben. Man entschied sich für einen zweigleisigen Weg, und zwar für den Bau einer „neuen Heil- und Pflegeanstalt" auf dem Gelände von Gut Stegen, die man als „wachsende Anstalt" begriff, sowie für einen Krankenhausneubau auf dem Kernanstaltsgelände in Alsterdorf. Zunächst ging es aber darum, jene Gebäude zu renovieren, in denen bereits gewohnt, gearbeitet und gelebt wurde. Als wichtigstes Modernisierungsprojekt wurde der Gute Hirte, das größte Wohnhaus der Mädchen und Frauen, ausgemacht.

Erneut wurden Vater und Sohn Hillmer um Entwürfe und Kostenvoranschläge gebeten.[89] Nur mit hohem Werbeaufwand[90] ließen sich der Hamburgische Staat, der Landeskirche und der Landesverband der Inneren Mission für eine finanzielle Beteiligung gewinnen. Wiederaufbaumittel des Bundes, Spenden des Freundeskreises der Alsterdorfer Anstalten und schließlich ein „günstiger Bankkredit" brachten die für damalige Verhältnisse hohe Bausumme von 850.000 DM zusammen.[91] Anfang April 1958 begannen die Arbeiten, am 18. September 1958 konnte Richtfest gefeiert werden. Bei diesen Feierlichkeiten wurde, wie einst anlässlich der Einweihung der

---

87 Um auch auf der sprachlichen Ebene den gemachten Neuanfang zu demonstrieren, wurde das Stadtheim nunmehr Haus Wartburg genannt, das einstweilen noch unrenovierte Nebengebäude bekam den Namen Haus Wittenberg. Vgl. ArESA, DV 678: 621. Vorstandssitzung vom 16.11.1956, Auszug. Der Knabenhort wurde – ebenfalls nach einem Vorschlag Herntrichs – in Friedenshort umbenannt. Vgl. BuB 1957/58, 9.
88 BuB 1956/57, 7. Danach auch die folgenden Ausführungen und Zitate.
89 BuB 1958/59, 19. Danach, wenn nicht anders angegeben, auch die folgenden Zitate.
90 Vgl. ArESA, DV 640: Jensens dringliche Eingabe an die Hamburger Gesundheitsbehörde zur „Bewilligung einer Staatsbeihilfe" vom 27. April 1957.
91 BuB 1959/60, 13. Die Inventarkosten betrugen 59.000 DM. Ebd.

Das Haus Zum Guten Hirten nach dem Umbau, 1959

St. Nicolaus-Kirche, das Bild des biblischen „Ecksteins", des steingewordenen Heilswirken Gottes, bemüht.

Am 11. April 1959 war es so weit, und die bis dahin in andere Häuser ausquartierten Mädchen und Frauen konnten die neuen Räumlichkeiten im Guten Hirten beziehen. Den „Pfleglingen"[92] sei nunmehr, so der Leiter der Gesundheitsbehörde, Senator *Walter Schmedemann* (1901–1976), eine „Heimat und vorbildliche Unterkunft" gegeben worden. In der Tat besaß das rundum erneuerte Gebäude jetzt ein beeindruckendes Äußeres. So hatte man ein drittes Vollgeschoss mit hohem Dachstuhl auf das „vom Kriege mitgenommene Gebäude"[93] aufgesetzt. Wie bereits in den anderen Häusern, so hatte man auch hier die großen Schlafsäle in kleinere Einheiten umgewandelt, die aber immer noch bis zu acht Betten aufnehmen mussten. Die Wände der Wachsäle hatte man mit „schalldämmenden Platten"[94] versehen, wohl um zu verhindern, dass die anderen Bewohnerinnen, aber auch Vorübergehende das Lärmen der isolierten Bewohnerinnen hörten.

---

92 BuB 1959/60, 11. Danach auch das folgende Zitat. Hinrich Hillmer gibt in seinem Werkverzeichnis vom 18. Mai 1966 eine Kapazität von 156 Plätzen an.

93 BuB 1959/60, 13. Danach auch die folgenden Zitate.

94 ArESA, DV 678: o. V.: Einiges über den Um- und Neubau des Hauses „Zum Guten Hirten" in den Alsterdorfer Anstalten, 25.3.1959. Danach auch die folgenden Zitate und Angaben.

IV. „Zusammenbruchgesellschaft" und Sozialstaat, 1945–1979   243

Auch das künstlerische Moment war nicht zu kurz gekommen. Die Stirnseite eines der beiden Flügel des Guten Hirten zierte ein vier Meter hohes Mosaikbild eines Hirten mit drei Schafen, eines davon über der Schulter getragen. Der noch von Herntrich finanzierte künstlerische Entwurf stammte von dem Maler und Grafiker *Otto Wulk* (1909–1982), der sich außer auf Aquarelle auch auf Kunst im öffentlichen Raum spezialisiert hatte.

Haus Bethlehem und das Michelfelder Kinderheim

Alle Häuser und Stationen waren 1959 voll, wenn nicht gar überbelegt. Gleichwohl griffen die Alsterdorfer Anstalten auf ein neues und fraglos wichtiges Arbeitsfeld aus. In einem großen Raum des Simon-Schöffel-Hauses [der ehemaligen Kirchlichen Hochschule] wurden 16 „schwachsinnige"[95] Säuglinge und Kleinkinder aufgenommen, für die sich keine Einrichtung in Hamburg zuständig erklärt hatte.[96] Bis 1963 sollten die Jungen und Mädchen behelfsmäßig im Simon-Schöffel-Haus versorgt werden, bis anlässlich des hundertjährigen Bestehens der Alsterdorfer Anstalten der Freundeskreis die Grundfinanzierung in Aussicht stellen sollte. 1964 begannen die Bauarbeiten am Heim Bethlehem, das – seinem Namen als Geburtsort Jesu verpflichtet – Platz bieten sollte für „zwölf kleine und 24 größere Kinder, Schwesternzimmer und Nebenräume", wie der Entwurf von Hinrich und Jens-Peter Hillmer vorsah.[97] Dieser erste Neubau nach einer dreißigjährigen Baupause konnte jedoch erst 1966 in Betrieb genommen werden konnte, klaffte doch eine Finanzierungslücke von rund 200.000 DM,[98] die indes mit Mitteln der „Aktion Sorgenkind" geschlossen werden konnte. Kaum eröffnet, waren alle 36 Plätze des Neubaus, der „mitten im Grünen"[99] lag, belegt. Mit Bedauern stellte Jensen fest, dass man besser gleich größer hätte planen und bauen sollen.[100]

Parallel zum Umbau des Guten Hirten verfolgten die Alsterdorfer Anstalten ein weiteres wichtiges Bauprojekt: die Umgestaltung des maroden Kinderhauses Fichtenhain, dessen Zustand die Zeitung „Die Welt" skandalisiert hatte: „dunkle, abbruchreife Räume",[101] „völlig unzureichende hygienische Anlagen", „altmodische Einrichtung".

Dank einer Spende von 20.000 Dollar der US-amerikanischen St. Pauls-Gemeinde in Toledo (Ohio), die als Anschubfinanzierung diente, konnte das 1898 errichtete

---

95   BuB 1959/60, 15.
96   Kurz darauf ist von lediglich zwölf Kindern die Rede. Vgl. BuB 1960/61, 16.
97   BuB 1963/64, 19.
98   Ebd.
99   BuB 1966, 20.
100 BuB 1965/66, 20. Ursprünglich hatte man lediglich 24 Plätze vorgesehen. BuB 1966, 20.
101 ArESA, DV 686: „Ein ideales Kinderheim gestern in Alsterdorf eingeweiht", in: Die Welt, 6.7.1960. Danach auch die folgenden Zitate.

Zimmer im Haus Fichtenhain Mitte der 1950er Jahre. Das Gebäude wurde nach dem Umbau in Michelfelder Kinderheim umbenannt.

Haus umgebaut werden.[102] Benannt wurde es nach *Sylvester Clarence Michelfelder* (1889–1951), dem früheren Pastor der großzügigen Kirchengemeinde und späteren Exekutivsekretär des Lutherischen Weltbundes, der sich um die Hilfe der Kirchen nach dem Zweiten Weltkrieg in Mitteleuropa ausgesprochen verdient gemacht hatte.

Nach vielen Monaten des Bauens und der Verausgabung von über 200.000 DM war eines der schmuckesten Häuser der Alsterdorfer Anstalten entstanden.[103] Wieder hatte man auf die bewährten Architekten Hillmer zurückgegriffen, die einen wohlproportionierten, ruhigen und ausgewogen wirkenden Umbauentwurf vorlegten. Diesen Eindruck erzeugten Vater und Sohn Hillmer mit Stilelementen, die der Sanatoriumsarchitektur entlehnt waren: den langen, teils verglasten Veranden mit Säulen, die an Liegehallen erinnerten. Hervorzuheben ist, dass die bei der Aufstockung 1909 erfolgten repräsentativen Bauelemente, insbesondere der Mittelrisalit mit seinen roh behauenen Stuckverzierungen sowie die das Haus umgebenden Gesimse erhalten blieben. Erhalten blieb auch das Satteldach, das man nicht zugunsten eines weiteren Stockwerks opferte. Mit dem späteren Einbau eines Aufzuges wurde eine komplette Barrierefreiheit des Hausinnern erzeugt. Lediglich der Garten war von der unteren Veranda aus – wie erwähnt – über Treppen zu erreichen. Weiteren Glanz verlieh man dem Gebäudeinneren mit neuen Möbeln, Lampen und Bildern.[104] Wie in den Wachsälen im Guten Hirten wurden die Wände mit schallschluckenden Platten verkleidet.

---

102 Die Gesamtkosten beliefen sich auf 471.000 DM. ArESA, DV 645, Bd. 1: Jensen an das Gesundheitsamt, 5.8.1960. 268.500 DM stammten aus Spenden und Zuschüssen, den restlichen Betrag mussten die Alsterdorfer Anstalten aufnehmen. Ein avisiertes Darlehen des Lutherischen Weltdienstes konnte nicht mehr gewährt werden, „weil dieser Betrag dringend für Ausgaben in der Ostzone [DDR] verwandt werden sollte." Ebd.

103 BuB 1960/61, 3. Danach auch die folgenden Zitate.

104 Ebd.

IV. „Zusammenbruchgesellschaft" und Sozialstaat, 1945–1979

Das Michelfelder Kinderheim, Innenansicht

Der neue Name Michelfelder Kinderheim wird angebracht.

Der Raum als Erzieher

In den offiziellen Berichten der Alsterdorfer Anstalten über die Umgestaltung der Wohnhäuser wird immer wieder betont, dass sich die neuen, sauberen und wohnlicher eingerichteten Räume positiv auf das Sozialverhalten der Bewohner und Bewohnerinnen ausgewirkt hätten. So seien die Jungen im frisch renovierten Haus Alstertal – wider Erwarten – ausgesprochen sorgsam und vorsichtig mit dem Mobiliar, den Türen, Fenstern und Wänden umgegangen: „Immer wieder erleben wir es, dass des Hauses Schönheit Jungen, bei denen wir es nie erwartet hätten, zur Sorgfalt und Ordnung erzieht."[105]

Aufenthaltsraum im renovierten Haus Alstertal

Zugleich war man überrascht, dass Raumdifferenzierungen, die basale menschliche Bedürfnisse erfüllen bzw. überhaupt erst einmal deren Erfüllung ermöglichen,[106] die erzieherische Arbeit erleichtern konnten:

---

105 BuB 1953, 16f.

106 Immer noch einschlägig: Mahlke, Wolfgang / Schwarte, Norbert: Wohnen als Lebenshilfe. Ein Arbeitsbuch zur Wohnfeldgestaltung in der Behindertenhilfe, Weinheim/Basel 1985.

IV. „Zusammenbruchgesellschaft" und Sozialstaat, 1945–1979

„Seit wir hier so viele Räume haben, kommt man den Kindern äußerlich und innerlich viel näher als bisher. Der Einzelne wird, da er sich nicht überall und von allen beobachtet weiß, offener und zutraulicher. Ganz besonders fühlen die Kleinen sich wohl, weil sie sich, ohne den Spott der Großen fürchten zu müssen, bisweilen einmal liebevoll an ihren Pfleger anschmiegen dürfen."[107]

Eine Verbesserung des Sozialverhaltens der Bewohner stellten Jahre später auch die Hauseltern von Gut Stegen, *Christel* und *Harald Krause*, fest. Am 16. Mai 1975 konnte der von Vater und Sohn Hillmer in Waschbetonoptik gestaltete Anbau des alten Herrenhauses bezogen werden.

Anbau auf Gut Stegen: „Ein Beispiel, wie man moderne Architektur in die ländliche Idylle integrieren kann."

Zuvor hatten die rund sechzig Bewohner im „Pferdestall 1. OG"[108] und in einer Holzbaracke gehaust. Der neue Anbau bot neben Einzel- und Doppelzimmern auch einen gemeinsamen Esssaal, der eine gepflegtere Tischkultur beförderte:

„Bis dahin wurde noch getrennt in den alten Unterkünften gegessen. Nun änderten sich die Essgewohnheiten grundlegend: Bisher gab es fertig belegte Brote und Mittagessen im Vorbeimarsch mit der Kelle aus dem Kessel direkt auf den Teller, jetzt werden die Tische gedeckt und Brot, Butter, Marmelade, Aufschnitt usw. sowie das Mittagessen in Schüsseln auf die Tische getragen."[109]

---

107 BuB 1953, 17.

108 ArESA, DV 247: Hillmer/Hillmer: Neubau eines Pfleglingshauses auf Gut Stegen, Besprechung vom 20.1.1971, 1. Danach auch das folgende Zitat.

109 Das Herrenhaus in Stegen. Aus der Sicht der Heimeltern Christel und Harald Krause, in: BuB 1975/76, o. S. Danach auch die folgenden Zitate.

Zugleich löste die gemeinsame Unterbringung im Anbau die bisherigen Bezeichnungen – „Barackenjungen", „Hofjungen" – und die damit verbundenen Identitäten auf. Die Bewohner bezeichneten sich nunmehr, wie die Hauseltern schrieben, als „wir aus dem Herrenhaus".

„Geisteskranke Menschen sollen hier versorgt werden."[110] – das Heinrich-Sengelmann-Krankenhaus

Seit der Mitte der 1950er Jahre hatte sich der Vorstand der Alsterdorfer Anstalten mit einer Anfrage der Stadt Hamburg auseinandergesetzt, Plätze für Menschen mit psychischen Erkrankungen, vor allem mit Psychosen, zu schaffen. Das Anliegen Hamburgs beruhte auf Berechnungen, dass auf „1.000 Gesunde etwa drei Kranke kommen".[111] Beunruhigt hatten die Stadtväter festgestellt, dass für diese Patientengruppe aktuell eine Versorgungslücke von etwa tausend Plätzen klaffte.[112] Konkreter Anlass Hamburgs, auf die Alsterdorfer Anstalten zuzugehen, war die dramatische Überbelegung der psychiatrischen Abteilungen der städtischen Krankenhäuser, namentlich des Allgemeinkrankenhauses Ochsenzoll.[113]

Nach eingehenden Verhandlungen mit der Stadt Hamburg und deren Gesundheitsbehörde stellten die Alsterdorfer Anstalten im Sommer 1956 das 33 Hektar große Gelände Rothenmoor des Gutes Stegen für den Bau eines Psychiatrischen Krankenhauses zur Verfügung. Die am 10. August 1956 bei der Stadt Hamburg beantragten Finanzmittel zum „Bau der neuen Anstalt"[114] sollten jedoch erst am 15. Oktober 1958 bzw. am 29. Juni 1960 bewilligt werden.

Mit der Planung und der Ausführung des zunächst mit sechs, später mit 7,5 Millionen DM angesetzten Bauprojekts[115] wurden erneut Hinrich und Jens-Peter Hillmer beauftragt. Ihr Entwurf orientierte sich an einer in Norddeutschland, vor allem in Niedersachsen gebräuchlichen Siedlungsbauweise: dem Rundling, der in seiner Hufeisenform übrigens einem 1909 angefertigten „Entwurf eines Bebauungsplanes" für die Alsterdorfer Anstalten sehr ähnelte.[116]

---

110 Zitiert aus der Urkunde der Grundsteinlegung der „Anstalt Stegen", 11.12.1961, abgedruckt in: BuB 1961/62, 2.

111 BuB 1961/62, 3. Danach auch die folgenden Ausführungen und Zitate. Hierzu auch: BuB 1963/64, 6.

112 ArESA, DV 129: Bittner, Gerhard: Den Schwachen und Elenden zugewandt. Ein neuer Abschnitt für das Werk Heinrich Sengelmanns, in: Die Kirche in Hamburg, 25.10.1964.

113 50 Jahre Heinrich Sengelmann Krankenhaus. Ein Ort für Menschen, August 2014, 24.

114 BuB 1961/62, 3.

115 50 Jahre HSK, 25.

116 Der stark idealisierte Entwurf des Bebauungsplans von 1909 ist einzusehen in: ArESA, DV 644. Im hufeisenförmigen Rundling der Alsterdorfer Anstalt waren das Haus Deutscher Kaiser, das alte Wirtschaftsgebäude und das Maschinenhaus eingezeichnet.

IV. „Zusammenbruchgesellschaft" und Sozialstaat, 1945–1979

Plan des Heinrich-Sengelmann-Krankenhauses

Innerhalb des Rundlings war ein „Sozialzentrum" mit einem Veranstaltungsgebäude vorgesehen, das sich zwischen noch anzupflanzenden Bäumen und Hecken schmiegen sollte.[117] Außerhalb des Rundlings, in westlicher Richtung, waren dreistöckige Patientenhäuser mit Satteldach, „Atriumhäuser" und ein „Winkelhaus" geplant, wobei sich das stumpfe Ende des „Hufeisens" in Richtung der notwendigen technischen Anlagen öffnete: Heizungszentrale, Trafostation und Wasserwerk.[118] Die parkähnliche Anlage ging in ein großes rechteckiges Gelände über, in dem etliche weitere Patientenhäuser – teilweise in größeren Abständen, teilweise auch dicht nebeneinander – gebaut werden sollten. Das ganze Gelände war zunächst jedoch noch ein „rohes Ackergelände"[119] und weit entfernt von einer Auge und Sinne stimulierenden Parklandschaft, wie sie in Alsterdorf zu finden war.[120]

---

117 Die folgenden Ausführungen basieren auf dem Entwurf von Hillmer & Hillmer, ESA-Fotoarchiv, Nr. 208.
118 50 Jahre HSK, 12.
119 ArESA, DV 129: Einweihung des Heinrich-Sengelmann-Krankenhauses der Alsterdorfer Anstalten in Stegen am 14.10.1964.
120 BuB 1964/65, 16.

Unberührte Landschaft, späteres Baugelände

Im ersten Bauabschnitt des neuen Krankenhauses sollten drei „Krankengebäude mit insgesamt 200 Betten samt den erforderlichen Nebengebäuden und technischen Einrichtungen" errichtet werden. Im Oktober 1964 waren die ersten drei Frauenwohnhäuser mit insgesamt zweihundert Plätzen bezugsfertig. Da die einen Hof bildenden Gebäude auf dem Boden Schleswig-Holsteins standen und der Staat Hamburg der Hauptgeldgeber war, erhielten die neuen Gebäude die Namen Kiel, Lübeck und Hamburg,[121] in das die Pflegerinnen, Schwestern und die Oberin einzogen.[122] Zugleich siedelten die ersten fünfzig Patientinnen aus dem Krankenhaus Ochsenzoll nach Stegen über. Eine Station wurde mit „Pfleglingen" aus den Alsterdorfer Anstalten belegt.[123] Die – nach eigenem Bekunden – „modernste psychiatrische Krankenanstalt Deutschlands"[124] erhielt den Namen „Heinrich-Sengelmann-Krankenhaus", abgekürzt HSK. Damit hatte man den Namen des Gründers der Alsterdorfer Anstalten – nach Heinrichshöh und der Heinrich-Sengelmann-Schule – zum dritten Mal vergeben.

Haus Hamburg, in das die Ochsenzoller Patientinnen zunächst einzogen, bot wenig Gemütlichkeit und keinerlei Privatsphäre: „Die Räumlichkeiten sind durch Sechserboxen gekennzeichnet, die zum Flur hin offen sind."[125] Die dreistöckigen Häuser Kiel und Lübeck wiesen hingegen etwas mehr Wohnkomfort auf. Die Patientinnen teilten sich zu viert ein Zimmer.

Der für 1965/56 geplante Beginn des zweiten Bauabschnitts, der Häuser für zweihundert männliche Patienten,[126] zwei Schwesternhäuser mit fünfzig Betten sowie

---

121 ArESA, DV 129: Bittner, Gerhard: Den Schwachen und Elenden zugewandt. Ein neuer Abschnitt für das Werk Heinrich Sengelmanns, in: Die Kirche in Hamburg, 25.10.1964.
122 50 Jahre HSK, 25.
123 BuB 1964/65, 15.
124 So z. B.: ArESA, DV 129: Lübecker Nachrichten, 15.10.1964; Hamburger Abendblatt, 15.10.1964.
125 50 Jahre HSK, 26. Danach auch die folgenden Ausführungen.
126 Hillmer gibt in seinem Werkverzeichnis vom 18.5.1966 183 Betten an.

IV. „Zusammenbruchgesellschaft" und Sozialstaat, 1945–1979

Einzug in das Haus Lübeck

Wohnungen für 53 Mitarbeiterfamilien[127] und ein „Gemeinschaftszentrum mit Versammlungssaal"[128] vorsah, musste aufgrund einschneidender Sparmaßnahmen der Stadt Hamburg bis auf Weiteres verschoben werden.[129] 1968 begannen endlich, wenn auch zäh, die Bauarbeiten. Von den einstigen Planungen war man zwischenzeitlich abgerückt: Statt der ursprünglich vorgesehenen zweihundert Plätze sollten nur noch 134 eingerichtet werden. Während 1971 immerhin das große Maschinenhaus in Betrieb genommen werden konnte, wurden die Häuser Husum und Helgoland sowie das zweite Obergeschoss von Haus Hamburg erst drei bzw. vier Jahre später fertig. Bezogen werden konnten dann auch die dringend herbeigesehnten Mitarbeiterwohnungen und die Kindertagesstätte für rund sechzig Mitarbeiterkinder.[130] Mit der Fertigstellung des Julius-Jensen-Saals mit 440 Plätzen[131] im Mai 1975[132] hatte der zweite Bauabschnitt sein Ende gefunden. Zu diesem Zeitpunkt hatte sich das Heinrich-Sengelmann-Krankenhaus auch für männliche Patienten geöffnet.[133] Bemerkenswert war die Benennung des Festsaals nach dem zwar aus dem Dienst ausgeschiedenen, aber noch lebenden Julius Jensen – ein Novum in der Geschichte

---

127 Hillmer vermerkt in seinem Werkverzeichnis vom 18.5.1966 „Mehrfamilienhäuser für Personal mit 57 Ein- bis Vierzimmerwohnungen" sowie „neun Einfamilienhäuser". Akte 0347.
128 50 Jahre HSK, 27. Auf dem Gelände gab es auch eine Diskothek, die mit Vorliebe von den Bewohnern von Gut Stegen besucht wurde. BuB 1975/76, o. S.
129 BuB 1966, 21.
130 Vgl. Hillmer, Werkverzeichis vom 18.5.1966.
131 Ebd.
132 ESA-Fotoarchiv, Nr. 292-0, Nr. 292-1, Nr. 292-2: Angaben nach Einweihungsfotos vom 16.5.1975.
133 ArESA, DV 685: Einladung zur Einweihung des II. Bauabschnitts am 16.5.1975.

der Alsterdorfer Anstalten, die bis dahin stets verstorbene Persönlichkeiten als Namensgeber favorisiert hatten.

Die Erweiterung des Heinrich-Sengelmann-Krankenhauses fiel unmittelbar mit der Psychiatrie-Enquete im September 1975 zusammen. Der vom Deutschen Bundestag in Auftrag gegebene Bericht unterzog nicht nur die brutalen „Therapien", sondern auch die Massierung sowie die exterritoriale und exkludierende Unterbringung von Menschen mit psychischen Erkrankungen einer vernichtenden Kritik.[134] Zu den weitreichenden Empfehlungen – Umstrukturierung der großen psychiatrischen Krankenhäuser, Aufbau einer gemeindenahen Versorgung, Ambulantisierung – der Sachverständigenkommission mussten sich nun auch die Alsterdorfer Anstalten verhalten. Die Erweiterung war hier geradezu kontraproduktiv und zementierte die bereits vor dem Nationalsozialismus gängige Praxis, Menschen mit psychischen Erkrankungen möglichst weit „draußen vor der Tür" unterzubringen, wo sie die sogenannte „Normalgesellschaft" nicht weiter störten.

Renovierungsarbeiten in der St. Nicolaus-Kirche

Bei alledem wurde auch die St. Nicolaus-Kirche nicht vergessen. Bereits 1954 hatte sie „neu ausgemalt"[135] werden müssen, weil ihr Schornstein in Brand geraten war. Nun ging es darum, moderne Akzente zu setzen. Der Spruch über dem Turmeingang „Den Armen wird das Evangelium gepredigt" wurde 1959 durch moderne, d.h. fast serifenlose Großbuchstaben ersetzt. Zugleich wurden ein neues Lesepult und ein neues Taufbecken aufgestellt. Beide Gegenstände hatte die Hamburger Bildhauerin und Malerin *Maria Pirwitz* (1926–1984) mit biblischen Motiven verziert.[136] Mit ihren Intarsienarbeiten schuf die Künstlerin gegenständliche Bildtafeln, die es auch Menschen mit geistiger Behinderung ermöglichten, die dargestellten Motive zu verstehen. Ihr Werk war der Darstellung des Menschen in seiner „einfachen Daseinsform"[137] verpflichtet. Zeitgleich kam ein großer „Osterleuchter", gestaltet von *Gerhard Glüder* (* 1930), einem Lübecker Kunstschmied, zur Aufstellung im Altarraum. Am einst von Lensch gestalteten Wandbild nahm man keinen Anstoß. Diese und andere Kunstwerke, die farbigen Anstriche der Häuser und der Innenräume könnten darauf hindeuten, dass die Sinne der Verantwortlichen in den Alsterdorfer Anstalten freier und offener wurden, dass Fragen der ästhetischen Gestaltung von Gebäuden wieder mehr Raum erhielten.

---

134 Deutscher Bundestag: Bericht über die Lage der Psychiatrie in der Bundesrepublik Deutschland, Bonn 1975 (= Drucksache, Nr. 7/4200).

135 BuB 1954, 9.

136 ESA-Fotoarchiv. Zu lesen war: „Lasset die Kindlein zu mir kommen."

137 Rump, Kay / Bruhns, Maike / Meyer-Tönnesmann, Carsten (Hg.): Der neue Rump: Lexikon der Bildenden Künstler Hamburgs. Überarbeitete Neuauflage des Lexikons von Ernst Rump (1912), Neumünster ²2013, 350.

Julius Jensen und die „Euthanasie"-Debatte der 1960er Jahre

Teil der Modernisierungsstrategie war die Intensivierung der Öffentlichkeitsarbeit durch Werbekampagnen, Hörfunk- und Fernsehbeiträge und Handreichungen für den Religionsunterricht.[138] Julius Jensen wurde zu einer Persönlichkeit des öffentlichen Lebens in Hamburg – und als solche sah er sich verpflichtet, in der neu aufgeflammten „Euthanasie"-Debatte der frühen 1960er Jahre Stellung zu beziehen. Ausgelöst wurde diese Debatte durch die Enttarnung des unter einem Falschnamen in der Bundesrepublik praktizierenden ersten ärztlichen Leiters der „Euthanasie"-Zentrale, *Werner Heyde* (1902–1964), im Jahre 1959 – er beging kurz vor der Eröffnung der Hauptverhandlung gegen ihn im Jahre 1964 unter ungeklärten Umständen in der Untersuchungshaft Suizid.[139] Hinzu kamen die apologetischen Traktate eines der Hauptbeteiligten an der Kinder-„Euthanasie", des Pädiaters *Werner Catel* (1894–1981), zu Beginn der 1960er Jahre,[140] um die eine heftige öffentliche Diskussion entbrannte, ebenso wie um das sogenannte „Lütticher Urteil" im Jahre 1962 gegen eine Mutter, die ihr contergangeschädigtes Kind getötet hatte und vom Gericht freigesprochen wurde. Auf der Jahrestagung des Verbandes Deutscher Evangelischer Heilerziehungs-, Heil- und Pflegeanstalten, die vom 25. bis 28. Mai 1964 in den Alsterdorfer Anstalten stattfand, hielt Jensen einen bemerkenswerten Vortrag über „Lebenssinn und Lebensrecht der Schwachen". Unter dem Eindruck dieses Vortrags verabschiedeten die versammelten Theologen, Ärzte, Pädagogen, Schwestern und Pfleger eine Resolution, die das „unabdingbare, uneingeschränkte Lebensrecht der Schwachen auch in der modernen Gesellschaft und für alle Zukunft" proklamierte. Zugleich beschloss die Versammlung eine Empfehlung, in den Mitgliedseinrichtungen keine Gedenktafeln anzubringen, die an die NS-„Euthanasie" erinnerten, um die „Pflegebefohlenen" nicht „unnötig zu beunruhigen". Das ist charakteristisch auch für Alsterdorf. Während Jensen in der aktuellen „Euthanasie"-Debatte entschieden Stellung bezog, waren die Abtransporte aus den Alsterdorfer Anstalten nach wie vor mit einem Tabu belegt. So wurde am 15. April 1962 ein „Gedächtnismal" für die in den Weltkriegen gefallenen Alsterdorfer Mitarbeiter in der Eingangshalle der St. Nicolaus-Kirche eingeweiht – der Opfer der „Euthanasie" aus den Alsterdorfer Anstalten wurde nicht gedacht.

Die Auseinandersetzung mit der eigenen Geschichte fand hinter den Kulissen statt. Im Januar 1960 legte Jensen dem Vorstand eine Denkschrift mit dem Titel „Vorgänge betr. Euthanasie und Juden-Entlassung in den Alsterdorfer Anstalten während der Zeit des Nationalsozialismus" vor, in der er das Verhalten seines Vorvorgängers Friedrich Lensch auf das Schärfste verurteilte. Hintergrund war ein Rechtsstreit um

---

138 Engelbracht/Hauser, Mitten in Hamburg, 69f.

139 Godau-Schüttke, Klaus-Detlev: Die Heyde/Sawade-Affäre. Wie Juristen und Mediziner den NS-Euthanasieprofessor Heyde nach 1945 deckten und straflos blieben, Baden-Baden 1998.

140 Petersen, Hans-Christian / Zankel, Sönke: Werner Catel – ein Protagonist der NS-„Kindereuthanasie" und seine Nachkriegskarriere. In: Medizinhistorisches Journal 38 (2003), 139–173.

Pensionsansprüche, die Lensch gegen die Alsterdorfer Anstalten geltend machte. 1960/61 strengte Jensen bei der Kirchenleitung der Evangelisch-lutherischen Kirche Schleswig-Holsteins ein Disziplinarverfahren gegen Lensch wegen dessen Rolle bei der Entlassung der Bewohner und Bewohnerinnen jüdischen Glaubens oder jüdischer Herkunft im Jahre 1938 und bei den Abtransporten 1941/43 an, das jedoch 1963 eingestellt wurde. Auch ein staatsanwaltschaftliches Ermittlungsverfahren wegen Beihilfe zum Mord, das 1967 durch den Bericht des Bewohners *Albert Huth* (1926–2005) in Gang kam, wurde trotz eines erheblichen Tatverdachts aufgrund der Zweifel an einem vorsätzlichen Handeln eingestellt.

Bemerkenswerterweise nahm der von Julius Jensen initiierte Fernsehfilm „Die geringsten Brüder. Ein Gang durch die Alsterdorfer Anstalten" (1965) nicht nur Bezug auf die damals aktuelle „Euthanasie"-Diskussion, sondern kam auch, anknüpfend an den Prozess gegen Werner Heyde, auf das Thema der NS-„Euthanasie" zu sprechen – was innerhalb der Diakonie durchaus auch auf Kritik stieß. Zudem zeigte der Film nicht nur die Errungenschaften der Alsterdorfer Anstalten, sondern auch die „katastrophalen Lebensbedingungen"[141] in manchen Abteilungen.

Hier scheint ein Zusammenhang auf, den Jensen am Ende seiner Amtszeit – unter dem Eindruck der Rezession von 1966/67, als sich das vorläufige Ende des schnellen Ausbaus des bundesdeutschen Sozialstaats ankündigte – ganz offen ansprach. Seine Forderung nach heilpädagogischen Kindergärten und Schulen, beschützenden Werkstätten sowie der Schaffung moderner Heime mit großzügigem Raumangebot und qualifiziertem Personal untermauerte er mit dem Hinweis: „Alle Reden und Entschließungen gegen die neu aufflammenden Euthanasie-Gedanken bleiben unglaubwürdig und darum wirkungslos, wenn nicht der Lebensraum für die Behinderten wirklich vorhanden ist."[142]

Neuansätze in Schule und Beschäftigungstherapie

Die Schule der Alsterdorfer Anstalten musste sich, wie bereits erwähnt, bis 1981 mit behelfsmäßigen Baracken begnügen. Zur räumlichen Enge kam die personelle Unterbesetzung. Es fiel schwer, Lehrkräfte zu gewinnen, da die Gehälter unter denen an staatlichen Schulen lagen. 1959 wurde die Schule vom Hamburger Senat als staatliche Sonderschule anerkannt – als solche erhielt sie staatliche Zuschüsse, die staatliche Anerkennung der von ihr vermittelten Schulabschlüsse blieb jedoch aus. In der Folgezeit bemühte sich die Schule um neue pädagogische Konzepte. So wurde 1963, nach einer Studienreise in die Schweiz, ein Sprachheilunterricht eingeführt – für Hamburg eine Neuerung. 1967, genau hundert Jahre nach ihrer Gründung, öffnete sich die

---

141 Engelbracht/Hauser, Mitten in Hamburg, 77.

142 Jensen, Julius: Theologische Überlegungen zur Frage nach dem Lebenssinn geistig Behinderter, in: Dixon, Stephen (Hg.): Die Euthanasie. Ihre theologischen, medizinischen und juristischen Aspekte, Göttingen 1969, 88–106, Zitat: 104f.

„Rechnen am Kaufmannsladen", 1967

Alsterdorfer Schule auch für Kinder von außerhalb. 170 Schüler und Schülerinnen wurden nun in 15 Klassen, die sich auf drei Schulzüge (Lern-, Werk- und Beschäftigungsklassen) aufteilten, unterrichtet. Nicht alle Kinder im schulpflichtigen Alter aus den Alsterdorfer Anstalten wurden jedoch beschult. Wer den Eingangstest nicht bestand, blieb ohne Schulbildung, allerdings wurde für solche Bewohner und Bewohnerinnen in den 1960er Jahren eine Beschäftigungstherapie aufgebaut.

Jährlich verließen etwa zwanzig Jugendliche im Alter von 15 Jahren die Schule. Einige konnten auf dem freien Arbeitsmarkt vermittelt werden, wobei allerdings ihre beruflichen Chancen von vornherein sehr schlecht standen, weil sie keinen offiziellen Schulabschluss, noch nicht einmal einen Sonderschulabschluss vorweisen konnten. Andere schafften den Sprung in die öffentliche Hilfsschule, einzelne sogar in die Volksschule. Die übrigen Schulabgänger blieben in den Alsterdorfer Anstalten und fanden in den Werkstätten, in Hof und Garten, in Wäscherei und Webstube Beschäftigung. Wer in den Wirtschaftsbetrieben arbeitete, bekam, wie schon in den vorangegangenen Jahrzehnten, Fortbildungsunterricht.[143]

Die noch sehr zaghaften Ansätze, in der Beschulung und Beschäftigung von Menschen mit geistigen Behinderungen neue Wege zu gehen, können nicht darüber hinwegtäuschen, dass sich am überkommenen Anstaltsmodell vorerst nichts änderte. Auch Julius Jensen dachte in diesen Bahnen, er war ein Verfechter des Schutz- und Schonraumkonzepts.[144]

---

143 Engelbracht/Hauser, Mitten in Hamburg, 85–90.
144 Ebd., 69, 71.

Die Alsterdorfer Anstalten unter der Leitung von Hans-Georg Schmidt, 1968–1979

Der Nachfolger Julius Jensens, Pastor *Hans-Georg Schmidt* (* 1930), wurde am 12. Mai 1968 offiziell in sein Amt eingeführt – gerade zu dem Zeitpunkt, als die westdeutsche Studentenbewegung mit dem Protest gegen die Notstandsgesetze ihren Höhepunkt erreichte. Schmidt, Sohn eines Pfarrers, wuchs in der Lausitz auf und wechselte 1943 – der Familienüberlieferung zufolge: wegen der kirchenfeindlichen Haltung der nationalsozialistischen Lehrerschaft an dem Gymnasium, das er bis dahin besucht hatte – an das Zinzendorf-Pädagogium der Herrnhuter Brüdergemeine nach Niesky in der Oberlausitz. Im Februar 1945 floh die Familie vor der Roten Armee nach Hamburg. Schmidt legte sein Abitur an der Oberrealschule in St. Georg ab und begann im Mai 1949 sein Theologiestudium an der neu gegründeten Kirchlichen Hochschule in den Alsterdorfer Anstalten. Nach dem Abschluss seines Studiums an der Universität Heidelberg kehrte er nach Hamburg zurück, legte das erste theologische Examen ab und wurde Vikar an St. Petri und in der Stadtmission. Die Ordination folgte im März 1956, Schmidt wurde Hilfsprediger und Pfarrer in der Paul-Gerhardt-Gemeinde in Winterhude. Ab 1964 gehörte er der Synode der Hamburgischen Landeskirche, seit 1965 dem Kirchenrat an. Jensen hatte ihn wohl seit Mitte der 1960er Jahre als Nachfolger im Auge. Dennoch war seine Wahl im Vorstand nicht unumstritten – die Frage war wohl, ob ein Theologe in der obersten Leitungsposition der Alsterdorfer Anstalten noch zeitgemäß sei.[145]

Leitungsstrukturen

In der Folge bemühte man sich um eine vorsichtige Reform der Leitungsstrukturen, die Verantwortung, wenn auch eher halbherzig, nach unten delegierte: Während die „Führungsverantwortung" beim Direktor verblieb, wurde den leitenden Mitarbeitenden „Handlungsverantwortung" übertragen – wie nicht anders zu erwarten, ergaben sich aus dieser Konstruktion in der Praxis manche Konflikte. Seit 1970 kamen die leitenden Mitarbeitenden mit dem Direktor in verschiedenen Beratungsgremien zusammen, vor allem in der „Leitungskonferenz" – auch dies ein zaghafter Schritt zur Einebnung überkommener Hierarchien. Klarer war eine Satzungsänderung im Jahre 1972, in deren Folge der Direktor aus dem Vorstand ausschied – dieser wurde damit als Stiftungsrat zu einem reinen Aufsichtsgremium, dem der Direktor, später dann, mit der Einführung einer kollegialen Leitung, der Vorstand als Leitungsgremium rechenschaftspflichtig war.[146]

---

145 ArESA, VD 799: Lebenslauf; Engelbracht/Hauser, Mitten in Hamburg, 236–238.
146 Engelbracht/Hauser, Mitten in Hamburg, 240.

IV. „Zusammenbruchgesellschaft" und Sozialstaat, 1945–1979

Direktor Hans-Georg Schmidt verabschiedet Oberin Herta Ernst, 14. Februar 1971

Im medizinischen Bereich wurde, als Dr. *Hans Schlorf* (* 1912), der seit 1953 als leitender Arzt in den Alsterdorfer Anstalten tätig gewesen war, zum Jahresende 1970 in den Ruhestand ging, ein „Kollegialsystem" eingeführt: Dr. *Wilfried Borck* (1922–1978) wurde leitender Arzt auf der „Frauenseite" sowie im „Kinder- und Jugendbereich", Dr. *Charlotte Preußner-Uhde* (* 1914) auf der „Männerseite". Eine neue Konfliktlinie bildete sich zwischen der ärztlichen Leitung und dem 1971 ins Leben gerufenen psychologischen Dienst heraus. Die erste Psychologin, die 1969 eingestellt wurde, war vor allem mit dem Unterricht in der Kinderpflegerinnenschule befasst. Die ihr folgenden Berufskollegen und -kolleginnen waren für den Gesamtanstaltskomplex, für die klinisch-psychologische Versorgung der psychiatrischen Patienten und Patientinnen des Evangelischen Krankenhauses Alsterdorf und des Heinrich-Sengelmann-Krankenhauses in Stegen, für die Testdiagnostik der Sonderschule und die Erziehungsberatung im Heim Alstertal zuständig. 1975 waren bereits fünf Psychologen und Psychologinnen in den Alsterdorfer Anstalten tätig. Mit ihrer Tätigkeit wurden pädagogisch-psychologische Konzepte der Behindertenarbeit gestärkt, die in einem Spannungsverhältnis zum weiterhin vorherrschenden medizinischen Paradigma standen. Vorerst stand die Gleichstellung von Medizinern und Psychologen nur auf dem Papier – in der Praxis lag die Entscheidungsgewalt in therapeutischen Fragen nach wie vor bei den Ärzten und Ärztinnen, die Psychologen und Psychologinnen mussten sich notgedrungen auf verhaltenstherapeutische Pilotprojekte beschränken.[147] Dies führte zu heftigen Konflikten. Der erste Leiter des psychologischen Dienstes, Prof. Dr. phil. *Heinz Escher* (* 1937), schied 1974 nach unüberbrückbaren Differenzen mit der Leitung aus. In der Folgezeit stellten auch andere, neu entstehende Berufs- und Statusgruppen wie Sozialarbeiter und -arbeiterinnen,

---

147 Ebd., 240f.

Sozialpädagogen und -pädagoginnen und auch Zivildienstleistende die bestehenden Leitungsstrukturen zusehends infrage. Die vorsichtigen Ansätze in den 1970er Jahren, die überkommene Hierarchie der Alsterdorfer Anstalten aufzulockern, wurden von der Dynamik der gesellschaftlichen Veränderungsprozesse überholt – am Ende galt die unter Schmidt geschaffene Leitungsstruktur als zu autoritär.[148]

Damit ist ein Grundthema der Amtszeit Schmidts angesprochen. Veränderungen wurden in die Wege geleitet, das Tempo der Veränderungsprozesse war jedoch zu gering, um mit der Verschiebung des Erwartungshorizonts innerhalb wie außerhalb der Alsterdorfer Anstalten Schritt halten zu können.

Das Karl-Witte-Haus

Kurz nach seinem Amtsantritt stellte Schmidt sein Generalkonzept und seine Vision für die Alsterdorfer Anstalten im Jahr 2000 dar. Als „vordringlichste Aufgabe"[149] bezeichnete der neue Anstaltsleiter die Realisierung von „Neubauten und Umbauten", und zwar „so schnell wie möglich". Bei dieser Gelegenheit wurde klar, dass das projektierte „Pfleglingshochhaus" nur zur Hälfte den bereits in den Alsterdorfer Anstalten lebenden Männern und Jungen zur Verfügung stehen würde.[150] Die restlichen Plätze waren für Neuaufnahmen vorgesehen. Weiter brachte Schmidt ein zweites Hochhaus, nun für Mädchen und Frauen, ins Gespräch. Zugleich wollte er alle „alten Baracken" abreißen lassen und durch zweistöckige Häuser ersetzen. Diese an den bürgerlichen Wohnungsbau erinnernden Gebäude betrachtete Schmidt als bauliche Voraussetzung für ein „Höchstmaß an Lebensentfaltungsmöglichkeiten" für die Bewohnerinnen und Bewohner. Die beiden Hochhäuser sollten die unbedingten Ausnahmen bleiben, so Schmidt, der dafür plädierte, den beschaulich-dörflichen Charakter des Geländes zu erhalten. Zugleich hoffte der neue Direktor, durch den Bau des schon seit Längerem geplanten Krankenhauses die vier von diesem bisher belegten Häuser für Wohnzwecke frei zu bekommen.

Der Bau des ersten Hochhauses auf Alsterdorfer Anstaltsboden war extrem aufwendig: angefangen von der Fundamentierung über die Zeichnung mehrerer Hundert Baupläne bis hin zur Beschaffung der Innenausstattung.[151] Eine „Zementasbest-Verkleidung" diente als zeittypischer Brandschutz der rasterförmig durchfensterten Fassade, außen angebrachte Waschbetonelemente übernahmen eine dekorative Funktion des über Eck errichteten Hauses. Von den umliegenden Gebäuden, allen voran

---

148 Ebd., 239f.
149 BuB 1969, 13. Danach auch die folgenden Zitate. Die weiteren in diesem Zusammenhang erwähnten Pläne Schmidts sind nachzulesen in: Engelbracht/Hauser, Mitten in Hamburg, 239.
150 Diese würden, so Schmidt, „gegenwärtig noch in abbruchreifen Häusern und Baracken leben." Ebd.
151 ArESA, DV 659: Walter Helbing: Neubau „Karl-Witte-Haus", 4. Danach auch die folgenden Angaben. *Walter Helbing* war Abteilungsleiter für Technik.

IV. „Zusammenbruchgesellschaft" und Sozialstaat, 1945–1979   259

Der „Weiße Riese" –
das 1973 eröffnete Karl-
Witte-Haus (Modell)

der Zentralküche mit ihrem Wasserturm, hob sich das nach dem ehemaligen Vorstandsmitglied Bischof *Karl Witte* (1893–1966) benannte siebenstöckige Gebäude auf Y-förmigem Grundriss deutlich ab. Inmitten der sich zwar nicht durchgängig, aber doch auch an regionalen Baustilen orientierenden Architektur des 19. und frühen 20. Jahrhunderts wirkte der Neubau wie ein aus der Großstadt importierter Fremdkörper. Hierzu trugen nicht nur die Höhe und der weiße Anstrich des Solitärs, sondern auch dessen *fünfte Fassade* – das moderne Flachdach – bei. Dass das Karl-Witte-Haus die Bäume auf dem Anstaltsgelände überragte, verstärkte diesen Eindruck zusätzlich. Die gut gemeinten gemeinsamen Funktionsräume (Küche, Speise- und Aufenthaltsräume) sollten die gesellschaftliche Isolation der Bewohner und Bewohnerinnen des

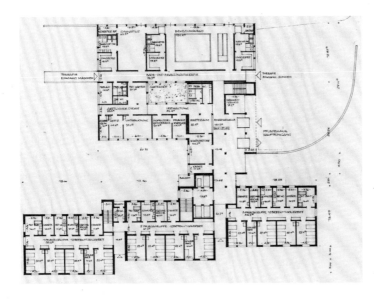

Bauplan Erdgeschoss
des Karl-Witte-Hauses

Faksimile des Titelblattes der „Briefe und Bilder", 1969: „Zwischen Einst und 2000"

Neubaus zementieren. Hierzu trugen auch diejeniegen technischen Vorrichtungen bei, die eigentlich der Überwindung von Barrieren dienen sollten: die Personenlifte. „Die mangelhafte Ausstattung mit Aufzügen fördert die Tendenz, die Abteilung nicht zu verlassen und nicht ins Freie zu gehen."[152]

---

152 ArESA, ÖII, 109: Anlage IIIa. Auszüge aus den Besichtigungsprotokollen der Heimaufsicht, 2.4.1980, 9.

IV. „Zusammenbruchgesellschaft" und Sozialstaat, 1945–1979   261

Albert Huth hat im Januar 1972 ein Gedicht zum „Pfleglingshochhaus" verfasst:

„Vielen Menschen wird etwas anvertraut,
wenn in der Anstalt unser Hochhaus gebaut.
Es wird gebaut in moderner Art.
Das ganze Geld wurde dafür gespart.
Woher kam das viele Geld?
Es liefen Spenden ein aus aller Welt.
Damit die Pfleglinge könn'n gemütlich wohnen.
Dafür wird viele der Herr belohnen."[153]

Der Architekt Hillmer überreicht den symbolischen Schlüssel, 1973

Während wahrscheinlich viele Bewohner aus Haus Hohenzollern froh waren, aus ihren baufälligen Zimmern herauszukommen, und sich auf ihr neues Zuhause freuten, charakterisierte Anstaltsleiter Schmidt den kostspieligen Neubau schon bald als

---

153 ArESA, DV 659: Albert Huth, Das Hochhaus, Januar 1972.

„zu hoch und durchaus als nicht optimal im Sinne der Verkleinerung von Abteilungen."[154] Das sterile Aussehen und seine Größe trugen dem Karl-Witte-Haus schon bald den Spitznamen „Weißer Riese" ein, der einerseits an ein 1966 in Westdeutschland eingeführtes Waschpulver erinnerte, andererseits aber auch auf die Überwältigungsarchitektur des Gebäudes verwies.

Keck-Ludewig-Flügel und Werner Otto Institut

Anlässlich des Jahresfestes 1973 wurde nicht nur das Karl-Witte-Haus mit seinem Therapietrakt und seinen Werkstätten, sondern auch der Keck-Ludewig-Flügel – ein von Jens-Peter Hillmer entworfener Anbau an Haus Bethlehem zur Beobachtung und therapeutischen Förderung „schwerstgeschädigter" Kleinkinder – eingeweiht.[155] Am 16. Oktober 1973 wurde zudem der Grundstein für ein weiteres Gebäude gelegt. Benannt wurde das Werner Otto Institut nach dem großzügigen Spender, dem Versandhausgründer *Werner Otto* (1909–2011), der 3,5 Millionen DM zum Bau beisteuerte.[156] Bereits am 1. Juli 1974 nahm das mit seinem diagnostischen und therapeutischen Angebot zur Früherkennung von „Behinderungen" bundesweit vorbildliche Zentrum

Das Werner Otto Institut, 1973

---

154 ArESA, DV 355: Schmidt, Die Arbeitssituation der Alsterdorfer Anstalten. Bericht vor der Synode, 30.8.1979. Zit. nach: Engelbracht/Hauser, Mitten in Hamburg, 242.

155 *Ludewig* hatte 100.000 DM für den Anbau gespendet. ArESA, DV 662: Schmidt an Ludewig, 1.10.1969. Engelbracht/Hauser, Mitten in Hamburg, 235. Der andere Namensgeber war der Kinderarzt Dr. *Keck*, der Schwiegervater Ludewigs. BuB 1973/74, o. S.

156 ArESA, DV 685: Schmidt an die „lieben Mitarbeiterinnen und Mitarbeiter", 9.10.1973. Zu Auftrag, Therapieangeboten und Personal des Werner Otto Instituts siehe: Engelbracht/Hauser: Mitten in Hamburg, 255–257.

IV. „Zusammenbruchgesellschaft" und Sozialstaat, 1945–1979

seine Arbeit auf.[157] Man hatte auf den Bau eines Hochhauses verzichtet, stattdessen kam auf einem unbebauten Grundstück an der Bodelschwinghstraße, oberhalb des Paul-Stritter-Hauses, ein dreigeschossiges lang gestrecktes Flachdachgebäude zur Ausführung, das dem in den 1970er Jahren gängigen Zweckbautenstil entsprach. Um den Hilfe suchenden Eltern den Gang über das Anstaltsgelände zu ersparen, wandte sich das Werner Otto Institut „mit seinem Haupteingang nach außen".[158]

Das Wilfried-Borck-Haus

1979 konnte ein weiteres mehrstöckiges Gebäude bezogen werden. Mit diesem im Jahre 1977 begonnenen Haus wollte man die „Wohnsituation vieler mehrfach behinderter Jugendlicher entscheidend"[159] verbessern. Vorgesehen waren zwölf Wohneinheiten für je acht Kinder mit 160 qm, in denen es nur noch Einzel- und Doppelzimmer geben sollte. Ein Wohnzimmer und eine eigene kleine Küche griffen das Konzept einer Normalisierung des Alltags auf, wobei die Zentralküche der Alsterdorfer Anstalten nach wie vor die Hauptlast der Versorgung trug.[160] Um „Hospitalisierungsschäden entgegenzuwirken", sollten gemischtgeschlechtliche Wohngruppen gebildet werden.[161] Zudem war man mit der Aufnahme von „rollstuhlbedürftigen Behinderten", auf deren besondere Bedürfnisse – Rampen, geräumige Wohnflächen, Armaturen in niedriger Höhe u. v. a. m. – eingegangen. 1980 wurde das Wilfried-Borck-Haus für 98 Kinder und Jugendliche eingeweiht. Dieses Mal hatte man sich wieder des Backsteins, des regionalen Bausteins schlechthin, bedient.

Erste Außenwohngruppen

Ganz dem in der „Behindertenhilfe" zunehmend an Boden gewinnenden Normalisierungskonzept folgend, gingen auch die Alsterdorfer Anstalten Mitte/Ende der 1970er Jahre daran, Wohngruppen und Außenstationen einzurichten. Dies war ein Schritt, der nicht zuletzt von einer Gruppe von Mitarbeitenden, der „Montagsgruppe",

---

157 Siebert, Joachim: Arbeitsbericht des Werner Otto Instituts der Alsterdorfer Anstalten 74/75, in: BuB 1974/75, o. S. Das Werner Otto Institut war die dritte Einrichtung zur Früherkennung und Behandlung cerebralgeschädigter Kinder in Westdeutschland. BuB 1973/74, o. S. Die offizielle Eröffnung war am 13.9.1974. Vgl. Engelbracht/Hauser: Mitten in Hamburg, 255.
158 Borck, Wilfried: Grundsteinlegung für das Werner Otto Institut der Alsterdorfer Anstalten, in: Wir helfen, Nr. 12, Dezember 1973, 13f., 13.
159 Ein Festtag, in: BuB 1978, 17. Danach auch die folgenden Angaben.
160 BuB 1975/76, o. S. Danach auch die folgenden Zitate.
161 Wie problematisch das Fehlen eines sexualpädagogischen Konzepts in koedukativen Heimen war, zeigt z. B.: Winkler, Ulrike: Kein sicherer Ort. Der Margaretenhort in Hamburg-Harburg in den 1970er und 1980er Jahren, Bielefeld 2021.

immer wieder eingefordert worden war.[162] 1981 konnten dreihundert Frauen, Männer, Kinder und Jugendliche die neuen Wohnangebote nutzen. Allerdings war nicht immer nur der Wunsch nach „überschaubaren, familienähnlichen Verhältnissen" handlungsleitend gewesen. Beim DRK-Krankenhaus Schlump mit seinen 99 Betten ist es vielmehr so gewesen, dass die Stadt Hamburg nicht nur den Leerstand des großen Gebäudes vermeiden, sondern auch das von ihr bemängelte Dauerproblem der Überbelegung in den Alsterdorfer Anstalten mildern wollte. Die Initiative zur Gründung „wirklicher" Außenwohngruppen, die ja mit der Anmietung von kleinen Wohneinheiten verbunden war, ging vor allem auf Mitarbeitende der Alsterdorfer Anstalten zurück. Ein der Behörde für Jugend, Arbeit und Soziales bereits ein Jahr zuvor vorgelegtes Konzept sah vor, „die Zentrale von zur Zeit 1.000 Bewohnern auf 600 zu verkleinern",[163] während dort Therapieangebote und eine noch zu erweiternde „Werkstatt für Behinderte" verbleiben sollten. Indes gestaltete sich das Anmieten geeigneter Häuser und Wohnungen äußerst schwierig. Immer wieder mussten Widerstände abgebaut werden: „Wer schützt unsere Frauen und Kinder?' oder ‚Wer bezahlt den Werteverlust unserer Häuser?' waren leider oft zu hören", stand in den „Briefen und Bildern" 1981 zu lesen. Diesen Vorurteilen musste in den Folgejahren immer wieder entgegengetreten werden, um die „intramurale Rehabilitation"[164] auch in baulicher Hinsicht zu einem Auslaufmodell zu machen.

Personalprobleme

Der Mangel an Personal, insbesondere an qualifiziertem Personal blieb ein gravierendes Problem, zumal nun auch die Schwesternschaft der Alsterdorfer Anstalten mit einem eklatanten Nachwuchsmangel zu kämpfen hatte. Die Zahl der eingesegneten Schwestern verringerte sich zwischen 1965 und 1978 um fast die Hälfte. In dieser Situation suchte die Schwesternschaft den Anschluss an einen größeren Verband. Unter der Oberin *Herta Ernst* (* 1911), die von 1966 bis 1971 an der Spitze der Alsterdorfer Schwesternschaft stand, trat man dem Berufsverband freier evangelischer Krankenschwestern (und Krankenpfleger) e. V. bei.[165] Unter der Oberin *Dorothea Hartwig* (1920–1999), die von 1971 bis 1984 amtierte,[166] schloss sich die Alsterdorfer

---

162 ArESA, DV 812: Montagsgruppe: Thesen und Gedanken über Ausgliederungen, Wohngruppen, Wohngemeinschaften; dies.: Leben außerhalb der Anstalt, Frühsommer 1980. Im Mai 1981 monierte die Gruppe, dass es für die Bewohnerinnen und Bewohner immer noch keinen Bohnenkaffee gebe, ebd.
163 BuB 1981, 22.
164 Borck, Wilfried: Medizinische Rehabilitation der Behinderten in Alsterdorf, in: 125 Jahre Arbeit, 31.
165 Engelbracht/Hauser, Mitten in Hamburg, 106f.
166 Nach dem Ausscheiden Dorothea Hartwigs wurde die Stelle der Oberin nicht wieder besetzt. Ebd., 110.

IV. „Zusammenbruchgesellschaft" und Sozialstaat, 1945–1979   265

Schwesternschaft dann dem Kaiserswerther Verband an, nachdem dieser sich für Schwesternschaften mit verheirateten Frauen geöffnet hatte. Dieser „bewusste Schritt in die Mutterhausdiakonie"[167] sollte zweifellos der Schärfung des diakonischen Profils der Schwesternschaft dienen, ein Punkt, der auch bei der auf der Grundlage einer Fragebogenaktion im Jahre 1976 erfolgten Revision der Ordnung der Schwesternschaft eine Rolle spielte. Wichtiger war, dass die neue Ordnung die Gleichstellung von verheirateten und unverheirateten Schwestern und die Aufhebung des Kost- und Logierzwangs brachte. Großen Wert legte die Schwesternschaft auf eine abgeschlossene Berufsausbildung im pflegerischen, pädagogischen oder sozialen Bereich. Voraussetzung für die Aufnahme in die Schwesternschaft war der Besuch der Kinderpflegerinnenschule. Meist folgte eine dreijährige Krankenpflegeausbildung. Zwar wurde dadurch ein recht hoher Grad an Professionalität erreicht, doch stand die Medizin ganz im Vordergrund, heilpädagogische Inhalte traten dahinter zurück.

Hier sollte die staatlich anerkannte Heilerziehungspflegeschule der Alsterdorfer Anstalten für Abhilfe sorgen, die 1972 den Betrieb aufnahm. Die dort angebotene dreijährige Ausbildung bereitete bei Weitem besser auf eine Tätigkeit in einer Einrichtung für Menschen mit geistiger Behinderung vor als die bis dahin angebotenen Ausbildungsgänge.[168] Die neue Heilerziehungspflegeschule stand – ebenso wie die Krankenpflegeausbildung – auch Männern offen. Die Hoffnung, über diesen neuen Ausbildungsgang qualifizierte Mitarbeiterinnen und Mitarbeiter für die Alsterdorfer Anstalten zu gewinnen, erfüllte sich jedoch nur teilweise, weil viele Absolventinnen und Absolventen der (ohnehin nur einzügigen) Heilerziehungspflegeschule abwanderten.

Der Mangel an männlichem Personal im Pflege- und Betreuungsbereich bestand nach wie vor fort – noch immer handelte es sich um einen fast reinen Frauenberuf. Um mehr Männer für die Ausbildungsgänge zu gewinnen, wurde das Haus in der Sonne im Jahre 1971 umgebaut, ein Viertel der Plätze stand fortan für männliche Schüler zur Verfügung. Eine weitere Maßnahme, um männliches Personal an die Alsterdorfer Anstalten zu binden, war die Gründung einer Diakonenschaft im Jahre 1971 – in der Vergangenheit war man, was die Bildung einer Brüderschaft anging, über erste Überlegungen nicht hinausgekommen. 1974 konnten die ersten vier Diakone eingesegnet werden. Der Versuch, eine eigene Diakonenschaft aufzubauen, verlief indessen im Sande.

Neue Ansätze, altes Elend

In den 1970er Jahren fanden neue Ansätze der Förderung von Menschen mit geistiger Behinderung Eingang in die Alsterdorfer Anstalten. Zu den Vordenkern der Veränderung gehörte der leitende Arzt Dr. Wilfried Borck. Als Bundesarbeitsminister *Walter Arendt* (1925–2005) im Jahre 1970 mit dem Aktionsprogramm der Bundesregierung

---

167 Ebd., 108.
168 Ebd., 279.

zur Förderung der „Rehabilitation der Behinderten" das Startsignal zum „Jahrzehnt der Rehabilitation" gab, veröffentlichte Borck einen programmatischen Text, in dem er die Mitarbeit der Alsterdorfer Anstalten bei der Neuformulierung der „Behindertenpolitik" nach ausländischem Vorbild anbot.[169] Borck, der bereits vom skandinavischen „Normalisierungsprinzip" beeinflusst war, leistete seinen Beitrag dazu, indem er 1974 Teile des 1969 publizierten Reports „Changing Patterns of Residential Services for the Mentally Retarded" einer von Präsident *John F. Kennedy* (1917–1963) eingesetzten Kommission, die die Lebensumstände von Menschen mit geistiger Behinderung in den USA untersuchen sollte, in deutscher Übersetzung vorlegte und damit einen grundlegenden Text von Bengt Nirje zum „Normalisierungsprizip" in den deutschen Diskurs einbrachte.[170] Seine eigene Konzeption legte Borck in zahlreichen Vorträgen dar. 1972 veröffentlichte er in den „Briefen und Bildern" einen programmatischen Text zur „Medizinischen Rehabilitation der Behinderten in Alsterdorf". Ihm schwebte eine Verbindung vor zwischen der „Prophylaxe der Behinderung"[171] durch „fachliche Beratung der Angehörigen aus humangenetischer Sicht", der „Früherkennung und -behandlung" von Behinderungen im Säuglings- und Kleinkindalter, einer systematischen Förderung zur Erschließung von „verborgenen Leistungsmöglichkeiten",[172] der medizinischen Therapie „hirnorganischer Anfallserscheinungen",[173] der Anwendung von Psychopharmaka, der Behandlung von Verhaltensauffälligkeiten durch psychotherapeutische Verfahren und der „intramurale[n] Rehabilitation"[174] in den anstaltseigenen Werkstätten vor. Der Aufenthalt in der Anstalt sollte ein vorübergehender sein, aus der Anstaltsbetreuung sollten die Rehabilitanden in kleine Wohnheime, Betreuungseinrichtungen oder ins Elternhaus entlassen werden.[175] Eine Auflösung der Anstalten war für Wilfried Borck noch nicht vorstellbar. Auch Direktor Hans-Georg Schmidt vermochte sich vom Konzept der „Welt in der Welt" nicht zu lösen. Noch 1979 gab es Pläne für ein „Behindertendorf" mit 180 Plätzen auf dem Gelände des Heinrich-Sengelmann-Krankenhauses in Bargfeld-Stegen.[176]

---

169 Borck, Wilfried, Die Bundesrepublik vernachlässigt ihre Behinderten, in: Wir helfen 1970, 4f.

170 Nirje, Bengt: The Normalization Principle and Its Human Management Implication, in: Kugel, Robert B. / Wolfensberger, Wolf: Changing Patterns in Residential Services for the Mentally Retarded, Washington D.C., 1969, 179–195 (Nirje, Bengt: Das Normalisierungsprinzip und seine Auswirkungen in der fürsorgerischen Betreuung, in: Kugel, Robert B. / Wolfensberger, Wolf (Hg.): Geistig Behinderte – Eingliederung oder Bewahrung? Heutige Vorstellungen über die Betreuung geistig behinderter Menschen, Stuttgart 1974, 33–46).

171 Borck, Wilfried, Medizinische Rehabilitation der Behinderten in Alsterdorf, in: BuB 1972, 5–11, Zitat: 6. Danach auch die folgenden Zitate.

172 Ebd., 7.

173 Ebd., 8.

174 Ebd., 9.

175 Ebd., 11.

176 Engelbracht/Hauser, Mitten in Hamburg, 262f.

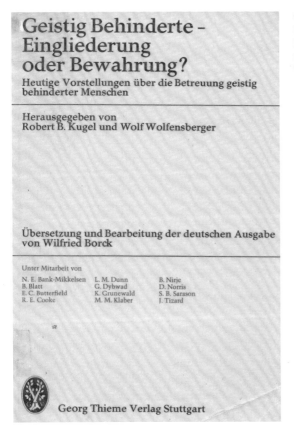

Cover der 1974 erschienenen Publikation „Geistig Behinderte – Eingliederung oder Bewahrung?", übersetzt und bearbeitet von Wilfried Borck

Viele neue Ideen, die jetzt in den Alsterdorfer Anstalten diskutiert wurden, dürften auf dem Papier geblieben sein, zumal manche Impulse, die „von unten", aus der Mitarbeiterschaft, kamen, „von oben" nicht aufgegriffen wurden. In der Praxis dominierten nach wie vor das medizinische Konzept von Behinderung und medizinische Behandlungsformen.[177] Als echte Fortschritte sind die Einrichtung der ersten Außenwohngruppen, aber auch der Ausbau der Arbeits- und Beschäftigungstherapie zu werten. Die seit 1961 in einem eigenen Raum untergebrachte Beschäftigungstherapie, die in der Hauptsache für den Weihnachtsbazar der Alsterdorfer Anstalten produzierte, wurde im Laufe der 1970er Jahre stetig ausgebaut. Bis 1973 entstand „ein differenziertes, aufeinander aufbauendes System von Beschäftigungs- und Arbeitstherapie".[178] 1974 zog die Arbeitstherapie, nun zur „Werkstätte für Behinderte" nach dem Arbeitsförderungsgesetz erhoben, in das renovierte Haus Wittenberg um. Dies bot die Möglichkeit zum weiteren Ausbau, die Zahl der Arbeitsplätze in der

---

177 Ebd., 254.
178 Ebd., 275.

Werkstätte für Behinderte stieg von 140 auf 236 (1979). Im Oktober 1979 wurde zudem ein Bildungsangebot für die sogenannten „Hilfjungen" und „Hilfmädchen" geschaffen, d. h. für die Bewohner und Bewohnerinnen, die auf den Stationen häufig die niederen, schweren und schmutzigen Arbeiten erledigten und für die Aufrechterhaltung des Betriebs unentbehrlich waren. Damit waren die „Alsterdorfer Helfer" endlich „auch offiziell als Arbeitskräfte anerkannt".[179]

Schwer tat man sich in den Alsterdorfer Anstalten nach wie vor mit der Sexualität bei Menschen mit geistiger Behinderung. Im April 1973 wurde ein siebenköpfiger Sonderausschuss gebildet, bestehend aus den beiden leitenden Ärzten, einem Psychologen, einem Lehrer, einem Pastor, der Oberin und dem Leiter des „männlichen Gebiets". Im Vorfeld hatte eine Umfrage unter den Bewohnern des „männlichen Gebiets" zu ihrem Sexualverhalten stattgefunden, und auch das Pflegepersonal war zu diesem Thema befragt worden. Bis dahin herrschte strikte Geschlechtertrennung. Im Juni 1973 legte der Ausschuss seinen Bericht vor. Darin wurde als Ziel formuliert, den behinderten Menschen dahin zu bringen, „dass er seine Geschlechtlichkeit als etwas Natürliches, Erlaubtes und Gottgegebenes ansieht und lernt, die Sexualität in den Grenzen, die seine Behinderung ihm setzt, zu gebrauchen." Konkret schlug der Ausschuss vor, Bewohner und Bewohnerinnen sowohl von Mitarbeiterinnen als auch von Mitarbeitern betreuen zu lassen, Kontakte zwischen den Geschlechtern am Arbeitsplatz und in der Freizeit herzustellen, Rückzugsorte für gleichgeschlechtliche Paare und familienähnliche Wohngemeinschaften für heterosexuelle Paare zu schaffen, eine „Erziehung zur Zärtlichkeit" zu etablieren, im Einzelfall sogar eine Eheschließung zu erlauben. Doch war der Weg bis dahin noch weit. Als 1977 zwei verlobte Paare einen Antrag auf Heiratserlaubnis stellten und ihr Vormund vorschlug, ein Haus anzumieten, in dem Menschen mit geistiger Behinderung als Paar leben könnten, wurde dies als „verfrüht" abgelehnt.[180]

Die größten Fortschritte wurden in den 1970er Jahren im Hinblick auf die Förderung von Kindern und Jugendlichen erzielt. So beschäftigten sich in der Intensivabteilung zur psychologischen Verhaltensmodifikation geistig behinderter Kinder im Keck-Ludewig-Flügel des Hauses Bethesda zehn Mitarbeitende aus den Bereichen Pflege, Heilpädagogik und Psychologie in zwei Schichten mit zehn Kindern,

---

[179] Ebd., 277. 1966 waren von 560 „arbeitsfähigen Pfleglingen" rund 300 „Hilfsmädchen" und „Hilfsjungen", die auf den Stationen putzten, Essen ausgaben, den Mitbewohnern beim Anziehen und Waschen halfen, sie zur Toilette begleiteten und die Inkontinenten sauber machten. Ebd., 173–176.

[180] Ebd., 270–272. Die Alsterdorfer Anstalten folgten hier den v. Bodelschwinghschen Anstalten Bethel, die 1975 „Richtlinien zur Begegnung der Geschlechter unter behinderten Menschen" erarbeitet hatten. Vgl. Schmuhl/Winkler, Aufbrüche, 325–385; dies.: Die Entdeckung des Geschlechts. Der Umgang mit Sexualität und Partnerschaft in den v. Bodelschwinghschen Anstalten Bethel im Wandel, in: Westfälische Forschungen 65 (2015), 193–219. Die Kontakte zwischen Bethel und Alsterdorf liefen über Wilfried Borck.

IV. „Zusammenbruchgesellschaft" und Sozialstaat, 1945–1979

wobei, so ein erstes Zwischenfazit, „erstaunliche Förderungsresultate"[181] erreicht wurden. Das Werner Otto Institut unter Leitung von Dr. *Joachim Siebert,* der lange als Rehabilitationsarzt in den USA gearbeitet hatte, hielt siebzig Planstellen für ein multidisziplinäres Team aus den Bereichen Medizin, Psychologie, Heilpädagogik, Krankengymnastik, Beschäftigungstherapie und Logopädie vor, sodass eine „geschlossene Diagnose- und Therapiekette"[182] gebildet werden konnte. So fortschrittlich die Arbeit am Werner Otto Institut auch war, die meisten Kinder und Jugendlichen, die hier behandelt wurden, kamen von außerhalb. Das Institut führte ein Eigenleben, seine Arbeit wirkte sich kaum auf den Langzeitbereich der Alsterdorfer Anstalten aus.

1974 wurde unter dem neuen Schulleiter *Karl-Heinz Hahn* (* 1923) eine neue Sonderschulkonzeption für einen künftigen Neubau erarbeitet. Vorgesehen waren eine Öffnung des Unterrichts auch für schwerer behinderte Kinder und ein weiterer Ausbau der Beschäftigungstherapie. Mit der Umsetzung des Konzepts konnte freilich erst mit der Eröffnung der neu erbauten Bugenhagenschule im Jahre 1981 ernsthaft begonnen werden.[183]

Während bei der Förderung von Kindern und Jugendlichen mit geistiger Behinderung in den 1970er Jahren ein unverkennbarer Fortschritt festzustellen ist, lebte die Masse der erwachsenen Bewohner und Bewohnerinnen nach wie vor in elenden Verhältnissen. Zwar blieb ihre Gesamtzahl in den drei Jahrzehnten nach dem Zweiten Weltkrieg nahezu konstant – von 1949 bis 1976 lebten durchschnittlich 1.200 bis 1.280 Menschen mit geistiger Behinderung in den Alsterdorfer Anstalten, erst mit der Eröffnung des Karl-Witte-Hauses stieg diese Zahl leicht an bis auf 1.348 (1979)[184] –, doch herrschte in den meisten Pflegehäusern noch immer drangvolle Enge.[185] Noch immer gab es große Schlafsäle, in denen sich Bett an Bett reihte. Teilweise kam es sogar wieder zu einer „Verdichtung der Schlafräume".[186] Unter diesen Bedingungen gab es keinerlei Privatsphäre, es fehlte an Rückzugsmöglichkeiten, ja selbst an einem Platz, an dem die Bewohner und Bewohnerinnen ihre wenigen Habseligkeiten verstauen konnten – vielfach stand ihnen nur eine „Besuchskiste"[187] zur Verfügung, in der sie ihren persönlichen Besitz aufbewahrten. Hinzu kam, dass der Lebensraum der Bewohner und Bewohnerinnen noch immer nach außen abgeschottet war. Ein eiserner Zaun trennte die Alsterdorfer Anstalten von der Außenwelt, die nur betreten durfte, wer einen „Ausgangsschein" vorweisen konnte. Bewohner und Bewohnerinnen aus den geschlossenen Abteilungen durften nur „bis zum Gitter", d. h. bis zu

---

181 Engelbracht/Hauser, Mitten in Hamburg, 265.
182 Ebd., 256. Dazu auch: Schümann, Vernichtung, 313f.
183 Engelbracht/Hauser, Mitten in Hamburg, 85–90.
184 Ebd., 145.
185 Ebd., 159.
186 Ebd., 160.
187 Ebd., 167.

dem Holzzaun, der den Hof des Hauses begrenzte. „Wegläufer" wurden hart bestraft – mit Strafarbeiten, zwangsweiser Bettruhe, Schlägen oder gar der Verlegung in einen Wachsaal.[188]

Gravierende Auswirkungen auf die Lebensbedingungen und Lebenslagen der Bewohner und Bewohnerinnen hatte auch der knappe Personalschlüssel. Für die Bewohner und Bewohnerinnen bedeutete dies, dass sie einen Großteil des Tages sich selbst überlassen waren, für die Mitarbeiter und Mitarbeiterinnen, dass sie sich einer permanenten Überforderungssituation ausgesetzt sahen. Voraussetzung, um den Betrieb unter diesen Bedingungen aufrechterhalten zu können, war ein genau getakteter Tagesablauf – vom gemeinsamen Aufstehen, Waschen und Anziehen über die Mahlzeiten, die den Charakter einer „Essensabfertigung"[189] erweckten, bis zum gemeinsamen Zubettgehen.

Wurde der reibungslose Betriebsablauf von unruhigen, erregten, aggressiven und als widerspenstig empfundenen Bewohnern und Bewohnerinnen gestört, griff das Personal zu mitunter drastischen Maßnahmen. Der Strafenkatalog reichte von Essensentzug, Streichung von Vergünstigungen, Strafarbeiten, Urlaubssperre und Kürzung des „Taschengeldes", d. h. des Lohns für die in den Anstaltsbetrieben geleistete Arbeit,[190] über Fixierungen und wochenlange Bettruhe bis hin zu Demütigungen, körperlichen Züchtigungen und der Verlegung in einen der Wachsäle.[191]

Zwar hatte Julius Jensen aus gegebenem Anlass – es war bekannt geworden, dass ein Pfleger Gewalt ausgeübt hatte – bereits am 4. August 1956 eine „Grundsätzliche Anordnung" erlassen, in der es Mitarbeitenden untersagt wurde, die „Pflegebefohlenen zu schlagen oder tätlich anzugreifen"[192] – bei Übertretung wurde mit Entlassung gedroht. Gleichwohl blieben gewalttätige Übergriffe, wie auch in anderen Einrichtungen, die entsprechende Verbote verfügt hatten, an der Tagesordnung. Sie wurden bis zum Ende der 1970er Jahre nur selten bekannt oder gar sanktioniert.[193]

Bei Dauerfixierungen mit Schutzjacke und Gurt ging es vordergründig darum, Unruhezustände zu überstehen und selbstverletzendes Verhalten zu unterbinden, oft stand im Hintergrund aber auch das Motiv, „die Menschen mit Behinderung ruhig

---

188 Ebd., 190.

189 Engelbracht/Hauser, Mitten in Hamburg, 163.

190 Bis 1962 erfolgte die Entlohnung über gestaffelte „Taschengelder", die oft nicht ausgezahlt, sondern von Schwestern und Pflegern verwaltet und manchmal für die gesamte Wohngruppe verwendet wurden. Die Kürzung der „Taschengelder" konnte als „Erziehungs- und Repressionsmittel" benutzt werden. Nach einer Beanstandung der staatlichen Besuchskommission wurden für geleistete Arbeit feste Sätze bezahlt, über zusätzliche Prämien konnte aber immer noch Druck auf die Bewohner und Bewohnerinnen ausgeübt werden.

191 Engelbracht/Hauser, Mitten in Hamburg, 190.

192 Ebd., 194f.

193 Ebd., 197f.

IV. „Zusammenbruchgesellschaft" und Sozialstaat, 1945–1979   271

Die geschlossene Abteilung des Hauses Carlsruh, 1970er Jahre

zu stellen, um die Alltagsroutine besser meistern zu können."[194] Seit der Mitte der 1970er Jahre war ein Rückgang der Fixierungen festzustellen, der zweifellos mit dem vermehrten Einsatz von Psychopharmaka zu tun hatte. Deren Anwendung, insbesondere die unkontrollierte Verabreichung als „Bedarfsmedikation" durch das Pflegepersonal, wurde erst Ende der 1970er Jahre intern scharf kritisiert.[195]

Als schlimmste Strafe galt die Verlegung in einen der Wachsäle.[196] Der „weibliche Wachsaal" befand sich bis 1958 im Haus Gottesschutz, dann im Guten Hirten – hier gab es eine geschlossene Abteilung mit 25 Plätzen und eine halbgeschlossene mit 32 Plätzen. Der „männliche Wachsaal" war im Haus Hohenzollern angesiedelt, später kam ein weiterer, „Intensivstation" genannter Wachsaal im Karl-Witte-Haus hinzu. In den Wachsälen sollten eigentlich besonders erregte, (auto-)aggressive und suizidgefährdete Bewohner und Bewohnerinnen vorübergehend Aufnahme finden, sie fungierten aber auch – so eine interne Kritik aus dem Jahre 1978 – als Abschieberaum für „Schwerstbehinderte", die in den anderen Stationen als nicht tragbar erschienen, und als „Strafstation" für Bewohner und Bewohnerinnen, die widersetzlich waren, wegliefen, sexuell auffällig waren oder sich aggressiv verhielten. Manche von ihnen blieben

---

194 Ebd., 196.
195 Ebd., 197.
196 Ebd., 198.

jahrelang im Wachsaal. In den Wachsälen, so die Kritiker, sei es „an der Tagesordnung, geschlagen, getreten, beschimpft und festgeschnallt" und „mit Medikamenten vollgepumpt zu werden".[197] Diese Praktiken werden seit 2016 im Rahmen der Stiftung „Anerkennung und Hilfe" als entschädigungswürdig anerkannt.[198]

Der Skandal von 1979

Seit Ende 1975 formierte sich in der Mitarbeiterschaft der Alsterdorfer Anstalten eine kleine, aber laute Opposition, die unter der Bezeichnung „Kollegenkreis Alsterdorf" bekannt wurde. Unterstützung kam aus der linken Strömung innerhalb der Landeskirche, etwa vom „Arbeitskreis Kirche und Gewerkschaft", von der Grün-Alternativen Liste Hamburg, dem Gesundheitsladen, der Hamburger Gesellschaft für Soziale Psychiatrie, der 1978 gegründeten Hamburger „Krüppelgruppe" und dem „Aktionskreis 71", einer seit 1971 tätigen Selbstorganisation von Psychiatriepatienten und -patientinnen und ihren Unterstützern. Auch im Falle der Alsterdorfer Anstalten wurden die sozialen Bewegungen der 1970er Jahre zum Resonanzboden von Konflikten innerhalb der Großeinrichtungen für Menschen mit geistigen Behinderungen. Bei einer Veranstaltung des „Kollegenkreises Alsterdorf" in der Wandsbeker Christus-Kirchengemeinde am 13. Juni 1978 kam es zum Eklat. In einer „Blitzaktion" tauchten Hans-Georg Schmidt und eine Gruppe von achtzig bis hundert Gegnern des „Kollegenkreises" auf – es kam zu heftigen Auseinandersetzungen auf offener Bühne. Im September 1978 verbreiteten die kritischen Mitarbeiter und Mitarbeiterinnen eine „Schwarze Broschüre", in der Formen von Gewalt dokumentiert, Verbesserungen der Lebensbedingungen und der Arbeitssituation in den Alsterdorfer Anstalten, deren Verkleinerung und schließlich ihre Auflösung gefordert wurden. Der Vorstand versuchte, die internen Konflikte innerhalb der Mitarbeiterschaft herunterzuspielen, doch hielten öffentliche Solidaritätsbekundungen für den „Kollegenkreis" die Diskussionen am Laufen.

Eine tiefe Zäsur setzte schließlich ein Themenschwerpunkt zu den Alsterdorfer Anstalten in der Wochenzeitung „Die Zeit" vom 20. April 1979. Unter der Überschrift „Die Gesellschaft der harten Herzen" geißelte die Journalistin *Katharina Zimmer* die Alsterdorfer Anstalten als eine der „Schlangengruben in unserem Land". Im „Zeit-Magazin" berichtete *Renate Just* ausführlich über die Verhältnisse in den Alsterdorfer Anstalten, ein Hamburger Fotograf lieferte eindringliche Fotos dazu. „Die Zeit" thematisierte aber nicht nur aktuelle Missstände, sondern ging auch auf die Rolle der Alsterdorfer Anstalten in der NS-„Euthanasie" ein – was der ohnehin schon vernichtenden Kritik zusätzliche Sprengkraft verlieh.[199]

---

197 Ebd., 200.

198 Vgl. hierzu auch die Aussagen von Zeitzeuginnen und Zeitzeugen in dem Film „Die Alsterdorfer Passion. Die Alsterdorfer Anstalten von 1945 bis 1979" (2018).

199 Engelbracht/Hauser, Mitten in Hamburg, 288.

IV. „Zusammenbruchgesellschaft" und Sozialstaat, 1945–1979

Cover des „Zeit-Magazins" vom 20. April 1979

Die Berichterstattung der „Zeit" brachte „eine Lawine ins Rollen".[200] Die Anstaltsleitung, die einen besonderen Krisenstab einrichtete, geriet zunehmend in die Defensive. Zum 18. Mai 1979 lud man zu einer Pressekonferenz ein, doch die anwesenden Pressevertreter griffen die dort verbreiteten Informationen über die Fortschritte im Prozess der „Normalisierung", die man in den letzten Jahren erzielt hatte, nicht auf, sondern schlugen in die gleiche Kerbe wie die Berichterstattung der „Zeit". Innerhalb der Mitarbeiterschaft kam es zu Spannungen und Konflikten. Die mediale Aufmerksamkeit war enorm – auch Radio und Fernsehen berichteten über die Vorgänge in den Alsterdorfer Anstalten. Am 21. November 1979 überreichte der Journalist und Buchautor *Ernst Klee* (1942–2013) im Frankfurter Schauspielhaus drei Mitarbeitern der Alsterdorfer Anstalten stellvertretend für Direktor Hans-Georg Schmidt „Die Goldene Krücke", einen vom Frankfurter Volkshochschulkurs „Bewältigung der Umwelt" ins Leben gerufenen „Wanderpreis" für Personen und Institutionen, die als besonders behindertenfeindlich galten.

---

200 Ebd., 289.

Der „Zeit"-Skandal bedeutete eine Wende in der Geschichte der Alsterdorfer Anstalten. Es war ein Point of no Return überschritten, der Reformprozess, dessen Notwendigkeit man schon lange gesehen hatte und der seit den 1960er Jahren, wenn auch quälend langsam, angeschoben worden war, musste jetzt unter dem Druck der Politik, der Medien und der kritischen Öffentlichkeit beschleunigt vorangetrieben werden. Ähnliche Umbruchsituationen sind in den späten 1960er/1970er Jahren auch in anderen Einrichtungen für Menschen mit geistigen Behinderungen zu beobachten, auch wenn die öffentliche Skandalisierung der Verhältnisse in den Alsterdorfer Anstalten ungewöhnlich war. In den folgenden Jahrzehnten veränderte sich die Arbeit in den Alsterdorfer Anstalten von Grund auf und in einem atemberaubenden Tempo – nun wurde das Anstaltskonzept unter den Vorzeichen der Integration, schließlich der Inklusion, radikal infrage gestellt und die Auflösung der Anstaltsstrukturen ernsthaft in Angriff genommen.

V. Die jüngste Zeit, 1979–2021

Von der Normalisierung zur Inklusion

Die Rezeption des „Normalisierungsprinzips" hatte in Deutschland – gemessen an der Entwicklung in Dänemark, Schweden, den USA, Kanada, Großbritannien, den Niederlanden oder Belgien – zu Beginn der 1970er Jahre mit einer zeitlichen Verzögerung von etwa einem Jahrzehnt begonnen.[1] Der transnationale Wissenstransfer vollzog sich durch die Rezeption ausländischer Fachliteratur, aber auch durch den persönlichen Austausch bei international besetzten Konferenzen und Workshops, durch Studienreisen und Besichtigungen ausländischer Einrichtungen und das Einfließen neuer, aus dem Ausland stammender Wissensbestände in die Curricula der den Anstalten angegliederten Aus- und Fortbildungsstätten. Im Prozess des transnationalen Wissenstransfers lassen sich zu analytischen Zwecken fünf Schritte unterscheiden, die nicht notwendig aufeinander aufbauen müssen, sondern auch parallel ablaufen können:

- Definition eines Problems, das nach der Einschätzung der Akteure mit den überkommenen Mitteln und Möglichkeiten nicht gelöst werden kann,
- Wahrnehmung von Wissensbeständen im Ausland, die zur Lösung des Problems beitragen könnten,
- „primäre Aneignung" – Import von Wissen aus anderen nationalen Kontexten,
- „sekundäre Aneignung" – Adaption des importierten Wissens im eigenen nationalen Kontext,
- Reflexion über die Sinnhaftigkeit des Transferprozesses.[2]

Die „Behindertenpolitik" in der Bundesrepublik Deutschland war, einem langfristigen Entwicklungspfad folgend,[3] auf die Ausgestaltung einer „Sonderwelt" zur Beheimatung, Pflege, Beschulung, Ausbildung und Rehabilitation von Menschen mit (geistigen) Behinderungen fokussiert. In den 1960er und frühen 1970er Jahren wurde die Kritik

---

1   Zum Folgenden: Schmuhl, Beziehungsnetze.
2   In Anlehnung an: Muhs, Rudolf / Paulmann, Johannes / Steinmetz, Willibald: Brücken über den Kanal? Interkultureller Transfer zwischen Deutschland und Großbritannien im 19. Jahrhundert, in: dies. (Hg.), Aneignung und Abwehr. Interkultureller Transfer zwischen Deutschland und Großbritannien im 19. Jahrhundert, Bodenheim 1998, 7–20, 18f. Dazu auch: Osterhammel, Jürgen: Transferanalyse und Vergleich im Fernverhältnis, in: Kaelble, Hartmut / Schriewer, Jürgen (Hg.): Vergleich und Transfer. Komparatistik in den Sozial-, Geschichte- und Kulturwissenschaften, Frankfurt am Main / New York 2003, 439–466, 448–455.
3   Dazu allgemein: Beyer, Jürgen: Pfadabhängigkeit. Über institutionelle Kontinuität, anfällige Stabilität und fundamentalen Wandel, Frankfurt am Main / New York 2006, 14–27.

an den menschenunwürdigen Verhältnissen in dieser „Sonderwelt" jedoch immer lauter – es reifte die Einsicht heran, dass es eines grundlegenden Umbaus des Anstaltswesens bedurfte. Auf der Suche nach einem Konzept für einen solchen Umbau stießen die beteiligten Akteursgruppen auf das skandinavische „Normalisierungskonzept". Der springende Punkt ist, dass im Zuge der „sekundären Aneignung" über einen längeren Zeitraum hinweg eine *selektive* Rezeption erfolgte. Hier wirkte sich die genannte Pfadabhängigkeit aus: Weil man sich nicht (oder noch nicht) vom Paradigma der Anstalt lösen konnte, dachte man darüber nach, wie man *innerhalb* der Anstaltsstrukturen individuellere Wohnformen schaffen könnte, was zur Folge hatte, dass andere Aspekte des „Normalisierungsprinzips" – vor allem die räumliche Trennung von Wohnung, Arbeit und Freizeit und das Zusammenleben der Geschlechter – anfangs gar nicht oder sehr zögerlich aufgenommen wurden.

Erst in den 1980er/1990er Jahren bekam der Reformprozess eine neue Qualität, der Entwicklungspfad, dem die Einrichtungen für Menschen mit geistigen Behinderungen gefolgt waren, hatte an einen kritischen Punkt geführt – die Institution wurde existenziell infrage gestellt. Unter diesem Druck begann man, die Auflösung der gewachsenen Anstaltsstrukturen ernsthaft in Erwägung zu ziehen. Gleichzeitig verschoben sich die Leitbegriffe der Reform: „Normalisierung" und „Integration" wurden zunehmend ergänzt durch „Selbstbestimmung" und „Teilhabe". Hier scheint ein neues Verständnis von Behinderung durch. Spätestens seit dem Beginn des 20. Jahrhunderts hatte „Behinderung", ausgehend vom medizinischen Verständnis, als etwas Naturgegebenes, Vorfindliches, Unhinterfragbares gegolten, das im Körper verortet und eindeutig negativ konnotiert war: als eine Schädigung, ein Defekt – ein Defizit, das man auf verschiedene Art und Weise zu kompensieren versuchte. Seit den 1980er Jahren nun setzt sich allmählich, ausgehend von einem soziologischen Modell der Behinderung,[4] ein neues Verständnis durch, das zwischen der Ebene der Beeinträchtigung *(impairment)* im Sinne individueller körperlicher, geistiger oder psychischer Besonderheiten und der Ebene der Behinderung *(disability)* im Sinne der daraus entstehenden gesellschaftlichen Benachteiligung unterscheidet. Dementsprechend richtet sich das Augenmerk der „Behindertenpolitik" mehr und mehr auf die Beseitigung von materiellen und immateriellen Barrieren für „Menschen mit Behinderung".

Diese „neue Behindertenpolitik" orientiert sich am Paradigma der *Inklusion*. Im deutschen Sprachgebrauch tauchte der Begriff, aus dem Englischen kommend, erstmals in der „Salamanca-Erklärung" auf, mit der über neunzig Regierungen und zahlreiche Nichtregierungsorganisationen im Jahre 1994 einen „Aktionsrahmen zur Pädagogik für besondere Bedürfnisse" festlegten.[5] Seitdem hat der Begriff – gerade auch in der Folge der UN-Konvention über die Rechte von Menschen mit

---

4 Vgl. Oliver, Michael: The Politics of Disablement. A Sociological Approach, London / New York 1990; ders.: Understanding Disability. From Theory to Practise, London / New York 1996.

5 Mürner, Christian / Sierck, Udo: Behinderung. Chronik eines Jahrhunderts, Weinheim / Basel 2012, 118.

Behinderungen von 2006 – auch im deutschsprachigen Diskurs über „Behinderung" den Begriff der Integration weitestgehend abgelöst – wenngleich die Unterscheidung in vielen Fällen keineswegs trennscharf ist. „Inklusion" bezeichnet – anders als „Integration" – nicht eigentlich einen *Prozess* der Eingliederung in die bestehende Gesellschaft, sondern vielmehr das *Ziel* eines grundlegenden sozialen Transformationsprozesses – nämlich eine Gesellschaft, die von vornherein so angelegt ist, dass sie allen Menschen, ob sie „behindert" sind oder nicht, den freien Zugang zu allen gesellschaftlichen Subsystemen als Grundrecht garantiert. Alle Menschen sollen in alle Lebensbereiche einbezogen sein. Es handelt sich, wie unschwer zu erkennen ist, um ein Leitbild gesellschaftlicher Entwicklung, um eine Utopie – die längst noch nicht verwirklicht ist, sondern als Impetus zu permanenter Reflexion und Reform gelten kann.

Das gilt auch für die Evangelische Stiftung Alsterdorf, die sich in den letzten vierzig Jahren auf einen langen Weg gemacht hat, der aus der Anstalt heraus- und in das Quartier hineinführt. Dieser Weg soll im Folgenden nachgezeichnet werden, wobei die Darstellung zur Gegenwart hin den Charakter eines Ausblicks bekommt. Im Detail werden die Entwicklungen der letzten vier Jahrzehnte in einer von *Reinhard Schulz* erarbeiteten Dokumentation mit dem Titel „Von der Sonderwelt einer Anstalt ins Quartier" dargestellt, die Quellen zum Konversionsprozess der Evangelischen Stiftung Alsterdorf aus der Perspektive der Eingliederungshilfe zusammenstellt. Diese Dokumentation wird demnächst als Online-Archiv und in Form einer Publikation der Öffentlichkeit zugänglich gemacht.

Die 1980er Jahre – Aufbrüche und Umbrüche

Während das von der Berichterstattung der „ZEIT" ausgelöste Medienecho bald wieder verhallte[6] und – gemessen am Spendenaufkommen, das im Jahr 1979 mit fast 1,25 Millionen DM einen neuen Höchststand erreichte[7] – zumindest mit Blick auf den Kreis der Freunde und Förderer der Alsterdorfer Anstalten keinen bleibenden Imageschaden hinterließ, sollte der durch den Skandal in Gang gesetzte politische Prozess weitreichende und tiefgreifende Folgen haben. Am 30. Mai 1979 waren die Zustände in den Alsterdorfer Anstalten Gegenstand einer Debatte in der Hamburger Bürgerschaft. In der Folge wurde eine zwölfköpfige Kommission mit Vertretern und Vertreterinnen der Arbeits- und Sozialbehörde sowie der Behörde für Schule, Jugend

---

6 ArESA, DV 15: Protokoll der 771. Sitzung des Stiftungsvorstandes, 7.5.1979; Protokoll der 772. Sitzung des Stiftungsvorstandes, 12.6.1979; Protokoll der 773. Sitzung des Stiftungsvorstandes, 18.9.1979.

7 Insgesamt nahmen die Alsterdorfer Anstalten im Jahre 1979 aus Spenden, Einnahmen im Zusammenhang mit dem Ball im CCH und dem Weihnachtsmarkt, Zuwendungen des Förderkreises, Kollekten sowie dem Zuschuss der Nordelbischen Kirche die Summe von 4,372 Millionen DM ein. ArESA, DV 15: Protokoll der 776. Sitzung des Stiftungsvorstandes, 5.2.1980.

und Berufsbildung eingesetzt, um eine eingehende Besichtigung der Alsterdorfer Anstalten vorzunehmen.[8] Das Ergebnis war niederschmetternd: Die Heimaufsicht ordnete an, fünf Häuser sofort zu räumen und nicht wieder zu belegen. Betroffen waren nicht nur das Michelfelder Kinderheim sowie die Baracken Bethesda[9] und Samaria, für die ohnehin Ersatzbauten geplant waren, sondern auch Haus Carlsruh und das Kinder- und Jugendheim Alstertal. Das bedeutete im Bereich der Heilerziehungs-, Heil- und Pflegeanstalt einen Abbau von 241 Plätzen (hinzu kamen vierzig Plätze im Kinder- und Jugendheim Alstertal). Weitere Auflagen mit abgestuften Fristen von zwölf, 18 und 24 Monaten sahen den Abbau von weiteren 265 Plätzen in den übrigen älteren Gebäuden vor. Mit anderen Worten: Innerhalb von zwei Jahren sollten neue Unterbringungsmöglichkeiten für 506 Bewohner und Bewohnerinnen der Alsterdorfer Anstalten gefunden werden.[10] Insgesamt sollte die Zahl Bewohner und Bewohnerinnen auf dem „Zentralgelände" von 1.200 kurzfristig auf 750 reduziert werden, mittelfristig auf 650 und langfristig – hier wurde unter Rückgriff auf einen bereits in den späten 1960er Jahren aufgestellten Generalbebauungsplan das Jahr 2000 als Zielpunkt angegeben – auf 600.[11] Mit seinen Vorgaben hatte der Staat einen ungeheuren Reformdruck aufgebaut, der mit zwei Gutachten der Behörde für Arbeit, Jugend und Soziales, die 1982 und 1984 vorgelegt wurden, in den folgenden Jahren unvermindert aufrechterhalten wurde.[12] Und auch aus der Öffentlichkeit kamen – etwa vor dem Hintergrund des von den Vereinten Nationen ausgerufenen „Internationalen Jahres der Behinderten" 1981 – immer wieder einmal kritische Nachfragen nach den Fortschritten der Reform.[13]

Der Vorstand war von der Notwendigkeit einer grundlegenden Reform der Alsterdorfer Anstalten durchaus überzeugt, hätte sich aber gern mehr Zeit gelassen. Das durch die staatlichen Auflagen erzwungene Reformtempo bereitete ihm Sorgen,

---

8   Engelbracht/Hauser, Mitten in Hamburg, 294.

9   Die Umstände in Bethesda waren menschenunwürdig: „Bethesda Abt. 32 […] Es stehen nur 2 Schlafräume zur Verfügung. Der kleine Raum mit 14 qm ist ein Durchgangsraum und mit 5 Behinderten belegt." ArESA, Ö II: 109: Anlage III a. Auszüge aus den Besichtigungsprotokollen der Heimaufsicht, 2.4.1980, 7.

10 ArESA, DV 15: Protokoll der Sitzung des Finanz- und Bauausschusses, 10.10.1979.

11 ArESA, DV 15: Protokoll der Sitzung des Finanz- und Bauausschusses, 10.10.1979; Protokoll der 1. Sitzung des Stiftungsrates, 9.6.1981.

12 Runde, Peter / Richter, Stefan / Schiemann, Uwe: Wohnstätten für behinderte Menschen (Anstalten, Heime, Wohnungen, Wohngemeinschaften in der Freien und Hansestadt Hamburg), Hamburg 1982. Ein eigenes Kapitel war den Alsterdorfer Anstalten gewidmet. Diese forderten den Sozialsenator Jan Ehlers nach der Veröffentlichung des Wohnstättenberichts auf, diesen Abschnitt umzuschreiben. Das berichtet Uwe Schiemann, der kurz darauf in die damaligen Alsterdorfer Anstalten eintrat, im Interview am 27.5.2021 (Interviewer: Nico Kutzner, Reinhard Schulz).

13 Vgl. z. B. Mommsen, Ursula: Essen, Schlafen, Baden – alles in einem Raum. Alsterdorfer Anstalten sind überbelegt – 400 Behinderte zu viel, in: Hamburger Abendblatt, 27.2.1981.

V. Die jüngste Zeit, 1979–2021

fürchtete er doch, die gewachsenen Strukturen der Alsterdorfer Anstalten könnten in dem forcierten Reformprozess aus den Fugen geraten. Gleichwohl ergriff der Vorstand energische Maßnahmen, um die staatlichen Vorgaben zu erfüllen. Diese betrafen die Verminderung der Platzzahlen sowie den Bau neuer und die Modernisierung älterer Gebäude auf dem Zentralgelände, den Auf- und Ausbau von Außenwohngruppen, die Personalgewinnung und -entwicklung, die Anhebung des Qualifikationsniveaus des Personals, die Sanierung der Finanzen sowie eine Reform der Leitungsstrukturen. Zur Planung dieses groß angelegten Reformprozesses holten sich die Alsterdorfer Anstalten Expertise von außen und richteten eine eigene Planungsabteilung ein.[14] 1982 beauftragten sie das von den Brüdern Dr. *Peter Lohfert* (* 1937) und Dr. *Christoph Lohfert* (1937–2017) geleitete *Institut for funktionsanalyse og hospitalsprojektering k/s* (Institut für Funktionsanalyse im Gesundheitswesen), Kopenhagen/Hamburg, mit der Entwicklung eines Sanierungskonzepts und einer Generalplanung für die Alsterdorfer Anstalten, die 1983 vorgelegt wurden.

Aufnahmestopp, Baumaßnahmen auf dem Zentralgelände, Außenwohnbereiche

Aus der Einsicht heraus, dass die Alsterdorfer Anstalten keinesfalls weiterwachsen durften, verfügte der Vorstand bereits 1979 einen Aufnahmestopp, der zur Folge hatte, dass die Gesamtzahl der Bewohner und Bewohnerinnen, die auf dem Zentralgelände und auf den Außenstationen lebten, von insgesamt 1.400 (1979) auf 1.200 (1984) zurückging.[15] Diese Größe sollte dann in Abstimmung mit der Behörde für Arbeit, Jugend und Soziales „auf absehbare Zeit beibehalten"[16] werden, um zu einem „geordneten Generationengefüge"[17] zu kommen. Daraufhin ging man dazu über, die durch Entlassungen oder Sterbefälle frei werdenden Wohnplätze wieder zu besetzen. Im Durchschnitt konnten fortan etwa vierzig Plätze pro Jahr neu vergeben werden, eine diffizile Aufgabe, da auf der Warteliste stets etwa achtzig Bewerber und

---

14 Hier wurde etwa die Soziologin Dr. *Sigrid Jürgensen,* Dozentin an der Fachhochschule Kiel, tätig, die später den Bereich Organisationsentwicklung/Personalentwicklung in der Evangelischen Stiftung Alsterdorf aufbaute. Interview mit Dr. Sigrid Jürgensen, 17.9.2020 (Interviewer: Niko Kutzner, Reinhard Schulz, Hans-Walter Schmuhl).

15 ArESA, DV 15: Bericht für den Stiftungsrat Vorstandsbereich Behinderteneinrichtung (Heine), Beilage zu: Protokoll der 15. Sitzung des Stiftungsrates, 21.11.1983; ArESA, DV 17: Bericht des Vorstandes über die Konzeption der Behindertenarbeit, Anlage zur Niederschrift der 20. Sitzung des Stiftungsrates am 26. November 1984.

16 ArESA, DV 17: Bericht des Vorstandes über die Konzeption der Behindertenarbeit, Anlage zur Niederschrift der 20. Sitzung des Stiftungsrates am 26. November 1984.

17 ArESA, DV 15: Bericht für den Stiftungsrat Vorstandsbereich Behinderteneinrichtung (Heine), Beilage zu: Protokoll der 15. Sitzung des Stiftungsrates, 21.11.1983.

Das Carl-Koops-Haus

Bewerberinnen standen[18] – es wurde daher eine mit einem Sozialpädagogen besetzte Stabsstelle geschaffen, die sich ausschließlich mit Neuaufnahmen befasste.[19]

Aufgrund der strengen Auflagen der Heimaufsicht musste das Zentralgelände grundlegend umgestaltet werden. Der Vorstand ging davon aus, dass im Laufe der Zeit fast alle Wohngebäude bis auf das Haus Bethlehem, das Karl-Witte-Haus und das Wilfried-Borck-Haus abgerissen werden müssten.[20] Alternativlos war angesichts der strengen behördlichen Auflagen der geplante Neubau des sechsgeschossigen 216-Betten-Hauses, der nun trotz aller im Vorfeld geäußerter Bedenken forciert vorangetrieben wurde, auch wenn der Baubeginn verschoben werden musste, weil sich im Zuge der Ausschreibungen zeigte, dass der ursprüngliche Kostenvoranschlag von 26,2 Millionen DM viel zu niedrig gewesen war und man mit Kosten in Höhe von 48,3 Millionen DM rechnen musste.[21] Das 216-Betten-Haus wurde schließlich am 23. September 1984 unter dem Namen Carl-Koops-Haus eingeweiht.[22] Von seiner schieren Größe her – und auch mit Blick auf seinen sternförmigen Grundriss, der an das von Anstaltsbauten des 19. Jahrhunderts her bekannte Prinzip des panoptischen

---

18 ArESA, DV 17: Bericht des Vorstandes über die Konzeption der Behindertenarbeit, Anlage zur Niederschrift der 20. Sitzung des Stiftungsrates am 26. November 1984.

19 ArESA, DV 15: Bericht für den Stiftungsrat Vorstandsbereich Behinderteneinrichtung (Heine), Beilage zu: Protokoll der 15. Sitzung des Stiftungsrates, 21.11.1983.

20 ArESA, DV 15: Protokoll der Sitzung des Finanz- und Bauausschusses, 10.10.1979.

21 ArESA, DV 15: Protokoll der 775. Sitzung des Stiftungsvorstandes, 20.11.1979.

22 Es war – nach Haus Carlsruh – das zweite Haus auf dem Gelände der Alsterdorfer Anstalten, das nach dem ersten Bewohner des „Asyls" Carl Koops benannt wurde.

V. Die jüngste Zeit, 1979–2021

Blicks erinnerte[23] – entsprach das neue Haus schon bei seiner Fertigstellung nicht mehr den Anforderungen der Zeit, die auf eine Normalisierung der Lebensverhältnisse von Menschen mit geistiger Behinderung abzielten. Niels Erik Bank-Mikkelsen, einer der Väter des „Normalisierungsprinzips", zeigte sich nach einer Besichtigung des Carl-Koops-Hauses im Jahre 1985 geradezu fassungslos.[24]

Gleichwohl brachte das Carl-Koops-Haus für die dorthin verlegten Bewohner und Bewohnerinnen eine entscheidende Verbesserung ihrer Wohnsituation. So hatten etwa 1982/83 im „Weiblichen Bereich I" (Hoher Wimpel) jeder Bewohnerin nur 9,1 qm Nutzfläche zur Verfügung gestanden.[25] Im Carl-Koops-Haus hingegen entfielen auf jeden Bewohner und jede Bewohnerin 35 qm Nutzfläche.[26] „Carl [Koops] würde Augen machen",[27] titelten die „Briefe und Bilder".

Die Wohnsituation auf dem Zentralgelände war nunmehr geprägt durch „drei moderne Großwohnhäuser"[28] – das Carl-Koops-Haus mit 216 Plätzen, das Karl-Witte-Haus mit 203 Plätzen und das Wilfried-Borck-Haus mit 96 Plätzen. Hinzu kamen mehrere „in gutem Zustand befindliche Häuser" wie das Kinderhaus Bethlehem (24 Plätze) sowie die Häuser Guter Hirte und Hoher Wimpel (je 70 Plätze). Mittlerweile lebten auf dem Zentralgelände nur noch 832 Bewohner und Bewohnerinnen.[29]

Weitere Neu- und Umbauten waren bereits in Planung. Die 1983 vom *Institut for funktionsanalyse og hospitalsprojektering k/s* vorgelegte neue Generalplanung für die Alsterdorfer Anstalten hatte umfassende Vorschläge zur Neugestaltung des Zentralgeländes unterbreitet, die auf einer schonungslosen Analyse der bestehenden Bausubstanz aufbaute.

Insgesamt ergab sich ein gemischtes Bild. Erwartungsgemäß waren die in den vergangenen dreißig Jahren errichteten oder instand gesetzten Häuser in einem recht guten Zustand. Das Maschinenhaus, das Simon-Schöffel-Haus, der Hohe Wimpel und die St. Nicolaus-Kirche wurden dennoch nur als „mittel (erhaltungswürdig)"[30] eingestuft. Sieben Prozent der Nutzflächen auf dem Zentralgelände befanden sich in

---

23 ArESA, DV 1590: Lohfert-Gutachten, Bd. 2, Teil II, 57a (Grundriss). Im Anstaltsjargon hieß das Carl-Koops-Haus – in Anlehnung an das Gefängnis in Fuhlsbüttel – „Santa Fu II". Interview mit Dr. Sigrid Jürgensen, 17.9.2020.

24 Umbruch 2/1990, 5.

25 Je zwanzig Bewohnerinnen hatten sich ein „Badezimmer/Dusche" geteilt. ArESA, DV 1590: Lohfert-Gutachten, Bd. 2, Teil II, 49.

26 Ebd., 50.

27 BuB 1985, 14.

28 ArESA, DV 17: Bericht des Vorstandes über die Konzeption der Behindertenarbeit, Anlage zur Niederschrift der 20. Sitzung des Stiftungsrates am 26. November 1984. Danach auch das folgende Zitat.

29 Ebd.

30 ArESA, DV 1590: Lohfert-Gutachten, Bd. 2, Teil II, 43, 43a (Karte), 44. Danach auch die folgenden Angaben.

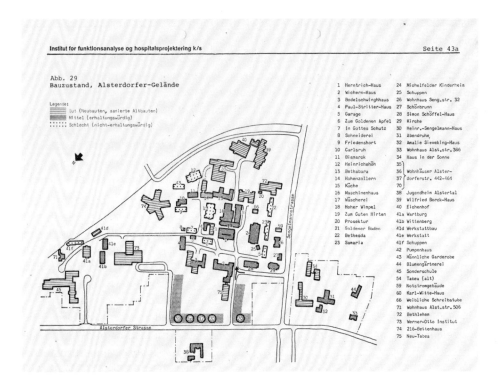

Plan zum baulichen Zustand der Gebäude auf dem Stammgelände, 1983

Gebäuden, die aufgrund ihres baulichen Zustands „kurz- bzw. mittelfristig abgerissen werden sollten".[31] Als „schlecht (nicht-erhaltungswürdig)" galten die älteren Wohnhäuser und Holzbaracken (Bethesda, Samaria, Heinrichshöh, Gottesschutz, Goldener Apfel, Alt-Tabea), die Männliche Garderobe und die Schneiderei sowie – vielleicht zum größten Schreck des Vorstands – die Zentralküche. Auch die Wäscherei genügte den Anforderungen nicht mehr. Sie sei zwar baulich in einem „etwas besseren Zustand", aber „flächenmäßig/funktionell" unzureichend, so die Experten. Sie monierten darüber hinaus die Vermischung der Ver- und Entsorgungsbetriebe mit den Wohnbereichen, wie dies noch in den älteren Gebäuden, etwa in der Wäscherei oder im Hohen Wimpel, aber auch in vergleichsweise neuen Häusern, z. B. im Eichenhof, üblich war. Dort hatte man die Dienste für den Kinder- und Jugendbereich, für die Frauen sowie eine Wohngruppe und zu guter Letzt auch noch den „Pflegebereich (Psychiatrie) für das Evangelische Krankenhaus Alsterdorf"[32] untergebracht.

---

31 Ebd., 47.
32 Ebd., 45.

V. Die jüngste Zeit, 1979–2021

Insgesamt machte der „Wohnbereich für Behinderte" rund vierzig Prozent des Flächenbestandes aus.[33]

Mit dem Bezug des Carl-Koops-Hauses entsprachen alle Wohngruppen auf dem Zentralgelände den Anforderungen der seit 1978 geltenden Heimmindestbauverordnung. Das galt auch für die Außenwohngruppen – lediglich die „landwirtschaftlichen Heimbereiche"[34] auf Gut Neuendeich und auf dem Moorhof Kayhude mit zusammen 36 Plätzen erfüllten die gesetzlichen Vorgaben noch nicht. Bis Ende 1984 hatte sich die Wohnsituation in den Alsterdorfer Anstalten entscheidend verbessert: Den 1.200 Bewohnern und Bewohnerinnen standen 460 Einzel-, 220 Zweibett- und gut achtzig Dreibettzimmer zur Verfügung.[35] Die letzten vier Vierbettzimmer im Erwachsenenbereich, so berichtete der Vorstand voller Stolz, würden „alsbald der Vergangenheit angehören", „sodass bis auf geringe Reste die Vorschriften auch der Heimmindestbauverordnung eingehalten werden." Dies sei, so erklärte der Vorstand an anderer Stelle, nichts weniger als „der endlich sich vollziehende Wechsel zu privaten individuellen Lebensverhältnissen"[36] und die Abkehr von „lagerähnliche[n] Unterkünfte[n]" ohne Privatsphäre. Auch der Aspekt der Raumplanung geriet jetzt ins Blickfeld. Es gelte, das Zentralgelände „lebbarer zu gestalten und nach außen zu öffnen".

Parallel zum Abbau der Wohnplätze auf dem Zentralgelände waren die Alsterdorfer Anstalten bemüht, eine immer größere Zahl von Bewohnern und Bewohnerinnen außerhalb der Stammanstalt unterzubringen. Anfangs schien dies nur möglich, indem man „Teilanstalten"[37] ausgründete. So dachte man ernsthaft daran, ein „Behindertendorf"[38] mit 120 Plätzen zu schaffen – als Standorte waren etwa Gut Stegen oder die Vierlande im Gespräch.[39] Während dieses Projekt rasch wieder in der Schublade verschwand, entschlossen sich die Alsterdorfer Anstalten, auch auf Drängen der Stadt

---

33 Ebd., 41. Das Gesamtanstaltsgelände umfasste 260.000 qm, wovon 8.700 qm (Jugendheim Alstertal an der Alsterdorfer Straße) von der Stadt Hamburg gepachtet waren. Hinzu kamen 13.000 qm kleinerer Grundstücke, die in der Nähe des Stammgeländes lagen. Außerhalb Hamburgs verfügten die Alsterdorfer Anstalten mit dem HSK über 370.000 qm sowie mit den landwirtschaftlichen Betrieben (Herrenhausen, Kayhude, Neuendeich u. a.) über 2.800.000 qm. Vgl. ArESA, DV 1590: Lohfert-Gutachten, Bd. 2, Teil II, 42.

34 ArESA, DV 15: Bericht für den Stiftungsrat Vorstandsbereich Behinderteneinrichtung (Heine), Beilage zu: Protokoll der 15. Sitzung des Stiftungsrates, 21.11.1983. Danach auch das folgende Zitat.

35 ArESA, DV 17: Bericht des Vorstandes über die Konzeption der Behindertenarbeit, Anlage zur Niederschrift der 20. Sitzung des Stiftungsrates am 26. November 1984. Danach auch die folgenden Zitate.

36 ArESA, DV 15: Bericht für den Stiftungsrat Vorstandsbereich Behinderteneinrichtung (Heine), Beilage zu: Protokoll der 15. Sitzung des Stiftungsrates, 21.11.1983.

37 ArESA, DV 15: Protokoll der Sitzung des Finanz- und Bauausschusses, 10.10.1979.

38 ArESA, DV 15: Protokoll der 772. Sitzung des Stiftungsvorstandes, 12.6.1979. Zu diesem Zeitpunkt herrschte noch Unklarheit über den Standort eines solchen „Behindertendorfes".

39 ArESA, DV 15: Protokoll der Sitzung des Finanz- und Bauausschusses, 10.10.1979.

Hamburg, das frei werdende DRK-Krankenhaus Am Schlump als Außenwohnstätte zu nutzen – hier kamen (zunächst für den Zeitraum von 1980 bis 1984) etwa hundert Bewohner und Bewohnerinnen unter.[40]

Das Krankenhaus des Deutschen Roten Kreuzes Am Schlump

Daneben mieteten die Alsterdorfer Anstalten eine ganze Reihe von Wohnobjekten an, sodass Ende 1984 schließlich 368 Bewohner und Bewohnerinnen in den „Außenbereichen" lebten – dazu zählten „Kleinstwohngruppen" mit drei, „Wohngruppen" mit fünf bis zehn, größere „Heime" mit dreißig bis siebzig und schließlich das Stadthaus Schlump mit inzwischen 106 Bewohnern und Bewohnerinnen.[41] Die Schaffung neuer Wohnmöglichkeiten außerhalb des Zentralgeländes stieß mitunter auf massiven Widerstand der Nachbarschaft. Dies betraf vor allem die im Januar 1986 eröffnete Wohngruppe „Bethanien" im ehemaligen Erholungsheim des Diakonissenmutterhauses Bethanien an der Farmsener Landstraße, gegen die zwei Anwohner klagten.[42] Gleichwohl nahm die Zahl der Außenwohngruppen in Hamburg, aber auch im benachbarten Schleswig-Holstein im Laufe der 1980er Jahre beständig zu. Um

---

40 Ebd.
41 ArESA, DV 17: Bericht des Vorstandes über die Konzeption der Behindertenarbeit, Anlage zur Niederschrift der 20. Sitzung des Stiftungsrates am 26. November 1984.
42 Umbruch 8/1985, 1 bzw. 1/1986, 1.

den Prozess der Regionalisierung voranzutreiben, wurden 1988 vier „Wohnregionen" gebildet: Hamburg-West (374 Wohnplätze), Hamburg-Nord (386 Wohnplätze), Hamburg-Ost (385 Wohnplätze) und Schleswig-Holstein.[43]

Der Schaffung von vielen kleinen Wohneinheiten stand der Vorstand zunächst eher skeptisch gegenüber – er fürchtete, dass diese „nicht mehr hinreichend beaufsichtigt werden"[44] könnten, sodass sie aus dem „inneren Gefüge der Hauptanstalt"[45] herausfallen könnten. Angestrebt wurden daher größere Wohneinheiten mit etwa dreißig Plätzen. Als „Modellfall"[46] betrachtete man das seit 1981 geplante, 1987 fertiggestellte Wohnheim in Hamburg-Schnelsen mit 32 Wohnplätzen. Um dieses Heim herum sollten „in Fußgängernähe" weitere Wohnungen oder Häuser angemietet werden. Das Heim und die Wohngruppen sollten dann einen Heimbereich von etwa sechzig bis siebzig Bewohnern und Bewohnerinnen bilden. Solche „mittelgroßen Mittelpunktsheime mit in der Nähe liegenden Wohngruppen" sollten – auch als Ersatz für das Stadthaus Schlump – in verschiedenen Stadtteilen Hamburgs entstehen. Einstweilen lebten von den 368 in Außenwohngruppen untergebrachten Bewohnern und Bewohnerinnen 104 in der Nähe des „Zentralbereichs", etwa in der Wohnetage des Schwesternhauses in der Sengelmannstraße oder in den Wohnungen des Sozialen Wohnungsbaus in der Alsterdorfer Straße. Der Vorstand sah in dieser räumlichen Nähe den großen Vorteil, dass die dort wohnenden Menschen relativ selbstständig leben konnten, aber nicht den Kontakt zu den vertrauten Personen und Institutionen auf dem Zentralgelände verloren.

Die Überlegungen des Vorstands zu den Außenwohnbereichen zeigen, dass der Gedanke einer völligen Auflösung der Anstaltsstrukturen noch nicht Gestalt angenommen hatte. Man dachte eher an ein Netzwerk von größeren und kleineren Wohneinheiten, die sich rund um eine Kernanstalt gruppieren sollten. Dabei sah der Vorstand die Gefahr, dass sich in dem Maße, wie Menschen mit leichteren Behinderungen in Außenwohngruppen unterkamen, das Zentralgelände zu einem „Hospital für Schwerbehinderte"[47] entwickeln könnte. Dies, so die Sorge des Vorstands, könnte „unter den Mitarbeitern zu nicht mehr durchhaltbaren inneren und äußeren Belastungen führen".[48] Auch stehe zu befürchten, „dass die Öffentlichkeit sich dann kritisch gegen die Einrichtung selber wende, wenn naturgemäß bei Schwerstbehinderten keine

---

43 ArESA, DV 313, Bd. IV: Mondry, Rudi: Konzept zur Regionalisierung der Behindertenhilfe, 1988.
44 ArESA, DV 15: Protokoll der 1. Sitzung des Stiftungsrates, 9.6.1981.
45 ArESA, DV 15: Protokoll der Sitzung des Finanz- und Bauausschusses, 10.10.1979.
46 ArESA, DV 17: Bericht des Vorstandes über die Konzeption der Behindertenarbeit, Anlage zur Niederschrift der 20. Sitzung des Stiftungsrates am 26. November 1984. Danach auch das Folgende.
47 ArESA, DV 15: Protokoll der 1. Sitzung des Stiftungsrates, 9.6.1981.
48 ArESA, DV 15: Protokoll der 776. Sitzung des Stiftungsvorstandes, 5.2.1980. Danach auch das folgende Zitat.

oder nur geringe äußere Erfolge der Arbeit festzustellen seien." Dem wollte man bewusst entgegenwirken. Mit dem neuen Carl-Koops-Haus als Ankerpunkt sollte das Zentralgelände nach dem Willen des Vorstands zu einem „Therapiezentrum"[49] umgestaltet werden.

Wohngruppen und Heimbereiche

Vom Anfang des Reformprozesses an war klar, dass es unumgänglich war, die „übergroßen Erziehungs- und Pflegegebiete" aufzuteilen. Die „Wohnabteilung" – nach und nach setzte sich die Bezeichnung „Wohngruppe" durch – sollte künftig den „Lebensmittelpunkt"[50] der Bewohner und Bewohnerinnen darstellen, hier sollten die Entscheidungen über die konkreten „Lebensumstände und Förderungsmaßnahmen" fallen. Bis 1984 gelang es, Wohngruppen zu schaffen, die zwischen sechs und zehn Bewohner und/oder Bewohnerinnen umfassten und damit „einer familienähnlichen Größe"[51] nahekamen. Größere Wohngruppen gab es „wegen baulicher Gegebenheiten" nur noch im Stadthaus Schlump (bis zu 17 Bewohner oder Bewohnerinnen) und im Karl-Witte-Haus (bis zu 25 Bewohner und Bewohnerinnen), in dem aber schon durch die Aufteilung in je drei Gruppen pro Etage kleinere Einheiten vorgegeben waren.

Auf der mittleren Ebene wurden 1979/80 „Erziehungs- und Pflegeleitungen" geschaffen; sie sollten gerade so viele Wohnbereiche umfassen, dass sie „überschaubar"[52] blieben. Im Kinder- und Jugendlichenbereich mit 150 Bewohnern und Bewohnerinnen war dieses Ziel bereits erreicht, im „männlichen" und im „weiblichen Gebiet" waren diese Einheiten mit mehreren Hundert Bewohnern und Bewohnerinnen noch viel zu groß. An der Spitze der Erziehungs- und Pflegeleitungen sollten je ein pädagogischer und ein pflegerisch vorgebildeter Mitarbeiter stehen. Alle Erziehungs- und Pflegeleitungen zusammen sollten die „Teilanstaltsleitung" bilden. Ende 1984 war der „Wohnbereich" der Heilerziehungs-, Heil- und Pflegeanstalt[53] in sieben „Heimbereiche" (so der neue Name der bisherigen „Erziehungs- und Pflegebereiche") gegliedert, von denen fünf der Größenvorgabe von maximal 150 Plätzen entsprachen. Zwei Heimbereiche waren größer: das neue Carl-Koops-Haus mit seinen 216 Plätzen, dazu ein weiterer Heimbereich mit 310 Plätzen, der u. a. das Karl-Witte-Haus (195 Plätze), das Herrenhaus auf Gut Stegen (68 Plätze) und einige kleinere Außenwohngruppen

---

49 ArESA, DV 15: Protokoll der 772. Sitzung des Stiftungsvorstandes, 12.6.1979.

50 ArESA, DV 15: Protokoll der 776. Sitzung des Stiftungsvorstandes, 5.2.1980. Danach auch das folgende Zitat.

51 ArESA, DV 17: Bericht des Vorstandes über die Konzeption der Behindertenarbeit, Anlage zur Niederschrift der 20. Sitzung des Stiftungsrates am 26. November 1984. Danach auch das folgende Zitat.

52 ArESA, DV 15: Protokoll der 776. Sitzung des Stiftungsvorstandes, 5.2.1980.

53 Ohne das Kinder- und Jugendheim Alstertal.

V. Die jüngste Zeit, 1979–2021

umfasste.[54] 1985 wurde dieser Bereich geteilt, fortan gab es acht Heimbereiche. Das Karl-Witte-Haus und das Carl-Koops-Haus sollten zwar als Einheiten bestehen bleiben, da eine Aufteilung nicht sinnvoll erschien, sie sollten aber untergliedert werden. Eine aus allen an der Anstaltsarbeit beteiligten Berufsgruppen sowie einem Vertreter des Elternbeirats zusammengesetzte Projektbegleitende Arbeitsgruppe erstellte Grundsätze der Arbeit im Heimbereich, die Anfang 1985 vom Vorstand verabschiedet wurden. Die Heimleitungen durchliefen währenddessen eine Ausbildung für Führungskräfte. Sie sollten künftig eigene Budgets erhalten und z. B. die Investitionsplanung in den einzelnen Heimbereichen selbst erarbeiten. Die Heimleitungen bestanden zumeist aus zwei Personen, im Carl-Koops-Haus wurde zudem für je vier Wohngruppen ein Abteilungsleiter berufen. Alle 14 Tage trafen sich die Heimleiter mit dem Leiter der Verwaltung und dem Vorstand „zu Koordinierungs- und Fachsitzungen". In den Wochen dazwischen fanden Zusammenkünfte der vollständigen Heimleitungen mit dem Leitenden Arzt, dem Leiter des Förderbereichs, dem Beauftragten für die Neuaufnahmen, dem Planungsstab u. a. statt. Ab 1987 tagte zudem regelmäßig der „geschäftsführende Ausschuss" als oberstes Leitungsgremium des „Behindertenbereichs", ab 1988 fanden regelmäßige Sitzungen der Regionalleitungen unter Vorsitz des Direktors statt.

Personalentwicklung

Durch die Auflockerung der Wohnbereiche auf dem Zentralgelände und die Schaffung neuer Außenwohnbereiche sollten, so die Vorgabe der Behörde für Arbeit, Jugend und Soziales, die großen Wohnbereiche „in Gruppen von Familiengröße mit 6 bis 8 Behinderten"[55] umgewandelt werden. Daraus leitete die Behörde einen durchschnittlichen Stellenschlüssel im Tagdienst von 1:2 ab – auf zwei Bewohner oder Bewohnerinnen sollte ein Mitarbeiter oder eine Mitarbeiterin kommen.[56] Das bedeutete, dass die Alsterdorfer Anstalten ihr Personal in großem Stil aufstocken mussten. Waren im Jahre 1970 insgesamt 792 Mitarbeiter und Mitarbeiterinnen in den Alsterdorfer Anstalten beschäftigt gewesen, so hatte sich diese Zahl bis zum 1. Januar 1982 auf 2.514 erhöht – also mehr als verdreifacht. Im ersten Halbjahr 1982 war dann erstmals wieder ein Rückgang zu verzeichnen – am 30. Juni 1982 standen noch 2.363 Männer und Frauen auf der Gehaltsliste der Alsterdorfer Anstalten, eine Folge von Kürzungen der Behörde für Arbeit, Jugend und Soziales auch bei den Personalkosten.[57] Dabei wurde

---

54 ArESA, DV 17: Bericht des Vorstandes über die Konzeption der Behindertenarbeit, Anlage zur Niederschrift der 20. Sitzung des Stiftungsrates am 26. November 1984. Danach auch das Folgende.
55 ArESA, DV 15: Protokoll der 777. Sitzung des Stiftungsvorstandes, 25.3.1980.
56 ArESA, DV 15: Bericht für den Stiftungsrat Vorstandsbereich Behinderteneinrichtung (Heine), Beilage zu: Protokoll der 15. Sitzung des Stiftungsrates, 21.11.1983.
57 ArESA, DV 15: Protokoll der 8. Sitzung des Stiftungsrates, 7.9.1982.

der 1979/80 festgelegte Stellenschlüssel mittlerweile schon wieder als unzureichend empfunden – gerade die Verselbstständigung der Menschen mit Behinderung in den Außenwohnbereichen stelle, so der Vorstand, erhöhte Anforderungen an die Mitarbeiter und Mitarbeiterinnen.[58] Ein Problem war nach wie vor die hohe Fluktuation des Personals im Bereich der Heilerziehungs-, Heil- und Pflegeanstalt. So waren im November 1983 in diesem Bereich der Alsterdorfer Anstalten 1.616 Mitarbeiter und Mitarbeiterinnen beschäftigt; davon waren seit Beginn des Jahres 239 neu eingestellt worden, während im selben Zeitraum 242 aus dem Dienst der Alsterdorfer Anstalten ausgeschieden waren.[59] Erst ab 1984 nahm die Fluktuation deutlich ab – dies war, so die Einschätzung des Vorstands, ein „Echo auf die besseren Arbeitsbedingungen".[60]

Verstärkte Anstrengungen unternahmen die Alsterdorfer Anstalten – auch dies eine Folge der behördlichen Auflagen – im Hinblick auf die Aus- und Fortbildung ihres Personals.[61] 1984 konnte der Vorstand vermelden, dass mittlerweile nahezu siebzig Prozent der Mitarbeiter und Mitarbeiterinnen im Tagdienst der Wohnbereiche pädagogisch oder pflegerisch qualifiziert waren, 1979 waren es erst 40 Prozent gewesen. Allerdings gab es zwischen den Abteilungen große Unterschiede: Während auf dem „Kinder- und Jugendgebiet" mittlerweile nur noch ausgebildetes Personal tätig war, gab es Bereiche, in denen die Mehrzahl der Mitarbeiter und Mitarbeiterinnen noch immer keine Ausbildung besaß.[62]

Abgesehen von der Krankenpflegeschule mit sechzig Plätzen und der Schule für Krankenpflegehilfe mit zwanzig Plätzen, die dem Krankenhausbereich angegliedert waren, und der zunächst am Werner Otto Institut, später am Evangelischen Krankenhaus Alsterdorf angesiedelten Berufsfachschule für Logopädie mit 32, später mit 64 Plätzen, hielten die Alsterdorfer Anstalten drei weitere Aus- und Fortbildungsstätten im Bereich der Heilerziehungs-, Heil- und Pflegeanstalt vor. Die „Berufsfachschule für Kinderpflegerinnen" mit rund sechzig Plätzen, deren Anfänge in das Jahr 1950 zurückreichten, bot eine vierjährige Ausbildung an, die drei Ziele verfolgte: den Abschluss als staatlich anerkannte Kinderpflegerin, die Mittlere Reife und den Abschluss einer „sonderpädagogischen Ausbildung für den Bereich der geistig und körperlich

---

58 ArESA, DV 15: Bericht für den Stiftungsrat Vorstandsbereich Behinderteneinrichtung (Heine), Beilage zu: Protokoll der 15. Sitzung des Stiftungsrates, 21.11.1983; ArESA, DV 17: Bericht des Vorstandes über die Konzeption der Behindertenarbeit, Anlage zur Niederschrift der 20. Sitzung des Stiftungsrates am 26. November 1984.

59 ArESA, DV 15: Bericht für den Stiftungsrat Vorstandsbereich Behinderteneinrichtung (Heine), Beilage zu: Protokoll der 15. Sitzung des Stiftungsrates, 21.11.1983.

60 ArESA, DV 17: Bericht des Vorstandes über die Konzeption der Behindertenarbeit, Anlage zur Niederschrift der 20. Sitzung des Stiftungsrates am 26. November 1984.

61 ArESA, DV 15: Protokoll der 772. Sitzung des Stiftungsvorstandes, 12.6.1979.

62 ArESA, DV 15: Bericht für den Stiftungsrat Vorstandsbereich Behinderteneinrichtung (Heine), Beilage zu: Protokoll der 15. Sitzung des Stiftungsrates, 21.11.1983; ArESA, DV 17: Bericht des Vorstandes über die Konzeption der Behindertenarbeit, Anlage zur Niederschrift der 20. Sitzung des Stiftungsrates am 26. November 1984.

mehrfach behinderten Menschen".[63] Die „Fachschule für Heilerzieher" mit 120 Plätzen, im Jahre 1972, wie bereits erwähnt, als Heilerziehungspflegeschule gegründet, war von ihrer Ausbildungs- und Prüfungsordnung her zunächst noch eine Berufs*fach*schule, doch hatten die Bewerberinnen und Bewerber zumeist die Mittlere Reife oder das Abitur. Die dreijährige Ausbildung endete mit dem staatlich anerkannten Abschluss als „Erzieher im besonderen Bereich der geistig und körperlich mehrfach behinderten Menschen".[64] Die 1980 eröffnete „Ausbildungsstätte für Heilerziehungs*helfer*" mit rund vierzig Plätzen ermöglichte eine berufsbegleitende Ausbildung für Mitarbeiter und Mitarbeiterinnen der Alsterdorfer Anstalten, „die keine zureichende Vorbildung für die Arbeit mit geistig und körperlich mehrfach behinderten Menschen besitzen, die aber schon praktische Erfahrungen [mit] dieser Arbeit aufweisen können".[65] Diese Ausbildungsstätte stand allen Mitarbeitenden offen, die „eine wie auch immer geartete abgeschlossene Berufsausbildung" besaßen und mindestens 25 Jahre alt waren. Die Ausbildung fand über den Zeitraum von zwei Jahren in Unterrichtsblöcken mit zusammen 1.200 Unterrichtsstunden statt. Sie bildete einen wichtigen Baustein des Programms zur Qualifizierung des Personals im Bereich der Heilerziehungs-, Heil- und Pflegeanstalt. Mitte der 1980er Jahre fanden sich indessen kaum noch Interessentinnen und Interessenten, was einerseits damit zusammenhing, dass keine verbindliche Regelung gefunden werden konnte, ob die Ausbildung als Dienstzeit der Schüler und Schülerinnen angerechnet werden sollte oder nicht.[66] Andererseits litt die berufsbegleitende Ausbildung zum Heilerziehungshelfer darunter, dass sie keine staatliche Anerkennung hatte.[67] 1990 wurde dieser Ausbildungsgang daher eingestellt.

Große Hoffnungen setzte die Leitung der Alsterdorfer Anstalten in die Fachschule für Heilerzieher. Die Heilerziehung sollte künftig zur „Stammausbildung"[68] werden. Doch wanderte wider Erwarten die Mehrzahl der an der Fachschule ausgebildeten Heilerzieher und -erzieherinnen nach dem Examen aus den Alsterdorfer Anstalten ab. Möglicherweise, so mutmaßte der Vorstand, empfänden sie den Heimbereich als „zu schwerfällig und zu wenig reformbereit". Umgekehrt klagten die Erziehungs- und

---

63 ArESA, DV 17: Anlage 1 zum Tagesordnungspunkt 2 der Niederschrift über die Sitzung des Stiftungsrats vom 27. Oktober 1986: Ausbildungsstätten der Alsterdorfer Anstalten.

64 Ebd.

65 Ebd. Danach auch das folgende Zitat.

66 Als „Geburtsfehler" bezeichnete es die Leiterin des Ausbildungsgangs, Brigitte McManama, ferner, dass die Heilerzieherhelfer-Ausbildung nicht mit den beiden anderen Ausbildungsgängen koordiniert war. Umbruch 10/1990, 1.

67 Wohl aber wurde sie vom Verband evangelischer Einrichtungen für geistig und seelisch Behinderte e.V. anerkannt. ArESA, DV 15: Bericht für den Stiftungsrat Vorstandsbereich Behinderteneinrichtung (Heine), Beilage zu: Protokoll der 15. Sitzung des Stiftungsrates, 21.11.1983.

68 ArESA, DV 15: Bericht für den Stiftungsrat Vorstandsbereich Behinderteneinrichtung (Heine), Beilage zu: Protokoll der 15. Sitzung des Stiftungsrates, 21.11.1983. Danach auch die folgenden Zitate.

In der Krankenpflegeschule der Alsterdorfer Anstalten

Pflegeleitungen mit Blick auf die Heilerzieher und -erzieherinnen mitunter über eine „nicht adäquate Ausbildung und ein illusionäres Denken im Hinblick auf Erfolge bei den Behinderten." Wie auch immer: Mitte der 1980er Jahre arbeiteten noch immer nicht mehr als etwa siebzig Heilerzieher und -erzieherinnen in den Alsterdorfer Anstalten.[69]

Hinzu kamen finanzielle Schwierigkeiten. Die Berufsfachschule für Kinderpflegerinnen und die Fachschule für Heilerzieher erhielten zwar Kostenerstattungen nach dem Hamburgischen Privatschulgesetz, die aber bei Weitem nicht kostendeckend waren, sodass nicht nur in beiden Ausbildungsstätten ein beträchtliches Schulgeld erhoben werden musste – darüber hinaus wurden sie auch noch von der Behörde für Arbeit, Jugend und Soziales mit jährlich einer Million DM subventioniert.[70] Als die Behörde im Jahre 1982 ankündigte, diese Subventionen zu streichen, dachte der Vorstand im Rahmen eines umfassenden Sanierungskonzepts für die Alsterdorfer Anstalten an die Schließung dieser beiden Ausbildungsstätten. Dies konnte jedoch abgewendet werden: Die Hamburger Behörde für Schule und Berufsbildung, die

---

69 ArESA, DV 17: Anlage 1 zum Tagesordnungspunkt 2 der Niederschrift über die Sitzung des Stiftungsrats vom 27. Oktober 1986: Ausbildungsstätten der Alsterdorfer Anstalten.
70 Ebd.

Nordelbische Kirche und die Alsterdorfer Anstalten einigten sich auf eine „Mischfinanzierung […] unter Beibehaltung eines angemessenen Schuldgeldes" vom 1. Januar 1989 an.[71]

Der Vorstand betrachtete die Personalentwicklung nicht ohne Sorge. Innerhalb eines kurzen Zeitraums hatte man sehr viele neue Mitarbeiter und Mitarbeiterinnen einstellen müssen, wobei einerseits Angehörige akademischer Professionen in Schlüsselpositionen einrückten und fachlich qualifiziertes Personal in den Wohnbereichen an Boden gewann und man andererseits – etwa im Rahmen von Arbeitsbeschaffungsmaßnahmen, bald auch des Zivildienstes[72] – auf unqualifiziertes Personal zurückgreifen musste, das bis dahin keinerlei Bezug zur Diakonie gehabt hatte. Auch die hohe Fluktuation trug dazu bei, dass sich das Profil der Mitarbeiterschaft verschob. Dabei zeichnete sich ein Generationenwechsel ab. Der Anteil der Mitarbeiter und Mitarbeiterinnen in der Heilerziehungs-, Heil- und Pflegeanstalt, die noch keine dreißig Jahre alt waren, stieg binnen weniger Jahre auf 60 Prozent[73] – dadurch, so Direktor Hans-Georg Schmidt, entstünden „Unruhe und Spannungen".[74]

Noch mehr beunruhigte die Leitungsgremien, dass die Kirchenbindung rasch nachließ: Am 1. November 1983 beschäftigten die Alsterdorfer Anstalten insgesamt 2.318 Menschen, von denen indessen nur noch 1.536 evangelisch-lutherischen Bekenntnisses waren. 186 Mitarbeiter und Mitarbeiterinnen waren katholisch, 382 gehörten keiner Kirche an, weitere 214 wurden als „Ausländer" gelistet.[75] Auf die indignierte Frage aus dem Stiftungsrat, warum die Alsterdorfer Anstalten überhaupt „entgegen den Absprachen innerhalb des Landesverbandes Innere Mission"[76] Mitarbeiter und Mitarbeiterinnen ohne Kirchenbindung anstellen würden, antwortete Oberkirchenrat *Ulrich Heine* (1928–1988), seit 1977 in der Leitung der Alsterdorfer Anstalten tätig, in bemerkenswerter Offenheit, dass für „Schmutzarbeit und Hilfsarbeit", etwa in der Küche oder der Wäscherei, keine deutschen Mitarbeiter und Mitarbeiterinnen zu finden seien – hier müsse man notgedrungen auf türkische Arbeitskräfte zurückgreifen. Bei der Besetzung qualifizierter Stellen hingegen komme man manchmal nicht umhin, konfessionslose Mitarbeiter und Mitarbeiterinnen einzustellen, weil andere schlichtweg nicht zu bekommen seien. Und schließlich, so Heine, träten manche

---

71 Bis Ende 1988 blieb es bei der 1984 von der Hamburger Bürgerschaft beschlossenen Übergangsfinanzierung. Ebd.
72 1985 waren über 100 Zivildienstleistende sowie Mitarbeiter und Mitarbeiterinnen aus Arbeitsbeschaffungsmaßnahmen in den Alsterdorfer Anstalten tätig. ArESA, DV 18: Protokoll der 23. Sitzung des Stiftungsrates, 7.10.1985.
73 ArESA, DV 15: Protokoll der 8. Sitzung des Stiftungsrates, 7.9.1982.
74 ArESA, DV 15: Protokoll der 3. Sitzung des Stiftungsrates, 24.11.1981.
75 ArESA, DV 15: Bericht für den Stiftungsrat Vorstandsbereich Behinderteneinrichtung (Heine), Beilage zu: Protokoll der 15. Sitzung des Stiftungsrates, 21.11.1983.
76 ArESA, DV 15: Protokoll der 8. Sitzung des Stiftungsrates, 7.9.1982. Danach auch die folgenden Zitate.

Mitarbeiter und Mitarbeiterinnen auch aus der Kirche aus. Das religiöse Profil der Mitarbeiterschaft nähere sich dem einer „Großstadtgemeinde" an. Dieser Prozess wurde dadurch beschleunigt, dass die „Lebens-, Dienst- und Glaubensgemeinschaft" der Alsterdorfer Schwesternschaft „trotz gegenteiliger Bemühungen der letzten Oberin zu einem Auslaufmodell"[77] wurde. Die Schwesternschaft schrumpfte immer weiter zusammen. Nachdem die Oberin Dorothea Hartwig im Oktober 1984 in den Ruhestand verabschiedet worden war, wurde ihre Stelle nicht wieder besetzt. Auch der Versuch, eine eigene Diakonenschaft aufzubauen, kam über erste Ansätze nicht hinaus.[78] Gleichwohl traf der Vorstand im März 1983 eine „Grundsatzentscheidung" zur Notwendigkeit der Kirchenzugehörigkeit der Mitarbeiter und Mitarbeiterinnen und bekräftigte diese noch einmal 1985 in einem Rundschreiben an die Mitarbeiterschaft – was eine ablehnende Stellungnahme der Mitarbeitervertretung zur Folge hatte.[79]

Bis 1979 sei es, so Schmidt im Jahre 1980, immer möglich gewesen, „innerhalb der Mitarbeiterschaft Verständnis und Bereitschaft für die christlich diakonische Substanz der Anstaltsarbeit zu wecken."[80] Dies habe sich binnen Jahresfrist grundlegend geändert. Durch die öffentlichen Angriffe sei die altgediente Mitarbeiterschaft verunsichert, der Einstellungsschub um die Jahreswende 1979/80, insbesondere der Zuwachs an jungen, sozial engagierten, fachlich qualifizierten Mitarbeitern und Mitarbeiterinnen habe dazu geführt, dass große Teile der Mitarbeiterschaft „das christliche Fundament der Anstaltsarbeit" nicht mehr akzeptierten und „das christliche Menschenbild" nicht mehr teilten. Weiterhin aktiv war der „Kollegenkreis", der sich in mehreren Ausgaben einer eigenen Zeitung – deren Titel „Wir helfen in den Alsterdorfer Anstalten ... nach" eine „kreative Anleihe"[81] bei der offiziellen Zeitschrift „Wir helfen in den Alsterdorfer Anstalten" machte – an die Öffentlichkeit wandte und etwa die Auflösung der Wachsäle verlangte.[82] Besondere Sorge bereitete dem Direktor zudem der „Montagskreis", eine Gruppe von kritischen Mitarbeitern und Mitarbeiterinnen, „die planmäßig Unzufriedenheit verbreiteten, ja sogar eine Art Psychoterror ausübten." Auch werde der Elternbeirat „von einzelnen Gruppierungen zunehmend in eine Forderungshaltung gegenüber der Anstaltsleitung gedrängt […], sodass die bisherige verständnisvolle Kooperation mit der Anstaltsleitung dabei in Gefahr gerate."[83]

---

77 Engelbracht/Hauser, Mitten in Hamburg, 110.

78 1983 hatte die Alsterdorfer Diakonenschaft 14 Mitglieder, von denen sieben ihre Diakonenausbildung abgeschlossen hatten. Von der Nordelbischen Kirche war die Diakonenschaft zu diesem Zeitpunkt noch nicht anerkannt, weil auch von der Deutschen Diakonenschaft noch keine „vorlaufende Anerkennung" vorlag. ArESA, DV 15: Protokoll der 14. Sitzung des Stiftungsrates, 22.8.1983.

79 ArESA, DV 18: Protokoll der 23. Sitzung des Stiftungsrates, 7.10.1985.

80 ArESA, DV 15: Protokoll der 776. Sitzung des Stiftungsvorstandes, 5.2.1980. Danach auch die folgenden Zitate.

81 ArESA, DV 933.

82 Ebd.

83 ArESA, DV 15: Protokoll der 776. Sitzung des Stiftungsvorstandes, 5.2.1980.

V. Die jüngste Zeit, 1979–2021

Protestzug am 23. Februar 1982

In dieser angespannten Situation ließ die Behörde für Arbeit, Jugend und Soziales Mitte 1981 zunächst inoffiziell wissen, dass es im laufenden Jahr voraussichtlich keine neuen Stellen für Mitarbeiter und Mitarbeiterinnen werde geben können und dass für 1982 mit einer Reduzierung der Personalkosten wie auch der Sachkosten zu rechnen sei. Sozialsenator *Jan Ehlers* (1939–2019) teilte außerdem mit, dass die Ersatzbauten für die zum Abriss bestimmten Baracken Bethesda und Samaria sowie für das ebenfalls abbruchreife Michelfelder Kinderheim aus der mittelfristigen Finanzplanung herausgenommen worden seien. Der Vorstand versuchte daraufhin, das kritische Potenzial innerhalb der Mitarbeiterschaft zu nutzen, um Druck im öffentlichen Raum

Bei der Protestaktion am 23. Februar 1982 wurden mehrere Anstaltsbetten und eine Zwangsjacke öffentlich ausgestellt, verbunden mit der Forderung nach Einhaltung der Mindestbauvorschriften.

aufzubauen. Man spekulierte dabei darauf, dass der Senat seine Sparbeschlüsse unter dem Eindruck eines öffentlichen Protests zurücknehmen oder „die Heimaufsicht angesichts der schwierigen Finanzverhältnisse ihre Anforderungen zurückschraube"[84] würde. Am 29. Oktober 1981 berief der Vorstand eine Mitarbeiterversammlung ein und informierte über die Lage.[85] Am 23. November 1981 kam es zu einer ersten öffentlichen Aktion auf dem Gerhart-Hauptmann-Platz. Im Dezember veröffentlichten die Alsterdorfer Anstalten ein Flugblatt, in dem unter der Überschrift „Möchten Sie so leben?" die „Durchsetzung des Rechtsanspruchs auf ein menschenwürdiges Leben"[86] für die Bewohner und Bewohnerinnen gefordert wurde. Vom Senat verlangten Vorstand, Mitarbeiterschaft und Elternbeirat der Alsterdorfer Anstalten gemeinsam die Rücknahme der Kürzungen im Personal- und Sachbereich, den „Nachweis von alternativem Wohnraum" für die Bewohner der Baracken Samaria und Bethesda und des Hauses Hoher Wimpel sowie die „Einrichtung weiterer Außenwohngruppen und stadtteilintegrierter Wohnbereiche."

84　ArESA, DV 15: Protokoll der 3. Sitzung des Stiftungsrates, 24.11.1981.
85　ArESA, Hist. Slg. 55: Niederschrift des Berichts von Pastor Hans-Georg Schmidt anlässlich einer Mitarbeiterversammlung am 29.10.1981.
86　Möchten Sie so leben?, in: die alsterdorfer.intern 12/1981, Danach auch die folgenden Zitate.

V. Die jüngste Zeit, 1979–2021

Die Protestaktion am 23. Februar 1982 konfrontierte Passanten mit der katastrophalen Raumsituation in den Alsterdorfer Anstalten.

Am 23. Februar 1982 zog dann ein Protestzug von Mitarbeitenden und Menschen mit Behinderungen vom Anstaltsgelände zum Sitz der Sozialbehörde in der Hamburger Straße, um gegen die Pläne zur Kürzung der Pflegesätze in der Eingliederungshilfe zu protestieren.

Eine Hamburger Zeitung berichtete unter der Überschrift „Der Spartip des Jahres: Zwangsjacken statt Personal" über diese Aktion.[87]

Die erste Phase der Sanierung der Alsterdorfer Anstalten, 1981–1987

Dieser Protest ist auch vor dem Hintergrund einer tiefgreifenden finanziellen Krise der Alsterdorfer Anstalten zu sehen. War das Wirtschaftsjahr 1978 noch mit einem leichten Bilanzgewinn von rund 255.000 DM abgeschlossen worden,[88] so häuften sich ab 1979 erhebliche Bilanzverluste an. Das Wirtschaftsjahr 1981 schloss bereits mit einem Fehlbetrag von über 9,3 Millionen DM – einschließlich des Verlustvortrags aus dem Vorjahr belief sich der Bilanzverlust mittlerweile auf knapp 21,8 Millionen DM.[89]

---

87 Hamburger Abendblatt, 24.2.1982.
88 ArESA, DV 15: Protokoll der 775. Sitzung des Stiftungsvorstandes, 20.11.1979.
89 ArESA, DV 15: Protokoll der 10. Sitzung des Stiftungsrates, 21.12.1982.

Diese Entwicklung war längst nicht nur auf die Investitionskosten im Zusammenhang mit den verschiedenen Neu- und Umbauten auf dem Zentralgelände wie in den Außenwohnbereichen zurückzuführen,[90] sondern auch und vor allem auf strukturelle Defizite: Die Heilerziehungs-, Heil- und Pflegeanstalt[91] schloss 1981 mit einem Fehlbetrag von fast 4,8 Millionen DM ab[92] – eine Folge von Sach- und Personalkosten, die nicht über die Pflegesätze refinanziert werden konnten. Das Werner Otto Institut arbeitete seit seiner Gründung defizitär, weil der Pflegesatz im Stationsbereich ebenso unzulänglich war wie die Vergütung im Ambulanzbereich.[93] 1981 schloss das Werner Otto Institut daher mit einem Fehlbetrag von zwei Millionen DM.[94] Auch die hohen Zinsen für Betriebsmittelkredite schlugen in der Gesamtbilanz negativ zu Buche. Die Einnahmen aus Spenden und Zuwendungen reichten nicht mehr aus, um die Deckungslücken zu schließen.[95] Einigermaßen rentabel wirtschaftete zu dieser Zeit lediglich der Krankenhausbereich.

Der Vorstand sah sich gezwungen, ein durchgreifendes Sanierungskonzept zu erarbeiten, das u. a. die Senkung der nicht vom Pflegesatz gedeckten Personal- und Sachkosten, die Veräußerung von Vermögenswerten, die Rückführung von Krediten, deren Kapitaldienste nicht durch Pflegesätze oder durch Zuwendungen von anderer Seite abgedeckt werden konnten, die Umwandlung von Betriebsmittelkrediten in langfristige Tilgungsdarlehen, Maßnahmen zur Steigerung des Spendenaufkommens sowie die Verwendung von Spendeneinnahmen ohne Zweckbindung vorrangig zur Abdeckung der während der Sanierungsphase noch entstehenden Betriebsverluste vorsah.[96] Um die Heilerziehungs-, Heil- und Pflegeanstalt zu erhalten, wurden alle Bereiche der Alsterdorfer Anstalten zur Disposition gestellt, „die nicht in kürzester Zeit zu einem ausgeglichenen Ergebnis zu bringen seien."[97] Erwogen wurde, wie bereits erwähnt, die Schließung der Fachschule für Heilerzieher und der Berufsfachschule für Kinderpflegerinnen, und auch die Zukunft des Werner Otto Instituts war zwischenzeitlich ungewiss. Letztlich blieben alle drei Einrichtungen erhalten. Dass 1984 beschlossen wurde, das Kinder- und Jugendheim Alstertal auslaufen zu lassen und dort eine Wohngruppe einzurichten, war keine Konsequenz des Sanierungsprozesses,

---

90 ArESA, DV 15: Protokoll der 6. Sitzung des Stiftungsrates, 27.5.1982.
91 Dazu zählten auch das Kinder- und Jugendheim Alstertal, das Altenheim Haus Abendruhe und die Schulen.
92 ArESA, DV 15: Protokoll der 10. Sitzung des Stiftungsrates, 21.12.1982.
93 ArESA, DV 15: Protokoll der 778. Sitzung des Stiftungsvorstandes, 27.5.1980; Protokoll der 783. Sitzung des Stiftungsvorstandes, 20.1.1981.
94 ArESA, DV 15: Protokoll der 10. Sitzung des Stiftungsrates, 21.12.1982.
95 Verschärfend kamen der Abzug von Bewohnerinnen und Bewohner in kostengünstigere Einrichtungen seitens des Landes Schleswig-Holstein und die Weigerung der Behörde für Arbeit, Jugend und Soziales, Neuaufnahmen zu unterstützen, hinzu. Lohfert-Gutachten, Präambel 2–3.
96 ArESA, DV 15: Anlagen zum Protokoll der Sitzung vom 21. Juni 1983, III.
97 ArESA, DV 15: Protokoll der 6. Sitzung des Stiftungsrates, 27.5.1982.

sondern schlicht und einfach auf mangelnde Nachfrage vonseiten des Hamburger Jugendamtes zurückzuführen, das die Zahl der Heimplätze insgesamt „drastisch vermindern"[98] wollte. Zum 1. Januar 1987 gaben die Alsterdorfer Anstalten – so die Selbstdarstellung – ihr ältestes Arbeitsgebiet, die „Betreuung schwer erziehbarer und verhaltensgestörter Kinder"[99] endgültig auf.

1982 sah der Vorstand erste Anzeichen, dass die finanzielle Talfahrt gestoppt war. Durch Einsparungen bei den Personal- und Sachkosten, gezielte Umschuldung, den Verkauf von Grundstücken und die Aushandlung verbesserter Pflegesätze – dies betraf vor allem das Werner Otto Institut, das jetzt erstmals annähernd kostendeckend arbeiten konnte[100] – gelang es nach und nach, die finanzielle Situation der Alsterdorfer Anstalten zu konsolidieren. Zwar stieg der Bilanzverlust im Jahre 1983 gegenüber dem Vorjahr noch einmal um knapp 800.000 DM auf nunmehr 24,4 Millionen DM, zugleich konnten aber auch Rücklagen von über neun Millionen DM gebildet werden. Der Jahresüberschuss der gesamten Stiftung lag bei 827.000 DM.[101] Das Geschäftsjahr 1984 schloss dann mit einem Überschuss von rund acht Millionen DM, wodurch sich der Bilanzverlust, auf knapp 22,3 Millionen DM verringerte. Dabei hatte man wiederum über fünf Millionen DM an Rücklagen bilden können.[102] Dieser positive Trend setzte sich 1985 fort.[103] Die finanzielle Situation hatte sich konsolidiert, wenngleich sich jetzt allmählich strukturelle Probleme im Krankenhausbereich abzeichneten. Bei der Sanierung hatte nicht nur die Stadt Hamburg tatkräftig geholfen, sondern auch die Nordelbische Kirche, die sich 1984 bereit erklärte, für die Dauer von zehn Jahren jährlich 1,5 Millionen DM an Zins- und Tilgungszuschüssen zugunsten bestimmter Projekte der Alsterdorfer Anstalten bereitzustellen.[104]

---

98   ArESA, DV 17: Protokoll der 20. Sitzung des Stiftungsrates, 26.11.1984. Danach auch das folgende Zitat.

99   Umbruch 1/1987, 1. Tatsächlich war das St. Nicolai-Stift für „von Verwahrlosung bedrohte" Kinder, wie bereits erwähnt, Anfang des 20. Jahrhunderts stillschweigend ausgelaufen, das Kinder- und Jugendheim Alstertal für „Psychopathen und schwererziehbare Kinder" erst 1937 gegründet worden. Es gab also keine durchgehende Kontinuitätslinie. Auch bestanden im Hinblick auf die Zielgruppe, den rechtlichen Rahmen und die pädagogische Konzeption deutliche Unterschiede.

100 ArESA, DV 15: Protokoll der 14. Sitzung des Stiftungsrates, 22.8.1983.

101 ArESA, DV 17: Protokoll der 18. Sitzung des Stiftungsrates, 12.6.1984.

102 ArESA, DV 18: Beschlussvorlage zu den Jahresabschlüssen zum 31.12.1984.

103 ArESA, DV 18: Anlage zur Niederschrift des Stiftungsrats vom 26.6.1986. Der Jahresabschluss 1986 wies wieder einen Fehlbetrag von knapp 438.000 DM auf, allerdings auch Einstellungen in die Rücklage von über fünf Millionen. DM. ArESA, DV 18: Beschlussvorlage zu den Jahresabschlüssen zum 31.12.1986.

104 Der jährliche Zuschuss belief sich bis dahin auf 921.000 DM. Demnach zahlte die Landeskirche rund fünf Millionen. DM zusätzlich. ArESA, DV 17: Protokoll der 18. Sitzung des Stiftungsrates, 12.6.1984.

Leitungsstrukturen

Bemerkenswert ist, dass dem Vorstand von vornherein klar war, dass – parallel zum Um- und Abbau der Anstaltsstrukturen, zur Aufstockung des Personals und zur Qualifizierung der Arbeit – auch „Strukturfragen"[105] angegangen werden mussten. Das betraf auch die obere Leitungsebene. Schon im Juni 1979 beschloss der Vorstand, dass künftig „ein Dreiergremium von Direktor sowie Personalleiter und Finanzchef als Stellvertretern des Direktors" die Geschäfte der Alsterdorfer Anstalten führen sollte. Dieses hauptamtliche Leitungsgremium sollte fortan als *Vorstand* bezeichnet werden, während der bisherige Vorstand in Zukunft – unter dem Namen *Stiftungsrat* – „stärker Aufsichtsratsfunktionen" wahrnehmen sollte. Zwischenzeitlich war im Gespräch, in den neuen Vorstand – neben dem Direktor, dem Finanz- und Personalleiter – auch einen Pädagogen und einen Arzt aufzunehmen, doch wurde dieser Gedanke schließlich verworfen, weil sich im bestehenden Vorstand – also im zukünftigen Stiftungsrat – Bedenken dagegen erhoben.[106] Immerhin eröffnete die 1981 beschlossene neue Satzung, mit der die Trennung von Vorstand und Stiftungsrat vollzogen wurde, dem Stiftungsrat die Möglichkeit, neben dem Direktor zwei bis vier weitere Vorstandsmitglieder zu wählen.[107]

Fortan bestand der Vorstand aus Pastor Hans-Georg Schmidt als Direktor, Ulrich Heine als Vorstand der Behinderteneinrichtungen und *Jochim F. Wittern* als Vorstand für Finanzen und Verwaltung. Zu diesem Zeitpunkt neigte sich die Ära Schmidt schon ihrem Ende zu. In den Konflikten in den und um die Alsterdorfer Anstalten hatte er stark an Ansehen verloren – er galt als Verfechter des alten Anstaltsprinzips. Am 6. März 1982 trat er von seinem Amt zurück. Der Stiftungsrat beschloss in einer Sondersitzung am 11. März 1982, einen „besonderen Beauftragten" einzusetzen, zur „Stärkung des gestörten Vertrauens" nach außen und innen. Am 1. April 1982 übernahm Pastor *Karl Ludwig Kohlwage* (* 1933), Propst des Kirchenkreises Stormarn, dieses Amt, das er aber schon mit Schreiben vom 14. Dezember 1982 niederlegte, wobei er klarstellte, dass er auch für eine Nachfolge Schmidts nicht zur Verfügung stehe. Kohlwage begründete seinen Rückzug zunächst mit Hinweis auf seine angeschlagene Gesundheit und die Arbeitslast, übte er die interimistische Leitung der Alsterdorfer Anstalten doch neben seinen kirchlichen Ämtern aus.[108] Im weiteren Verlauf seines Rücktrittsschreibens formulierte Kohlwage aber auch deutliche Kritik an „zu langhingezogene[n] Diskussionen" und einer gewissen „Neigung, einmal getroffene Entscheidungen wieder infrage zu stellen". In der Stellung des Direktors sah Kohlwage ein „Schlüsselproblem". Mit dem Kollegialsystem habe er keine guten Erfahrungen gemacht: „Mitarbeiterschaft und

---

105 ArESA, DV 15: Protokoll der 772. Sitzung des Stiftungsvorstandes, 12.6.1979. Danach auch die folgenden Zitate.

106 ArESA, DV 15: Protokoll der 776. Sitzung des Stiftungsvorstandes, 5.2.1980.

107 ArESA, DV 2/I: Satzung der Stiftung „Alsterdorfer Anstalten", genehmigt vom Senat der Freien und Hansestadt Hamburg am 3.6.1981, § 6, Abs. 1 und 3.

108 1991 wurde Kohlwage Bischof des Sprengels Holstein-Lübeck der Nordelbischen Kirche.

Rudy Mondry

Außenbereich setzten in den Direktor große Erwartungen, denen er aber mangels Kompetenzen nicht gerecht werden könne."[109] Am 2. Juni 1983 wurde Propst *Rudi Mondry* (1934–2012) einstimmig vom Stiftungsrat zum neuen Direktor gewählt, am 11. Dezember 1983 wurde er offiziell in sein Amt eingeführt.[110] Mit der Berufung Kohlwages und dann Mondrys dürfte der Einfluss der Nordelbischen Kirche auf die Leitung der Alsterdorfer Anstalten deutlich gestärkt worden sein.

Mit der ab 1981 geltenden Satzung veränderte sich auch die Zusammensetzung des Stiftungsrats. Ihm gehörten nun – neben sieben bis elf frei kooptierten Mitgliedern und je einem von der Nordelbischen Evangelisch-Lutherischen Kirche und von der für Sozialwesen zuständigen Behörde Hamburgs zu bestimmenden Mitglied – ein von der Mitarbeitervertretung der Alsterdorfer Anstalt „aus ihrer Mitte"[111] zu wählendes Mitglied sowie zwei weitere Mitglieder aus der Mitarbeiterschaft an (eines aus dem ärztlichen, eines aus dem Erziehungsbereich), die nach einer vom Stiftungsrat zu erlassenden Wahlordnung von der Mitarbeiterschaft gewählt wurden. Nach der 1988 abermals revidierten Satzung wählte die Mitarbeiterschaft dann vier Vertreter oder Vertreterinnen in den Stiftungsrat.[112] Mit diesen Satzungsänderungen erhielt die Mitarbeiterschaft eine Stimme im Aufsichtsgremium – und die erste von der Mitarbeitervertretung in den Stiftungsrat entsandte Vertreterin, *Brigitte McManama*, Leiterin des Ausbildungsgangs für Heilerziehungshelfer, meldete sich immer wieder laut und vernehmlich zu Wort. Aus ihren vielen schriftlichen Stellungnahmen wird das latente Spannungsverhältnis zwischen Leitung und Mitarbeiterschaft deutlich, das sich immer wieder auch in offenen Konflikten entlud.[113]

---

109 ArESA, DV 15: Protokoll der 10. Sitzung des Stiftungsrates, 21.12.1982.

110 ArESA, DV 15: Protokoll der Sondersitzung des Stiftungsrates, 2.6.1983; Protokoll der 16. Sitzung des Stiftungsrates, 30.1.1984.

111 ArESA, DV 2/I: Satzung der Stiftung „Alsterdorfer Anstalten", genehmigt vom Senat der Freien und Hansestadt Hamburg am 3.6.1981, § 10, Abs. 1.

112 ArESA, DV 2/I: Satzung der Stiftung „Alsterdorfer Anstalten", genehmigt vom Senat der Freien und Hansestadt Hamburg am 27.12.1988, § 10, Abs. 1.

113 Vgl. z. B. ArESA, DV 24: McManama an Stiftungsrat, 19.10.1986 (zum Verhältnis von Vorstand und Mitarbeiterschaft); ArESA, DV 25: McManama an Stiftungsrat, 7.1.1991 („Plädoyer für ein drittes Vorstandsmitglied"); ArESA, DV 26: McManama an Mondry und Ziebold, 24.4.1989 (zum Kirchenzugehörigkeitsbeschluss); McManama an Buschmann, 10.8.1990 (zur geplanten organisatorischen Zusammenfassung der Fachschulen mit der Sonderschule).

Neue Ideen und ein neuer Name

Am 26. November 1984 legte der Vorstand dem Stiftungsrat einen ausführlichen Bericht über den Stiftungsbereich Heilerziehungs-, Heil- und Pflegeanstalt vor, der sich von den Berichten der Vorjahre dadurch unterschied, dass er in groben Strichen die Umrisse einer Gesamtkonzeption zeichnete. Das war neu – schien es bis dahin so, dass die Leitung der Alsterdorfer Anstalten nolens volens mit Ad-hoc-Maßnahmen auf politischen Druck reagierte, so war nun der Wille erkennbar, den Reformprozess aktiv zu gestalten. Der „diakonische Auftrag",[114] so definierte es der Bericht vom 26. November 1984, beziehe sich auf die Aspekte „Vorsorge", „Früherkennung und Frühförderung" sowie „Hilfen zum Leben für Menschen, deren Lebensvollzug in der Gesellschaft durch Beeinträchtigung ihrer geistigen/psychischen/körperlichen Funktionen behindert ist". Hier schimmerte, nachdem seit dem Beginn des 20. Jahrhunderts die medizinische Definition von Behinderung auch in den Alsterdorfer Anstalten immer mehr an Raum gewonnen hatte, erstmals wieder ein soziales Modell von Behinderung durch. Die „Behindertenhilfe" in den Alsterdorfer Anstalten gründe, so hieß es weiter, auf „den allgemein anerkannten Prinzipien der Menschenwürde, der Normalisierung und der Lern- und Entwicklungsfähigkeit". Zum diakonischen Profil der Arbeit hieß es etwas kryptisch, diese Prinzipien würden „durch die sich aus dem diakonischen Auftrag ergebenden Leitmotive der Annahme, Hoffnung und der Befreiung vertieft und inhaltlich erfüllt." Explizit formulierte der Vorstand die Werte, denen man sich verpflichtet fühlte: „Selbstwertgefühl und Wertsein für andere", „Integration und Verwurzelung", „Selbstständigkeit, Eigenaktivität, Freiheit", „Lebensintensität (u. a. Freundschaften, Feste, Teilhaben an Spannungs- und Anregungsreichtum der Umwelt)", „Sicherheit und Geborgenheit" sowie „Lebenserfülltheit und Hoffnung". Interessant ist, dass der Vorstand Konsequenzen „auch auf gesellschaftlicher/gemeindlicher Ebene" anmahnte, z. B. „Akzeptanz des Behindertseins", „Abbau von Vorurteilen", „Förderung der Integration und Überwindung der Isolation" sowie „person- und nicht leistungsorientiertes Wertdenken". Hier wird erkennbar, dass die „Normalisierung" der Lebensverhältnisse von Menschen mit geistiger Behinderung, ihre „Integration" in die Gesellschaft mehr meinte als ihre Anpassung an die bestehenden gesellschaftlichen Anforderungen und Erwartungen, sondern dass man auch darauf hinwirken musste, die Gesellschaft zu verändern, um auch Menschen mit Beeinträchtigungen ein erfülltes Leben zu ermöglichen.

In der Sitzung des Stiftungsrates am 26. November 1984, in der es auch um die fällige Neufassung der Satzung ging, brachte der Vorstand folgerichtig eine Namensänderung zur Sprache: Da man die Streichung des Wortes „Anstalt" für „wünschenswert" hielt, schlug der Vorstand vor, die Einrichtung in „Evangelische Stiftung Alsterdorf" umzubenennen – was zu diesem Zeitpunkt noch vom Stiftungsrat mit

---

114 ArESA, DV 17: Bericht des Vorstandes über die Konzeption der Behindertenarbeit, Anlage zur Niederschrift der 20. Sitzung des Stiftungsrates am 26. November 1984. Danach auch die folgenden Zitate.

sechs zu fünf Stimmen bei zwei Enthaltungen abgelehnt wurde.[115] Ein Jahr später, am 9. Dezember 1985, trat der Vorstand erneut wegen einer Umbenennung der Stiftung an den Stiftungsrat heran, nachdem der Elternrat einen entsprechenden Beschluss gefasst und die Elternversammlung sich diesem Beschluss angeschlossen hatte.[116] „Das Wort ‚Anstalt' werde heute im Zusammenhang mit einer Wohnform als so diskriminierend verstanden, dass sich daraus eine ganz erhebliche Belastung für die Eltern von Behinderten ergebe, die ihre Kinder in den Alsterdorfer Anstalten wohnen ließen."[117] Der Stiftungsrat hegte indessen noch immer Bedenken, weil „sich der jetzige Name der Bevölkerung positiv eingeprägt habe." Offenkundig fürchtete man negative Reaktionen aus dem „Spenderkreis". Nachdem sich jedoch der Vorstand, der Elternbeirat und auch die Mitarbeitervertretung entschieden für eine Namensänderung ausgesprochen hatten, gab sich der Stiftungsrat einen Ruck und beschloss 1988 einstimmig eine Satzungsänderung, die den neuen Namen „Evangelische Stiftung Alsterdorf" etablierte.[118] Dass man sich für diesen Namen entschied und nicht für die anfangs ebenfalls in Erwägung gezogene kürzere Bezeichnung „Stiftung Alsterdorf" kann als Beleg dafür gesehen werden, dass die Verantwortlichen den diakonischen Charakter der Einrichtung ausdrücklich hervorgehoben wissen wollten.

Neuansätze in den 1980er Jahren

Im Laufe der 1980er Jahre verbesserte sich die Situation der Bewohner und Bewohnerinnen der Alsterdorfer Anstalten in mancher Hinsicht deutlich.

Im August 1981 zog die Sonderschule in einen behindertengerechten Neubau – benannt nach dem Reformator Johannes Bugenhagen – am Nordwestrand des Zentralgeländes um. 1984 war die Bugenhagenschule mit 128 Schülern und Schülerinnen schon wieder „überbelegt". Sie umfasste nunmehr zwei Klassen für „lernbehinderte" (L-Klassen), vier Klassen für „geistig behinderte" (G-Klassen) und neun Klassen für „hochgradig geistig und körperlich mehrfachbehinderte" Kinder (MF-Klassen), von denen eine aus Platzmangel in das Kinder- und Jugendheim in Wohldorf verlagert worden war. Ab 1987 gab es nur noch MF-Klassen mit ganz wenigen Kindern und z.T. Einzelförderung. Die Schule wurde nach dem Hamburgischen Privatschulgesetz

---

115 ArESA, DV 17: Protokoll der 20. Sitzung des Stiftungsrates, 26.11.1984. Im Januar 1984 hatte der Vorstand beim Senat der Freien und Hansestadt Hamburg angefragt, wie dieser zu einer solchen Namensänderung stünde. Der Senat ließ daraufhin wissen, „dass die Stiftungsaufsicht wegen der Geschichte und des Bekanntheitsgrades der Stiftung gerade mit diesem Namen einer Namensänderung skeptisch gegenübersteht." ArESA, DV 25: Senat der Freien und Hansestadt Hamburg an Vorstand, 30.1.1984.

116 ArESA, DV 18: Protokoll der 24. Sitzung des Stiftungsrates, 9.12.1985. Danach auch die folgenden Zitate.

117 ArESA, DV 18: Protokoll der 23. Sitzung des Stiftungsrates, 7.10.1985.

118 ArESA, DV 18: Protokoll der 33. Sitzung des Stiftungsrats, 18.4.1988; Protokoll der 34. Sitzung des Stiftungsrats, 29.6.1988.

wie eine übliche Sonderschule finanziert. Da aber die MF-Klassen viel höhere Kosten verursachten, finanzierte die Behörde für Arbeit, Jugend und Soziales über 40 Prozent der Kosten aus Mitteln der Eingliederungshilfe für Behinderte nach dem Bundessozialhilfegesetz.[119] Die Schüler und Schülerinnen der Bugenhagenschule stammten zu dieser Zeit noch ganz überwiegend aus den Alsterdorfer Anstalten. Ab Mitte der 1980er Jahre zeichnete sich mit Blick auf die Altersstruktur der in den Alsterdorfer Anstalten lebenden Menschen ein drastischer Rückgang der Schülerzahlen in naher Zukunft ab.[120] Gelinge es nicht, externe Schüler und Schülerinnen in größerer Zahl zu gewinnen, sei, so warnte der Vorstand, „die Existenz der Schule im Verlaufe der 90er Jahre ernsthaft gefährdet."[121] Der Transformationsprozess sollte tatsächlich gelingen, in den 1990er Jahren kamen immer mehr externe Schüler und Schülerinnen dazu.

Von kaum zu überschätzender Bedeutung war, dass die Eigenbetriebe der Alsterdorfer Anstalten mit insgesamt 235 Arbeitsplätzen 1980 von der Bundesanstalt für Arbeit die vorläufige, 1981 die endgültige Anerkennung als Werkstatt für Behinderte (WfB) erhielten.[122] Durch die Einbeziehung der „Tätigkeitsfelder für Behinderte in den Regiebetrieben und auf den Wohnabteilungen" stieg die Zahl der Arbeitsplätze in der WfB vom 1. Mai 1980 an auf 581. Sie arbeiteten im „Dienstleistungsbereich"[123] (als hauswirtschaftliche und pflegerische Hilfskräfte auf den Wohngruppen, in den Handwerksbetrieben oder in der Blumen- und Landschaftsgärtnerei), im „Lohnauftragsbereich" (hier reichte „das Angebot von Verpackungs- und Montagearbeiten bis hin zu anspruchsvollen Elektroarbeiten"), in der „Eigenproduktion (Weberei, Töpferei, Druckerei, Tischlerei, Schlosserei)" oder im „Eingangs- und Trainingsbereich". Für die in der WfB tätigen Bewohner und Bewohnerinnen bedeutete dies, dass sie fortan kranken- und sozialversichert beschäftigt waren und Löhne von mindestens 85 DM im Monat bekamen.[124] Zunehmend arbeiteten in der WfB auch Menschen mit geistigen Behinderungen, die nicht in den Alsterdorfer Anstalten lebten – der Vorstand bemühte sich mit Erfolg um die Aufnahme der WfB in die hamburgische Regionalversorgung. Seit 1984 liefen die Planungen für einen Neubau, dessen Kosten auf rund

---

119 ArESA, DV 17: Bericht des Vorstandes über die Konzeption der Behindertenarbeit, Anlage zur Niederschrift der 20. Sitzung des Stiftungsrates am 26. November 1984. Vgl. auch: ArESA, DV 15: Bericht für den Stiftungsrat Vorstandsbereich Behinderteneinrichtung (Heine), Beilage zu: Protokoll der 15. Sitzung des Stiftungsrates, 21.11.1983.

120 1987 hatte die Sonderschule noch 104 Schülerinnen und Schüler. 1990, so rechnete der Vorstand vor, würden es noch 71 sein, 1994 ganze sieben. ArESA, DV 18: Bericht im Stiftungsrat am 19.10.1987.

121 ArESA, DV 18: Protokoll der 23. Sitzung des Stiftungsrates, 7.10.1985.

122 ArESA, DV 15: Protokoll der 777. Sitzung des Stiftungsvorstandes, 25.3.1980.

123 Umbruch 5/1989, 4. Danach auch die folgenden Zitate.

124 ArESA, DV 15: Protokoll der 778. Sitzung des Stiftungsvorstandes, 27.5.1980.

Der Neubau der „Werkstatt für Behinderte" auf dem Gelände der Evangelischen Stiftung Alsterdorf von 1989

zehn Millionen DM veranschlagt wurden.[125] 1989 konnten die neuen Räumlichkeiten der Alsterdorfer Werkstatt schließlich bezogen werden.

Als „besonderes Problem"[126] wurden in den 1980er Jahren endlich auch die „geschlossenen Abteilungen" wahrgenommen. Der Vorstand hatte erkannt, dass in diesen Abteilungen ein „pädagogisch gedeihliches Lebensklima" kaum herzustellen war; nicht selten entwickele sich dort „zwischen Mitarbeitern und Bewohnern eine Art Überlebensstrategie, die dringend aufgebrochen werden muss." Zielvorgabe des Vorstands war, die „besonders verhaltensschwierigen" Bewohner aus den besonderen Abteilungen herauszuholen und zunächst in Kleinstgruppen von drei oder vier Bewohnern zusammenzufassen, um sie „gruppenfähig"[127] zu machen. Hier brauche es „hochmotivierte" und „persönlich wie fachlich qualifizierte Mitarbeiter". Es sollten interdisziplinäre Ansätze entwickelt werden, um mit diesen Menschen umzugehen. Dabei sollte ausdrücklich auch die Medizin ihren Platz haben.

---

125 ArESA, DV 17: Bericht des Vorstandes über die Konzeption der Behindertenarbeit, Anlage zur Niederschrift der 20. Sitzung des Stiftungsrates am 26. November 1984.

126 ArESA, DV 15: Bericht für den Stiftungsrat Vorstandsbereich Behinderteneinrichtung (Heine), Beilage zu: Protokoll der 15. Sitzung des Stiftungsrates, 21.11.1983. Danach auch die folgenden Zitate.

127 ArESA, DV 17: Bericht des Vorstandes über die Konzeption der Behindertenarbeit, Anlage zur Niederschrift der 20. Sitzung des Stiftungsrates am 26. November 1984. Danach auch die folgenden Zitate.

Im Aufbau begriffen war der „Förderbereich", der bis auf die dem medizinischen Dienst zugeordnete Krankengymnastik und Reittherapie alle anderen Therapieformen bündelte. Auf der Basis einer interdisziplinären Diagnostik sollten in enger Zusammenarbeit mit dem Wohnbereich „individuelle Förderpläne" entwickelt werden, die dann in einer „Förderkette" umgesetzt wurden.[128] 1984 gab es im Förderbereich, der von einer Diplom-Pädagogin geleitet wurde, 35 feste und neun weitere Stellen für Mitarbeitende aus Arbeitsbeschaffungsmaßnahmen. Der Förderbereich war gerade neu strukturiert worden: In den „Fördergruppen" wurden „Behinderte mit niedrigem Entwicklungsalter" gefördert „durch Anregung der Wahrnehmungsprozesse, der Koordination von Wahrnehmung und Bewegung, der Herausbildung des Gefühls vom eigenen Körper, der Anbahnung geistiger und sozialer Fähigkeiten". In der „Beschäftigungstherapie" wurden „die Wahrnehmungsprozesse im Umgang mit Menschen und Materialien vertieft, die Fein- und Grobmotorik ausdifferenziert, Sozialverhalten gefördert und geistige Fähigkeiten ausgebaut." Von hier aus war ein Übergang in die Werkstatt für Behinderte möglich. Die Angebote der „Erwachsenenbildung" richteten sich an relativ selbstständige Bewohner und Bewohnerinnen, meist „Werkstattgänger". Hier wurden „lebenspraktische Fähigkeiten vermittelt wie Schreib- und Lesekurse, Umgang mit Geld, Kochkurse, handwerkliche Angebote, in einzelnen Fällen auch Unterstützung beim Nachholen von Schulabschlüssen und die Ausbildung zum Alsterdorfer Helfer." Seit August 1984 gab es ferner eine „Seniorenbetreuung" mit „Kaffeestube […], gemeinsame[n] Ausflüge[n], Hobby-Gruppen, Gruppen für kreatives Gestalten und Handwerken, Seniorengymnastik." Insgesamt betreute der Förderbereich zu dieser Zeit etwa 500 Menschen. Ein weiterer Ausbau war geplant. 1987 stellte der Vorstand jedoch selbstkritisch fest, dass noch immer 410 Bewohner und Bewohnerinnen „keine oder keine ausreichend strukturierte Tagesfüllung"[129] hätten. Hinzu kämen die 171 „nicht/nicht ausreichend betreuten Senioren". Es gelte also, weitere 581 Bewohner und Bewohnerinnen, davon zwei Drittel „schwer- und mehrfachbehinderte Menschen", in den Förderbereich zu integrieren. In der Endstufe müsste dieser Bereich auf 128 Planstellen aufgestockt, fünfzig weitere Räume müssten zur Verfügung gestellt werden.

Als wichtige neue Aufgabe wurde in den 1980er Jahren auch die „Aufhebung der Geschlechtertrennung"[130] erkannt. Im Kinder- und Jugendbereich hatte man sie längst aufgegeben, im Erwachsenenbereich wurden jetzt entweder Männer- und Frauengruppen in einem Haus untergebracht oder Männer und Frauen in einer Wohngruppe vereint. Das neue Heim in Schnelsen war ganz bewusst „für das Zusammenleben von Männern und Frauen geplant." Der Vorstand sah darin eine „deutliche Humanisierung der Lebenswelt".

---

128 ArESA, DV 15: Bericht für den Stiftungsrat Vorstandsbereich Behinderteneinrichtung (Heine), Beilage zu: Protokoll der 15. Sitzung des Stiftungsrates, 21.11.1983.

129 ArESA, DV 18: Bericht im Stiftungsrat am 19.10.1987.

130 ArESA, DV 17: Bericht des Vorstandes über die Konzeption der Behindertenarbeit, Anlage zur Niederschrift der 20. Sitzung des Stiftungsrates am 26. November 1984.

Seit dem Beginn der 1980er Jahre hatten sich die Alsterdorfer Anstalten, wenn auch zunächst sehr vorsichtig, daran gemacht, die Mitwirkungsrechte der Bewohnerinnen und Bewohner und ihrer Angehörigen zu stärken. Die 1981 erlassene „Heimbeirats-Ordnung für die Ev. Heilerziehungs-, Heil und Pflegeanstalt der Alsterdorfer Anstalten"[131] begann zwar mit der Feststellung, dass eine Umsetzung des Heimgesetzes und der Heimmitwirkungsverordnung „in vollständigem Umfange" angesichts des besonderen Profils der Bewohnerschaft nicht möglich sei. Gleichwohl war die bisherige Regelung – aus den Reihen der Bewohner und Bewohnerinnen war ein „Sprecherrat" gebildet worden, um eine Mitwirkung „im Rahmen ihrer Möglichkeiten" sicherzustellen – nicht mehr ausreichend. Im Hintergrund standen hier Auflagen der Aufsichtsbehörde. Im September 1981 wurden deshalb auf der Ebene der Erziehungs- und Pflegegebiete „Heimbeiräte" gewählt. Der Elternbeirat auf der Ebene der Heilerziehungs-, Heil- und Pflegeanstalt blieb bestehen. Er trat, wie bereits erwähnt, mit der Zeit immer fordernder an den Vorstand heran, der 1984 einräumte, die Zusammenarbeit mit den Eltern sei ein lange „vernachlässigter Sektor".[132] Dennoch tat sich die Leitung schwer, ein Mitspracherecht der Eltern und Betreuer institutionell zu verankern. Der Satzungsausschuss des Stiftungsrates sprach sich 1984 gegen den Antrag des Elternbeirats aus, ihm ein Entsendungsrecht in den Stiftungsrat einzuräumen, empfahl aber, bei nächster Gelegenheit einen Elternvertreter in den Stiftungsrat zu berufen.[133] Tatsächlich kooptierte der Stiftungsrat im Jahre 1985, einem Wahlvorschlag des Elternbeirats folgend, eine Vertreterin der Elternschaft, nicht ohne im Protokoll festzuhalten, „dass mit dieser Wahl eine Vorentscheidung für zukünftige Wahlen im Hinblick auf ein Vorschlagsrecht des Elternbeirats getroffen ist."[134]

Zu guter Letzt: In den 1980er Jahren begannen die Alsterdorfer Anstalten endlich mit der öffentlichen Aufarbeitung ihrer Rolle in der Zeit des Nationalsozialismus.[135] In der Amtszeit Hans-Georg Schmidts hatte der Vorstand noch versucht, das Thema totzuschweigen. Als Dr. *Michael Wunder* (* 1952), seit 1981 als Psychologe in den Alsterdorfer Anstalten tätig, dem Vorstand zwei Aufsätze über die Beteiligung der Alsterdorfer Anstalten an den NS-Medizinverbrechen vorlegte, die in der Dokumentation über den Hamburger Gesundheitstag 1981 publiziert werden sollten, wurde ihm unter Androhung einer Kündigung untersagt, als Autor in Erscheinung zu treten – die Texte erschienen unter den Namen der Co-Autoren *Stefan Romey* von der Vereinigung der Verfolgten des Nazi-Regimes – Bund der Antifaschisten und *Udo Sierck*

---

131 ArESA, Bewohnerbetreuung, 286.

132 ArESA, DV 17: Bericht des Vorstandes über die Konzeption der Behindertenarbeit, Anlage zur Niederschrift der 20. Sitzung des Stiftungsrates am 26. November 1984.

133 ArESA, DV 17: Protokoll der 20. Sitzung des Stiftungsrates, 26.11.1984.

134 ArESA, DV 18: Protokoll der 23. Sitzung des Stiftungsrates, 7.10.1985.

135 Vgl. dazu den Überblick von Michael Wunder: Erinnern für die Zukunft – zur Kultur des Gedenkens in Alsterdorf, in: Wunder/Genkel/Jenner, Ebene, 373–383.

von der damaligen Krüppel-Initiative Hamburg.[136] Erst unter Rudi Mondry erfolgte ein grundlegender Kurswechsel im Umgang mit der eigenen Vergangenheit. Kurz nachdem die Gewerkschaft Erziehung und Wissenschaft, die Vereinigung der Verfolgten des Nazi-Regimes und der Gesundheitsladen Hamburg am 16. August 1983 im Curiohaus eine Veranstaltung zum vierzigsten Jahrestag des Abtransports der 228 Frauen und Mädchen nach Wien abgehalten hatten, fand am 21. August 1983 in der St. Nicolaus-Kirche ein Gedenkgottesdienst für die Opfer der NS-„Euthanasie" aus den Alsterdorfer Anstalten statt. Zur selben Zeit beschloss der Vorstand, bei dem Bildhauer *Siegfried Assmann* (1925–2021) ein Mahnmal in Auftrag zu geben und ein Gedenkbuch mit den Namen der Opfer anzulegen. 1984 wurden das Mahnmal eingeweiht, das Gedenkbuch in der St. Nicolaus-Kirche ausgelegt und eine Dokumentation in Auftrag gegeben,[137] die 1987 unter dem Titel „Auf dieser schiefen Ebene gibt es kein Halten mehr" erschien. Damit war der Anfang einer Gedenkkultur gemacht, die mit der Einweihung des Lern- und Gedenkortes im Jahre 2022 ihren vorläufigen Höhepunkt erreicht hat.

Die 1990er Jahre – zwischen Regionalisierung und Sanierung

Konzept, Konflikt, Krise

Zu Beginn der 1990er Jahre hatten sich die vielen Reformansätze der 1980er Jahre zu einer konsistenten Konzeption verdichtet. Das seit den 1980er Jahren im Raum stehende Prinzip der *Normalisierung* wurde nun dezidiert als *Individualisierung* ausbuchstabiert – es gehe, so heißt es in einem von den neuen Regionalleitungen im April 1990 vorgelegten Konzeptpapier, darum, Menschen mit geistiger Behinderung durch offene Hilfsangebote „behutsam beratend, unterstützend, vermittelnd, entwickelnd eine Lebensgestaltung [zu] ermöglichen, welche weitgehende Selbstbestimmung als Voraussetzung hat".[138] Explizit war in diesem Papier von einem „Paradigmawechsel" hin zu einer „individualisierten Lebensbegleitung" die Rede – in scharfem Gegensatz zum bisher handlungsleitenden Modell der „Heil-, Erziehungs- und Pflegeanstalt", das „die betroffenen Personen eher als zu Heilende, zu Betreuende, zu Versorgende,

---

136 Romey, Stefan: Asylierung – Sterilisierung – Abtransport. Die Behandlung geistig behinderter Menschen im Nationalsozialismus am Beispiel der Alsterdorfer Anstalten, in: Wunder, Michael / Sierck, Udo (Hg.): Sie nennen es Fürsorge. Behinderte zwischen Vernichtung und Widerstand, Frankfurt am Main ²1987 (1. Aufl.: Berlin 1981), 43–64. Interview mit Michael Wunder, 22.4.2021 (Interviewer: Niko Kutzner, Reinhard Schulz, Hans-Walter Schmuhl).

137 ArESA, DV 17: Protokoll der 17. Sitzung des Stiftungsrates, 2.4.1984.

138 ArESA, DV 608: Arbeitspapier der Regionalleitungen „Veränderungen in der Behindertenhilfe – Perspektiven der 90iger Jahre in der Ev. Stiftung Alsterdorf – Stellenbedarfe". Danach auch die folgenden Zitate. Wörtlich auch in: ArESA, ÖII 104: Thomas Dühlser, Regionalisierte Wohnformen für Behinderte der Evangelischen Stiftung Alsterdorf, Mai 1990.

als Objekte der Hilfe, nicht so sehr als Subjekte ihrer eigenen Lebensgestaltung" definierte. Bei diesem Paradigmawechsel beriefen sich die Verfasser und Verfasserinnen des Papiers ausdrücklich auf Heinrich Matthias Sengelmann, dessen Ideen und Intentionen in der Geschichte der Alsterdorfer Anstalten zwischenzeitlich in den Hintergrund getreten seien.

Konsequent zu Ende gedacht, bedeutete der Neuansatz, dass nun energische Reformschritte anstanden, um die überkommene Anstaltsstruktur und -kultur, die durch die „Auflockerungsmaßnahmen" der 1980er Jahre nicht grundsätzlich infrage gestellt worden war, zu überwinden. Es galt nicht nur, die begonnene „Regionalisierung" weiter voranzutreiben, sondern zu einer „Dezentralisierung" überzugehen. Es komme darauf an, so drückte es ein Mitarbeiter der Wohngruppe 105 in einem Artikel im „Umbruch", dem Magazin der Evangelischen Stiftung Alsterdorf, treffend aus, sich aller die Arbeit vor Ort „behindernden Mechanismen"[139] zu entledigen – als einen solchen Mechanismus machte er die „zentrale Lenkung und Planung der Versorgung von über tausend behinderten Menschen vom Essteller über Möbel bis zur Zahnpasta" aus. Auf der Agenda standen daher der Um- und Abbau zentraler Versorgungs- und Verwaltungsstrukturen, die Etablierung einer neuen Führungskultur, eine Verlagerung der Verantwortung nach unten und eine weitgehende Verselbstständigung der Wohngruppen. Bemerkenswert ist, dass diese Impulse von der Basis und aus der mittleren Leitungsebene im Vorstand aufgegriffen wurden. Am 26. Juni 1990 legten Direktor Rudi Mondry und sein Vorstandskollege, der Jurist *Peter Buschmann*, der 1989 an die Stelle des krankheitsbedingt ausgeschiedenen Ulrich Heine getreten war, dem Stiftungsrat ein Konzept zur „Entwicklung der Evangelischen Stiftung Alsterdorf in den 90-iger [sic] Jahren" vor, das alle genannten Gesichtspunkte aufgriff.[140] In einer Pressekonferenz wurde das neue Konzept der Öffentlichkeit vorgestellt. In der Vergangenheit, so hieß es in der dazu verfassten Pressemitteilung vollmundig, hätten Menschen in den Alsterdorfer Anstalten „in einem Ghetto in großen Gruppen, anstaltsmäßig gekleidet, verpflegt, versorgt, entmündigt"[141] gelebt. Zwar hätten sich in den letzten Jahren die Lebensbedingungen in der Evangelischen Stiftung Alsterdorf „in großen Schritten" verbessert, doch müsse man nun auf dem eingeschlagenen Weg weiter voranschreiten.

Jedoch führt die Neukonzeption zu einem tiefen Bruch innerhalb des Vorstands. Der Vorstand für Finanzen und Verwaltung, Jochim F. Wittern, lehnte sie rundheraus ab, es kam zu einem heftigen Konflikt – schon am 24. Mai 1990 bot Wittern daher dem Stiftungsrat an, seinen Vertrag zu lösen. Die Situation sei derart eskaliert, dass entweder Direktor Mondry oder er aus dem Vorstand ausscheiden müsse, ließ Wittern wissen. Um der „Frontenbildung innerhalb der Mitarbeiterschaft"[142] entgegenzuwirken,

---

139 Umbruch 2/1990, 5. Danach auch das folgende Zitat.
140 ArESA, DV 26: R. Mondry / P. Buschmann, Entwicklung der Evangelischen Stiftung Alsterdorf in den 90-iger Jahren. Vorlage für den Stiftungsrat am 26. Juni 1990.
141 Umbruch 7/1990, 3. Danach auch das folgende Zitat.
142 ArESA, DV 26: Wittern an Ziehbold, 24.5.1990. Danach auch das folgende Zitat.

brauche es einen „einigen Vorstand", und Mondry könne „vielleicht leichter eine Mehrheit hinter sich bringen als ich, der sein Image als Industriemanager insbesondere bei den pädagogischen Mitarbeitern nie losgeworden ist." Der Stiftungsrat lehnte das Angebot Witterns jedoch ab und forderte den Vorstand auf, die Zusammenarbeit wiederaufzunehmen.[143]

Dann aber legte Wittern am 22. Juni 1990 eine umfangreiche schriftliche Stellungnahme für den Stiftungsrat vor, in der er die von Mondry und Buschmann vorgelegte Konzeption scharf kritisierte: Sie enthalte „allenfalls Schulbuchweisheiten und Allgemeinplätze, die sich flüssig lesen und zu denen man – bis auf wenige Ausnahmen – nur mit dem Kopf nicken kann."[144] Dagegen reflektiere die neue Konzeption in keiner Weise die „wirtschaftlichen und organisatorischen Risiken" der geplanten Neuausrichtung. So ziehe die Erweiterung der Zahl der Wohngruppen von 109 auf 137 mit durchschnittlich neun Bewohnern und/oder Bewohnerinnen einen zusätzlichen Stellenbedarf im Tag- und Nachtdienst von rund 315 Stellen nach sich. Unklar sei, wie viele zusätzliche Stellen im Wirtschafts- und Versorgungsdienst, im Personalwesen und im Finanz- und Rechnungswesen erforderlich seien, welche Sachinvestitionen (Räume, Inventar, Fahrzeuge) notwendig würden, wie die Finanzierung aussehen sollte, wie hoch der Vorfinanzierungsbetrag sein würde, welchen Eigenanteil die Stiftung aufbringen müsste und ob sich Folgekosten ergäben. Mit der Dezentralisierung, so Witterns Fazit, gehe die Evangelische Stiftung Alsterdorf „ein nicht kalkulierbares Risiko" ein. Man sei „zurzeit weder wirtschaftlich noch personell und organisatorisch auf eine neuerliche so umfassende Veränderung vorbereitet." Wittern forderte daher eine „Konsolidierungsphase". Zur Begründung wies er zum einen auf die wirtschaftliche Lage der Stiftung hin: Seit dem Abschluss der Sanierung hätten sich die Betriebsergebnisse wieder verschlechtert, insbesondere der „Behinderten-Bereich" fahre hohe Betriebsverluste ein, seit 1988 lebe „Alsterdorf wieder deutlich über seine Verhältnisse", die Situation werde nur „durch die guten Spendeneinnahmen überdeckt." Aufgrund der sich anbahnenden Wiedervereinigung der beiden deutschen Staaten könne aber nicht mit einem weiterhin so hohen Spendenaufkommen gerechnet werden. Zum anderen verwies Wittern darauf, dass im „Zentralbereich […] im letzten Jahr eine Reihe von Systemen von hoher Komplexität nach mehrjähriger Vorarbeit eingeführt" worden seien (Zentralküche, Finanz- und Rechnungswesen, Datenverarbeitung). Klar wird aber auch, dass sich Wittern in seinen Kompetenzen beschnitten sah: „Mit der Einführung der Regionalstruktur im Bewohnerbereich ist meine Fachvorgesetztenfunktion für die kaufmännische Leitung beendet worden." Schließlich beklagte Wittern die „mangelhafte Koordinierung der Vorstandsarbeit" – jedes Vorstandsmitglied betätige sich als „Einzelkämpfer" –, die von zwei Unternehmensberaterinnen eingeführte Methode der „Themenzentrierten Interaktion" greife nicht.

---

143 ArESA, DV 18: Protokoll der außerordentlichen Stiftungsratssitzung am 6.6.1990.
144 ArESA, DV 26: Stellungnahme Witterns, 22.6.1990. Danach auch die folgenden Zitate.

V. Die jüngste Zeit, 1979–2021

Zwischen Mondry und ihm gebe es „keine Brücke" mehr. Wittern wiederholte sein Rücktrittsangebot – das nun angenommen wurde.[145] Zum Ende des Jahres schied er aus dem Dienst der Evangelischen Stiftung Alsterdorf aus.[146]

Damit kam die Evangelische Stiftung Alsterdorf jedoch keineswegs in ruhigeres Fahrwasser, denn jetzt wurde erst das ganze Ausmaß der finanziellen Krise deutlich, die sich seit der vorübergehenden Sanierung der Finanzen in den Jahren von 1983 bis 1987 wieder verschärft hatte. Peter Buschmann, der am 1. Juli 1990 Aufgaben Witterns vertretungsweise übernommen hatte, schlug am 13. August 1990 im Stiftungsrat Alarm: Er wies darauf hin, dass der Bilanzverlust der Evangelischen Stiftung Alsterdorf von 27,5 Millionen DM (1988) auf knapp 33 Millionen (1989) gestiegen sei. Die Stiftung lebe „von der Substanz".[147] Insbesondere die Situation im Bereich der Heilerziehungs-, Heil- und Pflegeanstalt (HPA-Bereich) sei „besorgniserregend". Hier sei der Jahresverlust von 1,5 Millionen DM (1987) auf 3,8 Millionen DM (1988) und schließlich auf 4,5 Millionen DM (1989) gestiegen – was mit den Abschreibungen des Carl-Koops-Hauses zu tun hatte – und hatte den Verlustvortrag dieses Betriebsbereichs auf 29 Millionen DM erhöht. Aber auch das Werner Otto Institut, die Zentrale Versorgung und Verwaltung (ZVV) und die Landwirtschaft schrieben tiefrote Zahlen, das positive Jahresergebnis des Evangelischen Krankenhauses Alsterdorf täusche, da es auf Sondereffekte zurückzuführen sei, einzig das Heinrich-Sengelmann-Krankenhaus stelle sich einstweilen als eine „Oase im Grünen" dar, doch sei hier bei der Aufnahme in den Krankenhausbedarfsplan der Länder Schleswig-Holstein und Hamburg demnächst mit einem Bettenabbau zu rechnen. Große Probleme gebe es, so Buschmann, auch bei der Liquidität, die Gehälter seien deshalb im November/Dezember 1989 mit Verspätung ausgezahlt worden. Am 2. März 1991 erstattete Buschmann erneut Bericht im Stiftungsrat. Dabei wies er insbesondere auf das problematische Ausmaß der Neuverschuldung hin und rechnete vor, dass die Evangelische Stiftung Alsterdorf ihre Kredite von 14 Millionen DM (1987) auf etwa 34 Millionen DM (1990) ausgeweitet und damit „Substanzverbesserungen"[148] über kurzfristige Kredite finanziert habe, deren Zinsen nicht über Pflegesätze finanziert werden könnten. „Ein sicherer Weg in den Konkurs", urteilte Buschmann, der kaum verhüllt seinen Vorgänger für die Misere verantwortlich machte. Derzeit müsse die Stiftung jährlich etwa zwei Millionen DM an Zinsen aufbringen. Es müssten dringend Maßnahmen ergriffen werden, „um diesen Kostenblock abzubauen – anderenfalls droht

---

145 ArESA, DV 18: Protokoll der 43. Sitzung des Stiftungsrats, 26.6.1990.
146 Vgl. ArESA, DV 18: Protokoll der außerordentlichen Sitzung des Stiftungsrats am 5.9.1990.
147 ArESA, DV 26. Ausführungen P. Buschmann, 13.8.1990. Danach auch die folgenden Zitate. Vgl. ArESA, DV 18: Protokoll der 44. Sitzung des Stiftungsrats, 14.8.1990.
148 ArESA, DV 25: Anmerkungen P. Buschmann anlässlich der Klausurtagung des SR am 2.3.1991. Danach auch die folgenden Zitate.

der Stiftung der Kollaps." Der Jahresabschluss 1990 bestätigte diese Warnungen. Der Bilanzverlust hatte sich auf 38,5 Millionen DM erhöht.[149]

Der Rumpfvorstand der Evangelischen Stiftung Alsterdorf stand vor einem Dilemma: Vonseiten der Mitarbeiterschaft, aber auch einer kritischen Öffentlichkeit ging ein hoher Erwartungsdruck aus, das selbst gesteckte Ziel einer forcierten Regionalisierung und Dezentralisierung konsequent zu verfolgen. Die wirtschaftlichen Rahmenbedingungen zwangen dem Vorstand jedoch einen rigorosen Sparkurs auf, um das Überleben der Stiftung zu sichern. Das ging nicht ohne einschneidende Kürzungen auch im „B-Bereich". Damit waren Konflikte zwischen der Leitung der Evangelischen Stiftung Alsterdorf und jenen Teilen der Mitarbeiterschaft, die auf einen forcierten Reformprozess drängten, vorprogrammiert. Spätestens mit einem Artikel in der „Hamburger Morgenpost" vom 16. Oktober 1991, in dem die „Misswirtschaft" in der Evangelischen Stiftung Alsterdorf scharf kritisiert wurde, war der Konflikt in der Öffentlichkeit angekommen. „Dem 40-Millionen-Mark-Defizit, horrenden Vorstandsgehältern und externen Unternehmensberatungen mit Tages-Honoraren von 2000 Mark stünden Pflegenotstand, Behinderte, die ‚wochenlang keine frische Luft bekommen', und die Streichung der hausinternen Fortbildung für Mitarbeiter ‚aus Etatgründen' gegenüber",[150] hieß es in diesem Artikel. Damit war der Ton für die kommenden Debatten gesetzt.

Der Konflikt fokussierte sich schließlich auf die Vorstandsgehälter. Aus Protest gegen das für das neu bestellte Vorstandsmitglied vorgesehene Gehalt, das auf dem Niveau eines Managergehalts in der Industrie liegen sollte, und gegen die Angleichung der Gehälter der beiden anderen Vorstandsmitglieder an dieses Niveau traten *Anne Spiecker,* Dr. *Bernd Tschöpe* und Michael Wunder, Vertreter und Vertreterin der Mitarbeiterschaft im Stiftungsrat, am 11. August 1992 von ihren Ämtern zurück und machten die Sache öffentlich.[151] In einer außerordentlichen Mitarbeiterversammlung am 19. August entzogen die rund 550 versammelten Mitarbeiter und Mitarbeiterinnen dem Vorstand und dem Stiftungsrat mit überwältigender Mehrheit das Vertrauen und forderten die Mitglieder beider Leitungsgremien zum Rücktritt auf. In einer öffentlichen Erklärung kritisierte die Mitarbeiterversammlung die „unverantwortliche Selbstbedienungsmentalität"[152] des Vorstands sowie „schwere Versäumnisse in der konzeptionellen und strukturellen Fortentwicklung der Behindertenarbeit". Die groß angekündigte Regionalisierung sei nicht von der Stelle gekommen, im Gegenteil würden sogar „Rückschritte erwogen". Dies alles habe die Evangelische Stiftung

---

149 ArESA, DV 18, Protokoll der 52. Sitzung des Stiftungsrates 18.5.1992. Management-Letter der Wirtschaftsprüfungsgesellschaft KPMG zur Jahresabschlussprüfung für das Geschäftsjahr 1990.
150 Hamburger Morgenpost, 16.10.1991.
151 ArESA, ÖII 104: MAV-Info, 11.8.1992.
152 ArESA, ÖII 104: MAV-Info, Erklärung der außerordentlichen Mitarbeiterversammlung der Ev. Stiftung Alsterdorf am 19.8.1992. Danach auch die folgenden Zitate.

Alsterdorf „in eine ihrer schwersten Glaubwürdigkeitskrisen" gestürzt. Für den Fall, dass die Rücktrittsforderungen nicht erfüllt werden sollten, appellierte die Versammlung an die Kirchenleitung, die Stiftungsaufsicht, die Fraktionen der Hamburger Bürgerschaft und den Sozialsenator, Schritte einzuleiten, um den Rücktritt zu erzwingen. Da sowohl Direktor Rudi Mondry und sein Vorstandskollege Peter Buschmann als auch der Vorsitzende des Stiftungsrates, *Peter Schmidt,* im Hauptberuf Mitglied im Direktorium der Hamburgischen Landesbank, einen Rücktritt ablehnten, schaltete die Mitarbeitervertretung tatsächlich Kirche und Staat ein. Nachdem sich die Bischöfin für Hamburg, *Maria Jepsen* (* 1945), und der Leiter des Diakonischen Werkes, Landespastor Dr. *Stephan Reimers* (* 1944), in einer öffentlichen Presserklärung kritisch zur Frage der Vorstandsgehälter geäußert hatten,[153] war die Position Mondrys unhaltbar geworden. In einer persönlichen Erklärung kündigte er am 3. September 1992 an, dass er seinen 1993 auslaufenden Vertrag nicht verlängern werde.[154] Seine Beurlaubung sorgte indessen weder innerhalb der Evangelischen Stiftung Alsterdorf für eine Entspannung der Konflikte[155] noch konnte sie der Medienberichterstattung ihre Schärfe nehmen – nach wie vor kritisierten die Zeitungen die „Absahner" der Evangelischen Stiftung Alsterdorf.[156]

Unbeirrt trieb der Stiftungsrat das personelle Revirement des Vorstands voran: Der neue Personalvorstand *Wolfgang Kraft* (* 1947), ein erfahrener Industriemanager, trat sein Amt am 1. Oktober 1992 an; Finanzvorstand Peter Buschmann wurde am 27. Oktober 1992 zum stellvertretenden Vorstandsvorsitzenden ernannt, im März 1993 trat Dr. *Hermann Scheile,* bisher pädagogischer Regionalleiter der Region West, als Vorstand für den Behindertenbereich in das Leitungsgremium ein, am 22. April 1993 schließlich wurde Pastor *Rolf Baumbach* (1946–2006), der bereits seit dem 16. September 1992 als „stellvertretender Direktor" die pastoralen und seelsorglichen Funktionen des Direktors wahrnahm, ohne indessen dem Vorstand anzugehören, als neuer Direktor der Evangelischen Stiftung Alsterdorf eingesegnet. Zudem wurde der Stiftungsrat umgebildet und verkleinert. Die bisherige Mitarbeitervertretung trat am 4. März 1993 zurück; am 24. März 1993 fand auf Initiative des Vorstands eine weitere

---

153 ArESA, DV 27: Presseerklärung der Bischöfin für Hamburg, Maria Jepsen, und des Diakonischen Werkes Hamburg, vertreten durch Landespastor Dr. Stephan Reimers, 27.8.1992.

154 ArESA, DV 27: Pastor Rudi Mondry. Persönliche Erklärung zu den Handlungsmöglichkeiten der Evangelischen Stiftung Alsterdorf, zur aktuellen Situation und zu meiner Person. Die „kirchliche Einmischung", schrieb Mondry, sei für ihn „unannehmbar".

155 Dass Vorstand Peter Buschmann im Namen der Evangelischen Stiftung Alsterdorf gegen die Vorsitzende der Mitarbeitervertretung, *Vera Niazi-Shahabi,* vor dem Arbeitsgericht auf Unterlassung der Äußerung, der Vorstand habe eine „unverantwortliche Selbstbedienungsmentalität" an den Tag gelegt, geklagt hatte, beruhigte die Lage nicht. Die Klage wurde am 10. September 1992 abgewiesen. Ein „Runder Tisch" unter Leitung von Bischöfin Jepsen und Diakoniepastor Reimers am 14. September 1992 verlief für die Mitarbeiterversammlung enttäuschend. Sie forderte weitere Rücktritte. ArESA, DV 27: MAV, Sonderinfo, 18.9.1992.

156 Eine umfangreiche Presseausschnittsammlung findet sich in: ArESA, ÖII 104.

Mitarbeiterversammlung statt, um einen Wahlvorstand zu wählen, der die Neuwahl der Mitarbeitervertretung organisieren sollte.

Die zweite Phase der Sanierung der Evangelischen Stiftung Alsterdorf, 1993–2003

Der neu formierte vierköpfige Vorstand der Evangelischen Stiftung Alsterdorf sah sich – auch vor dem Hintergrund der laufenden Verhandlungen mit der Behörde für Arbeit, Gesundheit und Soziales über die Höhe des Pflegesatzes für die Jahre 1992/93 – vor die Herausforderung gestellt, im laufenden Haushaltsjahr 6,9 Millionen DM in den Bereichen der Heilerziehungs-, Heil- und Pflegeanstalt (HPA) und der Zentralen Versorgung und Verwaltung (ZVV) einzusparen. Als Sofortmaßnahme verfügte er, freie und frei werdende Stellen in diesen Bereichen vorerst nicht neu zu besetzen. Problematisch war vor allem der ZVV-Bereich, der chronisch defizitär arbeitete und von den anderen Bereichen quersubventioniert werden musste. Der Vorstand beschloss daher im Juli 1993 die Schließung von insgesamt neun Betrieben – darunter der Zentrale Reinigungsdienst, der Fuhrpark, Maurerei, Tischlerei, Polsterei und Frisierstube, das Kaufhaus im Carl-Koops-Haus sowie das Internat der Berufsfachschule für Kinderpflegerinnen – und den Abbau von zehn Stellen in der Zentralküche.[157] Auf diese Weise sollten insgesamt etwa hundert Arbeitsplätze abgebaut werden – was innerhalb der Belegschaft massive Proteste auslöste.[158] Vorstand und Mitarbeitervertretung handelten einen Sozialplan aus, um soziale Härten beim Stellenabbau abzumildern;[159] um betriebsbedingte Kündigungen nach Möglichkeit zu vermeiden, vereinbarte der Vorstand mit den Regionalleitungen, der Förderbereichs- und der Werkstattleitung die Übernahme von insgesamt 29 Mitarbeiterinnen und Mitarbeitern aus den Handwerksbetrieben, die dazu eine interne Fortbildung absolvierten.[160] Die Schließung der eigenen Handwerks- und Dienstleistungsbetriebe sparte nicht nur Kosten ein, sie konnte auch – ebenso wie die seit April 1993 umgesetzte Budgetierung aller Teilbereiche der Evangelischen Stiftung Alsterdorf – als ein Beitrag zu der angestrebten Dezentralisierung verstanden werden. Künftig sollten die Wohngruppen bei Bedarf Leistungen bei externen Anbietern einkaufen und die Kosten über ein eigenes Budget finanzieren. Zurückgenommen wurde allerdings der Beschluss zur Schließung der Frisierstube, weil es „vielen Wohngruppen große Schwierigkeiten [bereitete], für einen Teil ihrer Bewohner angemessene Friseurleistungen auf dem freien Markt zu bekommen."[161]

Die Schließung der Handwerks- und Dienstleistungsbetriebe konnte nur ein Anfang sein. Um die weiteren Schritte zur Sanierung der Evangelischen Stiftung

---

157 Alsterdorf aktuell – Der Vorstand informiert 11/1993.
158 Umbruch 7–8/1993, 3.
159 Umbruch 9/1993, 4f.
160 Alsterdorf aktuell – Der Vorstand informiert 13/1993.
161 Alsterdorf aktuell – Der Vorstand informiert 14/1993.

V. Die jüngste Zeit, 1979–2021

Alsterdorf entstand ein zähes Tauziehen. Aus den Wohnstätten kamen Überlastungsanzeigen und Appelle, den Strukturwandel, dessen Notwendigkeit angesichts des drohenden Konkurses an sich nicht infrage gestellt wurde, so zu gestalten, dass die Lebensbedingungen und Lebenslagen der Menschen mit Behinderungen in den Wohngruppen sich nicht verschlechterten.[162] Auch innerhalb des Vorstands gab es Divergenzen. Nachdem bereits im Juni 1995 Peter Buschmann aus dem Vorstand der Evangelischen Stiftung Alsterdorf ausgeschieden war, legte im Dezember 1995 auch Dr. Hermann Scheile, der Fachvorstand für die Behindertenhilfe, sein Amt nieder, nachdem er mit seinem Versuch gescheitert war, fünf statt der bisherigen vier Wohnbereiche und einen eigenständigen Förderbereich zu etablieren.[163] Im nunmehr zweiköpfigen Vorstand übernahm Wolfgang Kraft, der über große Erfahrung mit Sanierungsprozessen in der Industrie verfügte, die Rolle des „Sanierungsbeauftragten" für den Behindertenbereich.[164] Im Mai 1995 präsentierten Baumbach und Kraft ein umfassendes Sanierungskonzept, das allgemein die Einführung eines effektiven Controllingsystems, eine bessere Vernetzung aller Dienstleistungs- und Angebotsstrukturen, die Verschlankung der Organisationsstrukturen, eine klare Abgrenzung der Verantwortlichkeiten und Kompetenzen und schließlich die Abschaffung der noch immer bestehenden Umlagefinanzierung des Bereichs der ZVV vorsah. Konkret wurde die Schließung der Zentralküche, die eine starke Unterauslastung aufwies, im Jahr 1996 in Aussicht genommen. Im Bereich der Behindertenhilfe, in dem 14 Millionen DM eingespart werden sollten, war bereits zum 1. April 1995 eine neue Struktur eingeführt worden, indem man drei Wohnbereiche – AlsterDorf, Hamburg UmLand und HamburgStadt – geschaffen hatte, mithin größere Einheiten,[165] was mit Blick auf die Ziele der Regionalisierung und Dezentralisierung von vielen als Rückschritt wahrgenommen wurde. Der Förderbereich wurde im Oktober 1995 aufgelöst – seine Angebote gingen, zusammen mit den begleitenden Diensten, den therapeutischen Angeboten und dem Psychologischen Dienst – in einen neu strukturierten Bereich „Fördern und Therapie" unter Leitung von Dr. Michael Wunder ein.

Ende 1995 gelangte die Evangelische Stiftung Alsterdorf schließlich mit der Freien und Hansestadt Hamburg, der Nordelbischen Kirche und den Banken zu einer „Sanierungsvereinbarung".[166] Um die Verbindlichkeiten, die sich mittlerweile auf rund 67 Millionen DM summierten, abzubauen, brachte die Stadt mehr als 22 Millionen DM

---

162 ArESA, DV 328: Offener Brief der Wohnstättenleitungen der Regionen Nord, Ost und West an die Mitglieder des Stiftungsrates, 1.3.1994.
163 Vgl. Alsterdorf aktuell – Der Vorstand informiert 6/1994; Umbruch 2/1995, 4f.
164 Umbruch 4/1995, 1.
165 Alsterdorf aktuell 5/1995.
166 Umbruch 12/1995, 3. Eine prekäre Situation entstand dadurch, dass zu der Zeit, als die Sanierungsvereinbarung unterzeichnet werden sollte, offenbar wurde, dass auch das Evangelische Krankenhaus Alsterdorf in finanzielle Schwierigkeiten geraten war.

auf, die Kirche gewährte ein langfristiges zinsloses Darlehen, die Banken verzichteten auf Zinsen in zweistelliger Millionenhöhe, die Stiftung verpflichtete sich, innerhalb der nächsten fünf Jahre einen Eigenanteil in Höhe von 15 Millionen DM zu erwirtschaften. 1996/97 sollten, so sah es die Vereinbarung vor, alle Teilbereiche der Evangelischen Stiftung Alsterdorf zu ausgeglichenen Betriebsergebnissen kommen, die „Altlasten" (ZVV, Küche, Wäscherei) sollten weiter abgebaut werden. Tatsächlich griffen die Maßnahmen, insbesondere der Abbau von weiteren hundert Stellen, vor allem in der ZVV. 1996 erwirtschaftete die Evangelische Stiftung Alsterdorf einen Überschuss in Höhe von 4,6 Millionen DM. Im August 1997 verkündete der Vorstand in einer Pressekonferenz, die Sanierung sei gelungen.[167]

Ein Problem freilich blieb: Der kritische Blick auf die Bausubstanz der Evangelischen Stiftung Alsterdorf offenbarte, dass sich ein Investitionsstau in Höhe von etwa hundert Millionen DM gebildet hatte. Man habe, so schätzte der Vorstand, eine Frist von etwa fünf Jahren, um diesen Investitionsstau aufzulösen, ansonsten sei man nicht mehr konkurrenzfähig. Man benötige daher für die Dauer von fünf Jahren eine weitere Senkung der Kosten um jährlich zehn Millionen DM. Mit den auf diese Weise eingesparten fünfzig Millionen DM habe die Stiftung, so der Vorstand zuversichtlich, den Eigenanteil zur Hand, um Investitionen zur „Binnenmodernisierung" in der notwendigen Größenordnung auf den Weg bringen zu können.[168] Die Mitarbeiterversammlung und die Betriebsgruppe der Gewerkschaft ÖTV signalisierten Gesprächsbereitschaft. Vom 14. bis zum 16. Oktober 1998 fanden in Undeloh in der Lüneburger Heide die abschließenden Verhandlungen statt, an deren Ende das „Bündnis für Investition und Beschäftigung" stand, das bundesweit erste Übereinkommen dieser Art im Sozialbereich. Die Mitarbeitenden der Evangelischen Stiftung Alsterdorf verzichteten 62 Monate lang auf die im Bundesdurchschnitt ausgehandelten Tariferhöhungen, um die fünfzig Millionen DM für Neubauprojekte zu generieren. Im Gegenzug verzichtete die Evangelische Stiftung Alsterdorf in diesem Zeitraum auf betriebsbedingte Kündigungen und das Outsourcing von Betriebsteilen.[169] Der Mitarbeiterschaft wurde ein Mitbestimmungsrecht bei den Neuinvestitionen eingeräumt – der paritätisch besetzte Investitionsrat trug wesentlich dazu bei, dass die Spannungen und Konflikte zwischen Vorstand und Mitarbeiterschaft entschärft wurden und eine neue Kultur der Kommunikation und Kooperation entstand. Das Bündnis, das „bis heute zur DNA der Stiftung"[170] gehört, trat am 1. November 1998 in Kraft und endete am 31. Dezember 2003.

---

167 Umbruch 9/1997, 3.
168 ArESA, Hist. Slg. 58: Binnenmodernisierung in der ESA Info 9, 10.9.1998.
169 ArESA, Hist. Slg. 58: Binnenmodernisierung in der ESA Info 11, 16.10.1998.
170 Stiefvater, Hanne / Haubenreisser, Karen / Oertel, Armin: Von der Sonderwelt ins Quartier – Organisations- und Konzeptentwicklung (in) der Evangelischen Stiftung Alsterdorf, in: Fürst, Roland / Hinte, Wolfgang (Hg.): Sozialraumorientierung 4.0. Das Fachkonzept: Prinzipien, Prozesse & Perspektiven, Wien 2020, 101–122, 114.

V. Die jüngste Zeit, 1979–2021

Umstrukturierungen und neue konzeptionelle Ansätze

Der Geschäftsbereich AlsterDorf, der die Wohnstätten auf dem Zentralgelände umfasste, bekam im November 1996 eine neue Binnenstruktur: Gruppen- und Hausleitungen sollte es künftig nicht mehr geben. Vielmehr wurden je drei bis fünf Wohngruppen zu einem Wohnverbund zusammengefasst und unterstanden nun unmittelbar der jeweiligen Verbundsleitung; die Verbundsleitungen wiederum unterstanden unmittelbar der Geschäftsbereichsleitung.[171] Doch nahm man schon bald eine weitere Umstrukturierung vor: Weil sich gezeigt hatte, dass es kleinerer und überschaubarerer Einheiten bedurfte, um eine individuelle Lebensbegleitung zu gewährleisten, wurde der Geschäftsbereich AlsterDorf zum 1. Januar 1998 in nicht weniger als fünf Geschäftsbereiche aufgeteilt: Carl-Koops-Haus, Karl-Witte-Haus, Wilfried-Borck-Haus, Guter Hirte / Hoher Wimpel / Haus Abendruhe sowie „Einzelhäuser" (Bethlehem, Hohenzollern, Volkmar-Herntrich-Haus, Paul-Stritter-Haus und Wohngruppe 75). 1999 wurde das Carl-Witte-Haus dem Geschäftsbereich HamburgStadt zugeordnet – das große Haus sollte allmählich „leergewohnt" werden, ein Prozess, der sich bis 2003 hinziehen sollte.[172] Der Geschäftsbereich HamburgStadt, dessen Bereichsleitung im November 1995 in ein Gebäude am Großneumarkt 24 im Zentrum Hamburgs umgezogen war,[173] zählte mittlerweile dreißig Wohngruppen mit zusammen rund 360 Bewohnern und Bewohnerinnen.[174]

Die 1998 geschaffenen neuen Geschäftsbereiche auf dem Zentralgelände sollten für alle Funktionen in ihren Häusern zuständig sein, also auch für die dort stattfindenden Fördermaßnahmen. Daneben wurden auf dem Zentralgelände drei Tagesförderstätten mit insgesamt 120 Vollplätzen vorgehalten (Haus Carlsruh, Haus Michelfelder, Pavillon / Alte Weberei). Diese drei Tagesförderstätten erhielten eine Gesamtleitung, die *Reinhard Schulz* übernahm – der bisherige Bereich „Fördern und Therapie" wurde aufgelöst.[175] Zum 1. Januar 2000 schließlich wurden die Tagesförderstätten AlsterDorf und die Alsterdorfer Werkstätten zu einem neuen Geschäftsbereich alsterarbeit

---

171 Umbruch 11/1996, 4f.

172 Aufbruch 1/2003, 7. Schwierig war es, für die 2002 noch verbliebenen achtzig Bewohner des Karl-Witte-Hauses, die wegen ihres herausfordernden Verhaltens jahrelang isoliert worden waren, Wohnangebote in der Stadt zu finden oder neue Wohnformen zu entwickeln. Umbruch 1/2002, 5.

173 Umbruch 11/1995, 3.

174 Alsterdorf aktuell 14/1997.

175 In den Geschäftsbereichen HamburgStadt und Hamburg UmLand gab es weitere 85 Vollplätze im Förderbereich. Hier hatte *Ute Schünemann* die Leitung. Michael Wunder übernahm die Leitung des künftigen Zentrums für Beratung, Förderung und Therapie, später umbenannt in Beratungszentrum. Alsterdorf aktuell. Vorstands-Info 2/1997.

zusammengeführt.[176] Damit hatte die „Sturzflut von Reorganisationen"[177] ein vorläufiges Ende gefunden.

Ein neuer Ansatz: Community Care

Nach einer gewissen inhaltlichen Orientierungslosigkeit in der heißen Phase der finanziellen Sanierung setzte der Vorstand im Jahre 1996 ein Zeichen, indem er – anstelle des Finanzexperten Wolfgang Kraft – einen neuen Sanierungsbeauftragten für die Behindertenhilfe berief: Der Erzieher und Sozialpädagoge *Ulrich Koch,* Leiter des Hamburger Landesamtes für Rehabilitation, ließ sich von der Stadt für ein Jahr beurlauben, um – parallel zu der noch laufenden finanziellen Sanierung und Umstrukturierung – neue inhaltliche Konzepte zu entwickeln.[178] Die allgemeine Zielrichtung wurde durch die gesetzlichen Rahmenbedingungen vorgegeben. Hatte schon das neue 1992 verabschiedete Betreuungsgesetz die Selbstständigkeit und Eigenverantwortung von Menschen mit geistiger Behinderung gestärkt, kehrte eine Novelle des Bundessozialhilfegesetzes, die 1999 in Kraft trat, zumindest auf dem Papier die Rollen um: Menschen mit geistigen Behinderungen wurden zu „Kunden" und „Kundinnen", die, ihrem je eigenen Assistenzbedarf entsprechend, Dienstleistungen „einkauften". Einrichtungen wie die Evangelische Stiftung Alsterdorf wurden zu „Dienstleistern", die Assistenz- und Unterstützungsangebote machen, wobei sie genaue Leistungsbeschreibungen vorlegen müssen – damit wurde zugleich die Bevorzugung freigemeinnütziger Träger der Eingliederungshilfe abgeschafft.

Vor dem Hintergrund dieser neuen Rollenbeschreibung galt es, dem Konzept der Regionalisierung, das – so beschreibt der katholische Theologe *Theodorus Maas* (*1944), seit 1992 pädagogischer Leiter in der Wohnregion Hamburg-Ost, seit 1995 Leiter des Wohnbereichs AlsterDorf, seit 2000 Qualitätsmanager – bis dahin eher verschwommen gewesen war, eine klarere Kontur zu geben. An diesem Punkt wirkte einmal mehr ein transnationaler Wissenstransfer als Initialzündung: Ein echter Durchbruch, so Theodorus Maas, sei die Rezeption des vor allem in den USA entwickelten *Community Care*-Ansatzes gewesen, der – ausgehend von einem Gemeinwesen überschaubarer Größe (Stadtteil, Quartier, Kiez) - vor allem auf die Netzwerke von Familien, Freundeskreisen, Nachbarschaften und Vereinen setzt, um Unterstützungsleistungen zu organisieren, die Menschen mit geistiger Behinderung ein Leben in Gemeinschaft ermöglichen. Professionelle Assistenz soll dem *Community Care*-Ansatz zufolge erst hinzutreten, wenn die informellen Netzwerke

---

176 Evangelische Stiftung Alsterdorf (Hg.): Präsentation der Ziele und Etappen des Projekts alsterarbeit, Hamburg 1999.

177 Interview mit Theodorus Maas, 22.4.2021 (Interviewer: Niko Kutzner, Reinhard Schulz, Hans-Walter Schmuhl).

178 Umbruch 5/1996, 4.

und die unspezifischen behördlichen Unterstützungsleistungen nicht hinreichen.[179] In der Evangelischen Stiftung Alsterdorf wurde 1999 in Kooperation mit ausländischen Organisationen ein Curriculum für Mitarbeitende in der *Community Care* erarbeitet. Auf Studienreisen nach Neuengland – hier wurde u. a. Rhode Island besucht, wo die *Community Care*-Bewegung in den 1980er Jahren ihren Ausgang genommen hatte –, in die Niederlande und nach Skandinavien lernten Mitarbeitende die Praxis der Gemeinwesenarbeit kennen.[180] Der Bericht über die Studienreise in die USA habe, so erinnert sich Maas, beim Vorstand geradezu „den Hebel umgelegt".[181] Vom 23. bis zum 25. Oktober 2000 veranstaltete die Evangelische Stiftung Alsterdorf zusammen mit dem Bundesverband Behindertenhilfe (BeB) einen Internationalen Fachkongress zum Thema *Community Care,* der von mehr als 250 Fachleuten aus dem In- und Ausland besucht wurde.[182] In der Folge habe der Reformprozess, so Maas, einen starken Schub bekommen. Aus der Mitarbeiterschaft sei dem neuen Konzept hingegen „fast offener Widerstand"[183] entgegengeschlagen – hier sei die Angst vor dem Neuen zunächst recht groß gewesen.

Der *Community Care*-Ansatz wirkte sich nicht nur auf die Arbeit in der Fläche aus, er rückte auch das Problem der „Konversion" des Zentralgeländes erneut in den Fokus.

Vom „institutionalisierten behinderten Menschen"[184] zum Bewohner eines inklusiven Stadtteilquartiers

In der Entwicklung der Anstaltsortschaft seit 1979 zeichnen sich zwei Phasen ab:[185] In der ersten Phase, die bis etwa Mitte der 1990er Jahre dauerte, ging es, wie bereits geschildert, primär darum, die Bausubstanz auf dem Zentralgelände der Evangelischen Stiftung Alsterdorf zu modernisieren, ohne dass die Anstaltsidee grundsätzlich infrage gestellt worden wäre. Ab Mitte der 1990er Jahre begann dann die konsequente Auflösung der Anstaltsstrukturen und die Umwandlung des Stiftungsgeländes in ein

---

179 Vgl. allg.: Schablon, Kai-Uwe: Community Care. Professionell unterstützte Gemeinweseneinbindung erwachsener geistig behinderter Menschen. Analyse, Definition und theoretische Verortung struktureller und handlungsbezogener Determinanten, Marburg 2009.

180 Umbruch 5–6/1999, 4.

181 Interview mit Theodorus Maas, 22.4.2021. Herr Maas erinnert sich, dass der Vorstand Wolfgang Kraft bei der ersten Auswertung am Ende der Studienreise in die USA gesagt habe, nun könne niemand mehr leugnen, „dass Behindertenhilfe auch anders geht".

182 ArESA, DV 2348f.

183 Interview mit Theodorus Maas, 22.4.2021.

184 Frank, Rudolf: Unsere Erfahrungen vor dem Umzug, in: Umbruch 2/1990, 5. *Rudolf Frank* war Mitarbeiter der WG 105 im Stadthaus Schlump.

185 Stiefvater/Haubenreisser/Oertel, Sonderwelt, 103.

inklusives Stadtteilquartier,[186] dessen innere und äußere Gestaltung ein fortdauernder Prozess bleiben wird.

Das 1983 vom *institut for funktionsanalyse og hospitalsprojektering k/s* vorgelegte Gutachten warf einen Blick aus der Vogelperspektive auf die Anstaltsortschaft. Dabei wurde deutlich, dass diese verschiedene Zonen aufwies.[187] Die Wohnbereiche der geistig behinderten Kinder und Jugendlichen sowie der Männer und Frauen – zu diesem Zeitpunkt immer noch streng getrennt voneinander– bildeten gemeinsam mit dem Krankenhauskomplex, der St. Nicolaus-Kirche und der Verwaltung einen kompakten Ring rund um den Ver- und Entsorgungsbereich, der mit Küche, Maschinenhaus, Wäscherei, Volkmar-Herntrich-Haus (als Esssaal), dem Pumpenhaus und der Werkstatt Goldener Boden zum räumlichen Mittelpunkt der Anstalt geworden war. Die Experten empfahlen die konsequente Entflechtung der Wohn- und Funktionsbereiche. Dabei sollte der „Gewerbebereich", also etwa die Werkstätten im Goldenen Boden, aber auch die Küche, die Wäscherei und das Maschinenhaus an das nördliche Ende des Zentralgeländes verlagert werden, um auf dem frei gewordenen Platz ein „Freizeitgelände" zu schaffen. Hätte man diese Pläne umgesetzt, wären die – aus heutiger Sicht – ikonischen Backsteinbauten, allen voran der Wasserturm, verloren gegangen.[188] Des Weiteren regte das Institut die „bauliche Zusammenführung von Wichernhaus und Bodelschwinghhaus"[189] an, um die Krankenstationen und verschiedenen Funktionseinheiten, etwa die Operationssäle, aber auch die Entsorgungseinrichtungen, voneinander zu trennen. Ein Verlängerungsneubau sollte, so der Vorschlag, für die ambulante Versorgung geschaffen werden.[190] Das Evangelische Krankenhaus Alsterdorf sollte eine eigene Anfahrtsmöglichkeit über die Bodelschwinghstraße erhalten, um unabhängig von der „Anstalt" zugänglich zu sein.

Die Vorschläge des *institut for funktionsanalyse og hospitalsprojektering k/s* flossen in eine Generalplanung ein, aus der zwei Hauptentwicklungslinien erwuchsen. Erstens wurde die Schaffung eines regionalisierten Wohnstättenangebotes ernsthaft in Angriff genommen, zweitens sollte ein „Ortsteil im Stadtteil"[191] entwickelt werden.

---

186 Die Evangelische Stiftung Hephata in Mönchengladbach und die Stiftung Nieder-Ramstädter Diakonie beschritten vergleichbare Wege.

187 ArESA, DV 1590: Lohfert-Gutachten, Bd. 2, Teil II, 46a (Karte). Danach auch die folgenden Angaben.

188 Ebd., 124a (Karte). Durch den Abriss weiterer Gebäude sollte, so die Überlegung, ein klar gegliedertes Anstaltsgelände mit sechs Bereichen (Wohnen, Medizin, Gewerbe, Verwaltung, Sonderschule, Fachschulen) gestaltet werden. Damit wäre ein „ordentlicher" wirkendes Gelände entstanden. Vgl. ebd., Teil V, 197a (Karte).

189 ArESA, DV 1590: Lohfert-Gutachten, Bd. 2, Teil III, 152.

190 Ebd., 152a (Karte).

191 Schiemann, Uwe: Entwicklungsplanungen der Alsterdorfer Anstalten, in: Hamburger Spastikerverein (Hg.): Internationales Symposium (vom 26.4. bis 30.4.1985) „Was heißt hier Wohnen?". Wohnprobleme körperlich und geistig Behinderter (Tagungsbericht), Hamburg 1986, 77–86.

Dies bedeutete nicht weniger als die Auflösung der „Anstalt". Hierzu gehörte unabdingbar die weitere Verselbstständigung derjenigen Bewohnerinnen und Bewohner, die dies – nach dem damaligen Stand der Dinge – konnten und auch wollten. Zugleich sollte „die Anstalt [...] nicht zur Restgröße verkommen",[192] ein „Behindertendorf"[193] sollte sie – entgegen früherer Überlegungen – allerdings auch nicht werden.

Normalisierung mithilfe von (Außen-)Wohngruppen

Deshalb hielt die Evangelische Stiftung Alsterdorf trotz immenser wirtschaftlicher Probleme am Konzept der Regionalisierung ihres Wohnangebotes[194] fest. Zugleich versuchte man, kleinere Wohneinheiten anzumieten. Es hatte sich nämlich gezeigt, dass das Zusammenleben der über hundert Personen im Stadthaus Schlump noch zu einem umfangreichen Regelungsbedarf und zu stark institutionalisierten Abläufen führten, sodass dort kein wirkliches Zuhause entstehen konnte. Daher war es dem Leiter *Thomas Düsler* ein Herzensanliegen, das Stadthaus Schlump „leerzuwohnen".[195] Nach und nach zogen Bewohnerinnen und Bewohner in kleinere Wohneinheiten, etwa in Eimsbüttel und St. Pauli-Nord, um.[196] Die Anmietung von Wohnraum erwies sich indes als schwierig, da die „Bereitschaft der Vermieter, Behinderte aufzunehmen",[197] kontinuierlich abnahm. 1990 zogen die Wohngruppen 104 und 105 aus dem Stadthaus Schlump in neu gebaute Drei- bzw. Fünfzimmerwohnungen im Bezirk Altona ein.[198] In diesen barrierefreien Häusern wohnten jedoch wiederum nur Menschen mit Behinderungen, d.h., ihre Sonderwelt bestand weiter, wenn auch nun in kleinerem Format und weniger institutionalisiert.

Unerwartet schwierig war es, zu der dringend erwünschten gemischtgeschlechtlichen Belegung der Wohngruppen zu kommen. So herrschte in einigen Stockwerken des Carl-Koops-Hauses Männerüberschuss, den die Mitarbeiterinnen und Mitarbeiter Anfang der 1990er Jahre endlich auflösen wollten.[199] Aber viele Bewohnerinnen, zeit ihres Lebens vom anderen Geschlecht ferngehalten und deshalb ungeübt im Umgang, wollten schlichtweg nicht mit Männern zusammenwohnen. Anzeigen im

---

192 Umbruch 4/1990, 1.
193 Schiemann, Entwicklungsplanungen, 83. Uwe Schiemann nannte hier anthroposophische Konzepte.
194 Hierzu luzide: ArESA 104, Ordner Öffentlichkeitsarbeit II, Ablieferung 2014: Thomas Düsler, Regionalisierte Wohnformen für Behinderte der Evangelischen Stiftung Alsterdorf, Mai 1990.
195 Interview mit *Uwe Schümann* am 27.5.2021 (Interviewer: Nico Kutzner, Reinhard Schulz).
196 BuB 1988, 8.
197 BuB 1987, 20.
198 Umbruch 2/1990, 5.
199 Umbruch 12–1/1990–1991, 3. Danach auch die folgenden Ausführungen.

Das Haus in der Nähe des Osdorfer Borns, in das die WG 105 einzog

„Bunten Ring"[200] und arrangierte Treffen in der Teestube im ersten Stock des Carl-Koops-Hauses sollten ein gegenseitiges Kennenlernen ermöglichen und Vorbehalte abbauen helfen. Die ursprüngliche Idee, ein Café, einen Kiosk oder auch Sitzecken im Foyer des Carl-Koops-Hauses – also leicht zugängliche, zentrale und weniger geplante Begegnungsmöglichkeiten – einzurichten, war aus nicht mehr nachzuvollziehenden Gründen verworfen worden.[201] Weitere wohnliche Treffpunkte versuchten Mitarbeitende in den Wohngruppen selbst zu schaffen, indem sie die unwirtlichen Flure mit Pflanzen, Raumteilern und Sitzgruppen ausstatteten. Teilweise hatten sie sogar die Wände bemalt.[202] Mithilfe von Architekturstudierenden der Fachhochschule Hamburg sollten diese provisorischen Maßnahmen Ende der 1980er Jahre von professioneller Gestaltung abgelöst werden, und zwar „mit möglichst wenig Geld." Übrigens konnten die Alsterdorfer Anstalten immer wieder auf kostenlose Arbeiten angehender Architekten zurückgreifen. So hatte *Michael Guzek* in seiner Diplom-Arbeit neue Häuser für das Gut Neuendeich entworfen, die sich durch flexible Grundrisse

---

200 Der „Bunte Ring" war eine kleine Zeitschrift, die Mitarbeitende mit Unterstützung der Leitungen konzipierten und herausbrachten. Damit sollte die Kommunikation der Mitarbeiterschaft untereinander verbessert werden. Zugleich hoffte man, Bewohnerinnen und Bewohner ansprechen und informieren zu können.

201 Umbruch 2/1989, 1. Danach auch die folgenden Ausführungen und das Zitat.

202 Im Wilfried-Borck-Haus wurde 1994 in einem WG-Flur eine „Tastwand", eine Art „Musik-, Dreh-, Fühl-, Aktionsspielzeug" installiert. Vgl. Umbruch 4/1994, 4. Überhaupt scheinen die Flure und die Eingangsbereiche die größten gestalterischen Probleme gezeigt zu haben. Als „negative Räume" dienen diese Verkehrsflächen eigentlich nur der Passage von einem Raum zu einem anderen, anders hingegen, wenn Flure und Foyers überdimensioniert angelegt werden, um als „halböffentliche" Räume dienen zu können. Grundlage waren hier die Pläne des Hamburger Architekten *Carsten Dohse*. Vgl. Umbruch 2/1998, 3.

V. Die jüngste Zeit, 1979–2021

auszeichneten. Mit diesen konnte ganz unterschiedlichen Wohnwünschen, die sich im Laufe des Lebens ergeben konnten, Rechnung getragen werden.[203]

Während das gemischtgeschlechtliche Wohnen im Carl-Koops-Haus nur schleppend in Gang kam, funktionierte es im kleinen Rahmen oftmals besser. So bewohnten zwei Männer und eine Frau in Hamburg-Jenfeld eine Wohnung, deren Räumlichkeiten sie ebenso teilten wie die tägliche Hausarbeit.[204] Zunehmend wurde das Einzelwohnen in den eigenen vier Wänden außerhalb der Anstalten gefördert.[205] So lebten im Mai 1995 bereits rund 120 Frauen und Männer in eigenen kleinen Wohnungen, pädagogisch betreut von Stadtteilteams.

Die Diversifizierung ihres Wohn- und Betreuungsangebots und die damit verbundene Leerung der Evangelischen Stiftung Alsterdorf zwang die Verantwortlichen zunehmend dazu, sich Gedanken über die Zukunft des Zentralgeländes zu machen. Einig war man sich, dass es möglichst vom „Anstaltsmäßigen" befreit werden sollte. So wurde der Schilderwald mit seinen Ge- und Verboten entfernt, die „altertümlichen Anstaltsnamen" der Gebäude – „Abt. 23" – verschwanden zugunsten von Hausnummern.[206] Besonders hervorzuheben ist die am 16. August 1993, dem 50. Jahrestag des Abtransports in die Tötungsanstalten, erfolgte Benennung der bis dahin namenlosen Zufahrtsstraße zum Haupteingang der Alsterdorfer Anstalten zu Ehren von *Dorothea Kasten* (1907–1944),[207] die 1943 aus den Alsterdorfer Anstalten in die Wiener Anstalt Am Steinhof deportiert und dort im Beisein ihrer Mutter „eingeschläfert"[208] worden war.

Vor diesem Hintergrund wurde die Auseinandersetzung der Evangelischen Stiftung Alsterdorf mit ihrer Rolle in der NS-„Euthanasie" immer intensiver. Im Zentrum der Kritik stand das Sgraffito von Friedrich Lensch, das nunmehr als beschämend und die Bewohnerinnen und Bewohner diskreditierend gewertet wurde. Mitte der 1980er Jahre wurde vor das Altarbild ein Bronzerelief des Hamburger Künstlers *Klaus Luckey* (1934–2001) gehängt.[209] Das 150 mal 110 Zentimeter große Kunstwerk zeigt Jesus

---

203 Umbruch 2/1991, 3. Guzeks Arbeit wurde 1990 mit dem Senator-Neumann-Nachwuchspreis ausgezeichnet. Die Bausubstanz von Gut Neuendeich galt 1988 als „zum Teil total baufällig". ArESA, DV 245: Gert Westphal, Wohngruppe 66 Neuendeich, 1988, 10. Die Zimmer boten lediglich 6 qm Wohnfläche und lagen allesamt im Obergeschoss. Da 1988 bereits 86,4 Prozent der Bewohnerinnen über fünfzig Jahre alt waren, wurde die Frage nach Barrierefreiheit immer drängender.

204 Umbruch 5/1996, 5.

205 Für das Beispiel eines jungen Mannes, der – mit etwas Unterstützung – gut allein zurechtkam: Umbruch 5/1995, 4.

206 Fotos der Schilder finden sich in: Umbruch 4/1990, 1f.

207 Damit änderte sich auch die Anschrift der Evangelischen Stiftung Alsterdorf von „Alsterdorfer Straße 440" in „Dorothea-Kasten-Straße 3". Umbruch 9/1993, 1.

208 So die Schwester von Dorothea Kasten in einem Brief an die Alsterdorfer Anstalten 1985. Abgedruckt in: Wunder, Exodus, 360.

209 Umbruch 3/1994, 1. Danach auch die folgenden Ausführungen und Zitate.

von Nazareth auf dem Weg zu seiner Hinrichtungsstätte und die heilige Veronika, die ihm ein Schweißtuch reicht. An 80 Zentimeter langen Ketten befestigt, hing das 500 Kilogramm schwere Bronzerelief nun vor Lenschs Sgraffito. Damit würde, so der damalige Pastor an der St. Nicolaus-Kirche *Helmut Hennicke*, „das Bild [Lenschs Sgraffito] […] hinter dem Relief zur Tapete herabgewürdigt." Versuche, das Altarbild, das nach Meinung vieler ein „faschistisches Diakonieverständnis" zum Ausdruck brachte, zu beseitigen, waren damals am Veto der Nordelbischen Kirche gescheitert: „Das Altarbild, so hieß es, sei eines der wenigen erhaltenen Exponate, das künstlerische Eindrücke nationalsozialistisch ausgerichteter Theologen wiedergebe. Es müsse als geschichtliches Dokument erhalten bleiben."

Bauliche Schlaglichter

1989 wurde der 2. Bauabschnitt des Krankenhauses fertiggestellt.[210] Unter zunehmender Raumnot litt, wie erwähnt, die Bugenhagenschule, was dazu führte, dass die Unterrichtsräume der Sekundarstufe I (Klassen 5 bis 10) über das gesamte Alsterdorfer Stiftungsgelände verteilt wurden.[211] Diesem „erheblichen Wettbewerbsnachteil der ansonsten stark nachgefragten Schule" sollte mit einem Neubau begegnet werden. Im Grunde war der Erfolg der Schule die Ursache für die nun beklagte Raumnot. Nachdem in den 1980er Jahren die Schülerinnen und Schüler mehr und mehr ausgeblieben waren, was am Rückgang der Schulpflichtigen in den Alsterdorfer Anstalten lag, etablierte die damalige Schulleitung 1989 einen bis dahin in Hamburg einzigartigen Schultyp, und zwar eine Grundschule, die ausschließlich aus Integrationsklassen bestand und im neuen Sonderschulgebäude ihren Platz fand.[212] Die Nachfrage war groß und nach der Überführung der integrativen Grundschule in eine integrative Gesamtschule wuchs der Platzbedarf weiter. Man behalf sich mit Containern, dem Haus Bismarck, einigen Räumlichkeiten in der Fachschule für Heilerzieher und letztlich mit der ersten Etage des Goldenen Bodens, der Schuhmacherei. Diese Provisorien wurden durch ein neues Schulgebäude Ende der 1990er / Anfang der 2000er Jahre[213] nach Entwürfen von *Matthias Schmidt* und *Nicole Stölken* ersetzt. Stölken war übrigens die erste Architektin, die für die Evangelische Stiftung Alsterdorf tätig wurde. Die einstige Idee, den Schulneubau mitten im Stiftungsgelände zu errichten, wurde fallen gelassen. Hätte dies doch bedeutet, wertvolle Grünflächen zu opfern, die man in der Folge als unabdingbar für ein gelungenes städtebauliches Gesamtkonzept werten sollte.

---

210 BuB 1989, o. S. Vorwort Rudi Mondry.

211 Umbruch 5–6/1999, 6. Danach auch die folgenden Ausführungen und Zitate.

212 Ausführlich: BuB 1989, 8f.

213 Vorangegangen war eine Ausschreibung. Eine Auswertung der sieben eingereichten Entwürfe zeigte, dass von der ESA zuvor formulierte bauliche Anforderungen, etwa hinsichtlich einer durchgängigen Barrierefreiheit, von manchem Bewerber nicht berücksichtigt worden waren. ArESA, DV 2424: Beschränkter Wettbewerb eines Schulgebäudes der Ev. Stiftung Alsterdorf, 28.8.1998.

V. Die jüngste Zeit, 1979–2021

Die neue Bugenhagenschule

Im östlichen Bereich des Geländes, an der Alsterdorfer Straße, entstand für die Sekundarstufe I ein dreiflügeliges Gebäude mit zwölf Klassenräumen, verschiedenen Gruppen- und Fachräumen und einer Aula. Aufgrund seiner teils verglasten, teils mit Lärchenholz versehenen Fassade wirkt der im Bungalowstil gehaltene farbenfrohe Baukörper sowohl zurückhaltend als auch in die Umgebung hineinwachsend. „Drinnen" und „draußen" scheinen ineinander überzugehen und greifen damit das heute in der Evangelischen Stiftung Alsterdorf gelebte Inklusionsparadigma auf einer materiellbaulichen Basis auf. Die Gartenhöfe sorgen für Verbindungsräume zwischen den einzelnen Flügeln, deren klare Anordnung und Funktionszuweisung konzentrierte Ruhe vermitteln. Mit der Verlegung der Zufahrt zu den Schulgebäuden, Werkstatt und der neuen Großküche in Richtung Bodelschwinghstraße konnte die Fläche zwischen alter und neuer Schule nunmehr als Pausenhof und als weitgehend vom Straßenverkehr entlastete Spielstraße genutzt werden.[214]

Spendengelder und Gelder aus dem „Bündnis für Investition und Beschäftigung" ermöglichten 2001 die umfängliche Renovierung, u. a. der asbesthaltigen Fassade des Werner Otto Instituts, dem zudem ein Erweiterungsbau nach den Entwürfen der „Arbeitsgemeinschaft Schreiber, Horlitz, Winckler"[215] angeschlossen wurde. Ebenfalls im Jahre 2001 konnte die Aufnahmestation „Husum I" des Heinrich-Sengelmann-Krankenhauses mit anderen Finanzmitteln durch einen Neubau ersetzt werden.[216] Statt in Sechsbettzimmern und mit Schränken auf den Fluren wohnten die Patientinnen und Patienten jetzt in Ein- und Zweibettzimmern mit eigenem Sanitärbereich. Entstanden waren helle und großzügige Räumlichkeiten, die nicht mehr an eine

---

214 Weitere Details in: Lange, Architektur in Hamburg, 235.
215 Umbruch 1/2001, 12.
216 Haus Hamburg war bereits 1998 umfassend modernisiert worden. So gab es nunmehr nur noch Ein- und Zweibettzimmer mit „direktem Zugang zu einer eigenen Nasszelle". Umbruch 3/1998, 1.

psychiatrische Klinik, sondern an einen „Hotelbetrieb"[217] erinnerten. Folgt man damaligen Mitarbeiterinnen, dann trugen die neuen Räume erheblich zum Wohlbefinden der Erkrankten bei, die „vermehrt […] freiwillig", also vor einer zwangsweisen Einweisung die Aufnahmestation aufsuchten.

Von ihrer Pforte vermochte sich die Evangelische Stiftung Alsterdorf zu diesem Zeitpunkt noch nicht zu trennen. Allerdings sah man ab 1994 von der Beschäftigung eines eigenen Nachtpförtners ab und übertrug dessen Aufgaben, darunter auch „Kontrollfahrten im Gelände" einem externen Wachdienst.[218] In der restlichen Zeit übernahmen Beschäftigte der Stiftung den Pfortendienst.

„Eine Art Utopie"[219] – der „alsterdorfer markt. Das neue Büro-, Einkaufs- und Gesundheitszentrum im Hamburger Norden"[220]

Im Verlauf der Diskussionen um eine Umnutzung des Zentralgeländes und der damit verbundenen notwendigen Neugestaltung zeigte sich schon bald, dass es einschlägiger fachlicher Expertise bedurfte. War doch ein Mangel deutlich geworden, der vielen diakonischen Einrichtungen eigen war: Diese besaßen in aller Regel keine konkreten Ideen, wie ihr jeweiliges Gelände weiterentwickelt werden könnte. In der Vergangenheit hatte jede Anstalt Häuser gebaut und Wege angelegt, wenn man den entsprechenden Bedarf gesehen und die notwendigen Gelder zur Verfügung hatte. Dabei ergab sich die Standortwahl eines Gebäudes zwar nicht zufällig, aber sie war in aller Regel nicht das Ergebnis städtebaulicher Überlegungen oder gestalterischer Ausdruck eines architektonischen Gesamtkonzepts gewesen. Dieses Vorgehen galt auch für die jeweiligen Direktoren der vormaligen Alsterdorfer Anstalten, die sich bei ihren Bauvorhaben immer wieder von Architekten hatten beraten lassen, aber keinen städtebaulichen „Masterplan" verfolgt hatten. Allerdings waren die jeweiligen Vorstände bei ihren Entscheidungen hinsichtlich der Standortwahl von Wohnhäusern jahrzehntelang einer festen Vorgabe gefolgt, und zwar derjenigen der unbedingten Geschlechtertrennung.

Eine bahnbrechende Wendung erfuhr die Baugeschichte der Evangelischen Stiftung Alsterdorf mit der Beauftragung des Hamburger Stadtplaners und Architekten *Wolfgang Stabenow* (1931–2016) im Jahre 1997, der gemeinsam mit seinem Team ein städtebauliches Gesamtkonzept für das Stiftungsgelände entwickelte. Hintergrund der Beauftragung bildete die Notwendigkeit der Erweiterung der Schule mit

---

217 Umbruch 1/2001, 13. Danach auch das folgende Zitat.

218 ArESA, DV 1567: Kuznik (Arbeitssicherheit) an Dr. Scheile (Vorstand B), Pforte, Ihre Anfrage vom 4.10.1994.

219 So Axel Winckler, Architekt und Moderator des Konversionsprozesses, im Interview am 17.6.2021 (Interviewerin: Monika Bödewardt, Interviewer: Reinhard Schulz).

220 So der damalige Werbeslogan für die städtebauliche Initiative der ESA, ArESA, DV 1983: Protokoll der Sitzung der Lenkungsgruppe Alsterdorfer Markt vom 18.3.2002, 1.

einem Neubau mitten auf dem Stiftungsgelände sowie der Einrichtung einer Mensa, die, so die erste Idee, in der Zentralküche errichtet werden sollte. In diesem Zusammenhang regten Stabenow und sein Büro an, sich grundsätzlich Gedanken über die Potenziale, aber auch gestalterischen Grenzen des Stiftungsgeländes zu machen. In der Folge etablierte der Vorstand „Montagsrunden", in welchen die Geschäftsführer aller Bereiche gemeinsam mit den beauftragten Architekten und Städteplanern mögliche städtebauliche Perspektiven diskutierten und entwickelten. Hinzu kamen „Moderationsworkshops". Zuvor aber stand die Analyse der räumlichen und baulichen Gegebenheiten an. Wenig überraschend stellte Stabenow fest, dass auf dem Stiftungsgelände „städtebauliche Leitideen [...] nicht erkennbar"[221] seien. Unterstrichen wurde dieser Befund dadurch, dass sich „Fahrstraßen, befahrbare und nicht befahrbare Wege miteinander abwechseln." Dies erschwere nicht nur die Orientierung, sondern produziere gefahrengeneigte Stellen. Gefährlich seien auch die Verbindungen der Gebäude jenseits der Fuhlsbüttler und Alsterdorfer Straße zum Kerngelände. Auch hier sei eine „bessere Anbindung für Fußgänger, Rad- und Rollstuhlfahrer" dringend angezeigt. Darüber hinaus vermisste das beauftragte Architektur- und Stadtplanungsbüro eine „räumliche Integration" der „bedeutsamen Keimzelle" von „Kirche, Schönbrunn und Wohnhaus (Verwaltung??)"[222] in das Stiftungsgelände. Allerdings wertschätzte das Stabenow-Team dessen parkartigen Charakter und erwies damit seine Referenz sowohl an Sengelmann, der dieses Gelände ausgesucht und als „gesunde" Parklandschaft gestaltet hatte, als auch an Sengelmanns Nachfolger, die ja an diesem Konzept im Rahmen ihrer Möglichkeiten festgehalten hatten: „Als größtes Potenzial ist der vorhandene über 100 Jahre alte parkartige Baumbestand anzusehen. Durch die intensiven und hohen Busch- und Heckenpflanzungen sind hier leider viele traditionelle Blickbeziehungen und Raumverbindungen zugestellt. Das betrifft vor allem die schöne Anlage mit dem Seerosenteich, aber auch den zentralen Platz mit den zwei markanten Blutbuchen."[223] Aber auch hier sah der Stadtplaner dringenden Handlungsbedarf: „An vielen Stellen ist eine radikale Parkpflege und der Abbruch einzelner, meist leer stehender Gebäude erforderlich, um den eigentlichen Charakter des Wohnens im Park wiederherzustellen und zugleich die Orientierung zu verbessern."

Der Zugang der Bewohnerinnen und Bewohner zu ihrem näheren und weiteren Umfeld funktioniere ebenfalls nicht gut, so Stabenow. Zwar sei die U-Bahn ganz in der Nähe, aber um diese zu erreichen, musste die stark befahrene Sengelmannstraße überquert werden. Dies war ein gefährliches Unterfangen, da sich zu dieser Zeit noch

---

221 ArESA, DV 1709: Stabenow + Partner: Erläuterungsbericht zum Rahmenplan Mai 1998, 1. Danach auch die folgenden Zitate und Ausführungen.

222 Stabenow meinte hier das ehemalige Verwaltungsgebäude, das als Wohngebäude vermietet war.

223 ArESA, DV 1709: Stabenow + Partner: Erläuterungsbericht zum Rahmenplan Mai 1998, 1. Danach auch das folgende Zitat. Der Seerosenteich musste später den neuen Apartmenthäusern weichen.

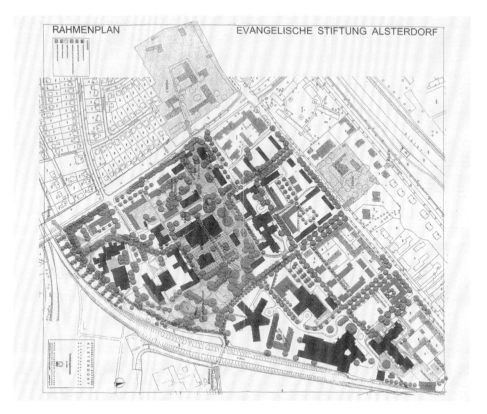

Plan des Stiftungsgeländes aus dem Büro von Wolfgang Stabenow

keine Ampelanlage in unmittelbarer Nähe des Stiftungsgeländes befand.[224] Aber auch die gesellschaftliche Integration der Bewohnerinnen und Bewohner sah Stabenow im Argen liegen. Er kritisierte vor allem, dass von der Alsterdorfer Kirchengemeinde „keine wirksamen Impulse für das Leben der Bewohner und die Arbeit der Mitarbeiter"[225] ausgingen, die Andachten seien „schlecht besucht" und ein „gemeinsamer Gottesdienst mit Behinderten wird nur von wenigen nichtbehinderten Gemeindemitgliedern angenommen."[226]

---

[224] Nach dem vierspurigen Ausbau der Sengelmannstraße sollte die Evangelische Stiftung Alsterdorf die Kosten für eine Ampel tragen, und zwar „zu 80 % bis 100 %". Ob dies tatsächlich der Fall war, war nicht zu klären. ArESA, DV 1983: Protokoll der Sitzung der Lenkungsgruppe „Alsterdorfer Markt" am 6.1.2003, 2.

[225] ArESA, DV 1590: Lohfert-Gutachten, Bd. 2, Teil II, 77.

[226] Ebd., 78.

V. Die jüngste Zeit, 1979–2021

Von dieser Situation ausgehend, erarbeiteten Stabenow und – recht bald federführend – das „junge Architekturbüro Winckler Röhr-Krämer Stabenow"[227] (WRS-Architekten- und Stadtplaner) erste Pläne. Leitend war die Überlegung, mit einem für Nachbarn und Bewohner gleichermaßen zugänglichen öffentlichen Marktplatz einen niedrigschwelligen Begegnungsraum zu schaffen. Zum ersten Mal in der Geschichte der Evangelischen Stiftung Alsterdorf gab es nun ein städtebauliches Gesamtkonzept, das sich an den Prinzipien der *Community Care* orientierte. Dies bedeutete den endgültigen Verzicht auf die räumliche Aussonderung von Menschen mit Behinderungen, den radikalen Ab- und Umbau der einstigen Sonderwelt, um Bedingungen zu schaffen, die eine selbstbestimmte und uneingeschränkte gesellschaftliche Teilhabe möglichst aller, auch der umliegenden Nachbarn, zu ermöglichen. Hatte sich die Evangelische Stiftung Alsterdorf im Laufe ihrer Geschichte hochbaulich, verkehrs- und grünplanerisch zwar nicht gänzlich ungeordnet, jedoch ohne eine zu identifizierende Gesamtidee entwickelt, sollte nunmehr eine durchdachte städtebauliche Planung an die „ursprünglichen Raumvorstellungen von klaren Einzelbaukörpern in einer parkartigen Umgebung"[228] anknüpfen und darüber hinaus zu einer „geistigen und räumlichen Öffnung des Geländes zu den benachbarten Stadtteilen" führen. Hierfür waren der Abriss der Zäune und anderer architektonischer Barrieren, die Anlage neuer, teils als Alleen gestaltete Zuwegungen, verbunden mit einer Verkehrsbündelung, sowie die Erhöhung des Freizeit- und Erholungswerts des Geländes durch den Erhalt und die Fortentwicklung des Grünbestandes erforderlich. Besonders prägende und mittlerweile ikonografisch zu nennende Anstaltsbauten, allen voran die einstige Zentralküche mit Wasserturm, die Wäscherei/Hoher Wimpel und das Maschinenhaus (Kesselhaus), sollten als architektonische Anker und räumliche Einhegungen eines noch zu kreierenden Stadtteilzentrums, des späteren „Alsterdorfer Marktes", dienen. Nicht zuletzt im Gedenken an den Gründer Heinrich Matthias Sengelmann sollten die noch aus seiner Ära erhaltenen Bauwerke – Haus Schönbrunn und die St. Nicolaus-Kirche – als historische Zeugnisse erhalten und durch eine verbesserte räumliche Anbindung ihres unmittelbaren baulichen Umfeldes (Volkmar-Herntrich-Haus,[229] Simon-Schöffel-Haus) wieder stärker in das Bewusstsein der Alsterdorfer Bevölkerung geholt werden.

Um diesem inklusiven sozialräumlichen Konzept baulich Rechnung zu tragen, entwickelte die Evangelische Stiftung Alsterdorf 2001/2002 gemeinsam mit dem

---

227 db [Deutsche Bauzeitung], 3/05, 29.

228 ArESA, DV 2197: Prof. Stabenow + Partner: Hamburg gewinnt – Der Rahmenplan – Geländeentwicklung der Evangelischen Stiftung Alsterdorf, April 2001, 10. Danach auch dasfolgende Zitat.

229 Pläne im Jahr 2004, das Gebäude in ein Konferenzhotel „Haus Herntrich" umzuwandeln, wurden verworfen. Die planerischen Unterlagen des Architekturbüros Herzer finden sich in: ArESA, DV 2197.

Auf dem Stiftungsgelände sind noch heute Reste des Gitters, eingewachsen in einen Baum, zu sehen.

Bezirk Hamburg-Nord einen Rahmenplan.[230] Dessen Vorteil gegenüber einem bei ähnlichen Vorhaben üblichen Bebauungsplan lag in seiner Flexibilität. Denn allen Beteiligten war klar, dass es für die Öffnung und bauliche Umgestaltung eines Privatgeländes, dem das „Anstaltsmäßige" ja nach wie vor stark anzusehen war, kein „Patentrezept" würde geben können. Vielmehr war von einem komplexen einjährigen Prozess auszugehen, der alle Beteiligten stark fordern sollte.

Als erstes Gebäude wurde der Gute Hirte mit seinen berüchtigten Wachsälen abgerissen, woran sich – praktisch wie symbolisch – Direktor Rolf Baumbach, auf

---

230 ArESA, DV 2050: Stabenow + Partner, Erläuterungen zum Rahmenplan, 26.2.2002, 1.

V. Die jüngste Zeit, 1979–2021

einem Bagger sitzend, beteiligte.[231] Auf diesem an der Dorothea-Kasten-Straße gelegenen Grundstück sowie auf der Fläche zwischen dem Seerosenteich und dem als „Auszugsprojekt"[232] deklarierten Karl-Witte-Haus entstanden vier Apartmenthäuser aus der Hand des Architekturbüros Stölken und Schmidt. Klar gegliedert, die Fassaden teils mit Hölzern versehen und dadurch sehr luftig und zurückhaltend wirkend, entstanden moderne Flachbauten mit maximal vier Geschossen.[233] Besondere Anforderungen hatte die Ausschreibung an die gestalterischen Elemente gestellt, welche die „sinnliche Orientierung von Menschen mit Behinderungen erleichtern bzw. ermöglichen"[234] sollte. Dies bedeutete z. B. nach einem menschengerechten Maßstab zu bauen, auf einen ausreichenden Lichteinfall zu achten und auf eine klare Farbgebung zu setzen, die es auch Menschen mit einer Sehbehinderung ermöglichte, sich sicher zu orientieren. Es ging darum, den Menschen nicht nur ein möglichst angenehmes Zuhause anzubieten, sondern ihnen auch einen weitgehend selbstständigen Zugang zum halböffentlichen bzw. öffentlichen Raum zu eröffnen. Diese Häuser, in welche die zuvor nach ihren Wohnwünschen befragten Bewohnerinnen[235] des Guten Hirten und des Hohen Wimpels einzogen,[236] hatten nichts mehr mit „anstaltlichem" Wohnen gemein. Hierzu trugen nicht zuletzt die Namensschilder, die Briefkästen und die Klingeln an den Eingangstüren der Häuser bei.[237] Kurz darauf kürte der Architekten- und Ingenieurverein Hamburg e.V. die neuen Apartmenthäuser zum „Bauwerk des Jahres 2002".[238]

Ein weiterer Nachfolgebau auf dem Gelände des Guten Hirten – aus der Hand der WRS-Architekten- und Stadtplaner, dreigeschossig, mit durch Kunstwerke von Werner Voigt durchbrochener Fassade und für eine externe gewerbliche Nutzung, insbesondere zur Nahversorgung, für Arztpraxen und Büros vorgesehen – wurde etwas

---

231 So *Axel Winckler*, Architekt und Moderator des Konversionsprozesses im Interview am 17.6.2021. Axel Winckler betonte in diesem Zusammenhang den unbedingten Willen und die Tatkraft Rolf Baumbachs, ohne die der Konversionsprozess, „finanziell dargestellt" von Wolfgang Kraft, Finanzvorstand, nicht gelungen wäre. Freundliche Mitteilung von Herrn Axel Winckler, 20.6.2022.

232 Umbruch 1/2001, 5. Für ein Beispiel des sukzessiven „Leerwohnens": ArESA, DV 447: ESA an Behörde für Arbeit, Gesundheit und Soziales der Freien und Hansestadt Hamburg, 9.3.1992.

233 Der Rahmenplan – Geländeentwicklung der ESA von 2003, 13 – sah für das gesamte Gelände „eine maximale Gebäudehöhe von drei Vollgeschossen zuzüglich eines Dach- oder Staffelgeschosses" vor. Als „maßgeblich" wurde hier die Baumkronenhöhe genannt.

234 ArESA, DV 2102: Evangelische Stiftung Alsterdorf: Wohnungsbau AlsterDorf. Auslobung Apartmenthaus Stiftungsgelände, o. D. [2000], 21.

235 ArESA, DV 2030: Planung und Errichtung des Alster-Quarrees. Projekt 8: Auszug aller Bewohner aus dem Guten Hirten, Hohen Wimpel und dem Haus Abendruhe, Protokoll Nr. 3, 1.

236 Umbruch 3/2001, 11.

237 Umbruch 1/2001, 4.

238 ArESA, DV 1983: Protokoll der Sitzung der Lenkungsgruppe „Alsterdorfer Markt" am 1.9.2003, 2.

zurückversetzt errichtet,[239] um zu einem großzügigen Marktplatz zu kommen. Dass mit Ansiedlung von Geschäften und Dienstleistern[240] auch die Hoffnung auf eine verbesserte „wirtschaftliche Ertragskraft der Stiftung"[241] einherging, räumte Baumbach 2002 freimütig ein.

Die Idee, den Bewohnerinnen und Bewohnern sowie den Mitarbeiterinnen und Mitarbeitern ein Angebot zur Nahversorgung auf dem Stiftungsgelände zu machen, reicht bis Anfang der 1980er Jahre zurück. So hatte die bereits erwähnte „Montagsgruppe" im Mai 1981 angeregt, einen „anstaltsinternen Alsterdorfer Laden" einzurichten, in welchem Lebensmittel verkauft werden sollten, „die nicht zubereitet werden müssen".[242] In der Folge wurde im Herntrich-Saal ein kleiner Laden eingerichtet und an eine Privatperson vermietet.[243] Das „Krämer-Stübchen" hatte regen Zulauf, nicht nur vonseiten der Bewohnerinnen und Bewohner und Mitarbeitenden, sondern auch von „Dritt-Personen, welche sich aus unterschiedlichen Gründen auf dem Gelände aufhalten." Es gab also durchaus einen Bedarf, wie die Alster-Speisen-Versorgungs GmbH (ASV), eine Ausgründung der Evangelischen Stiftung Alsterdorf, im Mai 1998 feststellte, die zugleich für eine „zeitgemäßere Geländeversorgung" warb und einen „SB-Markt",[244] möglichst einen Edeka-Laden, ins Gespräch brachte. Tatsächlich sollte die Lebensmittelkette eine der ersten Mieterinnen in den neuen Geschäftsgebäuden am Alsterdorfer Markt werden. Gemeinsam mit Aldi bildete Edeka schon bald den „Frequenztreiber"[245] des neuen Stadtteilquartiers.

Um eine größere Sicherheit hinsichtlich der Zukunftschancen des ambitionierten Projektes zu erreichen, beauftragte die Evangelische Stiftung Alsterdorf im Jahre 2002 die Arthur Andersen Real Estate GmbH mit dem sogenannten „risk management",[246] also der Analyse möglicher Projektrisiken bei einer externen Vermietung. Die Wirtschaftsberatungsgesellschaft wertete die geplanten Neubauten auf dem Stiftungs-

---

239 ArESA, DV 2102: Evangelische Stiftung Alsterdorf: Wohnungsbau AlsterDorf. Auslobung Apartmenthaus Stiftungsgelände, o. D. [2000], 17f.
240 Für eine detaillierte Auflistung aller Anbieter: Hamburger Wochenblatt: Wer sitzt wo? Das Dienstleistungsangebot am Alsterdorfer Markt, Nr. 20, 14.5.2003, 5.
241 ArESA, DV 2050: Rolf Baumbach: Einleitung, in: Projekt Alsterdorfer Markt, 27.2.2002.
242 ArESA, DV 812: Hannelore Eggert für die Montagsgruppe: „Essen und Trinken hält Leib und Seele zusammen", Mai 1981. Dieser Wunsch war dem Umstand geschuldet, dass die Anstaltsküche kaum mehr in der Lage war, für über 1.200 Menschen gute und schmackhafte Gerichte zuzubereiten. Daher brächte sie nur mehr einen „Einheitsbrei" zustande. Der Zukauf von Fertiggerichten und eine eigene Verkaufsstelle sollten eine größere Vielfalt auf den Tisch bringen.
243 ArESA, DV 1818: Alster-Speisen-Versorgungs GmbH (ASV): Konzept eines SB-Marktes „Krämer Stübchen", Mai 1998, 3. Danach auch die folgenden Zitate.
244 Ebd., 4. Danach auch das Zitat und die folgenden Ausführungen.
245 Axel Winckler, Architekt und Moderator des Konversionsprozesses im Interview am 17.6.2021.
246 ArESA, DV 2050: Rolf Baumbach: Einleitung, in: Projekt Alsterdorfer Markt, 27.2.2002.

V. Die jüngste Zeit, 1979–2021

Der Alsterdorfer Markt von oben

gelände zwar als „ungewöhnliche Adresse"[247] mit Potenzial, gab ansonsten aber eine eher negative Prognose ab. So befürchtete sie, dass die „räumliche Nähe [der Geschäfts- und Bürogebäude] zu den in den psychiatrischen [!] Einrichtungen auf dem Gelände untergebrachten Menschen […] auf viele potenzielle Nutzer negativ wirken" könne. Darüber hinaus sei von einem „Vermarktungsrisiko"[248] hinsichtlich der Büroflächen auszugehen, wenn sich die neuen Mieter mit ihren Angeboten zu sehr von der „derzeitigen Nutzung abheben" würden. Hingegen sahen die Unternehmensberater Potenzial für einen Hotelbau auf dem Stiftungsgelände, gaben allerdings zu bedenken, dass ein Hotel am Rande des Geländes die „Gefahr unverträglicher Ziel-(Gäste-)Gruppenmischungen"[249] in sich bergen könne. Mit seiner „Risikoanalyse" erteilte Arthur Andersen dem Plan zur Schaffung eines inklusiven Stadtquartiers letztlich eine Absage. Jedoch sollte sich die Beratungsfirma mit ihrer „Prognose" gründlich täuschen. Das Ansiedlungsinteresse namhafter und international operierender Firmen war sehr groß. Schon im April 2003 waren 95 Prozent der Ladenflächen und 72 Prozent „aller

---

247 ArESA, DV 1982: Andersen Real Estate GmbH: Projektentwicklungsberatung „Alsterdorfer Markt", 30.4.2002, 27. Danach auch das folgende Zitat.

248 Ebd., 28. Danach auch das folgende Zitat.

249 Ebd., 70. Im Zuge des Enron-Skandals 2002 kollabierte die Andersen Real Estate GmbH, die als Wirtschaftsprüfungsgesellschaft gefälschte Bilanzen von Enron testiert hatte.

sonstigen Flächen"[250] vermietet. Von den Mietern seien „keine Bedenken hinsichtlich des Umfeldes geäußert"[251] worden, stellte die Lenkungsgruppe „Alsterdorfer Markt" im August 2003 sicherlich mit Genugtuung fest.

Die Schaffung eines inklusiven Stadtquartiers wurde auch von vielen Mitarbeiterinnen und Mitarbeitern begrüßt. Mehrere Workshops für die Mitarbeitenden sollten zur Akzeptanz des ambitionierten Projekts beitragen, das auch aus Mitteln des „Bündnisses für Investition und Beschäftigung" finanziert wurde. Als jedoch für künftige Gebäude und Trassen 76 alte Bäume des über siebenhundert Bäume zählenden Baumbestandes gefällt wurden,[252] führte dies zu Protesten und einem Demonstrationszug zur St. Nicolaus-Kirche. Einen gewissen „grünen" Ausgleich schuf man, indem unnötige Doppelerschließungen und Versiegelungen rückgängig gemacht wurden, um neue Grünflächen anlegen zu können.

Nach und nach änderte sich nun das Aussehen des Stiftungsgeländes. Der Zugang zum Gelände über die Dorothea-Kasten-Straße wurde asphaltiert und als einladende Allee gestaltet,[253] während der eigentliche, wenn auch nicht prominent ausgewiesene Zugang nunmehr über die Sengelmannstraße geschaffen wurde. Für alle Straßen war eine Asphaltausführung vorgesehen, sollten die straßenbegleitenden Rad- und Hauptfußwege in gelb-grauem Tegula-Betonpflaster ausgeführt werden. So waren die verschiedenen Verkehrsbereiche fortan klar voneinander zu unterscheiden. Zugleich wurden viele Bordsteine abgesenkt. Aus Kosten- und ästhetischen Gründen wurden für den Platz vor dem Hohen Wimpel die schönen „alten Granitsteinpflaster"[254] wiederverwendet. Dazu sollte die „Wertigkeit dieses Zentralbereiches" unterstrichen werden. Auch der Freibereich des Alstercafés sollte entsprechend ausgeführt werden. Gehbänder, ausgeführt mit glatten Steinplatten, auf dem Alsterdorfer Markt erlaubten vor allem Menschen im Rollstuhl ein weitgehend erschütterungsfreies Passieren. Hinzu kam Kunst im Raum – Gullydeckel mit Motiven von Werner Voigt – und die Einrichtung von Sitzgelegenheiten.

Der Marktplatz wurde so zu einer attraktiven „möblierten Anlage",[255] in der man sich auch ohne etwas konsumieren oder kaufen zu müssen, aufhalten kann. Ziel war es, mit einer bedarfsgerechteren Gestaltung des Stiftungsgeländes einen Raum

---

250 ArESA, DV 1983: Protokoll der Sitzung der Lenkungsgruppe „Alsterdorfer Markt" am 7.4.2003, 2.

251 ArESA, DV 1983: Protokoll der Sitzung der Lenkungsgruppe „Alsterdorfer Markt" am 25.8.2003, 1.

252 ArESA, DV 2059: arbos Landschaftsarchitekten: Erläuterungsbericht, 13.2.2002, 2, 3. Ersatzpflanzungen waren indes geplant.

253 Ebd.

254 Winckler, Axel: Vom Bauen für Behinderte aus Sicht des Architekten, in: db [Deutsche Bauzeitung] 3/05, 33.

255 Weiß, Stephanie: Quartiere für Alle. Städtebauliche Strategien sozialer Inklusion in der Planung von Wohnquartieren, Wiesbaden 2017, 165.

V. Die jüngste Zeit, 1979–2021   333

Gullydeckel auf dem Alsterdorfer Markt mit einem Motiv von Werner Voigt

zu schaffen, in dem Menschen mit Beeinträchtigungen nicht zuerst als „Behinderte", sondern als Passanten und Passantinnen, Kundinnen und Kunden, kurz als Teil der „Normalbevölkerung" wahrgenommen und erlebt werden können.[256]

Am 27. August 2003 wurde der Alsterdorfer Markt schließlich eröffnet. Eine groß angelegte Werbekampagne, bei der man übrigens darauf verzichtet hatte, Fotos von „Menschen mit Behinderung"[257] zu verwenden, war diesem in seiner Bedeutung für die Zukunft der Evangelischen Stiftung Alsterdorf nicht zu unterschätzendem Ereignis

---

256 Modes, Marie-Theres: Raum und Behinderung. Wahrnehmung und Konstruktion aus raum-soziologischer Perspektive, Bielefeld 2016, 14.
257 ArESA, DV 1983: Protokoll der Sitzung der Lenkungsgruppe „Alsterdorfer Markt" am 18.3.2002, 2.

vorangegangen.[258] Von Anfang an war die Akzeptanz bei der Alsterdorfer Wohnbevölkerung groß. Dies hatte bereits eine telefonische Befragung von dreihundert Alsterdorfer Bürgerinnen und Bürger im Vorjahr erahnen lassen. Zwar hatte die Umfrage ergeben, dass zwei Drittel der Befragten das „Projekt ‚Alsterdorfer Markt'" gar nicht kannten, aber trotzdem zu 84 Prozent bereit waren, dort „auf jeden Fall/wahrscheinlich"[259] einkaufen zu wollen.

Das Miteinander im öffentlichen Raum des Alsterdorfer Markts regelte eine Hausordnung. Diese verbot u. a. den Konsum von alkoholischen Getränken außerhalb der gastronomischen Einrichtungen sowie das „Betteln und Hausieren" und „unnötigen Aufenthalt". Ohne allzu deutlich zu werden, war in ihr auch der Schutz der noch auf dem Gelände lebenden Frauen und Männer festgeschrieben worden: „Durch das Verhalten unserer Besucher dürfen Dritte weder behindert noch belästigt oder gefährdet werden."[260]

„Kartoffelschmaus" auf dem Alsterdorfer Markt 2008 – ein Fest in der Tradition Pastor Sengelmanns zur Kartoffelernte

---

258 ArESA, DV 1983: „Der Alsterdorfer Markt – Ihr neuer Marktplatz mit Charakter". Marketingaktivitäten – Alsterdorfer Markt, 25.9.2003.

259 ArESA, VS Immo 2197: EARSandEYES GmbH, Hamburg: Die wesentlichen Ergebnisse der Bürgerbefragung im Überblick, o. D. [2002].

260 ArESA, DV 1983: Alsterdorfer Markt Hausordnung, Anlage zum Protokoll der Lenkungsgruppe „Alsterdorfer Markt", 4.8.2003.

Das Zusammentreffen und das professionell unbegleitete Zusammensein von Menschen mit und ohne Behinderung musste von allen Seiten erlernt werden und gegenseitige Rücksichtnahme eingeübt werden. Rund ein Jahr nach der Eröffnung des Alsterdorfer Markts sah Baumbach gelegentliche Probleme: „Noch gibt es zwar Probleme: den an die Linden ungeniert urinierenden K., der selbst vor der Fensterscheibe des Kesselhauses nicht zurückschreckt, wenn es ihn drängt, den alle Menschen – ob sie es wollen oder nicht – umarmenden U. mit seiner stereotypen Liebeserklärung, den jedem und jeder – auch wenn sie es nicht hören wollen – Zoten und billige Witzchen erzählenden älteren behinderten Herrn, dessen Namen ich nicht kenne, der mir aber gewaltig auf die Nerven geht."[261] Verantwortlich für dieses inakzeptable Verhalten seien, so Baumbach, manche Mitarbeitende, die eine „überkommene sozialpädagogische Ideologie" pflegten, und die nicht spürten, „was in Anführungsstrichen ‚normalen' Menschen zuzumuten sei." Zugleich kritisierte er diejenigen Mitarbeitenden, die die Bewohnerinnen und Bewohner weiterhin von der „Normalbevölkerung" separiert sehen wollten: „Die alte Anstalt ist architektonisch immer noch in einigen Bereichen erkennbar, aber das ist – bis auf das Carl-Koops-Haus [das 2011 abgerissen wurde] – nur noch ein äußerer Rest, der leicht beseitigt werden kann. Er stellt eigentlich kein Hindernis mehr dar. […] Anders der mentale Rest von Beton in den Köpfen, der noch längere Zeit brauchen wird, bis er entsorgt werden kann."[262] Eine besondere Anlaufstelle für Bewohnerinnen und Bewohner, die sich von der neuen räumlichen Situation des Alsterdorfer Marktes und den damit verbundenen Eindrücken und Kontakten überfordert fühlten, wurde nur selten aufgesucht – augenscheinlich bestand kein Bedarf.

Bei allen Schwierigkeiten: In der Öffentlichkeit und sogar international trugen die architektonischen Bemühungen der Evangelischen Stiftung Alsterdorf Beachtung ein. 2004 erhielt sie bei der Verleihung der Difa-Awards zum Thema „Beiträge zur Belebung innerstädtischer Quartiere" aus hundert Einsendungen aus fünfzehn europäischen Ländern den mit 10.000 Euro dotierten Sonderpreis.[263] 2017 wurde der Alsterdorfer Markt von der Stadt Hamburg mit dem Preis „Wegbereiter der Inklusion" ausgezeichnet.

---

261 ArESA, DV 2192: Baumbach, Rolf: Innenseiten – Außenseiten. Eingangsreferat Geländeentwicklung – Workshop, 18.2.2004, 3.

262 Ebd., 2. Die „Entsorgung" der Pförtnerloge, verbliebenes Symbol der „Anstalt", war für September 2003 geplant und war von nicht namentlich genannten Mietern gewünscht worden. ArESA, DV 1983: Protokoll der Sitzung der Lenkungsgruppe „Alsterdorfer Markt" am 29.9.2003, 2. Die dort untergebrachte Telefonzentrale wollte man in der Vorstandsetage am Alsterdorfer Markt unterbringen.

263 Diesing, Guido: Leben und Arbeiten rund um den Alsterdorfer Markt in Hamburg. Ein mutiger Schritt der Öffnung, in: Mensch & Büro, 2/2005, 1.

Direktor Rolf Baumbach – Visionär, Manager und „verhinderter Architekt"

Als Pastor Rolf Baumbach am 22. April 1993 in das Amt des Direktors eingeführt wurde, gab es innerhalb der Evangelischen Stiftung Alsterdorf nicht wenige, die ihm diese Aufgabe nicht recht zutrauten. Seit dem 16. September 1992 als Pfarrer an der St. Nicolaus-Kirche und stellvertretender Direktor für die pastorale Versorgung der auf dem Stiftsgelände lebenden und arbeitenden Menschen zuständig, hatte er sich bis dahin aus den hitzigen Diskussionen in der und um die Evangelischen Stiftung Alsterdorf herausgehalten. Doch sollte Baumbach in kürzester Zeit in das neue Amt hineinwachsen und ungeahnte Führungsqualitäten entwickeln. Aus den Konflikten innerhalb des Vorstandes im Jahre 1995 ging das Führungsduo Rolf Baumbach und Wolfgang Kraft gestärkt hervor. Die beiden sehr unterschiedlichen Persönlichkeiten ergänzten einander gut. Kraft managte die finanzielle Sanierung, Baumbach entwickelte sich zu einem Visionär, der die inhaltliche Neuausrichtung der Evangelischen Stiftung Alsterdorf in die Wege leitete, wobei er auch kritischen Mitarbeitern und Mitarbeiterinnen Raum gab, um ihre Ideen zu verwirklichen.

Die Umgestaltung des Alsterdorfer Marktes war – darin sind sich alle Zeitzeugen und Zeitzeuginnen einig – in der Hauptsache das Werk Baumbachs, der im Gespräch immer wieder als „verhinderter Architekt" mit ausgeprägtem ästhetischem Empfinden charakterisiert wird, der sich ebenso gern in Baupläne vertiefte, wie er in Gummistiefeln auf den Baustellen der Stiftung nach dem Rechten sah. Die Konversion des Stiftungsgeländes verstanden Baumbach und Kraft als wechselseitigen Integrationsprozess – die Anstalt sollte sich der Stadt öffnen, die Stadt in die Anstalt hereingeholt werden.

Gegenüber dem neuen Konzept der *Community Care* zeigte sich Baumbach aufgeschlossen. Um einen wirklichen Paradigmenwechsel herbeizuführen, brauche es – so Baumbach in einem Vortrag unter dem Titel „Helfen Sie noch oder assistieren Sie schon?" am 20. März 2006, vier Wochen vor seinem Tod – nicht nur einen Wandel der Strukturen, sondern auch „andere Rollendefinitionen für Mitarbeitende mit entsprechenden neuen Berufsbildern."[264] In der Beziehung zwischen dem, der Hilfe leistet, und dem, der Hilfe empfängt, gebe es stets ein „Gefälle", das mit der „Ausübung von Macht" zu tun habe, „der Macht des Gesunden, des Starken, des Pädagogen, des Therapeuten, des Wissenden auf der einen Seite und auf der anderen Seite der Ohnmacht des Hilfeempfängers, des Patienten, des Klienten, des Users, des Kunden – wie immer wir ihn nennen wollen." Und weiter: „Wer Hilfe leistet, schafft Abhängigkeiten und baut Beziehungen und Bindungen auf." Aufseiten der Mitarbeitenden sei dabei auch „Selbstverwirklichung über Abhängigkeit" im Spiel. In diesem Sinne, so Baumbach, müsse man auch „über unsere diakonischen Wurzeln neu nachdenken". Es fällt auf, dass das in der Ära Baumbach entwickelte Leitbild mit seinen fünf

---

264 Rolf Baumbach, Eröffnungsvortrag Open Space „Helfen Sie noch oder assistieren Sie schon?", Berlin, Bildungszentrum Erkner, 20. März 2006, Ms., Privatbesitz Hanne Stiefvater. Danach auch die folgenden Zitate.

V. Die jüngste Zeit, 1979–2021

Rolf Baumbach und Wolfgang Kraft

grundlegenden Orientierungen – Freiheit, Verantwortung, Autonomie, Individualität und Respekt – zwar den Anspruch erhob, „an Grundeinsichten des reformatorischen Christentums"[265] anzuknüpfen und „das freiheitlich-protestantische Profil der Stiftung" auszuweisen, zentrale diakonische Begriffe wie Barmherzigkeit und Nächstenliebe jedoch außen vor ließ. Anders als seine Vorgänger Julius Jensen, Hans-Georg Schmidt und Rudi Mondry, die je eigene theologische Akzente setzten, um das diakonische Proprium herauszustellen, verfolgte Rolf Baumbach ganz bewusst einen Ansatz, der Diakonie in einem allgemein protestantischen Menschenbild aufgehen lassen wollte. Von den Mitarbeitenden verlangte er keine dezidiert christliche Haltung, sondern lediglich eine „eigene Identität"[266] und „das Wissen um die eigenen Werte und die des anderen" – neben „Wahrnehmungskompetenz", „Sensibilität", „Bereitschaft zur Übernahme von Verantwortung", „Fachlichkeit", „Dienstleistermentalität" sowie der „Fähigkeit, loslassen zu können".

---

265 Leitbild der Evangelischen Stiftung Alsterdorf, https://www.alsterdorf.de/fileadmin/user_upload/images/ueber-uns/leitwerte/alsterdorf_Leitbild.pdf (letzter Zugriff 12.4.2022).
266 Rolf Baumbach, Eröffnungsvortrag Open Space „Helfen Sie noch oder assistieren Sie schon?" Danach auch die folgenden Zitate.

Wege zur Inklusion

Der frühe Tod Rolf Baumbachs im Jahre 2006 hinterließ eine schwer zu schließende Lücke. Eine Ergänzung des Vorstands war unumgänglich. *Dieter Fenker* (* 1943), seit 1979 Bereichsleiter für Personal- und Sozialwesen,[267] ein krisenerprobter Manager, der wesentlich am Zustandekommen des „Bündnisses für Investition und Beschäftigung" beteiligt gewesen war, wurde vom Stiftungsrat zum neuen Vorstandsmitglied gewählt und bildete zusammen mit dem langjährigen Vorstand und Sanierungsbeauftragten Wolfgang Kraft einen operativen Zweiervorstand. Dies war indessen von vornherein als Übergangslösung gedacht, da klar war, dass Fenker im Jahre 2008 in den Ruhestand gehen würde. Dazu passt, dass die Pastorin *Hilke Osterwald* (* 1955), die, seit 1994 als Gemeindepfarrerin in der Evangelischen Stiftung Alsterdorf tätig, 1996 zur stellvertretenden Direktorin für pastorale und seelsorgliche Angelegenheiten ohne Sitz im Vorstand berufen worden war, nun für zwei Jahre im Vorstand mitarbeiten und dort ein Vetorecht erhalten sollte. In dieser Übergangszeit wurde ein neuer Direktor und Vorstandsvorsitzender gesucht. Die Wahl fiel auf Prof. Dr. *Hanns-Stephan Haas* (* 1958), Leiter der Führungsakademie für Kirche und Diakonie in Berlin und Privatdozent für Systematische Theologie und Diakoniewissenschaft an der Kirchlichen Hochschule Wuppertal/Bethel – in deren Betheler Abteilung, dem Institut für Diakoniewissenschaft und DiakonieManagement, intensiv über die Anwendungsmöglichkeiten des St. Galler Management-Modells auf die Diakonie nachgedacht wurde. Diese Ideen brachte Haas, der im Februar 2008 in sein neues Amt eingeführt wurde, mit nach Hamburg. Fast zeitgleich mit dem Amtsantritt des neuen Direktors wurde Dieter Fenker in den Ruhestand verabschiedet. Als sich im September 2008 auch Wolfgang Kraft aus dem Vorstand zurückzog, traten zum Jahreswechsel 2008/2009 *Birgit Schulz* (* 1953), Geschäftsführerin der alsterdorf assistenz ost gGmbH, *Thomas Eisenreich,* Geschäftsführer der Evangelischen Stadtmission Kiel gGmbH, sowie *Ulrich Scheibel* (* 1967), Geschäftsführer der medizinischen Gesellschaften, in den Vorstand ein. Hervorzuheben ist, dass mit Hilke Osterwald und Birgit Schulz erstmals in der Geschichte der Evangelischen Stiftung Alsterdorf Frauen in den Vorstand einzogen. Mit Birgit Schulz und Ulrich Scheibel wurden zudem zwei langjährige Mitarbeitende der Evangelischen Stiftung Alsterdorf mit großer praktischer Erfahrung in der Eingliederungshilfe und der Medizin berufen.

Hanns-Stephan Haas legte sein Amt als Direktor zum 31. Januar 2021 nieder, ihm folgte am 1. Januar 2022 der Pastor, Diakoniewissenschaftler und -manager

---

267 Dieter Fenker war 2003 vom Verband kirchlicher und diakonischer Anstellungsträger der Evangelisch-Lutherischen Kirche in Norddeutschland beauftragt worden, einen Kirchlichen Tarifvertrag Diakonie (KTD) zu entwerfen, der nach schwierigen Verhandlungen mit den Gewerkschaften zum 1. Januar 2005 in Kraft trat. In der Mitarbeiterschaft führte dies zu großer Verunsicherung, da es zu veränderten tariflichen Eingruppierungen kam. Indem er mit den Gewerkschaften tarifliche Überleitungspläne aushandelte, konnte Fenker den „sozialen Frieden" in der Evangelischen Stiftung Alsterdorf wahren. Freundliche Auskunft von Herrn Ulrich Scheibel, 28.6.2022.

Hanns-Stephan Haas

Uwe Mletzko (* 1966). Er bildet gegenwärtig gemeinsam mit Ulrich Scheibel, der gelernten Krankenschwester, Betriebswirtin und Diplom-Pädagogin *Hanne Stiefvater* (* 1959), die 2014 in den Vorstand eintrat, und dem Juristen Dr. *Thilo von Trott* (* 1967), der 2015 hinzukam, die oberste Leitungsebene der Evangelischen Stiftung Alsterdorf.

Ungeachtet der personellen Brüche und Neuanfänge schreitet die Evangelische Stiftung Alsterdorf in den letzten zwanzig Jahren auf dem Weg voran, den sie um die Jahrtausendwende eingeschlagen hat. Vier Punkte seien besonders hervorgehoben:

Erstens ist noch einmal auf den Alsterdorfer Markt als Ankerpunkt im Prozess der Auflösung der alten Anstaltsstrukturen zu verweisen. Dieser Prozess ist noch im Gang. Für die nächsten Jahre hat sich die Evangelische Stiftung Alsterdorf vorgenommen, vollständig in das sie umgebende bauliche und soziale Umfeld hineinzuwachsen, alles „Anstaltsmäßige" endgültig abzulegen und trotzdem als traditionsreicher, partnerschaftlich agierender Sozialdienstleister sichtbar und erlebbar zu bleiben. Eine zentrale Aufgabe kommt hier dem reichen architektonischen Erbe der Stiftung zu. So soll mithilfe des St. Nicolaus-Quartiers – gebildet aus Haus Schönbrunn, dem ehemaligen Verwaltungsgebäude, dem Michelfelder Kinderheim, dem Volkmar-Herntrich-Haus, der Kulturküche, dem Simon-Schöffel-Haus und der St. Nicolaus-Kirche – das jeweilige Verständnis vom gesellschaftlichen Platz von Menschen mit Behinderung in seiner Entwicklung nachvollziehbar und als jeweils zeitgebundene Schritte auf dem Weg zur Inklusion verstehbar machen. Ein wichtiger Schritt in diesem von Hanns-Stephan Haas in Gang gesetzten Projekt erfolgte im April 2022 mit der von Architekt *Axel Philipp Loitzenbauer* (* 1968) verantworteten Neugestaltung der St. Nicolaus-Kirche und der damit verbundenen Dislozierung des Altarbildes von Friedrich Lensch und dessen Integration in einen im Mai 2022 eingeweihten Lern- und Gedenkort.

Darüber hinaus soll der ursprüngliche Charakter aller historischen Gebäude des St. Nicolaus-Quartiers wieder herausgearbeitet und zugleich deren lebendige, vielfältige

Der Lern- und Gedenkort an der St. Nicolaus-Kirche

und möglichst inklusive Nutzung zu ermöglicht werden. Ihre jeweiligen Raumqualitäten werden das St. Nicolaus-Quartier, aber auch alle anderen Gebäude, und nicht zuletzt das Stiftungsgelände selbst, durch diejenigen Menschen erfahren, die sich diese auf ihre je eigene Weise – individuell oder gemeinsam – aneignen werden. Die Frage, ob und wie sich das Stiftungsgelände zu einem städtebaulichen Ensemble weiterentwickeln wird, „an dessen Schönheit man sich nicht sattsehen kann"[268] und das „manche schwere Stunde leichteren Herzens tragen" lässt, wird dabei immer wieder neu gestellt und beantwortet werden müssen.

Zweitens wurde der Prozess der Dezentralisierung durch die Auflösung der zentralen Organisationsstruktur und den Umbau der Evangelischen Stiftung Alsterdorf zu einer Holding konsequent weiterentwickelt. Zum 1. Januar 2005 wurde der Bereich der Eingliederungshilfe in Form von fünf rechtlich selbstständigen gGmbHs – alsterdorf assistenz Nord, alsterdorf assistenz Ost, alsterdorf assistenz West, alsterdorf

---

268 Sitte, Camillo: Der Städtebau nach seinen künstlerischen Grundsätzen. Ein Beitrag zur Lösung moderner Fragen der Architektur und monumentalen Plastik unter besonderer Beziehung auf Wien, o. O. 1901, 1. Danach auch das folgende Zitat. Der österreichische Architekt *Camillo Sitte* (1843–1903) gilt als Wiederbegründer der Stadtbaukunst.

assistenz Umland und alsterarbeit – neu strukturiert.[269] Die Krankenhäuser, die Bugenhagenschule, die Kindertagesstätten, das Beratungszentrum Alsterdorf und das Betreute Wohnen Hamburg blieben in der Holding, Ende 2005 wurde zudem die Evangelische Stadtmission Kiel in den Unternehmensverbund aufgenommen.[270] Der Umbau zu einem Verbund von Dienstleistungsunternehmen begünstigte die Marktorientierung – geboten wird nicht mehr eine Rundumversorgung, sondern ein Spektrum einzelner Dienstleistungen für Menschen mit Beeinträchtigungen. Damit ist der Schritt von der Betreuung zur „ressourcenorientierten Assistenz" vollzogen. Im Mittelpunkt stehen die Klienten und Klientinnen mit ihrem Eigen-Sinn und Eigen-Willen. Die Evangelische Stiftung Alsterdorf ist gut aufgestellt, um auf die Herausforderungen des SGB IX und des Bundesteilhabegesetzes zu reagieren.

Drittens wurde die konzeptionelle Neuausrichtung, die um die Jahrtausendwende auf den Weg gebracht worden war, konsequent weiterentwickelt. Auf den internationalen Fachkongress zur *Community Care*, der im Jahre 2000 in Alsterdorf stattfand, folgte 2006 der (zusammen mit der Deutschen Gesellschaft für Soziale Psychiatrie und deren Fachausschuss „Menschen in Heimen" veranstaltete) Kongress zum *Community Living*, 2009 dann der (gemeinsam mit der Katholischen Hochschule für Sozialwesen in Berlin ausgerichtete) Kongress „*Enabling Community* – Gemeinsame Sache machen". Die intensive Auseinandersetzung mit dem *Community Care*-Ansatz seit dem Ende der 1990er Jahre erleichterte den Zugang zu dem neuen Fachkonzept „Sozialraumorientierung", mit dessen Umsetzung die Evangelische Stiftung Alsterdorf in Zusammenarbeit mit dem Institut für Sozialraumorientierte Arbeit und Beratung e.V. unter Leitung von Prof. *Wolfgang Hinte* (* 1952) begonnen hat.

Die konzeptionelle Neuausrichtung, die insbesondere von Birgit Schulz und Hanne Stiefvater vorangetrieben wurde, soll Lösungsansätze für verschiedene Problemlagen bieten, die mit der fortschreitenden Regionalisierung der Eingliederungshilfe sichtbar geworden sind. Mit der Schaffung von Außenwohngruppen ist es noch nicht getan – es besteht die Gefahr, neue Sonderwelten zu schaffen, „zwar kleiner und in Stadtteile integriert, aber eben immer noch Sonderwelten."[271] Wie kann man – auch durch die Einbindung zivilgesellschaftlichen Engagements „verlässliche Versorgungsstrukturen" aufbauen und „inklusive Quartiere" entwickeln? Die sozialen Dienstleister sollten dabei „in die zweite Reihe"[272] zurücktreten – im Vordergrund soll die Suche nach Lösungen im Quartier stehen, wobei im Idealfall die Verwaltung der

---

269 Heute: alsterdorf assistenz ost (fusioniert mit der alsterdorf assistenz Umland), alsterdorf assistenz West (fusioniert mit der alsterdorf assistenz Nord) und alsterarbeit.

270 Der Umbau zu einer Holding bildet auch den Hintergrund für die Entwicklung einer *Corporate Identity* – die Evangelische Stiftung Alsterdorf soll nach außen hin als eine Einheit sichtbar bleiben. Vgl. ArESA, DV 333: Evangelische Stiftung Alsterdorf. Corporate Identity. Kurzfassung. Ein Konzept von Fritz Brinckmann und Mick Schreiber, Hamburg 1994.

271 Stiefvater/Haubenreisser/Oertel, Sonderwelt, 105. Danach auch die folgenden Zitate.

272 Ebd., 106.

hamburgischen Senatsbehörden, die Bezirksämter, die verschiedenen Sozialdienstleister, die Krankenkassen, Kirchengemeinden, Vereine und die vor Ort engagierten Bürgerinnen und Bürger Hand in Hand arbeiten. Der Konzeption der Sozialraumorientierung entsprechend sieht die Evangelische Stiftung Alsterdorf ihre Aufgabe zunehmend auch darin, solche Netzwerke zu knüpfen und Quartiere zu stärken. Es geht nicht mehr nur um individuelle Assistenzleistungen, sondern darum, „unter tätiger Mitwirkung der betroffenen Menschen Lebenswelten zu gestalten und Arrangements zu kreieren, die dazu beitragen, dass Menschen auch in prekären Lebenssituationen zurechtkommen."[273]

Einer solchen Neuausrichtung steht die „finanzielle Logik"[274] der Eingliederungshilfe im Wege: Je mehr Klienten und Klientinnen ein Leistungserbringer unterstützt und je länger die Unterstützung dauert, desto mehr Geld fließt in die Kasse – indem ein Leistungserbringer das Quartier stärkt, um es den Klienten und Klientinnen zu ermöglichen, selbstbestimmt zu leben, untergräbt er tendenziell seine eigenen wirtschaftlichen Grundlagen. Die Antinomie dieser Finanzierungslogik wird durch das Spannungsverhältnis zwischen stationären und ambulanten Leistungen noch verschärft – trotz des Prinzips „ambulant vor stationär" sind es nach wie vor die stationären Einrichtungen, die das meiste Geld einbringen. Ein weiteres Problem bei der Finanzierung stellt die „sozialrechtliche Abgrenzungslogik" dar, die „individuelle Lösungen im Quartier […] an Zuständigkeiten nach Sozialgesetzbüchern scheitern" lässt. Um hier Abhilfe zu schaffen, ist man in Hamburg seit den frühen 2000er Jahren neue Wege gegangen – „vom pauschalen Pflegesatz über die Differenzierung in fünf Hilfebedarfsgruppen hin zu Finanzierungsansätzen von fallunabhängiger sozialraumorientierter Arbeit bis zu einem Trägerbudget".[275] Ein wichtiger Zwischenschritt war der Abschluss einer Zielvereinbarung zwischen der Evangelischen Stiftung Alsterdorf und der Freien und Hansestadt Hamburg für den Zeitraum von 2005 bis 2010 – darin einigte man sich darauf, in diesem Zeitraum etwa ein Drittel der damaligen stationären Plätze in der Evangelischen Stiftung Alsterdorf in ambulante Assistenzformen umzuwandeln. Damit war eine neue Form der Zusammenarbeit gefunden: Die Vereinbarung von Entgelten wurde gekoppelt an die Verständigung auf gemeinsame Ziele. Die Zielvereinbarung wurde für den Zeitraum von 2010 bis 2013 fortgeschrieben. Gemeinsam mit drei anderen großen Leistungserbringern in der Hamburger Eingliederungshilfe vereinbarte die Evangelische Stiftung Alsterdorf mit der Freien und Hansestadt Hamburg, „Konzepte und Projekte zum trägerübergreifenden

---

273 Hinte, Wolfgang: Das Fachkonzept Sozialraumorientierung – Grundlagen und Herausforderungen für professionelles Handeln, in: Fürst, Roland / Hinte, Wolfgang (Hg.): Sozialraumorientierung. Ein Studienbuch zu fachlichen, institutionellen und finanziellen Aspekten, Wien 2014, 9–28, 15.

274 Stiefvater/Haubenreisser/Oertel, Sonderwelt, 105. Danach auch die folgenden Zitate.

275 Ebd., 106. Zum Folgenden auch: Bernzen, Christian: Von der Kostenerstattung zum Trägerbudget, Ms., Privatbesitz Hanne Stiefvater.

V. Die jüngste Zeit, 1979–2021

sozialräumlichen Arbeiten mit dem Ziel der Umsteuerung sozialer Dienstleistungen (Mix aus professionellem, nachbarschaftlichem und bürgerschaftlichem Engagement)"[276] voranzutreiben. Dafür erhielten die Leistungserbringer einen „Sozialraumzuschlag".[277] Mit der Rahmenvereinbarung zwischen der Evangelischen Stiftung Alsterdorf und der Behörde für Arbeit, Soziales, Familie und Integration für den Zeitraum von 2014 bis 2018 wurde schließlich der Schritt zu einem echten Trägerbudget vollzogen.[278] Seither erhält die Stiftung einen in monatlichen Raten ausgezahlten Gesamtbetrag, mit dem alle Zahlungsansprüche der Stiftung gegen die Stadt aus allen Leistungs- und Vergütungsvereinbarungen abgegolten sind – auf diese Weise wurden „ökonomische Fehlanreize, wonach ein steigender Hilfebedarf und hohe Fallzahlen höhere Erträge und sinkende Hilfebedarfe geringere Erträge generieren, aus dem System genommen".[279] Als gemeinsames Ziel wurde in dieser Rahmenvereinbarung die Entwicklung „zukunftsfähige[r] Handlungskonzepte, die den personenzentrierten und den sozialraumorientierten Ansatz zusammenführen",[280] festgeschrieben. Die Laufzeit der Rahmenvereinbarung wurde genutzt, um innovative Formen der Assistenz zu erproben. Zu diesem kreativen Prozess gehörten – wie ein Resümee feststellte – auch „Suchbewegungen, Abstimmungsprozesse, Auswertungen, Irrtümer, Nachbesserungen"[281] – die Vereinbarung habe indessen „Freiräume für solche Bewegungen" gelassen, ohne die „Innovation nicht zu haben" sei. Vor dem Hintergrund der positiven Erfahrungen wurde für die Zeit von 2019 bis 2023 eine neue Rahmenvereinbarung abgeschlossen. In deren Präambel wird ausdrücklich „eine neue Kultur der behörden- und trägerübergreifenden Zusammenarbeit"[282] hervorgehoben, „die von Inhalten, Offenheit, Vertrauen und Verlässlichkeit geprägt" sei.

Auf der Grundlage der 2005 abgeschlossenen Zielvereinbarung machte sich die Evangelische Stiftung Alsterdorf in Kooperation mit der hamburgischen Sozialbehörde und den Leistungsträgern der Eingliederungshilfe daran, durch Stadtteiltreffpunkte die Sozialräume zu stärken. Die durch den Sozialraumzuschlag seit 2010 zur Verfügung stehenden Mittel setzte die Stiftung dann für das stiftungsübergreifende

---

276 Zit. n. Bernzen, Kostenerstattung.
277 Stonis, Andrea / Steinberg, Thomas / Haubenreisser, Karen: Personelle und sozialräumliche Ressourcen kreativ verbinden, in: Fürst/Hinte (Hg.): Sozialraumorientierung 4.0, 66–79, 66.
278 Vereinbarung zwischen der Evangelischen Stiftung Alsterdorf […] und der Freien und Hansestadt Hamburg, Behörde für Arbeit, Soziales, Familie und Integration, 2014–2018.
279 Resümee laufendes Trägerbudget 2014 bis 2018 und Ausblick.
280 Vereinbarung zwischen der Evangelischen Stiftung Alsterdorf […] und der Freien und Hansestadt Hamburg, Behörde für Arbeit, Soziales, Familie und Integration, 2014–2018, Präambel.
281 Resümee laufendes Trägerbudget 2014 bis 2018 und Ausblick. Danach auch die folgenden Zitate.
282 Rahmenvereinbarung 2019–2023 zwischen der Evangelischen Stiftung Alsterdorf […] und der Freien und Hansestadt Hamburg, Behörde für Arbeit, Soziales, Familie und Integration, Präambel. Danach auch das folgende Zitat.

Sozialraumprojekt „Q8 – Quartiere bewegen"[283] ein. Das Kürzel steht für acht Lebensbereiche, die für ein funktionierendes Quartier relevant sind, nämlich: Wohnen und Wohnumfeld, Gesundheit und Pflege, Assistenz und Service, Bildung, Kunst und Kultur, Arbeit und Beschäftigung, lokale Ökonomie, Kommunikation und Partizipation sowie Spiritualität und Religion. Darüber hinaus hat die Evangelische Stiftung Alsterdorf – wiederum in Kooperation mit der Hamburger Sozialbehörde – das Projekt „Qplus" auf den Weg gebracht, um weitere Unterstützungshilfen für Menschen mit Beeinträchtigungen für ein Leben im Quartier zu entwickeln.[284] „QplusAlter" will für die besonderen Bedarfe von alternden und alten Menschen neue Assistenzformen entwickeln, die es ermöglichen sollen, weiterhin in der vertrauten Umgebung möglichst gut und selbstbestimmt leben zu können.[285] Bei all diesen Projekten geht es darum, anstelle punktueller Interventionen, die meist auf die Bewältigung akuter Krisen und Nöte orientiert sind, zu einem kontinuierlichen Prozess der Assistenz zu kommen, und zwar in allen Lebensphasen.

Viertens hat sich der Krankenhausbereich in den letzten Jahren neu aufgestellt.[286] Mit der Auflösung der Anstalt und dem Wegzug der Menschen mit Behinderungen in die Quartiere stellte sich die Fragen, welche Rolle das auf dem Stiftungsgelände gelegene Evangelische Krankenhaus Alsterdorf (EKA) künftig spielen sollte – insbesondere im Hinblick auf die medizinische Versorgung von Menschen mit Behinderung. Umgekehrt erhob sich die Frage, wie man eine angemessene medizinische Versorgung von Menschen mit Behinderung wohnortnah sicherstellen könnte.

Das EKA hat aus seiner Geschichte heraus als einzige Hamburger Klinik einen besonderen Versorgungsauftrag für Menschen mit Behinderung, der im Krankenhausplan Hamburgs festgehalten ist. Nachdem auch das EKA in den 1990er Jahren zu einem Sanierungsfall geworden war und sich die Krankenhauslandschaft in Hamburg Anfang der 2000er Jahre mit der Einführung eines neuen Abrechnungssystems (Fallpauschalen) und dem Verkauf des Landesbetriebs Krankenhäuser an den privaten Klinikkonzern Asklepios massiv verändert hatte, musste das EKA zu einer neuen Rolle finden. Als Anstaltskrankenhaus hatte es ausgedient. Mit seiner Struktur – ohne Notaufnahme, mit rund 200 Betten eher mittelgroß – war es wirtschaftlich stark gefährdet. Es wählte den Weg der fachlichen Spezialisierung und des strategischen

---

283 Vgl. Haubenreisser, Karen / Oertel, Armin: Q8 – Quartiere bewegen, Berlin 2016, 278–290, 278, https://www.q-acht.net/downloads/2016/2016-Q8-Quartiere-bewegen-Haubenreisser-Oertel.pdf (letzter Zugriff 12.4.2022).

284 Vgl. Haubenreisser, Karen / Hinte, Wolfgang / Oertel, Armin / Stiefvater, Hanne: Qplus – neue Unterstützungsformen im Quartier, in: Teilhabe 1/2018, 16–21.

285 Förster, Marion / Haubenreisser, Karen: „QplusAlter: Neue Unterstützungsformen im Quartier für ältere Menschen und pflegende Angehörige. Konzepte und Erfahrungen aus Hamburg, in: Case Management 3/2020, 106–110.

286 Die folgenden Ausführungen zum Evangelischen Krankenhaus Alsterdorf basieren auf einer Textvorlage von Ulrich Scheibel und Marion Förster, denen an dieser Stelle für ihre wertvollen Informationen gedankt sei.

Wachstums. Schon 2001 erfolgte die Einrichtung einer psychiatrisch-psychotherapeutischen Ambulanz für Menschen mit geistiger Behinderung, der ersten dieser Art im Bundesgebiet. Hervorzuheben ist des Weiteren der Auf- und Ausbau des Epilepsiezentrums, das heute die bundesweit größte Monitoring-Einheit hat, um Anfälle zu diagnostizieren und zu behandeln. In Kooperation mit der Neurochirurgie des Universitätsklinikums Eppendorf und dem Kinderkrankenhaus Wilhelmstift reicht sein Einzugsgebiet über Norddeutschland hinaus. Die Gesundheitsbehörde – im Rahmen der dualen Krankenhausfinanzierung zuständig für Investitionen und auch für die Genehmigung von Planbetten – förderte diese Entwicklung. So wuchs das EKA auf inzwischen 314 Betten. Der Neubau im Jahre 2013 wurde mit rund 32 Millionen. Euro gefördert, der im Jahre 2020 begonnene Erweiterungsbau u. a. für die Psychiatrie mit rund 47 Millionen Euro. Damit ist es das bislang größte Bauvorhaben in der Geschichte der Evangelischen Stiftung Alsterdorf. Die Fertigstellung ist für 2023 geplant.

Der besondere Versorgungsauftrag für Menschen mit Behinderung wurde neu interpretiert. Das EKA und die Stiftung – vor allem Vorstand Ulrich Scheibel, der zuvor langjähriger Geschäftsführer des EKA war – verstanden Gesundheit nun als einen wichtigen Aspekt von Teilhabe. Das Ziel medizinischer, therapeutischer und pflegerischer Behandlung sollte es sein, Menschen mit Behinderung darin zu unterstützen, möglichst selbstbestimmt und selbstständig leben zu können. Das ist noch immer keineswegs selbstverständlich. Zwar heißt es in Artikel 25 der UN-Behindertenrechtskonvention, dass Menschen mit Behinderung das Recht auf medizinische Versorgung in der gleichen Qualität und Bandbreite haben wie alle anderen auch (und darüber hinaus, wenn es notwendig ist, um ihre Teilhabe sicherzustellen) – die Realität sieht jedoch anders aus. Krankheiten werden bei Menschen mit Behinderung bis heute oft nicht rechtzeitig erkannt und angemessen behandelt. Die Folge: Sie leiden länger unnötig unter Schmerzen, sind in ihren Teilhabemöglichkeiten eingeschränkt und haben ein höheres Risiko, frühzeitig zu versterben. Das EKA hat 2018 den bundesweit ersten Qualitätsvertrag zur Verbesserung der stationären Versorgung von Menschen mit Behinderungen entwickelt.[287]

Beim Deutschen Ärztetag 2009 wurde die schlechte medizinische Versorgung von Menschen mit Behinderung allgemein – u. a. mit Hinweis auf die Behindertenrechtskonvention – thematisiert. Nachdem Zweifel an den Versorgungsdefiziten aufgekommen waren, beauftragte die Evangelische Stiftung Alsterdorf im Jahre 2011 das Deutsche Krankenhaus Institut mit einer Studie, die die Defizite weitgehend bestätigte. 2013 lud die Evangelische Stiftung Alsterdorf (gemeinsam mit der Bundesarbeitsgemeinschaft Ärzte für Menschen mit Behinderung) zu einer Fachtagung ein, bei der

---

287 Die Erfahrungen, die das EKA in der Versorgung von Menschen mit Behinderung gemacht hat, sind auch für andere Zielgruppen wertvoll, zum Beispiel Menschen mit einer schweren Demenz. Viele Aspekte lassen sich übertragen. So ist es kein Zufall, dass im Rahmen der Förderung zum demenzsensiblen Krankenhaus durch die Bosch-Stiftung der von Michael Wunder verfasste „Handlungsleitfaden zur Wahrung der Patientenautonomie bei Menschen mit Demenz im Krankenhaus" am EKA entstanden ist.

Defizite und Verbesserungsmöglichkeiten diskutiert wurden. Auf Bundesebene wurde die Einrichtung von sogenannten Medizinischen Zentren für erwachsene Menschen mit Behinderung (MZEB) gefordert – ähnlich den Sozialpädiatrischen Zentren für Kinder und Jugendliche. Die Idee für ein MZEB in Alsterdorf wurde – vor allem auf Initiative von Dr. *Georg Poppele,* Internist und zuletzt Chefarzt der Inneren Medizin am EKA, und Vorstand Ulrich Scheibel – in Zusammenarbeit mit anderen Institutionen und Interessengruppen entwickelt.[288]

Dieses Konzept war intern nicht unumstritten – befürchteten doch gerade Vertreter und Vertreterinnen der Eingliederungshilfe, dass damit wieder eine „Sonderwelt" geschaffen würde und Klienten und Klientinnen aus ganz Hamburg wieder „nach Alsterdorf müssten", wenn sie einen Arzt sehen wollten. Die kritischen Stimmen wirkten sich auf das Konzept aus. Zunächst wurde der Name angepasst: Statt Medizinisches *Zentrum* heißt es heute Sengelmann *Institut* für Medizin und Inklusion (SIMI). Es steht vor allem für die interdisziplinäre Diagnostik und Therapieempfehlung für erwachsene Menschen mit komplexen Behinderungen. Ziel ist es, die behandelnden Ärzte und Ärztinnen, Therapeuten und Therapeutinnen vor Ort in den Quartieren, wo die Klienten und Klientinnen wohnen, möglichst einzubinden. 2015 wurde das SIMI als eine der bundesweit ersten Einrichtungen dieser Art eröffnet – noch bevor die gesetzliche Grundlage dafür geschaffen war. 2016 zeichnete die Stadt Hamburg das SIMI als „Wegbereiter der Inklusion" aus.[289]

Als weiterer Baustein zur Verbesserung der medizinischen Versorgung wurde 2016 das Projekt „Gesundheit 25*" (mit Bezug auf Artikel 25 der UN-Behindertenrechtskonvention) ins Leben gerufen, um die wohnortnahe medizinische Versorgung in den Quartieren zu verbessern. Ziel ist es, die Strukturen vor Ort zugänglicher zu machen, modellhaft neue Ansätze zu erproben und ein Kompetenznetz mit Kooperationspartnern zu knüpfen, z. B. mit niedergelassenen Ärzten und Ärztinnen oder Krankenhäusern.

Relativ neu ist das Feld der Gesundheitsförderung: Im Innovationsfondsprojekt „Besser gesund leben", das 2022 begonnen hat, werden Menschen mit Behinderung dort, wo sie leben, individuell beraten, was sie selbst für ihre Gesundheit tun können. Dabei werden Ressourcen aus dem Quartier gezielt einbezogen. So wird der Ansatz der Sozialraumorientierung auch im Bereich Gesundheit wirksam.

Fünftens schließlich hat sich die Evangelische Stiftung Alsterdorf in den letzten Jahren wieder verstärkt der diakonischen Profilbildung zugewandt. 2015 hat die Evangelische Stiftung Alsterdorf die sogenannte „AcK-Klausel" aufgehoben, d. h., von den Mitarbeitenden wird nicht mehr die formale Mitgliedschaft in einer der

---

288 Beteiligt waren u. a. die Behindertenhilfe, Wohnbeiräte von Menschen mit Behinderung, die Ärztekammer, Krankenkassen, die Kassenärztliche Vereinigung und die Behörde für Gesundheit und Verbraucherschutz.

289 Dr. Poppele wurde für seine Verdienste mit dem Verfassungsportugaleser in Silber von der Stadt Hamburg geehrt.

V. Die jüngste Zeit, 1979–2021

17 Kirchen erwartet, die in der „Arbeitsgemeinschaft christlicher Kirchen" zusammengeschlossen sind. Mit diesem Schritt übernahm die Evangelische Stiftung Alsterdorf eine Vorreiterrolle in der Diakonie. Er trug nicht nur dem Umstand Rechnung, dass es, wie bereits erwähnt, in der Stiftung längst Mitarbeitende ohne Kirchenbindung gab. Vielmehr bedeutete die Aufhebung der Kirchenbindung die Übertragung der positiven Werte Individualität, Diversität und Inklusion, die zunehmend den Umgang mit Klienten und Klientinnen bestimmen, auch auf Mitarbeiter und Mitarbeiterinnen. Diakonische Unternehmen, so der zugrunde liegende Gedanke, sollen zwar „auf der Basis der eigenen konfessionellen Herkunft [...] ein verbindliches Selbstverständnis"[290] entwickeln, „das sich fest im christlichen Überzeugungssystem verankert weiß", sie sollen aber offen sein für alle Mitarbeitenden mit ihren je eigenen persönlichen Überzeugungen, sofern sie „die konfessionelle Bindung des Unternehmens und die dadurch an sie selbst gerichteten Verhaltenserwartungen" als verbindlich anerkennen. Das Selbstverständnis der Evangelischen Stiftung Alsterdorf wurde im Jahre 2014 durch die Formulierung von fünf „Leitwerten" – Würde, Freiheit, Verantwortung, Gerechtigkeit und Nächstenliebe – neu konturiert. Es fällt auf, dass diese Leitwerte – unter ausdrücklichem Bezug auf die Bibel – wieder stärker theologisch begründet werden und wieder deutlicher an diakonische Traditionen anknüpfen.[291] Das diakonische Proprium findet seinen Ausdruck nicht nur in der konkreten Ausrichtung der Arbeit, sondern auch in einer Gedenkkultur, die die Erinnerung an die Verbrechen an Menschen mit geistiger Behinderung im nationalsozialistischen Deutschland – und die Rolle von Kirche und Innerer Mission bei diesen Verbrechen – wachhält, oder in der aktiven Übernahme von Verantwortung für das Leid und Unrecht, das Menschen nach 1945 in Einrichtungen der Behindertenhilfe erlebt haben, im Rahmen der Stiftung „Anerkennung und Hilfe".

Überblickt man die Geschichte der Evangelischen Stiftung Alsterdorf von ihren Anfängen bis in die Gegenwart hinein, stellt sich die Frage, wie viel von den Ideen ihres Gründers Heinrich Matthias Sengelmann noch immer – oder auch wieder – erkennbar ist. Das medizinische Konzept von Behinderung, das seit dem Tod Sengelmanns in der Arbeit der Alsterdorfer Anstalten immer weiter in den Vordergrund trat, schließlich in die Kollaboration mit der Erbgesundheitspolitik des nationalsozialistischen Deutschlands mündete und auch in den ersten Jahrzehnten der Nachkriegszeit vorherrschend blieb, ist überwunden und hat einem sozialen Konzept von Behinderung Platz gemacht, dessen Umrisse sich bereits im Denken Sengelmanns abgezeichnet hatten. Mit der Neuaufstellung des Evangelischen Krankenhauses Alsterdorf im

---

290 Die Thesen des Brüsseler Kreises, These 5, in: Haas, Hanns-Stephan / Starnitzke, Dierk (Hg.): Diversität und Identität. Konfessionsbindung und Überzeugungspluralismus in caritativen und diakonischen Unternehmen, Stuttgart 2015, 23.

291 Die Leitwerte der Evangelischen Stiftung Alsterdorf, https://www.alsterdorf.de/fileadmin/user_upload/images/ueber-uns/leitwerte/Leitbild_der_Evangelischen_Stiftung_Alsterdorf.pdf (letzter Zugriff 12.4.2022). Dazu passt, dass die Evangelische Stiftung Alsterdorf eine Stabsstelle für diakonische Profilentwicklung eingerichtet hat.

Sinne eines besonderen Versorgungsauftrags für Menschen mit Behinderung kehrt die Evangelische Stiftung Alsterdorf zu dem Ansatz ihres Gründers zurück, der stets für eine enge Verflechtung von (Sozial-)Pädagogik und Medizin plädierte, wobei der Primat des Pädagogischen für ihn außer Frage stand. Sengelmanns Ansatz, Menschen mit geistiger Behinderung als Individuen anzuerkennen, ihre Potenziale und Ressourcen auszuloten, ihnen individuelle Formen der Unterstützung anzubieten, auch auf ihre Eigenverantwortung zu setzen, wird heute konsequent umgesetzt. Zu seiner Zeit schien ihm die Umsetzung eines solchen Förderkonzepts nur möglich in der Schaffung einer auf die besonderen Bedürfnisse von Menschen mit geistiger Behinderung zugeschnittenen Sonderwelt – Sengelmann war und blieb der Anstaltsidee verhaftet. Die Idee einer inklusiven Gesellschaft, die allen Menschen, unabhängig von ihren je eigenen Voraussetzungen, Teilhabe ermöglicht, lag noch jenseits seines Horizonts, wenn er auch in der von ihm ins Leben gerufenen Fachkonferenz viele Themen behandelte, die um die Stellung von Menschen mit geistigen Beeinträchtigungen in der Gesellschaft kreisten. Angesichts seiner Offenheit gegenüber Impulsen aus allen Fachgebieten darf man wohl annehmen, dass er der Idee der Gemeinwesenarbeit gegenüber durchaus aufgeschlossen gewesen wäre. In historischer Perspektive wird deutlich, dass die Evangelische Stiftung Alsterdorf, indem sie sich auf den Weg aus der Anstalt in das Quartier gemacht hat, die Ideen Heinrich Matthias Sengelmanns konsequent zu Ende denkt.

Anhang

Literatur (in Auswahl)

Aufgenommen wurden alle Titel, die mehr als einmal zitiert werden, ferner ausgesuchte Titel von besonderer Bedeutung. Die Abkürzung BuB steht für das Periodikum „Briefe und Bilder aus Alsterdorf"

Ärztlicher Bericht über das Jahr 1900, in: BuB 25 (1901), Nr. 1/2, 17–19;
Ärztlicher Bericht über das Jahr 1901, in: BuB 26 (1902), Nr. 1/2, 18–20;
Ärztlicher Jahresbericht [1917], in: BuB 42 (1918), 14–19;
Ärztlicher Bericht über das Jahr 1919, in: BuB 44 (1920), 16–22;
Ärztlicher Bericht über das Jahr 1920, in: BuB 45 (1921), 20–24;
Ärztlicher Bericht über 1928, in: BuB 53 (1929), Nr. 1, 17–19;
Ärztlicher Bericht über das Jahr 1929, in: BuB 54 (1930), Nr. 1, 22–28;

Behrmann, [Georg] (Hg.): Pastor Heinrich Matthias Sengelmann Dr. Eine biographische Skizze, Hamburg 1896;
Benad, Matthias: Eine Stadt für die Barmherzigkeit, in: Röper, Ursula / Jüllig, Carola (Hg.): Die Macht der Nächstenliebe. Einhundertfünfzig Jahre Innere Mission und Diakonie 1848–1998, 2. Aufl., Berlin 2007, 122–129;
Bericht der Alsterdorfer Anstalten bei Hamburg über das Jahr 1906, Norden 1907;
Bericht der Alsterdorfer Anstalten bei Hamburg über das Jahr 1907, Norden 1908;
Bericht der Alsterdorfer Anstalten bei Hamburg über das Jahr 1908, Norden 1909;
Bericht der Alsterdorfer Anstalten bei Hamburg über das Jahr 1909, Norden 1910;
Bericht der Alsterdorfer Anstalten bei Hamburg über das Jahr 1910, Norden 1911;
Bericht der Alsterdorfer Anstalten bei Hamburg über das Jahr 1911, Norden 1912;
Bericht der Alsterdorfer Anstalten in Hamburg-Alsterdorf über das Jahr 1912, Norden 1913;
Bericht der Alsterdorfer Anstalten in Hamburg-Alsterdorf über das Jahr 1914, Norden 1915;
Bericht der Alsterdorfer Anstalten in Hamburg-Alsterdorf über das Jahr 1915, Norden 1916;
Bericht der Alsterdorfer Anstalten in Hamburg-Alsterdorf über das Jahr 1916, Norden 1917;
Bilder aus den Alsterdorfer Anstalten bei Hamburg, o. O., o. J. [Hamburg 1908];
Blass, Adolph / Gabian, Franz / Kohlfahl, Rud. / Roth, Paul: Hamburger Wanderbuch, I. Teil: Wanderungen nördlich der Elbe, 3. Aufl., Hamburg 1898;

„Bodelschwinghhaus", in: BuB 35 (1911), Nr. 2, 84–91;

Böhme Klaus / Lohalm, Uwe (Hg.): Wege in den Tod. Hamburgs Anstalt Langenhorn und die Euthanasie in der Zeit des Nationalsozialismus (Forum Zeitgeschichte, 2), Hamburg 1993;

Böhme, Ulrich: Evangelischer Religionsunterricht in Hilfsschulen und Anstalten des 19. und beginnenden 20. Jahrhunderts im nördlichen Deutschland, Frankfurt am Main u. a. 1990;

Bösl, Elsbeth: Politiken der Normalisierung. Zur Geschichte der Behindertenpolitik in der Bundesrepublik Deutschland, Bielefeld 2009;

Borck, Wilfried: Medizinische Rehabilitation der Behinderten in Alsterdorf, in: BuB 1972, 5–11;

Brichetti, Katharina / Mechsner Franz: Heilsame Architektur. Raumqualitäten erleben, verstehen und entwerfen, Bielefeld 2019;

Clemenz, Ärztlicher Bericht über das Jahr 1923, in: BuB 48 (1924), 12–15;

Die Alsterdorfer Anstalten in Wort und Bild, Hamburg 1932;

Die bauliche Entwicklung der Alsterdorfer Anstalten im Einzelnen, in: Die Alsterdorfer Anstalten in Wort und Bild, Hamburg 1932, 39–47;

Disselhoff, Julius August Gottfried: Die gegenwärtige Lage der Cretinen, Blödsinnigen und Idioten in den christlichen Ländern. Ein Noth- und Hülferuf für die Verlassensten unter den Elenden an die deutsche Nation, Bonn 1857;

Ein Notschrei aus der Küche, in: BuB 30 (1906), 82–88;

Eine „Herberge zur Heimat", in: BuB 30 (1906), Nr. 1, 1–12;

Engelbracht, Gerda / Hauser Andrea: Mitten in Hamburg. Die Alsterdorfer Anstalten 1945–1979, Stuttgart 2013;

Esmarch, Erwin v.: Hygienisches Tagebuch für Medicinal- und Verwaltungsbeamte, Aerzte, Techniker und Schulmänner, Berlin 1896;

Faulstich, Heinz: Hungersterben in der Psychiatrie 1914–1949. Mit einer Topographie der NS-Psychiatrie, Freiburg 1998;

Fischer/Clemenz: Ärztlicher Bericht über das Jahr 1924, in: BuB 49 (1925), Nr. 1, 15–20;

Fischer/Clemenz: Ärztlicher Bericht über das Jahr 1927, in: BuB 52 (1928), Nr. 1, 17–20;

50 Jahre Heinrich Sengelmann Krankenhaus. Ein Ort für Menschen, August 2014, abzurufen unter: https://www.heinrich-sengelmann-kliniken.de/fileadmin/media/pdf/hsk_festschrift_50-jahre.pdf (letzter Zugriff 12.4.2022);

Fürst, Roland / Hinte, Wolfgang (Hg.): Sozialraumorientierung 4.0. Das Fachkonzept: Prinzipien, Prozesse & Perspektiven, Wien 2020;

Genkel, Ingrid (2016): Pastor Friedrich Lensch – ein Beispiel politischer Theologie, in: Wunder, Michael / Genkel, Ingrid / Jenner, Harald: Auf dieser schiefen Ebene gibt es kein Halten mehr. Die Alsterdorfer Anstalten im Nationalsozialismus, 3. Aufl., Stuttgart 2016, 83–136;

Gerhardt, Johannes Paul: Warum und wieweit müssen Lehrer und Erzieher von Geistesschwachen Kenntnis haben von Seelenlehre und Seelenkrankheitslehre? (Konferenzvortrag), in: BuB 30 (1906), Nr. 2, 45–63;

Gerhardt, Johannes Paul: Die Erziehung Geistesschwacher, in: BuB 34 (1910), Nr. 2, 86–101;

Gerhardt Johannes Paul: Die Schule der Alsterdorfer Anstalten, Jena 1913;

Gleßmer, Uwe / Lampe, Alfred: Kirchgebäude in den Alsterdorfer Anstalten. Die Umgestaltungen der St. Nicolauskirche, Friedrich K. Lensch (1898–1976) und Deutungen des Altar-Wandbildes, Norderstedt 2005;

Gleßmer, Uwe / Lampe, Alfred: Mit-Leiden an Alsterdorf und seinen Geschichtsbildern von den Anstalten, Norderstedt 2019;

Haubenreisser, Karen / Oertel, Armin: Q8 – Quartiere bewegen, Berlin 2016, 278–290, abzurufen unter: https://www.q-acht.net/downloads/2016/2016-Q8-Quartiere-bewegen-Haubenreisser-Oertel.pdf (letzter Zugriff 12.4.2022);

Herntrich, Hans-Volker (Hg.): Volkmar Herntrich, 1908–1958. Ein diakonischer Bischof, Berlin 1968;

Hesse, Michael: Handbuch der neuzeitlichen Architektur, Darmstadt 2012;

Hochmuth, Anneliese: Spurensuche. Eugenik, Sterilisation, Patientenmorde und die v. Bodelschwinghschen Anstalten Bethel 1929–1945, hg. v. Matthias Benad u. a., Bielefeld 1997;

Hofer, Sigrid: Reformarchitektur 1900–1918 – deutsche Baukünstler auf der Suche nach dem nationalen Stil, Stuttgart/London 2005;

Hollburg, G.[ustav]: Pastor Paul Stritter. 31 Jahre Direktor der Alsterdorfer Anstalten, in: Alsterdorfer Anstalten in Wort und Bild (1932), 17–19;

Jenner, Harald: Kirchenfenster und Altarbild in der St. Nikolaus Kirche Alsterdorf, (unveröff. Manuskript, 2014);

Jenner, Harald: Friedrich Lensch als Leiter der Alsterdorfer Anstalten 1930 bis 1945, in: Wunder, Michael / Genkel, Ingrid / Jenner, Harald: Auf dieser schiefen Ebene gibt es kein Halten mehr. Die Alsterdorfer Anstalten im Nationalsozialismus, 3. Aufl., Stuttgart 2016, 185–245;

Jenner, Harald / Wunder, Michael: Das Schicksal der jüdischen Bewohner der Alsterdorfer Anstalten, in: Wunder, Michael / Genkel, Ingrid / Jenner, Harald: Auf dieser schiefen Ebene gibt es kein Halten mehr. Die Alsterdorfer Anstalten im Nationalsozialismus, 3. Aufl., Stuttgart 2016, 247–267;

Jensen, Julius: Heinrich Matthias Sengelmann. Ein Bild seines Lebens, Hamburg 1963;

Jensen, Julius: Theologische Überlegungen zur Frage nach dem Lebenssinn geistig Behinderter, in: Dixon, Stephen (Hg.): Die Euthanasie. Ihre theologischen, medizinischen und juristischen Aspekte, Göttingen 1969, 88–106;

Kellner, Hermann: Die Alsterdorfer Idioten- und Epileptiker-Anstalt in Alsterdorf in Wort und Bild. Zugleich ein Beitrag zur Beleuchtung der Frage: Ist in Idiotenanstalten die geistliche oder die ärztliche Oberleitung vorzuziehen?, Hamburg 1912;

Kellner, Hermann: Bericht aus dem Krankenhause der Alsterdorfer Anstalten vom Jahre 1914, in: Bericht der Alsterdorfer Anstalten in Hamburg-Alsterdorf über das Jahr 1914, Norden 1915, 13–15;

Kellner, [Hermann]: Bericht aus Krankenhause der Alsterdorfer Anstalten vom Jahre 1915, in: Bericht der Alsterdorfer Anstalten in Hamburg-Alsterdorf über das Jahr 1915, Norden 1916, 8–10;

Kellner [Hermann]: Bericht aus dem Krankenhause der Alsterdorfer Anstalten vom Jahre 1916, in: Bericht der Alsterdorfer Anstalten in Hamburg-Alsterdorf über das Jahr 1916, Norden 1917, 11–14;

Kellner, Hermann: Ärztlicher Bericht über das Jahr 1918, in: BuB 43 (1919), 14–17;

Knoch, Habbo: Schwellenräume und Übergangsmenschen. Öffentliche Kommunikation in der modernen Großstadt, 1880–1930, in: Geppert, Alexander C. T. / Jensen, Uffa / Weinhold, Jörn (Hg.): Ortsgespräche. Raum und Kommunikation im 19. und 20. Jahrhundert (Zeit – Sinn – Kultur), Bielefeld 2005, 257–284;

Kopitzsch, Franklin / Daniel Tilgner (Hg.): Hamburg-Lexikon, Hamburg 2010;

Kreyenberg, Gerhard: Die ärztliche Tätigkeit in den Anstalten, in: Die Alsterdorfer Anstalten in Wort und Bild, Hamburg 1932, 23–26;

Kugel, Robert / Wolfensberger, Wolf (Hg.): Geistig Behinderte – Eingliederungshilfe oder Bewahrung. Heutige Vorstellungen über die Betreuung geistig behinderter Menschen (Übersetzung der deutschen Ausgabe von Wilfried Borck), Stuttgart 1974

[Lensch, Friedrich]: Dennoch!, in: BuB 55/56 (1931/32), 2–6;

[Lensch, Friedrich]: Pflüget ein Neues und säet nicht unter den Hecken! (Jer. 4,3), in: BuB 57 (1933), 3f.;

[Lensch, Friedrich]: Die Alsterdorfer Anstalten im Dritten Reich, in: BuB 58 (1934), 1–4;

Lensch, F. [Friedrich]: 75 Jahre Liebesarbeit an Geistesgebrechlichen, in: BuB, Sonderausgabe zum 75jährigen Jubiläum am 19. Oktober 1938, 3–13;

Lingelbach, Gabriele / Waldschmidt, Anne (Hg.): Kontinuitäten, Zäsuren, Brüche? Lebenslagen von Menschen mit Behinderungen in der deutschen Zeitgeschichte, Frankfurt am Main / New York 2016;

Loitzenbauer, Axel Philipp: St.-Nicolaus-Quartier in Hamburg-Alsterdorf. Inklusion gestalten in der Keimzelle der „Alsterdorfer Anstalten" – barrierefrei und denkmalgerecht. Beschreibung des Gesamtkonzeptes, Hannover (unveröff. Manuskript, 2018);

Mahlke, Wolfgang / Schwarte, Norbert: Wohnen als Lebenshilfe. Ein Arbeitsbuch zur Wohnfeldgestaltung in der Behindertenhilfe, Weinheim/Basel 1985.

Memorabilien, verlesen in der Kirche der Alsterdorfer Anstalten den 31. Decbr. 1891, in: BuB 16 (1892), Nr. 1, 1–16;

Memorabilien der Alsterdorfer Anstalten vom Jahre 1898, verlesen von Inspektor Lembke in der Anstaltsgemeinde am 31. Dezember, in: BuB 23 (1899), Nr. 1, 4–16;

Memorabilien der Alsterdorfer Anstalten vom Jahre 1899, verlesen von Pastor Stritter in der Anstaltengemeinde am 31. Dezember, in: BuB 24 (1900), Nr. 1/2, 1–7;

Memorabilien der Alsterdorfer Anstalten vom Jahre 1900, verlesen von Pastor Stritter in der Anstaltengemeinde am 31. Dezember, in: BuB 25 (1901), Nr. 1/2, 4–12;

Memorabilien der Alsterdorfer Anstalten vom Jahre 1901, verlesen von Pastor Stritter in der Anstaltengemeinde am 31. Dezember, in: BuB 26 (1902), Nr. 1/2, 4–16;

Memorabilien der Alsterdorfer Anstalten vom Jahre 1902, verlesen von Pastor Stritter in der Anstaltengemeinde am 31. Dezember, in: BuB 27 (1903), Nr. 1/2, 11–22;

Memorabilien der Alsterdorfer Anstalten vom Jahre 1903, verlesen von Pastor Stritter in der Anstaltengemeinde am 31. Dezember, in: BuB 28 (1904), Nr. 1, 1–13;

Mevius, Walter: Baustile und Wassertürme, in: Merkl, Gerhard / Bauer, Albert / Gockel, Bernd / Mevius, Walter: Historische Wassertürme. Beiträge zur Technikgeschichte von Wasserspeicherung und Wasserversorgung, München/Wien 1985, 151–168;

Mittelstädt, Gerhard: Erziehung, Therapie und Glaube am Beispiel der heilpädagogischen Bewegung im Blick auf Sengelmann, Hamburg 1965 (Diss. phil.).

Modes, Marie-Theres: Raum und Behinderung. Wahrnehmung und Konstruktion aus raumsoziologischer Perspektive, Bielefeld 2016;

Möller, Ilse: Hamburg. Perthes Länderprofile, 2. Aufl., Gotha/Stuttgart 1999;

Plagemann, Wilhelm: Die wirtschaftliche Entwicklung der Alsterdorfer Anstalten von 1863 bis 1938, in: BuB 62 (1938), 16–18;

Pohlmann, Alfred / Schreyer, Alf / Kettel, W. O. Paul: Erlebte Alsterlandschaft. Die Alster von der Quelle bis Alsterdorf, Hamburg 1969;

Rienecker, Fritz (Hg.): Lexikon zur Bibel, 2. Aufl., Wuppertal/Zürich 1991;

Rückblick auf das Jahr 1917, in: BuB 42 (1918), 3–14;

Rückblick auf das Jahr 1918, in: BuB 43 (1919), 5–14;

Rückblick auf das Jahr 1919, in: BuB 44 (1920), 6–16;

Rückblick auf das Jahr 1920, in: BuB 45 (1921), 9–20;

Rückblick auf das Jahr 1921, in: BuB 46 (1922), 2–12;

Rückblick auf das Jahr 1922, in: BuB 47 (1923), 1–5;

Rückblick auf das Jahr 1923, in: BuB 48 (1924), 3–11;

Rückblick auf das Jahr 1924, in: BuB 49 (1925), Nr. 1, 3–15;

Rückblick auf das Jahr 1926, in: BuB 51 (1927), Nr. 1, 2–19;

Rückblick auf das Jahr 1928, in: BuB 53 (1929), Nr. 1, 4–17;

Rückblick auf das Jahr 1929, in: BuB 54 (1930), Nr. 1, 7–22;

Rückblick auf die Jahre 1930 und 1931, in: BuB 55/56 (1930/31), 19–29;

Rückblick auf das Jahr 1932, in: BuB 57 (1933), 5–10;
Rückblick auf das Jahr 1933, in: BuB 58 (1934), 4–13;
Rückblick auf das Jahr 1934, in: BuB 59 (1935), 7–13;
Rückblick auf die Jahre 1935 und 1936 (bis Mitte November), in: BuB 60 (1936), 3–12;
Rückblick auf das Jahr 1937 (bis Mitte November), in: BuB 61 (1937), 3–14;
Runde, Peter / Richter Stefan / Schiemann, Uwe: Wohnstätten für behinderte Menschen (Anstalten, Heime, Wohnungen, Wohngemeinschaften in der Freien und Hansestadt Hamburg), Hamburg 1982;

Schiemann, Uwe: Entwicklungsplanungen der Alsterdorfer Anstalten, in: Hamburger Spastikerverein (Hg.): Internationales Symposium (vom 26. bis 30.4.1985) „Was heißt hier Wohnen?" Wohnprobleme körperlich und geistig Behinderter (Tagungsbericht), Hamburg 1986, 77–86;
Schmidt, Hans-Georg (Hg.): Heinrich Matthias Sengelmann – Sorgen für geistig Behinderte. Eine originalgetreue Wiedergabe seines Hauptwerkes „Idiotophilus" aus dem Jahr 1885, Hamburg 1975;
Schmuhl, Hans-Walter: Evangelische Krankenhäuser und die Herausforderung der Moderne. 75 Jahre Deutscher Evangelischer Krankenhausverband (1926–2001), Leipzig 2002;
Schmuhl, Hans-Walter / Winkler, Ulrike: „Der das Schreien der jungen Raben nicht überhört". Der Wittekindshof – eine Einrichtung für Menschen mit geistiger Behinderung, 1887 bis 2012, Bielefeld 2012;
Schmuhl, Hans-Walter / Winkler, Ulrike: Aufbrüche und Umbrüche. Lebensbedingungen und Lebenslagen behinderter Menschen in den v. Bodelschwinghschen Anstalten Bethel von den 1960er bis zu den 1980er Jahren, Bielefeld 2018;
Schmuhl, Hans-Walter: Transnationale Beziehungsnetze und Reformimpulse. Die Rezeption des Normalisierungsprinzips in den v. Bodelschwinghschen Anstalten Bethel in den 1970er Jahren, in: Westfälische Forschungen 70 (2020), 135–161;
Schumacher, Fritz: Architektonische Aufgaben der Städte, in: ders. (Hg.): Streifzüge eines Architekten. Gesammelte Aufsätze, Jena 1907, 134–166;
Schümann, Bodo: Heinrich Matthias Sengelmann als Stifter und Anstifter der Behindertenarbeit, Hamburg 2001;
Schümann, Bodo: Nach der Vernichtung. Der Umgang mit Menschen mit Behinderungen in der Hamburger Politik und Gesellschaft, 1945–1970, Münster 2018;
Sengelmann, Heinrich Matthias: Das Buch von den sieben weisen Meistern – aus dem Hebräischen und Griechischen zum ersten Male übersetzt und mit literarhistorischen Vorbemerkungen versehen, Halle a.S. 1842;
Sengelmann, Heinrich Matthias: Die Gegenwart der evangelisch-lutherischen Kirche Hamburgs, dargestellt, aus ihrer Vergangenheit erklärt, und nach ihren Forderungen für die Zukunft gedeutet, Hamburg 1862;
Sengelmann, Heinrich Matthias: Lieber Leser, ich bitte Dich um des Herrn willen, in: Der Bote aus dem Alsterthal 3 (1862), Nr. 48, 1;

Sengelmann, Heinrich Matthias: „Dass ich Euch immer einerlei schreibe, verdrießt mich nicht." (Philipper 3,1), in: Der Bote aus dem Alsterthal 3 (1862), Nr. 49, 1;

Sengelmann, Heinrich Matthias: Jahresbericht der Alsterdorfer Anstalten. Im Namen des Vorstandes abgestattet von H. Sengelmann (Ao. 1866), Hamburg 1867;

Sengelmann, Heinrich Matthias: Jahresbericht der Alsterdorfer Anstalten über das Jahr 1868, o. O., o. J. [Hamburg 1869];

Sengelmann, Heinrich Matthias: Die Strafe in Idioten-Anstalten, in: Monats-Hefte des „Boten aus dem Alsterthal" 10 (Juli 1869), 1–15;

Sengelmann, Heinrich Matthias: Die Erhaltung der Idioten-Anstalten, in: Monats-Hefte des „Boten aus dem Alsterthal" 10 (September 1869), 1–9;

Sengelmann, Heinrich Matthias: Von der Pflicht der Behörden für die armen Idioten, in: Monats-Hefte des „Boten aus dem Alsterthal" 10 (September 1869), 13f.;

Sengelmann, Heinrich Matthias: Welche Idioten sind als bildungsfähig zu bezeichnen und welche nicht?, in: Monats-Hefte des „Boten aus dem Alsterthal" 10 (September 1869), 14–16;

Sengelmann, Heinrich Matthias: Jahresbericht der Alsterdorfer Anstalten über das Jahr 1869, o. O., o. J. [Hamburg 1870];

Sengelmann, Heinrich Matthias: Vorträge, gehalten zu Hamburg, 1. Vortrag. Den 26. Novr. 1869, in: Monats-Hefte des „Boten aus dem Alsterthal" 11 (1870), Nr. 2, 1–15;

Sengelmann, Heinrich Matthias: Der Lebenszweck der Idioten, ein Vortrag, in den Alsterdorfer Anstalten vor dem Personal der Angestellten gehalten, in: Monats-Hefte des „Boten aus dem Alsterthal" 11 (1870), Nr. 6, 1–15;

Sengelmann, Heinrich Matthias: Vierter Vortrag, gehalten zu Hamburg, in: Monats-Hefte des „Boten aus dem Alsterthal" 11 (1870), Nr. 7, 1–16;

Sengelmann, Heinrich Matthias: Miss Nightingale über die Pflege bei Gesunden und Kranken. Ein Vortrag für die Angestellten der Alsterdorfer Anstalten, in: Monats-Hefte des „Boten aus dem Alsterthal" 11 (1870), Nr. 9, 1–13;

Sengelmann, Heinrich Matthias: Die Alsterdorfer Anstalten. Ein Lebensbild, Frankfurt am Main 1871;

Sengelmann, Heinrich Matthias: Bericht der Alsterdorfer Anstalten über die Jahre 1875 und 1876, Hamburg o. J. [1877];

Sengelmann, Heinrich Matthias: Geschichte der Alsterdorfer Anstalten, Hamburg 1883;

Sengelmann, Heinrich Matthias: Idiotophilus, Bd. I: Systematisches Lehrbuch der Idioten-Heilpflege, Norden 1885;

Sengelmann, Heinrich Matthias: Die Alsterdorfer Anstalten. Was sie wollen, was sie sind und was sie erlebten, in: BuB 10 (1886);

Sengelmann, Heinrich Matthias: Was für die Schwach- und Blödsinnigen in Deutschland geschieht, in: Briefe und Bilder aus Alsterdorf 16 (1892), Nr. 3, 7–12;

Sengelmann, Heinrich Matthias: Bedenken, welche sich bei der Entlassung aus der Schule und bei der Zulassung zur Confirmation in Blöden-Anstalten geltend machen, in: BuB 17 (1893), Nr. 4, 13–16;

Sengelmann, Heinrich Matthias: Die Alsterdorfer Anstalten in Bild und Wort. Eine Erzählung für Jung und Alt, 2. Aufl., Norden 1894;

Sitte, Camillo: Der Städtebau nach seinen künstlerischen Grundsätzen. Ein Beitrag zur Lösung moderner Fragen der Architektur und monumentalen Plastik unter besonderer Beziehung auf Wien, o. O. 1901;

Stiefvater, Hanne / Haubenreisser, Karen / Oertel, Armin: Von der Sonderwelt ins Quartier – Organisations- und Konzeptentwicklung (in) der Evangelischen Stiftung Alsterdorf, in: Fürst, Roland / Hinte, Wolfgang (Hg.): Sozialraumorientierung 4.0. Das Fachkonzept: Prinzipien, Prozesse & Perspektiven, Wien 2020, 102–122;

Störmer, Norbert: Innere Mission und geistige Behinderung, Münster 1991;

Stoll, Jan: „Behinderung" als Kategorie sozialer Ungleichheit. Entstehung und Entwicklung der „Lebenshilfe für das geistig behinderte Kind" in der Bundesrepublik Deutschland in den 1950er und 1960er Jahren, in: Archiv für Sozialgeschichte 54 (2014), 169–191;

Stritter, Paul: Ist die Gründung von besonderen Anstalten für schwachbegabte Fürsorgezöglinge notwendig? Vortrag, gehalten auf der XI. Konferenz für das Idioten- und Hilfsschulwesen im September 1904 in Stettin, Idstein o. J. [1904];

[Stritter, Paul]: Konfirmationsunterricht an Schwachbegabten (Konferenzvortrag), in: BuB 29 (1905), Nr. 2, 50–64;

Stritter, Paul: Alsterdorfer Anstalten bei Hamburg, in: Stritter, Paul / Meltzer, Konrad Ewald (Hg.) Deutsche Anstalten für Schwachsinnige, Epileptische und psychopathische Jugendliche, Halle a. S. 1912;

[Stritter, Paul]: Seid barmherzig, wie auch euer Vater barmherzig ist (Lukas 6,36), in: BuB 43 (1919), 1–5;

Stritter, Paul: Das schwachsinnige Kind, Hamburg 1925;

Stritter, Paul: Die Konfirmation Schwachsinniger. Konferenzvortrag von Direktor Pastor Stritter, Hamburg-Alsterdorf, Alsterdorfer Anstalten, Norden 1925;

Stritter, Paul: Die Alsterdorfer Anstalten, in: Gesundheitsbehörde Hamburg (Hg.), Hygiene und soziale Hygiene in Hamburg. Zur neunzigsten Versammlung der deutschen Naturforscher und Ärzte in Hamburg im Jahre 1928, Hamburg 1928, 434–438;

[Stritter, Paul]: Luk. 9,56, Des Menschen Sohn ist nicht gekommen, der Menschen Seelen zu verderben, sondern zu erhalten, in: BuB 52 (1928), Nr. 1, 1–17;

Stritter, Paul: Seelsorge unter geistig Abnormen, o. O., o. J. [Hamburg 1928];

Stritter, Paul: Seelsorge an Geistesschwachen, o. O., o. J. [Gütersloh 1930];

Stritter, Paul, Zum hundertsten Geburtstag der weiland Frau Pastor D. Dr. Sengelmann, der Gattin des Begründers und langjährigen Leiters der Alsterdorfer Anstalten, in: BuB 55/56 (1931/32), 11–19;

Tauschner, Erwin: 100. Geburtstag des „Goldenen Apfels", in: Umbruch 2/1991, 5;

Winckler, Axel: Vom Bauen für Behinderte aus Sicht des Architekten, in: db 3/05, 33;

Winkler, Ulrike: Drinnen und Draußen. Die Rotenburger Anstalten und die Stadt Rotenburg als Sozialräume, in: Wilke, Karsten / Schmuhl, Hans-Walter / Wagner, Sylvia /Winkler, Ulrike: Hinter dem Grünen Tor. Die Rotenburger Anstalten der Inneren Mission, 1945–1975, 3. Aufl., Bielefeld 2019, 151–208;

Winkler, Ulrike: Kein sicherer Ort. Der Margaretenhort in Hamburg-Harburg in den 1970er und 1980er Jahren, Bielefeld 2021;

Winkler, Ulrike: „Heil und Heilung". Die diakonische Anstalt als „Gottesstadt", in: Architektenkammer Rheinland-Pfalz (Hg.): Reformation und Architektur. Eine Dokumentation, Mainz 2016, 44–52;

Wunder, Michael / Genkel, Ingrid / Jenner, Harald: Auf dieser schiefen Ebene gibt es kein Halten mehr. Die Alsterdorfer Anstalten im Nationalsozialismus, 3. Aufl., Stuttgart 2016;

Wunder, Michael: Die Schicksale von Opfern, in: ders. / Genkel, Ingrid / Jenner, Harald: Auf dieser schiefen Ebene gibt es kein Halten mehr. Die Alsterdorfer Anstalten im Nationalsozialismus, 3. Aufl., Stuttgart 2016, 17–32;

Wunder, Michael: „Auf dieser schiefen Ebene gibt es kein Halten mehr", in: ders. / Genkel, Ingrid / Jenner, Harald: Auf dieser schiefen Ebene gibt es kein Halten mehr. Die Alsterdorfer Anstalten im Nationalsozialismus, 3. Aufl., Stuttgart 2016, 35–77;

Wunder, Michael: Die Karriere des Dr. Gerhard Kreyenberg – Heilen und Vernichten in Alsterdorf, in: ders. / Genkel, Ingrid / Jenner, Harald, Auf dieser schiefen Ebene gibt es kein Halten mehr. Die Alsterdorfer Anstalten im Nationalsozialismus, 3. Aufl., Stuttgart 2016, 137–183;

Wunder, Michael: Die Abtransporte von 1941, in: ders. / Genkel, Ingrid / Jenner, Harald: Auf dieser schiefen Ebene gibt es kein Halten mehr. Die Alsterdorfer Anstalten im Nationalsozialismus, 3. Aufl., Stuttgart 2016, 269–281;

Wunder, Michael: Der Exodus von 1943, in: ders. / Genkel, Ingrid / Jenner, Harald: Auf dieser schiefen Ebene gibt es kein Halten mehr. Die Alsterdorfer Anstalten im Nationalsozialismus, 3. Aufl., Stuttgart 2016, 283–364;

Wölfflin, Hermann: Prolegomena zu einer Psychologie der Architektur. Dissertation München, in: Gantner, Joseph (Hg.): Heinrich Wölfflin: Kleine Schriften 1886–1933, Basel 1946, 13–47.

Personenregister

A

Ahsen, Jacob Heinrich von (1798–1871), Diakonus an St. Michaelis. 16
Allinger, Emma (1897–1949), Schwester in den Alsterdorfer Anstalten. 202
Althaus d. J., Paul (1888–1966), Theologe. 171
Ansgar (801–865), Erzbischof von Hamburg und Bremen. 66
Arendt, Walter (1925–2005), Bundesarbeitsminister. 265
Assmann, Siegfried (1925–2021), Bildhauer. 306
Auguste Victoria (1858–1921), Kaiserin. 113

B

Bank-Mikkelsen, Niels Erik (1919–1990), Sekretär des dänischen Sozialministeriums. 221, 281
Baumbach, Rolf (1946–2006), Pastor, Direktor der Evangelischen Stiftung Alsterdorf. 311, 313, 328–329, 335–338
Behrmann, Georg (1846–1911), „Oberhelfer" in den Alsterdorfer Anstalten, Hauptpastor, Mitglied des Vorstands der Alsterdorfer Anstalten. 20–22, 24, 44, 80
Bernhardt, Otto, Heizungsbauer. 131
Binding, Karl (1841–1920), Strafrechtler. 111, 124
Binet, Alfred (1857–1911), Psychologe. 91
Bismarck, Otto v. (1815–1898), Reichskanzler. 44
Bobertag, Otto (1879–1934), Psychologe. 91
Bodelschwingh, Friedrich v. (1831–1910), Pastor, Vorsteher der Anstalt Bethel. 152, 233
Bodelschwingh, Friedrich v. (Fritz; 1877–1946), Pastor, Vorsteher der v. Bodelschwinghschen Anstalten. 202, 225
Borck, Dr. Wilfried (1922–1978), leitender Arzt der Alsterdorfer Anstalten. 257, 265–267
Brandes, Gustav (1821–1880), Mediziner. 38
Braune, Paul Gerhard (1887–1954), Pastor, Vorsteher der Lobetaler Anstalten. 205
Budde, Dr. Enno (1901–1979), Landesgerichtsdirektor, Mitglied des Vorstands der Alsterdorfer Anstalten. 27
Bürker, Gottlieb (1842–1891), Oberlehrer der Alsterdorfer Anstalten. 23
Büssow, Prof. Dr. Hans (1903–1974), Oberarzt der Alsterdorfer Anstalten. 234
Bugenhagen, Johannes (1485–1558), Reformator. 65–66, 301
Buschmann, Peter, Jurist, Mitglied im Vorstand der Evangelischen Stiftung Alsterdorf. 307, 309, 311, 313

C

Catel, Werner (1894–1981), Pädiater. 253
Clemenz, Dr. Peter, Assistenzarzt an den Alsterdorfer Anstalten. 93, 95, 97, 108, 123–124
Cremer, Paul Gerhard (1867–1947), Pastor, „Konrektor" der Alsterdorfer Anstalten. 21

D

Disselhoff, Julius August Gottfried (1827–1896), Pastor in der Diakonissenanstalt Kaiserswerth. 11–12

Distel, Hermann Christian (1875–1945), Architekt. 153, 156, 197, 212, 229

Dohse, Carsten, Architekt. 320

Donndorf, Gotthold (1887–1968), Pastor, Leiter des Landeskirchlichen Amtes für Innere Mission, Mitglied im Vorstand der Alsterdorfer Anstalten. 190, 194

Düsler, Thomas, Leiter des Stadthauses Schlump. 319

E

Ehlers, Jan (1939–2019), Sozialsenator. 293

Ehrlich, Paul (1854–1915), Mediziner. 97

Eisenreich, Thomas, Mitglied im Vorstand der Evangelischen Stiftung Alsterdorf. 338

Elster, Arnold, „zweiter Pastor" an den Alsterdorfer Anstalten. 119, 163

Engelke, Fritz (1878–1956), Pastor, Vorsteher des Rauhen Hauses. 164

Epha, Dr. Oskar (1901–1982), Direktor der Ricklinger Anstalten, Leiter des Landesverbandes für Innere Mission. 199

Erlewein, Käte, Gesellschafterin Jenny Sengelmanns. 85

Ernst, Herta (* 1911), Oberin der Alsterdorfer Anstalten. 257, 264

Escher, Prof. Dr. Heinz (* 1937), Leiter des psychologischen Dienstes der Alsterdorfer Anstalten. 257

Esmarch, Erwin von (1855–1915), Bakteriologe und Hygieniker. 76, 142

F

Faulwasser, Carl Julius (1855–1944), Architekt. 64

Fenker, Dieter (* 1943), Mitglied im Vorstand der Evangelischen Stiftung Alsterdorf. 338

Fischer, Dr. Walther († 1938), Sanitätsrat, Oberarzt an den Alsterdorfer Anstalten. 123

Flechsig, Paul (1847–1929), Psychiater und Hirnforscher. 96

Fliedner, Theodor (1800–1864), Pastor, Gründer der Diakonissenanstalt Kaiserswerth. 11

Förster, Alma (1895–1990), Oberin der Alsterdorfer Anstalten. 194, 202, 227

Frank, Rudolf, Mitarbeiter im Stadthaus Schlump. 317

Frick, Wilhelm (1877–1946), Reichsinnenminister. 205

Fuchs, Arno (1869–1945), Hilfsschulpädagoge. 93

Fürst, Julius (1805–1873), Orientalist. 3

Fust, Henriette (1856–1929), „Pflegetochter" Heinrich Matthias Sengelmanns, Oberin der Alsterdorfer Anstalten. 22

G

Gaupp, Robert (1870–1953), Psychiater. 88

Georgens, Jan Daniel (1823–1886), Heilpädagoge, Gründer der „Heilpflege- und Erziehungsanstalt Levana" im Schloss Liesing. 30

Gerhardt, Johannes Paul (1867–1941), Oberlehrer der Alsterdorfer Anstalten. 23, 81, 88–93, 98, 120

Glüder, Gerhard (* 1930), Kunstschmied. 252

Grosse, Maurermeister. 64

Grubitz, August Karl Heinrich (1876/1878–1964), Architekt. 153, 156, 197, 229

Guggenbühl, Johann Jakob (1816–1863), Arzt, Gründer der „Heilanstalt für Kretinen und blödsinnige Kinder" auf dem Abendberg. 11

Guzek, Michael, Architekt. 320–321

H

Haas, Prof. Dr. Hanns-Stephan (* 1958), Pastor, Direktor der Evangelischen Stiftung Alsterdorf. 338–339

Hagenbeck, Carl (1844–1913), Zoodirektor. 44

Hahn, Karl-Heinz (* 1923), Leiter der Sonderschule der Alsterdorfer Anstalten. 269

Harmsen, Dr. Dr. Hans (1899–1989), Arzt, Nationalökonom, Leiter des Referats Gesundheitsfürsorge im Central-Ausschuss für die Innere Mission. 170, 188

Hartwig, Dorothea (1920–1999), Oberin der Alsterdorfer Anstalten. 264, 292

Heine, Ulrich (1928–1988), Oberkirchenrat, Mitglied im Vorstand der Alsterdorfer Anstalten. 291, 298, 307

Heinersdorff, Paul Gerhard (1844–1900), Glasmaler. 68, 186

Helbing, Walter, Leiter der technischen Abteilung der Alsterdorfer Anstalten. 258

Hennicke, Helmut, Pastor an der St. Nicolaus-Kirche. 322

Herntrich, Prof. Dr. Volkmar (1908–1958), Pastor, Direktor der Alsterdorfer Anstalten, Landesbischof. 225–229, 231–235, 243

Heyde, Werner (1902–1964), Psychiater, Leiter des NS-„Euthanasie"-Stabes. 253–254

Hillmer, Hinrich (1891–1974), Architekt. 228–229, 232, 238, 241, 243–244, 248, 252, 261

Hillmer, Jens-Peter, Architekt. 229, 238, 241, 243–244, 248, 262

Hinte, Prof. Wolfgang (* 1952), Sozialarbeitswissenschaftler. 341

Hitler, Adolf (1889–1945), Reichskanzler. 180

Hoche, Alfred Erich (1865–1943), Psychiater. 111, 124

Höger, Fritz (1877–1949), Architekt. 149, 152

Hoffmann, Paul, „zweiter Pastor" an den Alsterdorfer Anstalten. 119

Holzmann, Prof. Dr. Wilhelm (Willy; 1878–1949), „Ärzteführer" in Hamburg. 191, 195

Hopp, Bernhard (1893–1962), Architekt. 185

Horstkotte, Dr. Walter (1893–1979), Oberlandesgerichtsrat, Vorstandsvorsitzender der Alsterdorfer Anstalten. 178–179, 191, 203

Huth, Albert (1926–2005), Bewohner der Alsterdorfer Anstalten. 209, 254, 261

I

Ischebeck, Elisabeth (* 1897), Oberin der Alsterdorfer Anstalten. 193–194

J

Jäger, Rudolf (1903–1978), Architekt. 185

Jankowski, Emil (1889–1914), Pfleger in den Alsterdorfer Anstalten. 103

Jensen, Julius (1900–1984), Pastor, Direktor der Alsterdorfer Anstalten. 226, 234–236, 240, 243, 251, 253–255, 270, 337
Jepsen, Maria (* 1945), Bischöfin. 311
Jürgensen, Dr. Sigrid, Soziologin, Leiterin des Bereichs Organisationsentwicklung/Personalentwicklung der Alsterdorfer Anstalten. 279
Just, Renate, Journalistin. 272

K

Kant, Immanuel (1724–1804), Philosoph. 38
Kasten, Dorothea (1907–1943), Bewohnerin der Alsterdorfer Anstalten. 213, 321
Keck, Dr., Kinderarzt. 262
Kellner, Dr. Hermann (1854–1924), Oberarzt der Alsterdorfer Anstalten. 24, 48, 81, 93–98, 108–109, 111, 123–124, 148, 172
Kennedy, John F. (1917–1963), Präsident der USA. 266
Klee, Ernst (1942–2013), Journalist und Buchautor. 273
Klevinghaus, Johannes (1911–1970), Pastor, Vorsteher des Wittekindshofes. 223
Koch, Julius Ludwig August (1841–1908), Psychiater. 91
Koch, Ulrich, Leiter des Hamburger Landesamtes für Rehabilitation, Sanierungsbeauftragter der Evangelischen Stiftung Alsterdorf. 316
Koenig, Hermann (1883–1961), Landschaftsarchitekt. 154
Koetsveld, Cornelis Elisa van (1807–1893), Pastor, Gründer der „Idiotenschool" in Den Haag. 11, 39
Kohlwage, Karl Ludwig (* 1933), Probst, kommissarischer Direktor der Alsterdorfer Anstalten. 298

Koops, Carl (1848–1893), „Pflegling" der Alsterdorfer Anstalten. 14, 18, 62, 188, 280–281
Kraft, Wolfgang (* 1947), Mitglied im Vorstand der Evangelischen Stiftung Alsterdorf. 311, 313, 316–317, 336–338
Krause, Christel, Hausmutter auf Gut Stegen. 247
Krause, Harald, Hausvater auf Gut Stegen. 247
Kreyenberg, Dr. Gerhard (1899–1996), Oberarzt an den Alsterdorfer Anstalten. 123–124, 170–179, 190, 196, 199, 202, 224–225, 228, 234
Krummacher, Friedrich Adolf (1767–1845), Pädagoge. 32
Künneth, Walter (1901–1997), Theologe, Leiter der Apologetischen Zentrale des Central-Ausschusses für Innere Mission. 171
Kuhm, Johanna Louise Martha, Oberin der Alsterdorfer Anstalten. 22, 84

L

Landenberger, Johannes (1818–1880), Leiter der Heil- und Pflegeanstalt in Stetten. 13, 34, 38
Lay, Wilhelm August (1862–1926), Pädagoge. 89
Lechter, Melchior (1865–1937), Glasmaler. 67–68
Leich, Heinrich (1894–1965), Pastor, Vorsteher des Johannesstifts in Schildesche. 164
Lembke, Inspektor der Alsterdorfer Anstalten. 79, 84
Lensch, Friedrich (1898–1976), Pastor, Direktor der Alsterdorfer Anstalten. 163–171, 179–180, 182–183, 185–188, 190–194, 198–199, 201–203, 206–208, 212–213, 224–225, 253–254, 321–322

Löhe, Wilhelm (1808–1872), Pastor, Gründer der Diakonissenanstalt Neuendettelsau. 9
Löwengard, Alfred (1856–1929), Architekt. 129
Lohfert, Dr. Christoph (1937–2017), Ingenieur und Betriebswirt. 279
Lohfert, Dr. Peter (* 1937), Betriebswirt. 279
Loitzenbauer, Axel Philipp (* 1968), Architekt. 339
Loofs, Friedrich (1858–1928), Kirchenhistoriker. 164
Lorenz, Karla († 1943), Bewohnerin der Alsterdorfer Anstalten. 212
Luckey, Klaus (1934–2001), Künstler. 321
Ludewig, Heinrich, Direktor, Mäzen. 262
Luther, Martin (1483–1546), Reformator. 40, 65–66, 188

M

Maas, Theodorus (* 1944), Theologe, Wohnbereichsleiter, Qualitätsmanager an der Evangelischen Stiftung Alsterdorf. 316–317
Manitz, Hanns, Assistenzarzt an den Alsterdorfer Anstalten. 179, 202
Marcus, Dr. Paul (1880–1958), Rechtsanwalt. 125–126
Martens, Charles Walter (1860–1937), Architekt. 140–141
Martens, J. H., Mitglied im Vorstand der Alsterdorfer Anstalten. 140
Martini, Oskar (1884–1980), Präsident des Hamburgischen Wohlfahrtsamtes, Mitglied im Vorstand der Alsterdorfer Anstalten. 163, 189
Matthies, Dr. Theodor, Mitglied im Vorstand der Alsterdorfer Anstalten. 224

McManama, Brigitte, Leiterin der Heilerzeihungshelferausbildung, Mitglied im Stiftungsrat der Evangelischen Stiftung Alsterdorf. 289, 299
Meltzer, Dr. Ewald (1869–1940), Obermedizinalrat, Leiter des Katharinenhofs in Großhennersdorf. 126
Meumann, Ernst (1862–1915), Experimentalpsychologe. 91
Meyer, Claus (1870–1922), Architekt. 129, 132
Michelfelder, Sylvester Clarence (1889–1951), Pastor, Exekutivsekretär des Lutherischen Weltbundes. 244
Mletzko, Uwe (* 1966), Pastor, Direktor der Evangelischen Stiftung Alsterdorf. 339
Mondry, Rudi (1934–2012), Propst, Direktor der Alsterdorfer Anstalten/Evangelischen Stiftung Alsterdorf. 299, 306–309, 311
Müller, Adolf Carl Heinrich (1847–1912), Registrator der Alsterdorfer Anstalten. 22
Müller, Julius (1801–1878), Theologe. 4
Müller, Ludwig (1883–1945), Reichsbischof. 189

N

Nevile, Dr. Georg († 1888), Hausarzt der Alsterdorfer Anstalten. 23
Niazi-Shahabi, Vera, Vorsitzende der Mitarbeitervertretung der Evangelischen Stiftung Alsterdorf. 311
Nightingale, Florence (1820–1910), Krankenschwester, Begründerin der modernen Krankenpflege. 75

Nirje, Bengt (1924–2006), Ombudsmann der Lebenshilfe Schweden. 221, 266

Nommesen, Maria (1902–1986), Oberin der Alsterdorfer Anstalten. 227, 237

O

Ofterdinger, Dr. Friedrich (1896–1946), Senator. 189, 202–203, 205–206, 208, 210, 213

Osterwald, Hilke (* 1955), Pastorin an der St. Nicolaus-Kirche, stellvertretende Direktorin der Evangelischen Stiftung Alsterdorf. 338

Otte, Carl Wilhelm Gustav (1853–1928), Architekt. 64

Otto, Werner (1909–2011), Versandhausgründer, Mäzen. 262

P

Palmer, Christian David Friedrich (1811–1875), Pädagoge. 33

Pirwitz, Maria (1926–1984), Bildhauerin und Malerin. 252

Plagemann, Wilhelm, Wirtschaftsinspektor der Alsterdorfer Anstalten. 84, 117, 158

Poel, Peter Wolfgang (1841–1926), Landgerichtsdirektor, Vorstandsvorsitzender der Alsterdorfer Anstalten. 79

Poppele, Dr. Georg, Internist, Chefarzt der Inneren Medizin am Evangelischen Krankenhaus Alsterdorf. 346

Preußner-Uhde, Dr. Charlotte (* 1914), Leitende Ärztin der Alsterdorfer Anstalten. 257

Probst, Joseph (1816–1884), Priester, Gründer der Anstalt Ecksberg bei Mühldorf. 9

R

Rautenberg, Johann Wilhelm (1791–1865), Pastor in St. Georg. 3

Reher, Herbert (* 1934), Bewohner der Alsterdorfer Anstalten. 197

Reimers, Dr. Stephan (* 1944), Landespastor, Leiter des Diakonischen Werkes Hamburg. 311

Roesing, Dr. Ernst Hermann (1865–1930), Assistenzarzt an den Alsterdorfer Anstalten. 93, 97

Röver, Friedrich Wilhelm Ernst (1857–1923), Orgelbauer. 68

Roggenbuck, Friedrich, Maurermeister. 129

Roggenbrot, Jonathan (1881–1962), Gartengestalter. 154

Romey, Stefan, Vertreter der Vereinigung der Verfolgten des Naziregimes – Bund der Antifaschisten. 129

Rosenboom, Clas (1811–1893), Pförtner der Alsterdorfer Anstalten. 71

S

Schäfer, Prof. Dr. Gerhard (* 1874), Oberarzt an der Staatskrankenanstalt in Langenhorn, Mitglied im Vorstand der Alsterdorfer Anstalten. 163, 179, 189, 191, 201, 203, 205

Schäfer, Theodor (1846–1914), „Oberhelfer" in den Alsterdorfer Anstalten und Vorsteher der Diakonissenanstalt in Altona. 21, 163

Schauer, Hermann (1895–1981), Pastor, Rektor des Amalie-Sieveking-Diakonissenhauses, Mitglied im Vorstand der Alsterdorfer Anstalten. 191

Scheibel, Ulrich (* 1967), Mitglied im Vorstand der Evangelischen Stiftung Alsterdorf. 338–339, 346

Scheile, Dr. Hermann,
Mitglied im Vorstand der Evangelischen Stiftung Alsterdorf. 311, 313
Schirbaum, Gottfried (1911–1975), Assistenzarzt an den Alsterdorfer Anstalten. 202
Schlorf, Dr. Hans (* 1912), leitender Arzt der Alsterdorfer Anstalten. 257
Schmedemann, Walter (1901–1976), Senator. 242
Schmidt, Hans-Georg (* 1930), Pastor, Direktor der Alsterdorfer Anstalten. 256–258, 266, 272–273, 292, 298, 305, 337
Schmidt, Matthias, Architekt. 322
Schmidt, Peter, Mitglied im Direktorium der Hamburger Landesbank, Vorsitzender des Stiftungsrates der Evangelischen Stiftung Alsterdorf. 311
Schnoor, Ernst (1894–1916), ehemaliger „Zögling" der Alsterdorfer Anstalten. 104
Schöffel, Dr. Simon (1880–1959), Pastor, Landesbischof, Mitglied im Vorstand der Alsterdorfer Anstalten. 163, 189–190, 193, 227, 232–233
Schröder, Dr. D. Heinrich (1867–1938), Landgerichtsdirektor a. D., Präsident des Kirchenrates, Vorstandsvorsitzender der Alsterdorfer Anstalten. 163, 191
Schuback, Daniel Erwin (* 1854), Baumeister, Mitglied im Vorstand der Alsterdorfer Anstalten. 79, 128–129
Schünemann, Ute, Leiterin des Förderbereichs in den Geschäftsbereichen Hamburg Stadt und Hamburg UmLand. 315
Schulte, Dr. Walter (1910–1972), Oberarzt an den v. Bodelschwinghschen Anstalten. 234

Schulz, Birgit (* 1953), Mitglied im Vorstand der Evangelischen Stiftung Alsterdorf. 338, 341
Schulz, Reinhard, Leiter der Tagesförderstätten. 277, 315
Schumacher, Fritz (1869–1947), Stadtbaudirektor. 151
Schwisow, Dr. med. dent. (1901–1980), Zahnarzt an den Alsterdorfer Anstalten. 124, 175–176
Seiffert, Paul (1866–1936), Pädagoge, Inspektor der Alsterdorfer Anstalten. 21–22
Sengelmann (Singelmann), Joachim Heinrich (Jochen Hinrich; 1777–1850), Viehhändler und Gastwirt, Vater Heinrich Matthias Sengelmanns. 2
Sengelmann, Anna Sophia Adele, geb. v. Saß, erste Ehefrau Heinrich Matthias Sengelmanns. 5, 16
Sengelmann, Heinrich Matthias (1821–1899), Pastor, Direktor der Alsterdorfer Anstalten. 1–6, 8–16, 20–25, 27–28, 30–41, 43–55, 57, 60–62, 64–66, 68–69, 75, 77–79, 81–83, 86, 93, 99, 104, 113, 126, 128–129, 132, 143–144, 147, 167, 188, 232–233, 250, 327, 334, 347–348
Sengelmann, Jane (Jenny) Elisabeth, geb. von Ahsen (1831–1913), zweite Ehefrau Heinrich Matthias Sengelmanns. 16, 24, 84–85
Sengelmann, Margaretha Dorothea Johanna, geb. Freundt (1795–1863), zweite Ehefrau Joachim Heinrich Sengelmanns und Mutter Heinrich Matthias Sengelmanns. 2
Siebert, Dr. Joachim, Leiter des Werner Otto Instituts. 269

Siebold, Karl (1854–1937), Architekt, Leiter der Bauabteilung der Anstalt Bethel. 156

Sierck, Udo, Aktivist der Krüppel-Initiative Hamburg. 305

Sieveking, Elisabeth, Oberin der Alsterdorfer Anstalten. 84

Simon, Théodore (1873–1961), Psychologe. 91

Sitte, Camillo (1843–1903), Architekt. 340

Sommer, Robert (1864–1937), Psychiater. 98

Sperling, Irma (1930–1944), Bewohnerin der Alsterdorfer Anstalten. 210

Spiecker, Anne, Mitglied im Stiftungsrat der Evangelischen Stiftung Alsterdorf. 310

Spitzbarth, Wilhelm (* 1864), Oberhelfer der Alsterdorfer Anstalten. 84

Stabenow, Wolfgang (1931–2016), Stadtplaner und Architekt. 324–326

Stalmann, Karl (1846–1900), Direktor des Hamburger Waisenhauses, Mitglied im Vorstand der Alsterdorfer Anstalten. 79

Stiefvater, Hanne (* 1959), Mitglied im Vorstand der Evangelischen Stiftung Alsterdorf. 339, 341

Stölken, Nicole, Architektin. 322

Stoll, Karl Christian (1893–1968), Leiter des Amtes für Marktwesen in der Behörde für Wirtschaft und Verkehr der Freien und Hansestadt Hamburg, Mitglied im Vorstand der Alsterdorfer Anstalten. 191

Stritter, Maria, geb. Zimmermann, Ehefrau Paul Stritters. 113

Stritter, Paul (1863–1944), Pastor, Direktor der Alsterdorfer Anstalten. 21, 79–85, 88, 93, 98–99, 101–102, 104–107, 112–120, 125–129, 131, 135–137, 140, 142–143, 146–147, 156, 163–164, 233

T

Tholuck, Friedrich August Gotttreu (1799–1877), Theologe. 4

Thompson, Thomas (1813–1876), Arzt und Naturforscher. 9

Thorwaldsen, Bertel (1770–1844), Bildhauer. 67

Tietge, Max (1880–1967), Oberlehrer an den Alsterdorfer Anstalten. 120, 154

Timcke, Hermann G. W., Exportkaufmann in der Abteilung Anstaltswesen der Hamburger Gesundheits- und Sozialbehörde, Mitglied im Vorstand der Alsterdorfer Anstalten. 190, 205

Trott, Dr. Thilo v. (* 1967), Mitglied im Vorstand der Evangelischen Stiftung Alsterdorf. 339

Tschöpe, Dr. Bernd, Mitglied im Stiftungsrat der Evangelischen Stiftung Alsterdorf. 310

V

Voigt, Werner (* 1935), Bewohner der Evangelischen Stiftung Alsterdorf, Künstler. 220, 329, 332–333

Voth, Heinrich (1840–1913), Hausvater des St. Nicolai-Stifts, Ökonom der Alsterdorfer Anstalten. 22–23, 83

W

Wassermann, August Paul v. (1866–1925), Immunologe und Bakteriologe. 97

Weygandt, Prof. Dr. Wilhelm (1870–1939), Psychiater, Direktor der Staatskrankenanstalt Friedrichsberg. 97

Wichern, Johann Hinrich (1808–1881), Begründer der Inneren Mission. 5–6, 13, 53, 233

Wieser, Wolfgang Freiherr v. (1887–1945), Röntgenologe. 176

Wilhelm I. (1797–1888), Deutscher Kaiser. 60

Wilhelm II. (1859–1941), Deutscher Kaiser. 102, 113

Witte, Karl (1893–1966), Landesbischof, Mitglied im Vorstand der Alsterdorfer Anstalten. 259

Wittern, Jochim F., Mitglied im Vorstand der Alsterdorfer Anstalten/ Evangelischen Stiftung Alsterdorf. 298, 307–309

Wulk, Otto (1909–1982), Maler und Grafiker. 243

Wunder, Dr. Michael (* 1952), Psychologe, Leiter des Beratungszentrums der Evangelischen Stiftung Alsterdorf. 305, 310, 313

Wundt, Wilhelm (1832–1920), Psychologe. 91

Wurm, Theophil (1868–1953), württembergischer Landesbischof. 205

Z

Zimmer, Katharina, Journalistin. 272

Zinzendorf, Nikolaus Ludwig von (1700–1760), Gründer der Herrnhuter Brüdergemeine. 89

Dank

Diese Studie über die Geschichte der Evangelischen Stiftung Alsterdorf von ihrem Anfang im Jahre 1866 bis in unsere Tage geht auf einen Auftrag des Vorstandes der Evangelischen Stiftung Alsterdorf zurück. Wir danken dem Vorstand herzlich für das in uns gesetzte Vertrauen und die gute Zusammenarbeit.

Zu großem Dank sind wir den Mitgliedern des Beirats zu unserem Buchprojekt verpflichtet. Wir danken Herrn Dr. Johann Hinrich Claussen, Herrn Prof. Dr. Hanns-Stephan Haas, Herrn Dr. Harald Jenner, Herrn Uwe Mletzko, Frau Hanne Stiefvater, Frau Katja Tobias und Herrn Dr. Michael Wunder für ihre Kritik, ihre Anregungen und Ermutigungen. Besonders möchten wir uns bei Herrn Dr. Jenner, Archivar der Evangelischen Stiftung Alsterdorf, und Herrn Dr. Wunder, Leiter des Buchbeirats und Koordinator des gesamten Aufarbeitungsprozesses, bedanken. Von ihrer fachlichen Kompetenz, ihren weitreichenden Vorarbeiten und ihrem Kenntnisreichtum der Geschichte der Evangelischen Stiftung Alsterdorf haben wir maßgeblich profitiert.

Ein großer Dank geht ferner an Herrn Reinhard Schulz, der im Auftrag der Evangelischen Stiftung Alsterdorf an einer Dokumentation mit dem Titel „Von der Sonderwelt einer Anstalt ins Quartier" arbeitet, die Quellen zum Konversionsprozess der Evangelischen Stiftung Alsterdorf in den letzten vier Jahrzehnten aus der Perspektive der Eingliederungshilfe zusammenstellt. Herr Schulz hat uns nicht nur in großzügiger Weise Einblick in die von ihm gesammelten Schriftquellen gegeben, sondern auch die Möglichkeit eröffnet, an Interviews mit ehemaligen leitenden Mitarbeitenden teilzunehmen.

Ein besonderes Erlebnis war es, mit Herrn Klaus Matzke über das Stiftungsgelände zu gehen und dabei nicht nur viel über das Gelände selbst, sondern auch über seinen Lebensweg in der Evangelischen Stiftung Alsterdorf zu erfahren. Überhaupt denken wir mit Dankbarkeit an viele zufällige Begegnungen und freundliche Gespräche mit Menschen mit und ohne Behinderung auf dem Alsterdorfer Markt zurück. Durch sie haben wir erfahren, wie gravierend und befreiend der Wandel von der Anstalt ins Quartier war und ist.

Weitere Menschen haben unsere Arbeit unterstützt. Wir danken Herrn Dr. Norbert Friedrich, Leiter der Flieder-Kulturstiftung Kaiserswerth, Herrn Heino Grunert von der Behörde für Umwelt, Klima, Energie und Agrarwirtschaft der Freien und Hansestadt Hamburg, Herrn Prof. Dr. Dr. Rainer Hering, Leiter des Landesarchivs Schleswig-Holstein, Herrn Prof. em. Dr. Franklin Kopitzsch, Leiter der Arbeitsstelle für Hamburgische Geschichte, sowie Herrn Karl H. Hoffmann und Herrn Paul Dietrich, Hamburgisches Architekturarchiv, sehr gern für etliche wertvolle Informationen.

Herrn Ralf Weißleder danken wir ganz herzlich für sein gründliches Lektorat, Herrn Matthias Meyer für die Gestaltung unseres Buches.

Gern denken wir an unsere Forschungsaufenthalte in der Evangelischen Stiftung Alsterdorf zurück, die uns die Mitarbeiterinnen und Mitarbeiter des Beratungszentrums Alsterdorf sehr angenehm gestalteten.

Allen Damen und Herren, die sich unter den schwierigen Bedingungen der Coronapandemie für ein Interview zur Verfügung gestellt haben, sei ebenfalls ganz herzlich gedankt.

Schließlich geht ein lieber Dank an Susanne Teipel und Rolf Winkler.

Hameln und Trier, Juni 2022

Hans-Walter Schmuhl und Ulrike Winkler